Carl F. H. Henry

Deus,
revelação e autoridade

O Deus que fala e age

Considerações preliminares

God, Revelation and Authority volume I: God who speaks and shows preliminary considerations.
Original copyrights © 1976
This edition copyright © 1999 by Carl F. H. Henry
Published by Crossway a publishing ministry of Good News Publishers
Weaton, Ilinois 60187, U.S.A.
This edition published by arrangement with Crossway. All rigths reserved.
© 2016 by Editora Hagnos Ltda.

Tradução
Estevan Kirschner
William Lane

Revisão
Alexandro Meimarides
Josemar S. Pinto

Capa
Maquinaria Studio

Diagramação
Catia Soderi

1ª edição — Fevereiro de 2016
Reimpressão — Maio de 2017

Editor
Juan Carlos Martinez

Coordenador de produção
Mauro W. Terrengui

Impressão e acabamento
Imprensa da Fé

Todos os direitos desta edição reservados para:
Editora Hagnos
Av. Jacinto Júlio, 27
04815-160 - São Paulo - SP - Tel.: (11) 5668-5668
hagnos@hagnos.com.br - www.hagnos.com.br

Dados Internacionais de Catalogação na Publicação (CIP)
Angélica Ilacqua CRB-8/7057

Henry, Carl F. H.
  Deus, revelação e autoridade 1 : o Deus que fla e age / Carl F. H. Henry; tradução de Estevan Kirschner, Willian Lane. – São Paulo : Hagnos, 2016.

ISBN 978-85-7742-179-4
Título original: *God, revelation and authority - God who speaks and shows*

1. Deus 2. Bíblia 3. Teologia 4. Evangelicalismo 5. Doutrina bíblica 6. Apologética I. Título II. Kirschner, Estevan III. Lane, Willian

15-1134   CDD-239

Índices para catálogo sistemático:

1.Apologética

Editora associada à:

Dedicado à minha esposa
HELGA
e a nossos filhos
PAUL e CAROL,
que ajudaram e encorajaram de muitas maneiras.

Sumário

Prefácio	7
Introdução à teologia	13
1. A crise da verdade e da palavra	17
2. O conflito de perspectivas culturais	39
3. Revelação e mito	59
4. Os modos de saber	97
5. Ascensão e queda do positivismo lógico	135
6. A revolta contracultural	159
7. O "Movimento de Jesus" e seu futuro	175
8. O homem secular e as questões prioritárias	195
9. O sentido dos mitos pelos quais o homem vive	221
10. Teologia e ciência	239
Nota suplementar: ciência e o invisível	255
11. Teologia e filosofia	263
12. É a teologia uma ciência?	293
13. O método e os critérios da teologia (I)	309
14. O método e os critérios da teologia (II)	327
15. Verificação empírica e o teísmo cristão	357
16. A mais primitiva experiência religiosa do homem	399
17. Uma explicação *a priori* da religião	411
18. O *a priori* transcendente filosófico (I)	419
19. O *a priori* transcendente filosófico (II)	441
20. O *a priori* transcendente teológico	473
21. O *a priori* filosófico transcendental (crítico)	505

22. O apriorismo religioso transcendental 533

23. Reflexões sobre o apriorismo religioso 555

24. A controvérsia sobre o "denominador comum" 577

Bibliografia 599

Prefácio[1]

Quando em 1933 aceitei Cristo Jesus como meu Salvador e Senhor pessoal, não tinha a mínima ideia de que um dia escreveria um livro; muito menos previa um trabalho sério em teologia. Nossa família era de imigrantes e não era rica nem em bens nem em espírito, embora não fosse conscientemente miserável ou infeliz. Ninguém da família era um crente evangélico, ninguém cursou a faculdade ou tinha a expectativa de fazê-lo, e o nosso principal interesse era o de manter uma sobrevivência tolerável no mundo.

Depois que me tornei um crente, desejei aprender mais sobre o mundo real que verdadeiramente importa e sobre uma vida que vale a pena ser vivida, acerca da história humana e do papel da ciência, e especialmente a respeito da natureza de Deus e seu propósito para mim e para o mundo. Sendo um jovem jornalista, esses interesses me estimularam a buscar uma educação nas artes liberais e a procurar entender os aspectos essenciais de uma visão cristã da vida no mundo. Aventurei-me em escolas de graduação e de pós-graduação, algumas delas amistosas, outras hostis, outras ainda indiferentes aos interesses evangélicos, a fim de comparar e testar as reivindicações cristãs contra visões religiosas e filosóficas rivais.

Ao longo de meu treinamento, docência e trabalho como escritor, passei horas memoráveis com luminares do século XX, tais como Karl Barth, Emil Brunner, Rudolf Bultmann, G. C. Berkouwer, Geoffrey Bromiley, Gordon Clark, Donald MacKinnon, Leon Morris, Charles F. D. Moule, Anders Nygren, Hermann Sasse, Cornelius Van Til, Gustave Weigel e outros. Esses estudiosos representam muito do largo leque da teologia contemporânea; alguns são reverenciados mentores e amigos.

---

[1] Carl F. H. Henry, nasceu em 22 de janeiro de 1913 e faleceu em 7 de dezembro de 2003.

DEUS, REVELAÇÃO E AUTORIDADE

A teologia evangélica é herética se for apenas criativa e indigna se for somente repetitiva. Que ela pode ser refrescante e relevante para cada nova geração de pessoas e de problemas é uma de suas virtudes permanentes. Ouve-se, frequentemente, que a teologia não evangélica parece falar mais diretamente aos dilemas da presente era, mas que a sua mensagem desvirtua a eterna herança bíblica. A teologia evangélica, por outro lado, enquanto preserva os conceitos judaico-cristãos, muito frequentemente falha ao não engajar-se com as perplexidades do presente. Mas, antes de ser capaz de lidar com a cena contemporânea, é necessário que se saiba o que as pessoas da atualidade pensam, dizem e fazem. Essa investigação envolve, muitas vezes, falar uma linguagem estranha a gerações passadas e às pessoas em geral, uma linguagem algumas vezes idiossincrática em sentido e em necessidade de revisão. Mas, a não ser que se conheça essa linguagem e aquilo que ela descreve, dificilmente alguém poderá engajar-se numa conversação efetiva. Ao contrário do que algumas pessoas pensam, não é por dormirem sobre um dicionário contemporâneo que os teólogos estão presos a um vocabulário estranho às canções do século XX. A verdade é que termos tais como "demitologizar", "dialético", "existencial", "análise linguística", e assim por diante, se tornaram parte do inescapável vocabulário das sérias discussões teológicas em nossa geração. Ignorar o que esses termos significam e envolvem é o mesmo que romper com um debate teológico articulado com aqueles que estão mais necessitados de perspectivas evangélicas.

Por outro lado, essa tendência profissional de falar em línguas enigmáticas contrasta marcantemente com a proclamação lúcida da revelação bíblica para simples mortais. A mensagem cristã é boa-nova para as massas, e, a não ser que os teólogos sejam inteligíveis na esfera pública e na imprensa pública, serão ignorados por ambos. Mesmo na Alemanha, onde o treinamento universitário formal concede maior familiaridade com a história das ideias do que a maioria das instituições acadêmicas estadunidenses, mais de um professor comentou que os pormenores da teologia contemporânea são tão complexos que suas sutilezas nem mesmo são percebidas por muitos novos estudantes de teologia. Somente a inescapável importância dos assuntos envolvidos pode, portanto, justificar nosso persistente interesse neles.

Estou profundamente grato pela contribuição de eruditos de várias tradições, de modo especial aos filósofos competentes sob a orientação de quem estudei, tais como Gordon H. Clark, W. Harry Jellema e Edgar S. Brightman. Desde os primeiros dias, quando Edward John Carnell e eu nos interessamos seriamente pelo engajamento literário evangélico, tenho sido desafiado e enriquecido por muitos teólogos e outras pessoas com quem dialoguei e cujo trabalho eu li. A minha gratidão a eles é expressa sempre que me recordo deles de forma específica, embora umas poucas situações possam ter me escapado. Lembro-me, por exemplo, de ter deparado com a obra não traduzida de Nygren *Religiöst Apriori* e me encontrado aos sábados pela manhã com um pastor sueco que trabalhou comigo através de toda a obra. Mas a nenhum outro de meus contemporâneos devo mais profundamente do que a Gordon Clark. Desde os anos 1930, quando me ensinou filosofia medieval e moderna em Wheaton,[2] o considero o maior dos filósofos evangélicos na identificação das incoerências lógicas que permeiam alternativas não evangélicas e na apresentação da superioridade intelectual do cristianismo teísta. Ele fez comentários úteis em muitos capítulos.

Reconheço o uso proveitoso da dissertação de doutorado de Peter Genco quanto à "Verificação, falsificação e a linguagem do teísmo cristão", em seções do capítulo 5 ("A ascensão e queda do positivismo lógico"), e na nota suplementar do capítulo 10 ("Teologia e ciência") sobre "Ciência e o invisível"; no capítulo 15 ("Verificação empírica e o teísmo cristão"), apresento certa crítica à abordagem dele.

Minha dívida de gratidão à minha esposa Helga vai muito além das palavras. Pacientemente e de forma sacrificial, ela leu muito do material dessa obra, oferecendo sugestões literárias e esclarecendo a expressão do meu pensamento; além disso, ela até mesmo elucidou, aqui e ali, noções que eu não tinha intenção de comunicar. Sua facilidade com línguas modernas tem sido de grande ajuda. Por exemplo, muito antes de estar disponível numa tradução em inglês, trabalhamos juntos pela obra de Brunner *Die christliche Lehre von Gott*.

---

[2] [NR] Trata-se da notória instituição *Wheaton College*, responsável pela formação de boa parte da academia teológica estadunidense durante o século XX.

Também estou profundamente agradecido à Visão Mundial Internacional, que me encorajou a completar este esforço literário num período de tempo que não foi afetado nem por ensino nem por compromissos de palestras. Depois de completar o primeiro volume, a VMI colocou à minha disposição o auxílio de uma secretária, coisa que não desfrutava desde que deixei a revista *Christianity today* em 1968. Pela providência divina, a aposentadoria de Irma Peterson, minha secretária de longa data, permitiu que ela reassumisse esse relacionamento de trabalho a uma distância postal de 4.800 km.

Este esforço literário representa material até agora não publicado no qual trabalhei, de tempos em tempos, durante os últimos vinte e cinco anos de ensino, pesquisa e preleções. Não é um empreendimento de pouco tempo. Um ano de pesquisa pós-graduada fora do país, na Universidade Cambridge, assim como um período anterior no *New College*, em Edimburgo, contribuíram para a preparação dessa obra. Parte de seu conteúdo serviu ao longo do tempo como material de preleções, ou em séries acadêmicas ou quando lecionei como professor visitante no *Eastern Baptist Theological Seminary* e na *Trinity Evangelical Divinity School*; também em outros países em 1974, 1975 e 1976, no Asian Center for *Theological Studies and Mission*, em Seul, na Coreia. Devo, ainda, manifestar minha gratidão às várias instituições nas quais apresentei uma ou mais unidades desta obra em séries de breves preleções: *Asbury Theological Seminary, Mid-America Baptist Theological Seminary, Albion College, Eastern Mennonite College, Grand Canyon College, Greenville College, Mars Hill College, Mount Vernon Nazarene College, Olivet Nazarene College, Pacific Union College, Trinity Christian College, Northwestern University, Ball State University, Loma Linda University, Pacific Lutheran University, Valparaiso University, University of Delaware* e *Western Kentucky University*. Além disso, apresentei algumas preleções na América Latina: na *Misión de Central America*, na Cidade da Guatemala; no *Seminario Bíblico Latinoamericano*, em San José, Costa Rica; no *Seminario Evangélico de Lima*, Peru; no Instituto Bíblico em Buenos Aires, Argentina; no Seminário Teológico Batista de Recife, no Seminário Teológico Batista do Rio de Janeiro e na Faculdade Teológica Batista em São Paulo, Brasil; e no *Seminario Evangélico Asociado*, em Maracaibo, Venezuela. Algumas preleções foram feitas na Ásia: no *Chinese Graduate School of Theology*, em Hong Kong; no

Prefácio

China Evangelical Seminary, em Taipei; no *Korea Baptist Theological Seminary*, em Daejeon; no *Presbyterian Theological Seminary* e no *Seoul Theological Seminary*, na Coreia; e nas seções de treinamento do *Evangelism International*, em Cingapura em 1974. Na Nova Zelândia, preleções foram apresentadas na *Auckland University* e no *Bible College of New Zeland*; e na Austrália, no *Moore Theological College de Sydney*, no *Baptist College of New South Wales*, no *Ridley College of Melbourne*, no *Bible College of South Australia*, no *Baptist Theological College of West Australia*, e na *Perth University*.

Este livro foi planejado para ser publicado no Dia de Ações de Graças.[3]

Arlington, Virginia
CARL F. H. HENRY

---

[3] [NR] O "Dia de Ação de Graças" é comemorado nos Estados Unidos da América todos os anos na última quinta-feira do mês de novembro.

Introdução à teologia

É só falar a respeito de uma introdução a Deus, ou à ciência de Deus, e algumas pessoas irão imediatamente procurar pela saída mais próxima. Uma introdução de técnicas para o sexo — aí, sim, teremos audiência cativa! Ou um manual (não a respeito de como evitar a ascensão e a queda do império americano, mas) sobre como transformar os índices *Dow Jones*[4] numa enxurrada de dinheiro para qualquer um — bem, isso é que é a religião que dá certo, o céu na terra. O que pode ensejar um futuro mais fascinante do que as dicas de Merrill Lynch, Pierce, Fenner e Smith,[5] ou de Johnson e Masters?[6]

Mas que futuro tem a teologia? Se o futuro é ainda previsível, será que os horóscopos astrológicos publicam agora a verdade e o caminho? Será que os sábios deixaram de ler as estrelas? Um futuro para a teologia? Será que ela tem até mesmo um presente? Não estão nos dizendo os próprios teólogos que Deus está morto? A teologia é, em última análise, uma atividade intelectual viável e séria?

Há um século, o autor francês Júlio Verne escreveu histórias extravagantes e originais nas quais previu muitos dos avanços científicos impressionantes de nossos dias, tais como submarinos, aviões e a televisão. O que ele não previu foi a perda, igualmente impressionante, de algo que era um pressuposto em quase todo lugar, a realidade de Deus. Para a nossa geração, não é a teologia apenas uma preocupação questionável, na melhor das hipóteses? O homem

---

[4] [NT] Dow Jones é o nome do índice da bolsa de valores de Nova York, EUA.

[5] [NR] Nomes de grandes empresas de investimentos, algumas já falidas.

[6] [NR] Nomes dos famosos sexólogos William H. Masters e Virginia E. Johnson, que publicaram durante décadas — de 1957 a 1990 — estudos sobre a sexualidade humana.

contemporâneo tem muito mais certeza de que astronautas andam na lua do que da encarnação de Jesus Cristo, têm mais convicção de que cientistas são lançados ao espaço sideral do que o Logos *que veio do céu* (Jo 3.13), como a eterna Palavra, que se fez carne (Jo 1.14). Para o homem secular ocidental do fim dos anos 1970, não existe mundo mais distante do que o da teologia.

A religião se tornou, agora, uma espécie de "prato ao gosto do freguês" — uma questão de preferência pessoal, em vez de uma verdade que demanda compromisso, universalmente válida para todos — cristãos ou não. Não se trata de um empreendimento racional, mas de uma superstição fora de moda, como a alquimia ou a astrologia, que infelizmente sobreviveu do passado ou da idade das trevas. Por muito tempo, os próprios propagandistas da religião têm recomendado decisões não por causa da verdade, mas como consolação pessoal e pela estabilidade social que isso traz, de tal forma que essas inverdades estão sendo vistas cada vez mais como o sangue vital da religião. Até mesmo teólogos neoprotestantes hoje em dia afirmam que a revelação divina deve ser crida sem questionamento e que ela não pode ser integrada a qualquer sistema unificado de verdade. Poder-se-ia até estar disposto a perdoar Tertuliano, que escreveu a Marcião dizendo que as afirmações cristãs merecem ser cridas por serem absurdas, do que aos dialéticos e existencialistas teólogos modernos, que acriticamente defendem a mesma tolice dezessete séculos depois. De modo exagerado, o salto de fé foi reputado como uma virtude, de tal forma que os religiosos contemporâneos se tornaram mais notórios por se precipitarem engenhosamente sobre objeções racionais do que por uma confrontação inteligente com as questões. Uma alegação constante de ateus e agnósticos modernos é de que a teologia simplesmente preempacota uma bandeja com ideias a serem ingeridas apressadamente mais do que para serem cuidadosamente saboreadas por *gourmets* intelectuais. As religiões mundiais oferecem, dizem eles, uma variedade de comida congelada de conveniência feita pelos homens, esperando o momento em que indivíduos ansiosos encontrem situações de emergência não antecipadas e, assim, se disponham a comer qualquer coisa, em vez de passar fome.

Se a teologia, portanto, não está morta, é ela uma completa tolice? Estaremos nós meramente perseguindo um desejo

Introdução à teologia

inalcançável? Não foi a teologia ensinada durante muitos séculos por homens ordenados pelas várias religiões mundiais a fim de erguer as suas próprias bandeiras? Será que ela é, conforme alguém sugeriu, uma forma especializada e forjada de filosofia em que as conclusões já estão definidas antes mesmo de começarem as discussões? Não é uma forma espúria de filosofia aquela que estabelece a si própria com pressupostos inquestionados e inquestionáveis, que se recusa a enfrentar problemas, e que encurrala seus convertidos dentro de um comprometimento irracional, que é academicamente fechado e intelectualmente desonesto? Será que a dúvida do cético acerca do cristianismo poderá ser superada por um rápido apelo à "aposta" de Pascal — uma aposta de vida na perspectiva de que, mesmo se a pessoa estiver intelectualmente errada, ainda assim ela tem mais a ganhar por apostar em Deus do que no não Deus?

Teologia, insistiremos, não começa simplesmente em Deus como uma pressuposição especulativa, mas com Deus conhecido em sua revelação. No entanto, o apelo a Deus e à revelação não pode ficar isolado, se é que pretenda ser relevante. Deve acolher também algum tipo de concordância quanto aos métodos racionais de investigação, modos de argumentação e critérios de verificação. Pois a questão crítica hoje em dia não é simplesmente "Qual é o material da teologia?", mas "Como prosseguir desse material às conclusões que encaminham, elas mesmas, à reflexão racional?". A questão fundamental continua sendo a questão da verdade, a verdade das afirmações teológicas. Nenhum labor teológico vale o esforço se essa questão fundamental for obscurecida. A teologia que permanece deve reviver e preservar a distinção entre a verdadeira religião e a falsa religião, uma distinção há muito obscurecida por teólogos neoprotestantes. Ou a religião de Jesus Cristo é verdadeira, ou não vale a pena se incomodar com ela. Verdadeira adoração é o que Jesus requer: *Deus é Espírito, e é necessário que aqueles que o adoram o adorem no Espírito e em verdade* (Jo 4.24). Jesus rompeu com os líderes religiosos de seus dias tendo como base o fato de que eles estavam falsificando a revelação do Antigo Testamento; na verdade, Jesus chegou bem perto de denunciar alguns dos porta-vozes religiosos influentes da época como mentirosos (Jo 8.44ss.). Essa estratégia dificilmente tinha sido divisada para ajudá-lo a conquistar algum prêmio da parte deles, mas manteve a prioridade máxima para a verdade como uma preocupação religiosa.

DEUS, REVELAÇÃO E AUTORIDADE

Até mesmo um teólogo que luta pelo teísmo cristão no contexto da verdade definitiva necessita, por causa disso mesmo, permanecer extremamente consciente de sua própria finitude e falhas. Ele, porém, poderá esperar e orar para que seu trabalho, pelo menos, faça que seja mais difícil que mentes inquiridoras se esquivem de uma introdução à teologia e que Deus mesmo se mostre favorável a honrar uma testemunha dedicada.

1

A crise da verdade
e da palavra

Nenhum outro fato da vida contemporânea do mundo ocidental é mais evidente do que a sua crescente desconfiança da verdade definitiva e o seu questionamento implacável de qualquer palavra afirmativa. O humor predominante, como nos diz Langdon Gilkey, está "cético a respeito de todas as formulações de coerência extrema ou de sentido extremo, tanto especulativo como teológico", e "duvida das possibilidades tanto do conhecimento filosófico como da fé religiosa" (*Naming the Whirlwind*,[7] p. 24). O homem do interior há muito tempo tachado de "São Tomé" provinciano encontrou agora o seu contraponto quase universal e sofisticado. Essa crise atual sobre verdade e palavra está tão disseminada que, segundo alguns observadores, a noite do niilismo — uma nova idade das trevas — poderá rapidamente tomar conta do mundo civilizado, e particularmente do Ocidente, o qual faz tempo tem se promovido como a ponta de lança do progresso cósmico.

Por trás dessa discussão sobre que palavra, e de quem profere palavra digna, existe uma profunda discordância sobre qual das diversas mídias, que confrontam a humanidade em todo lugar, revela corretamente a verdadeira natureza e curso dos eventos humanos. De modo específico, duas forças poderosas — de muitas maneiras,

---

[7] Informação bibliográfica completa das obras citadas no texto é apresentada na Bibliografia, no fim do livro.

as mais fantasticamente potentes influências conhecidas pela história do homem — estão hoje perseguindo e competindo pelo espírito humano que se encontra em dificuldades.

Por um lado, o Deus da revelação judaico-cristã, cuja verdade e Palavra anularam deidades pagãs no passado remoto, ainda impõe ao homem moderno secularizado que ele seja inteiramente responsável diante da exposição teísta da vida humana. O Deus vivo da Bíblia se mostra e fala de modo inescapável e invencível; o Logos divino é o canal da revelação sobrenatural, sempre aberto e em todo lugar. O Deus que se autorrevela atribui o abandono da verdade e a imprecisão de palavras unicamente aos caminhos desonestos do ser humano, e implora continuamente a uma humanidade insatisfeita que incline os seus ouvidos e abra os seus olhos para a oferta da sua revelação e redenção.

Por outro lado, o discurso secularizado da tecnologia audiovisual determina, mais e mais, o tom para o pensamento e a conduta humanos. Deliberada e universalmente, os meios de comunicação de massa se impõem sobre o homem moderno. Reforçadas pela cor e pela sutileza, a televisão, bem como o rádio ou a página impressa, transformam em alvo de sua propaganda até a última alma humana. Essas mídias têm sido tão impressionantemente inteligentes e bem--sucedidas em cativar o espírito contemporâneo — já debilitado pela vacilação moral e dúvida espiritual — que a antiga exortação do eterno sobre guardar-se dos ídolos visuais seria duplamente pertinente hoje em dia.

Os meios de comunicação de massa, na verdade, não fazem qualquer reivindicação, seja aberta, seja velada, de ocuparem o papel de Deus; muito menos de determinar verdades válidas para todos os tempos e mandamentos definitivos. Não fingem funcionar como um "para-Logos", um meio de aluguel da revelação definitiva. Portanto, seria enganoso colocar Deus contra a mídia moderna como se Satanás, aquele traiçoeiro "anjo de luz", tivesse agora, engenhosamente, se dissolvido na tecnologia televisiva. A mídia "não é a causa, mas a expressão da vacuidade contemporânea", escreve Malcolm Muggeridge na *Esquire* (Janeiro 1973, p. 52). Marshall McLuhan, ele acrescenta, "quando apresentou o seu famoso dito de que o meio [a mídia] é a mensagem, negligenciou o fato de que o meio não tem mensagem alguma. Em última análise, o meio não tem nada a dizer...".

Ainda assim, dizer que os meios de comunicação de massa não são nada mais do que espelhos bem polidos, refletindo a falta de inteligência espiritual da atualidade, pode ser contestado a partir de duas bases. Algo mais precisa ser dito do que simplesmente que, enquanto o Logos de Deus, como meio divino de revelação definitiva, é tanto o possuidor da mensagem como a própria mensagem, os meios de comunicação de massa não são nem possuem a mensagem. Obviamente, os meios de comunicação de massa não originaram a confusão que existe em nossa era; eles, porém, sem dúvida, ampliaram e pioraram a crise da verdade e da palavra.

Como resposta aos críticos que acusam as agências de notícias de fabricarem os fatos, é preciso dizer que os porta-vozes da mídia afirmam — diferentemente de grupos de interesse especial, tais como o governo, a indústria e a força de trabalho — que as redes de notícia apresentam a cena moderna como ela é (para usar as reconfortantes palavras de despedida de Walter Cronkite, no fim do telejornal que apresentava). A exposição de ilegalidades e de erros morais do caso Watergate, que contribuíram, ainda que de maneira dolorosa, para a condenação de assistentes de Nixon e do próprio presidente, permanece como um tributo a uma imprensa livre e corajosa, coisa que um regime comunista padrão certamente não permitiria que acontecesse. Por tudo isso, a mídia raramente lida de forma séria e profunda com princípios de valor permanente. Quando, mesmo no contexto do caso Watergate, foi concedido tempo equivalente para facetas da realidade, tais como a natureza inflexível da ordem moral? Ou para a insistente demanda bíblica de que *Seja [...] vosso sim, sim, e vosso não, não* (Tg 5.12; cf. Mt 5.37)? Para a conexão de todo o equívoco e falsidade com o maligno? Ou para os invioláveis mandamentos de Deus, de que, quando pensamos que podemos deixar de cumpri-los e ficar impunes, de fato nós é que nos damos mal? A verdade última, o bem imutável e o verdadeiro Deus vivo são, por programação prévia, na maioria das vezes deixados de lado no mundo real. Apesar do comentário ético ocasional e de alguma cobertura especial de eventos religiosos e de questões morais, a mídia tende mais à acomodação do que à crítica das ambiguidades teológicas e éticas de nosso tempo.

DEUS, REVELAÇÃO E AUTORIDADE

Sua devoção principal àquilo que agrada aos telespectadores e aos leitores cumpre um papel não insignificante em eclipsar Deus e princípios morais fixos na vida contemporânea.

Os defensores da mídia argumentam, algumas vezes, que os meios de comunicação de massa não possuem um mandato especial de providenciar normas ou padrões pelos quais a sociedade deve julgar a si mesma. Afinal de contas, a televisão é, acima de tudo, um meio de entretenimento. Essa resposta é superficial e evasiva. De fato, é duplamente insatisfatória num tempo em que os ventos selvagens e licenciosos da modernidade tiraram de cena qualquer certeza de Palavra de Deus. Tal resposta sustenta o pressuposto de que existem muitos deuses e de que a verdade permanente e o bem são ficção. Sendo reconhecido ou não, ninguém vive por um momento sequer sem um compromisso ético teológico, mesmo que superficial. A própria mídia professa honrar códigos de boa programação, transmissão e jornalismo. Por que esses códigos não podem também sancionar uma preocupação pela verdade e a afirmação de valores? Às vezes se enfatiza que a tradição americana da separação entre Igreja e Estado impede um compromisso público em favor de determinada estrutura teológico-moral; sinagogas e igrejas, portanto, não deveriam esperar que a indústria do entretenimento promova os seus princípios particulares. Tudo isso pode ser verdade. Por outro lado, essa separação entre Igreja e Estado emite uma licença para denegrir o que é correto e bom? Ao condicionar o público para que aceite o declínio moral, a mídia do entretenimento sufoca a disposição para a autocrítica e esconde o dia da ruína que se aproxima para a civilização. Malcolm Muggeridge observa "que aquilo que é chamado de civilização ocidental se acha num avançado estado de decomposição, e que outra idade das trevas logo estará sobre nós, se é que já não começou. Com a mídia, especialmente a televisão, governando a nossa vida, como sem dúvida o faz, é fácil imaginar que isso acontecerá sem que nos demos conta [...] ao nos acostumar com a deterioração gradual de nossos valores" (*Living through an Apocalypse*, p. 4).

Seja qual for o caso, se professam contar a verdade nua e crua ou se são necessariamente indiferentes à verdade da verdade, a mídia parece ter deixado Deus e a moralidade para os céticos. A televisão tem sido, frequentemente, suspeita de promover a violência e de

A crise da verdade e da palavra

mostrar comerciais que são enganosos; raramente, se é que alguma vez aconteceu, foi acusada de fomentar teólogos e eticistas perspicazes. Em muitos sentidos, a crise da verdade e da palavra se forja como um conflito entre o Logos de Deus, como o meio da revelação divina, e os modernos meios de comunicação de massa, como sustentadores do espírito secular. Junto com esporádicos e raros fragmentos de interesse genuíno, a mídia se presta a dignificar deuses falsos, valores espúrios e a pseudoverdade. Ao encobrir a realidade de Deus e a fixação da verdade e do bem, encoraja a maré do ceticismo que inunda a civilização contemporânea, e abandona o homem moderno ao relativismo na ética e a uma multiplicidade de deuses falsos. Ainda assim, o seu poder colossal sobre a vida moderna faz da mídia uma força quase sobre-humana. Somente a recuperação da verdade da revelação poderá acalmar os ventos incertos que essas mídias acomodam. Mas, se nenhum contra-ataque eficaz puder ser desferido no interior dessas influentes agências, então nenhum remédio, ao que parece, poderá ter sucesso externamente ou independentemente delas.

Quando ouvintes ou telespectadores ligam o rádio ou a televisão, esperam imediato e direto acesso àquilo que é importante no mundo contemporâneo. Por essa razão, o homem secular está ainda mais predisposto a diminuir o cristianismo como uma religião de segunda mão que condiciona a salvação humana a eventos consumados há muito tempo e em lugares distantes. É infundado dizer, é claro, que a religião bíblica exclui relacionamentos diretos entre Deus e o homem. Enquanto o Deus da Bíblia pode ser conhecido somente por uma revelação mediada, ele é, ainda assim, diretamente reconhecível e conclama os homens em toda parte a uma indispensável decisão no presente. Por outro lado, é tola a noção popular de que a televisão ou o rádio podem conectar qualquer um direta e imediatamente ao curso objetivo do mundo externo dos eventos e ao seu significado. Mesmo que os espectadores sintam-se como se estivessem sentados na primeira fila, ao lado de todos os fatos e eventos, a câmera limita severamente o seu campo de visão. Os espectadores estão, de fato, circunscritos àquilo que os produtores planejam e apresentam, e àquilo que os editores de cenas selecionam. Além disso, os espectadores não veem exatamente o que os comentaristas e os operadores de câmera veem, uma vez que

DEUS, REVELAÇÃO E AUTORIDADE

cada pessoa percebe impressões que são, necessariamente, suas e somente suas.

A liberdade de reportagem, de seleção e de interpretação do conteúdo da mídia varia imensamente de cultura para cultura. O modo pelo qual os tiranos do totalitarismo exploram o poder da mídia para escravizar as massas, assumindo o controle do rádio, da televisão e da imprensa, é bastante conhecido. Nos países comunistas, o partido dita aquilo que o público tem o direito de ouvir e assistir; a mídia é um instrumento para a expansão do marxismo. Não menos atentos à influência universal da mídia estão os livre-empreendedores, que reservam a Avenida Madison para promover produtos, personalidades ou princípios de mérito variável, ou sem mérito algum. Segundo Burt Zollo, por volta de 1700 agências de relações públicas, e sessenta mil especialistas em promoção, estavam envolvidos no estabelecimento da imagem pública de corporações e de executivos nos Estados Unidos, além de estimular as vendas (*The dollars and sense of public relations*, p. 2).

Possibilidades fantásticas, de se criarem mitos, orbitam esse mundo mágico tecnocrático, cujas imaginação criativa e visualização artística parecem capazes de forjar uma nova realidade quase à mercê de sua própria vontade. Advertências periódicas sugerem a impressionante possibilidade de manipular grandes massas de gente por meio de cuidadosa maquinação. Certos radicais da contracultura têm denunciado, por exemplo, que um complexo militar industrial controla a mídia americana, apesar de que a mídia, de fato, frequente e corajosamente tem desafiado o poder militar por meio de reportagens críticas e não apoiadoras. Os revolucionários da raça negra, por seu lado, afirmam que os valores culturais brancos e euro-americanos saturam a mídia. Outros sugerem que os assim chamados valores brancos ocidentais são, frequentemente, insinuados tão fortemente que o espectador inteligente é, muitas vezes, repelido e sai em busca de outras opções.

A crise da palavra e da verdade não é, contudo, algo em todos os sentidos peculiar à civilização contemporânea tecnocrática. Suas raízes não se encontram nos meios de comunicação de massa em si, como se os sofisticados instrumentos mecânicos da comunicação moderna fossem singular e inerentemente perversos. Nem mesmo a Revolução Francesa, que alguns historiadores agora isolam como o desenvolvimento que colocou a história humana sob a sombra de uma revolução contínua, pode adequadamente explicar o mergulho atual da existência humana numa crise sem fim. Por que magníficas civilizações forjadas pelo esforço humano através da história ruíram e caíram, uma após a outra, num súbito apocalíptico? Não será por que, desde a queda humana original e continuando até o presente, o pecado tem lançado a existência humana numa crise da palavra e da verdade sem interrupção? Uma luta de proporções cósmicas entre a verdade e a falsidade, entre o bem e o mal, cobre toda a história da humanidade. A Bíblia retrata essa luta como um conflito entre a autoridade de Deus e as reivindicações do maligno. Ao ser medido pelo padrão dos propósitos santos de Deus, tudo aquilo que o homem arrogantemente designa como cultura humana nada mais é do que idolatria. A Palavra de Deus não profere qualquer menção honrosa àquilo que o homem chama de progresso histórico; pelo contrário, ela denuncia os pseudoparaísos humanos como verdadeiras torres de Babel que encobrem e falsificam a verdade e a Palavra de Deus.

Portanto, precisamos abandonar a noção de que a ciência moderna e suas descobertas sejam os maiores obstáculos para uma fé viva no Deus da revelação e da redenção. Em tempos antigos e pré-científicos, os homens arquitetavam sua revolta espiritual tão vigorosamente como hoje e não invocavam a ciência e a tecnologia como pretexto. Oscar Cullmann escreve com discernimento:

> Devemos rejeitar a falsa noção de que a nossa separação dos testemunhos bíblicos foi causada pelo progresso da ciência moderna, de forma que hoje não podemos crer na história da salvação porque a nossa cosmovisão mudou. Devemos ver claramente [...] que as descobertas mais recentes [...] de modo nenhum fazem da fé na história da salvação algo mais difícil do que era para os homens durante os dias do cristianismo primitivo. Essa fé era tão difícil para os homens daqueles tempos e para os filósofos daquela era como o é para nós, mesmo sendo sua filosofia diferente dessa de nossa era. (*Salvation in History*, p. 319s.)

Em outras palavras, a crise moderna da verdade e da palavra não é algo histórica e culturalmente singular.

Mas, apesar do aspecto atemporal da desgraça humana, sua versão moderna exibe algo novo. A engenhosidade científica e o gênio tecnológico acrescentaram inéditas e avassaladoras dimensões à nossa ameaçada vida espiritual. Com sua cobertura mundial de eventos da hora, os meios de comunicação de massa vestem o cientista com uma capa de onicompetência e de latente onisciência. A capacidade da bomba atômica de obliterar cidades inteiras, como Hiroshima e Nagasaki, a incrível e acuradíssima propulsão de mísseis e homens andando na superfície da lua e a ressurreição virtual de pacientes terminais por meio do transplante de órgãos comprovam o impressionante acesso dos cientistas aos segredos do mundo exterior. Com distâncias que variam de centenas para milhares de quilômetros em nosso próprio planeta, até distâncias de centenas de milhares de quilômetros no espaço, os habitantes da terra podem testemunhar a penetração científica em curso de novas fronteiras e de, até agora, obscuros limites. Uma audiência estimada em 528 milhões de telespectadores assistiu ao lançamento dos primeiros astronautas para uma missão na lua. Todavia, o fato de que a última missão recebeu insuficiente interesse de audiência, para justificar uma cobertura completa do retorno à terra, indica a rapidez com que o ineditismo das novas esferas científicas é absorvido nas expectativas quotidianas das pessoas. O homem comum absorve rapidamente a confiança humanista secular na engenhosidade científica e no planejamento tecnocrático como a única garantia de um futuro compensador. Assim, ele sepulta as desconhecidas possibilidades futuras de destruição humana debaixo da perspectiva de uma utopia terrena.

Não muda nada destacar que as doutrinas cristãs de Deus, e de uma criação permeada de continuidades inteligíveis, há muito tempo forneceram apoio metafísico para desenvolvimentos científicos ocidentais, e isso fizeram sem impor noções de onicompetência científica. De fato, já houve um tempo em que uma crença superior no agir e no falar do Deus da revelação profético-apostólica, manifestada supremamente na ressurreição do Jesus crucificado, cativou uma fascinação maior da mente e da vontade das multidões do que até mesmo a ciência tecnológica nos dias de hoje. Não era apenas o

A crise da verdade e da palavra

povo simples, mas também os mais nobres e os mais informados, que começavam o dia com uma oração, oravam em gratidão a Deus pelo alimento à mesa, recebiam com alegria a orientação das Escrituras no meio das atividades diárias e das exigências da vida, andavam em comunhão com Deus ao longo do dia e enfrentavam a morte com a confiança assegurada de uma abençoada vida no além. Hoje em dia, porém, muitos não aceitam a Palavra de Deus, soprada pelo Espírito, e sim os pronunciamentos baseados em experimentos da ciência como único acesso à verdade e à vida.

Os meios de comunicação de massa se tornaram tão poderosos que a sua atividade global influencia a vida e o pensamento com uma mística quase absurda. Ainda que sejam, obviamente, incapazes de produzir uma nova humanidade, deixaram sua marca indelével no homem moderno, demonstrando sua capacidade de alterar os humores, os costumes sociais e até mesmo a moral das pessoas. Qualquer que seja a ideia que se faça da tese de McLuhan, de que o meio é "a mensagem", permanece o fato de que a mídia de comunicação, como construtora de imagens, inegavelmente forjou o pensamento, a consciência e a vontade de nossa geração, ao sobrepor uma série de valores culturais sobre outros com grande sutileza e sofisticação. Particularmente repreensíveis são os falsos valores masoquistas, que prometem um "novo eu" em troca do repúdio da herança cultural própria em favor de alternativas enganosas. (Os negros não estão sozinhos ao ressentirem-se da ênfase na ideia de que "as loiras se divertem mais" e de que identificar-se com o assim chamado estilo de vida da mulher euro-americana promete uma elevação de conscientização.) Aquilo que as pessoas consideram a imagem ideal reflete, inevitavelmente, sua visão de Deus e dos valores mais importantes – seja isso forjado por um meio de comunicação moderno, seja por um meio de revelação divina. Portanto, se torna inescapavelmente importante a questão se as preocupações do espírito, da consciência e da verdade recebem audibilidade e visibilidade – ou se os homens suprimem a Palavra do Deus vivo. Não somente a cultura humana, mas o destino da humanidade também dependem do fato de se a visão e o som serão reservados apenas para a especulação humana e acontecimentos transitórios ou se serão igualmente empregados para a Palavra e a verdade de Deus.

Não é o fato de ser uma realidade não sensorial que confere a Deus uma reputação ruim na imprensa. Justiça, amor, direitos humanos e muito mais que acaba sendo notícia também são não sensoriais. No entanto, ao lançar sobre os telespectadores e ouvintes as tensões árabe-israelenses, a divisão sino-russa, o dilema econômico, e a crise de energia como o mundo efetivamente real, a mídia quase promove um equívoco puramente sensorial da realidade. Sua barulhenta e vigorosa competição pelo interesse da audiência tende a focalizar somente assuntos seculares como sendo importantes. Todos os meios de comunicação de massa forçam sobre os seus adeptos um clima de crise permanente na esfera sociopolítica em vez de no âmbito ético--espiritual. Não se pretende aqui qualquer reflexão quanto à honestidade e integridade de jornalistas profissionais, nenhuma implicação de que, vistos como uma classe, os "âncoras" distorcem os fatos da forma como os veem. A imprensa do mundo livre tem suas falhas, mas não se pode negar sua excelente reputação por sua dedicada e efetiva cobertura dos eventos. As questões legais e morais que cercavam os acontecimentos do caso Watergate, durante a administração Nixon, foram, de fato, corajosamente investigados pela mídia noticiosa diante de pressões intensamente adversas. Entretanto, reportagens sobre hostilidades internacionais, da utilização de armas de incrível poder de destruição, de lançamentos rotineiros de mísseis que acertam seus alvos a vastas distâncias e a inquietação da cena doméstica agridem o indivíduo de maneira a colocá-lo num estado de identificação confusa com aquilo que ouve. Esse aspecto da crise moderna da verdade e da palavra força o espírito humano até quase o colapso total, uma vez que a sobrevivência e o destino do próprio homem estão em disputa, num mundo complicado por vazios de credibilidade e de aparente falta de sentido.

Por um lado, portanto, a vívida cobertura de eventos eleva o grau de resposta individual até quase ao ponto do engajamento pessoal. Por outro lado, a constante repetição de experiências carregadas de emoção e a exposição a incessantes e imensos apelos superpotencializados levam os ouvintes a se blindarem contra a exaustão emocional e a insensibilizarem seu desejo de envolvimento pessoal. Sydney A. Ahlstrom observa que esse impacto exaustivo da apresentação da mídia também tende a roubar a confrontação religiosa da eficácia que um dia possuiu: "Mapeamento lunar, testes nucleares, discussões sobre um sistema de defesa com mísseis antibalísticos (MAB) e a óbvia possibilidade da extinção do ser humano esgotam a vitalidade da crença tradicional" (*The 1960's: Radicalism in theology and ethics*, p. 13, n. 28). O adepto dos meios de comunicação de massa imagina que a religião deva oferecer a mesma força emocional do lançamento de um foguete na direção da lua, ou de qualquer coisa que tenha substituído o primeiro entusiasmo das façanhas extravagantes de Cabo Kennedy. A aspiração "por palavras milagrosas e por remédios milagrosos", de poder regenerativo (cf. *Medical economics*, março 2, 1970, p. 111), pode evidenciar uma geração que não somente perdeu a Palavra de Deus que dá vida, mas que também se volta prontamente para o demoníaco e o oculto a fim de preencher o vácuo na experiência humana. O desaparecimento de apresentações eficazes da herança bíblica do horário nobre é um fato significativo de nossa era televisiva. O tempo para cultos públicos reservados para a religião é absorvido, principalmente, por agências ecumênicas cujo interesse está centralizado muito mais em atividades sociais e em excentricidades religiosas do que na fé histórica da Bíblia. À medida que a exposição da herança espiritual e moral da civilização ocidental diminui, a mídia concede proeminência crescente a outras expressões religiosas. Frequentemente a crença no sobrenatural é correlacionada à superstição.

Em suma, os meios de comunicação de massa são admiravelmente ágeis na fabricação de novas dimensões para a crise ancestral da palavra e da verdade. Sua indecisão quanto a questões espirituais, seu respeito pelo relativismo moral e pela indefinição espiritual e sua evidente acomodação à visão materialista e centrada no sexo da vida são artifícios familiares para a obtenção de atenção e para a manipulação das mentes. Mas a crise atual é bem mais complexa e vai bem mais fundo do que isso.

Poucas vezes ao longo da história a religião se viu forçada a lutar com problemas tão sérios quanto à verdade e à palavra, e nunca a função das palavras a da natureza da verdade têm sido tão nebulosas e incertas quanto agora. Somente se reconhecermos que a verdade da verdade – de fato, o significado do significado – está hoje em dúvida, e de que essa dúvida impede a palavra de ser o instrumento da verdade e do juízo moral de Deus, poderemos compreender a

DEUS, REVELAÇÃO E AUTORIDADE

profundidade da crise atual. Quando verdade e palavra são mantidas como o universo aceitável do discurso, então todas as aberrações podem ser questionadas em nome da verdade. Hoje em dia, porém, a natureza da verdade e até mesmo a função das palavras estão em jogo.

O colapso da confiança na comunicação verbal é uma marca de nosso tempo. O que está envolvido aqui é mais do que simplesmente uma chamada à sinceridade e à integridade na comunicação verbal. A ampla manipulação e o desencanto com as palavras é cada vez mais imposto sobre os políticos, que são eleitos por causa de uma plataforma e que, depois, enveredam por um caminho diferente do proposto. Isso também é verdade no que diz respeito a grupos religiosos, que professam uma coisa em doutrina e mostram atitudes sociais contrárias, ou mesmo recebem fundos para um propósito e os gastam em outro.

Tal preferência pelo não verbal é especialmente visível na geração jovem, que pensa cada vez mais que as palavras são uma camuflagem para a verdade em lugar de uma revelação; ou seja, as palavras são usadas para encobrir, distorcer e enganar. A teoria da comunicação de Marshall McLuhan presume a obsolescência das palavras.

Se investigarmos as razões para essa atitude, não poderemos escapar de fazer alguma referência aos meios de comunicação de massa como manipuladores da palavra. Esses meios refletem, em nível colossal, a licença que os anunciantes tomam ao promoverem bens de consumo, felizmente cada vez mais regulados pelo governo (na ausência de controle voluntário), uma vez que tal procedimento coloca em risco a saúde pública e está bem próximo de ser uma fraude de consumo. Uma pesquisa da revista *Newsweek* (16 de agosto de 1971, p. 9) mostra uma desconfiança pública marcante dos comerciais de televisão: já "tão cedo quanto o segundo ano da escola, pois as crianças indicam 'desconfiança concreta dos comerciais, frequentemente baseada na experiência com o produto anunciado'"; "no quarto ano elas têm 'desconfiança de comerciais específicos e elementos enganosos dos comerciais'"; e "no sexto ano elas mostram 'desconfiança generalizada de todos os comerciais, exceto dos anúncios de serviços públicos'". Uma das questões periféricas dessa tendência para o cinismo, já tão cedo quanto do segundo ao quarto ano escolar, faz a *Newsweek* perguntar se "os comerciais podem fazer violência à capacidade infantil de confiar". De acordo com estimativas recentes das redes de comunicação, a criança americana típica terá assistido mais do que 25 mil horas de televisão e visto por volta de 350 mil comerciais quando tiver atingido a idade de 18 anos. A desconfiança precoce de afirmações verbais, por causa da indiferença à verdade – sem contar a questão da saúde –, já tem levantado demandas por controle e eliminação de comerciais nos programas infantis de televisão. As implicações que essa desconfiança pode ter, ou tem, no que se refere ao ouvir afirmações religiosas propõem problemas interessantes, também, para aqueles que apoiam a conexão entre o cristianismo e o capitalismo, mas não criticam os equívocos da livre iniciativa.

Os agentes de publicidade exploram termos religiosos e éticos a fim de recomendar produtos potencialmente nocivos – não apenas itens prejudiciais à saúde física, como cigarros e álcool, mas artigos culturalmente questionáveis também. Cigarros, por exemplo, são anunciados como "algo realmente bom", e o problema em chamar o cigarro da marca Winston "bom" é reduzido ao debate sobre a gramática, e não a uma preocupação com a ética e a verdade. Ao brigar pelo sucesso nas vendas, a Avenida Madison[8] abusa das palavras como um veículo da verdade. Algumas vezes, até mesmo a terminologia bíblica é retirada de seu sagrado contexto espiritual e moral e empregada na promoção daquilo que é, meramente, mecânica e eticamente duvidoso ou fisicamente prejudicial. Assim, dois obstáculos são interpostos para a compreensão de conceitos espirituais e morais; as palavras são esvaziadas de seu sentido tradicional e usadas comercialmente para fins questionáveis. Como técnica de manipulação de pessoas, essas táticas comerciais frequentemente aparentam ser uma abordagem radical, que mantém conceitos nobres de valor motivacional, mas que evita qualquer definição de termos. Esse procedimento pode distorcer tanto o bem que, como Francis Schaeffer observou em algum lugar, um rapaz é encorajado a se tornar "como Cristo" ao dormir com uma moça que "precisa" dele.

Se as igrejas cristãs tivessem efetivamente lutado pela integridade da verdade e da palavra no espaço público, poderiam e teriam colocado em cheque o mau uso prevalecente das palavras a fim de encobrir e de distorcer a verdade. Poderiam ter feito dos meios de

---

[8] [NR] É uma avenida em Nova York onde encontram-se inúmeras das maiores agências de publicidade dos Estados Unidos.

comunicação de massa algo ainda eficaz para o evangelho de Cristo do que foi a imprensa escrita durante a Reforma. Mas muitos adeptos modernos da igreja, confundidos pela alta crítica e enamorados da teologia existencial, têm argumentado que o conteúdo da Palavra de Deus não pode ser formulado em palavras. Jovens teólogos promovem ênfases tais quais a de Sigmund Mowinckel, de que "a palavra de Deus não é fala nem expressão verbal de ideias, conceitos e pensamentos, mas ação" (*The Old Testament as the word of God*, p. 42); ou da proposição de teólogos querigmáticos, de que a Palavra de Deus consiste na presença divina pessoal que é incapaz de ser formulada em palavras.

Além disso, o ecumenismo neoprotestante põe o seu próprio valor sobre a ambiguidade verbal como sendo útil para a promoção da unidade eclesiástica. Tais acrobacias semânticas não diferem da prática comercial de abusar dos símbolos sagrados com a finalidade de elevar as vendas. Semelhantemente, revisores editoriais têm adotado a obscuridade verbal nela confiado a fim de promover o avanço da causa da fusão de igrejas. Diferenças de longa data nos credos são depreciadas com generalizações bem arquitetadas. Se os jogos linguísticos propostos pelos políticos seculares esvaziam a confiança nos processos democráticos, as consequências não são menos devastadoras quando burocratas eclesiásticos se apoiam em fala ambígua para promover interesses pessoais. Como consequência, homens de igreja dificilmente estão numa posição estratégica para protestar contra o mau uso mundano e o abuso dos símbolos religiosos.

A comunicação não verbal reivindica, agora, cada vez mais atenção, senão prioridade. Hoje em dia, ouvimos dizer frequentemente que o tempo para as palavras já passou, que para o homem moderno as palavras perderam o seu significado e poder. Em deferência às resultantes abordagens de vida anti-intelectuais e existenciais, os programas de rádio e de televisão concentram-se, mais frequentemente, no som e nas imagens, a fim de obter de seu público uma reação emotiva, em lugar de cognitiva. Dessa forma, cresce a impressão equivocada de que a linguagem comum é inadequada para expressar a verdade e representar a realidade. A música e a arte se tornaram subjetivamente introvertidas e tendem a perder a relevância como âmbito de experiência e comunicação compartilhadas. Quando floresce a noção de

A crise da verdade e da palavra

que não se pode confiar em palavras como veículos da verdade, e termos de conotação religiosa são empregados de forma descontrolada e perversa, o cristianismo – por ser uma religião baseada em revelação verbal – sofre mais do que outras religiões mundiais.

Todavia, não é somente a religião revelada que o culto moderno da experiência não verbal põe em cheque; ele também torna trivial toda a herança cultural do mundo ocidental. Ao se retirar das palavras qualquer função necessária ou legítima como recurso revelador, não é apenas a inteligibilidade da revelação que se está negando, mas também a própria racionalidade da existência humana. A experiência não verbal não pode suprir a geração atual com alternativas frutíferas ao vazio espiritual de nossa época; o silêncio cavernoso de um mundo sem fala é incapaz de ecoar uma única sílaba de esperança. Desverbalizar uma sociedade já despersonalizada significa desumanizá-la ainda mais. Vida comunitária reduzida a uma charada inarticulada é, meramente, uma Babel humana tomada por exaustão mental e verbal.

Aqueles que apelam às palavras para nos dizer que as palavras distorcem a realidade e a verdade praticam um exercício de futilidade ou de contradição. Os teólogos radicais que menosprezam, eles mesmos, a verbalização cristã frequentemente empregam um dilúvio de palavras para depreciar ou minar a importância das palavras para a teologia. Se palavras forem consideradas intrinsecamente não confiáveis, então o futuro de uma teologia de revelação verbal e a proclamação verbal do evangelho – ou, no fim das contas, de qualquer outra formulação escrita ou falada – é, de fato, sombrio. A religião judaico-cristã está supremamente centralizada no Deus vivo que se revela em sua Palavra, e essa Palavra, biblicamente testificada, é comunicada de forma inteligível por meio de sentenças que têm significados. Se a única coisa que pode se dizer sobre os meios de comunicação de massa é que a sua comunicação da linguagem humana compromete a sua confiabilidade, então a teologia cristã e todo tipo de comunicação racional e verbal têm pouca perspectiva de sucesso numa era tecnológica. No entanto, o cristianismo bíblico é o que de todos tem menos razão para se acomodar a uma abordagem da vida que seja antiverbal ou antimídia. A afirmação de Jesus de Nazaré de conhecer e de proclamar a Palavra e o ensino de Deus fica sem sentido se as

DEUS, REVELAÇÃO E AUTORIDADE

palavras forem inerentemente distorcidas e enganosas. A ilusão do verbal reduziria as afirmações de Jesus ao ridículo: *As palavras que vos digo, não as digo por mim mesmo. Mas o Pai, que permanece em mim, é quem faz as suas obras* (Jo 14.10); *Quem é de Deus ouve as suas palavras* (Jo 8.47). A lembrança de Jesus de que a *Escritura não pode ser anulada* (Jo 10.35) deveria assegurar aos evangélicos que nem mesmo a mais poderosa tecnologia poderá dissolver ou destruir a força da Palavra profética e apostólica.

Um juízo geral sobre os meios de comunicação de massa como se fossem, por si sós, inerentemente perversos, ou mesmo especialmente culpáveis, seria uma reação equivocada ao culto da comunicação não verbal. Toda cultura humana, inclusive aquela que propõe a comunicação não verbal, apresenta ingredientes da revolta do homem contra a Palavra e a verdade de Deus; a mídia não é singularmente propensa ao mal nem está unicamente disponível para ele. Abandonar a mídia a controles não regenerados a torna altamente vulnerável a usos e finalidades dúbias. Sem liderança responsiva, ela facilmente servirá para a dissolução da verdade e a distorção gratuita das palavras. Mas julgar a mídia como se fosse inevitavelmente traiçoeira em relação à palavra e, por si só, hostil à verdade, seria manifestar uma suspeita e desconfiança imperdoáveis. Levada até as últimas consequências lógicas, tal visão requer que se evite completamente a mídia como canal pelo qual o homem moderno possa ser confrontado de forma inteligente, tanto pela Palavra de Deus como pelas palavras dos homens.

Se os cristãos deixassem de lado a mídia, como "instrumento do diabo", isso faria que os competentes advogados das ideologias não cristãs e anticristãs fossem imensamente agradecidos. Jesus não ensinou seus discípulos por meio de ações somente, mas também por palavras; ele esperava que promulgassem a sua mensagem verbalmente, como, também, que se apropriassem dela como um estilo de vida. De fato, ele os incumbiu de proclamarem as boas-novas até os confins da terra, de modo que a pregação e o discipulado constituem a responsabilidade mais importante da igreja no mundo. Os reformadores protestantes saudaram a invenção da imprensa como provisão divina para conceder o acesso a todos os homens às Escrituras inspiradas; não teriam feito diferentemente com o rádio e a televisão

A crise da verdade e da palavra

como meios de estender ainda mais a divulgação do evangelho. Os cristãos têm uma responsabilidade imperativa quanto à proclamação verbal e a persuasão racional. A imprensa escrita, o rádio, a televisão e qualquer dispositivo mecânico poderão se tornar uma ferramenta missionária não apenas para diagnosticar a doença terminal que acomete a civilização moderna, como também para a proclamação em todo o mundo da verdade permanente e do poder de Deus. Se Deus deu à igreja "a tarefa de fazer cartazes, dizendo que o Filho de Deus veio ao planeta chamado Terra", como observa C. Richard Shumaker, coordenador literário da *Evangelical Literature Overseas* (*Our unsurpassed God*, p. 6), então numa era de comunicação de massa a igreja deveria decidir-se por nada menos que cumprir a Grande Comissão, por meio de um satélite que orbita a Terra, de proclamar a verdade de Deus.

O cristianismo evangélico dos dias atuais herdou o desafio inédito de empregar a mídia na proclamação da verdade e da Palavra de Deus, de maneira que as premissas implícitas do mundo moderno dos negócios e da revolta antipalavra sejam completamente derrotadas. A mídia trafega principalmente nas notícias ruins; isso não significa, porém, que ela tenha se vendido às más notícias, ou que seja hostil a boas notícias. Melhor do que ninguém, o cristão evangélico deveria entender por que as notícias no mundo tendem a ser ruins, uma vez que ele não tem uma doutrina fácil sobre o pecado nem uma doutrina otimista sobre o progresso. A tarefa cristã é apresentar a capacidade de se fazer noticiável e a qualidade de ser notícia da mensagem cristã, pois o evangelho *é* notícia – a *grande* notícia, a *boa* notícia, a *verdadeira* notícia.

A notícia mais incomum e decisiva na história continua sendo a mensagem que diz que o Deus santo provê ao ser humano pecador uma saída para as danosas consequências do pecado e lhe oferece um novo tipo de vida, adequada tanto para o tempo como para a eternidade. Essa notícia global é mais importante do que o avanço dos Aliados sobre Hitler e os nazistas, ou a tecnologia moderna colocar o homem na lua, ou a última novidade da pesquisa médica recente. A oferta do evangelho de um resgate espiritual, e de uma renovação que leva a uma vida segundo a imagem de Cristo e a um destino eterno na presença santa de Deus, é a melhor notícia do mundo. É

DEUS, REVELAÇÃO E AUTORIDADE

impressionantemente uma verdadeira notícia; pode até dar a impressão para alguns de ser "bom demais para ser verdade". Não é de admirar que os próprios discípulos de Jesus, inicialmente, pensaram ser isso incrível. Lucas nos conta que, quando o Jesus crucificado apresentou-se vivo, alguns dos onze discípulos ainda não acreditavam *por causa de alegria* (Lc 24.41). As boas-novas nunca foram tão mal interpretadas como em nosso próprio tempo, embora sejam aquilo que representa, mais do que qualquer outra mensagem, esperança e promessa.

O mundo moderno das palavras esvaziou o evangelho de sua intenção divina. Palavras de conteúdo autenticamente bíblico – tais como *livre, bem, verdadeiro, santo, amor* etc – foram subjugadas a imitações baratas e carnais. Somente pela restauração da linguagem humana à Palavra de Deus poderá a presente futilidade das palavras ser anulada, e a linguagem contemporânea poderá ser reunida à verdade e à realidade. De acordo com uma teoria recente, a essência da comunicação não é mais para ser encontrada na verdade ou falsidade das afirmações, mas no instrumento ou meio de comunicação. Se a verdade da verdade se perde, então, obviamente, a relevância final de cada palavra também desaparece. Somos deixados somente com uma multiplicidade de "palavras recentes", nenhuma delas fixa ou definitiva. Assim, uma pequena elite de intelectuais "atenienses", devotados às coisas inéditas, logo produz uma geração inteira dos que *estão sempre aprendendo, mas nunca podem chegar ao pleno conhecimento da verdade* (2Tm 3.7). Quando a verdade se perde, a falsidade já não existe; tudo se torna relativo à sua própria situação. Mas a igreja de Cristo sabe que a positiva, boa e criativa Palavra de Deus está atrás, acima e à frente de nós.

Muito mais é sacrificado pela deserção da verdade da revelação do que meramente a verdade sobre Deus, o homem e o mundo; a perda da verdade da Palavra de Deus lança no interior das trevas a própria verdade da verdade, o sentido do sentido, e até mesmo a significância da linguagem. Quando os interesses da razão e da vida se desconectam da revelação de Deus, como base última de julgamento e fonte da verdade, o bem se acomoda e acelera a trajetória contemporânea rumo ao niilismo. Não é apenas o cristianismo que fica de pé ou cai com a realidade da revelação. Somente a restauração da revelação

A crise da verdade e da palavra

será o suficiente para impedir a perda niilista da verdade permanente e do bem. Deveria nos dizer alguma coisa o fato de que, no meio da fartura americana, entre quatro a oito milhões de americanos sofrem de depressão mental, e que o desejo pela morte aflige multidões tomadas por pobreza psicológica. O relativismo gera o pessimismo, e o pessimismo gera o niilismo. Há uma lição duradoura na sequência do texto bíblico em que a serpente diz: *Foi assim que Deus disse* [...]? e a busca do Senhor pelo homem caído com Adão, ... *onde estás?* (Gn 3.1, 9). O odor da morte moral paira sobre uma geração que se blindou contra as questões permanentes da verdade e da consciência. Uma cultura que acolhe suas próprias claras incoerências como inescapáveis irá, inevitavelmente, se sufocar com a falta de oxigênio espiritual e achará que a existência humana não possui dignidade ou sentido. É o homem que morre quando a verdade da verdade e o sentido do sentido se evaporam não Deus.

Os meios de comunicação de massa, especialmente a televisão, se tornaram os mais influentes intermediários entre o mundo externo e o espectador moderno; eles servem como uma mídia hipnótica, possuindo um poder quase oracular para a vida de muitas pessoas. Interposta estrategicamente como supremo intermediário interpretativo, a mídia encobre a agência da revelação divina, apequena a manifestação de Deus na natureza e na história e esconde a reivindicação espiritual e moral da eterna ordem sobre a razão e a consciência. Um intermediário eletrônico, por meio do qual uma era tecnocrática forjou possibilidades sem precedentes para a incredulidade em massa e a descrença sem espaço para manobra, obscurece o mediador, aquele que é verdadeiramente o Logos de Deus. A mídia é o mais poderoso intermediário da civilização moderna, por meio do qual os deuses desta era atraem e cativam uma geração sem rumo. Mais negligenciada pelos filhos da luz do que explorada pelos filhos das trevas, essa poderosa mídia tem a liberdade para escravizar o coração vazio de uma sociedade desarraigada de valores, que precisa desesperadamente e acima de tudo ser libertada para a verdade e a vida da Palavra de Deus. As questões que dizem respeito ao espírito, à santidade, à consciência e à verdade, no fim das contas, são a dobradiça sobre a qual a estabilidade e a sobrevivência de qualquer sociedade, em última análise, dependem. Desconectado da Palavra, um amontoado de palavras pode apenas pôr em curso um destino arruinado.

O mundo hoje pulsa sob uma cacofonia de comunicações. A tecnologia do século XX formou uma aldeia global, na qual os seres humanos são bombardeados com mais sinais visuais e sons do que em qualquer outra geração anterior na história. Palavras e eventos recuperados do passado distante, palavras e eventos do presente vibrante e palavras e eventos projetados para os horizontes do amanhã reivindicam atenção e desejam ser ouvidos. Nenhuma outra geração desde Babel confrontou-se com um problema de comunicação tão imenso, e nenhuma outra colocou sob suspeição a crença na manifestação transcendente da divindade, nem possuiu um senso de autoridade divina menos claro.

Ainda assim, a pesquisa científica ou a filosofia secular não compensam a perda trágica das realidades reveláveis, e essas realidades não foram obliteradas. Para a nossa geração, como também para qualquer outra, continua valendo a promessa de um futuro melhor: *As coisas que olhos não viram, nem ouvidos ouviram, nem penetraram o coração humano, são as que Deus preparou...* (1Co 2.9). Nada pode aliviar a moderna crise da verdade e da palavra mais do que a reconciliação e a restauração da mídia de comunicação humana ao mediador da revelação divina, de maneira a transcender o presente e árduo conflito entre os dois. O Logos de Deus é o mediador definitivo da verdade e do bem; os meios de comunicação de massa são instrumentos humanos múltiplos para a reflexão e a repercussão do mundo do som e da visão num contexto fundamentado na verdade e na Palavra de Deus, ou meramente em perspectivas seculares. O propósito evangélico é o de restaurar o vocabulário desencontrado do homem moderno à clareza e vitalidade da Palavra de Deus. O Deus vivo é o Deus que fala por si mesmo e se mostra em seu agir. É exclusivamente no cristianismo que encontramos as ênfases conjuntas no Deus criador e redentor que apresenta boas-novas ao homem, de forma verbal e inteligível, e no Senhor invisível que se encarnou e se tornou visível. Para o homem moderno renascido, essas ênfases são ainda mais fascinantes e compensadoras do que as maravilhas tecnológicas de nosso tempo.

Se a igreja deverá evangelizar um mundo com mais de sete bilhões de pessoas, ela precisa recuperar uma teologia que anda em sincronia com a invasão divina. De fato, o planeta Terra foi invadido – de fora de seu próprio ser, de fora de seus próprios recursos, de fora de suas próprias possibilidades; foi e ainda continua sendo invadido pelo transcendente Logos, que é feito conhecido na revelação divina. Nesta era dos meios de comunicação de massa, a principal missão da igreja é a superação do eclipse de Deus. Ela deverá se engajar com dedicação na tarefa de descortinar as, atualmente, obscurecidas Palavra e verdade de Deus nas fronteiras das notícias e da persuasão humanas. Ela mesma deverá contar com meios tecnológicos de modo que as multidões de ouvintes e telespectadores ouçam a voz ressonante do Logos encarnado. Ela deverá conduzir as multidões empobrecidas à graça renovadora de Deus, e deverá colocar a nossa própria cultura científica estrategicamente a serviço das reivindicações universais e inegociáveis do Senhor do cosmos.

2

O conflito de perspectivas culturais

Uma rápida pesquisa da história da filosofia poderá ilustrar as conflitantes estruturas de convicções por meio das quais o homem ocidental tem afirmado o significado e o valor da existência humana, e iluminará o entendimento distintivamente cristão da história e da vida. Os termos que habitualmente usamos – antigo, medieval e moderno – por eles próprios nos lembram que a história ocidental, de fato, tem-se dividido nesses vários períodos não por simples conveniência cronológica ou acadêmica, mas por causa de uma necessidade ideológica. A razão para essa divisão tripartite da história é intelectual ou filosófica. Cada cultura tem o seu próprio impulso motivador e seu senso de valores, levanta suas próprias questões especiais e provê suas próprias respostas distintivas. Cada cultura interage com a realidade por intermédio de sua metodologia peculiar – seja ela a razão ou a revelação, a observação empírica ou hipóteses de trabalho, a decisão subjetiva ou qualquer outra coisa.

Quando falamos da mente antiga, queremos significar aquela percepção da realidade e da vida que foi forjada pelos filósofos clássicos gregos, especialmente por Platão (427-347 a.C.) e por Aristóteles (384-322 a.C.). O idealismo antigo – a filosofia sobre a qual a cultura greco-romana está alicerçada – surgiu da confrontação direta com e a refutação de uma teoria naturalista do universo. Demócrito (c. 460-370 a.C.), o porta-voz do naturalismo, reduziu a natureza à interação de incontáveis átomos governados pelo acaso. Em resumo, ele argumentou que a natureza, ou os átomos em ação, é a única realidade; o homem é uma correlação complexa de tais átomos e, consequentemente, não é imortal; a verdade e o bem, tal como tudo mais, são mutáveis e relativos. A teoria de Demócrito elimina a noção de propósito ou teleologia; tudo evolui de uma combinação de necessidade e acaso. Demócrito, porém, não ignorou a ideia de Deus, nem negou as experiências religiosas; ele simplesmente redefiniu os deuses como átomos de muito boa qualidade e de grande durabilidade (daí a ideia de serem *virtualmente* eternos e indestrutíveis), e disse que os fenômenos naturais que influenciam o subconsciente humano nos seus sonhos, durante o sono, são responsáveis pela noção do divino. Na realidade, Demócrito divisou a alma do homem como um complexo de átomos particularmente móveis, e os pensamentos e sentimentos humanos como reflexos físicos. Essa teoria é ainda defendida na atualidade por psicólogos comportamentais, que a apresentam como se fosse uma descoberta do século XX.

Os filósofos gregos da Antiguidade perceberam rapidamente que se nada permanece, como Demócrito dizia, que se o acaso e a mudança permeiam toda a realidade, incluindo a verdade e o bem, de modo que o próprio homem seja visto como meramente um animal esperto, então a vida humana perde o seu significado e o seu propósito, e a cultura se torna algo impossível. No século V a.C., os conceitos de Demócrito foram questionados por Platão e Aristóteles, os quais também contestariam a tese de Edmund Leach, em *A runaway world?*,[9] no século XX d.C. Contra o cientismo de nossos dias, assim como contra o naturalismo de Demócrito, os idealistas gregos consideram tanto *o que* as coisas realmente *são* e *por que* são igualmente importantes e, em última análise, mais importantes do que a descrição de *seu comportamento* (cf. F. M. Cornford, em *The unwritten philosophy and other essays*,[10] p. 87). Os idealistas gregos advertiram que, sem contar com princípios universalmente válidos de verdade e justiça, e estruturas invariáveis de lei e ordem, toda sociedade será assolada por instabilidade e toda a civilização estará fadada à desintegração.

---

[9] Um mundo em descontrole?

[10] A filosofia não escrita e outros ensaios.

O conflito de perspectivas culturais

Os idealistas gregos, entretanto, não empregaram sua energia para somente demolir a teoria naturalista do homem e do mundo. Pelo contrário, elaboraram uma persuasiva visão alternativa. Não é a matéria, diziam eles, mas a mente, o espírito, a razão e as ideias que compõem o princípio definitivo da explanação. Em resumo, o idealismo clássico afirmava que para além do mundo natural visível do tempo e da mudança está um mundo moral e espiritual invisível, que é eterno e imutável. Enquanto o homem é, fisicamente falando, um animal limitado por espaço e tempo, diziam os idealistas gregos, ele é essencialmente ou espiritualmente mais do que um animal: sua mente é um aspecto da mente de Deus e, assim, é indestrutível e imortal. Além do mais, verdade e bem não são distinções relativas e mutáveis, mas realidades eternas e imutáveis.

Para substanciar esse mundo eterno, os filósofos clássicos lançaram mão do raciocínio filosófico. Souberam convencer tão bem os seus contemporâneos, de modo que toda a cultura greco-romana foi influenciada: a literatura e as artes, a política e todos os domínios do saber e da vida. Daí em diante, a cultura greco-romana ficou associada à premissa de que a realidade definitiva é a espiritual, de que a verdade e o bem são objetivos e eternos, de que o homem é qualitativamente singular, de que a existência humana tem um sentido e um propósito maior. Dessa forma, o povo grego comum ancorou sua expectativa de uma vida com propósito, confiável e compreensível no entendimento de que uma ordem objetiva estrutura o nosso mundo. Essa ordem não é derivada ou dependente do nosso cosmos experimentado, mas de um no qual o cosmos e o homem dependem para que haja uma existência com sentido.

Com o passar do tempo, essa mente clássica antiga foi sendo substituída pela mente medieval. Um desenvolvimento importante, mais do que qualquer outro, foi responsável por essa mudança, a saber, a vinda de Jesus Cristo ao mundo. Quando Cristo veio, a visão antiga, certamente, já estava trincando sob a pesada pressão de seus defeitos internos. Quanto mais insistentemente seus filósofos afirmavam um mundo espiritual invisível, tanto mais veemente se tornava a demanda por informação a respeito da natureza de Deus e de seus caminhos. E, uma vez que os filósofos eram complicados, e frequentemente discordavam profundamente entre si, multidões recorriam

DEUS, REVELAÇÃO E AUTORIDADE

às religiões de mistério a fim de satisfazerem suas aspirações interiores. Além disso, os filósofos clássicos presumiam não apenas que o homem finito poderia conhecer a verdade sem a ajuda da revelação especial divina, mas também que, mesmo em sua presente condição moral, ele poderia alcançar o bem sem assistência especial divina. No entanto, ambas as expectativas entraram em colapso devido à fraqueza da condição humana não regenerada. Tais tensões internas eram combinadas e multiplicadas pela desunião e desordem externas. As custosas guerras entre as cidades-Estado gregas desintegraram a coesão nacional e aceleraram o seu declínio social.

A mensagem cristã irrompeu no mundo greco-romano não simplesmente como uma filosofia preferível, ou como uma conceitualidade especulativa da vida e do mundo, mas como uma mensagem dinâmica de revelação divina, como uma Palavra de Deus digna de crédito. Ela não apresentava Deus como a prova definitiva, descoberta por um brilhante filósofo detetive, como uma pressuposição necessária da ordem cósmica que descortina o mistério final do universo. Nem mesmo o via como o X definitivo que completa o grande "jogo da velha", cujo resultado final seria, de outra forma, a vitória do 0-0-0, ou alguma alternativa enigmática. Embora o cristianismo compartilhe a crença greco-romana na realidade do sobrenatural, na singularidade do ser humano e na objetividade da verdade e do bem, ele traça essa perspectiva com diferenças tão profundas que a mente antiga ficou desacreditada como especulativa. Mesmo com toda a sua alta ênfase na verdade objetiva, no bem eterno e na dignidade humana, a filosofia grega clássica foi repudiada como teoria pagã. O cristianismo acusou a sabedoria secular grega de sutilmente colocar o homem pecador autonomamente no centro da criação de Deus, deslocando a esperança do bem-estar humano e a sua dignidade última para a engenhosidade especulativa do próprio homem.

A alternativa medieval não apela para o raciocínio filosófico, mas para a manifestação divina, para a verdade de Deus revelada de modo supremo em Jesus Cristo. Essa crença no Deus vivo e verdadeiro, que se fez conhecido por seus poderosos atos salvíficos, e que comunicou sua santa vontade nas Escrituras profético-apostólicas, foi sufocando, de forma crescente, as antigas projeções politeístas. Isso aconteceu até que, finalmente, o Império Romano rui, o que

O conflito de perspectivas culturais

dá testemunho silencioso a respeito da força da mente e da cultura antigas que se esvaiu. Por mais de mil anos, até a ascensão da filosofia moderna, a formação dos ideais das massas estava radicado nesse entendimento espiritual da realidade e da vida.

Apesar de Jesus Cristo constituir o seu centro verdadeiro, a assim chamada visão medieval não se forma somente a partir do nascimento de Jesus. Ela vai por detrás do Novo Testamento até e através do Antigo Testamento, até o próprio começo das coisas como um relato revelador compreensivo das origens, da história e do destino. Em resumo, a mente medieval afirmava que Deus é o soberano supremo e o Espírito pessoal, o livre criador do cosmos;[11] e que em virtude da criação o homem leva consigo a imagem racional e moral singular de Deus, para a obediência inteligente e o serviço de seu mestre. Também afirmava que o homem caiu voluntariamente em desobediência e que apenas pela confiança arrependida na graça divina pode agora escapar do poder, da culpa e da penalidade do pecado que traz a ruína final. Afirmava, ainda, que Deus se revelou, misericordiosamente, em seu amor manifestado na eleição de Israel e que cumpriu sua promessa de salvação na dádiva divina de seu Filho. Como encarnado, crucificado, ressurreto e exaltado, Jesus Cristo é

---

[11] Frederic W. Farrar apresenta este relato vívido do discurso do apóstolo Paulo aos atenienses na colina de Marte (At 17): "Seus ouvintes epicureus acreditavam que o universo era o resultado de uma combinação casual de átomos; e lhes diz que foi o Deus desconhecido deles que, por meio de seu *fiat*, criou o universo e tudo que nele existe. Eles criam que existiam muitos deuses, mas que eles estavam a distância, ao lado de seus trovões, sem dar atenção à humanidade; ele lhes disse que havia somente um Deus, Senhor do céu e da terra [...] (e) que esse Deus, que era um, e não muitos, habitava não em seus templos produzidos pelo trabalho humano, mas no eterno templo da sua própria criação. Mas, embora Paulo negasse assim o politeísmo da multidão, suas palavras falam com o mesmo vigor contra o panteísmo dos estoicos e o ateísmo prático dos epicureus. Enquanto ele, em certo sentido, profanava os inúmeros templos, os estoicos ficavam totalmente do seu lado; quando ele disse que Deus não precisava de nosso ritualismo, os epicureus quase reconheciam a linguagem de sua própria escola filosófica. Mas, por outro lado, Paulo pôs o machado à raiz de suas convicções mais acalentadas quando acrescentou que a matéria não era uma entidade eterna, e Deus não era uma abstração impessoal, e a providência não era o mero fluir de uma tendência sem nós, o que, assim como uma corrente de átomos, forma isso ou aquilo. Deus, porém, é ao mesmo tempo o criador e o sustentador, o Senhor vivo e amoroso do universo material, e de todos os seus filhos na grande família humana, e de todas as nações, tanto de judeus e gentios, de gregos e bárbaros, que receberam de seus decretos os limites de sua duração e de seus domínios" (*The life and work of St. Paul* [A vida e a obra de S. Paulo], p. 309s.)

DEUS, REVELAÇÃO E AUTORIDADE

o cabeça vivo da igreja regenerada e vivificada pelo Espírito Santo. E também afirmava que o redentor ressurreto é as primícias de uma ressurreição geral, que afiança e garante um desfecho para a história, envolvendo a sua segunda vinda e o reino messiânico como príncipe da paz, o resgate da justiça, a conformidade de todos os que creem com a sua imagem gloriosa e a perdição final dos impenitentes.

Um pequeno artifício mostrará a impressionante diferença entre a mente medieval e a mente antiga, ainda que levando em conta a sua ampla concordância quanto à decisiva prioridade do espírito, a singularidade do homem e a objetividade da verdade e do bem. Imagine, se puder, um seguidor das ideias de Platão pedindo que uma pessoa da Idade Média identifique a realidade definitiva, que indique a verdadeira natureza das coisas. A pessoa da Idade Média diria: "Creio em Deus, Pai todo-poderoso [os gregos não conheciam Deus como 'Pai' e acomodavam a onipotência de Deus tanto pela eternidade como pela rigidez da matéria], criador do céu e da terra [os gregos não tinham uma doutrina da criação], e em Jesus Cristo, seu único Filho [a noção grega de que a matéria é inerentemente má, em princípio, impedia a encarnação divina][...] no terceiro dia ressuscitou dos mortos [a ideia grega de que o corpo é mau, também, excluía a possibilidade de uma abençoada imortalidade em termos de uma ressurreição do corpo]...", e assim por diante.

Gordon Leff, em seu livro *Medieval thought*[12] (p. 13-14), retrata essa diferença da seguinte maneira: "A fé cristã [...] era organizada em torno da simples doutrina de um Deus que, por causa do seu amor e por sua livre vontade, trouxe à existência suas criaturas e que, como resultado da transgressão de Adão, enviou o seu Filho unigênito Jesus Cristo para redimir a humanidade de seu estado de queda. Assim, essa fé reconhecia o ser supremo cuja providência guiava e orientava todas as suas criaturas [...]. Essa visão da criação como livre ato de um Deus que é o ser supremo, a fonte de todo o amor e bondade, era bem diferente das filosofias pagãs da Grécia [...]. Embora Platão tenha avançado muito ao perceber uma fonte imaterial da realidade, isso ainda era algo muito diferente da posição cristã: ele não admitia qualquer lugar para um criador; não havia nenhuma explicação sobre a maneira em que as formas vieram à existência ou

---

[12] Pensamento medieval.

para onde elas conduzem; não havia nenhum sentido de movimento ou desenvolvimento, simplesmente um processo atemporal sem uma razão de existência; não havia uma escatologia: a própria alma pre-existia e migrava para diferentes corpos, mas nunca encontrava um juízo final ou uma vida eterna [...] Aristóteles sustenta [...] uma causa inicial [...] não um criador pessoal", e esse motor imóvel "não tem qualquer interesse em suas criaturas..." Além disso, o Deus de Aristóteles "não tem qualquer função providencial; ele não é o responsável pela matéria, tanto quanto não era o Deus de Platão; e o processo de ser é um movimento eterno sem começo ou fim" (p. 15).

Ao ser testada pela perspectiva cristã, se verifica que a mais importante ênfase no platonismo era o seu reconhecimento da necessidade de transcender o mundo mutável a fim de alcançar o mundo ideal e eterno, embora o pensamento grego clássico expusesse essa ênfase de uma maneira que a revelação judaico-cristã explicitamente rejeita. Dentre as características mais refutáveis do idealismo clássico estava a sua conexão da razão humana, de modo privilegiado, com um suposto mundo autônomo de ordem e sentido. Para o Novo Testamento, é central a convicção cristã de uma criação divinamente estruturada, por meio da qual o Logos *transcendente* sustenta a ordem cósmica e fornece a direção e o significado universalmente válido de todas as coisas. O contraste não poderia ser maior entre essa visão e as noções gregas de um *a priori* imanente e racional, que não se fundamenta no criador transcendental e não está relacionado às estruturas criadas do universo. O cristianismo expunha a sua visão de mundo e vida com base no Logos de Deus revelado de maneira transcendental, e fundamentava a ordem de existência e o sentido do universo no autorrevelado criador e Senhor de todos. A filosofia grega perguntava insistentemente que razão especulativa era levada a afirmar a respeito da realidade última, sobre o ser e o tornar-se. Em lugar disso, a filosofia medieval abrupta e marcantemente começava com a pergunta: Como a revelação divina se relaciona com o raciocínio humano? O cristianismo afirmava que o Deus vivo havia inteligentemente proclamado os seus propósitos redentores por intermédio de porta-vozes escolhidos e seus escritos bíblicos inspirados, dessa forma publicando a todos os homens a possibilidade da redenção divina. Na encarnação que manifesta a graça, o próprio Logos entrou na história para manifestar Deus na carne e para se apresentar como o Salvador dos

DEUS, REVELAÇÃO E AUTORIDADE

pecadores. Desde o início, essa crença na comunicação racional e verbal e na manifestação divina na carne, ou seja, na Palavra de Deus completamente revelada, organiza o ponto de vista cristão.

Os escolásticos medievais não conferiram à presente ordem do universo uma existência autônoma independente de um criador divino. Reviveram, porém, particularmente por meio de Tomás de Aquino, uma doutrina otimista da razão humana e argumentaram o caso do teísmo bíblico de um modo que atraiu a dúvida especulativa. O movimento de afastamento da filosofia ocidental do ponto de vista bíblico pode ser resumido como um declínio de fé na existência de uma estrutura de lei e ordem objetiva e transcendentemente criada. Para substituir essa perspectiva, surge uma projeção especulativa de estruturas autônomas que são diretamente acessíveis à razão humana independente da revelação divina, e que são descontínuas com o mundo dos sentidos (cf. Hendrik Hart, *The challenge of our age*,[13] p. 42s.). Apesar de sua afirmação de um criador transcendente, os escolásticos medievais falharam em reconfigurar efetivamente a ênfase grega clássica nas estruturas imanentes de verdade e ordem. Em vez disso, incorporaram à sua exposição de uma visão cristã do mundo e da vida elementos especulativos que ampliaram as possibilidades da autonomia humana. O cristianismo havia descontado a ênfase grega no *a priori* racional imanente no ser humano; mas, ao sintetizar um teísmo fundamentado em revelação com a perspectiva clássica de Aristóteles, o escolasticismo medieval apressou, indiretamente, o surgimento de uma filosofia da autonomia do homem e da natureza independentes do sentido e da lei da criação estruturados pelo Logos.

A ascensão da filosofia moderna remonta a René Descartes (1596-1650) e sinaliza a erosão das convicções medievais. Tomás de Aquino (1225-1274) já havia deslocado o caso pela existência de Deus, da alma e da imortalidade, da revelação divina especial para a experiência universal. Até mesmo eruditos medievais, notavelmente Duns Scotus (c. 1265-1308), "consideraram que Tomás de Aquino havia feito concessões [...] e que manteve pontos de vista sob a influência de Aristóteles que um teólogo cristão não deveria manter" (F. C. Copleston, *Aquinas*, p. 66-67). Em seu livro *The waning of the*

---

[13] O desafio de nossa era.

middle ages,[14] Johann Huizinga comenta o seguinte: "A Idade Média sempre esteve na sombra da Antiguidade, sempre entregou os seus tesouros, ou aquilo que deles havia, interpretando-os de acordo com verdadeiros princípios medievais [...]. Agora, com uma maturidade interior, a mente, depois de tão longa associação com as formas da Antiguidade, começou a compreender o seu espírito [...]. A Europa, depois de ter vivido à sombra da Antiguidade, estava de novo à luz do sol". Nessa inversão ideológica, o Ocidente perdeu sua confiança na realidade do Deus vivo que se autorrevela, o Deus de Abraão, Isaque e Jacó, o Deus da Bíblia, o Deus e Pai de Jesus Cristo. Desse ponto em diante, a filosofia moderna expõe sua visão de mundo e da vida sem conceder qualquer prioridade à revelação bíblica especial, e se torna cada vez mais independente dela.

Os termos *medieval* e *moderno* representam, de fato, juízo de valor. Refletem uma conclusão, rapidamente estabelecida, de que a perspectiva cristã teve apenas uma significância temporária, exaurida na Idade Média, e que a alternativa – proposta por Descartes e seus sucessores – poderia presumivelmente ser saudada como "a perspectiva moderna". Esse veredicto foi extremamente tendencioso. Protesto contra a perspectiva medieval soou não somente da parte dos assim chamados filósofos modernos, que se opunham a qualquer prioridade da revelação especial, mas também da parte de teólogos cristãos, tais como Lutero e Calvino na Reforma Protestante. Ambos ficaram desgostosos com a ideia de que a escolástica medieval havia suplantado a mente bíblica, pela assimilação da mente revelada de Deus ao papado e à doutrina da hierarquia eclesiástica. A escolástica medieval, imaginavam, com sua metafísica especulativa e superstições religiosas, ocasionou uma reformulação reacionária em termos modernos. A mente "moderna" era, na realidade, destinada a logo se tornar uma mente ambígua, e a introduzir, finalmente, a falência de qualquer mente convicta e o abandono da metafísica ao caos intelectual.

No seu início, desde Descartes até Hegel (por volta de 1600-1800), a mente moderna se mostra acentuadamente semelhante à mente antiga, ou seja, a mente clássica pré-cristã. Afirma aquilo que os grandes filósofos gregos também afirmaram: a realidade do

---

[14] O declínio da Idade Média.

sobrenatural, a singularidade e a imortalidade do homem, a objetividade da verdade e do que é correto. Todavia, a mente moderna abandona quase todo o *Credo apostólico*, exceto os artigos iniciais: "Creio em Deus Pai, todo-poderoso, criador do céu e da terra...". De fato, o teísmo ou idealismo pós-cristão não podia mais crer – contrariamente aos pensadores gregos clássicos – que a matéria é má ou eternamente autoexistente. Embora descarte o Deus da revelação especial miraculosa, o teísmo pós-cristão atribui a seu próprio Deus fictício um olhar vigilante sobre o cosmos, de forma que tudo irá terminar bem. Quando surge a teoria evolucionista, a emergência desenvolvimentista substitui a criação divina, enquanto o progresso evolutivo substitui a providência divina. Consequentemente, tudo o que agora resta do credo histórico é um sentimento de confiança na paternidade ou benevolência da natureza.

Em seus primórdios, a filosofia moderna não era intencionalmente naturalista; pelo contrário, era determinadamente teísta ou idealista. Como um católico devoto, Descartes concebia seu livro *Discurso do método* como uma ponte entre o pensamento moderno e o pensamento cristão. Mas eram tão marcantes as amplas similaridades entre a mente moderna incipiente e a mente antiga que se poderia pensar não em três "mentes" sucessivas, mas simplesmente em uma tradição de idealismo filosófico em progresso, temporariamente penetrada e interrompida pelo teísmo cristão medieval. O entendimento moderno do homem é racionalista no sentido idealista grego; a atividade reveladora do Logos transcendente, na qual a Bíblia insiste, não está mais no horizonte. O mundo exterior é, presumivelmente, estruturado por leis matemáticas imanentes, e a mente humana, meramente com base na identidade do próprio homem, é vista sob a premissa de que seja um depósito de conceitos pré-fabricados e de possuir um conhecimento universalmente válido. A razão como um *a priori* humano é independente da revelação divina transcendental como uma fonte especial de conhecimento, e agora por si mesma especula confiante a respeito da realidade.

As teorias distintas de René Descartes, Gottfried von Leibniz e Baruch Spinoza são, por sua vez, confrontadas por John Locke, George Berkeley e David Hume, por serem descontínuas com a vida diária e a experiência. Essa confrontação não é feita em nome da

O conflito de perspectivas culturais

revelação, nem mesmo em nome do raciocínio filosófico, mas por um apelo à experiência sensorial apenas. O esforço de idealistas, particularmente de Immanuel Kant (1724-1804), para fazer a mediação entre racionalistas e empiristas, apenas ampliou a ênfase na autonomia humana e, dessa forma, estendeu as concessões que já haviam sido feitas por escolásticos medievais. Kant via as formas da razão como totalmente imanentes; ele ligava postulados morais e religiosos com a razão prática somente; o conteúdo do conhecimento, ele ligava à experiência sensorial somente. Ainda mais, ele afirmava que a realidade obtém a ordem que tiver, qualquer que seja, da própria atividade criativa da mente no redemoinho da experiência sensorial.

Como vimos, tanto os primeiros racionalistas modernos como Kant se opuseram a qualquer noção da determinação criativa do homem das estruturas e ordem do universo com base somente em hipóteses derivadas da experiência sensorial. Em todo o caso, eles prepararam o caminho para esse desenvolvimento sensorial ao separar a racionalidade do homem do Logos transcendente como a base definitiva da verdade e a fonte de ordem, e ao asseverar a completa autonomia do raciocínio humano. Com Augusto Comte (1798-1857) temos a inauguração da era da assim chamada ciência positiva, na qual a razão é reatada à realidade, agora entendida apenas como o mundo fenomenológico.

Assim, a mente moderna logo adquire um ponto de vista totalmente próprio. Em contraste tanto com a mente antiga clássica quanto com a mente medieval, declara que a natureza é a realidade última, que o homem é essencialmente um animal condicionado pelo tempo e que a verdade e o bem são relativos e mutáveis. Quase da noite para o dia, convicções influentes por mais de dois mil anos são postas "contra a parede"; tudo o que é tradicional é agora questionado. Dissensão se torna a palavra de ordem. Georg W. F. Hegel (1770-1831) reage indo até o extremo panteísta ao dizer que Deus ou o absoluto é tudo, uma perspectiva que Karl Marx (1818-1883) revisa ao fazer do determinismo econômico o absoluto e de Deus uma mera ficção. Kant havia argumentado que o homem, por ter a mente limitada, é incapaz de conhecer o sobrenatural; os naturalistas argumentavam que não existe nenhum sobrenatural a

DEUS, REVELAÇÃO E AUTORIDADE

ser conhecido. Ao estender a evolução para dentro da cosmovisão,[15] o espírito naturalista não mais distingue o homem dos animais em espécie, somente em nível, e afirma que a verdade e a moral são relativas.

Em seus primórdios, a mente moderna descobriu que não poderia mais sustentar a crença no sobrenatural, pois havia abandonado a revelação do Deus vivo. Agora, a mente moderna mais recente – aquela que tem uma veia naturalista – logo descobriu que também tomou emprestado, de maneira involuntária, mais do que tinha coragem de manter da herança bíblica. Pois, apesar de ter rejeitado o sobrenatural, até mesmo a mente moderna naturalista, na virada do século [XIX para o XX], ainda assim reteve a noção de que a realidade está estruturada por uma ordem racional, por um padrão inteligente, o qual a ciência pôde descobrir, presumivelmente, pela observação empírica e a experimentação. E, enquanto rejeitava a diferença qualitativa entre homem e animais, continuou mantendo a noção de que a natureza alcançou o seu clímax no aparecimento do homem como uma criatura racional, e percebeu a razão como a faculdade mais elevada do homem. Esperava-se que a metodologia racional promoveria o poder do homem sobre a natureza e demonstraria a sua superioridade e autonomia. Enquanto rejeitava a verdade e o bem eterno e imutável, a mente moderna naturalista insistiu em normas universais, tais como, a objetividade científica, a fraternidade humana e a democracia, e até mesmo presumiu que o progresso humano implica padrões normativos que passam de geração a geração.

---

[15] Charles Darwin (1809-1882), de fato, nunca defendeu a ideia de que a vida foi gerada espontaneamente de matéria inanimada. Pelo contrário, na *Origem das espécies* escreveu categoricamente acerca da "vida [...] que foi originariamente soprada pelo criador em poucas formas ou em uma...", e hipoteticamente que "provavelmente todos os seres orgânicos que já viveram nesta Terra descendem de uma forma primordial, na qual a vida foi primeiramente soprada". Ele pode até mesmo ter retido a ideia da providência divina de uma forma modificada. Mas as suas ideias tenderam a minar a crença de que o homem esteja em contraste com a natureza em termos de um relacionamento especial sobrenatural. A teoria da seleção natural e da variação casual parece cancelar o argumento especulativo que vai do projeto e da ordem até o projetista divino – um argumento do qual o teísmo escolástico e o moderno dependem, excluindo a automanifestação divina e a revelação bíblica. Foi disso que os filósofos materialistas tiraram vantagem.

O século XX extirpou os remanescentes quase bíblicos. A mente naturalista moderna agora se desvia de todo e qualquer reconhecimento do universo como uma rede racional de leis. O homem não é mais visto como o clímax final da natureza, nem a razão como necessariamente a faculdade máxima do homem, nem o comportamento ético como necessariamente relacionado a princípios objetivos, em oposição a decisões tomadas de acordo com a situação. A ênfase na evolução, na transformação e no progresso influencia até mesmo a insistência moderna nos aspectos *a priori* imutáveis, não passíveis de transformação. Qualquer que seja a coisa que prende o homem firmemente ao passado é, agora, vista como uma ameaça à sua liberdade e autonomia. O ser humano se vê defronte de um futuro aberto, cujo resultado e trajetória dependem, com certeza, da criatividade engenhosa do homem.

A ciência moderna não tem qualquer pretensão de dizer como a realidade está de fato estruturada nem presume discernir as "leis da natureza". Em vez disso, arrisca-se apenas a retratar "como as coisas funcionam", e isso meramente em termos de estatística média. Para suas interpretações da natureza, a ciência depende cada vez mais de postulados criativos. O professor W. H. Thorpe observa que muitas, senão a maioria, das teorias influentes apresentadas pelos ganhadores recentes do Prêmio Nobel foram primeiramente divisadas como saltos de percepção imaginativa, em vez de virem como consequência de experimentos ou de observação. Exemplos disso são o conceito da espiral paralela [DNA] na unidade da vida; a metafísica quântica de Paul Dirac e o conceito de complementaridade de Niels Bohr (*Why the brain is more than a computer*,[16] p. 9). Presume-se que a natureza seja fruto do acaso e que a própria engenhosidade criativa do homem imponha inteligibilidade e direção sobre o fluxo de sentido do meio ambiente.

Quando a operacionalidade científica se impõe como uma visão de mundo, ela ousadamente nega que qualquer lei organizadora universalmente válida transcenda e estruture a experiência humana. Para um cosmos que claramente carece de uma lei

---

[16] Por que o cérebro é mais do que um computador.

organizadora, ela fornece a sua própria ordem por meio de postulados, uma ordem criada sujeita a mudança contínua.[17]

O que acontece com Deus nessa perspectiva? Deus não é mais razão como a estrutura matemática do universo, nem mesmo como a linha de frente do processo evolutivo. Se "Deus" é ainda percebido como outro além do homem ou a humanidade, então "deus" é o irracional. Como resultado disso, alguns modernos ouvem o zen-budismo chamando: o Irracional deve ser adorado. Até mesmo a teologia cristã recente tem sido manchada pelo deus do Paradoxo Definitivo. Para outros, o misterioso Outro é simplesmente o *ainda não administrado*, e o organizador mais promissor desse fluxo ambiental é o candidato contemporâneo mais provável para a divindade: no mundo comunista, é o Estado; no mundo livre, é o ego (cf. Dirk Jellema, *The rise of the post-modern mind*[18]). No livro *A runaway world?*, Edmund Leach convida o humanista científico a moldar o destino do homem e do cosmos em evolução.

Hoje em dia, o Ego pode ser o novo deus, mas a imortalidade desse deus, quanto mais a sua eternidade, está sob séria dúvida. Pior ainda, mesmo a sobrevivência permanente e a significância da espécie humana é incerta. Em um de seus últimos livros, Bertrand Russell perguntou: "É possível existir uma sociedade científica, ou

---

[17] Hendrik Hart chama a atenção para a curiosa circularidade de argumento na operacionalidade científica, na qual o homem autônomo se subordina voluntariamente a uma metodologia que o escraviza à realidade fenomenológica. Pede-se ao homem moderno que confie sua vida a modelos operacionais que primeiro derivam sua legitimidade da observação humana e elaborações fideístas. Aquele que crê na operacionalidade científica, primeiramente, pressupõe que a experiência humana não está sujeita a uma ordem permanente de estruturas universalmente válidas e, assim, elimina um Deus transcendente que seja direta ou indiretamente significante para a ordem, para o sentido e para a direção da vida humana. Depois, a fim de preservar a ordem, a estrutura e a validade necessárias para uma existência humana significativa, ele autonomamente arroga a autoridade final para o método científico. A penalidade filosófica para a rejeição da sujeição da experiência humana às condições definidas pelo Logos transcendente é esta: com o intuito de preservar uma existência significativa, o homem científico contemporâneo organiza a sua vida pela subordinação às condições prescritas pelos modelos de operacionalidade científica, os quais ele mesmo sancionou, autorizou e legitimou. O compromisso da vida moderna com o método científico como autoridade não é uma questão de necessidade lógica, mas reflete certo posicionamento volitivo, uma atitude religiosa que molda a atividade teórica, e assim o faz como uma revolta contra o Logos transcendente. (Cf. Hart., *The challenge of our age* [O desafio de nossa era], p. 48ss.)

[18] A ascensão da mente pós-moderna.

O conflito de perspectivas culturais

tal sociedade inevitavelmente se autodestruirá?" Ele, então, acrescentou que somente se o homem puder alcançar um mundo estável pela superação da guerra, poderá essa "espécie tardia [...] ainda infante [...] vislumbrar um futuro imensuravelmente mais longo do que o seu passado" (*Has man a future?*,[19] p. 20, 127). Numa obra anterior, Russell havia observado que um universo em evolução não oferece nenhuma garantia de que o homem, ao lado de espécies futuras que ainda não surgiram, não se torne algum dia tão insignificante como o protozoário primordial do qual, presumivelmente, teria evoluído. Ainda assim, alguns pensadores contemporâneos presumem nominar o homem – particularmente o tecnocrata especializado – deus do cosmos, a despeito da relativização evolutiva de toda a realidade.

O que distingue o ser humano na perspectiva moderna? A singularidade do homem não se acha em seu relacionamento especial com um criador transcendente, nem num *a priori* racional imanente, nem numa relação com a ordem racional na natureza, nem mesmo no pensamento metodológico do homem. Em vez disso, sua unicidade é vista na decisão subjetiva e na libertação do ego para moldar o futuro. Em outras palavras, a unicidade do ser humano consiste nas possibilidades de uma autonomia empiricamente baseada, na qual ele repudia tanto uma lei organizadora e a razão objetiva, e impõe sobre o seu ambiente sem sentido seus próprios alvos e significados. No campo da ética, como Dirk Jellema aponta, essa asserção da autonomia humana se expressa ou como a conformidade do ego à multidão, ou no repúdio do ego à sociedade. A verdade e o bem se tornam meramente aquilo que o grupo ou a multidão desejam, ou aquilo que o indivíduo prefere por si mesmo na era da moralidade *hippie*.

Com esses desenvolvimentos, a mente moderna não é mais claramente uma mente, mas um temperamento, um humor sujeito a frequentes mudanças. Alguns intérpretes pensam que a cultura ocidental poderá ainda ter algum futuro com base no pragmatismo, isto é, uma mente secular pluralista. O pragmatismo é o último recurso de uma cultura que já perdeu seu verdadeiro centro; no caos de divergências especulativas e de confusão moral, procura por

---

[19] O homem tem futuro?

um padrão cultural por meio da dignificação de cada espécie de divergência como uma forma de criatividade. No momento desfruta de reforço não merecido como uma teoria de vida por causa do sucesso espetacular da ciência experimental. Todavia, um experimento científico com a moralidade como os barbarismos nazistas é algo muito pesado, e um acidente com armas atômicas poderá ser tarde demais. O pragmatismo, de qualquer forma, contém as sementes de sua própria destruição. Professa ser tolerante com todas as ideias, mas a sua intolerância oculta vem à tona quando, confrontado e seriamente questionado pelo absoluto cristão, recusa-se dogmaticamente a considerar qualquer retorno à verdade universalmente válida e a princípios objetivos.

A escolha definitiva para o homem moderno está entre o cristianismo e o niilismo, entre o Logos de Deus e a falta de sentido último para a vida e o mundo. O sucesso prático da ciência experimental pressupõe, em longo prazo, o Logos transcendente de Deus, mas assim também pressupõe a validade da verdade e do que é correto, o sentido e o valor da vida, e a lei organizadora universal da qual depende a durabilidade de qualquer cultura. O homem autônomo moderno percebe a realidade meramente em termos da natureza como uma matriz para a gratificação de suas preferências e prazeres. Mas a perda do sentido da vida segue rapidamente a perda do sentido cósmico. O resultado relativista da filosofia moderna está batendo à porta do homem contemporâneo com uma insistência ensurdecedora. E tem tomado de assalto a vida moderna não apenas na área da moralidade sexual, mas tomou conta de segmentos inteiros da cultura moderna, tais como a literatura e as artes. E com intensidade cada vez maior provê a base consciente da perspectiva sobre a vida e a existência do homem moderno: aquilo que o homem contemporâneo considera normativo, em se tratando de experiência, se torna o critério único para contemplar o mundo real.

Na área da moral, John Stuart Mill (1806-1873) já enfatizou que a bondade de Deus deve ser testada unicamente pelo critério humano do que é bom. Em nosso tempo, os sentimentos morais do próprio homem fornecem a estrutura de um novo ideal daquilo que é a vida boa, para a qual tanto Deus quanto princípios morais permanentes são irrelevantes. No campo da filosofia, os positivistas lógicos procuraram impor, em nossa geração, o método da ciência empírica como o único árbitro do significado das asserções, e reduziram as afirmações a respeito de Deus e de princípios morais ao que é totalmente sem sentido. No domínio da historiografia, Van Austin Harvey (*The historian and the believer*[20]) defende o positivismo histórico em nome da moralidade do conhecimento moderno, insistindo que a intervenção sobrenatural não pode ser admitida na explicação do passado feita pelo historiador, porque ele não tem a experiência atual de milagres. Dessa forma, Cristo acaba atolado nos pântanos do mito e da lenda. Nas fronteiras da ciência, Edmund Leach convoca os próprios cientistas a remodelar a face do universo e a decidir quem sobreviverá a fim de herdá-lo. Em suas Preleções de Reith, ele vê a agonia da vida moderna não por meio da perda do Logos de Deus nessa geração, mas por sua privação ao cientista de uma sabedoria mais ampla.

A cultura da ciência moderna pensa que o maior problema da história humana é o controle do ambiente externo do homem, e que o próprio homem possui a sabedoria e o talento para alcançar um céu e terra ideais. O cristianismo entende que o problema do universo está centralizado no próprio ser humano, inclusive no homem contemporâneo. Entende, ainda, que o ser humano não reconhece a revelação de seu criador e Senhor transcendente, e que subjuga a natureza não de acordo com o mandato e o propósito espiritual de Deus, mas buscando seu próprio conforto e riqueza. O homem pecador presume tirar o criador divino de seu lugar; ele explora a natureza para o seu próprio uso, de fato, para a segurança pessoal, ao desprezar abertamente imperativos morais e espirituais. Ele fecha os seus olhos e o seu coração para o Logos na natureza, na consciência e na razão, como também na Palavra encarnada e escrita.

Ênfases influentes na filosofia do passado recente, ainda que importantes para a nossa geração, são nada mais do que ondas de espuma no mar agitado da confusão contemporânea. Uma paixão especulativa depois da outra tem o seu meio dia de impacto. Os indícios são de que a nossa geração esteja agora desdenhando

---

[20] O historiador e o crente.

tanto o existencialismo, que cresceu em décadas recentes no continente europeu, como também o positivismo lógico, que avançou na Inglaterra, embora ninguém tenha certeza sobre qual alternativa surgirá. O preconceito compartilhado por ambas teorias era de que a filosofia não nos pode conceder a verdade racionalmente válida acerca de realidades metafísicas transcendentes. No existencialismo, isso se verifica na sua insistência de que a realidade não pode ser apreendida pela razão objetiva; no positivismo, por sua insistência de que afirmações metafísicas não são verificáveis pelo método científico empírico. Essas duas teorias, agora, estão sendo arrastadas para o alto-mar, e a maré baixa da metafísica poderá subir de novo.

Estamos no limiar de uma estimulante renovação da atividade filosófica, um desenvolvimento que poderá formar a estrutura de pensamento do mundo no século XXI e adiante. A mente humana, por ser o homem por natureza um agente moral, racional e espiritual, não deixará nem poderá deixar de fora para sempre os grandes temas da verdade e da realidade; as eras não metafísicas e antimetafísicas acabam sendo sempre interlúdios de transição. Os sofistas podem ter se considerado como os exterminadores da filosofia esquemática, mas Platão e Aristóteles demonstraram a sua vitalidade. Kant pode te se considerado o agente fúnebre da metafísica racional, mas Hegel, no século XIX, e Alfred North Whitehead, no século XX, deram-lhe nova vida. O existencialismo e o positivismo lógico podem ter se considerado como os demitologizadores da metafísica descritiva, mas eles mesmos agora estão sendo expostos como oculta e arbitrariamente metafísicos.

Amanhã a metafísica poderá ser cristã ou não cristã, mas haverá metafísica. Enquanto os cristãos hesitam em expor uma cosmovisão autêntica, os marxistas continuarão a expor uma cosmovisão artificial. Se o homem moderno, o conquistador do espaço sideral, não se decidir, ele vacilará intelectualmente até o seu enterro como um "joão-ninguém". A tarefa da liderança cristã é de confrontar o homem moderno com a visão cristã do mundo e da vida como a conceitualidade revelada para o entendimento da realidade e da experiência, e a reclamar a razão, mais uma vez, de seu desvio para o irracionalismo e a arrogância da autonomia para o serviço da fé. Isso não implica o retorno do homem moderno à mente medieval.

Pelo contrário, isso implica a busca pela mente eterna, pela mente de Cristo, pela verdade da revelação, pelo Logos como fonte transcendente das ordens e estruturas do ser, pelo Logos encarnado em Jesus Cristo, pelo Logos como o agente divino na criação, redenção e julgamento, pelo Logos que permanece invisível, mas identificável como o verdadeiro centro da natureza, história, ética, filosofia e religião.

3

Revelação e mito

Toda cultura e sociedade produz certa cola de convicção, uma infraestrutura para a vida e a realidade que preserva a sua coesão. Quando essa ligadura adesiva se deteriora, o sentido de uma comunidade que compartilha tende a se desprender nas costuras.

Pensadores modernos recentes definem essa ligação de conceitualidades ou agregações de valores como mitos, isto é, a representação humana do transcendente ou divino em termos humanos ou terrenos.

A questão mais crítica na história do pensamento é se todas as estruturas de convicções, por meio das quais diferentes povos chegam ao significado e à dignidade da vida humana, são por natureza míticas, ou se, talvez, pelo menos uma dessas perspectivas deriva da revelação divina e tem validade cognitiva objetiva.

Muitos teólogos modernos põem de lado qualquer ênfase em revelação divina inteligível (ou seja, a visão de que Deus comunica à humanidade a verdade literal sobre a sua natureza e seus propósitos). Ao contrário, afirmam que Deus usa o mito como um gênero literário a fim de comunicar a revelação na Bíblia e, quem sabe, também em outros meios. Para eles, as narrativas bíblicas da criação e da redenção são representações míticas de realidades transcendentais ou relacionamentos que desafiam as formulações em padrões conceituais de pensamento.

Será que o Deus da Bíblia poderia ter usado o mito como um artifício literário? Certamente deveríamos admitir que o Deus soberano das Escrituras tenha total liberdade na escolha dos vários meios possíveis de expressão. Mas se Deus de fato usou o mito como um meio de revelação é uma questão completamente diferente. A resposta depende, em parte, de se definir se a revelação tem um significado objetivo e verdadeiro e, se isso for assim, se Deus iria e poderia ter empregado o mito como uma técnica de comunicação.

Não existe a menor dúvida de que Jesus usou as parábolas de maneira impressionante como uma forma eficaz de comunicação. Além disso, a Bíblia frequentemente representa Deus de forma antropomórfica. Na verdade, todo o conteúdo das Escrituras é comunicado não em algum tipo de linguagem super-humana, mas na linguagem humana comum, incluindo expressões metafóricas, analógicas e figuradas. Mas será que além de tudo isso a Bíblia também inclui "linguagem mítica"? A mensagem bíblica está acondicionada numa "semântica mítica"? Será que o Deus da Bíblia se comunica por intermédio do mito como um gênero literário? As narrativas bíblicas da criação e da redenção têm o caráter de uma representação mítica? Será apropriado e necessário, ou é apenas gratuito e arbitrário, o veredicto de que a obra de Deus na história, na natureza e nos eventos humanos é retratada pelas Escrituras de forma mítica?

Se o mito é amplamente definido como qualquer representação do transcendente "em termos humanos ou terrenos", o fato de que o pensamento e a linguagem humanos são os únicos meios de comunicação interpessoal, disponíveis aos seres humanos, dificilmente poderá tornar-se uma base definitiva para decidir a questão. Se mito é qualquer forma de representação de Deus, então a linguagem conceitual é mito, e o pensamento conceitual também. Enfatizar, com base na premissa de que a mitologia é inescapável, o fato óbvio de que a linguagem humana é composta de símbolos, dificilmente seria uma desvantagem para a linguagem religiosa de uma forma especial, uma vez que a linguagem a respeito de qualquer coisa, e de todas as coisas, está sujeita à mesma restrição. Categorizar afirmações teológicas como míticas com base apenas no fato de que são linguisticamente declaradas em termos da linguagem humana, que é intrinsecamente simbólica em caráter, dificilmente poderá ser algo por si só devastador para a mensagem da Bíblia. Pois, se essa circunstância for considerada decisiva, pode-se logo acrescentar que a própria definição

Revelação e mito

projetada de mito é ela mesma mítica, de modo que não deveria ser usada como uma espécie de alavanca de Arquimedes, a fim de desfrutar de uma posição privilegiada como um princípio explicativo

Uma definição precisa de mito é, portanto, crucial se quisermos responder às questões apontadas acima de forma razoável. Fatores decisivos para a avaliação do mito são: como o mito se relaciona com a verdade objetiva e a história externa; e que relevância religiosa se confere à verdade racional e aos eventos históricos. As questões fundamentais se reduzem, de fato, a duas alternativas: ou o próprio homem projeta sobre o mundo e sua história uma realidade e atividade sobrenatural que não permite afirmações cognitivas que sejam objetivamente válidas, com base na manifestação divina; ou uma realidade divina transcendente estabelece por meio de uma revelação inteligível o fato de que Deus está, na verdade, atuando na esfera da natureza e dos acontecimentos humanos.

Duas considerações são certas: primeiro, as testemunhas bíblicas repetidas vezes indicam que a revelação que comunicam foi divinamente apresentada a eles pelo Deus vivo não em forma de um mistério encoberto, mas em declarações inteligíveis que comunicam um sentido publicamente identificável. Segundo, elas falam de mito somente com reprovação. O Novo Testamento se recusa a rebaixar a discussão do mito ao nível em que as representações profético-apostólicas correspondam às representações pagãs da divindade. Como destaca Giovanni Miegge, "a suposta neutralidade daquele que oferece apenas uma definição formal de mito oculta uma pressuposição, e [...] isso envolve trazer a fé cristã para o nível inferior das formas pagãs de adoração, tratando um como se fosse equivalente ao outro. Isso é exatamente o que o próprio Novo Testamento se recusa a fazer" (*Gospel and myth in the thought of Rudolf Bultmann*,[21] p. 101).

Dizer que o mito remete àquilo que não é historicamente factível, nem literalmente verdade, presume uma categoria de representação que só pode ser aplicada à revelação nas Escrituras com a destruição de suas afirmações essenciais. Nas palavras de Gustav Stählin, "se o conceito de mito é posto como antítese tanto da realidade histórica quanto da verdade como tal, e se a realidade e a verdade são tidas como essenciais à revelação genuína e a única base de fé possível, o

---

[21] O evangelho e o mito no pensamento de Rudolf Bultmann.

mito não pode ter valor religioso. O resultado será: ou as histórias do Novo Testamento têm de ser descartadas como mito, como erros e enganos; ou existe um grande abismo entre o Evangelho e o mito. Essa última possibilidade é o julgamento do próprio Novo Testamento [...]. A igreja cristã, desde que seja honesta consigo mesma, aceita esse juízo de que o mito não é verdadeiro, e consequentemente de nenhum valor religioso (*Muthos*, 4:765). Stählin acrescenta: "Ou se está do lado do mito ou do lado da verdade do NT" (p. 786).

Devemos lembrar que, em todos os casos, os mitos são defendidos por seus proponentes não como representações imaginativas, mas como relatos de alguma incursão ou participação divina nos assuntos do homem e do mundo. Isso concorda plenamente com a representação bíblica de que o criador divino foi universalmente revelado, mas que o homem no pecado subverte e reduz a verdade de Deus em uma miríade de alternativas. Isso também está de acordo com a ênfase das Escrituras de que o Deus criador e redentor, que se revelou de modo especial na história judaico-cristã, expõe todos os falsos deuses como invenções espúrias de uma humanidade perdida.

No mundo antigo, mesmo do lado de fora da esfera da revelação especial do Antigo Testamento, os filósofos gregos também tinham uma visão desfavorável do valor do mito. A única exceção era Platão, que considerava o mito algo útil à inquirição teológica nos horizontes mais elevados e avançados do raciocínio filosófico. Para ser exato, os estoicos classificavam o mito como filosofia elementar, mas concediam-lhe apenas valor rudimentar. Platão concebia o mito não como uma abstração intelectual, mas como algo que vai além das fronteiras do conhecimento conceitual, estendendo o *logos* ao reino da descoberta, por meio de uma visão interior singular que cobriria as alturas da filosofia com uma espécie de sabedoria final. Em resumo, para Platão, o mito é a conceitualização do outro mundo no lado de fora das fronteiras da investigação filosófica. Em *Phaedo*, ele usa o mito para falar de um problema que naquela altura não tinha conseguido resolver; e quando ele o solucionou, na *República* ou no *Timaeus*, Platão abandonou aquele mito e prosseguiu para outro. Ele não é, porém, um defensor dos mitos religiosos tradicionais, e os considera deficientes tanto no que diz respeito à verdade quanto ao valor ético.

Na base da iluminação interior, ainda assim, ele se aventura expor na forma de mito as suas incursões na teologia metafísica (O Eros no *Symposium*; o mundo superior no *Phaedo* e outras obras; a criação no *Timaeus*; o mundo invisível e a alma no *Phaedo* e na *República*). O que é básico a essa orientação positiva dada ao mito pelo platonismo, e em menor medida pelo estoicismo, é uma teoria de conhecimento idealista ou panteísta, que considera que o espírito humano está num relacionamento imediato com a realidade transcendental.

Os outros filósofos da Antiguidade viam o mito não como uma fonte de informação ou verdade, mas como algo exótico ou imaginativo. Com exceção da filosofia platônica, o pensamento grego clássico equipara o mito à religião politeísta, ou seja, a imaginação acrítica das massas acerca do mundo invisível.

Apesar da mitologia se intrometer em suas páginas, o Antigo Testamento nunca emprega o termo *mito*. Mitologia no Antigo Testamento é sempre retratada como um ambiente pagão proibido e como uma concessão religiosa à qual os hebreus estavam vulneráveis de tempos em tempos. Essa concessão acontecia apesar do fato do Deus de Israel ser conhecido por estar num relacionamento bem diferente com a natureza e a história do que as divindades politeístas.

Os escritos e as advertências proféticas oferecem evidência clara para essas observações no Antigo Testamento. Contudo, não precisamos seguir acriticamente a opinião de Hermann Gunkel, Hugo Gressmann e muitos outros, segundo a qual, como um aspecto intrínseco do desenvolvimento da religião veterotestamentária por si, Israel compartilhou dos elementos mitológicos que eram comuns ao antigo Oriente Médio. Até mesmo a perspectiva de Oscar Cullmann e Giovanni Miegge, que as narrativas da criação no Antigo Testamento surgiram como demitologização dos mitos antigos, implica mais dependência desenvolvimentista do que as evidências das Escrituras claramente suportam.

Muitos estudiosos deploram a atribuição de linguagem mítica às Escrituras como algo inteiramente injustificável e arbitrário. G. Ernest Wright observa que "a ausência da visão científica moderna do universo dificilmente faz da literatura em si mesma mitológica" (*God who acts*,[22] p. 128). Wright destaca que o mito é característico

---

[22] O Deus que age.

do politeísmo e do culto à natureza, no qual o homem, a natureza e os deuses se misturam num *continuum* único; isso não é, insiste ele, adequadamente descritivo da religião bíblica (p. 125). Nos cultos religiosos politeístas, uma perspectiva cíclica da natureza e da história substitui a visão linear do movimento e direção do todo das coisas encontrado na Bíblia. Nas Escrituras, o criador transcendente governa e julga a todos e inicia a revelação de si mesmo e de seus propósitos, e a história é uma sequência de épocas com seus significados.

R. K. Harrison destaca que, embora algumas passagens do Antigo Testamento aparentem ter sido influenciadas pelos mitos do Oriente Médio, aquilo que restou é somente um remanescente da forma do mito, isto é, um nome esvaziado de suas implicações mitológicas: "o conteúdo mitológico está tão atenuado que justifica a conclusão de que foi meramente empregado como um imaginário verbal cuja origem já estava, mesmo naquela época, completamente esquecido" (*Introduction to the Old Testament*,[23] p. 451). Ainda mais, uma vasta diferença de interpretação distingue a terminologia mitológica israelita da pagã: os israelitas ridicularizavam a terminologia mitológica e contrastavam a verdade da revelação com o mito (p. ex., Jó 7.12; Sl 74.13). "Onde a linguagem do mito era admitida nos escritos do AT, ela carregava consigo um sentido muito diferente para os hebreus do que para as nações pagãs do Oriente Médio" (p. 452). Nos trechos do Antigo Testamento que parecem refletir algum dos mitos pagãos, argumenta Harrison, as referências são poéticas e figurativas e não devem ser tomadas literalmente, como em Jó 41.1ss., em que o Leviatã não é um inimigo mitológico do eterno, mas na realidade um "crocodilo" (*RSV*[24]).

James I. Packer escreve: "Desde que as histórias pagãs sobre os deuses dizem respeito não à história, mas à natureza, e desde que as Escrituras nada relatam sobre o eterno na forma dos acontecimentos celestiais dessas histórias dos deuses, parece mais evidente e sadio seguir o uso das próprias Escrituras e rejeitar o mito como uma categoria não bíblica". As Escrituras relacionam Deus àquilo que é histórico, "ao desempenho de seus propósitos no e para este mundo,

---

[23] Introdução ao Antigo Testamento.

[24] [NT] *RSV, Revised Standard Version;* em português: *Versão Padrão Revisada.* Ela é uma atualização da antiga *AV (Authorized Version)*, a versão inglesa *King James* do início do século XVII.

Revelação e mito

e esse é um fato que o discurso do mito pode apenas obscurecer [...] Desde que o mito é, na melhor das hipóteses, uma categoria não da manifestação divina, mas da interpretação humana, quanto mais das narrativas bíblicas for classificado como mito, menos certeza haverá de que aquilo que se apresenta como obra e mandamento de Deus é realmente assim" (*Myth*, p. 442). De fato, o mito dificilmente pode ser distinguido mesmo como interpretação humana, uma vez que a interpretação humana é sempre conceitual, e o mito é tido, em sua representação contemporânea, como cognitivamente não significante.

A palavra *mito* ocorre apenas cinco vezes no Novo Testamento, e todas as ocorrências estão em escritos mais recentes (nas Epístolas pastorais e em 2Pedro); em nenhum caso a palavra compartilha a perspectiva aprovadora do platonismo. O mito é uma fábula (1Tm 1.4; 4.7; 2Tm 4.4). Como tal, é contrastado com a fé e a verdadeira doutrina (1Tm 4.6), com a verdade (Tt 1.13,14) e com a verificação de testemunhas oculares dos eventos históricos (2Pe 1.16). Em contraste com a verdade revelada, o mito é enfaticamente repudiado. Não há qualquer razão para pensar que haveria alguma exceção se os mitos platônicos empregados no raciocínio filosófico tivessem sido tencionados, uma vez que o veredicto de Paulo de que *o mundo por sua própria sabedoria não o conheceu* [*Deus*] (1Co 1.21) pode incluir tanto a teoria filosófica quanto os mitos. Além disso, a verdade contrastante do Evangelho está centrada não somente em informação revelada fidedigna e fato histórico, mas também, e especialmente, na majestosa realidade da Palavra divina que se fez carne, da qual os apóstolos foram, eles mesmos, testemunhas oculares.

O tratamento clássico da atitude do Novo Testamento é o artigo de Gustav Stählin *Muthos* no *Theological dictionary of the New Testament*,[25] editado por Kittel. Stählin destaca aqui a evidente aversão do Novo Testamento pelo mito. A Bíblia desaprova qualquer função para o mito, seja simbólica, seja parabólica, ou como a comunicação direta de verdades religiosas (4:793). Enquanto a atitude grega e romana antiga a respeito do mito percorria todo o caminho desde a aceitação popular até a caricatura literária e a crítica filosófica, o Novo Testamento elucida um repúdio fundamental e total

---

[25] Dicionário teológico do Novo Testamento.

ao mito por motivos religiosos (4:779, 781). "Não importa como o termo é entendido, e não importa como seja estendido", escreve Stählin, o conceito de mito envolve "uma antítese inerente à verdade e à realidade que é totalmente intolerável ao solo do NT" (4:794). Qualquer que seja o mito, ou mitos, que se tenha em vista, o Novo Testamento conhece somente uma espécie de *muthos*, aquela que é antitética à verdade e à factibilidade da revelação no Evangelho.

Giovanni Miegge mantém praticamente a mesma opinião: "Na Bíblia o instrumento para a comunicação das verdades divinas é a Palavra de Deus; o interesse da Bíblia é com aquilo que Deus diz e faz" (*Gospel and myth*,[26] p. 105). "O mito pode pertencer somente [...] à pseudor-religião dos desejos e valores humanos, elevados ao nível do divino; em contraste com o mundo do mito, a fé acha a sua expressão na 'palavra de Deus', a proclamação da encarnação como um evento na história. Essa proclamação constitui o juízo sobre todos os mitos" (p. 100).

Embora as concessões que Karl Barth faz em relação à saga e a sua custosa localização da revelação na supra-história, em lugar de na história, comprometam a estabilidade de sua posição, Barth também deplora a confusão da revelação com o mito. Ele enfatiza que o mito é a projeção de uma ruptura na consciência humana por meio da qual os aspectos transcendentes da experiência são transformados, com muita imaginação, em realidades do outro mundo; o mito retrata os elementos humanos, históricos e naturais nos termos do sobrenatural, do supra-histórico e sobre-humano. Na revelação, porém, o Deus vivo fala ao homem e, na realidade, julga as imaginações fantasiosas, características da busca humana pela realidade religiosa. A distinção radical entre o mito e os escritos bíblicos centraliza-se no fato de que os Evangelhos apontam para um período definido no tempo e no espaço, e descrevem situações históricas reais. "Os Evangelhos não falam de uma paixão cujo sofrimento poderia ter sido experimentado em qualquer lugar que fosse, em qualquer tempo que fosse, ou nos céus ou num tempo e espaço puramente imaginários. Eles indicam um ponto muito bem definido na história do mundo que não pode ser trocado por qualquer outro. Eles apontam para o seu palco terreno. Eles não falam de um momento passageiro na ocorrência de um mito que seja cíclico e permanente e, portanto, que pertença a

---

[26] Evangelho e mito.

todos os tempos. Eles falam de uma ocorrência singular, para a qual não existe precedente e que não pode ser repetida" (*Church dogmatics,* IV/2, p. 245[27]).

Walter Künneth insiste, igualmente, que a mensagem da Bíblia é um chamado não para a tarefa de demitologização, mas de tradução: "Os conceitos e ideias pictóricas do Novo Testamento [...] não necessitam de demitologização, e sim apenas de tradução na linguagem e no mundo conceitual de determinada época" (*Bultmann's philosophy and the reality of salvation,*[28] p. 115).

Adolf Köberle também se associa à rejeição do mito como gênero de literatura da revelação. Ele escreve: "A história da salvação que está diretamente ligada ao nome de Jesus é fundamentalmente diferente do mundo do mito" (*Jesus Christ, the center of history,*[29] p. 65). Philip E. Hughes destaca a incompatibilidade do mito com a ênfase bíblica na revelação histórica e racional. O uso do mito nas estruturas da não verdade ou não factibilidade, em contraste com as verdades da revelação cristã, "está em completa harmonia com a conotação clássica do termo que, desde o tempo de Pindar, sempre carregou o sentido daquilo que é fictício, em oposição ao termo *logos,* que indicava o que era verdade e histórico.... O Cristo da Bíblia é *o Logos,* não um *mythos*" (*Myth,* p. 368, 371). O Logos, afirma Stählin, é "a absolutamente válida e encarnada Palavra de Deus da qual tudo depende, a fé do indivíduo, a estrutura da igreja. Se o Logos for substituído pelo *mito,* tudo estará perdido; a Palavra terá sido traída" (*Muthos,* 4:786). Stählin insiste que "a firme rejeição do mito é uma das decisões características do NT. O mito é uma categoria pagã" (4:793).

Se a categoria do mito é uma forma de expressão para eventos que ocorrem do lado de fora dos limites da história terrena, então aplicar o termo à Palavra encarnada inverte não simplesmente o sentido tradicional do termo, mas todo o uso linguístico também, bem como todas as costumeiras associações e implicações linguísticas. A noção do mito não é nativa da Bíblia, e aqueles que procuram sobrepor o conceito à religião revelada não estão motivados nem por precedente bíblico nem por qualquer sugestão indireta que as Escrituras

---

[27] Dogmática da Igreja.

[28] A filosofia de Bultmann e a realidade da salvação.

[29] Jesus Cristo, o centro da história.

oferecem. Quando os escritores bíblicos falam de uma atividade de revelação do Deus criador na própria história da humanidade, e de eventos históricos da redenção, sobretudo da encarnação, da crucificação e da ressurreição de Jesus Cristo, retratam algo totalmente alheio às religiões rivais. O mito é um produto da imaginação religiosa do ser humano, e não a consequência da revelação profético--apostólica. Concordando com quase tudo isso, Oscar Cullmann argumenta corretamente que a interpretação do "evento Cristo" é mais adequadamente chamada de "profecia" do que "mito" (*Christ and time,*[30] p. 96s.) Hermann Sasse insiste que o Novo Testamento não necessita de demitologização "porque ele não contém nenhum mito" (*Flucht vor dem dogma,*[31] p. 162). Semelhantemente, Edmund Schlink argumenta que "a Bíblia [...] tem um testemunho que é inteira e totalmente demitologizado, uma vez que a Palavra de Deus, ao penetrar na linguagem dos homens na revelação, irrompeu por entre os mitos dos homens" (*Studium generale,*[32] p. 203).

Günther Bornkamm deplora todo esse arrazoado de objeção ao mito como um "argumento biblista" cujo alvo é "expulsar o problema do campo [...] com um só golpe" (*Myth and gospel,*[33] p. 179). Bornkamm considera não convincente o caso contra o mito, mesmo quando estudiosos não somente invocam o fato de que as Escrituras denunciam os mitos como meras fábulas, mas também quando enfatizam as bases históricas do Evangelho. Junto com Rudolf Bultmann, Bornkamm argumenta que o próprio Novo Testamento envolve "um modo de concepção mitológico" (p. 180), e, de fato, faz do reconhecimento desse modo uma precondição para a manutenção da busca pela verdade cristã. Nisso tudo, ele segue a insistência de Bultmann de que o Novo Testamento apresenta uma concepção mitológica que não deve ser aceita ou rejeitada de maneira seletiva, mas que deve ser mantida como uma unidade, a fim de demonstrar a profunda significância que ressalta o todo como a sua real intenção. Nas palavras de Bultmann, "A perspectiva mítica do mundo deve ser aceita ou rejeitada em sua inteireza" (*New Testament and mythology,*[34] p. 9). Tanto Bultmann como

---

[30] Cristo e o tempo.

[31] Fugindo do dogma.

[32] Estudo geral.

[33] Mito e Evangelho.

[34] O Novo Testamento e mitologia.

Bornkamm presumem que a chamada para a fé no evangelho exclui qualquer revelação de verdades objetivamente válidas e de eventos sobrenaturais na história externa. Gustaf Aulén também argumenta que a revelação bíblica de Deus é totalmente concedida em linguagem mítica, simbólica e metafórica (*The drama and the symbols*[35]). Aqueles que, hoje em dia, falam do mito cristão com aprovação têm como ponto de partida a ideia positiva de mito encontrada nos escritos platônicos, e consideram o mito a forma natural de retratar a experiência religiosa. Deve ser observado que Platão não estava interessado na experiência religiosa, mas em epistemologia e ciência. Mas, agora, o mito é tido como a estrutura literária por meio da qual o homem descreve aquilo que não pode ser expresso em categorias racionais ou históricas.[36] As pressuposições funcionais são: 1) que a realidade transcendental não é revelada nem reconhecível conceitual ou historicamente; 2) o mito é a única forma em que a realidade e a natureza do mundo espiritual invisível podem ser expressas; 3) apropriadamente entendido, o mito exige não a eliminação, mas a interpretação de sua função; 4) a aceitação crédula do mito envolve um encontro interior que leva, não à informação secreta ou a um conhecimento válido, mas à consciência vital da presença divina.

Escritos helenísticos mais recentes usaram o mito como uma forma de expressão parabólica. Entretanto, o Novo Testamento, como observa Stählin, emprega a parábola como um gênero distinto, que nada tem a ver com o mito. Enquanto a parábola é uma representação pictórica não factual, empregada na explicação do transcendente, nunca é imaginada como alguma coisa diferente disso. Como E. L. Mascall diz, as parábolas nunca "foram tencionadas como verdade factual", e a sua lição de modo nenhum é afetada por suas verdades ou não verdades factuais (*Words and images*,[37] p. 56). Embora Jesus

---

[35] O drama e os símbolos.

[36] As crianças nas escolas públicas estadunidenses são, agora, ensinadas nessa visão positiva do mito, e a religião bíblica é oferecida como um mito ilustrativo, frequentemente sem receber a visão histórica da revelação judaico-cristã como uma alternativa digna de crédito. (Cf. o currículo usado nas escolas do estado da Pensilvânia para os estudantes do ensino médio, *Student's guide to religious literature of the West* [Guia estudantil da literatura religiosa do mundo ocidental], de John R. Whitney e Susan W. Home, que arbitrariamente acrescenta: "Neste curso, usamos *mito* não de uma forma negativa, mas da maneira em que os estudiosos da literatura e os teólogos geralmente usam".)

[37] Palavras e imagens.

DEUS, REVELAÇÃO E AUTORIDADE

tenha considerado a parábola como uma técnica efetiva de ensino em algumas circunstâncias, ele não a considerou como um modo indispensável para a comunicação da verdade sobre o mundo invisível; na verdade, ele vislumbrou a sua dispensa futura (Jo 16.25,29). Não existe no Novo Testamento base alguma para a expressão "mito de Cristo", que foi popularizada pelos estudiosos da crítica da forma [*Formgeschichte*].

A defesa moderna do valor do mito começou com o modernismo protestante, que identificava grandes segmentos da Bíblia como mito, mas enfatizava que esse procedimento era compatível com a fé cristã e que, de certo modo, servia à causa da fé. O modernismo aplicou o conceito de mito primeiramente às narrativas da criação e aos relatos patriarcais. Depois, estendeu essa abordagem, de modo mais amplo, aos elementos miraculosos e transcendentais da religião dos hebreus. Finalmente, além disso, embora inicialmente com alguma reserva, os relatos dos Evangelhos foram declarados como contendo muitos elementos lendários, e os escritos apostólicos foram considerados como incorporando muitas das ideias míticas do período, tanto no que diz respeito à cosmovisão como à escatologia. Alguns críticos radicais afirmaram encontrar analogias gregas para a filiação divina e a ressurreição de Jesus Cristo. Isso, porém, foi acompanhado por uma busca pela "verdade espiritual" que está "por trás" dessas "fábulas da natureza e da história".

Friedrich Schleiermacher (1768-1834) localizou a essência da religião no sentimento interior, mas insistiu que a conscientização religiosa permanece numa relação com a realidade religiosa mesmo que não possamos pronunciar julgamentos objetivos acerca dessa realidade. Embora Hegel lançasse mão da metafísica filosófica a fim de suprir o conteúdo cognitivo para a religião, ele também rejeitou a revelação transcendente. Hegel defendia a posição de que a mente religiosa pensa, invariavelmente, em símbolos, representando o divino em figuras em vez de representá-lo como ele verdadeiramente é. Considerando a declarada ausência de manifestação racional transcendente e de uma verdade proposicional válida sobre Deus, logo aparece a possibilidade de que a situação levante sentimentos interiores, expressões simbólicas ou formulações míticas. Essas são as coisas que, se acredita, estão em sintonia com a realidade religiosa definitiva, ainda que não sejam capazes de reivindicar a verdade objetiva ou a história factual. Isso tudo quer dizer que o mito ganha um valor positivo "como a linguagem apropriada para a fé religiosa", como observa Miegge, "numa linha de pensadores para os quais a religião não é predominantemente [...] racional [...] não é de modo algum racional, ou é racional somente de um modo particular" (*Gospel and myth*,[38] p. 114s.)

Consequentemente, surge uma nova atitude de acordo com a qual, indo além das tradições platônica e estoica, o mito se torna um artifício linguístico cuja função transcende o uso comum da linguagem, ao falar da realidade definitiva de modo alusivo e indireto, em lugar de lógica e ontologicamente.

A influência de Rudolf Bultmann tem atravessado a teologia neoprotestante com a ênfase de que o mitológico não somente permeia a visão bíblica do início ao fim, mas especialmente de que o mitológico lhe é intrínseco (em vez de dispensável, como o liberalismo protestante pensava) e precisa ser interpretado, a fim de exibir o cristianismo como uma resposta existencial em lugar de uma verdade literal objetiva e fato histórico. O universo em três andares [dimensões], com o Espírito Santo, os céus e os anjos em cima, e Satanás, os demônios e o inferno embaixo, emoldurando a encarnação e a ressurreição corporal do Logos, é um retrato mitológico de um evento antropológico, falando-nos não a respeito de Deus, mas de nós mesmos. Para muitos teólogos querigmáticos, que rejeitam a revelação histórica, objetiva e cognitiva, o mito se tornou a estrutura na qual a mensagem da Bíblia está, alegadamente, configurada e que nos confronta. Fazer oposição ao mito como um meio de revelação é tido como obscurecer ou interpretar mal o próprio significado. Portanto, o mitológico não é uma característica do cristianismo do século I, do qual os cristãos do século XX devem ou podem se libertar; é uma forma básica de comunicação da revelação à qual a mensagem das Escrituras é divinamente acomodada.

Alfred Jeremias afirma que "o estilo profético e apocalíptico das narrativas bíblicas é completamente mitológico [...]. Os escritores bíblicos fazem uso do mito para os propósitos de seu registro da história. Mito [...] é a narração de um processo celestial que evolui numa série logicamente determinada de motivos, e é refletida no evento que realmente ocorre como se fosse uma imagem" (*Das Alte*

---

[38] Evangelho e mito.

Testament im lichte des alten Orients,[39] 4ª ed., p. 5, apud Miegge, *Gospel and Myth*,[40] p. 109s., da obra de Alfred Jeremias, *Kerygma und mythos*,[41] II,[42] p. 52). Friedrich K. Schumann encontra na mensagem das peças teatrais gregas, tais como *Eumenides* de Ésquilo, e nas imagens apocalípticas do livro de Apocalipse, um uso comum de linguagem mitológica como a forma ideal de expressar a intenção do escritor. Declara-se que Jesus empregou elementos mitológicos, e que qualquer remoção desse mito "iria, em vez de elucidar o significado, destruí-lo completamente" (*Can the event of Jesus Christ be demythologized?*,[43] p. 189). Regin Prenter argumenta que os mitos platônicos estão primariamente interessados não em compreender a realidade última, mas na salvação do homem, e que isso exemplifica a função real do mito, que é a de mediar o poder e a redenção divino em lugar de informar acerca do mundo transcendente. Ele diz que "é impossível evitar o uso da linguagem simbólica da mitologia, uma vez que a realidade com a qual ela lida não pode ser concebida em outra forma, a não ser a mitológica" (*Kerygma und mythos* II, p. 81ss., apud Miegge, *Gospel and myth*, p. 117). Eliminar os elementos mitológicos é o mesmo que transmutar um retrato vivo de Deus numa ideia ou sensação abstrata, ou em algum outro sentimento que, sutilmente, reintroduz a metafísica em vez de preservar a intenção mitológica.

Em comentários como esses, citados acima, concepções rivais do mitológico parecem mutilar-se umas às outras, às vezes de modo acrítico. De um lado, alguns estudiosos da Bíblia, que estão de acordo com muitos antropólogos e filósofos seculares, consideram o mitológico como uma forma básica de experiência humana universal. De outro lado, eles veem o mito de Cristo como um evento de revelação especial que envolve o autêntico ser do homem e, consequentemente, carrega uma significância espiritual decisiva.

---

[39] O Antigo Testamento à luz do Oriente antigo; e Evangelho e mito.

[40] O Antigo Testamento à luz do Oriente antigo; e Evangelho e mito".

[41] Querigma e mito".

[42] Cinco volumes de debates teológicos, editados por Hans W. Bartsch, com contribuições de Bultmann e outros, foram publicados em alemão. Seleções dos volumes 1 e 2 estão incluídas no primeiro volume em inglês, *Kerygma and myth* [Querigma e mito], e dos volumes 3 e 4 no segundo volume em inglês. (V. a Bibliografia).

[43] O evento de Jesus Cristo pode ser demitologizado?"

Helmut Thielicke observa que existe certa similaridade entre a justificação moderna do mitológico, como um padrão universal para apreender realidades religiosas supersensíveis, e as categorias inatas que Kant sugeriu como aquilo que configura a experiência humana peculiar do conhecimento (*The restatement of New Testament mythology*,[44] p. 158ss.) Do mesmo modo que para Kant, uma "coisa irreconhecível em si mesma", ou uma realidade não fenomenal que presume evocar nossas percepções fenomenais, as quais, por sua vez, são condicionadas por categorias inatas, de modo que aqui um "processo celestial" dá origem à nossa reflexão mitológica, que, nesse caso, é expressa em formas subjetivas emprestadas da imaginação humana. Mas a categorização kantiana da experiência produzida em julgamentos sintéticos apriorísticos, enquanto o mitológico não se revela na experiência humana em qualquer padrão formal ou homogêneo,[45] é um fato que se contrapõe a essa linha de argumentação (Ian Henderson, *Myth in the New Testament*,[46] p. 52). O argumento de que o fenômeno do mito é necessário à existência humana também tem sido desenvolvido de outras maneiras. Alguns estudiosos iden-

---

[44] A reafirmação da mitologia do Novo Testamento.

[45] Os três primeiros volumes de *Mythologiques* [Mitológico] de Claude Lévi-Strauss se referem a 353 mitos diferentes dos índios americanos, como comentário de sua visão de que a análise estrutural de mitos pode decodificar aquilo que é comparável a um sonho coletivo. Os mitos, certamente, incorporam uma mensagem do passado que, apesar de não ser idêntica ao conteúdo de qualquer mito em particular, é comum a todos os mitos na forma do conteúdo de uma unidade simples compartilhada por todas as mentes humanas. No entanto, a fragmentação que Lévi-Strauss faz de mitos particulares em elementos de *status* e relação, tidos como comuns a todos, deixa confusa a sua suposta mensagem unitária. O seu método investigativo, acrescente-se, parece flutuar de maneira instável entre uma teoria não fundamentada empiricamente e um apelo a considerações de natureza empírica. O postulado básico de Lévi-Strauss é que a mitologia pretende fazer afirmações acerca das relações entre homem e natureza e entre homem e homem. O conhecimento individual do mundo exterior fica reduzido a uma mensagem estruturada de modo inato cujo conteúdo é suprido pela percepção sensorial. Isso é ciência elementar e pode ser, eventualmente, expressa conceitualmente. Mas Lévi-Strauss não para por aí. Qualquer correlação racional do homem com a realidade sobrenatural é excluída; representações de outro mundo habitado por seres sobrenaturais é simbolismo metafórico. Pelo fato de o mito não possuir amarras relativas ao tempo cronológico, ele compartilha certos aspectos dos sonhos e dos contos de fadas. Ainda assim, os elementos estruturais comuns apontam para uma significância coletiva mais profunda. Tudo isso é muito interessante, e digno de nota, como a visão de um antropólogo moderno, mas dificilmente reflete o sentido e a significância atribuída aos mitos por aqueles que os sustentam.

[46] O mito no Novo Testamento.

tificam como mito coletivo a conceitualidade na qual cada cultura alicerça sua convicção do sentido e da dignidade da humanidade. "O homem moderno também vive de 'mitos' a respeito da origem e da erradicação de suas falhas, expressando sua fé no seu destino" – é o que escreve Langdon Gilkey (*Naming the whirlwind,*[47] p. 258). Do mesmo modo que a utopia evolutiva ou o comunismo fascinaram as massas no século XX, assim outros mitos no passado forneceram coesão social para unificar sociedades, de outra maneira, díspares.

Mas se o mitológico é realmente uma forma básica de reflexão humana, então, como Thielicke nota, a mitologia grega não tem menos validade objetiva do que a mitologia bíblica. A Bíblia, pelo contrário, explica a mitologia pagã em termos da revolta voluntária do homem contra o Deus vivo (cf. Rm 1.22s.), e não como uma forma necessária de reflexão humana, da qual a visão bíblica seria apenas uma entre várias. Ciente disso, Thielicke critica a severa depreciação de aspectos históricos do cristianismo nos escritos de Bultmann e outros, embora ele mesmo rotule o nascimento virginal e a ressurreição corporal como lenda. Em vez de lutar contra o preconceito moderno que nega a revelação cognitiva transcendente e o milagre sobrenatural, Thielicke acomoda a noção do mito religioso de sua maneira particular. Por exemplo, ele pergunta se, em contradição com o imanentismo radical do pensamento moderno recente, a mitologia do universo em três andares não pode ter sido divinamente tencionada como um meio simbólico de preservar a abertura do homem ao transcendente (*The restatement of New Testament mythology*, p. 162ss.) Se, porém, o imanentismo radical é uma falácia, como certamente acreditamos ser, então uma alternativa para refutá-lo deve existir que seja bem superior a uma simples mitologia do transcendente. Se nos ocuparmos apenas com valores simbólicos não literais, então nenhuma razão válida poderá acusar o imanentismo radical de ser menos proveitoso para a religião do que qualquer outra mitologia; nem ao menos poderemos reivindicar maior relevância factual para uma mitologia respeitada do passado do que para alternativas modernas. A argumentação de que o "mito bíblico" não perdeu nada de seu valor tradicional mascara o fato de que a sua identificação prejudicial como mito cancela seu valor para

---

[47] Dando nome ao redemoinho.

a comunicação de informação factível e de verdade válida. Ao se concentrar em simbolismo e mito, não apenas se eclipsa a significância da verdade objetiva das representações das Escrituras, mas também se evita uma crítica racional das representações modernas equivocadas do mundo real definitivo.

A discussão teológica atual do mito é complicada não somente por causa da ambiguidade sobre se o mito bíblico deve ou não ser visto meramente como uma variante especial do mito universal, ou se, por outro lado, ele possui qualquer significância absoluta. Aqueles que insistem na normatividade do mito cristão, sobrecarregam essa afirmação ao admitir elementos do mito geral na estrutura bíblica, e, assim, são incumbidos da tarefa de discernir o conteúdo das Escrituras entre mitos dispensáveis e indispensáveis.

W. G. Kümmel distingue, nos escritos do Novo Testamento, elementos mitológicos essenciais de elementos mitológicos secundários e dispensáveis. Ele considera a ressurreição de Cristo um elemento mitológico essencial porque, em todo lugar, o Novo Testamento retrata isso como "uma intervenção divina real, que teve lugar neste mundo em determinado momento no tempo". Ao mesmo tempo, Kümmel considera a ressurreição como mitológica porque "essa intervenção [...] precisamente por não poder ser descrita literalmente, pode somente ser expressa na linguagem da mitologia" (apud Miegge, *Gospel and myth*, p. 117s., em *Kerygma und mythos II*,[48] p. 161ss.). De acordo com Kümmel, muitos detalhes das narrativas sobre a ressurreição variam em importância e são dispensáveis, devendo ser avaliados em relação à mensagem. De modo semelhante, Kümmel enfatiza que enquanto o julgamento futuro é a mensagem mitológica central na escatologia e, em contraste como outras perspectivas antigas, reflete o entendimento bíblico do tempo e da história, tais ênfases como o retorno do Filho do homem com os exércitos do céu para estabelecer seu reino podem ser eliminadas como não essenciais.

Segundo Miegge (*Gospel and myth,* p. 122), o Novo Testamento canônico contrasta notavelmente com os livros apócrifos. Os apócrifos fazem extenso uso de noções imaginativas e até mesmo mitológicas a fim de retratar a encarnação e a ressurreição de Cristo e falam

---

[48] Evangelho e mito e Querigma e mito.

DEUS, REVELAÇÃO E AUTORIDADE

de "um desenvolvimento duplo da fé cristã primitiva; um na direção da meditação teológica, outro na direção da imaginação mitológica". Ainda assim, Miegge admite "elementos pictóricos de caráter mitológico" no Novo Testamento, embora " poucos", e esses à parte dos "dois principais episódios do drama cristológico, a encarnação e a ressurreição" (p. 121). Ele escreve que "a resolução de usar elementos mitológicos para expressar símbolos é mais completa e mais deliberadamente realizada" no evangelho de João (p. 122).

Essas visões diferentes são imensamente esclarecedoras, acima de tudo por exibirem as diversas maneiras de se compreender o mito e as marcantes incoerências ao interpretá-los e aplicá-los. Comum às perspectivas recentes, entre outros aspectos, está a premissa de que o homem não possui conhecimento cognitivo das realidades transcendentais, e que mesmo com base na revelação divina (geral e especial) ele não pode, de fato, obter coisa alguma. Presumem, além disso, que a linguagem usada para o mundo invisível comunica uma mensagem que é literalmente inverídica, incoerente em termos de lógica, e sem sentido, ontologicamente falando. Apesar de tudo isso, essa linguagem é considerada simbolicamente relevante em termos das respostas religiosas interiores que alguém poderia apresentar. Miegge observa que aqueles que conferem um conteúdo religioso significante ao mito o fazem pelo desejo de "evitar a identificação completa do mito com as 'fábulas da Antiguidade'", uma vez que estas não possuem qualquer verdade (*Gospel and myth*,[49] p. 111).

É exatamente nesse ponto que o mito perde aquilo que o platonismo valoriza no mito, isto é, a convicção de que o homem está em contato racional com a realidade ontológica. Em contraste com isso, noções recentes de mito correlacionam o homem com a realidade religiosa transcendente de um modo que exclui toda a asserção cognitiva e enfatizam, em seu lugar, algum tipo de resposta de fé. O "sentido" da linguagem mitológica (o termo *sentido* é desconcertantemente ambíguo aqui, e é mais apropriadamente interpretado como a significância subjetiva) não deve ser exposto em conceitos teológicos válidos. Assim, Bultmann insiste que a demitologização requer não a eliminação, mas a interpretação, a fim de exibir as possibilidades que o mito de Cristo comunica na ausência da verdade e da

---

[49] Evangelho e mito.

realidade sobrenatural. Essa "verdade" não está interessada, é claro, em validação objetiva proposicional, ou nos fatos históricos, ou na realidade ontológica sobrenatural, mas consiste para Bultmann na presença transcendental da Palavra que é alegadamente experimentada na decisão pessoal.

Para tudo isso, os expositores atuais do mito cristão pressupõem de imediato a realidade externa do objeto da religião. A ênfase principal de Bultmann é de que o Novo Testamento expressa simbolicamente uma realidade transcendente que não é mitológica, uma realidade experimentada pela fé pessoal. O mito bíblico nesse ponto não é uma fábula, mas verdade semanticamente codificada, convocando-nos à fé na realidade não mitológica. Essa manipulação da categoria do mito fornece ao crítico evangélico apenas facetas tendenciosas e arbitrariamente selecionadas de teologia revelada, preservadas de maneira incompatível com aquilo que foi previamente declarado ser o caráter não informativo do mito. Qualquer conteúdo factual indispensável ou mensagem autêntica que seja afirmada numa base mitológica previamente indicada, com a ênfase atual no valor religioso positivo do mito, reflete uma ligação emocional ou volitiva com os remanescentes empobrecidos da fé cristã. Quando o mito não cognitivo é interpretado, traduzido, demitologizado ou, de alguma forma, manipulado como um artifício linguístico para comunicar a revelação cristã, ou para expressar qualquer espécie de conteúdo religioso universalmente válido, então o mito se torna um mero artifício apologético.

Tendo relegado o externamente miraculoso, a natureza cognitiva e proposicional da revelação divina, neoprotestantes utilizam o mito para manter e empregar todo o testemunho bíblico numa significância espiritual outra que a verdade literal sobre Deus e suas obras. A noção do mito cristão se torna, portanto, a farsa epistêmica mais recente numa sucessão de propostas abortadas que se iniciaram com a divindade postulada por Kant, o "Deus-apenas-em-relação-a-nós" de Friedrich Schleiermacher, a experiência religiosa do juízo de valor de Albrecht Ritschl, e a "pessoa-revelação não proposicional" de Karl Barth. Todas essas propostas compartilham a fé subjetiva numa realidade religiosa que não permite verdades proposicionais objetivamente válidas. Não há dúvida de que uma boa parte da mitologia infiltrou-se no cristianismo por intermédio de projeções imaginativas de teólogos com um espírito aventureiro, tanto em nossa geração como em tempos remotos. Os teólogos da alta crítica do século XIX, avidamente, transformaram uma grande parte da Bíblia em fábula e mito. As narrativas da criação, da queda do homem, dos patriarcas e dos hititas, de Moisés e do êxodo pelo mar Vermelho, e até mesmo de Jesus de Nazaré, sofreram por causa dos caprichos dos críticos. Teólogos querigmáticos do século XX lançaram para dentro do cerne da fé cristã os encontros esporádicos com a Palavra supercognitiva, eventos interiores da Palavra por meio dos quais o homem, alegam eles, encontra o ser autêntico. Há, também, outras inovações que conduzirão, no fim das contas e inevitavelmente, para os atalhos da morte de Deus, e a comentários nebulosos tais quais o de Fritz Buri, de que "Deus é a expressão mitológica para a incondicionalidade da responsabilidade pessoal" (*How can we still speak responsibly of God?*,[50] p. 27). São os teólogos neoprotestantes do século XX que merecem a dúbia distinção de terem não somente transformado todo o drama bíblico da criação e da redenção em mito, mas também, e sobretudo, de representarem essa transformação como algo necessário para a compreensão da fé cristã, em vez de reconhecerem tal manipulação como uma concessão à incredulidade.

Do lado de fora do movimento teológico, Karl Jaspers também insiste no valor permanente do mito como um símbolo do mundo invisível e transcendente. Mas, de uma forma altamente importante, ele difere de muitos outros expositores recentes do mito. Mais precisamente, Jaspers argumenta que, enquanto a linguagem científica trata de questões empíricas, somente a linguagem mítica pode lidar com a realidade existencial e comunicar o conteúdo da fé (Karl Jaspers e Rudolf Bultmann, *Myth and christianity*,[51] p. 17); afirmações míticas têm uma significância existencial. No entanto, não é possível encontrar em Jaspers nenhuma distinção entre o mito essencial e o não essencial, entre o mito que é historicamente factual e o que não é. Também não é possível encontrar em Jaspers uma tradução do mito em qualquer significado simbólico permanentemente válido ou numa significância interior normativa. O único substituto legítimo para o mito é outro mito,

---

[50] Como podemos ainda falar responsavelmente de Deus?

[51] O mito e o cristianismo".

Revelação e mito

e não um sentido ou evento interior por trás do mito. Giovanni Miegge reflete a perspectiva de Jaspers: "Os mitos poderão se chocar e se contradizer mutuamente, poderão se excluir mutuamente ou substituir uns aos outros; mas a única coisa que poderá substituir o mito é outro mito" (*Gospel and myth*,[52] p. 118). O próprio Miegge sugere por implicação que o mito tem uma função necessária na religião, mas evita uma discussão a respeito dos símbolos na religião. Ele nota que "os símbolos, por serem reconhecidos como símbolos, admitem implicitamente a necessidade de interpretação" (p. 122). Ainda assim, ele reconhece que os símbolos "não podem ser interpretados por outros símbolos – senão ficaremos envolvidos numa regressão infinita" (p. 122s.). Mas como poderão ser legitimamente interpretados em categorias não simbólicas?

A descrença desses homens na revelação divina racional encorajou teólogos neoprotestantes a combinar a visão de vida da Bíblia com os mitos em perspectiva em geral e a descartar a significância cognitiva e o *status* de verdade do testemunho das Escrituras quanto às realidades transcendentes. Com base na premissa de que a realidade transcendental é suprarracional, o mito, então, se torna uma categoria para a representação linguística daquilo que não pode ser logicamente conhecido ou descrito. Mircea Eliade afirma que o mito primitivo expressa a participação do homem naquilo que ele presume ser a natureza da realidade, mas que, de forma alguma, pretende ser uma explicação racional (*Myths, dreams and mysteries*[53]). Fritz Buri sustenta que a interpretação existencialista é aquela que traz o uso apropriado da mitologia como "a linguagem da Transcendência" (*How can we still speak responsibly of God?*, p. 27). Robert H. Ayers define o mito como qualquer "história carregada de valor que expressa até certo ponto a orientação de vida de um grupo e/ou indivíduo" (*Religious discourse and myth*,[54] p. 77). Muitos estudiosos que relacionam orientação de vida e mito partilham da ênfase de Thomas J. J. Altizer de que o mito "como uma forma de encontro com o sagrado" não é em essência uma "categoria conceitual" (*The religious meaning of myth and symbol*,[55] p. 93). Ayers (p. 79) considera ser "cla-

[52] Evangelho e mito.

[53] Mitos, sonhos e mistérios.

[54] O discurso religioso e o mito.

[55] O significado religioso do mito e do símbolo.

DEUS, REVELAÇÃO E AUTORIDADE

ramente um erro enfatizar a explicação como a característica principal dos mitos", e, levando isso em conta, também presumir que eles são "primariamente conceituais em natureza". Ele observa ainda: "Se entendermos o mito como uma história carregada de sentido, expressando até certo ponto a orientação de vida de um grupo e/ou indivíduo, então as próprias pressuposições de nossos critérios de verdade são, elas mesmas, míticas. Assim [...] o problema dos teólogos não é a demitologização, e sim, a remitologização [...] É logicamente impossível [...] ser totalmente livre da linguagem mítica" (p. 86).

Da mesma forma que Eliade, Paul Ricoeur insiste que o homem moderno, se é que deseja entender a si mesmo, não se livrou da necessidade de símbolos religiosos. Além disso, ele afirma que a interpretação filosófica dos símbolos religiosos é necessária, que a própria filosofia deve ser instruída pelos mitos, de forma que os símbolos religiosos fornecem a base para o pensamento filosófico e, além disso, para as atividades culturais do homem. "Numa era em que a nossa linguagem se tornou mais precisa, mais inequívoca, mais técnica em uma palavra [...] nós queremos recarregar nossa linguagem [...] para começar de novo com a plenitude da linguagem" (*The symbolism of evil*,[56] p. 349). O apelo aos símbolos religiosos produz o abandono da linguagem inequívoca e precisa tal qual a usada na ciência ou na filosofia racional. Sem "a linguagem dos símbolos", diz Ricoeur, "aquilo que é experimentado como profanação, como pecado, como culpa [...] permaneceria emudecido, obscuro e fechado em contradições implícitas" (p. 161). Ricoeur defende uma hermenêutica distintiva dos símbolos religiosos (v. *The hermeneutics of symbols and philosophical reflection*,[57] p. 191-218). Ele considera as palavras como "a luz das emoções", elevando as nossas imprecisas experiências sensoriais a significados que podem ser compartilhados.

Enquanto exegetas pós-bultmanianos, tais como Gerhard Ebeling e Ernst Fuchs, entendem a hermenêutica como uma análise do evento Palavra conhecido apenas pela fé, e negam qualquer realidade existente por trás da "perspectiva linguística da realidade", Ricoeur procura pelos símbolos religiosos para uma análise da experiência geral. A representação simbólica e mítica desperta em nós

---

[56] O simbolismo do mal.

[57] A hermenêutica dos símbolos e da reflexão filosófica.

Revelação e mito

sentidos mais profundos do que os imediatamente aparentes. "O que é o mito senão *gnosis*? [...] O símbolo [...] abre e fecha uma dimensão da experiência que, sem ele, permaneceria fechada e oculta" (*The symbolism of evil*,[58] p. 165). O caráter concreto do ser do homem pode ser conceitualizado apenas como potencialidades essenciais, que são compreendidas por meio de símbolos e mitos. "Por meio de sua função tripla de universalidade concreta, orientação temporal e, finalmente, exploração ontológica, o mito tem um modo de *revelar* as coisas que não é reduzível a nenhuma tradução da linguagem do símbolo para uma linguagem clara" (p. 163).

O termo *mito* adquiriu, portanto, uma assustadora ambiguidade de conotação no que diz respeito ao pensamento religioso. De fato, o termo se tornou uma palavra "promíscua", de identidade incerta e de até mesmo nuanças contraditórias. Tradicionalmente, o termo era usado para qualquer relato extravagante de alguma suposta verdade ou evento, ou de pessoas e eventos que existiam apenas na imaginação, mas cridos por seus proponentes como representação da verdadeira relação que ocorria entre o ser ou seres divinos e o mundo dos eventos humanos. Contudo, estudiosos neoprotestantes contemporâneos não utilizam o termo para designar uma história falsa e extravagante, crida por alguns de ser verdadeira e factível. Eles o empregam como um artifício linguístico a fim de retratar supostos aspectos da realidade que não são empiricamente verificáveis e conceitualmente acessíveis. E eles discordam profundamente acerca daquilo que os símbolos míticos representam. De fato, com base em suas premissas, eles jamais poderiam saber o que, se alguma coisa, os mitos simbolizam.

Contra a posição de Jaspers, que argumenta que um mito só pode ser traduzido por outro mito, Bultmann considera o relato neotestamentário do Jesus crucificado e ressurreto como um código semântico para uma experiência interna do novo ser e, dessa forma, universaliza a significância existencial do assim chamado mito de Cristo. Bultmann define o mito, primariamente, como aquela forma de imagem na qual aquilo que não pertence a este mundo, isto é, o divino, é representado como se fosse deste mundo, ou seja, como

---

[58] O simbolismo do mal.

se fosse humano (*The New Testament and mythology*,[59] p. 10, n. 2). Com essa disposição ele defende não a eliminação do mito, mas sua interpretação antropológica em categorias existenciais: ele traduz o mítico em não mítico.

Não obstante sua posição de que a revelação é moldada em forma mítica e não envolve a comunicação de informação factual ou de verdade universalmente válida, em dois aspectos Bultmann parece violar seu próprio conceito de mito religioso. Por um lado, ele insiste em sua manutenção, para propósitos de tradução, nas categorias existenciais (não míticas, antropológicas) como seu sentido único e permanentemente válido, refletindo assim a influência filosófica de Martin Heidegger. Por outro lado, numa disposição semelhante à de D. F. Strauss no livro *Life of Jesus*,[60] Bultmann critica como fábula pré-científica ou inverídica certos aspectos do relato bíblico (p. ex., sua suposta visão geocêntrica, o universo em três andares [níveis], a encarnação, a ressurreição corporal, o Espírito Santo, anjos e demônios). Quando Bultmann escreve que "todo nosso pensamento é hoje, incontestavelmente, formado pela ciência moderna", e que "uma aceitação cega da mitologia do Novo Testamento seria arbitrária" (*New Testament and mythology*, p. 3s.), ele insinua com isso que a visão causal do mundo na ciência moderna desqualifica a visão de milagres do Novo Testamento como falsa. Mas se o mito é uma necessidade para o Novo Testamento, como uma codificação linguística para uma experiência existencial interior, então a questão da verdade ou da falsidade factual, em parte ou no todo, seria inteiramente irrelevante. No entanto, é claro que Bultmann usa o termo *mito* para uma perspectiva pré-científica do cosmos e da vida, bem como para uma representação simbólica ou pictórica da realidade.

Além de tudo isso, quanto à questão das representações simbólicas da realidade, deve ser observado que a definição de realidade do próprio Bultmann incorpora elementos mitológicos. Por exemplo, chamar expressões sobre a paternidade de Deus, o amor, e os atos de Deus analógicas e não, necessariamente, simbólicas (*Jesus Christ and mythology*, p. 68) tem como alicerce uma distinção não convincente entre a linguagem analógica e a mitológica e, pelas pressuposições do

---

[59] O Novo Testamento e mitologia.

[60] Vida de Jesus.

próprio Bultmann, isso o envolve numa curiosa incoerência. Se a fala sobre Deus é mítica, por que não é também tal fala (a analógica); se essa fala não é mítica, por que outras afirmações (as simbólicas) são necessariamente não analógicas?

Bultmann insiste no mito religioso como uma categoria compreensiva básica que está além do conhecimento e da verdade cognitiva, para, depois, deplorar elementos particulares como pré-científicos e, por essa razão, extravagantes e ultrapassados em contraste com o conhecimento moderno. Quando, além disso, um estudioso como Bultmann insiste na própria realidade ontológica que transcende o experimental, embora ela seja cognitivamente inacessível, ele obviamente carrega a discussão a respeito do mito religioso com confusão em doses múltiplas. Na realidade, Bultmann tem três opiniões sobre o mito: 1) apesar de projetar o mito bíblico como uma alternativa à verdade literal e válida sobre o mundo invisível transcendente, 2) ele elimina, em razão de serem supostamente desqualificados pela ciência moderna, alguns mitos que ele considera inverídicos quanto aos fatos, enquanto, ao mesmo tempo, 3) atribui ao mito de Cristo, como um símbolo da experiência existencial do ser autêntico, uma validade normativa de verdade literal. Assim, Bultmann viola sua definição primária de mito: ele rejeita como objetivamente inverídicos certos elementos de supostos mitos bíblicos porque são refutados pela filosofia científica e valida o mito de Cristo como existencialmente verdadeiro, porque é, presumivelmente, confirmado pela filosofia existencial contemporânea.[61]

Mais certamente do que ele próprio sabia, o processo de demitologização de Bultmann levou inevitavelmente ao obscurecimento de Deus. Pois, como Thomas Altizer diz, "a própria palavra 'mito' indica uma perda de significado – ou realidade –, para a qual o mito aponta" (*The religious meaning of myth and symbol*,[62] p. 91). R. W. Sleeper observa, mais ainda, que a própria definição de mito de Bultmann não evita de ser ela mesma mítica segundo o seu próprio critério. Se todo o falar dos atos de Deus é analógico, e um

---

[61] Ian Henderson observa que Bultmann também reage contra alguns elementos (p. ex., o pecado original e possessão demoníaca) porque invalidam a liberdade humana, um atributo profundamente acalentado pelos existencialistas (*Myth in the New Testament* [Mito e o Novo Testamento]).

[62] O sentido religioso do mito e do símbolo.

DEUS, REVELAÇÃO E AUTORIDADE

falar analógico, como Bultmann admite, é uma espécie de linguagem mitológica, então "não resta nenhuma possibilidade de demitologização" (*Sense and nonsense in theological myths*,[63] p. 385), pois o discurso se torna supérfluo.

Enquanto Bultmann tenta justificar a experiência do transcendente, ele não é capaz de convincentemente afastar, em suas próprias premissas, a acusação de psicologismo, uma vez que ele cancela o *status* noético daquilo que ele insiste em considerar como real. Clarence I. Lewis nota com precisão que aquilo que é "dado" na experiência imediata (incluindo a consciência esporádica de Bultmann do transcendente) não pode ser nem verdadeiro nem falso. Verdade ou falsidade caracterizam apenas aquilo que é afirmado adicionalmente, como, por exemplo, declarações a respeito da natureza e a descrição daquela experiência. Como Sleeper afirma, "O dilema de Bultmann, e de qualquer demitologizador, deriva do fato de que os relatos dos místicos são tão frequentemente descritos pela acomodação deles à linguagem do mito. Por um lado, a verdade do querigma não pode se tornar logicamente dependente do pensamento e da linguagem mítica, para não acontecer que o sentido do transcendente se perca quando o pensamento mítico entrar em colapso. Por outro lado, não parece existir outro meio de expressar o sentido do transcendente, exceto em termos de mitos e analogias, dos quais o fundamento metafísico está sujeito a sérios questionamentos" (p. 394s.). Sleeper procura por um caminho no meio dos espinhos desse dilema; ele insiste que "noções tais quais a transcendência são logicamente independentes de mitos específicos" (p. 395). Todavia, até mesmo a sua própria noção do divino transcendente falha no que concerne à analogia (ou a lógica da anagogia, como ele prefere dizer). Pois, a fim de legitimar tanto os mitos antropomórficos de origem e relatos pessoais de experiências místicas, ele se inclina para a transcendência diante da presença, o que dificilmente resolverá a questão da validade objetiva de uma afirmação daquele que crê.

Como já foi mencionado, Bultmann propõe a eliminação dos mitos como supostamente desacreditados pela ciência, enquanto preserva o mito como um código semântico para uma experiência existencial normativa. Paul Tillich, por outro lado, tenta eliminar as

---

[63] Senso e contrassenso nos mitos teológicos.

Revelação e mito

claras representações míticas das Escrituras em favor da filosofia existencial ontológica. Reinhold Niebuhr, por sua vez, considera a interpretação e a reinterpretação dos assim chamados mitos cristãos (p. ex., a criação, a queda, a encarnação, a expiação, a ressurreição) como uma tarefa em andamento, na qual a sua natureza mítica nunca é superada. Enquanto Bultmann objetiva traduzir a teologia cristã em verdade literal (existencialismo), Tillich afirma que asserções literalmente verdadeiras iriam destruir a linguagem religiosa. Tanto Tillich como Niebuhr rejeitam a demitologização proposta por Bultmann, por considerarem o existencialismo, parcialmente por sua visão superficial do pecado, inadequado para expressar o evangelho cristão. Tillich procurou comunicar a mensagem cristã em categorias ontológicas, em vez de em categorias meramente existenciais. Niebuhr, por outro lado, ao mesmo tempo que elogia a eliminação dos mitos pré-científicos de Bultmann, critica qualquer esforço por traduzir esses mitos em conceitos científicos ou filosóficos do presente como um modo inadequado de lidar com o mito permanente.

Tillich caracteriza o mito como "uma unidade de símbolos, que expressam a relação do homem com aquilo que é a sua preocupação última, o fundamento e o sentido de sua vida" (*The present theological situation*", [64] p. 306). Os conceitos e a linguagem mítica são necessários para a fé e para a reflexão na realidade transcendente, em contraste com o discurso literal e descritivo usado na avaliação científica de fenômenos observáveis. Traduzir a crença religiosa em categorias científicas iria "privar a religião de sua linguagem" (*Systematic Theology*,[65] 2:152). A teologia precisa ser libertada de tomar a linguagem religiosa de forma literal; desse modo, o chamado é para a abrir mão do literalismo em lugar da demitologização. Mas, como Ayers ressalva, quando Tillich transmuta o relato da queda de Gênesis numa experiência humana universal, ou esboça o "novo ser" que aparece em Jesus Cristo em termos existenciais ontológicos, sua atitude de abrir mão do literalismo difere pouco, se tanto, da demitologização (*Religious discourse and myth*, [66] p. 87s.). O próprio Tillich defendeu por muito tempo que a única afirmação não mítica ou não simbólica que podemos fazer sobre a realidade última é que o divino

---

[64] A situação teológica atual.

[65] Teologia sistemática.

[66] Discurso religioso e o mito.

é "Ser-em-si-mesmo", e que o mito não apenas se apega, mas deve apegar-se a todas as outras asserções religiosas. Entretanto, a coerência na aplicação de sua pressuposição sobre a natureza simbólica da linguagem religiosa, finalmente, levou Tillich a abrir mão até mesmo do "ser-em-si-mesmo" à categoria do símbolo.

Se os mitos e os símbolos podem ser avaliados somente em termos de outros mitos, em que base alguns escritores parecem expressar o ser ou o interesse último mais adequadamente do que outros? Dizer, como Tillich faz, que Deus é aquilo que se identifica como a preocupação final não fornece nenhum critério para distinguir entre os objetos da preocupação teológica última da sua realidade e verdade autêntica. William P. Alston corretamente observa que aquilo que psicologicamente preocupa uma pessoa de maneira final não precisa, de modo algum, coincidir com o que é de fato e em verdade ontologicamente final (*Tillich's conception of a religious symbol*,[67] p. 21).

Niebuhr afirma que em sua forma religiosa, o mito "busca compreender fatos e ocorrências em termos de sua relação orgânica com o todo concebido em termos teleológicos" (*The truth in myths*,[68] p. 119). Ele argumenta que os mitos religiosos são verificados tanto negativa como positivamente – negativamente, pelas falácias acerca do homem e da história para os quais visões alternativas conduzem; positivamente, por um encontro interior e transcientífico com Deus. Mas o conceito de verificação é aqui esticado para muito além do justificável, uma vez que o critério que Niebuhr propõe não envolve nenhuma evidência pública e compartilhada e também não oferece uma base adequada para o que é predizível. Certa redundância fica evidente quando Niebuhr afirma: "... 'Deus estava em Cristo, reconciliando consigo mesmo o mundo' é verificável na experiência de cada um que experimenta a misericórdia e a nova vida que flui do verdadeiro arrependimento no encontro com Deus" (*The self and the dramas of history*,[69] p. 97). O problema não é somente como uma experiência interior no século XX pode verificar um evento ocorrido no século I, mas também se a verdade aqui asseverada pode ser verificada por aqueles que ainda não tiveram a experiência, mas procuram

---

[67] A concepção de Tillich do símbolo religioso.

[68] A verdade nos mitos.

[69] O eu e os dramas da história.

razões convincentes para fazê-lo. Embora Niebuhr fale da necessidade permanente do mito religioso, ainda assim, como Ayers alega, ele sugere a existência real e objetiva de realidades transcendentes que estão além das convicções interiores daquele que crê (*Religious discourse and myth*,[70] p. 91). Gordon Clark nos lembra que a asserção de um irreconhecível, seja por Kant, seja por seus sucessores modernos, realmente não afirma coisa nenhuma. Saber que X é o limite do conhecimento requer o conhecimento de que Y está além do limite; mas, então, Y não é completamente irreconhecível.

Niebuhr encontrou no símbolo da criação divina do homem e do mundo a ideia de que a racionalidade do mundo é limitada e que a causalidade puramente natural é insuficiente para explicar a irracionalidade. No símbolo do pecado original, Niebuhr viu uma corrupção inevitável, embora não necessária, da liberdade humana.[71] Miegge interpreta isso como evidência de que os símbolos religiosos não conduzem necessariamente, por meio de explanação, a "um claro conceito; mas, aparentemente, na maioria dos casos", o mito meramente significa "um limite para os conceitos lógicos e racionais. O equivalente lógico do símbolo é o paradoxo" (*Gospel and myth*,[72] p. 123). No entanto, o mesmo mito poderá inspirar mais do que uma e divergentes interpretações, especialmente se, como faz Niebuhr, se traduzem os símbolos na forma de explicação racional. Niebuhr admite, portanto, que nenhuma interpretação pode reivindicar validade universal; a reinterpretação constante do mito é uma necessidade. Bultmann pensa escapar dessa necessidade somente porque ele arbitrariamente traduz o símbolo religioso numa experiência não racional ou numa decisão interior conforme uma visão existencial da realidade.

Enquanto teólogos neoprotestantes defenderam o "mito cristão" e privaram o cristianismo de sua base cognitiva histórica

---

[70] Discurso religioso e o mito.

[71] A ênfase de Niebuhr na função do mito em relação aos mistérios do transcendente e da liberdade, do pecado e da história (cf. "As deceivers yet true", *in Beyond tragedy* ["Como enganadores, mas verdadeiros", em *Além da tragédia*]) foi antecipada em aspectos significantes por Ricoeur. Ênfases similares reaparecem no livro de Langdon Gilkey, *Maker of heaven and earth* [Criador do céu e da terra] (cf. cap. X); elas são, de certa forma, modificadas num trabalho posterior, *Naming the Whirlwind: The renewal of God-language* [Dando nome ao redemoinho: a renovação da linguagem sobre Deus].

[72] Evangelho e mito.

e objetiva, pensadores seculares, em vez disso, optaram por mitos bem diferentes. John Macquarrie protesta que a definição de mito de Bultmann, que é muito estreita, exclui crenças puramente seculares, tais como o mito nazista de uma raça nórdica, ou o mito marxista de uma utopia do proletariado (*An existentialist theology*,[73] p. 167). Dada a perda da verdade fixa e final – seja em razão do mito religioso, que considera que a realidade espiritual ultrapassa a acessibilidade cognitiva, seja em razão do mito secular, que infunde toda a realidade com tempo e mudança –, não resta nenhuma razão pela qual se justifique o valor permanente ou a significância de qualquer mito, ou para se condenar o mito nazista e um chamado para aderir a ele, ou a qualquer outro mito. Os mitos são alteráveis ou intercambiáveis sempre que os fins justifiquem algum outro meio, ou por causa de algum outro propósito, uma vez que nenhum mito mantém validade factual objetiva. Se os mitos não relatam o que é cognitiva ou historicamente o caso, por que o "mito cristão" e o mito marxista não poderiam ser intercambiáveis? Se a preocupação supremamente importante é a de que o homem tenha pão para viver, como até alguns ativistas neocristãos iriam sugerir – e não que a verdade permanente e a Palavra de Deus somente é que podem assegurar uma vida com sentido –, então talvez tenha chegado a hora para um mito que eclipse a verdade e a Palavra de Deus e que estoque o celeiro humano com o seu próprio "pão vivo".

Se o mito não tem validade cognitiva objetiva e não é historicamente factível, nenhuma razão pode ser apresentada para que se considere um mito mais ou menos expressivo do que outros da realidade não factual e não cognitiva. Como poderemos nós distinguir entre os mitos em termos de verdade ou falsidade, no todo ou em parte, se os mitos forem tomados como não sendo nem cognitiva nem historicamente informativos? Que razão válida resta para se preservar um mito e não o outro, ou para não descartar todos eles, ou para não mantê-los todos como igualmente significantes? Não existe, portanto, base racional para se distinguir entre as várias representações mitológicas da realidade no que tange à verdade e à adequabilidade. Nenhum princípio pode ser estabelecido contra preferir um mito a outro, ou para não se preferir nenhum

---

[73] Uma teologia existencialista.

deles contra qualquer outro ou todos eles. Um mito poderá ser traduzido num outro, ou trocado por algum outro. Mas, desde que o mito representa apenas simbolicamente aquilo que é cognitivamente inacessível e historicamente não factual, as leis da lógica nos impedem de atribuir a qualquer mito, ou a todos os mitos, algum sentido-significância objetivo ou algum evento-significância que transcenda a mera subjetividade humana.

De fato, os teóricos da religião que insistem em que o mito é essencial ao discurso sobre a realidade transcendente, eles próprios contradizem uns aos outros sobre que mito, se existe algum, deverá ser superado, que mito, se existe algum, deverá ser preservado, qual ou quais são permanentes. Ayers sustenta que não é o seu "caráter de mito que faz deles falsos", uma vez que o mito, insiste ele, é "não somente uma história ou crença exótica ou falsa [...]. O tema [...] da [...] orientação da vida pode transcender a falsificação e, assim, ser expresso numa linguagem mítica diferente que não é nem falsificada nem falsificável" (*Religious discourse and myth*,[74] p. 92s.). Nesse caso, porém, o seu caráter de mito também não poderá sinalizar a sua verdade (seja ele interpretado existencialmente, como Bultmann faz, seja ontologicamente, como Tillich faz, seja de qualquer outra forma).

Niebuhr defendeu que qualquer porção demonstravelmente falsa de um mito é inaceitável e afirmou a verificação pragmática daquilo que é aceitável. Mas se o mito é essencialmente não cognitivo, como pode qualquer de seus elementos ser demonstravelmente falso? Verdade ou falsidade devem, então, pertencer apenas àquilo que não é mítico. Ayers concentra-se no apelo de Niebuhr para uma justificação pragmática da aceitação do mito, buscando fortalecer isso pelo critério adicional da solidez interna, coerência e abrangência (ibid., p. 93s.). Mas o fato de um mito ser mais grandioso do que o outro não traz nenhuma implicação para a verdade; e se a verdade não é algo prioritário, a ilusão compreensiva não é nem melhor nem pior do que a imaginação compreensiva ou a intuição mística. A não ser que a verdade seja um fator relevante, solidez e coerência também serão considerações irrelevantes. É verdade que "não faria o menor sentido" – como Ayers destaca – "aceitar os mitos bíblicos do único

---

[74] O discurso religioso e o mito.

Deus e ao mesmo tempo aceitar os mitos gregos politeístas" (p. 94). Mas o sentido é uma preocupação significante se o mito não é, como tal, responsável em relação à verdade? De fato, Ayers insiste que o discurso religioso "nunca existe sem algum elemento do mito ou do mítico" (p. 82), e ele não propõe nenhum critério para distinguir com segurança entre o não mítico e o mítico. Ayers rejeita a noção de que convicções religiosas deveriam ser justificadas na base do absurdo, entretanto não apresenta uma base lógica para justificar o mito religioso em termos de verdade ou de verificação objetiva. Ele argumenta que nós não podemos considerar qualquer mito em perspectiva nem verdadeiro nem falso, porque os métodos humanos mudam ao "distinguir-se fato de fantasia, verdade de falsidade. Seria até mesmo presunçoso reivindicar que a metodologia do presente será aquela do futuro" (p. 79s.). Mas esse apelo iria, efetivamente, destruir a verdade ou a falsidade de qualquer asserção, incluindo aquelas feitas por Ayers acerca dos mitos ou sobre a metodologia ou, até mesmo, sobre qualquer outra coisa.

Insinuar qualquer relevância intelectual objetiva para uma visão simbólica ou mitológica envolve uma confusão de categorias e ignora ou o mito ou a lógica. Ser informado que "o mítico" diz respeito a uma dimensão de realidade que é cognitivamente inacessível e, por conseguinte, não é logicamente falsificável, e no momento seguinte receber a informação sobre qual é o seu suposto significado – de maneira que o mito se torna intelectualmente explicável – intromete conteúdo conceitual numa área cuja restrição prévia declarou estar fora dos limites da razão e é uma grave incoerência. O que faz de um mito algo "cristão", se é que tal coisa existe – dificilmente poderia ser a sua verdade literal ou a sua história factível.

Essa busca por significado, mesmo dessa maneira ilógica, atesta que as preocupações religiosas do homem incluem um desejo irrepreensível pelo conhecimento de Deus que pode ser expresso de modo inteligível e proposicional. Tais "extratos" da "verdade da revelação" do mito são, na verdade, fragmentos partidos ou seleções de proposições reveladas emprestadas de uma visão totalmente diferente da manifestação divina. Se o mito, por definição, representa aquilo que nunca será cognitivamente informativo, que assim seja. No entanto, aqueles que apelam para o mito não deveriam conceder-lhe uma

Revelação e mito

função explicativa, presumindo encontrar nele algum sentido objetivo ou normativo. Se alguém se despoja da verdade literal em favor de uma alternativa mítica, não poderá num estágio subsequente, de conformidade com as suas próprias preferências teológicas, ideológicas ou mitológicas, reintroduzir uma significância cognitiva válida que o conceito do mito pretensamente possui. Nenhum iota da verdade literal poderá ser colhido de um artifício linguístico que é, primeiramente, definido como uma alternativa à verdade informativa que é factual e cognitiva. Aquilo que é intrinsecamente mítico não pode ser nem historicamente factual nem literalmente verdadeiro. Mesmo se indivíduos atribuírem algum sentido particular ao mito, e por meio de preleções e escritos influentes criarem a impressão de que esse sentido é normativo, outros estão livres para defender um sentido diferente, simplesmente porque o mito não carrega consigo um sentido normativo fixo.

Uma vez que se declara que a revelação divina emprega o mito como um meio de comunicação, tal mito poderia, de fato, expressar um fascinante e imenso conjunto de impressões; mas a única coisa que o mito não pode comunicar é a verdade literal sobre Deus, ou sobre qualquer outra coisa. Se um gênero literário comunica alguma verdade literal, ele não é um mito; se for um mito, poderá, se muito, comunicar um mito sobre o mito, como Gordon H. Clark já sugeriu; mas seja lá o que for comunicado, não pode ser informação válida.

Os antropólogos observam que os mitos, onde quer que sejam mantidos, recebem significância religiosa somente por meio da crença do homem de que um ser ou seres divinos estão literalmente se ocupando com os eventos humanos e têm relacionamentos reais com o mundo. Onde o mito não for crido como representante daquilo que realmente acontece, ele é, de fato, descrido. O mito perde toda a significância religiosa quando é considerado meramente imaginário, simbólico e indigno de fé. Não importa quanto Bultmann deprecie os milagres bíblicos como fábula pré-científica, e o assim chamado mito de Cristo como uma técnica linguística, o fato é que o cristianismo apostólico defendeu o conteúdo da fé não como um mito, mas como um evento histórico e verdade literal. Nem os profetas do Antigo Testamento, nem os apóstolos do Novo Testamento, nem mesmo o próprio Jesus de Nazaré consideraram a narrativa da criação como não informativa no que diz respeito aos fatos, ou como um simples exemplo daquelas tradições religiosas acerca dos inícios humanos encontradas em quase todas as culturas. Seria, na verdade, extremamente difícil encontrar no antigo Israel um único hebreu que considerasse o relato da criação como faz Fritz Buri: "não uma *creatio ex nihilo*, epistemológica e cientificamente questionável, – e também não bíblica – no princípio dos tempos; ao contrário, e num sentido genuinamente bíblico, a experiência ocorrendo na historicidade da própria pessoa do não condicionamento de um começo criativo que cria ordem no meio de relatividades caóticas" (*How can we still speak responsibly of God?*,[75] p. 28s.).

As representações neoprotestantes do mito religioso criam uma nova categoria especial, na qual realidades teológicas não são consideradas literalmente verdadeiras, falsas, fato histórico ou fábula. Distinções são feitas entre "verdade religiosa" e questões lógicas e históricas. Algumas vezes, o mito é relacionado ao domínio da "transcendência" (Bultmann, Niebuhr) e outras vezes ao do "profundo" (Tillich). O comentário de Edmund Leach acerca dessa nova categoria é inteiramente apropriado: "Se aceitarmos esse último tipo de definição, a qualidade especial do mito não é a de que seja falso, mas de que é divinamente verdadeiro para aqueles que creem, mas conto de fadas para aqueles que não creem" (*A runaway world?*,[76] p. 54).

Bernard Ramm propôs, recentemente, uma redefinição evangélica e uma relocação do conceito de mito. Ele desaprova firmemente a noção de Bultmann de que o supernaturalismo bíblico precisa ser demitologizado e entendido existencialmente. Ele lamenta o fato de que Strauss e Bultmann tenham dado uma reputação ruim ao conceito de mito no ambiente teológico (*The evangelical heritage*,[77] p. 164). No entanto, Ramm aprova a perspectiva de Brunner e Niebuhr de que o mito é o caráter essencial da linguagem teológica e endossa o arrazoado de Ricoeur de que o mito é o único modo de expressar o caráter universal e trans-histórico da experiência religiosa. Ramm observa que "os mitos nas Escrituras Sagradas não representam nenhuma ofensa a gênios literários evangélicos como C. S. Lewis e T.

---

[75] Como podemos ainda falar responsavelmente de Deus?

[76] Um mundo em descontrole?

[77] A herança evangélica".

Revelação e mito

S. Eliot", mas que, na visão deles, "destacam o poder de comunicação das Escrituras" (p. 165).[78] Ele conclui que "os evangélicos precisam aceitar a linguística moderna, as teorias modernas de comunicação, a filosofia linguística ou analítica contemporânea" (p. 166), e pensa que as ciências da computação irão forçá-los "a repensar todo o problema da autenticidade das Escrituras (o poder das Escrituras como um documento escrito para funcionar como a Palavra de Deus)" (p. 166).

Esses comentários são, de certa forma, nebulosos e ambíguos, uma vez que repensar não precisa significar revisar. Ramm rejeita "uma capitulação à mentalidade moderna", mas procura "uma reafirmação, ou reformulação, ou reconceitualização da mensagem bíblica [...] que não renuncia a singularidade da revelação das Escrituras e, ao mesmo tempo, permanece em comunicação real" com a nossa própria geração (ibid., p. 168s.). Pode ser que a abertura de Ramm para o mito nas Escrituras reflita uma extensão de suas primeiras posições sobre a natureza da Palavra da revelação. Em sua obra *The christian view of science and Scripture*,[79] sua exposição do relato de Gênesis subordina a obra criadora do Logos de Deus (*e Deus disse* [...] *e assim se fez*) a uma representação pictórica. Mas Ramm insiste que "os escritores da Bíblia estão livres do grotesco, do mitológico e do absurdo" (p. 71). Contudo, Ramm considera a revelação proposicional como um conceito muito estreito para ser teologicamente normativo para a Bíblia.

Quando um valor simbólico é dado àquilo que de longa data é considerado predominantemente factual, como no caso da criação do homem, então a transição para o mito não é difícil. Por exemplo,

---

[78] C. S. Lewis expressou como "provisória e passível de qualquer quantidade de correção" sua visão de que a verdade divina é entendida na imaginação humana primeiramente como mito ("um raio da verdade divina real, ainda que desfocada"), que somente os hebreus tiveram "a mitologia escolhida por Deus para ser o veículo das verdades sagradas mais primordiais". É incerto definir onde "qualquer verdade particular se tornou completamente histórica" (*Miracles* [Milagres], p. 161, n. 1). Em seu favor, Lewis oferece esse comentário como uma nota de rodapé em vez de como uma estrutura de sua teologia e, ainda assim, de modo muito provisório. Não lhe é favorável, porém, o fato de que de muitas maneiras essa nota é ambígua e confusa. Lewis liga a verdade divina tanto à imaginação humana e à revelação divina e mantém essa correlação mesmo em relação à encarnação, que ele considera inteiramente histórica.

[79] A visão cristã da ciência e das Escrituras".

DEUS, REVELAÇÃO E AUTORIDADE

um expositor poderá defender que o escritor de Gênesis estava divinamente inspirado para registrar a história que comunica simbolicamente a criação do mundo e do homem, mas isso não é verdade literal, uma vez que uma vontade divina transcendente opera em estágios ordenados. Outro expositor poderá insistir que o processo, do modo em que é explicado pelo naturalismo científico como o surgimento do homem de um universo material em estágios evolutivos, pode ser religiosamente retratado numa afirmação mítica daquilo que é empiricamente não observável e cognitivamente inacessível.

Desde que o relato mítico carrega o conteúdo de uma narrativa que não é mais tomada como literal, com que coerência, pode-se perguntar, deveria a noção de um ser divino transcendente e de uma criação com propósito ser considerada como algo mais do que simbólico? Será que a verdade simbólica é apenas aquilo de que um teólogo mediador não gosta como crenças tradicionais simbólicas, mas que recusa render ao naturalismo como um princípio explicativo? É verdade que os eventos da narrativa da criação são de tal natureza que nenhum registro deles poderá, em geral, ser considerado histórico, uma vez que eles antecedem o homem e a escrita humana. Mas informação factual sobre a origem remota das coisas ou a respeito de seu destino final não é impossível para e por meio da manifestação divina; os sucessivos *toledoth* ("estas são as gerações") de Gênesis implicam uma consciência de continuidade histórica desde as experiências mais primordiais da humanidade. Às vezes é difícil saber se a significância histórica da narrativa da criação é hoje descartada com base na premissa de que a linguagem é mítica e, por isso, não retrata nem pode retratar o que é factual; ou se a pesquisa científica ou histórica moderna – apesar de não ter acesso empírico aos fenômenos de Gênesis – é, ainda assim, tida como que desaprovando a sua condição de fato.

A questão da significância literal ou simbólica não é tão decisivamente importante para algumas religiões como o é para a revelação judaico-cristã. Pois esta insiste na significância decisiva de certos eventos passados – incluindo o fato da criação divina do homem e da encarnação de Deus em Jesus Cristo. Dizer que tais convicções são apenas simbólicas em relação a verdades gerais, e que a verdade literal dessas ocorrências é dispensável, mutila a religião cristã. Se o

Revelação e mito

homem fosse meramente uma aberração ou acidente evolutivo, não seria menos difícil de imaginar a sobrevivência efetiva da religião cristã, se fosse demonstrado que o Logos encarnado de Nazaré não tivesse existido.

Introduzir o conceito de mito não retira de nós a responsabilidade de perguntar que crenças são literalmente verdadeiras – mesmo aquelas que se referem à origem do homem – e em que base cognitiva afirmamos que esse é o caso. Escritores neoprotestantes contemporâneos parecem empregar o termo *mito* como um artifício linguístico para evitar o problema da verdade. Mas, em se tratando de religião e, particularmente, no que diz respeito ao cristianismo, a verdade não é um tema que se possa evitar. Os promotores do mito obscurecem o fato de que o Logos da revelação divina é uma realidade ontológica cognitivamente reconhecível e historicamente manifestada; enquanto isso, elaboram uma *gnosis* mitológica.

De fato, ainda que as convicções que a humanidade tem contemplado ao longo da história humana sejam inusitadas e diversificadas, a perspectiva cristã difere fundamentalmente em sua insistência quanto à revelação divina inteligível como seu princípio regulador. O mérito especial do cristianismo está em seu ato de libertar o homem caído das noções míticas de Deus e a sua provisão de conhecimento preciso acerca da realidade religiosa. O cristianismo apresenta não apenas afirmações míticas, mas a verdade factual e literal sobre Deus. Ao libertar a experiência religiosa de se fixar apenas em imagens e representações simbólicas, o cristianismo manifesta a sua superioridade, oferecendo informação proposicional válida: Deus é Espírito soberano e pessoal; ele está relacionado de forma causal com o universo como o criador do homem e do mundo; ele revela a sua vontade de modo inteligível a profetas e apóstolos; apesar da revolta moral do homem, ele mostra o seu amor pela oferta da redenção; ele é supremamente revelado em Jesus Cristo no evento único e não repetível da encarnação; ele tratou decisivamente do problema do pecado humano na morte, ressurreição e ascensão do Logos encarnado.

4

Os modos de saber

Os estudiosos bem informados têm defendido uma variedade de opiniões acerca das fontes das crenças espirituais do homem, e chegaram a conclusões muito distintas sobre a natureza da realidade religiosa e o método ou métodos pelos quais devem ser verificadas. Suas muitas respostas conflitantes às questões a respeito de Deus refletem, no mínimo, uma discordância aguda quanto aos modos de saber e de validar os assuntos religiosos.

Este capítulo tentará indicar quais são as afirmações feitas em favor das abordagens divergentes e perguntará que método, se houver algum, se recomenda de maneira especial no campo da teologia ou da filosofia religiosa. Quase todo mundo parece disposto a conceber ou a contender que afirmações religiosas são, de modo peculiar, um assunto de fé. Mas que relacionamento, se houver algum, tal fé religiosa tem com o conhecimento? A fé é, essencialmente, uma questão emotiva, volitiva, moral ou intelectual? As afirmações religiosas se fundamentam em autoridade, intuição, experiência, especulação, ou preferência pessoal e preconceito?

INTUIÇÃO

Que a realidade religiosa é conhecida não por observação sensorial ou por raciocínio filosófico, mas pela intuição ou apreensão imediata, isso tem sido afirmado por vários pensadores que insistem que Deus deve ser encontrado na experiência interior do próprio indivíduo como uma conscientização do religioso. Alguns estudiosos

DEUS, REVELAÇÃO E AUTORIDADE

propõem a intuição racional, e outros a intuição sensorial, mas em gerações recentes os proponentes da intuição religiosa acabaram escolhendo principalmente a categoria do misticismo religioso.

1. O misticismo religioso apresenta a intuição como um meio de saber que contrasta tanto com a razão quanto com a sensação e, portanto, também com a revelação divina inteligível. Os místicos reivindicam que a percepção direta do mundo invisível é possível pela iluminação pessoal como um meio de acesso ao divino, o que supostamente transcende todos os níveis ordinários da experiência humana. O divino, nos dizem, é inefável – isto é, não é conhecível em termos dos critérios aplicáveis à vida diária; Deus transcende as distinções de verdade ou falsidade e está além do bem e do mal. A concentração pessoal no divino pela transcendência psíquica das categorias de espaço e tempo, verdade e erro, bem e mal, mistura a consciência do adorador no "todo infinito" e conduz à união e identificação extática com o "inefável".

Uma vez que a união imediata do místico com a realidade final, supostamente, ultrapassa as categorias do pensamento e da experiência, a realidade religiosa é tida como não verificável por meios ordinários de saber aplicáveis a outros relacionamentos humanos.

Se, portanto, aquilo que é dito a respeito de Deus deve ser autocontraditório ou paradoxal – ou seja, está além do critério de verdade e falsidade –, então isso pareceria para os críticos dessa perspectiva que não podemos falar, de modo algum, de forma inteligível sobre o divino. O místico poderá considerar que a falha da razão em validar ou concordar com as suas reivindicações confirma que a razão é inadequada no que diz respeito a assuntos religiosos. Mas será que ele não deveria, em vez disso, questionar a confiabilidade das percepções metafísicas que, supostamente, requerem a suspensão da razão? Que critérios de verdade e erro restam se Deus está além da verdade?

A insistência de que o eu está totalmente absorvido no infinito religioso, numa união extática que transcende distinções entre sujeito e objeto, iria, além disso, aparentemente cancelar a habilidade do místico de dar um relato pessoal da real situação das coisas. Pois o lapso da autoconsciência significará apenas a suspensão de todo e qualquer conhecimento pessoal.

Os modos de saber

O místico precisa, é claro, respeitar os cânones da razão e as convenções da lógica, se quiser comunicar alguma coisa acerca da realidade inefável. Ainda assim, a realidade última pode ser uma de duas coisas: ou ser capaz de representação inteligível, nesse caso a inefabilidade seria uma denominação equivocada; ou não ser capaz de representação inteligível, e nesse último caso o místico não possuiria nenhuma base para falar sobre o "inefável". Uma coisa é alguém dizer que viu um disco voador e argumentar com base nisso – contrariamente àqueles que não viram – que esse mecanismo esdrúxulo existe, mas é mais absurdo que alguém descreva uma realidade que é tida como inerentemente inexprimível. Simplesmente não faz sentido que alguém afirme publicamente ter intuído o inexprimível. O místico não é capaz de formular a experiência que outros homens deveriam ter se compartilharem de sua crença, uma vez que no caso de uma "intuição inexprimível" ninguém poderia saber que experiência a outra pessoa teve.

O místico também não tem qualquer base segura para a crença de que o supostamente inefável é outra coisa que não um pigmento da imaginação, ou um mero conceito que retrata alguma coisa, se é que existe, que ultrapasse a capacidade humana de saber. Não existe nenhuma base legítima para transformar experiências paradoxais e contraditórias em afirmações sobre a natureza da realidade ontológica. A alegada inefabilidade das experiências religiosas acaba nos informando indiretamente mais a respeito das frustrantes limitações do método místico do que nos fala verdadeiramente sobre a natureza de Deus. A nossa transcendência dos relacionamentos espaço-temporais é uma distorção psicológica devida à abstração concentrada; não é um "abre-te, sésamo!" à informação inteligível acerca da realidade sobrenatural. Os proponentes da assim chamada teologia negativa, que, da mesma forma que os místicos, promulgaram a tese da inefabilidade divina, argumentam que Deus existe, embora declarem que não podemos afirmar *o que* Deus é. Mas como pode ser que aquilo sobre o qual nada podemos, literalmente, afirmar, ser tido como realmente existindo? Que base segura tem o místico para insistir que Deus *existe*, que Deus é *inefável*, que o *tempo é irreal* para Deus, que Deus é *tudo* e que, *portanto, o mal é irreal*?

Claro que é totalmente legítimo que um indivíduo insista em ter opiniões muito diferentes sobre Deus do que as opiniões de outras pessoas. Contudo, o místico não consideraria suas crenças muito relevantes se somente ele as tivesse. Mas, se alguém reivindicar validade universal para quaisquer afirmações a respeito do divino, ele precisa introduzir critérios para julgar entre as visões alternativas. Simplesmente afirmar que se busca uma epistemologia privativa não inclinará ouvidos simpáticos, tanto quanto um piromaníaco é passível de exoneração por agir de acordo com o seu código moral peculiar. Sem dúvida, muitas pessoas religiosas têm experiências estimulantes que carregam uma convicção interna da verdade de posições para as quais não são capazes de adicionar apoio lógico, da mesma maneira que outros têm fortes "percepções" incapazes de ser racionalmente justificadas, mas que podem ou não se conformar com os fatos. Apesar de as experiências desse tipo, mesmo que amplamente conhecidas, possam prover informação para tratamentos populares da psicologia da religião, elas não são de interesse teológico ou filosófico primário.

Os românticos do século XIX – F. H. Jacobi (1743-1819), Friedrich von Schelling (1775-1854) e Friedrich Schleiermacher – argumentaram que o contato com a realidade última não é para ser feito intelectual ou conceitualmente, mas de modo intuitivo, místico e imediato. O "absoluto" é para ser sentido, e não entendido. Como resultado, esses homens não escreveram sobre Deus como objeto religioso, mas sobre os seus próprios sentimentos religiosos. Schleiermacher, fundador do liberalismo protestante, efetivamente substituiu a teologia pela psicologia da experiência religiosa, ou a ciência de Deus. A primeira edição de suas *Reden* (1799), ou *Sobre a religião: discursos para os seus educados detratores*, destaca a intuição – uma percepção direta da realidade religiosa que imediatamente confronta a mente –, igualmente com o sentimento, e via o universo como a sua invocadora causa divina. Mais tarde, Schleiermacher mudou o peso da experiência religiosa para o sentimento apenas como um relacionamento direto e imediato. Ambas as abordagens abandonaram a razão discursiva e uma revelação divina objetivamente dada como instrumentos para o acesso da alma à deidade. Pelo contrário, a ênfase de Schleiermacher recaiu na autoconscientização por trás da razão e da vontade. A pergunta insistente permanece:

como, então, alguém conhece aquilo que intui ou sente, como pode justificar como verdadeiramente objetivo qualquer coisa além de seus próprios sentimentos interiores? Os críticos de Schleiermacher destacam que a religião cristã não é somente um sentimento especial, mas declara informação válida sobre Deus como ele realmente é.

Como uma teoria de conhecimento religioso, o intuitivismo místico é implicitamente panteísta. Ele obscurece tanto a transcendência do Deus criador como o desvio moral do homem. Presume a existência de uma latência secreta pela conscientização divina na autoconsciência do homem, pela imediata percepção de Deus por meio da absorção do eu no "infinito". Rejeita, portanto, uma revelação divina mediada e concedida objetivamente. Enquanto a Bíblia insiste em garantir que o homem ainda traz em si a imagem divina, apesar de prejudicada por sua queda no pecado, mesmo assim enfatiza a alteridade ontológica, como também moral e noética, de Deus. A revelação divina não é manipulável por meio da iniciativa humana nem de técnicas místicas, mas é mediada em todo lugar pela iniciativa de Deus por intermédio do Logos de Deus. Além do mais, a Bíblia representa essa manifestação divina mediada como racional e objetiva, e não transcendendo distinções lógicas e a esfera da verdade ou do erro. O Logos de Deus como central para o ser divino é uma ênfase das Escrituras sem concessão alguma. Embora exista um lado misterioso de Deus, a revelação é o mistério removido e comunica informação sobre Deus e seus propósitos.

O Deus da Bíblia que se autorrevela não está além da questão do bem ou do mal. A retidão de Deus e a maldade do pecado humano são ênfases integrais ao discurso do Deus vivo.

O Deus da Bíblia também não deve ser discernido somente além da dimensão espaço-temporal. O Deus da criação se revela por todo o universo espaço-temporal e na própria história da humanidade; o cosmos criado declara a sua glória, e os acontecimentos da história refletem o seu propósito.

Assim, quase todos os pontos de ênfase peculiar do misticismo intuicionista impedem-nos de falar do "misticismo cristão" a fim de evitar profundos mal-entendidos. Não necessitamos questionar o fato de que algumas pessoas têm experiências religiosas inefáveis, embora o esboço paulino das religiões mundiais (Rm 1) catalogue-as junto

DEUS, REVELAÇÃO E AUTORIDADE

com distorções humanas que suprimem a revelação do Deus verdadeiro. A doutrina neotestamentária da união com Cristo não é, de forma alguma, uma variação do misticismo religioso, mas uma alternativa a ele. Por mais íntima que seja a relação do cristão com Cristo, ela não envolve nenhuma perda de personalidade ou identidade, nem produz uma absorção ao divino. O caráter é profundamente alterado pelo novo nascimento, mas o "eu", ou o "ego", permanece sendo uma realidade ontológica (*Portanto, não sou mais eu quem vive, mas é Cristo quem vive em mim. E essa vida que vivo agora no corpo, vivo pela fé no Filho de Deus, que me amou e se entregou por mim* [Gl 2.20)]. Além disso, a Bíblia não prescreve exercícios místicos ou técnicas ocultistas para aproximar-se da deidade. Pelo contrário, ela proclama a compreensibilidade inteligível da revelação divina e aprova a oração verbal e inteligível dirigida a Deus, como Jesus mesmo exortou seus seguidores a fazer ao Pai (Mt 6.9ss.). Em nenhum lugar a Bíblia acomoda a noção especulativa de que a disjunção ontológica do divino é o problema central do ser humano, que precisa ser superado pela busca empreendida pelo homem da união extática com o "inefável". Em vez disso, o problema básico é o de vencer a alienação moral do homem em relação ao seu criador; e uma revelação e expiação que Deus mesmo provê abrem o caminho para a restauração da comunhão espiritual.

2. Apesar da intuição possuir o sentido de "compreensão imediata", tal compreensão pode ser retratada não somente como mística ou suprarracional mas, também, racional (assim veem Platão e Descartes, p. ex.; ou Agostinho e Calvino, com base na *imago Dei* no homem). Aqueles que defendem a intuição racional insistem que seres humanos reconhecem certas proposições como imediatamente verdadeiras, sem nenhum apelo à inferência; em outras palavras, que todos os homens possuem certas verdades não derivadas *a priori,* sem nenhum processo de inferência pelo qual essas verdades são derivadas. Portanto, a intuição racional deve ser claramente distinguida da intuição mística.

Alguns racionalistas seculares sustentam a ideia de que o homem tem intuições inteligíveis com base ou na preexistência da alma (Platão), ou mediante uma identidade direta entre a mente humana e a mente divina (Hegel). Os primeiros racionalistas modernos, assim como os seus predecessores clássicos, viam a razão humana como secretamente divina.

Em *Timaeus*, Platão argumenta que somente a intuição intelectual poderá nos livrar daquilo que, quando muito, é meramente uma opinião verdadeira sobre certas realidades absolutas ou sua existência. Mesmo que Aristóteles tenha rejeitado a possibilidade da existência de verdades inatas, e tenha derivado todo o conhecimento por meio da percepção sensorial, ainda assim ele sustentava que a intuição e o conhecimento demonstrável são certos. Até mesmo as conclusões da demonstração, ele afirmava, estão fundamentadas em premissas anteriores mais certas do que essas conclusões, e a intuição compreende esses princípios. Às vezes, Aristóteles parece equiparar a intuição ao intelecto ativo, visto como algo mais do que uma função humana.

Descartes também argumenta que a mente possui faculdades que produzem conhecimento intuitivo, incluindo as certezas da existência própria e da matemática. Da certeza intuitiva da existência própria, ele tentou derivar todas as outras verdades. Ele defendia que a intuição e a dedução nos concedem um conhecimento que está além do risco da ilusão. Descartes definia a intuição como "a concepção que uma mente desanuviada e atenta nos dá, tão imediata e claramente que ficamos totalmente livres de dúvida a respeito daquilo que entendemos [...] mais certa do que a própria dedução, pelo fato de ser mais simples". Descartes, porém, não acrescenta nenhuma base para afirmar que a intuição é mais confiável do que a sensação e, enquanto insiste em outro lugar (Meditação III) que a percepção de Deus deve preceder a percepção de mim mesmo, ainda assim ele faz do *cogito*, ou da certeza intuitiva da autoexistência humana, a primeira verdade de seu sistema.

Enquanto Descartes começa com o *cogito*, Baruch Spinoza (1632-1677) principia com o argumento ontológico, mas, de uma maneira explicitamente panteísta, ele vê a definição racional ou a coerência matemática como a própria mente e o ser de Deus.

3. Os empiristas modernos, por outro lado, não derivam o assim chamado conhecimento intuitivo de alguma faculdade inata que provê primeiros princípios ao homem, mas atribuem todo conhecimento a inferências da observação. Além do "Deus existe", um exemplo padrão de conhecimento, que não provém de inferência, que os

DEUS, REVELAÇÃO E AUTORIDADE

racionalistas acrescentaram é o que diz que "todo evento tem uma causa". Consoante à sua insistência de que o conhecimento humano consiste apenas em percepções sensoriais e imagens da memória, David Hume (1711-1776) negou que a causalidade tenha qualquer base externa ou objetiva e presumiu encontrar somente uma necessidade psicológica subjetiva para conexões causais. Ao passo que Friedrich Nietzsche (1844-1900), Émile Durkheim (1858-1917) e William James (1842-1910) aplicaram uma explicação evolutiva para o intelecto, os modos de pensar básicos do homem, incluindo até mesmo as categorias do pensamento e as leis da lógica, foram considerados como apenas uma de um número maior de possibilidades de desenvolvimento; e ainda que presentemente funcionais, são considerados passíveis de substituição por outras categorias e outros tipos de lógica. John Dewey (1859-1952) rejeitou qualquer referência a um aspecto intuitivo *a priori* a fim de derivar toda a verdade da experiência. Os proponentes do positivismo lógico sustentavam que as supostas verdades intuitivas são simplesmente verdades analíticas derivadas do seguir as convenções da lógica. Essa explicação, porém, falha em lidar com as suposições de que o homem tem um conhecimento intuitivo pré-linguístico e, além do mais, confunde a aquisição de conhecimento com a habilidade linguística de expressá-lo.

Kant sustentou enfaticamente que o sensacionalismo baseado em Hume leva ao ceticismo. Uma base empírica para o conhecimento, observa Kant, não sacrifica apenas todas as normas, mas também a razão universalmente válida, e não é capaz de justificar racionalmente a sua própria posição. Em sua filosofia crítica, Kant defendeu uma intuição de um tipo especial – intuição sensorial em lugar de intuição intelectual. O conhecimento humano não inclui verdades inatas, ele argumenta, mas pressupõe categorias de pensamento inatas e formas de percepção que conferem a objetos dados de modo sensorial o *status* de conhecimento cognitivo. Até mesmo as proposições da matemática, que combinam categorias inatas e intuições espaço-temporais *a priori,* se tornam conhecimento somente se e enquanto existirem como objetos sensoriais para os quais esse equipamento epistêmico é aplicável.

Kant definiu a intuição como "o conhecimento que está em relação imediata a objetos". Por "imediata" ele quis dizer "sem a mediação de conceitos", de maneira que nenhum julgamento é possível no que diz respeito à verdade das intuições. Seu postulado de um deus cognitivamente não reconhecível encorajou a noção de que é possível experimentar aquilo que não pode ser conceitualmente definido, ou seja, o inefável. Portanto, a intuição não é para Kant, em contraste com a visão dos intuitivos racionais, um meio de se conhecer Deus cognitivamente.

A mais profunda observação de Kant é que qualquer um que professa, com Hume, que deriva as categorias do pensamento da experiência, não poderá escapar coerentemente do ceticismo epistemológico. Ele destaca que o conhecimento humano somente é possível graças às categorias inatas de pensamento, que garantem a validação universal do conhecimento humano e fornecem a base para as verdades da matemática. Mas a sua teoria do conhecimento sacrificou, desnecessariamente, muito daquilo que outra escola insistia, isto é, um mínimo de verdade *a priori* sobre Deus e a possibilidade de conhecimento cognitivo de realidades metafísicas, em razão da relevância ontológica da razão humana como um aspecto da imagem de Deus no homem.

Hegel procurou superar as limitações metafísicas das perspectivas de Kant, mas o seu profundo exagero não bíblico da razão do homem na própria mente de Deus foi uma derrota autoimposta. Sua teoria insistia que nós intuímos imediatamente conceitos em vez de verdades. O raciocínio humano, então, combina esses conceitos em proposições e age como intermediário do conhecimento. A verdade é expressa somente num sistema, pois o conhecimento é conceitualmente sistemático. Todavia, ao equiparar o "absoluto" à autoconsciência reflexiva das mentes humanas, Hegel obscureceu qualquer existência real criada. Em lugar da imagem de Deus na humanidade, ele propôs um Deus exteriorizado como o universo, de modo que a destruição do homem e do mundo obliteraria o ser e a vida divinos. Hegel fez de Deus uma realidade inescapável por meio da divinização do homem e, assim, caricaturou ambos.

A dificuldade com a intuição mística era que ela era ou racionalmente insignificante, ou que violava a sua devoção à inefabilidade toda vez que se aventurava a verbalizar qualquer conteúdo intuitivo. O problema com a intuição sensorial era que ela entregava o

DEUS, REVELAÇÃO E AUTORIDADE

metafísico para o suprarracional e não superava com sucesso, por motivos a serem ainda mencionados, o ceticismo. O dilema da intuição racional era que os seus proponentes atribuíam intuição humana a pressuposições metafísicas divergentes, ou não articulavam uma base persuasiva para a certeza intuitiva. Além disso, eles discordavam quanto a quais proposições eram intuitivas e sobre a extensão do conhecimento intuitivo. Uma vez que nem todos os seres humanos intuíam, o que vários filósofos insistiam ser uma questão de conhecimento intuitivo universal, as teorias seculares carregavam pouca convicção.

4. Os proponentes da intuição racional, no entanto, incluem um abalizado grupo de estudiosos – com destaque entre eles para Agostinho (354-430) e João Calvino (1509-1564) –, que defenderam o caso em favor de um conhecimento *a priori* na pré-formação do homem na imagem de Deus. Eles formularam toda a possibilidade do conhecimento humano no contexto da revelação divina transcendente e evitaram correlacionar sua ênfase a uma verdade *a priori* com pressuposições extravagantes tais como as de Descartes, que procurava derivar todo o conteúdo do conhecimento da certeza intuitiva da autoexistência humana. A posição deles deve ser cuidadosamente distinguida da posição dos racionalistas filosóficos seculares, que retratam a razão humana como uma fonte imanente de verdade definitiva. Também deve ser diferenciada da posição do escolástico medieval Anselmo, que considerava a mente humana independente da revelação divina apenas como uma fonte de informação não somente a respeito da existência de Deus, mas também sobre a Trindade, a encarnação e a expiação de Cristo. Tais reivindicações extremadas provocaram uma reação dos filósofos medievais contra toda e qualquer asserção de conhecimento *a priori*.

Agostinho sustentava a ideia de que, com base na criação, a mente humana possui determinado número de verdades necessárias. A intuição intelectual comunica as leis da lógica, a conscientização imediata da autoexistência, as verdades da matemática e a verdade moral de que é necessário buscar a sabedoria. Além disso, ele acreditava que, ao se conhecer a verdade imutável e eterna, conhecemos Deus, pois somente Deus é imutável e eterno. Como conhecedores, todos os homens estão em contato epistêmico com Deus. Calvino também mantinha a convicção de que o conhecimento do homem de sua autoexistência é dado no e por meio do conhecimento da existência de Deus; e que a *imago Dei* criada preserva o homem num relacionamento em andamento com Deus, com o mundo e com outros seres conscientes de sua própria existência.

A única teoria que combina conhecimento intuitivo ou *a priori* com a visão cristã do homem (em contraste com uma divinização idealista ou racionalista da razão) é a perspectiva da pré-formação. De acordo com essa perspectiva, as categorias do pensamento são aptidões para o pensamento implantadas pelo criador e sincronizadas com toda a realidade criada.

Inexplicavelmente, Kant pensava que se as categorias de pensamento fossem aptidões concedidas por Deus, pré-harmonizadas com as leis da natureza, elas não seriam *a priori*. Ele se opõe a conceitos dados por Deus com base em dois argumentos: 1) nunca se poderia, nesse caso, determinar onde tais aptidões pré-determinadas cessam de ser relevantes; 2) as categorias iriam, então, perder o seu caráter essencial de necessidade.

Gordon H. Clark observa, corretamente, a ambiguidade da primeira contestação (*Thales to Dewey*,[80] p. 410ss.). Será que Kant tem dúvidas de que as categorias poderiam, então, aplicarem-se não apenas à experiência sensorial, mas a Deus e ao sobrenatural? – o que, precisamente, uma epistemologia teísta afirmaria! Ou será que ele quer dizer que não saberíamos que categoria ou categorias explicam dada situação empírica concreta? – uma dificuldade que também confronta a teoria das formas *a priori* do próprio Kant.

A segunda contestação de Kant é que, se as categorias fossem implantadas na criação, não se poderia dizer então, por exemplo, que efeitos e causas estão necessariamente conectadas, mas somente que "'Estou constituído de tal maneira que posso pensar esta representação como estando assim conectada, e não de qualquer outro modo'. Isso é exatamente o que o cético deseja." Mas Kant está completamente equivocado ao pensar que categorias de pensamento divinamente implantadas invalidariam sua necessária aplicação à realidade. A verdade é que, em vez disso, a própria visão de Kant – de que não podemos pensar de modo diferente do que o fazemos, juntamente

---

[80] De Tales até Dewey.

DEUS, REVELAÇÃO E AUTORIDADE

com a sua negação de que podemos conhecer a estrutura objetiva da realidade externa –, em última análise, enfraquece a necessária relevância das categorias.

Kant rejeitou a visão de Hume de que as categorias são meramente os julgamentos do indivíduo que conhece e insistiu que, em lugar disso, são os elementos estruturantes de um mundo de pensamento que é comum a todos os sujeitos capazes de ter experiências. Mas o seu fracasso em conectar as categorias com a mente "mais do que finita" deixou sua teoria vulnerável ao mesmo ceticismo sobre a realidade externa que o ceticismo de Hume. Hegel procurou escapar dessa dificuldade ao reintroduzir a noção de que mentes finitas são diferenciações de uma mente divina, uma mente universal imanente em todas as mentes finitas. Desse modo, para Hegel, as categorias não são formas vazias de experiência possível, nem se tornam válidas porque as impomos à experiência. Nossas mentes constituem a realidade, na sua perspectiva, porque elas são a própria atividade da mente absoluta. Mas ninguém que tenha lido Sigmund Freud ou ouvido acerca de Adolf Hitler cultiva hoje seriamente a noção de que a psique humana é Deus em manifestação, nem o fizeram os cristãos primitivos, ou os hebreus antes deles, uma vez que estavam cientes da pecaminosidade e da finitude do homem. Ainda assim, a imagem de Deus no homem carrega implicações noéticas que forçaram alguns dos teólogos mais profundos do cristianismo a insistir que Deus é a fonte de toda a verdade, que a mente humana é um instrumento para o reconhecimento da verdade, e que a consciência racional de Deus é dada *a priori* em correlação com a autoconsciência do homem, de modo que o homem como conhecedor esteja sempre na posição de relacionamento epistêmico com seu mestre e juiz.

EXPERIÊNCIA

O empirista rejeita o chamado do místico para a iluminação intuitiva da realidade transcendente, e o chamado do racionalista filosófico para o raciocínio humano, e considera a observação sensorial como a fonte de toda a verdade e o conhecimento. Os empiristas não rejeitam completamente a razão, uma vez que a razão precisa relacionar as percepções sensoriais de uma maneira ordenada; mas toda a verdade é tida como sendo derivada da experiência.

A definição de empirismo tem sido revisada frequentemente através da história da filosofia. Às vezes, os místicos argumentam que a amplitude da experiência humana tem sido estreitada de modo artificial, a não ser que a definição seja expandida para incluir suas experiências inefáveis. Nem todas as pessoas, dizem eles, possuem as habilidades técnicas necessárias para validar as conclusões científicas em sua própria experiência, mas mesmo assim elas aceitam essas conclusões com base no testemunho de autoridades competentes. Por que, então, a experiência mística deveria ser descartada simplesmente por não ser universalmente compartilhada? Mas os empiristas contemporâneos enfatizam que a experiência perceptiva é o único método confiável para a obtenção de informação sobre o mundo da experiência humana e que conclusões aceitáveis são verificáveis na vida de todas as pessoas.

O empirismo científico moderno difere em aspectos significativos do empirismo aristotélico. Por empirismo, Aristóteles designou a indução perpétua da qual o observador, supostamente, descobre verdades claras que servem para orientar a demonstração científica. Seguindo essa linha de raciocínio, o escolástico medieval Tomás de Aquino apelou primeiramente para a observação sensorial de objetos e eventos manifestos na experiência comum, que são preliminares à demonstração racional das realidades metafísicas. A filosofia tomista é empírica no sentido aristotélico, destacando que a explicação causal é objetivamente válida, que realidades finitas requerem uma causa efetiva qualitativamente superior a todos os efeitos, e que a explicação teleológica é metafisicamente aceitável. Professa conceder uma prova logicamente demonstrativa da existência de Deus, e da existência e imortalidade da alma humana, simplesmente pelas inferências da observação do universo e independentemente de revelação sobrenatural. O tomismo estabelece todas as outras reivindicações da revelação a respeito do sobrenatural sobre essa teologia natural como uma base de apoio empírica.

O novo empirismo, forjado pela ciência moderna, se desviou de maneira extensiva das perspectivas mais antigas. A abordagem empírica não poderia mais ser considerada, meramente, acessória ou preliminar para a destilação da verdade por meio da demonstração filosófica; ela agora se torna essencial e central para o estabelecimento da verdade. Além disso, ganhou a função indispensável de validar e confirmar experimentalmente deduções racionais e experiências em destaque disponíveis a todas as pessoas. Mesmo depois que tal validação ocorreu, a importância decisiva do empírico requer que as hipóteses resultantes, ou explicações racionais, sejam consideradas provisórias, e não definitivas. O interesse especial do empirismo é o de identificar eventos com o propósito de predizer e controlar a experiência perceptiva, em vez de traduzi-los de modo compreensivamente inteligível em relação à realidade metafísica (cf. Edwin A. Burtt, *Types of religious philosophy*,[81] p. 197ss.).

Uma vez que esses desdobramentos passaram a dominar o cenário empírico, a filosofia da religião também aplicou os mesmos critérios às questões teológicas e declarou-se mais e mais cética ou agnóstica em relação às realidades sobrenaturais que não podiam ser validadas, de forma confiável, por testes empíricos. Por mais de dois séculos, a mente moderna tem sido orientada empiricamente. Até mesmo Kant, ao tentar refutar o ceticismo empírico de Hume, negou o *status* cognitivo às afirmações metafísicas que ele conferiu aos fenômenos sensoriais. O teólogo neoprotestante mais influente do século XIX, Friedrich Schleiermacher, prontamente abandonou qualquer apelo a uma confirmação superior à humana e baseou responsabilidades cristãs inteiramente na experiência religiosa em vez de na revelação. Com o surgimento da teoria evolutiva moderna e dos novos modelos dinâmicos de realidade, os expoentes da assim chamada perspectiva do mundo científico fundamentaram-se na premissa de que o teste definitivo da verdade é a verificabilidade pela percepção sensorial. Empregaram, mais e mais, o termo Deus para designar a substância "Mundo universal" (como fez o biólogo e filósofo do século XIX [1834-1919] Ernst Haeckel em *The riddle of the universe*)[82] ou para designar alguns aspectos do processo espaço-temporal, ou meramente apresentaram suas teorias sem qualquer referência a conceitos religiosos. O espírito moderno optou pelo empirismo como caminho do conhecimento do mundo real externo, e a consequência inevitável disso é o secularismo.

---

[81] Tipos de filosofia religiosa.

[82] O enigma do universo.

Os modos de saber

Foi David Hume que, primeiro entre os modernos, formulou o empirismo como um critério de verdade totalmente abrangente e o aplicou às asserções teológicas com um resultado agnóstico. A teoria de Hume atingiu em cheio o caso tomista pelo teísmo cristão, o qual, em contraste com as Escrituras, apoia seus argumentos sobre considerações empíricas em lugar da revelação divina. Hume insistiu que a pesquisa científica efetiva é impedida, a não ser que efeitos finitos sejam correlacionados somente com causas equivalentes, em vez de com uma causa infinita. Além disso, ele negou qualquer *status* objetivo à causalidade na natureza. O assalto de Hume ao teísmo cristão é, portanto, dirigido especialmente contra a argumentação tomista de que a existência de Deus, a existência e a imortalidade da alma são logicamente demonstráveis simplesmente por meio de considerações empíricas, independentemente da revelação divina.[83] O arrazoado de Hume era que aqueles que professam crenças teológicas mediante bases empíricas não têm direito a essas crenças, exceto se apresentarem a evidência perceptiva necessária, e que na ausência de prova empírica demonstrativa a crença não é razoável.

Schleiermacher corajosamente identificou o método empírico como adequado para lidar com questões religiosas e decisivo quanto ao destino do cristianismo. Ele, porém, procurou ao mesmo tempo alargar a definição de empirismo, de forma que – contrariamente à análise cética de Hume sobre as afirmações teológicas – um apelo à conscientização religiosa poderia produzir um veredicto positivo e construtivo. Schleiermacher considerou o sentimento, em lugar da cognição, como o *locus* da experiência religiosa e aplicou o método empírico esperançosamente para as afirmações do teísmo cristão. Ao rejeitar a ênfase evangélica histórica de que a verdade da revelação se baseia numa autoridade superior à ciência,

---

[83] O caso é que Hume, também, descartou o apelo à revelação desde o princípio, com base em que existe uma pluralidade de afirmações reveladoras, e rejeitou os milagres de antemão com base na premissa de que não temos a experiência deles, uma vez que a nossa experiência da natureza é perpetuamente revisável. Entretanto, ele não descartou terminantemente a possibilidade de que a fé religiosa pudesse sustentar-se em alguma fundamentação válida que não fossem as considerações empíricas (cf. as falas de Demea nos *Dialogues concerning natural religion* [Diálogos a respeito da religião natural], o que muitos, porém, descartam como um comentário sarcástico, e *Inquiry concerning human understanding* [Questões a respeito do entendimento humano], p. 137s., 175). É notável, no entanto, que Hume não sentiu qualquer reserva para redefinir o Deus do teísmo cristão em termos que fossem de acordo com os limites da pesquisa empírica.

DEUS, REVELAÇÃO E AUTORIDADE

Schleiermacher rompeu com o cristianismo que crê em milagres e sustentou que todos os eventos devem se conformar à lei verificável empiricamente. Ele desviou o foco do centro dos interesses teológicos de Deus como objeto metafísico – declarado por Hume como sendo incapaz de verificação empírica (um veredicto que dificilmente surpreenderia Moisés, Isaías, Jesus e Paulo) – para uma correlação de Deus com a experiência interior espiritual (uma alteração que obscureceu a revelação divina transcendente). Sabedor de que considerações empíricas não produziriam uma definição fixa da realidade metafísica definitiva, Schleiermacher ainda assim creu que considerações experienciais podem oferecer conclusões provisórias e flexíveis acerca de Deus em relação a nós.

A abordagem de Schleiermacher, segundo Burtt, envolveu nada menos do que uma profunda revolução na dogmática cristã e na filosofia religiosa. Ele deixou de lado o método aceito para a exposição da teologia cristã, que é tão remoto quanto os antigos pais da Igreja, substituindo-o por outra metodologia. Para Schleiermacher, o estudo da teologia começa "não com uma definição metafísica de Deus e com provas de sua realidade, mas com a experiência humana de algo que tenha significância religiosa para as pessoas", e, então, redefine conceitos teológicos apenas provisoriamente em vista dessas considerações subjetivas (*Types of religious philosophy*,[84] p. 288s.). Embora Deus não seja definido objetivamente, ninguém pode seriamente questionar a sua realidade religiosa, uma vez que ele é visto como um aspecto evidente da experiência humana universal. O caráter essencialmente provisório do método empírico, porém, requer que "nenhum conceito – nem mesmo o conceito de Deus – tenha qualquer direito absoluto, e todas as definições são passíveis de revisão à luz da experiência humana em andamento". O lugar de Deus como o princípio último da teologia ou a premissa central da religião é agora tomado pela experiência religiosa. "A experiência religiosa de homens e mulheres se torna o fato decisivo e a corte suprema de apelos pela qual testamos a validade de qualquer conceito teológico – do conceito de Deus junto com outros" (p. 288).

---

[84] Tipos de filosofia religiosa.

Embora Schleiermacher não tenha se identificado explicitamente como um empirista (ele fala de "conscientização religiosa" em vez de experiência religiosa, como fazem os seus sucessores do século XX), o seu método é empírico e a sua teologia é empiricamente fundamentada. Ele, de fato, critica o entendimento do empirismo reinante em seus dias por sua limitação kantiana, indo do conteúdo do conhecimento humano às percepções sensoriais. Schleiermacher reconhece que não podemos ter um conhecimento cognitivo de Deus como ele objetivamente é, mas insiste que a conscientização religiosa nos dá um conhecimento de Deus em relação a nós. Ele também diverge de Kant ao sustentar que as doutrinas religiosas são incertas, mas que – para o conforto da abordagem empírica – são explicações provisórias, sujeitas a revisão pela experiência futura. A verdade absoluta é excluída em assuntos teológicos tanto quanto em outras questões. O aspecto definitivo de qualquer religião é colocado em dúvida, e a religião cristã é cerceada de sua reivindicação histórica de revelação cognitiva transcendente de Deus e da validação de milagres externos.

A "conscientização religiosa" que Schleiermacher presume analisar pertence, na verdade, por natureza, ao cristianismo neoprotestante. Mas a sua orientação de todos os interesses teológicos para essa conscientização religiosa – mais explicitamente, como o próprio Schleiermacher iria expressá-lo, para o "sentimento de absoluta dependência" – significa que Deus não é mais uma realidade cognitiva absolutamente revelada, mas um fator experiencial cujo significado é derivado de nossas reações interiores. Deus não é um ser cuja existência se infere de considerações empíricas neutras, nem uma causa superior ou um princípio explanatório; ele é um fator descoberto na inqualificável conscientização de dependência. Enquanto Deus é tido como objetivamente real, não temos conhecimento dele como ele objetivamente é. Doutrinas tradicionais, tais como a da Trindade e a dos atributos divinos, são tomadas não como descrições cognitivas de "Deus em si mesmo", mas como experiência religiosa iluminadora ou como relacionamentos de Deus conosco. A significância de Jesus de Nazaré não se encontra mais na incomparável encarnação do eternamente preexistente Logos e de sua morte substitutiva e ressurreição corporal pelos pecadores, uma vez que o empirismo científico não pode validar essas coisas. Schleiermacher traduz

DEUS, REVELAÇÃO E AUTORIDADE

os sentimentos religiosos em linguagem teológica, de forma que a tensão e a desunião interna do homem se tornam o seu senso de pecado, enquanto o senso de redenção é o sentimento da integração do ser pessoal alcançado pelo seguir a Jesus – uma versão modernista que divorcia o "novo nascimento" de qualquer dependência necessária de revelação e redenção miraculosa.

Fica cada vez mais aparente o fato de que nada pode ser afirmado sobre Deus como realidade religiosa se somente pudermos falar definitivamente da conscientização religiosa do homem. Em sua obra *The christian faith*,[85] Schleiermacher insiste que Deus é originalmente experimentado no sentimento, e nunca é diretamente apreendido, mas é sempre mediado por algum elemento finito do mundo, de modo que não temos dele conhecimento cognitivo estritamente objetivo. Mas, então, como saber o que se está sentindo e se deveríamos sentir o que sentimos em relação a Deus? F. R. Tennant insistiu que a experiência religiosa não pode ser autenticada, a não ser que esteja alicerçada em asserções cognitivas bem fundamentadas sobre Deus (*Philosophical theology,* 1:329ss.), e ele duvida com razão de que essas asserções possam derivar de sentimentos religiosos. Que afirmações cognitivas firmemente fundamentadas acerca de Deus podem ser feitas somente na base do não Deus?

Muitos que foram uma vez modernistas desertaram para o humanismo quando ficou evidente que o cristianismo empírico de Schleiermacher era, definitivamente, menos científico do que ele considerava ser. O exemplo de Jesus, sustentava Schleiermacher, promove mais efetivamente do que qualquer outro a integração ou unificação da discordante personalidade humana. Isso acontece ao libertar todos aqueles que seguem a sua postura religiosa e moral do senso de conflito interior para o senso de devoção serena a Deus. Todavia, o método empírico não pode ser coerentemente invocado para limitar o bem religioso a Cristo nem para justificar a sua superioridade como um fator de integração de personalidade. De fato, alguns liberais igualaram a libertação de conflito interior com uma paz intelectual supostamente produzida quando a mente moderna rejeita as crenças sobrenaturais em favor de posições empiricamente verificáveis, apesar de que deveria ter sido óbvio que o empirismo

---

[85] A fé cristã.

não promete nenhuma acomodação definitiva nem mesmo para os modernistas.

Os humanistas insistiram que a abordagem científica impede qualquer reivindicação explícita da irrefutabilidade de Jesus de Nazaré ou de qualquer outra personalidade religiosa – seja uma figura contemporânea, seja alguma do passado bíblico. Se Deus é definido pela experiência, defendiam eles, então Deus é qualquer coisa que na experiência do homem o liberta do seu ego abalado de tensões internas de personalidade e assegura o seu relacionamento harmônico com a totalidade do ambiente cósmico do homem. A experiência espiritual, acrescentaram, frequentemente reflete considerável ambiguidade e instabilidade, uma vez que os indivíduos são suscetíveis a interpretar sortes e azares similares em termos de ideias religiosas preconcebidas divergentes. Aquilo que Jesus faz por seus devotos em terras cristãs pode ser igualmente alcançado em outros lugares quando se trilha o caminho de Buda ou Confúcio. Na realidade, a devoção que se dá a algum grande ideal na vida, tais como a paz mundial, o pacifismo, a irmandade ou o belo, pode muito bem ser, igualmente, o produto de um ser interior unificado e poderá em alguns casos fornecer uma estrutura superior para alcançá-lo. Os humanistas consideraram uma violação da validação empírica a ideia de que a pessoa, o ensino ou o exemplo de Jesus seja de algum modo definitivo e sem paralelo. Pelo contrário, a abertura do empirismo científico requer de nós que dignifiquemos como realidade religiosa qualquer ideal, movimento ou causa, ou personalidade que seja capaz de produzir em qualquer vida humana a máxima influência integradora.

No entanto, se os humanistas estavam dispostos a considerar os modernistas como aqueles que aderem de maneira acrítica a facetas de um passado fundamentalista, em vista da centralidade que atribuem ao Nazareno (embora seja o Jesus humano), logo se tornou aparente que o humanismo também evocava o seu apelo empírico numa forma preconceituosa em favor de suas próprias afirmações sectárias. Quais são os fatos indisputáveis que têm importância para a questão da realidade religiosa? Como a experiência religiosa pode ser distinguida sem qualquer dúvida da experiência humana em geral? Sua essência deve ser encontrada em crenças cognitivas, ou em qualidades interiores, ou talvez nas formas do ritual? Os místicos de gerações passadas foram, muitas vezes, acusados de passividade social por localizarem a essência da experiência religiosa na iluminação extática interna. Será que a essência da religião não deverá ser achada na satisfação interior, nem em benefícios divinos, mas no ativismo social, no encontro com as necessidades físicas dos outros, como pensam alguns líderes eclesiásticos contemporâneos? Ou quem sabe não será o demoníaco hoje no mundo a onda autêntica da religião do futuro? Não deveria o empirismo científico ser totalmente aberto à realidade e ao futuro por não fechar a porta permanentemente a toda e qualquer possibilidade?

Em última análise, será que o empirismo pode mesmo prover qualquer resposta definitiva para questões religiosas? Será que alguém pode validar até mesmo valores humanos nos quais o humanista insiste por intermédio do método empírico? A necessidade de buscar a verdade e o belo de promover a fraternidade é um ideal convincente, ainda que dificilmente maior do que o dever de amar a Deus com todo o ser e ao próximo como a si mesmo. Mas como se chega a uma *obrigação* permanentemente válida, a normas fixas de qualquer espécie, pelo método empírico de conhecimento?

Apesar de tudo que foi dito sobre o aspecto provisório como marca registrada do empirismo moderno, deve ser observado que alguns empiristas têm se comprometido de modo tão dogmático e arbitrário com essa certeza, do mesmo modo que os representantes das abordagens racional, intuitiva e autoritária. Cientistas do século XIX, tais como William K. Clifford (1845-1874) e Thomas H. Huxley (1825-1895), consideraram as pressuposições da ciência mecânica como verdade absoluta e imputaram a acusação de imoralidade a teólogos cujas convicções contrárias julgaram ser baseadas em evidência inadequada. Karl Pearson (1857-1936) não apenas sustentou que "o método científico é o único portal de entrada para toda a região do conhecimento", como também considerou que seus resultados são "julgamentos absolutos" (*Grammar and science*, p. 24, 26, apud Gordon H. Clark, *Karl Barth's Theological method*,[86] p. 65).

O senso comum requer do homem moderno o reconhecimento do método científico como uma instrumentalidade espetacularmente útil para transformar nosso ambiente. Respeito e gratidão são, de fato,

---

[86] A gramática da ciência e O método teológico de Karl Barth.

devidos ao cientista pelos muitos confortos e conveniências divisados para o homem moderno, frequentemente como fruto de pesquisa e experimentação feitas com extremo sacrifício, embora mais recentemente a recompensa financeira tenha se tornado mais comum. Esse sucesso prático da ciência fez que muitas pessoas tendessem para uma aceitação tácita da cosmovisão científica da realidade externa como um reino de processos meramente impessoais e de sequências matematicamente conectáveis. Charles H. Malik observa, corretamente, que com grande frequência o altamente merecido prestígio dos cientistas em seus próprios campos de competência é transferido para áreas de expressão pública de opiniões, nas quais eles são novatos. "Na atual euforia quanto às maravilhas da ciência, você achará muitos cientistas, individualmente e em grupos, arrogando para si mesmos direitos que, estritamente falando, não derivam de suas competências científicas. Eles apresentam julgamentos importantes sobre [...] Deus e o homem, sobre o bem e o mal, sobre a cultura e a justiça e sobre os tópicos mais profundos do destino humano. E o seu prestígio como cientistas, que certamente não está em dúvida, se impõe à mente do público nesses pronunciamentos extracientíficos" (*The limitations of natural science*,[87] p. 385).

Quando, por exemplo, A. J. Carlson (*Science and the supernatural*[88]) presumiu arbitrariamente que o contexto positivista é o único no qual a questão da evidência para toda e qualquer afirmação pode ser resolvida ("o método da ciência", ele considera ser "em essência [...] a rejeição total de toda autoridade que não segue os critérios da observação e da experimentação no campo da experiência"), não deveríamos nos surpreender por ele acrescentar: "Quando nenhuma evidência é apresentada, a não ser [...] 'a voz de Deus', o cientista não precisa prestar nenhuma atenção, exceto para perguntar: Como é que eles chegam neste ponto?" A demanda para que a teologia forneça evidência apropriada para as suas afirmações, e exponha o seu modo de saber, mencionando o seu critério de verificação, é inteiramente apropriada e necessária, mas Carlson tornou Deus inadmissível porque ele não se submeterá a um teste adequado somente para o não Deus.

---

[87] As limitações da ciência natural.

[88] Ciência e o sobrenatural.

Malik pensa que o temor secreto de um julgamento definitivo entra na disposição do cientista natural em descartar a religião revelada como apoiada em princípios estranhos e inaceitáveis: "Enquanto o evangelho e as grandes tradições da arte, literatura, filosofia e do espírito estiverem aí, até mesmo o homem a quem todos os segredos e potencialidades da natureza forem abertos será julgado por eles. É por essa razão que tantos cientistas, temendo esse inevitável e desconfortável julgamento, ou melhor, mal interpretando-o (porque uma vez que o entendam eles o acolheriam e se alegrariam nele e nunca o temeriam), proclamam dogmaticamente, da perspectiva de uma autodefesa existencial bitolada, que a religião, a filosofia e as artes são tolice, ou arbitrariamente as reduzem a alguma técnica científica estranha" (*The limitations of natural science*,[89] p. 381).

Os positivistas insistiram arbitrariamente – o juízo que aplicaram aos outros finalmente retornou contra a sua própria casa – que aquilo que não é verificado pela observação permanece meramente como uma hipótese, e que asserções intrinsecamente não verificáveis pela observação sensorial não podem, por necessidade, qualificarem-se como verdade. O positivismo lógico não somente afirmou a validade da metodologia científica e insistiu na autonomia do empirismo científico, declarando-o ser o único meio para a obtenção do conhecimento sobre o mundo, manifestado por nossos sentidos, mas também afirmou que o empirismo científico é o único meio válido para o saber, o guia exclusivo para todo o domínio das afirmações cognitivamente válidas. Dessa forma, o empirismo ficou tão reduzido que nem mesmo o seu próprio barco, que tinha sido lançado às águas com tanta confiança, conseguiu atravessar o mar da experiência humana. Ao elevar o empirismo científico como o teste de toda a verdade, sem querer, o positivismo lógico destruiu a sua própria base de credibilidade.

Não foram poucos os cientistas importantes que detectaram no positivismo lógico uma extensão encoberta do método científico como uma fachada promotora para apreciados preconceitos antimetafísicos. Pois até mesmo os assim chamados fatos da percepção externa frequentemente provam ser bem menos objetivos do que os seus patrocinadores empiristas fazem deles. De fato, as nossas percepções

---

[89] As limitações da ciência natural.

são capazes de servir a princípios ou explanações muito diferentes e de apoiar conclusões divergentes. Para aqueles que procuram oferecer uma base empírica para a crença em Deus, existe de qualquer forma a dificuldade de alguma inferência segura e de uma transição das experiências religiosas interiores para uma realidade ontológica transcendente como fonte delas. Será que os nossos sentimentos não nos falam mais acerca de nós mesmos do que de Deus, e as nossas percepções mais acerca de realidades sensoriais do que sobre aquilo que é supersensível? Na verdade, será que podem nos dizer qualquer coisa definitiva e oficial a respeito de Deus? Tomado separadamente, o método empírico não é capaz de prover nenhuma base para se afirmar ou negar as realidades sobrenaturais, uma vez que por definição é um método para tratar apenas de realidades perceptíveis. Não pode, portanto, validar o ser superperceptível; nem pode, também, validar normas morais ou confirmar eventos históricos do passado na experiência pública do presente. O empirista precisa reconhecer que o seu método conduz finalmente a uma de muitas visões possíveis, e não à certeza definitiva sobre qualquer coisa.

No entanto, por mais que o empirista se orgulhe de uma humildade que evita compromissos finais, a fim de explorar uma clarificação em andamento de realidades espirituais, uma filosofia religiosa empírica da mesma maneira abandona a oportunidade de nos falar a verdade imutável em relação às afirmações religiosas. No que diz respeito a "reivindicações de humildade intelectual e acusações de orgulho intelectual", que frequentemente dão o tom para disputas interdisciplinares entre cientistas, filósofos e teólogos, Dorothy Emmet tem isto a dizer: "Em meu juízo, nem o orgulho nem a humildade são especificamente característicos de qualquer uma dessas atividades (filosófica ou teológica); eles são característicos da natureza humana e podem aparecer em ambas [...] Não existe nenhuma imunidade contra o orgulho nem na teologia nem na filosofia" (*The nature of metaphysical thinking*,[90] p. 154). Se Deus verdadeiramente existe, especialmente como um ser vivo pessoal, não seriam as considerações da revelação mais significantes do que os nossos sentimentos interiores e os testes externos de percepção? E se a revelação divina – uma possibilidade que deve ser ainda considerada – providenciasse uma base de autoridade para a fé

---

[90] A natureza do pensamento metafísico.

DEUS, REVELAÇÃO E AUTORIDADE

religiosa, será que uma insistente redução de todo o conhecimento a fatores empíricos não se tornaria uma arrogante justificação (i.e., em termos mundanos) para a descrença em uma revelação transcendente? Se Deus existir, ele dificilmente desejaria dos seres humanos um compromisso com base apenas no aspecto provisório do empirismo acerca de sua realidade.

RAZÃO

A superioridade da razão sobre todas as outras propostas para a obtenção de informação a respeito da realidade última tem sido afirmada desde a Antiguidade. O método racionalista de saber considera a razão humana como a única fonte confiável e válida de conhecimento.

O racionalista insiste que a verdade nunca pode ser auto-contraditória, por isso ele suspeita que o misticismo, de alguma forma, não alcançou a verdade na ênfase em inefabilidade e paradoxo. Ele também considera o empirismo como um meio inadequado e instável de iluminação da verdadeira natureza da realidade, pois suas conclusões são sempre provisórias; assim, o empirista nunca tem certeza de que encontrou a verdade. Até mesmo os assim chamados "fatos da experiência", aos quais o empirista dá atenção especial, são ininteligíveis, a não ser sob a operação da razão. De qualquer forma, a razão precisa formular todas as afirmações universais, e estas não são verificáveis pela percepção, uma vez que a experiência é fragmentária e mutável. A percepção sensorial poderá desqualificar as afirmações da razão, mas não poderá credenciá-las nem justificá-las. Os racionalistas modernos estão mais dispostos a considerar a percepção sensorial como significante para a exclusão daquilo que não pode ser o caso acerca do comportamento detalhado da natureza, e algumas vezes estão dispostos a tomar a experiência sensorial como ponto de partida. Mas enfatizam que a informação empírica é compatível com uma variedade de princípios explanatórios, e que os avanços mais significativos, mesmo na ciência moderna, surgiram por meio da projeção mental de novas perspectivas compreensivas que correlacionaram a informação a explanações inovadoras.

A premissa subjacente do racionalismo filosófico é que a mente do homem – simplesmente em vista de suas latentes potencialidades, ou divindade encoberta, ou continuidade explícita e direta da mente humana com a mente de Deus – possui uma potencialidade inerente para a resolução de todos os problemas intelectuais. Essa capacidade racional imanente é explicada de modo diversificado pelos filósofos mais destacados.

Platão sustentava que as ideias eternas eram inerentes desde o nascimento na alma do homem. O olho interior da razão é a faculdade por meio da qual o homem pode apreender as imutáveis "formas" e "ideias" eternas que constituem o mundo essencial. Por intermédio dessa faculdade da razão, o homem pode ascender cognitivamente à ideia do bem, que é a fonte de todo o conhecimento. Em algumas passagens, Deus é para Platão um ser intermediário distinto da ideia do bem; em outras, a mente divina tem significância cósmica definitiva. Mas a razão do homem é considerada inerentemente divina e imortal, um aspecto da mente divina.

Embora Aristóteles tenha sustentado que o conhecimento é obtido por edificar-se sobre a percepção sensorial, em lugar de desviar-se disso, a forma pura faz que a razão no homem busque a sua apreensão e compreensão. Deus, como pensamento autopensante, atrai a razão ativa no homem para a completa realização das capacidades da razão; essa razão ativa, coroando o processo cognitivo, funciona como uma função universal desencarnada que não é afetada pelo tempo e individualidade.

Não há aqui nenhum vestígio da visão hebraica do criador transcendente inteligível, que se revela a si mesmo de forma ativa, e que pré-formou o homem para o conhecimento e o serviço do divino, nem do homem como pecador decaído cujas capacidades foram corrompidas pelo pecado e suas consequências. Portanto, o pensamento grego clássico prepara o caminho para o panteísmo racionalista do estoicismo romano, segundo o qual a ordem inteligente é uma parte necessária de Deus e na qual o Logos é expandido na alma-mundo. Plotino (205-270) modificou essa noção, insistindo que a alma humana, ainda concebida como parte da alma-mundo, caiu da contemplação das formas eternas ao mudar o foco de seu interesse para o domínio do material, de modo que somente a união mística, ou suprarracional, poderá restaurar o homem dos desejos sensuais para a sua genuína vocação.

DEUS, REVELAÇÃO E AUTORIDADE

O que falta nessas antigas representações da razão é uma consciência qualquer da revelação cognitiva transcendente da doutrina bíblica da criação e da queda do homem e de uma redenção divina que vem da graça, elementos esses que preenchem a discussão da filosofia depois da ascensão do cristianismo. Agostinho não tem qualquer hesitação em usar a razão, mas ele o faz sempre – depois de sua conversão espiritual –, no contexto de Deus como verdade e da dependência do homem da revelação divina em vista da criação e da redenção transcendentes. Tomás de Aquino, porém, colocou novamente a filosofia medieval no lado de uma maior confiança nos poderes do raciocínio humano independente e involuntariamente preparou o caminho para um reavivamento de uma visão otimista do poder intrínseco da mente humana à parte da dependência da revelação. De modo crescente, os escolásticos (como, p. ex., Hugo de S. Victor [1096-1141], autor da obra enciclopédica *Erudito didascalica*) enfatizaram que a revelação é necessária apenas para aquilo que está além da razão, e que a razão por si só trata adequadamente não somente das preocupações naturais, mas também dos temas sobrenaturais. O raciocínio humano se torna agora a primeira corte de apelo e localiza todas as crenças do homem até o ponto do desespero, no qual a revelação acaba sendo adicionalmente necessária.

Os primeiros filósofos modernos expuseram uma visão teísta do mundo, sem qualquer função significante para a revelação transcendente. Se o tema da revelação for mantido, os racionalistas o submergem no processo do raciocínio humano. A competência da mente para conhecer a verdade metafísica significa agora que, à parte de qualquer dependência e necessidade da manifestação divina, o homem é capaz de chegar à sua presente condição, pela investigação racional, a toda a verdade sobre a realidade e a vida. Com base em verdades inatas à disposição da mente humana, independentemente de revelação (contra Agostinho), racionalistas matemáticos esperavam que a investigação matemática demonstrasse a natureza do mundo real externo e descobrisse os segredos de seu comportamento interno. Na visão de Spinoza, a clara intuição da verdade no homem é equivalente à intuição divina; não a revelação transcendente por meio de uma mente divina, mas o raciocínio matemático, que supostamente penetra na estrutura essencial do mundo real definitivo, é o critério decisivo da verdade.

A transição está agora completa para a perspectiva de que o conhecimento adquirido da inteligência humana é mais confiável do que aquilo que é presumivelmente derivado da revelação. A seguir, muitos filósofos insistiram que a legitimação da metafísica depende da exclusão da revelação divina como uma fonte da verdade e na confiança apenas na razão desinformada pela revelação. Os deístas do século XIII elaboraram seu caso de um "autor da natureza" com base unicamente na reflexão racionalista. A filosofia religiosa daí em diante considera a revelação um tema incômodo e embaraçoso, exceto quando visto – como fez Hegel – como simplesmente outro termo para a descoberta humana. Alimenta-se uma confiança resoluta na capacidade da faculdade da razão para guiar o homem até a efetivação do reino de Deus na terra, sem assistência sobrenatural especial; e os sucessos práticos da ciência são tidos como reforço dessa visão.

Apesar de Kant, assim como Hume, reter o termo *revelação* em seu entendimento tradicional, ele apenas o faz para depois rejeitá-lo, e não lhe confere maior significância cognitiva do que a que Hume lhe concedeu. Para os racionalistas filosóficos, o conhecimento é certo e está além de qualquer necessidade de correção, seja da revelação, seja do empirismo, em vista da divindade secreta ou da constituição intrinsecamente necessária da mente humana. A ênfase cristã histórica de que a finitude criada do homem requer sua dependência na revelação transcendente é lançada fora; e, junto com isso, a perspectiva de que as consequências da queda para os caminhos do pensamento do homem fazem dessa dependência algo ainda mais imperativo.

Da época de Hume em diante, as pretensões do racionalismo filosófico são cada vez mais postas no centro do palco. Os racionalistas prontamente presumiram a infalibilidade de seus próprios postulados, dignificando-os como princípios claramente apreendidos. Tal confiança incondicional na competência do raciocínio humano foi abalada, porém, pela contradição empírica das interpretações prevalecentes do cosmos. Muitos empiristas estavam agora cada vez mais satisfeitos se a explicação não presumia tornar o domínio da realidade compreensivamente inteligível, mas ao contrário identificava leis que permitiam a predição confiável e o controle seguro de eventos futuros. Assim, os excessos do racionalismo filosófico encorajaram uma reação empírica que ousadamente substituiu a razão por um novo método alternativo de conhecimento, mas que era tão hostil à revelação transcendente como a opção racionalista, em vista da ênfase de que o conteúdo do conhecimento não é suprido pelo raciocínio humano, mas somente pela sensação.

Kant se torna decisivamente influente para todo um movimento na filosofia que elimina a significância da razão cognitiva em favor de realidades metafísicas. As categorias do pensamento são correlacionadas exclusivamente com informação empírica. Todo o pensamento é condicionado pelo tempo e pelo espaço porque tempo e espaço são condições universais da experiência humana. Pelos mesmos limites da razão humana como Kant os estipula, o homem é banido de qualquer possessão de verdade transcendente. Deus é, na verdade, um postulado indispensável, um ideal regulador que a natureza moral demanda, argumenta Kant, mas não um objetivo do conhecimento cognitivo. A única certeza que o homem pode obter é a certeza moral de que cada personalidade humana tem uma dignidade inviolável, mas nenhum ser humano tem ou pode ter conhecimento metafísico válido. Todas as afirmações dos metafísicos a respeito da natureza objetiva do mundo definitivo são consideradas inválidas e fora do alcance do saber humano.

O grande racionalista pós-kantiano é Hegel, que combina o panteísmo filosófico com uma visão evolutiva da realidade como um processo lógico em desenvolvimento. O absoluto progressivamente manifesto, ele argumenta, vem à autoconsciência reflexiva nas mentes humanas num desenvolvimento dialético que está aberto para o futuro. Rudolf Lotze (1817-1881) e outros idealistas identificaram somente o mundo, e não as mentes humanas, como parte de Deus, contrariamente a Hegel, mas mesmo assim mantiveram uma perspectiva otimista da razão e submergiram a prioridade da revelação divina em considerações evolutivas. Hegel não via a teologia como um empreendimento ilícito; assim como Kant e Schleiermacher, ele argumentava que a religião e a crença em Deus são universais e necessárias. Contudo, enquanto os outros negavam o conhecimento cognitivo objetivo de Deus, Hegel sustentava que a religião ganha significância racional se suas representações pictóricas imaginativas forem traduzidas em metafísica idealista. Assim, a teologia da revelação é considerada como uma expressão parabólica daquilo que a filosofia hegeliana transpõe na linguagem unívoca e nas categorias do pensamento. Dessa maneira, é preparado o caminho para os filósofos da religião sustentarem que a teologia trafega em símbolos religiosos que não são literalmente verdadeiros, enquanto as asserções válidas acerca da realidade transcendente são reservadas à filosofia.

Alguns idealistas filosóficos, tendo em vista a manifestação histórica progressiva do absoluto de Hegel, procuraram justificar a legitimidade da teologia com base no fato de que ela lida seriamente com as facetas históricas da experiência religiosa, enquanto a filosofia expõe as características gerais do mundo e da experiência. Contra aqueles que diminuem as facetas históricas da fé cristã, William Ernest Hocking (1873-1966) destacou, de modo louvável, que o cristianismo não pode ser desmembrado da vida de seu fundador. Entretanto, quem entendeu a premissa de seu argumento – que afirmações teológicas surgem no contexto de uma história religiosa particular – reconheceu que Hocking não pretendia uma justificação definitiva para a religião bíblica, uma vez que ele também dizia que o islã não pode ser dissociado do profeta, nem o budismo do momento em que Buda, debaixo da Bo-árvore, captou um meio de libertação da inquietação finita. Os filósofos idealistas inevitavelmente subordinaram todas as particularidades a um esquema geral que invalidava uma teologia da manifestação especial de Deus não apenas porque eles correlacionaram a verdade metafísica exclusivamente com a atividade universalmente imanente do absoluto, mas também porque superimpuseram um padrão evolutivo que não tolerou diferenças finais na história das religiões.

Muito tempo depois de ter tido o seu clímax na Alemanha, durante o século XIX, a influência hegeliana permaneceu poderosa na Inglaterra, e seu fascínio se estendeu por diversas décadas nos Estados Unidos da América. Todavia, apareceram vozes novas e desconcertantes – entre elas a de Nietzsche, Freud e Marx – que insistiram que o raciocínio humano racionaliza grandemente os preconceitos subjacentes no homem, consciente ou inconscientemente, ou radicado no interesse de classe. Enquanto o Ocidente permaneceu exuberante em relação a mudanças sociais liberais democráticas, a influência dessas

DEUS, REVELAÇÃO E AUTORIDADE

visões era restrita. Mas depois do início da Primeira Guerra Mundial, e mais tarde com a ascensão de Hitler e os nazistas, as ambições expansionistas dos líderes do comunismo totalitário e a decrescente credibilidade da democracia política, a confiança que prevalecia na razão foi profundamente abalada, e a esperança de mudança social era mais e mais correlacionada com a coerção e violência.

Os pontos fortes do racionalismo filosófico estão na sua insistência de que os princípios da lógica e das ciências matemáticas não são derivados da experiência, mas fazem que a experiência seja possível, e que a verdade é autodestrutiva, a não ser que seja não contraditória e governada pelos cânones da razão. No entanto, a "verdade imparcial" que os racionalistas filosóficos enalteceram era algo bem mais intangível do que eles pensavam. Embora enfatizassem a prioridade da razão, os mais brilhantes racionalistas produziram, eles mesmos, uma diversidade espetacular e impressionante de cosmovisões competitivas e conflitantes. Cada uma dessas cosmovisões era altamente coerente com os seus primeiros princípios postulados, mas mesmo assim divergiam entre si, apesar de importantes reivindicações feitas quanto à certeza, constância e coerência. Tais discordâncias entre os primeiros racionalistas modernos, não menos do que a correção de alguns de seus argumentos pela evidência empírica, já haviam emprestado força às visões contrapropostas dos empiristas científicos. O período inicial da era moderna do teísmo filosófico cedeu espaço para a era pós-kantiana do idealismo filosófico, e este, por sua vez, para a era do naturalismo filosófico, com todos os seus pensadores principais enquanto isso justificando os seus esquemas conflitantes com um apelo às demandas da razão humana.

Portanto, seria agir de forma acrítica simplesmente descartar de imediato o protesto dos positivistas de que falar de metafísica é insensatez ininteligível. Pelo próprio teste da não contradição, no qual os racionalistas insistem, muito da metafísica filosófica deve ser falso, mesmo que uma pequena parte dela seja sem sentido. A metafísica idealista até mesmo representou pensamentos humanos como pensamentos de Deus, e ações do homem como ações de Deus, premissas ainda mais difíceis depois que Freud e Hitler lançaram luz sobre elas. Alguns idealistas insistiram que o tempo e o mundo das percepções sensoriais são irreais, enquanto outros identificaram a estrutura do

Os modos de saber

mundo real com as suas próprias percepções mentais. Os anais da filosofia incluem muito daquilo que provoca a acusação de que os metafísicos frequentemente afirmam o que, simplesmente, não pode ser verdadeiro. É necessário apenas pensar no panorama das diferentes divindades resolutamente afirmadas por eloquentes advogados de cosmologias especulativas e nas diversas visões do mundo real definitivo sobriamente propostas em nome da reflexão disciplinada e sistemática sobre a natureza das coisas. Não é somente o positivista lógico que exige o teste da verificação, mas a promulgação cristã da revelação também ganha certa simpatia dessa vasta discordância entre os metafísicos racionalistas.

A fé na função da razão falhou tão extensivamente na geração passada que os defensores do raciocínio filosófico tiveram de bater em evidente retirada em muitos círculos. "A confiança na razão entre os pensadores ocidentais tem sido gradativamente corroída nas últimas duas décadas ou mais." Edwin A. Burtt declara: "e [...] a corrosão em muitos casos significou um colapso total. Sentido-se incapaz de salvar a si mesmo da catástrofe iminente, e não mais confiando na razão como um guia para o que é verdadeiro e o que é bom, o homem ocidental é facilmente levado a esperar que uma fonte sobrenatural da verdade e da bondade irrompa e o salve de si mesmo" (*Types of religious philosophy*,[91] p. 375). Essa última esperança, Burtt denuncia como uma fuga para "o culto da não razão". Mas, entre aqueles para os quais a dependência da razão chegou ao final inescapável, o grande abismo do niilismo se amplia. A redução intelectual do racionalismo filosófico é um convite aberto ao desespero, se nenhuma Palavra revelada, nenhuma verdade da revelação, existir para destruir o temor que permeia o homem de que as suas crenças mais nobres são inevitavelmente falsificadas, de que todo nosso melhor esforço será esvaziado num mundo derradeiro sem propósito algum, que o bem é simplesmente uma ilusão fabricada pelo homem.

A razão humana não é uma fonte de verdade infalível a respeito da realidade definitiva. Pois a inteligência humana não é infinita, e, abandonado em si mesmo, o raciocínio do homem reflete com evidência absoluta a sua finitude. Todas as interpretações especulativas da realidade e da vida projetadas na base da percepção e

---

[91] Tipos de filosofia religiosa.

DEUS, REVELAÇÃO E AUTORIDADE

da engenhosidade humanas – tanto modernas como antigas – são meramente de caráter provisório. Ainda que alcançadas por meio de contínua averiguação científica ou de raciocínio filosófico disciplinado, eles estão destinados inevitavelmente à revisão e à reposição. A vida humana é tão limitada que nenhum homem tem o tempo ou a oportunidade para angariar toda a informação relevante a uma visão de vida abrangente e, mesmo que pudesse, pressões volitivas e emocionais sobre o espírito humano influenciam cada interpretação humana do material. É isso que explica, melhor do que qualquer outra coisa, o fato de que mentes brilhantes, usando os mesmos cânones da razão, interpretam a realidade de modo impressionantemente diverso e expõem opiniões rivais com poder de convencimento.

O problema não diz respeito a uma incompetência intelectual fundamental, senão os homens seriam incapazes de conhecer coisa alguma. Também não é o caso de que os cânones da razão e das formas da lógica sejam irrelevantes para a realidade definitiva. Se esse fosse o caso, estaríamos condenados, desde o princípio, ao ceticismo ontológico. Pelo contrário, o homem pensador, por alguma razão (a teologia judaico-cristã apontaria para a queda e para a pecaminosidade do homem), emprega sua inteligência para formular explicações abrangentes da realidade e da vida que não apenas rivalizam entre si, mas que juntamente se expõem como sabedoria do mundo inadequada e irregular, quando avaliada pela revelação cognitiva transcendente que a verdade judaico-cristã afirma. O espírito humano dispõe suas perspectivas de uma maneira que agride a verdade da revelação, enquanto as suas próprias formulações são, ao mesmo tempo, possíveis porque a razão é um dom divino, cuja utilização legítima e apropriada o homem comprometeu.

Essas cosmovisões especulativas ganham um poder de aceitação maior do que a explicação bíblica da vida e da realidade, em parte por causa daquilo que os teólogos cristãos chamam da dificuldade epistêmica do homem finito e pecador. E, como um sinal de não regeneração humana, apesar do alto nível de mortalidade de todas as concepções seculares em comparação com a relevância e o poder contínuo da revelação cristã, os homens da vanguarda intelectual, muito rotineiramente, pressupõem que o ponto de vista das Escrituras é obsoleto. Esse preconceito é ainda mais alimentado pela seguinte situação: por mais que as numerosas alternativas especulativas conflitem entre si, elas conspiram como grupo para fortalecer os dogmas principais da época. Esquemas metafísicos modernos muito frequentemente expõem o espírito da cultura contemporânea, ajustando suas premissas diretivas no contexto de uma teoria abrangente, mais do que questionando as ideias controladoras do período presente. Quando essas fórmulas interpretativas são desafiadas pelas premissas da religião revelada – de acordo com a exigência cristã de que os pressupostos de toda era cultural devem ser testados do ponto de vista da revelação transcendente –, todo o leque de cosmovisões seculares (apesar de se cancelarem individualmente umas às outras) junta-se em apoio mútuo aos dogmas principais do momento. As teorias seculares que falham em demonstração lógica se recomendam como autoevidentes para a "mente moderna", porque intrinsecamente combinam com o espírito contemporâneo. É impressionante como, frequentemente, na história da filosofia um metafísico que pensa possuir uma percepção revolucionária sobre a verdadeira natureza das coisas consegue apenas projetar o espírito da época numa dimensão cósmica.

Assim, por exemplo, Harvey Cox nos adverte em seu livro *The secular city*[92] contra a armadilha de abarcar outra cosmovisão exclusiva, uma advertência que serve para mover o supernaturalismo cristão para a margem a fim de dar lugar ao pragmatismo secular que Cox tão vigorosamente defende. Uma das características mais distintivas da cidade secular, escreve Cox, é uma abertura radical ou tolerância a todas as opiniões; nenhum ponto de vista é tido como oficial, pois todos os habitantes compartilham de uma mesma estrutura comum. Mas essa tolerância pluralista é claramente mais aparente do que real, porque, como Hendrik Hart observa incisivamente, Cox nos oferece "uma posição religiosa que afirma ser não religiosa e uma postura metafísica que professa ser antimetafísica" (*The challenge of our age*,[93] p. 114, n. 45). Depois de reconhecer que o racionalismo metafísico perdeu a sua influência na vida da cena atual, Cox então oferece-nos uma versão sutil na forma de um pragmatismo funcional e operacional, uma cosmovisão "religiosa" enganosa, radicada no humanismo e intolerante a qualquer religião que importune a autonomia humana.

[92] A cidade secular.

[93] O desafio de nossa era.

O destino do homem reflexivo que não está ancorado nas realidades da revelação transparece nas bem construídas frases das observações de Dorothy Emmet: "Nossas mentes parecem impelidas a buscar ou criar significância em seu mundo como um todo em termos de conceitos originariamente formados para expressar relações dentro da experiência. Mas, perguntamos, que fundamento temos para supor que as cosmovisões que resultam são mais do que os produtos de um impulso da própria mente em direção à criação de formas nas quais a imaginação pode se apoiar, e um sentimento de significância pode ser experimentado? [...] Será que essas cosmovisões, quer metafísicas quer teológicas, provam ser no fim das contas simplesmente padrões semânticos, derivados do desenvolvimento das implicações de ideias, tais como a ideia do 'ser', a ideia da 'perfeição', a ideia do 'bem'; ideias que têm, de fato, o poder de evocar uma resposta emocional, mas que são, mesmo assim, meramente ideias, e nada dizem sobre a realidade que transcende a aparência?" (*The nature of metaphysical thinking*,[94] p. 3). Dorothy Emmet acrescenta: "O pensamento religioso pode ainda ter outros interesses além da questão epistemológica da relação de nossas ideias com a realidade que está além de nós mesmos. Aqui, porém, mais do que em qualquer lugar, essa questão não pode ser evitada, uma vez que a religião perde a sua marca quando cessa de crer que expressa, de algum modo, a verdade acerca de nossa relação com a realidade que está além de nós mesmos, que é em última análise o que nos interessa" (p. 4).

A insistência dos filósofos clássicos gregos de que certo conhecimento é à prova de falsificação e infalivelmente acurado nada conseguiu no caso deles, porque a indução e a demonstração racional não alcançaram as elevadas expectativas feitas em seu favor. Mas isso não é nenhuma base para se dizer, como fazem os empiristas modernos, que o homem não possui nenhuma verdade fixa e não revisável. O comentário de Gordon Clark é notável: "É um consolo saber que, pelo menos, parte do tempo nós não podemos estar errados, se ao menos soubéssemos que parte do tempo é" (*Thales to Dewey*,[95] p. 121). A visão judaico-cristã propõe orientação: quando a revelação divina irrompe, o homem tem uma palavra definitiva e final.

---

[94] A natureza do pensamento metafísico.

[95] De Tales até Dewey.

Os modos de saber

A retirada secular da razão do âmbito da revelação produz a ilusão entre muitos pensadores modernos de que dependência da revelação implica, como pensa Burtt, uma entronização do irracional. Assim, ganha espaço a falsa noção de que a razão precisa ser, por princípio, antirrevelação. É impossível haver mais profunda falsa compreensão dos fatos da revelação judaico-cristã. Uma divindade relacionada ao homem unicamente em termos de contradição e paradoxo não pode servir à causa da revelação, nem à razão ou à experiência. Na perspectiva bíblica, até mesmo a função da conscientização racional e da cognição cerebral é algo mais do que a vida da razão (em maiúsculas, como faziam os idealistas do século XIX). Esse mau hábito reducionista obscureceu por muito tempo o Logos transcendente e a manifestação inteligível do Deus Vivo, antes mesmo do cientismo tecnocrático mecanizar completamente a vida da mente.

Por "conhecimento confiável", a teologia evangélica não entende fórmulas universais que são "cientificamente corretas", porque os especialistas tecnocratas esperam que a realidade reaja a uma manipulação prescrita com previsibilidade impessoal, que seja empiricamente verificável. Também não quer significar esquemas abrangentes sobre a realidade como um todo, postulados pelos mais profundos gigantes intelectuais deste mundo. Na verdade, insistem incansavelmente que a razão é o teste da verdade. Mas por conhecimento verdadeiro querem dizer nada mais ou nada menos do que a verdade como Deus a conhece e a revela, e que isso incluirá aquilo que qualquer filósofo ou qualquer cientista disser sem necessidade de reconsideração.

A metafísica não é uma questão somente de teorias grandiosas acerca das inter-relações de toda a existência; até mesmo as asserções mais simples sobre a realidade são implicitamente metafísicas. A revelação cristã diz respeito tanto à inteireza como aos pormenores da vida e da realidade. G. C. Berkouwer lembra-nos que o homem está num universo no qual ele recebe comunicação – "contra o niilismo deve ser afirmado que a vida humana carrega uma característica *responsiva*" – e que, consciente ou não disso, a vida do homem como um todo é uma resposta à revelação de Deus (*General and special divine revelation*, [96] p. 16s.). É nesse contexto que podemos entender tanto uma geração que se arrisca a produzir "provas" positivistas da

---

[96] Revelação divina geral e especial.

não existência de Deus quanto uma geração que monta "provas" mal engendradas de sua existência. O profundo ceticismo que rejeita o sentido e o propósito da existência do cosmos e fala, especialmente, da ansiedade e da agonia da vida humana pode ser visto não somente como um questionamento humano da realidade, mas como um questionamento divino do homem moderno por meio de uma revelação definitiva que impede qualquer difamação absoluta da existência criada.

No entanto, teólogos exponenciais no passado recente têm-se retirado de forma tão influente da validade dos compromissos metafísicos que suas ênfases são corretamente designadas como dialéticas e/ou existenciais a fim de destacar a sua retirada do teísmo racional evangélico.[97] Não raramente, os protestos desses teólogos contra a metafísica se combinam com as negações do positivismo lógico,[98] e alguns se alegram prematura e acriticamente com o desconforto de todos os filósofos, não estando cientes de que as bombas destrutivas jogadas em terreno tão vasto poderiam logo, também, cercar o setor teológico. Pior ainda, os teólogos dialéticos e existenciais, sem querer, ajudaram a fortalecer posições positivistas. Essas posições tinham como linha de frente, contra as reivindicações dos metafísicos, a tese de que o homem não tem conhecimento cognitivo da realidade transcendente. Muitos teólogos neoprotestantes, ainda que ao contrário de suas intenções mais profundas, afirmaram isso tão vigorosamente quanto os filósofos positivistas.

O racionalismo tem hesitado entre dois extremos em sua atitude em relação à revelação. Existe um amplo reconhecimento presente de que a razão é estéril como fonte de verdade final, mas invocar

---

[97] Se o termo *metafísica* for restrito à filosofia secular, como fazem alguns estudiosos cristãos recentes (p. ex., D. H. Th. Vollenhoven, Herman Dooyeweerd, H. G. Stoker), então a revelação bíblica não oferecerá metafísica alguma, e, segundo essa abordagem, a filosofia calvinista é, agora, algumas vezes sustentada como uma filosofia sem metafísica. Mas isso é altamente confuso. Os teólogos modernos, cuja posição é antimetafísica no sentido de que a revelação divina é não cognitiva e que não podemos ter conhecimento de Deus como ele objetivamente é, querem dizer algo completamente diferente quando fazem afirmações semelhantes em relação à Bíblia e aos reformadores – isto é, de que eles afirmam somente a verdade relacional e não ontológica sobre Deus.

[98] Enquanto o positivismo vê o cristianismo histórico como simplesmente outra metafísica espúria, o cristianismo evangélico olha para o positivismo lógico como uma versão incrementada do racionalismo espúrio (v. o capítulo 5).

uma teologia baseada em revelação seria uma concessão à loucura. Mas uma tradição muito diferente na história da filosofia, que tem os seus representantes atuais, sustenta que a filosofia encontra a sua expressão intelectual ideal e o seu ponto mais elevado na teologia. Para Platão, Aristóteles, Plotino e até mesmo para Spinoza, a filosofia é em seu aspecto mais sublime um amor intelectual pelo divino. É esse tipo de consideração pela teologia como "o lado interno de uma filosofia", usando a frase de Dorothy Emmet (*The nature of metaphysical thinking*,[99] p. 150), que torna alguns sistemas de metafísica uma fé religiosa, ainda que falsa. Superficialmente, essas ideias eliminam um choque direto entre a filosofia e a teologia. Entretanto, à medida que a teologia é vista como a realização da filosofia especulativa, eles assim o fazem apenas pela negação das implicações intelectuais abrangentes da teologia revelada, e em princípio até negam à teologia o seu direito próprio de sobrevivência com base na manifestação divina especial. Cedo ou tarde – e normalmente mais cedo do que os seus advogados pensam – essa perspectiva acaba se voltando contra a outra, no sentido de que os racionalistas suspeitam de e rejeitam toda teologia, para mais tarde descobrir que, ao fazê-lo, eles tanto idolatraram a razão como também a transformaram numa coisa vazia.

"A natureza do método e do sentido metafísico, se existir algum, no qual a metafísica pode ser chamada de conhecimento, é uma questão em aberto como não tem sido em nenhuma outra época desde que Kant escreveu a sua *Crítica*", escreve Dorothy Emmet (ibid., p. 2). Ela acrescenta que poucos, hoje em dia, propõem "algum modo positivo de interpretar a natureza das coisas [...] num sentido completo, talvez, apenas Whitehead e Alexander, e eles pertencem a uma geração que está passando...". Essa formulação, de uma visão de vida e de mundo abrangentes, tem estado fora de moda e foi vista desfavoravelmente no passado recente não somente por causa da preocupação filosófica com o método e a análise, uma vez que numerosos exemplos poderiam ser dados quanto à exaltação do próprio método na metafísica. Dentre eles está a combinação da questão do significado na questão da verificação pela fenomenologia de Edmund Husserl e pelo positivismo lógico. Esse repúdio de um sistema abrangente não é devido apenas à prevalecente dúvida

---

[99] A natureza do pensamento metafísico.

moderna de que a cognição do homem pode alcançar a natureza de Deus e as realidades metafísicas. É devido primariamente ao desperdício da convicção bíblica de que o Logos de Deus é a realidade coordenadora que reúne o pensamento, a vida e a experiência. Por meio da perda dessa ideia geral, a filosofia racional empobreceu até ao ponto da exaustão niilista.

O cristianismo descreve a si mesmo – apesar de ser essencialmente teológico – não como uma teoria metafísica supremamente construída, mas como uma revelação, diferindo em espécie das filosofias seculares baseadas em reflexão racional. Essa alternativa centrada na revelação poderá elevar mais uma vez a empreitada filosófica acima das teorias que são essencialmente irracionais e restaurar a razão a uma importância indispensável, sem encorajar o racionalismo. Poderá vencer o vício atual da não objetividade de conhecimento e eliminar a noção de comentaristas intelectualmente fatigados de que não é mais possível sustentar uma coordenação coerente de teologia, ética, ciência, arte e princípios socioeconômicos. Ao mesmo tempo, a teologia da revelação oferece algo mais do que simplesmente um reavivamento de um dogmatismo metafísico; o cristianismo não tem qualquer desejo de jogar o mesmo jogo do comunismo, do positivismo lógico ou dos teóricos da filosofia do processo. Sua premissa básica é de que se deve permitir que o Deus vivo fale por si mesmo e definir a função perene da razão e o sentido da revelação. A abordagem mística, de maneira inescusável, encobre na inefabilidade o Deus que se autorrevela. A abordagem empírica não pode chegar à verdade porque está comprometida com uma busca sem fim (o Novo Testamento fala daqueles que estão *sempre aprendendo, mas nunca podem chegar ao pleno conhecimento da verdade*, 2Tm 3.7). A abordagem racionalista subordina a verdade da revelação às suas próprias alternativas e especula até ao ponto da exaustão. Se devemos falar de novo, de modo confiante, em realidades metafísicas, a questão criticamente decisiva é em que base: postulados humanos ou revelação divina?

5

Ascensão e queda do positivismo lógico

No início dos anos 1920, o Círculo de Viena[100] sugeriu um critério para a verificação que reconheceu como "significativo" somente as afirmações[101] que são analíticas ou em princípio apoiáveis pela observação. Todas as outras asserções eram consideradas "sem sentido" – apesar de que, em alguns casos, seja talvez um "sem sentido" importante.

Em 1930, F. Waismann foi o primeiro a formular explicitamente o "princípio da verificabilidade". Esse princípio elevou o problema do significado das crenças do nível de assunto periférico para o de um tema central; o sentido das afirmações como "Deus criou o mundo" tem prioridade lógica sobre a verdade delas. Os positivistas sustentavam que, a não ser que alguém indicasse como tais afirmações "poderiam ser conhecidas como verdadeiras ou falsas", nada de verdadeiro ou falso é expresso por elas.

A importância declinante fora da Alemanha da análise existencialista, ou "transcendentalismo ateu", de Martin Heidegger abriu novas oportunidades para a análise lógica, ou o secularismo ateu. Muitos filósofos, influenciados por Hume e Comte, voltaram-se para

---

[100] Era uma reunião periódica de filósofos profissionais, matemáticos, cientistas das ciências naturais e outros, que aplicavam o método científico aos seus campos de especialização.

[101] Os positivistas faziam distinção entre "sentença", "afirmação" e "proposição" – ainda que não de modo coerente (cf. A. J. Ayer, *Language, truth and logic* [Linguagem, verdade e lógica], p. 6-8). Empregaremos esses termos em seu uso normal como basicamente sinônimos.

o positivismo lógico a fim de desacreditar a metafísica e estigmatizar a teologia como algo sem sentido. Controvérsias logo proliferaram em muitos lugares acerca do papel do significado e da plausibilidade do princípio da verificação.

Positivistas convictos não diziam somente que a nossa geração, preocupada com a ciência, tem falta de uma fé vivaz em Deus, ou que as asserções sobre a realidade de Deus estão abertas a sérios questionamentos, ou que as multidões agora reconhecem apenas vagas impressões da divindade. O que eles afirmavam, mais especialmente, é que as afirmações a respeito do sobrenatural simplesmente não podem ser consideradas como factuais, que a linguagem religiosa carece de validade cognitiva objetiva e que asserções acerca de Deus são ilogicamente sem sentido. Os positivistas aplicavam os termos *ilógico* e *sem sentido* não apenas para demarcar afirmações sobre a realidade não empírica, mas também para menosprezar, como se fosse um vácuo cognitivo, tudo aquilo que não fossem afirmações empiricamente verificáveis. Eles sustentavam a ideia de que proposições cheias de significado cognitivo devem envolver observações empíricas, que levam ou para sua aceitação como verdadeiras ou para sua rejeição como falsas.

Afirmações teológicas como "Deus existe", a exposição literal da natureza e dos atributos de Deus, declarações do tipo "Cristo morreu por nossos pecados" e exigências morais tais como "assassinar é errado" foram declaradas afirmações ilógicas sem sentido porque elas não são verificáveis pela observação. Asserções metafísicas, argumentou-se, nem mesmo podem ser rejeitadas como falsas porque, supostamente, pertencem a outro mundo, que é diferente do mundo da verdade inteligível. Numa obra agora, frequentemente chamada de o manifesto do positivismo lógico, A. J. Ayer, o principal expoente na Inglaterra, disse: "Nenhuma sentença que pretenda descrever a natureza de um Deus transcendente pode possuir qualquer significância literal [...]. As afirmações religiosas do teísta não são, de modo algum, proposições genuínas" (*Language, truth and logic*,[102] p. 115, 117). Em suma, os positivistas não deixaram aos teólogos cristãos nenhuma opção para a identificação significativa das asserções teológicas, a não ser como tautologias (nesse caso, diminuindo-

---

[102] Linguagem, verdade e lógica.

-as como expressões factuais não informativas), ou como afirmações empiricamente verificáveis, exigindo apoio da observação.

Seja o que for que se pense a respeito das principais posturas do cristianismo bíblico, os cristãos evangélicos desde o princípio não consideram essas formulações semânticas como meramente artifícios estéticos ou poéticos, mas como proposições que exigem uma crença racional. As verdades sagradas das Escrituras são o alicerce epistêmico do cristianismo histórico. Se fosse demonstrado que essas asserções teológicas não são verdade factual, os cristãos ortodoxos seriam os primeiros a abandonar sua fé.

Além disso, à medida que aquele que se dedica à verificação pergunta que evidência pode ser apresentada para as asserções metafísicas, ele simplesmente ecoa uma questão que motivou os apologistas cristãos ao longo de muitos séculos. Compromissado com a verdade singular da religião revelada, o apologista evangélico está sempre agradecido quando merecida atenção é dada aos cânones da verificação. Sejam quais forem as diferenças que o teísmo cristão tenha com outras perspectivas da realidade e da vida, incluindo a do positivismo lógico, ele não rejeita inteiramente o chamado para a verificação. Pelo contrário, ele insiste na questão a respeito de quais testes epistemológicos são apropriados para cada objeto do conhecimento apontado. Qualquer coisa que resgate a sociedade moderna de pressuposições erradamente fundamentadas sobre a natureza da realidade deveria ser muito bem-vinda, especialmente numa época em que as reivindicações metafísicas dos filósofos e dos estudiosos da religião são tão numerosas e tão contraditórias que a verdade de qualquer um parece questionável.

Como podem ser verificadas as asserções teológicas sobre o Espírito invisível e transcendente e outras convicções centrais da religião cristã? Os positivistas sustentam – e estão corretos ao fazê-lo – que faz sentido declarar que uma afirmação é significativa, ou seja, que é uma afirmação verdadeira ou falsa, somente se as condições que validam ou invalidam sua reivindicação cognitiva forem especificadas. No entanto, eles acabaram indo além disso. Arbitrariamente rejeitaram o aspecto cognitivo das sentenças teológicas com base em que afirmações empiricamente não verificáveis carecem de significado e são sem sentido. Reconheceram

DEUS, REVELAÇÃO E AUTORIDADE

exclusivamente uma verificação empírica ou sensorial do significado e da verdade.

Teólogos evangélicos protestaram que o positivismo lógico, de forma preconceituosa, estreitou a abrangência das afirmações cognitivas significativas. Muitos deles demandaram um teste alternativo apropriado para as asserções teológicas, mas, em lugar disso, alguns estudiosos da religião tentaram satisfazer a exigência do positivismo lógico de um critério ou teste empírico. Aqueles que se curvaram à verificabilidade empírica, como um critério válido de significado factual, acharam necessário afirmar que diferença decisiva tangível a verdade ou a falsidade das asserções teológicas faria. Alguns reafirmaram as grandes doutrinas da Bíblia exclusivamente em termos de significância ética, existencial ou emocional; dessa forma, fazendo naufragar a reivindicação pela verdade cognitiva e a validação de posições teológicas cristãs. Outros, porém, procuraram defender pelo menos alguns dos posicionamentos bíblicos centrais.

John Hick, por exemplo, observou que o sentido da verificação é menos óbvio do que os positivistas estavam dispostos a aceitar e que a verificabilidade empírica das afirmações permite uma variedade de possibilidades. Ele indagou: "quão pública [...] a verificação precisa ser?", antes que as afirmações teológicas sejam consideradas verificáveis ou verificadas (*Faith and knowledge*,[103] p. 171). Será que a verificação na experiência de um indivíduo é o suficiente, ou outros precisam também – quem sabe todos – ser capazes de verificar uma afirmação teológica? Hoje em dia, há poucas pessoas que possuem o treinamento técnico necessário, e menos ainda a capacidade intelectual, para verificar criticamente importantes afirmações na astronomia, biologia, química ou física. Será que afirmações são significativas se forem verificadas por aqueles que estão habilitados com os meios e o método apropriados, embora pareçam incompreensíveis e não verificáveis para outros?

Hick enfatizou que a fala sobre Deus é destinada à verificação universal escatológica na consumação divina da história (p. 173). Sentenças teológicas tais como "Deus criou o universo" e "Deus ama a humanidade" são afirmações decisivas – e, desse modo, significativas; elas são cognitivamente verdadeiras ou falsas, e não devem ser descartadas

---

[103] Fé e conhecimento.

imediatamente como sem sentido. Mas somente uma eventual verificação escatológica futura poderá remover a dúvida racional acerca dessas asserções religiosas; a verificação será concedida publicamente somente na vida do porvir (*John Hick, Comment*,[104] p. 22-24). Uma vez que a fala sobre Deus é em princípio verificável, ainda que no futuro, argumenta Hick, as afirmações teológicas não serão, de fato, vazias; na verdade, a escolha entre o teísmo e o ateísmo é real, e "não uma escolha meramente vazia e verbal" (*Faith and knowledge*,[105] p. 178).

Hick insiste que a diferença decisiva entre os teístas e os ateus não se acha em suas experiências nesta vida, mas, em vez disso, em suas interpretações divergentes dessas experiências e da realidade. O teísta entende que há um propósito divino para a vida e antecipa uma consumação divina da história. Embora a ambígua experiência atual do homem não ofereça confirmação factual agora, o crente confia que, consoante o ensino do Novo Testamento, o teísmo será abertamente verificado na vida do porvir. O ateu, por outro lado, não relaciona a história à providência de Deus e a um estado final específico (*Faith and knowledge*,[106] p. 178ss.).

I. M. Crombie apoiou o apelo de Hick a favor da verificação escatológica. Uma vez que somos capazes de indicar testes apropriados para a verificação, as afirmações teológicas deveriam ser consideradas significativas (*A rising from the university discussion*,[107] p. 109-130).

Contudo, a verificabilidade escatológica não é o mesmo que verificabilidade no presente, sobre a qual o positivismo lógico suspendeu a significação da fala a respeito de Deus. John Hospers avança ainda mais quando argumenta que um apelo à escatologia para a evidência potencial da existência de Deus é algo sem justificação. Vida depois da morte seria, simplesmente, uma evidência surpreendente de que o homem sobrevive à morte, e não uma evidência empírica de que Deus existe. Ainda mais, aqueles que pensam que ver Deus face a face na vida do porvir implica percepção sensorial esquecem que o Deus da Bíblia é Espírito imaterial e invisível. Um corpo ressurreto poderia perceber muitas coisas, mas certamente não uma divindade

---

[104] Comentário.

[105] Fé e conhecimento.

[106] Ibid.

[107] Resultado da discussão na universidade.

DEUS, REVELAÇÃO E AUTORIDADE

que é por definição imperceptível.[108] Hospers argumenta que até que os cristãos resolvam essa dificuldade "teremos de concluir que não existe evidência para um 'ser divino observável', do modo que há para prótons e elétrons não observáveis" (*An introduction to philosophical analysis*,[109] 2. ed., p. 490). Paul F. Schmidt, da mesma maneira, opõe-se à ênfase na verificação escatológica (*Religious knowledge*,[110] cap. 4).

Além do mais, a vida do porvir não pode ser invocada como uma verificação decisiva se a vida do porvir como uma declaração teológica é, ela mesma, por ora uma reivindicação empiricamente não verificável. Peter Genco destaca que, se a verificação escatológica deve ser significante para o discurso atual, Hick e Crombie não deveriam evitar a questão de uma vida pós-morte, mas precisam demonstrar a verdade dessa asserção teológica central (*Verification, falsification and the language of christian theism*,[111] p. 52). Uma crença que está além dos meios atuais concebíveis de ser testada dificilmente poderá ser invocada para confirmar a verdade de outras crenças presentemente sustentadas. Suspender a verificação da proposição "Deus existe", com base na verificação da proposição "existe uma vida pós-morte" parece colocar a carroça na frente dos bois. Assim, Genco observa que "o teísmo cristão não pode fazer nenhuma afirmação crucial que seja verificável pelo ato de posicionar-se para decidir sobre isso por meio da morte" (p. 57). Hick, porém, estava respondendo à demanda pela especificação *em princípio*, de condições verificadoras da verdade ou da falsidade. Apesar de seu argumento ser incapaz de auxiliar existencialmente aquele que pensa que precisa esperar pela vida depois da morte para descobrir que estava errado, ao desbancar as reivindicações teístas, ainda assim é um argumento filosoficamente correto.

---

[108] Quando A. J. Ayer declara: "A sentença 'Existe um Deus transcendente', isso não tem, *como vimos*, nenhuma significância literal" (*Language, truth and logic* [Linguagem, verdade e lógica]. p. 119, grifo nosso), ele está errado não apenas na conclusão a que chega, mas absurdamente também em relação à parcialidade metodológica. Está entre os absurdos do positivismo lógico que Ayer tão prontamente transmuta seu preconceito empírico, em se tratando de observação, numa confiança contrária de que a divindade transcendente é vista como não existente.

[109] Uma introdução à análise filosófica.

[110] Conhecimento religioso.

[111] Verificação, falsificação e a linguagem do teísmo cristão.

Ascensão e queda do positivismo lógico

John Wilson é outro que procura correlacionar posicionamentos bíblicos com as exigências do positivismo lógico. Ele insiste que Deus é real e que as afirmações religiosas têm a intenção de serem informativas e verificáveis "no mesmo sentido que as afirmações científicas são informativas e verificáveis" (*Language and christian belief,*[112] p. 65). Não é pelo tocar, ver ou sentir que os homens experimentam Deus. Pelo contrário, o conhecimento de Deus, Wilson insiste, é um "conhecer por contato direto" e pessoal, não é um "saber como" nem um "saber algo" de modo proposicional. Em todo caso, a asserção do crente num contexto religioso de que "Deus existe" inclui afirmações cognitivas que são verificáveis no sentido em que a ciência é. A diferença é que essa verificação é particular ou subjetiva, em vez de pública e objetiva. O descrente precisa apenas encontrar as condições prescritas. Tal verificação, Wilson argumenta, é distinguível da subjetividade sem esperança pelas correlações intersubjetivas das verificações subjetivas. O testemunho corroborativo de um número adequado de pessoas confiáveis que relatam experiências similares é a "condição mínima necessária" para estabelecer o aspecto cognitivo da experiência religiosa (p. 13ss.).

A resposta de Wilson é inadequada, e Genco aponta três problemas nela. Por exemplo, o procedimento proposto por Wilson pelo qual os não cristãos podem entrar em certas experiências religiosas oferece "um método insatisfatório de ter, ou de descobrir, experiências genuínas do sobrenatural" (*Verification,*[113] p. 28). Isso significa dizer que Wilson não fornece nenhum critério objetivo para se distinguir entre verdadeira ou falsa experiência religiosa, embora seja o aspecto cognitivo das asserções teológicas que Wilson espera defender. Ainda mais, uma vez que a existência de Deus é dependente da experiência existencial, o valor como verdade da afirmação "Deus existe" fica, necessariamente, não determinado para aqueles para quem o programa prescrito deixa de produzir a experiência religiosa indicada. Segue-se a isso, então, que o tipo de "verdade" reivindicada pela afirmação "existe um Deus" deve ser algo significantemente menor do que validação universal (p. 32).

---

[112] A linguagem e a crença cristã.

[113] Verificação.

DEUS, REVELAÇÃO E AUTORIDADE

A preocupação de Wilson, no entanto, não era basicamente a de demonstrar a verdade, mas de especificar as condições que deveriam ser levadas em conta para a verdade ou a falsidade de proposições acerca de Deus, a fim de que sejam significativas. A terceira crítica de Genco apropriadamente trata da fraqueza do argumento experiencial (cf. Ayer, *Language*,[114] cap. 7, em que ele insiste que as condições para a verificação devem ser públicas e que a experiência interna conta apenas a favor ou contra um estado de conscientização, e não a favor de uma realidade externa). Mesmo que todos os aspirantes da religião experimentassem certos efeitos interiores, desde que o Deus que afirmam não é, ele mesmo, essas próprias experiências subjetivas, mas, em lugar disso, é quem presumivelmente sustém uma relação causal com essas experiências, será que se pode – na abordagem de Wilson – realmente reivindicar um encontro direto com Deus como distinto da experiência interior? A não ser que Wilson possa, convincentemente, traçar as experiências interiores de paz, de poder e de amor a Deus como sua fonte transcendente, ele ainda faz do crer em Deus uma questão de disposição em vez de uma questão de verificação. Genco, corretamente, enfatiza a incompetência de todas as tentativas filosóficas e teológicas de demonstrar a existência objetiva de um ser transcendente com base na experiência religiosa interior. Que conclusão pode ser aventada sobre a realidade que está além da experiência pessoal com base na evidência que consiste unicamente na experiência interior (*Verification*,[115] p. 35ss.)? Quando Wilson argumenta que as afirmações teológicas não são menos informativas e verificáveis do que as afirmações científicas, ele infelizmente obscurece o conteúdo proposicional explícito e o método apropriado de verificação para as asserções teológicas. Suas sugestões se tornam inúteis para a confirmação da base cognitiva das asserções cristãs acerca de Deus.

David Cox amplia esse horizonte de verificabilidade da experiência religiosa para a experiência humana, presumindo que essa expansão do teste empírico preenche completamente a exigência de verificação do positivismo lógico (*The significance of christianity*,[116] p. 209ss.). Todavia, ele não escapa da insistência do positivista de que a experiência interior não conta nem a favor nem contra a significação das cren-

---

[114] Linguagem, verdade e lógica.

[115] Verificação.

[116] A significância da cristandade.

ças religiosas, mesmo que a experiência religiosa deva correlacionar-se com toda a abrangência da vida humana. Além disso, Cox exagera a verificabilidade cognitiva que pode derivar da experiência humana. Assimilar o caso da realidade de Deus na experiência humana repete o erro de Wilson, de presumir que podemos demonstrar a existência de Deus como um Ser independente e objetivo, meramente, da experiência como experiência. Ainda mais, Cox oculta a exigência positivista pela verificação sensorial. Ele compara o "encontro" do homem com Deus ao "encontro" entre soldados invisíveis cuja batalha é mediada pelo fogo de artilharia na ausência da experiência sensorial (*A note on 'meeting'*,[117] p. 259). Thomas McPherson responde a isso, dizendo que um conflito militar é, em princípio, aberto à confirmação pública e que somente a verificação sensorial poderia, de fato, verificar se houve um "encontro" do tipo que Cox retrata aqui (*The existence of God*,[118] p. 545ss.). Por outro lado, W. D. Glasgow destaca que a experiência sensorial não é capaz de corroborar a afirmação que supostamente diz "eu tive um encontro com Deus", uma vez que o termo *Deus* se refere a um Ser existente e independente (*D. Cox: The significance of christianity: a note*",[119] p. 101s.).

Esticar a testabilidade empírica das reivindicações de verdade ao presumir que a experiência religiosa interior ou humana preenchem as exigências do positivismo, e supera suas consequências adversas para a teologia, desconsidera a demanda positivista pelos sentidos que são "representáveis sensorialmente" e confirmáveis de modo interpessoal pela evidência sensorial (C. I. Lewis, *An analysis of knowledge and valuation*,[120] p. 171). O positivismo credencia asserções acerca da experiência humana ou religiosa como cognitivamente significantes ao torná-las responsivas ao método científico empírico. Uma vez que nada menos do que a evidência empírica verificável pode, em princípio, satisfazer o critério positivista no que diz respeito à significação das reivindicações teológicas centrais, teólogos e filósofos da religião que tentam validar o aspecto cognitivo das crenças cristãs no contexto das pressuposições reguladoras do positivismo

---

[117] Uma nota sobre 'Encontro'.

[118] A existência de Deus.

[119] D. Cox: a significância do cristianismo: uma nota.

[120] Uma análise do conhecimento e da avaliação.

DEUS, REVELAÇÃO E AUTORIDADE

lógico, precisam depender de fatores empíricos a fim de apresentar o seu caso pela significância cognitiva das afirmações teístas.

Mudar a base da fé da evidência externa para as respostas interiores é o mesmo que renunciar a qualquer critério objetivo para distinguir a religião autêntica da inautêntica, sentimentos espirituais verdadeiros de falsos, e entre o genuinamente religioso dos valores espúrios. Uma vez que experiências imediatas de encontro divino não podem ser publicamente testadas, elas não carregam nenhuma reivindicação de significado cognitivo para os outros, não importando quão subjetivamente significantes elas sejam. A ênfase dialética existencial de que a revelação divina não comunica informação proposicional sobre Deus e seus caminhos, mas que, em vez disso, é pessoal e interior, simplesmente concede ao positivista licença adicional para tratar a fala a respeito de Deus de maneira trivial. Tal ênfase não apenas deixa de satisfazer a exigência (arbitrária) de verificabilidade sensorial, mas também evita a exigência (legítima) de que o conteúdo de qualquer "verdade revelada" seja formulado de modo inteligível.

Levanta-se a questão se a ponte epistêmica que os positivistas construíram para os teólogos cruzarem poderia, seja como for, conduzir finalmente até o destino desejado – isto é, até asserções teológicas significativas ou cognitivamente significantes. Igualmente importante era a pergunta se a metodologia positivista poderia sustentar o peso de todo o tráfego intelectual que foi desviado para o seu lado. Faz pouca diferença saber o que está do outro lado ou se a ponte que somos forçados a cruzar certamente cairá antes mesmo de a atravessarmos. Em vez de concordar com as demandas do positivismo, o curso mais sábio – determinado pela exigência interna das convicções evangélicas e pela natureza do mundo real – era expor como a teoria positivista da verificabilidade era implausível como teste para o significado. Em sua busca escrutinadora e crítica do critério positivista arbitrário para a significância cognitiva das asserções metafísicas, os teólogos cristãos logo encontraram aliados dispostos e efetivos entre os filósofos contemporâneos.

O contra-ataque teísta levou os defensores do positivismo lógico a fazerem concessões que variaram da insistência na "verificação forte" até a "verificação fraca" em princípio. A primeira involuntariamente excluiu como sem sentido algumas sentenças obviamente significativas; a última não barrou quase nenhuma como sem sentido. Em pouco tempo, a controvérsia que se intensificava sobre a verificação envolveu também a controvérsia contrária acerca da natureza da significância cognitiva. Como resposta às afirmações do positivismo lógico, de que as crenças cristãs básicas são cognitivamente vazias por serem empiricamente não verificáveis, mais e mais estudiosos fizeram pressão por uma clarificação dos termos *significação* e *verificabilidade* e destacaram a distinção entre: 1) sentenças significativas e não-significativas e 2) sentenças que são verdadeiras ou falsas (cf. Hospers, *An introduction to philosophical analysis*,[121] p. 78).

A questão do significado, já foi mencionado, tem prioridade lógica sobre a questão da verificabilidade. Sentenças chamadas de informativas ou informacionais eram declaradas como cognitivamente relevantes, se afirmassem uma tese que pudesse ser julgada verdadeira ou falsa. Se fizer sentido declarar uma afirmação como verdadeira ou falsa, então isso poderá ser considerado de significância cognitiva. Se a verificabilidade é exaltada como critério de significado, então evidentemente todas as declarações não verificáveis são completamente sem sentido.

Os positivistas nunca esclareceram suficientemente se o princípio da verificação é um critério de *significado* ou de *significação*, mas parece que os igualavam. Isso é obviamente falso. Se a verificação é um critério de significação, ela poderá meramente especificar que uma proposição tem significado; se é um critério de significado, a ela adicionalmente estipula como tal proposição tem significado.

A combinação positivista de significado e evidência foi notavelmente refletida por Moritz Schlick. Uma luz orientadora do Círculo de Viena, ele destacou que "o significado de uma proposição é o método de sua verificação". Esse princípio era a característica distintiva do positivismo lógico durante os seus influentes anos formativos. Como Schlick formulou, "não existe possibilidade de compreensão de qualquer significado sem uma referência última [...] à experiência ou à possibilidade de verificação" (*Meaning and verification*,[122] p. 48). Para Ayer e outros positivistas, uma afirmação do significado de uma proposição era simplesmente uma afirmação das condições sob as

---

[121] Uma introdução à análise filosófica.

[122] Significado e verificação.

quais a proposição é verdadeira. Não é o caso de apenas o significado e a verificação serem conectados, mas a verificabilidade é postulada como condição necessária e suficiente de relevância cognitiva; a verificação e o significado tornam-se intercambiáveis. Contudo, o significado ou o conteúdo cognitivo de uma declaração não é determinado pela verificabilidade. Por exemplo, mesmo que a sentença "Deus me ama" for não verificável, apesar disso ela não será necessariamente sem sentido. A verdade ou a falsidade de uma afirmação não determinará a sua significação. Se o significado de todas as sentenças é, primeiramente, suspenso com base em procedimentos de teste empíricos, então afirmações sobre as rochas lunares não possuíam qualquer significado antes que os cosmonautas as vissem e as manuseassem.

O positivismo era vulnerável em termos de lógica, uma vez que, em lugar de tomar o significado de uma sentença como uma consideração distinta de e anterior à verificação evidencial de suas afirmações, presumiu que a verificabilidade estabelece o significado. Modificar o critério empírico, simplesmente, não poderia corrigir essa fraqueza, pois a descrição empírica não é nem adequada nem necessária para decidir sobre a significação de sentenças. O positivismo lógico finalmente entrou em colapso por causa da inépcia dos positivistas em formular um critério que não fosse muito restritivo nem muito inclusivo. A reformulação tornou-se um estilo de vida entre os positivistas em sua estipulação de restrições nas condições incluídas na verificabilidade. Cresceu a convicção de que a análise defendida por Ayer e seus seguidores, como E. L. Mascall comenta, "caiu na armadilha na qual os empiristas costumam dizer que encontram os metafísicos, a de colocar dentro de seus princípios as conclusões que desejam extrair deles" (*Words and images*,[123] p. 8).

O positivismo foi rechaçado em duas frentes: primeiro, pela demonstração de que o significado de uma sentença pode ser conhecido antes de se conhecer seus critérios de verificação; e, segundo, que as condições de teste podem ser conhecidas sem se conhecer o significado de uma sentença. Schlick fundiu "referência à 'experiência' e a possibilidade de 'verificação'" como condições adequadas e necessárias para a significância de sentenças. Involuntariamente, essa formulação excluiu como sem sentido sentenças que os próprios positivistas

---

[123] Palavras e imagens.

Ascensão e queda do positivismo lógico

consideravam significativas. O critério do significado foi, consequentemente, modificado em uma condição alternativa, ou seja, estipular que procedimentos de verificação, que não fossem a "experiência" (ou a própria verificação sensorial), iriam estabelecer significação cognitiva. A isso, os críticos responderam efetivamente que nem a "experiência" nem a "possibilidade de verificação" são uma condição necessária para a significação de sentenças. Não se pode nem mesmo iniciar o processo de verificação de uma sentença qualquer, disseram eles, a não ser que se saiba o seu significado. A verificação não está ligada ao estabelecimento do significado de sentenças, mas ao estabelecimento da verdade ou falsidade de proposições inteligíveis.

Além disso, alguém pode conhecer as condições de teste sem saber o significado de afirmações correlacionadas. Um operador de computador não precisa saber qual é o sentido subjacente das estatísticas que manipula, no entanto pode testar o material (se a informação que é transmitida é a respeito de ações ou é acerca do movimento de um míssil espacial). Estipular as condições de teste que sustentariam a verdade ou a falsidade de uma proposição é uma operação bem diferente de identificar o significado de determinada sentença. O significado de uma sentença não é sinônimo de procedimentos de teste, mas é distinguível desses testes, e o conhecimento sobre condições relevantes de teste não pode ser transformado num critério necessário e adequado da significância das sentenças. De fato, alguém pode saber o significado de uma sentença sem, contudo, conhecer também os procedimentos de teste apropriados para aquela sentença; ou alguém pode entender os critérios de verificação necessários sem conhecer o significado de uma asserção relacionada.

O manifesto positivista foi, ainda mais, enfraquecido quando a significação de sentenças foi a seguir suspensa. Isso não foi feito com base na verificação empírica nem no conhecimento de procedimentos de teste relevantes, mas com base na "possibilidade da experiência" — isto é, uma indicação de que procedimentos de teste poderiam *em princípio* ser considerados necessários e suficientes para identificar uma sentença como significativa. Hick contestou a sugestão de que sentenças cognitivamente significantes devem *em princípio* ser verificáveis por outras, em razão de que a expressão *em princípio* é ambígua — ela se refere à verificação direta ou indireta ou a ambas? De qualquer forma, como é possível

DEUS, REVELAÇÃO E AUTORIDADE

a alguém que esteja conduzindo um experimento verificar que suas sensações são exatamente iguais às de alguma outra pessoa? A sentença "A morte envolve a extinção da conscientização", observou agudamente Brand Blanshard, não adquire o seu significado por meio de uma consideração sobre se ela é *em princípio* verificável. Na verdade, é logicamente impossível vislumbrar, argumenta Blanshard, procedimentos de teste empíricos nesse caso, uma vez que ninguém poderia estar cônscio da extinção de sua conscientização. Também a existência invisível de outros depois da morte não pode ser descartada (*Reason and analysis,*[124] p. 224). Aqui está, portanto, uma sentença cujo significado é evidente, mas que, se for verdadeira em seu aspecto proposicional, irá em princípio impedir a verificabilidade empírica; estipular procedimentos científicos capazes de verificar que alguém não foi capaz de conscientemente sobreviver à morte é, em princípio, impossível. Hospers observa que, se o significado depender da verificabilidade, então a afirmação de que alguém sobreviveu à morte corporalmente é significativa, porque é logicamente capaz de ser verificada; por outro lado, a negação de consciência depois da morte seria algo sem sentido. Nenhuma das afirmações, de fato, envolve uma dificuldade maior de sentido do que a outra (*An introduction to philosophical analysis,*[125] p. 267). Se a sentença "alguém sobreviveu à morte" é significativa enquanto "eu não sobrevivi à morte" não é por faltarem *em princípio* as condições de verificação, então, como alguns argumentam, não são apenas a metafísica e a teologia que foram erodidas, mas também os próprios alicerces da lógica.

Assim, o problema é criado pelo critério arbitrário de significado do positivista. "As condições de teste *em princípio*" simplesmente não são um requisito necessário para a significância de sentença. O positivismo lógico, consequentemente, não tinha base lógica para insistir nem em condições de teste, nem no conhecimento de procedimentos de teste relevantes, nem na estipulação de procedimentos *em princípio* de teste, como condições necessárias para o significado das sentenças. Em lugar de ver a capacidade de ser testado como uma condição simplesmente suficiente para a significação das sentenças, os positivistas lógicos, em vez disso, incharam a capacidade de teste em uma condição necessária para a significação de sentenças e transfiguraram o significado de uma proposição em seu método de verificação. Mas se

---

[124] Razão e análise.

[125] Uma introdução à análise filosófica.

Ascensão e queda do positivismo lógico

alguém entende que testes de observação deverão ser divisados, não deveria ter ele conhecimento do significado da sentença em questão? Genco observa que a entrada na verificação já pressupõe o reconhecimento de significação. "Saber que uma sentença é passível de teste ou tem procedimentos de teste é, assim, uma condição suficiente para saber que a sentença é significativa – tanto faz essa sentença ser a respeito de elétrons ou de Deus" (*Verification*,[126] p. 85).

Nem mesmo concessões importantes quanto à noção de que a significância cognitiva de uma sentença é idêntica aos seus procedimentos de teste, ou mesmo à verificação *em princípio*, satisfizeram os críticos mais astutos do positivismo. À medida que os efeitos absurdos da teoria do positivismo eram cada vez mais reconhecidos, filósofos contemporâneos atacavam as suas premissas básicas. A ideia positivista de que as sentenças teológicas são cognitivamente vazias, por não satisfazerem uma exigência de verificação empírica, se tornou cada vez mais suspeita. O princípio da verificação estava destinado a um gradual, mas inevitável, desmembramento e ao eventual desaparecimento.

Embora levado a abandonar a verificabilidade como o modo de testar a respeito da significância cognitiva, o preconceito antimetafísico do positivismo emergiu numa nova forma, de certo modo, mais amena. Ficou dolorosamente evidente que a tese da verificabilidade, se válida, destruiu muito mais do que seus defensores suspeitavam. Os críticos observaram que nem na prática nem na teoria ela poderia ser expandida a fim de cobrir afirmações da lei universal, isto é, generalizações científicas sem restrições, abrangendo tanto o observado como o não observado, seja no passado, seja no presente, seja no futuro, e a sua significação seria sacrificada por falta da verificabilidade positivista.

Os positivistas já se encontravam num estado de desorganização quando Karl R. Popper apresentou o princípio da falsificabilidade como uma alternativa à verificabilidade, a fim de evitar que "o positivista radical [...] destruísse não só a metafísica, mas também a ciência natural" (*The logic of scientific discovery*,[127] p. 9). Ao enfatizar o princípio da "falsificabilidade", Popper procurou preservar a significância das leis científicas; não empiricamente verificadas como princípios explicativos universais, mas tendo sobrevivido à eliminação em contraste

---

[126] Verificação.

[127] A lógica da descoberta científica.

DEUS, REVELAÇÃO E AUTORIDADE

com teorias alternativas, mesmo assim elas permanecem passíveis de ser enquadradas como falsas em princípio e na realidade.

Anthony Flew aplicou o princípio da falsificabilidade às questões teológicas. Popper tinha citado como evidência a falsificabilidade somente como um critério para distinguir teorias científicas de não científicas e nunca a apresentou como um princípio de falsificabilidade no sentido positivista de um critério para o significado ou para o não significado. Mas alguns positivistas viram naquilo que Popper dizia um meio esperançoso de salvar seu próprio programa. Flew o elevou ao nível de um critério determinativo de significado e de não significado. Os teólogos foram, agora, forçados a indicar que ocorrências falsificariam o seu falar de Deus, ou a admitir que a linguagem teológica não tem conteúdo factual. A linguagem sobre Deus foi declarada cognitivamente vazia, a não ser que fosse aberta à refutação; a fala sobre Deus foi considerada sem sentido por ser incapaz de falsificação. Flew decidiu a questão numa adaptação provocativa da parábola de John Wisdom sobre dois exploradores, um crente e o outro um cético (*Gods*, 1:187-206). "De que maneira aquilo que você chama de jardineiro invisível, intangível e eternamente indefinível difere de um jardineiro imaginário ou até mesmo inexistente?", pergunta Flew (*Theology and falsification*,[128] p. 96).[129]

Pelo fato de que Flew presume estabelecer a significação na base da falsificabilidade, ele pode reduzir, prontamente, três afirmações distintas dessa questão a reivindicações equivalentes. Uma vez que

---

[128] Teologia e falsificação.

[129] Eis a versão de Flew: "Certa vez dois exploradores chegaram numa clareira no meio da selva. Na clareira cresciam muitas flores e muitas ervas daninhas. Um dos exploradores disse: 'Um jardineiro deve cuidar desse jardim'. Assim, eles armaram sua barraca e ficaram observando. Não viram jardineiro algum. 'Quem sabe ele é um jardineiro invisível'. Então, levantaram uma cerca de arame farpado. Eletrificaram a cerca. Fizeram rondas com cães de guarda (pois se lembraram de como o *Homem invisível*, de H. G. Wells, poderia ser cheirado e tocado, ainda que não pudesse ser visto). Mas nenhum grito sugeriu que algum invasor tivesse recebido um choque elétrico. O arame não se mexeu, de forma a indicar que alguém tivesse escalado a cerca. Os cães de guarda nunca latiram. Ainda assim, o crente não ficou convencido. 'Mas existe um jardineiro, invisível, intangível, insensível a choque elétricos, um jardineiro que não tem nenhum odor e que não faz barulho algum, um jardineiro que secretamente vem e cuida do jardim que ele ama'. O cético, então, se desespera: 'Mas o que resta de sua asserção original? De que maneira aquilo que você chama de jardineiro invisível, intangível e eternamente indefinível difere de um jardineiro imaginário ou até mesmo inexistente?'"

ele coloca as mesmas expectativas empíricas para tudo, e nenhum jardineiro é observável por vários testes empíricos (observação, cerca elétrica e rondas com cães de guarda), Flew considera as sentenças igualmente sem sentido. Ainda assim, muitos críticos indicaram uma ambiguidade subjacente nas três afirmações de Flew e que elas comunicam, na realidade, sentidos diferentes. A primeira, "um jardineiro invisível, intangível e eternamente indefinível", implica um jardineiro não empírico, enquanto a referência da segunda ao "jardineiro não empírico" pode ser tomada como indicativa de "nenhum jardineiro, seja empírico, seja não empírico". Enquanto um positivista agregaria as mesmas expectativas empíricas a todas as afirmações, será que é possível sustentar, de verdade, que nenhuma das afirmações diz algo mais ou menos do que a outra? A primeira afirmação tenciona declarar que "um jardineiro não-empírico cuida desse jardim". A isso, o crente não agregaria nenhuma das expectativas empíricas de Flew, de que os cães de guarda e a cerca elétrica de arame farpado poderiam apreender o ser invisível. A segunda afirmação tenciona negar em nome do descrente que algum jardineiro tome conta do jardim. O descrente, de modo semelhante, não agrega nenhuma expectativa de procedimentos de teste empírico. Como, então, pode ser sustentado que as duas afirmações significam a mesma coisa? O argumento de Flew sofre, claramente, de fraquezas e incoerências intrínsecas e também de apoiar-se numa teoria de significado equivocada.

Raeburne S. Heimbeck elabora, com muitos detalhes, as fraquezas do uso que Flew faz da falsificação. Ele nota que as sentenças envolvem uma agência causal contrária, e em conceito podem ser agregadas a Deus, que é representado pelo jardineiro invisível, mas não a um jardineiro imaginário (*Theology and meaning*,[130] p. 80ss.). Na primeira afirmação, o verbo *cuida* implica uma relação causal entre o jardineiro e o jardim, enquanto no contexto da terceira afirmação relacionamentos causais não estão em vista. Na segunda afirmação, fatores causais podem estar em vista e vislumbrados de modo variado, ou podem ser excluídos. As afirmações não somente têm significados diferentes, mas também implicam critérios diferentes de verificação.

---

[130] Teologia e significado.

DEUS, REVELAÇÃO E AUTORIDADE

O ataque que Flew faz à significância teológica da sentença se apoia na equação equivocada do significado de uma sentença com a expectativa empírica negativa de uma negação da asserção. Mesmo quando essa combinação equivocada de significado e evidência empírica é aplicada, a conclusão não é direta de que o significado das três sentenças é idêntico. Em resumo, Flew não demonstrou que afirmações teológicas centrais em princípio excluem outras afirmações factuais. Tais reivindicações retêm sua elegibilidade como sentenças cognitivamente significantes.

Da mesma forma que anteriormente teólogos haviam procurado defender as convicções religiosas com base na demanda positivista pela verificabilidade, agora outros buscavam enquadrar as reivindicações teológicas com a teoria da falsificabilidade. Ao aceitar a insistência de Flew, em dizer que a fala sobre Deus é em princípio não falsificável, R. M. Hare declarou que sentenças teológicas são uma pressuposição[131] em perspectiva sobre a vida, em vez de afirmações factuais. Flew repreendeu Hare por sacrificar as intenções mais profundas da linguagem religiosa e observou que, se pressuposições em perspectiva exaurem a significância de afirmações teológicas, então qualquer defesa racional e apoio é um desperdício de tempo e de energia (veja também H. J. N. Horsburgh, *Mr. Hare on theology and falsification*,[132] p. 256ss.). Enquanto Basil Mitchell insiste na reivindicação factual das sentenças teológicas, ele aponta para a dor, para o mal e para os eventos desfavoráveis como contestadores *em princípio* da asserção "Deus ama a humanidade". Por tudo isso, Mitchell argumenta que as reivindicações religiosas não podem ser decisivamente falsificadas, porque *na prática* o que crê encontrou Deus. Todavia, nem nesse caso, aparentemente, as afirmações teológicas podem ser decisivamente verdadeiras, uma vez que, puramente no nível crítico da observação da existência empírica, o veredicto é ambíguo. Flew observa que, se nenhuma circunstância pode conclusivamente falsificar a afirmação, então a asserção "Deus nos ama" tem apenas uma significância psicológica, e não lógica. A. C. Ewing sugere que um mundo totalmente mau pesaria decisivamente contra a afirmação "Deus ama todos os seres humanos" (*Religious assertions in the light of*

---

[131] [NT] O autor cita aqui a palavra holandesa *blik* como termo técnico, usado por Hare, para descrever um olhar religioso ou uma pressuposição básica.

[132] O que o sr. Hare diz sobre teologia e falsificação.

contemporary philosophy,[133] p. 206-218). De forma incompatível com essa declaração teológica, F. C. Copleston propõe uma declaração contrária, "Deus deseja a perdição eterna e o infortúnio de todos os seres humanos" (*Contemporary philosophy*,[134] p. 100ss.).

Flew argumenta que "qualquer coisa que se opõe a" uma asserção teológica "deve ser parte (ou o todo) do significado da negação daquela asserção", e que "conhecer o significado da negação de uma asserção é [...] conhecer o significado daquela asserção" (*Theology and falsification*,[135] p. 98). Isso não apenas perpetua a combinação do significado e da evidência feita pelo positivista, mas também considera de maneira ampla e ambígua qualquer asserção incompatível como parte, ou como a totalidade, do significado da negação da negação de uma asserção. Mas, como Genco observa, se Flew quer dizer que conhecer a evidência a favor ou contra uma afirmação é equivalente a conhecer o seu significado, então ele confunde *evidência negativa* com o *significado* da negação de uma afirmação (*Verification*,[136] p. 9). Mais ainda, a dependência de Flew da falsificação como o critério de significado o coloca frente a frente dom um dilema, que Basil Mitchell reproduz de modo incisivo: "*Ou* (i) o teísmo é sem sentido porque não é falsificável *ou* (ii) é significativo, mas, de fato, falsificado (em razão da existência do mal no mundo)" (*The philosophy of religion*,[137] p. 2). Flew argumenta que negar a declaração "Deus ama todos os seres humanos" é logicamente impossível, porque os teólogos consideram que nada é incompatível com a verdade dessa afirmação. Ainda assim, ao mesmo tempo, ele exige que os teólogos estabeleçam o que deve acontecer ou deveria ter acontecido ou deve ser o caso a fim de constituir uma contraprova para essa asseveração: "O que deveria acontecer não meramente (moral ou erradamente) para tentar, mas também (lógica e corretamente) para nos capacitar a dizer: 'Deus não nos ama'?" (*Theology and falsification*, p. 99). Se as asserções teístas não negam nada que seja factual, elas dificilmente poderão ser consideradas como afirmando qualquer coisa factual.

---

[133] Asserções religiosas à luz da filosofia contemporânea.

[134] Filosofia contemporânea.

[135] Teologia e falsificação.

[136] Verificação.

[137] A filosofia da religião.

DEUS, REVELAÇÃO E AUTORIDADE

Na medida que Flew requer que os teólogos se comprometam com a lei lógica da dupla negação, ele está em chão firme, pois o significado de sentenças deve excluir tanto o que as contradiga como aquilo que elas contradizem. Negar uma negação de determinada declaração é, de fato, equivalente ao significado daquela asserção. Mas Flew está errado, Genco insiste, quando trata esse princípio "como uma regra que manifesta o significado de uma asserção a ser expressa em parte ou na totalidade por *qualquer* asserção incompatível" (*Verification*, p. 92). Genco diz que Flew falha em não reconhecer que "uma afirmação pode muito bem ser incompatível com determinada afirmação e, ainda assim, não expressar o significado da negação daquela afirmação" (p. 92s.). Portanto, Flew está enganado quando sugere que os teólogos devem desconsiderar o princípio da dupla negação, porque as reivindicações teístas centrais são inerente e semanticamente deficientes. Flew insiste que a sentença "Deus ama todos os seres humanos" é sem sentido, com base na alegação equivocada de que isso não satisfaz as exigências do princípio da dupla negação.

A análise pela qual Flew considera "Deus ama todos os seres humanos" como algo sem sentido também reduziria igualmente todas as outras afirmações a algo sem sentido. Flew não apenas invoca o princípio da dupla negação, mas também estende-o para além de sua função legítima como uma regra lógica aplicável a sentenças significativas; ele o converte num critério de significado errôneo e arbitrariamente imposto. Flew está focado em demonstrar que o princípio da dupla negação implica a falta de sentido para a sentença "Deus ama todos os seres humanos"; então, pela discussão da evidência, ele muda o interesse da falta de sentido das sentenças com conteúdo teísta para a verdade delas. No entanto, ainda que a demanda por evidência seja própria e legítima, a evidência não tem nenhuma influência sobre a questão da significância cognitiva das afirmações teístas a que Flew a associa. Mesmo, porém, com base nas premissas censuráveis de Flew, não se pode saber que a negação é incompatível em significado com determinada asserção, a não ser que já se saiba o significado da asserção.

Dentro do debate a respeito da significância cognitiva de "Deus ama todos os seres humanos", Copleston injetou a lembrança

Ascensão e queda do positivismo lógico

necessária de que o significado e a verificação, em seu sentido comum, são assuntos distintos e não combináveis. A evidência acumulada a fim de apoiar ou refutar uma afirmação irá verificá-la ou falsificá-la, mas não estabelecerá ou comunicará o seu significado. O significado das sentenças e as condições de teste não devem ser combinados como se fossem uma e a mesma coisa. Entretanto, o argumento de Flew envolve a tênue premissa de que a sentença é cognitivamente significante unicamente se existir evidência a favor dela ou contra ela, e que a identidade ou diferença de significado entre sentenças tem origem na identidade ou na diferença de evidência.

Como foi indicado, no começo, os positivistas foram forçados a abandonar o princípio da verificabilidade, porque ele reduzia ao absurdo muito daquilo que eles próprios desejavam preservar como cognitivamente significante. Agora, também foram forçados a abandonar a falsificabilidade como critério de significado. Ficou cada vez mais aparente que a falsificabilidade como um critério de significado alteraria os princípios fundamentais da lógica e que o critério da falsificabilidade hospeda deficiências tanto super-restritivas como superinclusivas. C. G. Hempel mostra claramente a inadequação do critério da falsificabilidade para diferenciar o que são sentenças cognitivamente significantes das que são cognitivamente não inteligíveis (*Révue Internationale de Philosophie*,[138] Janeiro 1950, p. 46s.; *Problems and changes*,[139] p. 170ss.). Uma vez que a falsificação empírica nunca é completa, nenhum leque finito de afirmações da observação pode alcançar a refutação universal. Pelo fato de que a proposição universal "Não há metade homens e metade animais" não poder ser empiricamente confirmada, a afirmação indefinida "Existe pelo menos um centauro" não pode ser falsificada. Ambas as hipóteses não têm sentido nas premissas positivistas, uma vez que nenhuma das afirmações é *em princípio* falsificável. Mas, desde que ambas as afirmações são declaradas sem sentido, o critério é claramente super-restritivo. O uso de informações irrelevantes que interrompe o processo de pensamentos lógico do princípio da falsificabilidade se torna aparente quando é aplicado a duas sentenças conjuntivas em que somente uma delas é completamente falsificável. Suponhamos que a conjunção "*e*"

---

[138] [NT] É o nome de um periódico de filosofia em francês. Em português, Revista Internacional de Filosofia.

[139] Problemas e mudanças.

seja usada para unir numa única sentença as duas afirmações: "Todo cobre expande quando aquecido" e "Deus ama todos os homens". A segunda afirmação (que por si mesma é declarada sem sentido por não ser empiricamente passível de falsificação) é agora, junto com a primeira, tida como significativa porque a sentença inteira é em princípio completamente falsificável pela negação empírica da primeira afirmação.

Uma escolha entre a controvertida teoria do significado do positivismo e as leis da lógica é, portanto, claramente implícita: ou se adere à absurda noção positivista de que enquanto uma afirmação universal faz sentido, uma afirmação que negue a mesma proposição não é nem verdadeira nem falsa, mas sem sentido; ou se adere à regra lógica de que se uma proposição é verdadeira, a sua contradição deve ser falsa, e, por outro lado, se uma proposição for falsa, a sua contradição deve ser verdadeira. O veredicto de Blanshard é que "seria irresponsável abrir mão da própria lógica em favor de uma teoria do significado controversa" (*Reason and analysis,*[140] p. 229).

Portanto, o princípio da falsificabilidade foi rejeitado também como um teste inválido para a significação das afirmações. Os positivistas ganharam uma vitória vazia quando segregaram afirmações empiricamente verificáveis ou falsificáveis de afirmações teológicas e metafísicas e declararam as últimas sem sentido. Confundiram e fundiram, de maneira ilógica e indefensável, os fatores do significado e da evidência.

Além disso, tudo se tornou mais e mais aparente que insistir, como o positivismo fez nas suas formulações mais antigas, que as asserções metafísicas são não verificáveis em princípio e, por conseguinte, cognitivamente não inteligíveis foi autoderrotista e autodestrutivo. A exigência de verificabilidade empírica das afirmações sobre a verdade não fizeram muito mais do que rebaixar, ao nível de especulação não verificável, aquelas afirmações teológicas e filosóficas de uma natureza metafísica que eram de mau gosto para os positivistas. Pois nessa mesma base – ou seja, a indispensabilidade da verificabilidade científica empírica – todas as afirmações sobre a ética (as asserções com *deve*), inclusive as afirmações declarando os direitos humanos universais, ou requisitando integridade na pesquisa e nos

---

[140] Razão e análise.

Ascensão e queda do positivismo lógico

experimentos científicos, da mesma forma se tornam mera especulação. Não apenas todas as afirmações teológicas e éticas, mas todas as afirmações acerca de eventos do passado histórico, por não serem empiricamente verificáveis, estão cortadas do *status* de verdade. Asserções sobre memórias do passado, ou sobre desejos e intenções psicológicas e subjetivas do presente, perdem a validade cognitiva pela mesma razão. O golpe de misericórdia, porém, está no fato de que pelas premissas positivistas nem mesmo a tese básica do positivismo – de que somente afirmações empiricamente verificáveis são verdadeiras – poderia ser cognitivamente reconhecida, uma vez que ela também era empiricamente não verificável. Os positivistas estavam convencidos de que tinham derrubado as afirmações a respeito de Deus, do pecado e da salvação ao nível do absurdo; agora, porém, encontraram-se no banco dos enlutados, lamentando a morte de seu próprio dogma. Os teólogos foram acusados de erradamente presumir ter conhecimento acerca de um mundo espiritual invisível. Agora, os positivistas foram denunciados por vetar arbitrariamente todas as asserções metafísicas, exceto seu próprio preconceito epistemológico não verificável. As questões de sondagem quanto à confirmação e verificação foram, agora, voltadas para os positivistas, que buscaram garantir, sem sucesso, sua própria solvência simplesmente pela falência de todos os rivais.

Enquanto os teólogos cristãos nada tinham a temer das arrogantes rejeições do discurso teológico como cognitivamente sem sentido, aquilo que tinham toda a razão de deplorar era a restrição arbitrária do significado a afirmações empiricamente verificáveis ou falsificáveis. A teologia como uma disciplina não estava, de forma alguma, fadada a morrer silenciosamente no abismo do sem sentido. Nem a chamada para a verificabilidade empírica ou aquela da falsificabilidade empírica tinham desqualificado as afirmações metafísicas como possibilidades cognitivamente significativas. A argumentação positivista de que o falar de Deus é sem sentido porque não tem afinidade *em princípio* com nenhum teste empírico era, ela mesma, um exemplo soberbo daquilo que é sem sentido.

Mesmo assim, nenhum teólogo deveria arriscar a contentar-se porque as exigências positivistas não corroeram a significação das asserções teológicas centrais da crença teísta. Pois o chamado cristão

DEUS, REVELAÇÃO E AUTORIDADE

não consiste apenas na promulgação das convicções teístas; ele inclui uma exposição do caminho cristão distintivo do saber e a atenção aos procedimentos de teste e aos critérios de verificação que recomendam suas afirmações centrais à contemplação reflexiva.

6

A revolta contracultural

Aquilo que no meio da década de 1960 foi primeiramente considerado como, simplesmente, um efeito colateral "*hippie* e drogado" de adolescentes descontentes, logo tornou-se uma imensa revolta contracultural que ameaçou agressivamente muitas das perspectivas prevalecentes na moderna sociedade ocidental. A dissensão contra ultural teve como alvos especiais as seguintes questões: a fácil aceitação da guerra, com sua mutilação de jovens, como a melhor solução para as hostilidades internacionais; a ampla conformação a padrões de animosidade racial e discriminação estabelecidos há muito tempo; a afluência materialista como o principal objetivo da vida; e uma ética de trabalho que vê o objetivo do serviço diário principalmente como um meio de acumulação de mais coisas acima de qualquer vizinho e da promoção pessoal ao prestígio e privilégios executivos. Por trás de tudo isso, porém, e até mesmo de significância mais profunda, estava a denúncia da contracultura contra a assim chamada cosmovisão científica, que mais do que qualquer outra perspectiva da realidade forjou a opinião dos intelectuais do século XX. A contracultura criticou essa conquista que é motivo de orgulho para gerações recentes e a caricaturou como a grandiosa mitologia do homem moderno, a ficção para a qual os intelectuais ocidentais estão particularmente predispostos. Os jovens da contracultura não somente desistiram de carreiras na ciência, mas também questionaram a indispensabilidade da ciência tecnocrática para o bem-estar humano, e negaram que a cosmovisão empírica secular fala a verdade sobre o mundo real definitivo.

DEUS, REVELAÇÃO E AUTORIDADE

Aqueles que aceitam sem questionamento o aspecto final da cultura tecnológica, e compartilham de suas prioridades, não apreendem imediatamente a significância mais abrangente da revolta dos jovens e só conseguem ver os seus adeptos como um culto estranho e instável. A crítica social e a indignação moral do movimento também foram amplamente perdidas por causa dos meramente curiosos e dos seguidores de campo, cuja aderência episódica ao movimento contracultural os marcou como nômades, unicamente em busca de "acontecimentos" esporádicos, e que simplesmente fizeram dele uma oportunidade para expressar suas frustrações e descontentamento, sem nenhuma dedicação real a questões filosóficas.

Além do mais, a cultura estabelecida rapidamente mobilizou-se a fim de minimizar o clima de protesto. Líderes políticos retrataram a contracultura em termos de uma minoria vociferante e procuraram diluir seu potencial revolucionário ao encorajar mudança dentro do sistema. Os meios de comunicação de massa concentraram-se nos aspectos sociais coloridos e dramáticos, mais do que nas implicações filosóficas da crítica jovem radical de uma visão científico-mecanicista da vida e do mundo. Os grandes salões de moda da Avenida Madison, em Nova York, exploraram o que estava em voga como uma nova oportunidade comercial, um estilo de vida transitório e um modo de vestir do tipo que hoje está aqui, mas amanhã já é passado. Pessoas inconstantes, de meia-idade, fraternizavam com jovens em dificuldades enquanto mantinham suas próprias ligações profundas com a cultura dominada pelo dinheiro e as coisas.

Na verdade, a revolta contracultural era em alguns aspectos um fenômeno ambíguo, com uma identidade incerta; vestia uma capa de várias cores. Alguém poderia avaliá-lo em termos de sua genealogia recente ou de seus filiados correntes ou, à medida que o tempo passou, da perspectiva dos desertores que vinham tanto da cultura quanto da contracultura. Sem dúvida, muitos dos jovens que abandonaram o movimento foram vítimas de uma geração que perdeu o senso correto da autoridade final e que cultivou uma auto-expressão permissiva. Entregues à sua adolescência autoindulgente e indisciplinada, eles afirmaram sua liberdade e prazer pessoal, primeiramente, contra seus pais, depois contra as autoridades universitárias, mais adiante contra o governo e, finalmente, também contra

A revolta contracultural

a conformidade tecnológica. Portanto, a revolta contracultural é, de fato, como diz Theodore Roszak, "muito mais uma fuga *de* do que *para*" alguma coisa (*The making of a counter culture*,[141] p. 34). À deriva, abandonando as mais importantes afirmações da razão, o movimento tornou-se vulnerável a muitas falsificações e a divindades fictícias.

No entanto, a significância profunda da revolta contracultural recai sobre a sua crítica radical e a rejeição da visão científico-mecanicista reinante, que reduz a realidade ao que é empiricamente observável, em seu protesto contra a definição do mundo real apenas em categorias impessoais tecnocráticas, em seu desafio ao naturalismo reducionista, o qual, como Roszak expõe muito bem, assimila na civilização tecnológica "todo o significado da razão, realidade, progresso e conhecimento" (ibid., p. xiii).

Por muitas décadas, teólogos e filósofos perceptivos advertiram que a tecnologia se introduz cada vez mais plenamente na vida humana e corrói os propósitos transcendentes, os alvos da existência humana e a sensibilidade aos valores humanos. Mas os seus veredictos sombrios a respeito da "vinda da megalópole científica", em grande medida, não têm sido ouvidos. A contracultura jovem, porém, optou pública e abertamente por uma alternativa. Ela insiste que a confiança moderna cega na empreitada científica conduz não a "um paraíso tecnocrático emergente", mas, como Roszak expressa, à situação em que encontramos "os dois mendigos tristes de Samuel Beckett, esperando para sempre debaixo daquela árvore torta que suas vidas se iniciassem" (ibid., p. xiv) – isto é, conduz à dominação tecnocrática que se aproxima com rapidez e à desumanização totalitária do homem. Se aquela árvore torta fala de gênio tecnológico a serviço da devastação atômica, poluição ecológica da terra, inteligência computadorizada, ou simplesmente, de uma maneira mais geral, de uma despersonalização científica de todo ser humano, a contracultura jovem abandonou "aquela árvore torta" e está, assim se espera, armando a sua tenda ao lado de rios de nova vida.

De longa data, teólogos evangélicos têm insistido que o mundo real externo não é reduzível a eventos impessoais exprimíveis em continuidades calculáveis. Suas doutrinas da realidade de um ser

---

[141] A construção de uma contracultura.

DEUS, REVELAÇÃO E AUTORIDADE

sobrenatural transcendente, do homem criado segundo a imagem divina e de um cosmos ordenado pela providência impedem qualquer abrandamento da realidade como esse. Entretanto, os evangélicos do século XX não têm sido capazes de elevar racionalmente esta geração a uma visão clara da realidade do sobrenatural não em virtude somente da não regeneração do ser humano, mas por causa de seu recuo para guetos pietistas e de sua chamada precipitada para uma decisão espiritual, o que frequentemente salta por cima de uma efetiva confrontação intelectual.

A contracultura jovem, no entanto, repudia existencialmente a dominância da alternativa moderna à visão cristã das coisas, ou seja, o cientismo tecnocrático, com o seu reducionismo da realidade àquilo que pode ser conhecido e mapeado pelo método científico empírico.

Se o mundo real externo consiste unicamente de sequências matematicamente conectáveis de eventos impessoais, então ele exclui a inteligência pessoal, a decisão pessoal, a ação, a providência e o propósito pessoal. Em resumo, nesse caso ele é incapaz de acomodar a realidade pessoal ou atividade de qualquer tipo, seja divina, seja humana; assim, nem o homem nem Deus pertencem ao mundo da realidade última. O mundo real externo, portanto, consiste apenas em continuidades quantificáveis sem qualquer referência a, ou função para, o pensamento pessoal, vontade ou ação. Se existe Deus, ou a quantidade de deuses que se queira acomodar, então ele pertence unicamente a um mundo interior da fé, mas sem qualquer participação no mundo real definitivo. O homem pode ver-se como diferente da natureza, mas isso não é nada mais do que uma perspectiva da fé, que não possui nenhuma base no domínio externo dos processos e dos eventos.

A contracultura jovem está em busca de uma *nova conscientização*, uma forma de conscientização que esteja além da maneira meramente empírico-científica de saber. Isso representa um desejo de reformulação da personalidade, de uma transformação do sentido mais profundo da identidade individual. Ela demanda um novo conjunto de valores. Ela insiste que o ser humano pertence ao mundo real definitivo e que uma boa sociedade não tem suas bases nas fórmulas matemáticas impessoais de uma teoria científica, mas nas sensibilidades humanas, no valor pessoal e no domínio do espírito – em resumo, uma boa sociedade é uma tarefa psíquica.

Qualquer pessoa que já tenha estudado a filosofia e as religiões mundiais sabe quão frequentemente já foi dito anteriormente que o problema de uma boa sociedade é realmente espiritual, e não físico, e que uma perspectiva sensata da vida e do universo dissolve o sentido e a dignidade da existência humana. Até mesmo os antigos idealistas e panteístas gregos e romanos, cujas perspectivas os cristãos primitivos consideravam pagãs, disseram a mesma coisa. Os primeiros filósofos modernos também disseram isso, e outros como Pitirim Sorokin o disseram no passado recente. De fato, é possível formular o tema de muitas maneiras diferentes, com implicações divergentes para a vida e a ação humanas. Mas, em nenhum outro lugar isso tem sido dito mais frequente e insistentemente, em sua maneira peculiar, do que nas igrejas evangélicas. A revelação bíblica proclama do início ao fim que o velho ser é uma causa perdida e que o homem só tem um futuro de esperança como uma nova criatura, como um ser renascido, espiritualmente vivificado para o mundo sobrenatural; que Deus é Espírito imaterial e invisível; e que somente a perversidade humana reduzirá o mundo real externo àquilo que pode ser conhecido e mapeado mediante observação empírica.

Não são poucos os observadores que até mesmo ligaram a postura contracultural ao juízo adverso que o Novo Testamento pronuncia contra a mentalidade dos gregos e dos romanos. Existe, sem dúvida, uma semelhança remota com os cristãos primitivos no evidente desdém que jovens dissidentes nutrem contra uma cultura espetacular, cujos avanços colossais deixam atônita a imaginação humana – rádio de alcance mundial e televisão via satélite, viagens a jato ao redor do mundo, naves espaciais e homens caminhando na lua. Descartar tudo isso como não impressionante e irrelevante é algo como o rebaixamento que o apóstolo Paulo faz das conquistas filosóficas e culturais dos gregos antigos para o nível de *sabedoria do mundo* (1Co 1.19,22,27). Todavia, há também uma clara diferença não minimizável. Esse forjar moderno de uma alternativa em termos daquilo que um crítico social chama "uma dispersão de ideias sugestivas, uns poucos símbolos toscos, uma aspiração desesperada"

(Roszak, *The making of a counter culture*,[142] p. 43) contrasta da forma mais óbvia possível com a certeza apostólica da revelação divina, com as notícias inéditas da ressurreição do Crucificado e com a consciência da redenção pessoal. Os cristãos primitivos não evidenciaram nada do apego moderno àquilo que é mágico ou místico, a feitiços e encantamentos, e a toda espécie imaginável de mistura de aberrações religiosas. A visão neotestamentária do reino de Deus não significa um mergulho na subjetividade existencial, não é nenhuma experiência anti-intelectual fantasmagórica; também não é como ser "ligado" pelo LSD, ainda que feito como um rito sagrado, do modo como Timothy Leary teria imaginado. É somente em razão de que a maioria dos jovens, assim como a geração moderna de seus pais, conhece tão pouco das realidades cristãs que *slogans* zen podem ser prontamente percebidos como a recuperação da transcendência bíblica. O contraste espiritual é também evidente na aceitação *hippie* da amoralidade sexual do zen. Apesar de que a moralidade cristã não deva ser confundida com a arrogância moral vitoriana, a crueza pornográfica e a profanação desavergonhada que se apegam à contracultura poderiam ser aceitas como marca certa da virtude evangélica ou de uma reação equilibrada de pudor somente com grande dificuldade. O fascínio recente com os poetas da espontaneidade contemporâneos, que exalta Allen Ginsberg a um Amós ou Isaías moderno, também se apoia num equívoco; esses gargarejos de modernidade não são divinamente inspirados, e necessitam intensivamente de correção profética. A religiosidade da contracultura reflete, muito frequentemente, o que muitos cristãos eram antes de voltarem-se para Cristo muito mais do que aquilo que se tornaram desde então.

Para ser exato, o cristianismo chama o homem a abrir completamente sua alma para o mundo transcendente e a uma devoção total à revelação sobrenatural. Mas é fútil voltar-se para os mistérios do oculto ou para as drogas alucinógenas a fim de elevar a significância do "eu", como fez grande parte da contracultura. Tanto o zen quanto o LSD apontam para a corrosão final da identidade pessoal; o primeiro, porque olha em direção ao nirvana, e o segundo, porque drogas alucinógenas tendem a se tornar viciosas e são mais restritivas do que expansivas da consciência. Nem o alucinógeno nem o oculto

---

[142] A construção de uma contracultura.

A revolta contracultural

podem definitivamente desvelar o domínio da realidade por trás da fixação pela medição estatística à qual a ciência se devota. Não será possível encontrar valores humanos autênticos por, simplesmente, desenterrar-se o aspecto não racional da natureza do homem. As irracionalidades emocionais manipuladas não fornecem nem um acesso à dignidade ou à sabedoria dos séculos. Apelos a níveis de personalidade não cognitivos não suprirão a orientação racional sem a qual a liberdade torna-se não apenas permissiva, mas anárquica. Nenhuma alternativa anti-intelectual poderá servir, no longo prazo, ao desafio proposto pelo movimento contracultural contra a onicompetência tecnocrática.

Roszak observa, corretamente que, apesar da quantificação científica e da despersonalização do mundo supostamente real, o ser humano é incapaz de desconsiderar o seu senso de responsabilidade moral e outras coisas além dessa. De modo brilhante, ele satiriza as propostas tecnológicas para a automação das respostas humanas em nome do progresso científico. Ele acaba sendo, porém, um guia ineficaz para a elaboração de uma teoria do conhecimento alternativa, um modo de conhecer a realidade que não seja aquele proclamado pelo cientismo tecnológico. Cada homem deve encontrar a experiência que falta por si mesmo, nos diz Roszak. Além disso, acrescenta, o mundo mais abrangente da realidade não pode ser exposto racionalmente e deve se apreendido por nossos poderes não intelectivos (*The making of a counter culture*,[143] p. 235). "A verdade não deveria ser vista como a propriedade de uma proposição, mas de uma pessoa" (p. 236). (Presumivelmente, Roszak deseja que vejamos a verdade como propriedade também, e particularmente, da proposição anterior!) Esse apelo não parece recomendar-se à reflexão racional nem dos cientistas tecnocratas nem de qualquer outra pessoa, uma vez que pretende substituir o mito da "objetividade científica" por uma variante baseada na decisão subjetiva. Em última análise, a abordagem de Roszak abandona inteiramente a verdade objetivamente válida, já que o cientismo tecnocrático é incapaz de transcender o aspecto provisório do empirismo, e a "verdade pessoal" não é capaz de reivindicar validade universal. Depois de protestar contra a monopolização científica da verdade, Roszak parece pronto a, ainda assim,

---

[143] A construção de uma contracultura.

DEUS, REVELAÇÃO E AUTORIDADE

submeter a verdade à definição exclusiva do naturalismo secular: "Se estivéssemos preparados para aceitar a beleza da personalidade completamente iluminada como o nosso padrão da verdade – ou (se a palavra 'verdade' é por demais a propriedade sacrossanta da ciência) da significação definitiva –, então deveríamos ter dado fim a essa bobagem de fazer avaliações fracionadas dos homens e de nós mesmos" (p. 237). Mas como poderá a "significação definitiva" fornecer a verdade ao empirismo científico e escapar do naturalismo reducionista? Dessa forma, Roszak também deixa de reconhecer a função mais ampla da razão e perpetua um defeito básico do cientismo tecnocrata, a não concessão à razão de sua significância compreensiva. Em vez de demandar a libertação da razão de sua escravidão tecnocrata, e a restauração da verdade universal, ele acomoda essas coisas aos preconceitos restritivos do naturalismo, enquanto procura ancoradouro para os valores humanos na esfera mística da personalidade transcendente.

A contracultura não tem uma lógica persuasiva, e essa falta de doutrina lógica não é uma virtude, e sim um sério defeito. A revolta dos jovens tem um olho mais clínico para o inimigo cultural do que para alguma alternativa racionalmente forte. Sua faceta mais fraca é a sua própria incoerência e inconsequência intelectual. Sua alienação da razão a coloca em revolta também contra a revelação racional de Deus; está à deriva tanto em relação às reivindicações da razão como da revelação divina inteligível. Existe um modo melhor do que esse de protestar contra o reducionismo tecnocrático da realidade em continuidades matematicamente exprimíveis da natureza.

A religião bíblica não menos insistentemente do que a contracultura deplora o reducionismo da realidade externa em categorias impessoais. Em nome de Deus e da revelação divina, a Bíblia questiona qualquer tipo de correlação total da realidade, da razão, do sentido e do progresso com a providência da metodologia científica empírica. Falar da realidade unicamente em termos de continuidades matemáticas é, na verdade, satisfazer-se com mitologia, como a contracultura argumenta. Todavia, não seria menos mitológico pensar que valores humanos transcendentes possam ser justificados sem Deus e a razão transcendente, e que sejam deixados flutuando numa estratosfera mística, desconectados da coerência intelectual. Assim, a revolta jovem está relacionada à mitologia não apenas por meio de revolta, mas também por meio de concessão, pela substituição do mito tecnocrático por ainda outro mito, o mito dos valores humanos duráveis fundamentados na subjetividade existencial e no misticismo. Mitologia não é, portanto, simplesmente algo contra o qual a contracultura contemporânea deliberadamente se insurge, mas algo com que também involuntariamente se compromete.

Se perguntarmos o que foi que nutriu a ilusão de que somente desse modo os valores humanos podem ser vindicados, a resposta deverá ser achada na total assimilação da razão e da realidade à metodologia científica empírica. A falha da contracultura em se opor a essa correlação, exceto em termos de compromisso interno, desviou e traiu a revolta dos jovens, transformando-a em abordagens anti-intelectuais da vida e da realidade. Se por racional queremos dizer somente aquilo que é empiricamente identificável, então nenhuma realidade transcendente poderá ser considerada racional. A redução tecnológica da realidade e da razão a sequências matemáticas conectáveis criou a ilusão entre os jovens da contracultura de que restou somente a conscientização mística e anormal para expressar a realidade maior. Em vez de confrontar a correlação tecnocrática do real e do racional somente com aquilo que corresponde à metodologia científica empírica, jovens dissidentes buscaram uma realidade interior mística, transcendendo o método científico, que esperavam prover um ancoradouro para os valores humanos.

Contudo, uma concessão básica e custosa é feita com o cientismo tecnocrático quando se dá a ele direitos régios para iluminar a razão e o conhecimento e para definir a realidade externa, e meramente recorre-se à mitologia equilibrante de um mundo interior da não razão na qual os valores são tidos como assegurados. Para compensar a imobilização tecnocrática da razão à quantificação científica, a contracultura correlata o espírito humano com irracionalidades intelectuais místicas. Mas a contracultura não pode esperar sustentar sua posição se o mito da "objetividade científica" é substituído apenas por valores baseados na decisão subjetiva. Se o caso dos valores humanos se apoia simplesmente na subjetividade existencial, num contexto não de confrontação ideológica, mas de isolamento reacionário do cientismo tecnocrático, joga-se fora não meramente uma

DEUS, REVELAÇÃO E AUTORIDADE

metade, mas dois terços de sua vitória sobre a assim chamada "conscientização objetiva" da cosmovisão científica.

Quando o método científico é retratado como o único que fornece um acesso à realidade que supre o homem da "conscientização objetiva" – isto é, de um conhecimento da existência livre de envolvimento pessoal e de distorção subjetiva –, essa afirmação não deve ficar sem exame e não deve ser tomada como irrefutável. Suas premissas manifestas são: 1) que a conscientização científica produz verdadeiro conhecimento objetivo e 2) que não existe conhecimento objetivo disponível, exceto pela pesquisa científica. Tanto quanto a contracultura expõe o mito rudimentar da "conscientização objetiva", acolhido pela era da ciência e da tecnologia pós-Iluminismo – de maneira que o mundo externo real foi identificado presumivelmente apenas em termos de eventos matematicamente relacionáveis –, a contracultura não formulou nenhuma perspectiva rival convincente. A contracultura repudia o mito tecnocrático apenas para defender a experiência pessoal existencial e mística como estando de alguma forma em confiante contato com a realidade. No entanto, não se pode efetivamente questionar a deportação científico-tecnocrática da razão para a terra dos interesses empíricos pela subordinação contracultural da razão técnica ao sentimento, uma vez que isso entrega totalmente as possibilidades mais amplas da verdade válida e objetiva ao reducionismo tecnocrático. O existencialismo confere ao cientismo um direito soberano de iluminar a razão e a racionalidade e de definir o mundo exterior. E a sua base existencial de valores pessoais pode ser considerada uma projeção imaginativa tanto quanto a "conscientização objetiva" da ciência tecnocrática. A revolta dos jovens se diferencia do cientismo tecnocrático unicamente nesse ponto em sua elevação contracultural do sentimento sobre a razão técnica, em contraste com a exaltação tecnocrática da razão científica sobre a personalidade que a contracultura deplora. Portanto, a contracultura necessita desesperadamente de direção na elaboração de outro modo de conhecer a realidade além do empirismo científico; requer uma teoria alternativa do conhecimento que seja adequada.

Por trás da minimização tecnocrática da razão na quantificação matemático-científica da razão está a perda da racionalidade de Deus, da revelação inteligível do criador, do homem iluminado pelo

A revolta contracultural

Logos de Deus e da natureza estruturada e sustentada pelo mesmo Logos. O naturalismo científico encorajou a dicotomia entre a razão secular, como substituto soberano da realidade externa e Deus, do propósito e dos valores pessoais que sobreviveram apenas na decisão subjetiva ou no sentimento, ou seja, no mundo interior da subjetividade. O cavalo de Troia que sabotou a contracultura jovem foi a sua aquiescência involuntária no sequestro e aprisionamento científico da razão como um refém, cuja única função objetiva é definir a realidade em termos de relacionamentos matemáticos, uma vez que esse é o jogo de linguagem exclusivo que a ciência secular patrocina. A contracultura não oferece nenhum argumento estruturado contra esse sequestro e confinamento da razão para a comunicação sobre o mundo real apenas na linguagem matemática dos sinais.

No entanto, a usurpação do cientismo reducionista somente pode ser desafiada se boa razão for apresentada para a quantificação tecnocrática transcendente e computadorizada do mundo exterior e das profundezas psicanalíticas da existência humana. Os valores da personalidade e da comunidade humana, aos quais jovens alienados atribuem prioridade acima dos valores científicos, técnicos e industriais, não são capazes de sobreviver ao abandono de suas defesas racionais. Eles requerem, de fato, a justificação da significância racional do próprio homem. Sem conferir uma função superior à razão, e à revelação no contexto da razão, a alternativa contracultural poderá tomar somente a forma de uma "parábola"; outra construção pretensiosa que, como mais um episódio transicional na história do homem, afirma em seu caso a importância central dos valores pessoais e comunitários. Sensatez para as decisões humanas fornece a ligação mais segura para a vida social; sem isso, qualquer sociedade logo perde suas sensibilidades mais significantes. Se valores pessoais devem ser justificados de modo convincente, em lugar de miticamente postulados, a função do intelecto não pode, de modo algum, ser evitada. Um porto transcultural seguro, e decisivo, para a prioridade dos valores pessoais só poder ser suprido pela demonstração de que determinada perspectiva da realidade está em contato com a verdade. O que a mentalidade atual exige desesperadamente é o conhecimento ampliado para além de sua restrição tecnocrática aos fenômenos empiricamente observáveis, da razão livre para as

DEUS, REVELAÇÃO E AUTORIDADE

reivindicações da revelação divina, e da vontade humana libertada de sua escravidão para o autointeresse gratuito.

Alguns observadores insistirão que uma das divisões da revolta jovem é, na verdade, consciente e deliberadamente racional. Enquanto a contracultura pode não deplorar a escravidão tecnocrática da razão, a nova esquerda, contudo, exige a libertação política das consequências da cosmovisão científica e, frequentemente, manifesta forte desaprovação tanto das sociedades coletivistas como das capitalistas. Seguindo Herbert Marcuse ou Norman Brown, ela frequentemente apela primeiro para o assim chamado "humanismo marxista" da fase inicial de Marx (em distinção ao da posterior) – um contraste que muitos estudiosos julgam injustificável – e então (em oposição ao marxismo tradicional) afirma que a conscientização do homem determina o seu ser social, em vez de a sociologia determinar a sua conscientização.

Entretanto, até mesmo nessa extensão pública de sua insistência em considerações pessoais, a nova esquerda defende algo menor do que uma ideologia identificável de princípios fixos e menor ainda do que uma plataforma e programa político articulado. O personalismo da nova esquerda conduz facilmente a um humanismo sentimental e, com a mesma facilidade, por causa da frustração resultante do fracasso em alcançar as mudanças sociais desejadas por meio do ativismo político, à violência desumana disfarçada de justa indignação. Sua política confrontante sofre a falta de normas objetivas para controlar propensões revolucionárias, do mesmo modo que tem falta de critérios objetivos para acelerar ou desacelerar a dependência da força a fim de promover a preciosidade da personalidade. Em resumo, a nova esquerda corre o risco de simplesmente substituir uma política confrontadora por uma ciência tecnocrática como instrumento para o estabelecimento do mundo real definitivo. Se a nova esquerda estivesse realmente buscando uma lógica para a ação, ela poderia evitar deteriorar-se na velha esquerda somente por meio de uma alternativa explícita à ideologia comunista, que deliberadamente subordina a razão à dialética materialista, e ao capitalismo secular, que eleva as coisas acima das pessoas. Apesar de seu abandono da ciência tecnocrática, a nova esquerda não conseguirá ameaçar convincentemente a mentalidade materialista enquanto os valores pessoais mantiverem-se suspensos no ar e não estiverem alicerçados no mundo exterior. Se o grupo de críticos políticos da nova esquerda deseja tornar-se uma força política construtiva, deverá confrontar e desafiar as falsas teorias da realidade por intermédio de uma alternativa lógica e persuasiva, em vez de meramente retirar-se do conflito contemporâneo sobre a visão de mundo e da vida.

A religião cristã convida a uma alternativa que confronta tanto o cientismo tecnocrata como a jovem cultura alienada, uma alternativa que restaura a razão ao seu verdadeiro contexto no Logos de Deus e na revelação divina racional. Ela endossa com determinação o protesto contracultural contra as aspirações de soberania e de onicompetência subjacentes ao cientismo tecnocrático. A cosmovisão do empirismo secular é uma elaboração mitológica. A fé resultante na tecnocracia científica é, de fato, uma forma de idolatria peculiar do século XX. O mundo real exterior da realidade não é reduzível a processos impessoais matematicamente conectáveis, nem são os problemas solucionáveis por meios tecnológicos. Mas somente a justificação teológica de um papel criticamente importante e indispensável para a razão poderá desafiar decisivamente as restrições tecnocráticas da razão e expor como arbitrárias e especulativas as exigências implícitas da cosmovisão científica de uma confiança absoluta exclusivamente na especialização tecnológica. O mito magnífico da modernidade é que, em relação ao mundo objetivamente real, o método científico é o soberano que tudo sabe e é todo-poderoso. A implicação óbvia dessa premissa grandiosa é que todos os problemas humanos são capazes de ser solucionados pela tecnologia. Somente se as necessidades humanas forem puramente tecnológicas em natureza poderão os técnicos especialistas suprir tais necessidades por meio de manipulação mecânica. Nesse caso, os únicos "deuses" que restarão serão as coisas materiais e os artigos para o conforto humano, exceto o soberano tecnocrata. Mas esse estilo de vida não apenas oblitera todas as marcas do mundo espiritual, como inevitavelmente brutaliza o próprio homem, ao tratá-lo, na melhor das hipóteses, como um mecanismo animado. Nenhuma sociedade pode sobreviver humanamente se descartar a razão com respeito àquilo que é significantemente humano e se fechar a mente do homem contra a revelação de Deus.

Ao acolher o protesto crescente dos jovens contra a razão meramente tecnocrática, o cristianismo não pode atrever-se a acomodar-se à transição maciça ao irracionalismo contemporâneo. Quaisquer que sejam as suas percepções em relação às consequências despersonalizantes da cosmovisão científica, nada é ganho para o homem e a sociedade se a revolta moderna contra a razão e a intelectualidade estender-se ainda mais adiante, como a contracultura faz. Ao desmantelar as afirmações falsas da razão tecnocrática para identificar e manipular o mundo externo real, não devemos permitir que uma nova geração destrua a verdadeira significância mais abrangente da razão, como se em nome de valores humanos se devesse ou se pudesse eliminar as leis da lógica, cercar a lei da contradição e confinar as reivindicações da coerência. Isso seria simplesmente outra rota para o suicídio cultural e para a irrevogável rendição de todos os valores da existência humana que se queira preservar.

Muito antes da cultura jovem contemporânea, o cristianismo evangélico rejeitou a validade da cosmovisão tecnocrática como uma explanação definitiva do mundo real último. A verdade de Deus não arruína os horizontes intelectuais do homem, nem minimiza a função da conscientização racional e da cognição cerebral, nem renuncia a coerência racional para se ver a vida e o mundo. O cristianismo evangélico argumenta que o conhecimento científico empírico, por mais útil que seja, será sempre menos do que objetivo. O monopólio da "conscientização objetiva" pelo cientismo tecnocrático é uma reivindicação totalitária arrogante. Além disso, o cristianismo evangélico insiste que somente a revelação divina serve como mediadora da verdade final sobre o homem e o cosmos. A vida do espírito é para o cristianismo uma participação nas realidades permanentes por meio da atuação mediadora do Logos de Deus, o qual se posiciona como o ponto crucial da religião pura. A revelação cristã promove e preserva a racionalidade última da realidade que o cientismo reducionista quer destruir e que a contracultura jovem ignora. Sua visão eminentemente coesa e coerente do homem e do universo fornece o único refúgio seguro para os valores pessoais duráveis. Mais ainda, ela exibe os valores humanos duráveis no contexto de Cristo, o Logos de Deus encarnado.

As igrejas evangélicas, portanto, precisam mais do que nunca proclamar a natureza revelada e o propósito do Deus racional da criação, a realidade final do Logos de Deus em contraste com as pretensões da "razão antipalavra", a razão libertadora da Palavra de Deus revelada, o poder redentor do Logos encarnado. Isso requer um ministério cristão profundamente dedicado ao estudo e à afirmação da verdade de Deus. Requer faculdades e seminários cristãos que não estejam simplesmente dedicados a vencer a filosofia secular empírica e seus princípios de verificação arbitrariamente restritivos, mas que sejam igualmente dedicados a preparar uma geração de estudiosos evangélicos treinados para proclamar o modo cristão de conhecer Deus e os meios de verificação da verdade a respeito de toda realidade. Isso exige nada menos do que uma exposição, no contexto do conhecimento cristão da revelação e da criação, de uma autêntica visão de mundo e de vida na qual todas as ciências, a teologia inclusive, cumprem sua legítima função.

7

O "Movimento de Jesus" e seu futuro

Do interior da contracultura contemporânea, expandiu-se rapidamente uma pequena, mas vibrante vanguarda de jovens que, em apenas uma década, deixou para trás a rebelião jovem e se mobilizou a fim de levar a sua causa ao redor do mundo.

O *Movimento de Jesus*,[144] como eles se denominaram, reivindicou confiantemente ser o porta-voz da "revolução de Jesus", um superavanço na história contemporânea com certeza de seu triunfo final. Eles viam a cultura secular desviando-se na direção de um julgamento inescapável e da destruição, que até mesmo a contracultura era incapaz de impedir e da qual também esta continua vulnerável. Quando tornou-se aparente que a revolta contracultural não iria capitanear a revolução social que alteraria fundamentalmente o padrão dominante na sociedade, a "revolução de Jesus" encampou a iniciativa que antes pertencia ao movimento de protesto mais amplo e lhe conferiu uma dimensão espiritual e moral que faltava. Ela forneceu à geração moderna uma alternativa mais específica e penetrante do que a revolta contracultural tinha oferecido. A contracultura secular já havia enfatizado a importância de uma celebração da vida humana, mas somente no contexto de uma cultura mecanicista. O assim chamado Movimento de Jesus trouxe, agora, a essa celebração uma dimensão de alegria santa, que não nasceu apenas do

---

[144] [NT] O título do movimento em inglês é *Jesus people*.

DEUS, REVELAÇÃO E AUTORIDADE

livramento do desespero e da desilusão com a cultura das drogas, mas também da comunhão pessoal com o Jesus ressurreto.

Críticos sociais e historiadores modernos citam diversas razões para o aparente fracasso do protesto contracultural em alcançar algum tipo de reestruturação básica da sociedade. Uma das razões foi que as suas aspirações internas estavam divididas; enquanto jovens brancos alienados repudiavam o espírito de afluência que envolvia seus pais, negros alienados desejavam os assim chamados privilégios dos brancos que eles ainda não tinham experimentado. Além do mais, necessidades pessoais de sobrevivência reduziram o número daqueles que expressavam a sua insatisfação pelo vício nas drogas e forçavam outros ainda a achar emprego dentro da própria estrutura industrial econômica que deploravam. Muitos recém-casados – ainda que nem todos – foram prontamente assimilados outra vez ao sistema econômico dominante quando não puderam mais procrastinar um lar para seus filhos. Jovens alienados que desejavam educação superior tiveram dificuldades em ignorar empregos se quisessem sobreviver no *campus* universitário.

De outras maneiras também, jovens alienados foram forçados a associar-se à cultura que eles rejeitavam, uma vez que retroceder o relógio da Revolução Industrial era praticamente impossível. Enquanto muitos que deploravam a poluição científico-tecnocrática do meio ambiente podem ter mudado de carros grandes para menores ou para bicicletas, poucos optaram por cavalos e, se tivessem feito isso, o problema teria sido somente evitado. Além disso, quando o protesto político deixou de alcançar muitos de seus objetivos antecipados, as demonstrações públicas simplesmente terminaram em desapontamento e desilusão. Mesmo durante seu ponto mais alto, os protestos públicos revelaram que o movimento contracultural dependia para suas principais iniciativas de uma liderança lastimavelmente limitada. Apesar das demonstrações dos jovens darem a impressão de possuírem um apoio maciço e um entusiasmo extensivo pela revolução social, praticamente todas as maiores demonstrações parecem ter dependido dos mesmos ativistas radicais de grande mobilidade e visibilidade. Quando a cultura e o sistema predominantes se mostraram indispostos e resistentes à mudança simplesmente por causa do protesto, determinado número de ativistas dedicado à transformação do mundo voltou-se, em vez disso, à abordagem do tipo "maconha e *rock-'n'-roll*" e esperaram que o "sistema" desmoronasse debaixo do peso de suas fraquezas inerentes.

A razão primordial, porém, pela qual os movimentos de protesto não poderiam alcançar uma alternativa cultural efetiva, como observado antes, estava na falta de uma lógica doutrinária e de recursos adequados para lidar com a natureza humana não regenerada.

Muitos no Movimento de Jesus (o nome originou-se com o número de fevereiro de 1971 da revista *Look*) identificaram-se corajosamente com muita coisa do protesto contracultural, em geral contra as tendências sociais contemporâneas. Eles deploravam a discriminação racial e a desavergonhada poluição ambiental. Lamentavam a busca de soluções para os problemas, que era indiferente aos valores pessoais. Repudiavam o totalitarismo tecnológico, que presume que as necessidades humanas são primariamente técnicas em caráter e que, pela engenharia social, manipula e despersonaliza os seres humanos.

Mas o Movimento de Jesus declarou que o pecado, e não a tecnocracia, é a raiz de todos os males e rejeitou a pressuposição contracultural de que o homem é, basicamente, saudável e que precisa apenas de libertação. Proclamou, sem apologia alguma, que "Cristo é a resposta". Corajosamente enfatizou que o evangelho cristão traz em si uma revelação e uma redenção divinas que estão ausentes tanto na contracultura quanto na sociedade tecnocrática que se dispunha a combater. Estava ciente de que o cristianismo histórico é por natureza tanto contracultural e contra contracultural e, de fato, tem menos o caráter de um movimento de protesto do que de um movimento de testemunho que afirma Jesus Cristo e o seu reino.

No espaço de meia década, o Movimento de Jesus avançou de sua iniciativa espetacular para tornar-se um movimento jovem formativo de vanguarda na América do Norte. Por outro lado, a revolta contracultural mais ampla da qual emergiu gradativamente encolheu para tornar-se uma operação amorfa. Críticos do Movimento de Jesus primeiramente referiam-se a seus militantes como os "doidos de Jesus" que, tendo anteriormente endoidecido com as drogas, pareciam estar agora endoidecendo com a religião. Mas até mesmo alguns *hippies*, identificados com a contracultura mais ampla, chegaram a declarar Jesus como seu herói, embora isso fosse muito diferente de defender a salvação em Cristo. O nome de Jesus era muitas vezes invocado pelos motivos mais equivocados. Cabelos compridos, por exemplo, representavam para eles não uma herança cultural, mas um protesto cultural; o lema de Jesus do amor ao próximo foi prontamente estendido por eles para o pacifismo em hostilidades internacionais (particularmente a Guerra do Vietnã); em suas posses limitadas, eles viam um requisito ético para a comunhão dos bens materiais. Esses *hippies* associavam a Jesus muitas outras coisas que eram simplistas do ponto de vista de um entendimento maduro da teologia e da ética bíblica. Sem dúvida, alguns de dentro do Movimento de Jesus compartilhavam tais perspectivas no todo ou em parte. Por tudo isso, o Movimento de Jesus ganhou notoriedade significativa. Não foi somente nos Estados Unidos, mas também além-mar, como na Inglaterra e até mesmo na Coreia do Sul, onde a juventude secular contracultural tinha pouco impacto, que a chamada do Movimento de Jesus foi no sentido de um novo estilo de vida no contexto das verdades bíblicas. Seu equivalente na Europa é o Movimento de Renovação Carismática.

Apesar de diferir muito do protesto contracultural mais amplo, o Movimento de Jesus era, assim mesmo e de muitas maneiras, um fenômeno de componentes tanto convergentes como divergentes. Havia em suas fileiras estudantes universitários convertidos a Cristo dos níveis mais altos dos estudos seculares e que tinham se afastado por causa do institucionalismo eclesiástico, tanto quanto por uma ortodoxia conservadora morta e pela falta de uma fé viva, ou por causa de sua preocupação liberal com temas políticos e sociais, a respeito dos quais os professores do *campus* eram geralmente mais competentes do que o clero. Esses convertidos se dividiam entre aqueles que, no contexto de esforços tais como os da Cruzada Estudantil e Profissional para Cristo,[145] consideravam somente a evangelização pessoal como a missão cristã, e aqueles que se dedicavam integralmente tanto às questões sociais cristãs quanto à evangelização pessoal. O último grupo criticava não apenas o "sistema ecumênico" por negligenciar a regeneração individual, mas também o "sistema evangélico" por sua negligência às questões públicas.

---

[145] *Campus Crusade for Christ* [Cruzada Estudantil e Profissional para Cristo].

O "Movimento de Jesus" e seu futuro

Outro segmento, vindo principalmente das novas igrejas e de grupos de orientação carismática, procurou restaurar os dons do Espírito Santo no Novo Testamento. Os carismáticos católicos romanos da Universidade de Notre Dame, do estado de Indiana nos EUA, estavam vigorosamente ativos nesse setor. A essa sua busca por pneumatologia, eles acrescentaram suas estruturas institucionais, tradição intelectual e senso de história, fatores esses ausentes em outros grupos carismáticos. Além disso, acharam a ênfase compatível com o interesse de sua igreja em Lourdes, Fátima e milagres nos dias de hoje. Alguns carismáticos enfatizavam a cura, e outros a glossolalia e alguns consideravam os poderes miraculosos apostólicos como a herança legítima de todos os cristãos em todas as eras. Alguns do Movimento de Jesus vieram de igrejas conservadoras e de faculdades evangélicas, os quais, depois de sucumbir à cultura da droga, encontraram uma fé mais profunda ao retornarem. Outros eram estudantes do ensino médio que se encontravam em grupos fechados para discutir e esperar o fim do mundo, que cabulavam aulas aparentemente irrelevantes; outros, ainda, por causa de um compromisso e motivação acentuados aceleraram seus esforços acadêmicos.

Aqueles cujo contexto incluía uma exposição à contracultura estavam familiarizados, em maior ou menor grau, com os principais nomes reverenciados pelos jovens alienados, notavelmente os de Herbert Marcuse, Norman Mailer, Norman Brown, Timothy Leary e Theodore Roszak. Allen Ginsberg, Jack Kerouac e Lawrence Ferlinghetti eram os poetas da contracultura; os interesses religiosos estavam no zen-budismo, no hinduísmo, Krishna, nos cultos psicodélicos e no misticismo transcendental. Suas revistas eram *Ramparts*, *Liberation* e *MAD*; seus jornais eram *The Berkeley Barb* e *The Village East Other*. O seu alvo geral era uma ordem social utópica baseada na realização da comunidade. Esse *potpourri* de interesses e de ênfases amorteceu o caminho para as religiões místicas reminiscentes da Grécia antiga; para o psicodélico e o alucinógeno; para a política da confrontação como meio de forjar uma sociedade utópica; e para a amoralidade sexual, apesar das denúncias de despersonalização contra a filosofia da *Playboy*. O estado de espírito contracultural era o de uma "vida plena" a cada momento; isso significava postergar o menor número possível de prazeres e reivindicar soluções imediatas para todos os problemas.

O Movimento de Jesus mais abrangente também possuía seus nomes importantes que representavam uma diversidade de ênfases cristãs: Lonny Frisbee, que saiu do LSD para fundar comunidades do Movimento de Jesus, tais como *The House of Acts*; Arthur Blessitt, ministro do *Hollywood Sunset Strip* (*The Gospel Night Club*); Linda Meissner, que depois de uma visão que teve em Hong Kong reuniu seguidores em Seattle e que, depois de trabalhar com David Wilkerson, juntou-se aos Meninos de Deus;[146] Jack Sparks, que tinha um doutorado da *Michigan State University* e era fundador de um grupo mais sofisticado, denominado *Christian World Liberation Front*, cuja orientação não carismática o distinguia de outros grupos de jovens. Ao mesmo tempo existiam esforços evangélicos estabelecidos há bastante tempo tais como a Aliança Bíblica Universitária,[147] particularmente atuante na promoção de grupos de estudo bíblico para estudantes universitários evangélicos em *campi* seculares; a Cruzada Estudantil e Profissional para Cristo, dedicada à evangelização no *campus* universitário; *Young Life*,[148] que alcançava estudantes do ensino médio com o testemunho evangelístico; e a Mocidade para Cristo,[149] que mantinha laços com igrejas evangélicas como uma base de operações. Alguns participantes do Movimento de Jesus acabaram dirigindo-se para esses grupos mais antigos em busca de inspiração e desafio. As convenções missionárias trianuais patrocinadas pela ABU em Urbana, no estado de Illinois nos EUA, têm sido, especialmente, estabilizadoras. Isso deve-se à sua ênfase na vocação cristã e no aprendizado numa época em que o ecumenismo neoprotestante viu seus ministérios no *campus* universitário desaparecerem, uma vez que anunciou uma moratória do compromisso missionário. Enquanto o ministério O Desafio Jovem,[150] de David Wilkerson, no centro da cidade de Nova York, surgiu antes do Movimento de Jesus. Sua influência por meio do livro *A cruz e o punhal* motivou muitos cristãos conservadores adultos a alcançar os jovens da contracultura. Os Meninos de Deus, liderados por David Berg, cujos seguidores

---

[146] *Children of God.*

[147] [NT] *Inter-Varsity Christian Fellowship*. [NR] Essa organização é parte de uma associação maior chamada *The International Fellowship of Evangelical Students* (IFES).

[148] [NR] No Brasil essa organização chama-se Alvo da Mocidade.

[149] *Youth for Christ.*

[150] *Teen Challenge Ministry.*

O "Movimento de Jesus" e seu futuro

deixaram seus empregos e escolas e optaram por uma vida comunitária, eram mais uma seita à margem do que um autêntico braço do Movimento de Jesus.

Wilkerson estimou que em 1971 o Movimento de Jesus já contava com trezentos mil jovens. Esse número presumia que os vários grupos, dentro de um todo bastante desconexo, poderiam ser, de alguma forma, simultaneamente reunidos, apesar das evidentes diferenças entre os grupos da Califórnia, do Texas e da Costa Leste. Além do mais, uma variedade de grupos locais mantinha relacionamentos muito diversos com as igrejas existentes ou estava dissociado delas. Embora tenham sido em grande medida críticos da religião organizada, membros do Movimento de Jesus participavam, ainda que de um modo quase exclusivo, nas congregações locais que eram robustas e hospitaleiras em sua identidade evangélica. Toda vez que grupos locais do Movimento de Jesus desejavam receber ofertas dedutíveis dos impostos como organizações sem fim lucrativo, ou queriam adquirir uma propriedade, eram obrigados a conformar-se a algum padrão organizacional próprio. Tais congregações independentes tendiam ser da mesma geração, ou seja, as reuniões eram de pessoas da mesma idade.

O Movimento de Jesus foi, de certo modo, tanto um produto da época em que apareceu quanto uma manifestação do Espírito de Deus. Os aspectos despersonalizantes dos excessos culturais racionalistas e tecnocráticos despertaram uma reação da qual nem mesmo o Movimento de Jesus escapou. No seu todo, o movimento estava centralizado na experiência e era anti-histórico com respeito à tradição cristã. A orientação teológica era mínima, mas isso não era diferente da dificuldade de muitas congregações cujos pastores eram mais socialmente orientados do que biblicamente iluminados. Muitos seguidores do Movimento de Jesus, sem dúvida, chegaram a saber mais sobre a natureza de Deus do que seus antigos professores de escola dominical. Embora o unitarismo do tipo "somente Jesus" da igreja *United Pentecostals*,[151] tenha sido conscientemente rejeitado, a ênfase doutrinária central era Jesus Cristo ou Jesus e o Espírito, em lugar de uma evidente afirmação da Trindade. À parte da Bíblia, a leitura religiosa era esporádica e geralmente centrada numa miscelâ-

---

[151] [NR] No Brasil esse movimento chama-se Igreja Só Jesus É Deus. Jesus é o Pai, o Filho e o Espírito Santo.

nea de livros populares do momento. Praticamente nenhum grupo seguia um sistema teológico compreensivo, embora alguns seguidores do Movimento de Jesus frequentassem escolas tais como a L.I.F.E. em Hollywood, um *campus* de orientação carismática, e mais recentemente a Melodyland em Anaheim, na Califórnia, um centro de treinamento orientado pelo dispensacionalismo. Em última análise, o entusiasmo religioso parece ter promovido muito pouco interesse teológico; em alguns casos, o anti-intelectualismo do movimento não era facilmente discernível do existencialismo. Os antigos judeus levaram a reverência até um extremo exagerado ao suprimir o nome do eterno;[152] o Movimento de Jesus não expressou a fidelidade evangélica pela afirmação do *Credo apostólico*, mas por gritos de aclamação a Jesus do tipo: J-E-S-U-S = JESUS!

Na primeira parte dos anos 1970, diversos desenvolvimentos tenderam tanto a esclarecer quanto a confundir o compromisso central no Movimento de Jesus com Cristo como Salvador e Senhor e com a Bíblia como a Palavra de Deus que possui autoridade.

Um dos fatores foi a Explo '72 em Dallas, Texas, uma concentração imensa patrocinada pela Cruzada Estudantil, tendo como preletor o evangelista Billy Graham, que tinha tido ligação anterior com o movimento Mocidade para Cristo. Cruzadas evangelísticas bem-sucedidas em grandes cidades durante um quarto de século da história estadunidense e encontros de massa similares na Europa e em outros lugares giravam em torno de Billy Graham, a personalidade religiosa de maior prestígio nos Estados Unidos. Os evangélicos que o sustentavam e patrocinavam seu programa de rádio semanal *Hour of Decision*, programas de televisão periódicos, e a atraente revista semanal *Decision*, que representava o pensamento interno das Organizações Bily Graham e era publicada em várias línguas. O número de jovens que compareceu à conferência em Dallas foi de setenta mil, o que incluía tanto adolescentes que cursavam o ensino médio, a maioria dos quais membros ativos da *Young Life*, quanto

---

[152] [NR] Os judeus fundiram as consoantes do tetragrama YHWH com as vogais do nome Adonai e liam esse nome como sendo "Adonai". Pessoas mal formadas começaram a ler essa combinação de consoantes de um nome com as vogais de outro e acabaram criando o curioso nome Jeová e suas variantes (Javé, Iavé etc.). Nenhum desses nomes é verdadeiro. Os judeus modernos abandonaram a expressão Adonai e agora chamam o eterno apenas de YHWH — Ha Shem —, que significa "O Nome".

O "Movimento de Jesus" e seu futuro

estudantes universitários, que eram o público-alvo prioritário da Explo '72. Dallas serviu não somente para popularizar as "quatro leis espirituais"[153] promulgadas pelo dr. Bill Bright, o fundador da Cruzada Estudantil, ao Movimento de Jesus, mas também para identificar o movimento de modo proeminente com a teologia evangelística de Billy Graham, e assim o evento subordinou uma variedade de diferenças eclesiásticas e de outra natureza.

Um desdobramento posterior foi igualmente importante. Desde o início, o Movimento de Jesus incentivou sua disseminação por meio de publicações alternativas, semelhantes àquelas originariamente lançadas pelas organizações de protesto contracultural. *Right On* foi o primeiro de muitos jornais do Movimento de Jesus. Logo depois de seu aparecimento, e auxiliado pela Primeira Igreja Presbiteriana em Hollywood, Duane Pederson publicou o *Hollywood Free Paper*. Uma grande diversidade de periódicos do Movimento de Jesus logo conquistou uma circulação que ultrapassava, em muito, a das publicações alternativas revolucionárias e que refletia um notável gênio criativo.

No entanto, a maior parte desse movimento difuso tinha pouca, se é que tinha alguma, relação com a rebelião social, e muito disso era simplesmente um comportamento rebelde da moda numa era dominada pela mídia. Nos dias de hoje, o movimento teria dificuldade em reconhecer a si próprio em publicações tais como o *Post-American* (agora publicado como *Sojourners*), editado por Jim Wallis, ou no *The other side*, um periódico mais antigo editado por John F. Alexander. Esses periódicos eram dedicados à mudança social, à interação cultural e à reforma política, bem como à evangelização, e nunca foram meramente publicações do Movimento de Jesus. Eles recusaram identificar as energias evangélicas jovens exclusivamente com uma religião pessoal alinhado à Associação Evangelística Billy Graham e à Cruzada Estudantil. Em vez disso, insistiram na necessidade de transformação das estruturas sociais, tanto quanto das pessoas,

---

[153] [NT] Lei nº 1: Deus ama você e tem um maravilhoso plano para a sua vida. Lei nº 2: O homem é pecador e está separado de Deus, por isso ele não é capaz de conhecer e experimentar o amor de Deus e o seu plano para a sua vida. Lei nº 3: Jesus Cristo é a única provisão de Deus para o pecado do homem. Por meio dele você será capaz de conhecer e experimentar o amor de Deus e o seu plano para a sua vida. Lei nº 4: Precisamos receber individualmente Jesus Cristo como Salvador e Senhor; então, poderemos conhecer e experimentar o amor de Deus e o seu plano para a nossa vida.

e correlacionaram o cristianismo evangelístico com uma irredutível confrontação com a sociedade secular americana. Tanto nos seus inícios como no seu ponto mais alto, o principal Movimento de Jesus, como se refletiu em Ted Wise, rejeitou em princípio qualquer aliança do cristianismo com a ação social e política, como defendiam Ronald Sider, Jim Wallis e os "jovens evangélicos" comprometidos com a mudança social. Diferentemente da nova esquerda, o Movimento de Jesus despiu-se da oposição política contracultural ao *status quo*, enquanto mantinha muito de sua alienação cultural, e teve pouco interesse em como o pecado se manifesta corporativamente.

Partes do Movimento de Jesus foram prontamente anexadas por grupos políticos conservadores. O Movimento de Jesus considerava as questões sociopolíticas como uma extensão de preocupações limítrofes que, originariamente, contribuíram para a desilusão com muito do sistema ecumênico. Apenas recentemente esse tipo de ênfase recebeu uma atenção mais favorável do movimento. Os que lamentam essa tendência atual dizem que a nova abertura se origina em grande medida na mudança da *Christian World Liberation Front* em relação à orientação original do Movimento de Jesus. Essa postura mais aberta é refletida pelos evangélicos associados com o *Right On*, o jornal do CWLF publicado em Berkeley, cujos porta-vozes do "radicalismo evangélico" não mais se consideram parte do Movimento de Jesus.

O Movimento de Jesus, portanto, esteve apenas superficialmente envolvido no evento de 1973 intitulado *Thanksgiving Workshop of Evangelicals and Social Concern*,[154] que apresentou seus resultados na chamada *Declaração de Chicago*. Os participantes, uma mistura de jovens e de não tão jovens evangélicos, foram convencidos de que a "consciência intranquila", de longa data, quanto à sua retirada das questões públicas deveria ser acelerada, para além de princípios gerais de preocupação, em políticas específicas e num programa de engajamento. Os participantes foram críticos dos falsos jogos de cena e das injustiças no sistema político e econômico estadunidense, embora nem todos compartilhassem da postura extremista do *Post-American* (agora *Sojourners*) que presumiu que o sistema estadunidense não pode mais ser reformado e que requer substituição.

---

[154] Seminário de Ação de Graças dos Evangélicos e as Questões Sociais.

O "Movimento de Jesus" e seu futuro

Enquanto a Cruzada Estudantil e a Associação Billy Graham endossavam o *American Way of Life*[155] – uma combinação de governo democrático e livre-iniciativa econômica –, o qual tinha o apoio amplo dos evangélicos, que compartilhavam dessa posição, os "jovens evangélicos" manifestaram uma grande insatisfação com a política estadunidense e uma maior abertura à teoria econômica marxista (em distinção da filosofia marxista como um sistema compreensivo) (Carl F. H. Henry, Revolt on Evangelical Frontiers, p. 6ss.). As ligações pessoais de Billy Graham com a Casa Branca foram criticadas porque impediam a desaprovação pública, oportuna e incisiva, de ilegalidades políticas e de concessões morais que eventualmente levaram à exoneração do presidente Nixon sob a ameaça de *impeachment*.

Durante a Explo '74 em Seul, a Cruzada Estudantil foi acusada de algo semelhante ao aprovar o regime do presidente Park Chung Hee, que impunha duras penalidades aos cristãos e a outros críticos de seu governo autoritário e de sua Constituição revisada. Enquanto o presidente Park justificava sua supressão da dissidência com base na entrada subversiva de comunistas da Coreia do Norte, muitos líderes eclesiásticos coreanos consideravam as restrições tanto repressivas dos direitos civis como promotoras de poderes totalitários. A declaração do dr. Bright de que as prisões foram feitas unicamente por motivos políticos, e não religiosos, foi deplorada como oportunismo evangelístico. O protesto público e cristão continuado induziu Park, uma semana depois da Explo, a abrandar a situação ao remover dois decretos emergenciais que haviam mandado 171 dissidentes, acusados de atividades antigoverno, para a prisão, com penas de até quinze anos de confinamento e até mesmo sentenciado alguns à pena de morte. Embora a possibilidade de intriga e de violência comunista na Coreia do Sul seja bastante real, isso dificilmente justificaria a atitude drástica de Park de proibir toda e qualquer possibilidade de protesto. A tendência totalitária do regime do presidente Park desgastou a boa vontade entre os americanos e os outros aliados políticos que, pelo interesse de um governo constitucional democrático e com grande custo, apoiaram a resistência da Coreia do Sul contra as ambições comunistas da Coreia do Norte.

---

[155] O estilo de vida estadunidense, que é considerado superior a qualquer outro.

DEUS, REVELAÇÃO E AUTORIDADE

É fato marcante que, junto com ativistas comunistas, alguns membros de igrejas neoprotestantes mais interessados na assim chamada mudança sociopolítica do que em teologia bíblica, ou na evangelização pessoal, prontamente falam mal das atividades evangélicas que não sejam críticas do imperialismo político e de forças econômicas (querem dizer com isso, quase invariavelmente, a democracia e o capitalismo estadunidenses, e não o comunismo totalitário). Quando os evangélicos planejaram o Congresso Mundial de Evangelização de 1966 na Alemanha, um porta-voz do *National Council of Churches* (EUA)[156] encorajou os membros das igrejas de Berlim ocidental a ver os participantes do congresso como pessoas não muito diferentes dos "cristãos alemães", os quais [na época da Segunda Guerra Mundial][157] queriam que a igreja permanecesse na "normalidade" (nas prioridades evangelísticas tradicionais) enquanto os nazistas exterminavam seis milhões de judeus.[158] Mas o bispo Otto Dibelius, cuja corajosa posição em favor da liberdade cristã contra as pressões comunistas de Berlim oriental era bem conhecida, rejeitou essa difamação e identificou-se abertamente com o congresso. Mais ainda, lamentou o fracasso do comitê executivo do Conselho Mundial de Igrejas em defender a causa da evangelização em massa.

Três anos mais tarde, em conformidade com a chamada inicial de Berlim para uma ênfase abrangente no "Deus da justiça e da justificação", o Congresso sobre Evangelização, que aconteceu em Minneapolis, no estado de Minnesota (EUA, 1969), refletiu a respeito de um interesse maior na relevância sociopolítica do que tinha sido característico da maior parte da pregação evangélica até então. Essa foi a tônica, especialmente, da palestra do sucessor indicado por Billy Graham, Leighton Ford. Além disso, a preocupação evangélica com o social e o político ecoou repetidas vezes no Congresso Internacional de Evangelização Mundial, em Lausanne, na Suíça (1974), no qual Billy Graham admitiu que havia um perigo em seu próprio ministério de identificar o evangelho com um sistema político e cultura específicos. Ele falou, ainda, da necessidade de trabalhar

---

[156] Conselho Nacional de Igrejas.

[157] [NT] Inserido como explicação do contexto.

[158] [NR] Obras revisionistas do chamado "Holocausto" têm colocado em dúvida esse número. Entre essas obras, podemos citar *A indústria do holocausto*, escrita por um judeu estadunidense, o professor dr. Norman G. Finkelstein, e disponível em português.

pela melhoria das leis, mas destacou o tema do evangelho e das estruturas sociais (cf. Carl F. H. Henry, *Footnotes: The gospel and society*,[159] p. 62). O congresso de Lausanne implementou uma ênfase na preocupação social por meio de um pacto que incluiu uma declaração, revisada e fortalecida pela insistência de muitos participantes, que essencialmente produziu um acordo entre as perspectivas de Billy Graham e aquelas dos "jovens evangélicos".

Em última análise, o relacionamento do Movimento de Jesus como tal com as questões sociopolíticas continuam ambíguas. Por outro lado, os jovens evangélicos sarcasticamente designaram como "sistema evangélico" agências abrangentes tais como a Associação Nacional de Evangélicos, a Associação Evangelística Billy Graham, a revista *Christianity Today*, o *Wheaton College* e tudo mais que seja considerado no momento como caracteristicamente evangélico. O entusiasmo dessas agências pela administração de Nixon, não somente durante o primeiro mandato, mas também ao longo da campanha reeleitoral e, em alguns casos, até durante a era Watergate, apesar da insistência pública de que a sua prioridade cristã era evangelística em vez de sociopolítica, estava se tornando desilusão. Além disso, praticamente, evitaram uma confrontação da consciência pública numa época em que os Estados Unidos estavam passando pela pior crise de moralidade política em sua história. Os jovens evangélicos lançaram um chamado por um envolvimento evangélico maior em assuntos políticos e por maiores iniciativas em confrontar a discriminação racial e os problemas de pobreza e de desemprego. Ainda mais importante, eles não exigiram simplesmente "leis melhoradas", mas uma mudança nas estruturas sociais e políticas onde quer que elas perpetuem injustiças gritantes.

Um terceiro fator que tem influência no futuro do Movimento de Jesus diz respeito à sua independência eclesiástica e possíveis relacionamentos futuros com o cristianismo organizado, quer denominacional quer interdenominacional. Nenhuma disposição favorável pelo cristianismo institucional da parte do Movimento de Jesus foi estimulada, nem pelas ligações com a associação de Billy Graham ou com a Cruzada Estudantil, nem por suas tênues linhas de contato com os evangélicos da *Declaração de Chicago*, no estado de Illinois. Uma

---

[159] Notas de rodapé: o evangelho e a sociedade.

grande parcela do Movimento de Jesus não tem mais uma relação substantiva com a igreja organizada do que a própria contracultura.

Alguns "jovens evangélicos" reagem contra a ênfase individualista da evangelização feita nas cruzadas evangelísticas – que direcionam o seu chamamento à evangelização de indivíduos em vez de à igreja. Defendem uma função mais elevada para a igreja institucional na evangelização e particularmente destacam um ministério paroquial total na comunidade. Sua ênfase é que a igreja é chamada para ser o instrumento de evangelização tanto quanto os cristãos individuais. Na realidade, tanto os "jovens evangélicos" quanto o Movimento de Jesus tendem a tratar com cautela o ecumenismo neoprotestante e os comprometimentos da igreja evangélica. Apesar disso, tem havido um relacionamento crescente entre jovens evangélicos esquerdistas, em se tratando de questões político-econômicas, e ecumênicas de esquerda que têm afinidades teológicas inclusivas em aspectos político-econômicos.

O ecumenismo institucional, como o representado pelo Conselho Mundial de Igrejas e pelo Conselho Nacional de Igrejas nos Estados Unidos, está no momento em desorganização aberta, tendo perdido muito do entusiasmo anteriormente gerado nos membros das igrejas. É somente onde as igrejas tradicionais preservam localmente um ministério evangélico significante que o cristianismo denominacional tende a prosperar. Mas, em razão de a Associação Nacional de Evangélicos incluir em suas fileiras poucas dessas congregações evangélicas de igrejas tradicionais, o interesse dos jovens evangélicos inclina-se para as denominações históricas. E, pelo fato de que o movimento ecumênico finalmente se aventurou à crítica social e política – ainda que, frequentemente, de uma perspectiva discutível –, o seu interesse é estimulado em relação às agências ecumênicas. Enquanto o ecumenismo é, agora, amplamente considerado como um clima não promissor para a promoção da evangelização pessoal, como o esforço nacional chamado Key 73 atestou, uma agência do Conselho Nacional de Igrejas liderada por Dean Kelley, autor do livro *Why conservative churches are growing*,[160] recomenda publicamente a *Declaração de Chicago* por sua preocupação social.

No nível local, os seguidores do Movimento de Jesus tendem a identificar-se com congregações – denominacionais ou independentes

---

[160] Por que as igrejas conservadoras estão crescendo.

O "Movimento de Jesus" e seu futuro

– que refletem as suas preocupações e que acolhem a sua participação ativa, mas saem rapidamente daquelas que os veem com desdém. Eles tendem, também, a penetrar aquelas congregações que estejam abertas para a renovação evangelística. Os "jovens evangélicos" estão mais suscetíveis a considerar a filiação a uma igreja como uma base para a promoção de mudança social junto com a evangelização pessoal; alguns consideram-se até mesmo cristãos subversivos que atuam dentro de congregações, tanto ecumênicas como evangélicas.

O Movimento de Jesus tende a traçar o seu próprio curso em relação às questões carismáticas, frequentemente explorando uma vida no Espírito que vai além das ênfases aceitáveis a congregações evangélicas. De modo não frequente, o movimento conclama seus seguidores – pelo menos, temporariamente – a buscar dons especiais, particularmente as línguas e a cura. Muitos jovens, que conheceram Cristo, vindos de uma obsessão com o sexo e as drogas, têm um senso vívido do corpo humano como um instrumento a ser dedicado ao serviço do Espírito. Algumas vezes, jovens têm sido vítimas de possessão demoníaca, e estão abertos a manifestações mais dinâmicas da possessão do Espírito, mais do que as igrejas tradicionais encorajam.

A maioria dos seguidores do Movimento de Jesus – embora nem todos – deploram o reducionismo fundamentalista da vida espiritual a uma lista de "nãos". As igrejas inclinadas a esse tipo de negação exibem a fraqueza de suas próprias tradições quando recusam acolher jovens cristãos simplesmente porque, depois de receberem Cristo, eles conservam os seus cabelos compridos e o seu jeito de vestir característicos da contracultura. O Movimento de Jesus queria ser conhecido, acima de tudo, por seu amor a Deus e ao homem. Sua saudação às pessoas passou a ser "Deus ama você". Enquanto o respeito às tradições evangélicas corria o risco de pôr uma camisa de força no Espírito, a abordagem experiencial do Movimento de Jesus corria o risco de aberração espiritual e deixou muitos jovens cristãos vulneráveis aos excessos das seitas. O movimento ecumênico, com o seu foco na frase "o que o Espírito diz às igrejas" em vez de em o que as Escrituras inspiradas dizem continuamente, tem, enquanto isso, estado mais aberto a uma ênfase na renovação carismática do que numa recuperação da Reforma.

Apresentar um prognóstico do futuro do Movimento de Jesus é, portanto, mais difícil do que calcular as possibilidades estatísticas de sucesso ou fracasso do avanço secular contracultural. A igreja cristã sempre se move para o futuro por meio de uma geração mais jovem. Entretanto, seria errado concluir que a juventude cristã tenha tomado conta ou tenha contraposto a contracultura, em razão do Movimento de Jesus ter tomado a iniciativa entre os jovens, pois esse não é o caso. Apesar de todos os seus elementos entusiásticos, o Movimento de Jesus refletiu profundamente, embora de modo não completamente articulado, as aspirações espirituais tanto dentro da cultura secular como na contracultura. Resolver tais aspirações, porém, exige nada menos do que um renascimento e uma renovação evangélica. Mas no presente, enquanto tiver falta de raízes intelectuais e estiver isolado da igreja visível, o Movimento de Jesus aparenta ser dificilmente distinguível de muitas outras rebeliões motivadas pela religião. Todavia, alguns observadores creem que o Movimento de Jesus esteja sendo lentamente absorvido e reabsorvido pelas igrejas evangélicas tradicionais por intermédio de grupos jovens ativos e de outros esforços mediadores. Aquilo que no presente exibe algumas marcas de ser, possivelmente, um evento importante na história da igreja nos últimos trinta anos do século XX, por outro lado, poderá mostrar-se nos próximos dez anos como um fenômeno meramente passageiro. O problema é que o Movimento de Jesus diferencia-se tanto do cristianismo genuíno – com a sua base teológica fixa e as suas estruturas institucionais – quanto da contracultura secular. Seu individualismo (também evidente na cultura secular) não oferece nenhuma garantia segura de que não seja prontamente reassimilado pela contracultura, ou mesmo pela cultura secular, tanto quanto que encontre um refúgio eclesiástico e teológico seguro.

Não há dúvida alguma sobre a vitalidade evangelística do Movimento de Jesus. Os críticos têm frequentemente ignorado o fato de que, se as suas próprias congregações refletissem a disposição espiritual que, caracteriza esses jovens – o seu interesse na Bíblia, as suas reuniões de oração, os seus esforços por alcançar as pessoas –, os pastores locais logo experimentariam um reavivamento em suas igrejas.

O "Movimento de Jesus" e seu futuro

Contudo, a esterilidade teológica que permeia muitas congregações, exceto por questões intelectuais isoladas e superficiais, também caracteriza grande parte do Movimento de Jesus. Enquanto o Movimento de Jesus reconhece a realidade, a revelação e autoridade do Deus da Bíblia, ainda assim é vulnerável à incoerência doutrinária e a desequilíbrios espirituais. Aqueles que acusavam o movimento – por causa de sua centralidade em Jesus – de promover um novo unitarismo estavam sem dúvida equivocados, embora uma orientação consciente da Trindade cristã esteja, de fato, em falta. O conteúdo doutrinário como um todo é mesmo muito pequeno. Por essa razão, o movimento torna-se presa fácil de certas ênfases na evangelização que passam por cima de problemas intelectuais ao conclamar as pessoas à decisão espiritual. A fé é de alguma forma tida como algo que dispensa silogismos válidos ou que até mesmo cobre os inválidos. Apesar de todo o seu vigor que vai para além das igrejas do sistema evangélico, o Movimento de Jesus tende a ser intelectualmente superficial e doutrinariamente tolerante, acomodando-se a conceitos subbíblicos e até mesmo heréticos em favor do "amor cristão". Em lugares diferentes, o Cristo do Movimento de Jesus era o ex-carpinteiro interessado no mundo invisível, o líder de uma comuna numa peregrinação nômade, o crítico do sistema e, sem dúvida, para um bom número de pessoas era o Filho de Deus poderoso que anuncia a salvação divina a pecadores arrependidos.

Pesquisas recentes mostram que os jovens têm em geral atitudes extremamente negativas não somente no que diz respeito à igreja e à religião, mas também acerca de Deus, e que o clima das convicções acadêmicas hoje em dia nos *campi* secundários e universitários é tudo, menos receptivo ao teísmo sobrenatural. Onde quer que a fé evangélica exista, isso ocorre muito frequentemente em comunidades intelectuais isoladas. Apesar dessa atmosfera desanimadora, o Movimento de Jesus continua acrescentando às suas fileiras outros jovens para quem a vida tornou-se prematuramente sombria. Além disso, há evidência de que, à medida que o movimento começa a amadurecer, seu antigo desinteresse tanto a respeito de questões intelectuais quanto em mudança social tem sido cada vez mais questionado entre alguns de seus próprios membros. As conferências missionárias em Urbana, mencionadas anteriormente, influenciaram alguns líderes do Movimento de Jesus por meio de sua interação

DEUS, REVELAÇÃO E AUTORIDADE

equilibrada com o interesse missionário dos estudantes, com as preocupações sociais, e com grande interesse intelectual. Muitos exemplos poderiam ser mencionados daqueles que emergiram por meio do e do próprio movimento de Jesus para a competência acadêmica e para o envolvimento social. Até que ponto isso não representa uma tendência passageira, mas uma reviravolta decisiva, determinará se o Movimento de Jesus será visto, em última análise, como simplesmente um culto ou se, por meio de um interesse crescente na visão cristã da vida e do mundo e suas implicações abrangentes, ele formula uma vigorosa alternativa aos mitos culturais da modernidade.

De uma perspectiva bíblica, o Movimento de Jesus, a *Declaração de Chicago* dos jovens evangélicos, as igrejas fundamentalistas independentes e até mesmo o assim chamado sistema evangélico, não menos que o movimento ecumênico que promoveu a unidade estrutural da igreja, todos esses sofrem de uma mesma carência: uma identidade pública como "povo", um corpo visível de cristãos regenerados. Cristãos evangélicos em sua condição fragmentada, bem como cristãos ecumênicos em sua filiação estrutural, parecem ter falta de uma compreensão de que a igreja de Cristo deve ser uma "nova comunidade", unida no amor a Deus e ao próximo e funcionando de maneira identificável no mundo como sal e luz. Tal comunhão como um só corpo de cristãos terá uma vanguarda de estudiosos a fim de expor a verdade da revelação com um poder intelectual que confronta as ideologias não cristãs; terá um grupo de leigos biblicamente radicados, capaz de permanecer firme diante das heresias do momento; terá uma liderança leiga madura e que toma iniciativas cristãs, que aconselha os carregados de dificuldades e que ministra aos necessitados. Levará tanto homens como mulheres e o lar cristão à experiência completa da plenitude cristã. E, acima de tudo, estará compromissada com Cristo como uma comunidade no discipulado radical, na exposição da verdade de Deus, de seu amor e de sua justiça na dimensão pessoal e pública.

A revolta do Movimento de Jesus contra a religião institucional não apresentou uma alternativa clara no sentido de uma frente cristã unida. Assim, é vulnerável ao culto da personalidade e ao entusiasmo passageiro que carece da estabilidade de um movimento permanente e viável. Sua posição é basicamente isolacionista e escapista no que tange à sociedade, e o seu estilo de vida é contracultural. Aqueles que se dedicaram ao pacifismo ou ao estilo de vida comunal se debateram, de certa forma, com a natureza da comunidade à luz da doutrina da igreja. Mas em geral o Movimento de Jesus não manifestou nenhuma inclinação para uma investigação acadêmica séria, especialmente da parte daqueles que reconhecem que as comunas não demonstraram ser a família do futuro, em vista do evidente fracasso do casamento aberto.

O grupo da *Declaração de Chicago* tem mais liderança intelectual e é teológica e filosoficamente mais articulado. Alguém observou que, em lugar de lavar suas mãos em relação à sociedade contemporânea, como o Movimento de Jesus tem a tendência de fazer, o grupo de Chicago "arregaça as mangas" num interesse ativo pela reforma das ordens sociais existentes. Embora os evangélicos da *Declaração de Chicago* formulem seu conjunto de objetivos mais especificamente, eles não estão menos suscetíveis de refletir o alto grau de individualismo do movimento evangélico americano do que o Movimento de Jesus. Os participantes representam uma gama de interesses em comum, mas não manifestam um compromisso mútuo básico e indissolúvel. Tanto o Movimento de Jesus como o grupo da *Declaração de Chicago* estão extremamente insatisfeitos com a vida institucional em geral, tanto na dimensão sagrada como na secular. O Movimento de Jesus é altamente anti-institucional em seu formato, enquanto o grupo de Chicago procura mudar as estruturas institucionais de dentro para fora ou substituí-las. Nenhuma das opções parece totalmente consciente do quadro que o Novo Testamento apresenta da comunidade cristã, como um corpo unificado de cristãos vivendo no mundo de modo identificável como sal e luz.

8

O homem secular e as questões prioritárias

O homem radicalmente secular não admite nenhuma alternativa para a explicação naturalista de toda a abrangência da realidade. Portanto, ele repudia o alinhamento com o apelo contracultural de um domínio interior de decisão e de transcendência, ou com os ativistas sociais que se concentram nas assim chamadas questões práticas, enquanto evitam as questões da ontologia e da epistemologia. Ele deliberadamente atribui tudo aquilo que existe e tudo o que existirá – inclusive a vida, o homem, a cultura e a história – a processos e eventos naturais apenas.

As cosmovisões do secularismo ocidental e do comunismo sino-soviético concordam com essa diluição do mundo real em processos e eventos impessoais. Esse reducionismo naturalista subjacente diminui todas as suas outras distinções concernentes à natureza, à história e ao homem. A diferença básica entre elas está no fato de que, junto com a sua perspectiva ateísta, o mundo comunista apega-se ao mito do materialismo dialético e ao triunfo garantido do proletariado, enquanto o secularismo ocidental já rompeu com o mito da utopia evolucionista.

Examinaremos, primeiramente, de modo mais completo a cosmovisão daqueles que defendem a ideia de que toda a existência possui uma fundamentação ontológica naturalista e observaremos, especialmente, como essa visão secular da realidade definitiva caracteriza o homem e o universo. Depois enfatizaremos que aquilo que o homem contemporâneo diz a respeito de si mesmo e de seu mundo nem sempre concorda com aquilo que ele faz e pensa sobre a realidade exterior. Finalmente, focalizaremos os dilemas inerentes da visão naturalista e deixaremos que a teologia revelada ilumine as contradições que essa visão provoca na vida daqueles que defendem a teoria secular.

A convicção de que a natureza é o ambiente mais amplo e mais profundo domina, agora, praticamente todo o mundo intelectual ocidental. A conceitualização contemporânea da realidade é deliberadamente antiteológica e antissupernaturalista. O *Geist*[161] natural é totalmente ligado aos processos e eventos naturais; nenhuma categoria transcendental é admissível, exceto com base em pressuposições naturalistas. Noções do eterno e do divino, da revelação e do Espírito, são todas postas de lado como estranhas e nebulosas.

A perspectiva secular sobrepõe suas atitudes básicas não apenas ao cosmos, mas a toda a existência. A visão monodimensional vê a realidade exclusivamente em termos de finitude e contingência. Focaliza o pensamento e a linguagem reflexiva unicamente no domínio da mudança e do desenvolvimento, nos quais nada permanece inalterado, ou seja, nos eventos que são apreendidos pela percepção. Não percebe nenhum sinal de permanência; todas as formas de vida e ser são declaradas flexíveis e fluidas. A premissa de que podemos conhecer apenas processos e eventos contingentes é complementada por uma teoria do conhecimento e uma visão da dignidade correspondente. Sua teoria do conhecimento fundamenta a cognição confiável naquilo que é diretamente perceptível e passível de ser testado, isto é, em observação sensorial do mundo físico e de pessoas ao nosso redor. O esquema de valores cultiva a realidade empírica acima do interesse naquilo que é invisível ou transcendente. Uma vez que a ciência empírica é, portanto, valorizada como o ponto de referência mais confiável para a realidade última, a visão da existência que ela reconhece, ou seja, de que o mundo e o homem são subprodutos de forças e eventos impessoais, é considerada algo baseado de forma mais inteligível do que as projeções que fundamentam ou alicerçam valores humanos em algum contexto espiritual invisível. Somente

---

[161] [NT] Palavra alemã que significa "espírito".

aquilo que é cientificamente investigável tem significância racional; tudo o mais fica fora do alcance da realidade.

Quando a realidade definitiva é compreendida de forma impessoal e finita, não resta nenhum domínio do ser que seja sagrado ou não condicionado além do mundo espaço-temporal, não há Deus nem manifestação divina, não há nenhuma norma dada de forma absoluta para a razão e para o que é certo no cosmos e na história, não há uma oferta transcendente de salvação ou perspectiva de esperança divinamente fundamentada. O não visível definitivo (Jesus, p. ex., declarou que "Deus é espírito", portanto imaterial e invisível) é considerado mítico – quer se fale sobre a divindade, a criação, a providência, a redenção, ou o juízo final –, já que essas noções estão além da verificabilidade empírica. Todas as coisas definitivas são depostas, todos os absolutos são relativizados num universo, para usar a frase descritiva de Langdon Gilkey, povoado "apenas por estrelas errantes e átomos circulantes, e outros homens tão perdidos quanto nós" (*Naming the whirlwind*,[162] p. 164).

O ponto de vista secular afirma o ser humano e o seu destino somente na perspectiva de forças finitas, a inter-relação de todos os processos cósmicos e a relatividade de todos os eventos históricos. Assevera que a natureza foi apenas que produziu o homem. Isso carrega consigo um entendimento especial do lugar do ser humano no mundo tangível e tem consequências para todos os elementos centrais da existência humana. Tudo o que o homem faz e alcança tem sobre si as sombras da transitoriedade e da relatividade. No interior desse contexto de existência, sua posição e função e todas as suas instituições sócio-históricas são condicionadas por seu ambiente social, que sozinho forja e aprimora suas capacidades. Nada que seja tradicional é sacrossanto. A suposta consolidação definitiva de todos os padrões do passado – até mesmo a família – está aberta a questionamento por alternativas experimentais. Nenhuma ordem da realidade objetivamente dada parece ser totalmente impenetrável à sua manipulação; a tecnologia o capacitou a reorganizar o seu ambiente, que antes parecia incontrolável, a fim de servir aos seus próprios interesses e desejos. Todas as convicções e os credos são considerados culturalmente condicionados, todos os compromissos da verdade e da moralidade

---

[162] Nomeando o redemoinho.

são provisórios. A própria possibilidade do progresso humano, numa base empírica e científica, é tida como que requerendo a reavaliação humana de todos os padrões e estruturas; somente a mudança é o caminho para um futuro de esperança. O secularismo promove uma nova autoconscientização que separa o homem de um relacionamento de dependência de Deus. Num mundo sem razão e propósito objetivos, o homem precisa da liberdade autônoma para criar e recriar o seu próprio sentido e segurança. O homem é visto como uma criatura competente sem deuses, que trata de todos os problemas por meio de recursos sociais, em lugar de sobrenaturais, e todos os seus poderes e escolhas estão fundamentados de forma aleatória.

Essa substituição do teísmo bíblico pelo naturalismo científico provoca uma alteração colossal na mentalidade cultural; é, de fato, uma das reestruturações mais radicais na perspectiva das convicções na história do pensamento humano. O homem secular se desengajou daquilo que considera ser o gigantesco mito da religião revelada e da Bíblia. Ele expulsou o Deus da criação e repudia uma ordem de sentido e de dignidade para a realidade da criatura que foi eternamente dada, estabelecendo toda a existência, vida, verdade e valor num contexto que é exaustivamente condicional e provisório. O eterno, o Senhor soberano, não mais cria a vida e define a verdade e o bem; a realidade é redefinida sem qualquer dimensão sagrada. Assim, o secularismo radical move-se para muito além da instável acomodação feita por Darwin do Adão bíblico com respeito ao naturalismo evolucionista, e atribui não simplesmente o corpo humano, mas toda a existência a considerações não teleológicas. Enquanto Darwin, como Gilkey observou, ampliou a "visão antiteleológica da natureza a fim de cobrir a questão da origem da forma do homem e, desse modo, incluir todo o nosso ambiente relevante, e nós mesmos, dentro do cego mecanismo da natureza" (*Naming the whirlwind*,[163] p. 40, n. 4), a perspectiva contemporânea não exclui coisa alguma dos processos e eventos impessoais como seu referente definitivo. Deus o criador, o Logos encarnado, a expiação e a ressurreição de Jesus, a Palavra de Deus e as Escrituras inspiradas, e um julgamento divino futuro, tudo isso é descartado como se fosse ficção piedosa; não existe nenhuma verdade do evangelho. O naturalismo secular

---

[163] Nomeando o redemoinho.

reconhece que essa negação de qualquer referente da revelação não apenas expõe o homem e o mundo ao abrangente alcance do acaso e da mudança, mas que na realidade isso inunda a realidade com contingência *compreensiva*, transitoriedade *total*, relatividade *radical* e autonomia *absoluta*.

Portanto, será que o naturalismo secular leva em conta adequadamente a informação da realidade e a experiência humana? A nossa resposta exige que focalizemos mais criticamente suas implicações para o pensamento e para a ação no mundo concreto da existência cotidiana do ser humano.

A teoria secular da *contingência compreensiva*, ou seja, do caráter meramente provisório da realidade, não permite qualquer dimensão transcendente para a existência. O ser e a providência divinas são negados. Todas as asserções acerca de uma existência divina objetiva são anuladas. Deus é exilado do cosmos e da história, até mesmo como um objeto real do pensamento; nenhuma categoria da divindade, seja ela transcendente, seja imanente, ou de qualquer fundamentação divina para a vida, retém significância cognitiva. A herança bíblica é jogada de lado como ficção, e a Igreja cristã com as suas preocupações do outro mundo não é nada mais do que uma grande ilusão. Não permanece nenhuma validade para qualquer fé religiosa que afirme a realidade de Deus, ou para qualquer representação de relacionamentos espirituais entre homem e Deus. Entidades religiosas sobrevivem somente como facetas da experiência psíquica do homem, como símbolos da imaginação e da idealização humanas.

A contingência compreensiva não significa apenas a morte de Deus, mas também o fim dos elementos de suporte cósmicos transcendentes e de uma ordem criada inerente. O universo e o homem não devem ser explicados em termos de causas inteligíveis e de propósito. Não há nenhuma razão decisiva para o universo e o homem, nenhum plano ou projeto definitivo, nenhuma prestação de contas das criaturas a estruturas primárias de coerência e valor, nenhuma âncora, em qualquer lugar do universo, para as preocupações humanas. Vivemos num ambiente que não possui sentido nem bondade finais.

A contingência do mundo real exterior tornou-se a premissa controladora da filosofia contemporânea. Karl Löwith identifica a

DEUS, REVELAÇÃO E AUTORIDADE

contingência – a ideia de que tudo é finito e mutável – como a característica básica da visão do homem moderno da existência (*Nature, history and existentialism*[164]). Um século de teoria evolucionista colocou o homem num contexto exclusivamente de acaso e de possibilidade, do condicional e do acidental, em lugar de um propósito fixo e final. Além daquilo que é imediatamente dado, vê somente aquilo que é definitivamente arbitrário. O ambiente humano é considerado um aglomerado de fatores provisórios; tudo é dinâmico, móvel e mutável. Em resumo, a contingência compreensiva significa que a realidade é inerentemente irracional, a natureza é cega, a história é imprevisível e caótica.

Ligada à contingência está o senso moderno de *transitoriedade total* da realidade e da experiência. Afirmações acerca da eternidade divina, da vida eterna e da escatologia transtemporal são descartadas como infundadas. A categoria da eternidade é considerada irrelevante, exceto pelas abstrações mentais da lógica e da matemática e por construções imaginativas e míticas. O tempo é presumido como a categoria ontológica de todos os seres; a possibilidade de tornar-se um ser e a mortalidade são sustentadas como permeando toda a realidade. O processo natural é a essência da natureza e da história, da existência como um todo, e não deixa coisa alguma inalterada. O não temporal é considerado irreal. Desde Hegel, os teólogos modernos têm a tendência de considerar até mesmo a divindade como essencialmente dinâmica e em processo, e um grande número de escritores recentes de diferentes escolas (p. ex., Oscar Cullmann, Jürgen Moltmann, Wolfhart Pannenberg e Schubert M. Ogden) rejeita a supertemporalidade de Deus. A abertura para o futuro é compreendida em termos de possibilidades de mudança histórica, especialmente sociopolítica. O próprio homem está limitado pelo tempo, e o aspecto temporal que permeia toda a realidade lança-o, de forma cada vez mais ameaçadora e desafiadora, em direção à velhice e à morte.

Junto com a contingência compreensiva e a transitoriedade total, a mentalidade secular defende a *relatividade total*, ou o aspecto inter-relacional, de todo o processo histórico. Afirma a relatividade de toda verdade, valores e eventos em relação aos seus contextos culturais

---

[164] Natureza, história e existencialismo.

e sua situação histórica. A existência total do homem é tida como estando embutida na relatividade histórica, e todos os fenômenos humanos são, portanto, avaliados em termos de processos naturais. Essa demolição de qualquer categoria significativa de transcendência cultural implica que a doutrina cristã não deve ser considerada como verdade fixa da revelação mais do que convicções rivais. Explanação em termos de realidade divina é considerada como uma espécie de superstição. Que toda a vida, estruturas, culturas e eventos estejam contidos num nexo de inter-relacionamentos essenciais é a premissa básica semelhante à da física moderna, da biologia, da psicologia e das ciências sociais. Não são apenas todas as religiões mundiais e os sistemas filosóficos que são tidos como relativos ao processo histórico, mas as próprias categorias da razão, da moralidade e da beleza também são consideradas historicamente relativas. Assim, nenhum apelo à verdade definitiva pode ser feito, nenhuma oferta de salvação definitiva pode ser oferecida, e nenhum compromisso de adesão pode ser solicitado. No relativismo radical está implícita a rejeição de todas as normas da autoridade, a inevitável obsolescência de todos os padrões éticos e códigos morais.

Uma implicação correlativa dessa teoria da contingência compreensiva, da transitoriedade total e da relatividade radical de toda a realidade e experiência é a *autonomia absoluta* do homem. O homem é a única coisa que permanece, autossuficiente e autônomo, a fim de resgatar o cosmos do absurdo e da falta de sentido. Nenhum soberano divino coloca a vida humana sob mandamentos imutáveis, nenhuma revelação divina diz ao homem o que é verdadeiro e confiável, nenhum livro divino estipula o que é permanentemente certo e errado. A realidade exterior não fornece apoio em qualquer lugar do universo para a segurança humana. Exige-se uma ruptura com tudo aquilo que é transcendente, e com absolutos heterônomos, vistos como estranhos e arbitrários. O homem não precisa de Deus nem para conhecer a verdade nem para fazer o bem, mas é considerado inerentemente capaz de lidar com todas as preocupações de forma não religiosa, quer o seu desejo seja o de andar na lua, quer o de curar o câncer ou trazer paz à terra. O problema do homem não é o resgate de uma identidade do ser que tenha sido abandonada, um relacionamento perdido com uma ordem eterna de significado e de valor, mas, em lugar disso, é o problema de livremente configurar a

DEUS, REVELAÇÃO E AUTORIDADE

sua vida, história e natureza por meio de sua própria criatividade. O homem não deve depender de um soberano Deus criador e redentor ou de uma revelação transcendente; ele deve, em vez disso, recusar-se a aceitar qualquer coisa como verdadeira e boa simplesmente com base em autoridade ou poder superior. Sustenta-se que a dependência da autoridade externa destrói o espírito humano e a iniciativa criativa do homem, seja essa autoridade política, seja de natureza social ou supostamente sobrenatural. O preço irredutível da autorrealização e da singularidade pessoal é o direito do ser humano moderno de duvidar da presença de normas e estruturas dadas de modo permanente e também o requisito de que ele rejeite todas as autoridades de fora ou externas às quais a sua liberdade deve conformar-se. A religião transcendente não é a base, mas a barreira para a saúde interior e para a cultura criativa. Qualquer fonte transcendente, "acima do homem", que predetermina as possibilidades e os limites da liberdade humana, e estabelece mandamentos morais fixos, é considerada uma ameaça representativa à criatividade ideal daquilo que é criado.

Langdon Gilkey captura esse humor contemporâneo da autossuficiência humana: "Nenhum poder de fora tem autoridade e a última palavra para determinar para ele os seus pensamentos, os seus padrões, as suas decisões, ou para criar o seu significado [...]. A autonomia, ou a maioridade, num contexto secular [...] significa sair da tutela da autoridade externa de algum 'outro', alguma autoridade ou Senhor, para a autodireção [...] que é considerada o único nível da humanidade criativa" (*Naming the whirlwind*,[165] p. 155). O homem está "sozinho num cosmos cujo caráter não está relacionado com a sua vida espiritual e moral" (p. 189).

As teorias recentes da psicanálise e do existencialismo refletem e reforçam essa ênfase na capacidade inerente do homem de estabelecer o seu próprio sentido, de criar os próprios valores e de decidir o que é verdadeiro e bom. Assim fazem as visões modernas democráticas das instituições sociopolíticas e a confiança tecnológica na manipulação da natureza para fins humanos. O homem é visto como essencialmente capaz de lidar com todas as questões. O homem cria o seu próprio futuro ao exercitar seus poderes inerentes da mente e da vontade.

---

[165] Nomeando o redemoinho.

Reconhecer, de vez em quando, uma autoridade divina externa, uma lei ou código sacrossanto, um Estado com autoridade, uma regra de conduta apoiada nas Escrituras representaria um triste relapso na imaturidade e um abandono da autonomia. Nas palavras de Richard Rubenstein: "Estamos num cosmos frio, silencioso e insensível, que não recebe nenhuma assistência de algum poder que tenha propósito além de nossos próprios recursos" (*After Auschwitz*,[166] p. 49). O homem deve depender somente de seus próprios poderes de pensamento e de vontade, e dos valores sociais e históricos que ele patrocina e sustenta, se o ambiente espaço-temporal deve ser reconfigurado conforme o seu desejo. O naturalismo considera o homem como o seu próprio senhor, que estabelece seus próprios padrões e os implementa com seus próprios poderes. Somente o homem é capaz de decidir o curso de sua vida; é apenas ele a fonte da verdade que ele afirma e do bem que ele defende. A autorrealização humana é estabelecida por sua autodeterminação não apenas com base na decisão e no consentimento do próprio homem, mas também na criatividade: é exclusivamente o homem que estipula as estruturas ideais e que determina o sentido aceitável de seu ser, da sociedade e da realidade. Maioridade, em termos da modernidade secular, significa ser radicalmente autocriativo com relação à verdade, à moralidade, à ordem social e tudo mais.

Queremos, agora, enfatizar que onde quer que o homem secular tente viver de modo coerente com essas convicções, ele exaure a sua própria vida de sentido e de importância e gradativamente esvazia a sua existência de tudo aquilo que faz da vida humana algo desejável.

A fim de focalizar incoerência ideológica do naturalista secular, devemos olhar, por exemplo, para as ênfases existenciais em seu estilo de vida diária. O credo naturalista, já dissemos, estabelece o compromisso do naturalista com a contingência, a transitoriedade e a relatividade absolutas. Em vista disso, Löwith faz a pergunta crucial: "Como alguém pode sentir-se em casa num universo que é concebido como resultado casual de probabilidades estatísticas e que, se diz, veio à existência por meio de uma explosão? Tal universo não pode inspirar confiança nem simpatia, nem pode dar orientação e

---

[166] Depois de Auschwitz.

Deus, revelação e autoridade

sentido à existência do homem que nele está". (*Nature, history and existentialism,*[167] p. 28).

Ainda assim o naturalista retrata o homem como capacitado com um senso exultante de potencialidade pessoal. Apesar da subjugação da existência total do homem à relatividade histórica, o humanista ateu presume mesmo assim que o homem está livre para formar um futuro aberto que supre, pelo menos, alguma fundação objetiva para as questões humanas. Mesmo com todo o destaque de que a realidade cósmica é um processo natural totalmente indiferente aos propósitos e valores humanos, o homem secular dedica-se com todo o vigor ao bem-estar humano, à justiça social e à dignidade humana. Enquanto insiste que o cosmos não respeita aspirações humanas, exceto que o autointeresse prevalece por si só, o homem secular defende a autoentrega e o serviço em favor de outros, eleva o amor ao próximo e a busca pela justiça como fins invioláveis, proclama uma visão positiva da Terra como um objeto de responsabilidade ética, e encontra o cerne da vida humana nos compromissos morais do homem. Dessa forma, o homem ajusta sua vida a normas da verdade e do valor que a mentalidade naturalista é incapaz de validar e de acomodar. Afinal de contas, o que essa ênfase na justiça universal, no amor ao próximo e no dever cósmico tem a ver com um compromisso prévio com a contingência compreensiva, com a temporalidade total, com a relatividade radical e com a autonomia absoluta, exceto comprometer tudo isso?

O naturalismo secular dificilmente será capaz de reconciliar essas ousadas asserções sobre o sentido e o valor vida humana – seja com base no humanismo, seja com base na nova esquerda ou em qualquer outra coisa – com a relativização da realidade e da vida. A transitoriedade e a relatividade final não oferecem um tribunal de apelação pelo simples veredicto de que "isso é assim mesmo". Resta apenas a perspectiva da desilusão se recusarmos a reconhecer a desesperança que deve envolver a pessoa humana e desintegrar a significância de tudo que fazemos ou pensamos.

Mesmo assim o homem secular procura as idolatrias coletivas – o utopismo comunista ou novas escatologias tais como o *black*

---

[167] Natureza, história e existencialismo.

power[168] – nas quais sobrevive o mito de que o progresso é uma lei geral da realidade, e que cada um, "fazendo a sua parte", irá florescer em sucessos criativos invulneráveis. O homem secular rejeita enxergar a si mesmo como meramente uma roda que gira ou um animal confiante, não tendo futuro real algum, mas apenas um dia depois de amanhã esvaziado de vida e de propósito permanentes, um fenômeno temporário sem substância e peso que, finalmente, sucumbirá ao nada absoluto. Em vez de conformar-se com essa existência mecânica, e em lugar de aceitar a própria temporalidade de seu ser, ele fortalece a sua sobrevivência pessoal por meio de todo tipo de garantia, pois o futuro pode ser planejado por meios financeiros, sociais ou políticos. Ele sustenta o seu ser contra a ameaça do não ser ao produzir de suas próprias energias qualquer coisa que lhe prometa a autopreservação. Nesse sentido, Reinhold Niebuhr e outros observaram como o homem enfrenta o futuro com muito mais do que uma simples vontade animal de sobreviver. De fato, ele busca um poder infinito, ou influência, ou substância que lhe garantirá uma continuidade tranquila, e até mesmo escraviza-o a princípios demoníacos, na esperança de, assim, obter segurança futura. Ele nunca descansa plenamente, ou aprecia o presente, com uma gratidão que vem do fundo do coração por aquilo que tem no que diz respeito à saúde, comida e roupa. Um futuro incerto projeta a sua sombra sobre o seu coração ansioso e sempre lhe sugere o abandono do melhor do presente a fim de prover para um amanhã duvidoso. Ele deve proteger-se de doenças que talvez nunca terá, de pobreza que talvez nunca experimente, de fome pela qual talvez nunca passará, e do desemprego que talvez nunca enfrente.

Entretanto, que base existirá para o significado daquilo que fazemos se todos os valores que associamos com o lar, o trabalho e a sociedade conduzem inevitavelmente para o não significado último, e se todos os relacionamentos com a família, amigos e as pessoas em geral baseiam-se exclusivamente em interesses pessoais? Nem mesmo as nossas expectativas do futuro poderão desfazer as duras realidades que corroem todas as possibilidades de uma sobrevivência significativa. Langdon Gilkey está absolutamente correto quando diz: "Um futuro criado de forma aleatória ou arbitrária não oferece um

---

[168] [NT] Nome do movimento (poder negro) dos afro-estadunidenses que exigiam seus direitos civis nos anos de 1960-1970.

fundamento para o significado daquilo que fazemos agora [...]. A relatividade total é sentida mesmo em nossos significados menores, como a ansiedade do sem sentido" (*Naming the whirlwind,*[169] p. 346). A possibilidade diária do meu não ser que se aproxima, o sentimento de falta de valor para o ser humano no esquema total das coisas, permanece para assombrar cada esperança de um futuro brilhante.

No entanto, homens e mulheres esforçam-se por exibir um sentido especial em sua vida individual, por estabelecer a si mesmos como pessoalmente não convencionais e singulares, sendo, dessa forma, irredutíveis à massa em que todas as pessoas tornam-se apenas médias estatísticas. O artista procura configurar a realidade a uma nova sinfonia de cor e de melodia; o cientista busca revelar os segredos ainda encobertos do comportamento cósmico; o homem profissional esforça-se por alcançar uma produtividade que os seus colegas não poderão rivalizar; o atleta deseja encravar seu nome na galeria da fama, junto com os mais destacados de todos os tempos; o executivo de negócios espera a promoção para uma posição de liderança e de prestígio na corporação. Os homens sacrificam tudo por uma carreira ou profissão que dignifique a vida com proeminência e significado e subordinam tudo mais a esse propósito, estando inadequadamente inconscientes do quanto essa aspiração idólatra reflete o seu mais profundo autointeresse. Até mesmo aqueles que herdaram a vantagem da apatia numa sociedade afluente procuram envolver sua vida pálida com um sentido especial por meio de uma multifacetada agitação social. A importância da imagem pública, mesmo onde ela mascara a verdade, a luta competitiva por posição e reputação, o acúmulo de riqueza, poder e prestígio, como se um destino impessoal jamais pudesse num momento qualquer destruir, de modo imprevisível, a eles ou a nós, ou a ambos, tudo isso divulga a recusa do homem em reconciliar-se com uma existência meramente transitória e essencialmente sem futuro.

O dilema do homem secular é este: a fim de escapar do niilismo e da não importância pessoal implícita no naturalismo, ele investe sua vida com significados sequestrados e com valores que o naturalismo não pode sustentar. A fim de escapar de decisões espirituais requeridas pelo teísmo da revelação, isto é, pelo Deus da Bíblia, ele põe no

---

[169] Nomeando o redemoinho.

O homem secular e as questões prioritárias

lugar disso um compromisso privado com princípios finitos. Em vez de viver a sua vida momento a momento debaixo da sombra do não ser, ele secretamente luta e se esforça pela autossegurança. Contudo, como nada do que é finito é capaz de oferecer segurança absoluta, o homem secular prontamente procura alcançar o infinito com quaisquer recursos humanos que estejam disponíveis, esperando assim garantir o seu próprio futuro. Na ciência, por exemplo, ele agora encontra a bem-vinda possibilidade de consertar rupturas físicas por meio de transplantes de órgãos, de aperfeiçoar a evolução humana por intermédio de mutação e clonagem genética, e até mesmo de congelar o corpo humano para uma futura ressurreição médica.

Estranhamente, o compromisso com o empirismo científico, que uma vez corroeu a confiança do homem moderno nos absolutos, é agora bem-vindo pelo homem secular contemporâneo a fim de reforçar suas expectativas e convicções otimistas acerca do valor último do homem. Gilkey agudamente observa: "A ciência que, mais do que qualquer outra coisa, ensinou o homem sobre a sua contingência e relatividade no mundo, ironicamente o tem levado a esquecer essa contingência e relatividade, e a seriamente considerar a si mesmo como o mestre potencial de seu destino" (*Naming the whirlwind*,[170] p. 256). Esse desenvolvimento é ainda mais bizarro quando se recorda que os grandes filósofos do passado não encontraram na doutrina da inescapabilidade da mudança nenhuma base para otimismo a respeito das questões humanas.

A colossal autoconfiança que o homem demonstra, quando ele primeiro destrói todos os absolutos a fim de estabelecer o seu próprio sentido e valor pessoal, deve inevitavelmente ruir dentro dos limites de uma cosmovisão naturalista. Nenhuma lógica do naturalismo poderá justificar o homem como mestre de seu destino. Com ou sem ciência, o homem não é onipotente sobre o cosmos e a história. Falta a ele o vasto conhecimento, o poder e a liberdade essenciais para determinar a existência histórica. Que o ser humano agora é capaz de exercer um poder considerável sobre forças que antes pensava estarem além de seu controle, é algo indubitável. Até mesmo o teísmo bíblico visualizava o domínio do homem sobre a terra, embora não simplesmente para os seus próprios caprichos mecânicos. Ainda assim, nada é mais

---

[170] Nomeando o redemoinho.

DEUS, REVELAÇÃO E AUTORIDADE

claro do que o fato de que o homem é incapaz de controlar o curso final da história e de determinar o seu clímax. Até mesmo as maiores potências mundiais e os mais poderosos tiranos totalitários, cedo ou tarde, reconhecem isso. O problema sociopolítico não é um quebra-cabeça da física ou da engenharia mecânica, mas algo de impacto racional e moral sobre os relacionamentos humanos e as instituições públicas. Os próprios conhecimentos e poderes que o homem secular científico laboriosamente acumulou são empregados por pessoas previamente desconhecidas, para finalidades altamente destrutivas. A não predicabilidade da história política, mesmo nos tempos modernos, evidencia como é fragmentário o controle que o homem tem sobre o curso mais abrangente dos eventos. Mais marcante ainda é o fato de que o homem moderno não consegue nem controlar a si próprio. Em nenhum espaço do mundo das criaturas existe uma espécie mais frustrada do que o *homo sapiens*, e em nenhum lugar entre as suas muitas frustrações a sua inaptidão e incapacidade são mais evidentes do que no que diz respeito a objetivos morais. Não é apenas o seu ambiente cósmico, mas também, e especialmente, a própria natureza do homem que se interpõe para impedi-lo de fazer o bem que ele gostaria de fazer.

O secularista acaba exaurindo o seu próprio ser significante quando ele abre mão do sentido e da dignidade pessoais. Mas seu compromisso com a contingência invalida para ele qualquer *status* em meio ao cosmos cego e impessoal que ele construiu; o mundo da teoria naturalista é indiferente a interesses pessoais e vazio de propósito. Esse dilema pode ser resolvido pelas premissas naturalistas em uma de duas maneiras: uma delas faz que tudo seja visto como sem sentido; a outra sobrepõe sentido ao homem e seu mundo.

O existencialismo ateu resigna-se ao desespero do pessimismo: a realidade exterior é simplesmente destino irracional, e não há alternativa para o niilismo. Sentido e dignidade não possuem base objetiva e podem ser sancionados internamente somente pelo retorno do homem pós-mitológico às fantasias mitológicas. A decantada autonomia do homem não conquistou a sua consciência do destino impessoal e da falta de sentido humano; até mesmo as suas esperanças tecnologicamente fundamentadas rendem-se, finalmente, à contingência. O fato de que todas as coisas estão sujeitas ao tempo significa

O homem secular e as questões prioritárias

também que todas as coisas estão destinadas a perecer. Nós também, meros mortais com um número limitado de anos, morremos como os outros animais; todo homem tem o seu dia final. O índice de suicídios cresceu notavelmente entre aqueles que lutam com um senso abrangente da falta de sentido para a sobrevivência humana, num ambiente cósmico incoerente e irracional, imerso no fluxo acidental das coisas e num processo impessoal. O naturalismo oferece ao homem secular a opção de um suicídio final da significância pessoal, ou a opção da insanidade intelectual a fim de preservá-lo. Uma vez que a cosmovisão que ele sustenta em princípio acaba com o valor pessoal, ele poderá buscar uma existência humana significante apenas por meio da ilusão.

Todavia, o homem secular recusa-se a se reconciliar com a sua professada nulidade. A possibilidade de sua morte pessoal é algo com que, assim como os outros homens, ele parece menos capaz de reconciliar-se. Ainda que grande parte da teoria naturalista caracterize-o como uma partícula condicionada da energia espaço-temporal, o homem procura uma conexão com aquilo que não é condicionado, se não no que diz respeito à sua origem, pelo menos no que diz respeito ao seu destino. Ele recusa-se a se curvar resignadamente aos limites que o secularismo estabelece para a sua vida e continua a nutrir a esperança de que ele é algo especial. Lança para fora de sua mente a noção de que esteja desamparado para reverter o seu encontro com o não ser e confere à sua existência uma convicção secreta de que difere, em espécie e no que diz respeito ao destino, de toda gama de outras coisas finitas. Ele desloca a relativização de suas energias de um modo que extinguiria o sentido do significado e do propósito de sua vida presente. Ele declina ponderar tanto a inevitável possibilidade da morte quanto resignar-se a ser apenas uma cifra, como a teoria moderna o considera. Compartilha da recusa quase universal de ver a velhice e o não ser pessoal com uma atitude de compostura. Uma vez que essa tentativa não é bem-sucedida, ele tenta ainda anestesiar a sua consciência da inescapabilidade da morte e, quando enterra os seus entes queridos, até mesmo disfarça a realidade da morte com os detalhes ornamentais do ofício funerário. Apesar da ameaça do não ser, ele celebra a sua própria existência e procura por uma segurança individual inviolável; busca por um significado singular para a sua

DEUS, REVELAÇÃO E AUTORIDADE

vida e conforma-se com nada menos do que um senso de significância e de valor pessoal que perdure.

O mundo da descrença frequentemente aponta um dedo acusador contra os cristãos professos e, ao observar a incompatibilidade de algumas ações em relação aos princípios do teísmo bíblico, declara que são terrivelmente incoerentes na vida de fé. No entanto, o estilo de vida do homem secular moderno em privado compromete a cosmovisão que ele professa em público não apenas a ponto de ser logicamente contraditória, mas também a ponto de ser espiritualmente ingênua.

Como vimos, o homem secular moderno recusa-se a viver com base na cosmovisão ou conceitualidade naturalista que advoga. A razão para essa inconstância não está somente no sentimento, mas numa abrangência de realidade e experiência que o homem não consegue manipular e que a teoria secular oculta. O homem não nasce com os preconceitos naturalistas sobre a realidade, os quais vão contra as suas intuições mais profundas e a sua humanidade essencial. O secularista é um pensador intelectual do abstrato que elaborou uma rede de premissas que até mesmo a maioria dos homens modernos considera artificial. Os dilemas e as ambiguidades de sua experiência pessoal são tais que o próprio homem secular não pratica seus compromissos naturalistas com seriedade absoluta. Em vez disso, os próprios secularistas, repetidas vezes, contradizem as suas próprias reivindicações naturalistas em sua vida cotidiana e ajustam as questões de sua vida privada a pressuposições bem diferentes.

Portanto, o homem secular vive com base em dois padrões: pelo credo naturalista que ele afirma e venera, quando este serve aos seus propósitos, e por alternativas de ação ocultas que ele aceita prontamente, quando ele as prefere. Sua vida privada dá um testemunho involuntário quanto às omissões e falhas do pensamento naturalista. Nessa aliança rompida com a posição secular, há evidência da reivindicação resoluta de Deus por suas criaturas, mesmo no meio da revolta intelectual e moral dessas criaturas. De certo modo, muitos aspectos dessa experiência ambígua correspondem, de forma limitada, à revelação divina transcendente. O senso de valor pessoal e de destino peculiar do homem deriva dos remanescentes da *imago Dei* criada no homem, e, além disso, da revelação universal presente do criador.

O ser do homem carrega consigo significados e valores que ele não criou nem é capaz de controlar. "Não podemos *criar* o significado de nossa vida da mesma maneira que não podemos criar segurança para elas", escreve Gilkey (*Naming the whirlwind,*[171] p. 350). Significados e valores dados de modo transcendente constituem a base e a extensão das capacidades do homem. O senso do vazio assustador da vida, caso o homem não responda a nada que seja transcendente, não é nada mais do que um sinal negativo da verdadeira natureza do homem, enquanto sua busca por princípios substitutos, que providenciem um senso de valor, direção e destino, indica como ele pode ficar pateticamente perdido.

Na realidade, o homem moderno tem um conjunto de experiências muito mais amplo do que o credo naturalista admite. A cosmovisão secular obstrui e cobre aspectos experienciais inescapáveis da revelação divina: que a revelação expõe tanto a arbitrariedade da visão secular quanto a alienação culpável do homem de seu criador. A dificuldade do homem moderno não decorre da não inteligibilidade, ou da incredulidade, acerca da realidade de Deus, mas origina-se nas postulações e convicções intelectuais do secularista, que fazem da visão bíblica algo pessoalmente impotente.

Contudo, o espírito moderno está trincado, a ponto de quebrar-se, pelas tensões entre o *Weltgeist,*[172] secular e a recusa em descartar questões pessoais como lixo emotivo. Ao mesmo tempo, o homem moderno recusa-se a relacionar essas reivindicações pessoais (o que deveria fazer) à revelação divina transcendente da natureza do homem e do ser real. No entanto, ele é forçado a pensar de antemão no aspecto definitivo por causa de questões aflitivas tais como: "O que será de *mim*?"; "Quem e o que sou *eu*?"; "O que *eu* deveria ser?" As hesitantes concessões no interior da posição secular envolvem ramificações que aliam o homem às dimensões transcendentes definitivas da realidade e da existência. A luta pelo significado, pelo valor e pelo destino testemunha a presença de elementos inerradicáveis da revelação divina geral.

---

[171] Nomeando o redemoinho.

[172] [NT] Palavra alemã que se traduz por "espírito do mundo".

DEUS, REVELAÇÃO E AUTORIDADE

O homem secular moderno vacila entre o secularismo, como uma conceitualização que exclui a realidade sobrenatural e a revelação divina, e um ponto de vista de significância e dignidade pessoal que o envolve com a verdade da revelação. Apesar da rejeição aberta de Deus e da revelação como categorias arcaicas e ultrapassadas, a experiência secular moderna permanece tendo relações inescapáveis com a revelação transcendente. Os contornos da vida secular relacionam o naturalista com um horizonte mais amplo e profundo do que a sua estreita teoria da realidade permite. Tanto as atitudes quanto as ações mostram o secularista contemporâneo, em sua pessoa autêntica, como um ser muito mais complicado do que o próprio naturalismo admite. No ponto crítico da natureza e do destino do homem, ele recusa-se a aceitar a autoridade do pensamento secular e avalia outros seres humanos, e julga a si mesmo, por um padrão marcantemente diferente da perspectiva naturalista. O contraste inegável da experiência realmente vivida pelo homem e a cosmovisão naturalista básica que o secularista afirma aceitar, sua busca por padrões de conduta incompatíveis com este *Weltanschauung*[173] secular, fornece evidência de que o critério materialista contemporâneo não determina, de modo final e absoluto, a sua autocompreensão da existência humana no mundo moderno. No decurso da reflexão, decisão e ação cotidianas, o homem secular está envolvido com preocupações acerca da realidade, verdade e valor que o expõem como um caráter que tem um papel contínuo no teatro mais amplo do ser e da vida do que a sua perspectiva secular poderia sugerir.

Em nenhum outro aspecto, essa dimensão não secular revela-se mais claramente na vida secular do que quando os homens julgam os erros morais que outros cometem contra eles. Até mesmo o homem secular insiste que existe um *dever* ético que prende e obriga a humanidade e que qualquer um que o prejudica viola as sensibilidades mais profundas da vida. Uma mentalidade empírica, é claro, não pode estabelecer ou sustentar nenhuma norma, ainda mais normas morais objetivas; essa mentalidade é descritiva e pode, no máximo, apenas detalhar aquilo que é observado pelas percepções. Não há dúvida, todas as sociedades pressupõem certos padrões de comportamento humano, e a cultura secular só pode sobreviver por meio de uma estrutura de crenças e conduta comumente aceitas como convicções. A vida

---

[173] [NT] Expressão alemã usada na filosofia, que poderia ser traduzida por: "uma filosofia ou uma visão particular da vida", ou a "cosmovisão" de um indivíduo ou grupo.

O homem secular e as questões prioritárias

e a cultura humanas são consideradas decadentes quando essas normas, comumente aceitas, são desconsideradas. Mas em seu julgamento moral de outros, o secularista não se satisfaz em considerar restrições éticas como questões de preferência individual ou de preconceito cultural. Ele não deseja invalidar todas as normas morais como vestígios de uma cosmovisão antiquada, ou como superstições adolescentes que os nossos semelhantes, os seres humanos, precisam superar. Ele invariavelmente espera mais dos outros do que meramente uma liberdade criativa quando suas vidas tocam a dele. Ele considera compromissos morais como parte integral do caráter humano singular da vida do homem. Algo presumido como real e inviolável é visto como sendo difamado quando outros tratam o naturalista secular como meramente uma coisa, um objeto impessoal. Nossos próximos – por mais obscuras que suas crenças teístas pareçam – não são meramente átomos animados, ou mecanismos impessoais cegos, quando eles nos fazem mal, mas são agentes morais e racionais –, responsáveis por seus motivos e devem responder por seus atos.

A exigência contemporânea por justiça social e por responsabilidade ambiental, a preocupação pelos pobres e oprimidos, a prioridade do pessoal sobre o tecnológico, e muitas outras coisas na pauta secular, tudo isso pressupõe a dignidade universal e permanente do homem como homem. Normas que têm implicações tanto no que diz respeito à segurança pessoal como ao significado da vida são vistas como válidas para a existência individual e social do homem. Relacionamentos e compromissos obrigatórios são tidos como que constituindo a pessoa e a humanidade, e o cerne da natureza do homem como homem, a sua *humanitas*, é descrita como que consistindo em seu reconhecimento do dever moral.

Em todas essas expectativas, os postulados não seculares são aparentes. A pergunta "Quem sou eu?" envolve o homem, de modo inescapável, em afirmações sobre a comunidade humana mais ampla, na qual deve expressar sua liberdade, e, além disso, em afirmações acerca dos imperativos obrigatórios que o julgam de maneira transcendente e o dever moral para o qual ele considera outros seres humanos também compromissados sem reservas em seus relacionamentos.

Mas o que tudo isso tem a ver com a autonomia absoluta, com a relatividade radical, com a transitoriedade total e com a contingência compreensiva? Como poderemos reconciliar o dever ético universal, a culpabilidade e o julgamento moral com a singularidade pessoal e a autorrealização definida exclusivamente num contexto de liberdade individual? O que acontecerá com a autonomia criativa individual quando nos dizem que o ser pessoal maduro pressupõe a interdependência social e comunitária do homem, tal como na família e nas transações socioeconômicas e políticas? Esses relacionamentos comunitários não dependem de significados e de deveres comuns, de amar as outras pessoas e de devoção à justiça, do cumprimento de obrigações morais com boa consciência e de elogios da autonegação que lembram a ênfase de Jesus na autocrucificação como o único caminho para o verdadeiro ser pessoal? A recusa em acomodar-se à relatividade total força o secularista a fazer perguntas, tais como: "O que faz da existência algo legitimamente criativo?" e "Que tipo de vida é autenticamente humana?" Ele é obrigado a reconhecer que padrões são indispensáveis à vida criativa e que, para transcender uma existência sem sentido, a pessoa deve enquadrar-se nas normas externamente dadas. No entanto, quando nos dizem que somente dentro desses limites a vida é vivida de uma maneira autenticamente humana e legitimamente criativa, poderemos muito bem perguntar como a investigação empírica descobriu e validou esses absolutos restritivos.

Esses elementos da experiência especialmente mascarados – valores e normas para os quais o secularista é conduzido, contrariamente à conceitualização secular da realidade – preparam o caminho para exibir a forma e o conteúdo da revelação divina geral que marca a experiência humana como nós a conhecemos. A negligência do homem decaído em relação à fonte transcendente de serenidade e de segurança na vida empobrece a experiência humana, reduzindo-a a ansiedade diária e a idolatria contínua. Ele luta com aquilo que é definitivo apenas em momentos esporádicos e espasmódicos, buscando meramente minorar seus temores, e não com o fim de concentrar-se nas alegrias da vida que são verdadeiras e permanentes. Ele deixa de perceber que todo o conhecimento e o valor do homem, toda a sua realidade, identidade e o seu destino, tem Deus como sua pressuposição, mesmo se ele não é reconhecido, e que as ações do homem estão diariamente debaixo do juízo do Deus que chama todos os pródigos de volta para casa. No entanto, a vida cotidiana do secularista é repleta de situações nas quais ele, deliberadamente, abranda seus compromissos especulativos ao desviar-se das principais perspectivas naturalistas. Ele rejeita enquadrar suas ações no que o secularismo considera ser a natureza inflexível da realidade exterior. Ele manifesta uma abertura para e uma nostalgia por convicções que transcendem uma interpretação positivista da natureza e da história, ainda que estas sejam incompatíveis com a conceitualidade secular. Apesar de sua proclamação pública do naturalismo como uma filosofia válida, ele examina e persegue alternativas privadas e se entrega de forma pragmática a elas.

Iremos, agora, enfatizar que o homem secular sabe muito mais do que seu credo secular sugere, e o porquê de isso ser assim, e o motivo pelo qual ele, assim mesmo, credita a razão para o lado do naturalismo.

A realidade de Deus, como retratada em sua revelação, é o que melhor explica por que o homem secular recusa-se a ordenar sua vida exclusivamente pela cosmovisão de vida naturalista, enquanto o fato do pecado é o que melhor explica o porquê de sua recusa em ordenar sua vida exclusivamente pela verdade e pela vontade de Deus. Em sua experiência cotidiana ordinária, o homem secular que apregoa que a perspectiva da modernidade ultrapassa em muito qualquer visão do sobrenatural, confere secretamente à sua vida sitiada elementos que realmente derivam do teísmo, e não do naturalismo. A razão, nos dizem, requer a perspectiva secular; a fé em Deus é ridicularizada como emotiva e volitiva em caráter. A verdade, porém, é que o naturalismo não é uma exigência da razão, mas reflete uma conceitualização arbitrária da realidade. É indesculpavelmente limitada como um relato do mundo definitivo e está fundamentada numa vontade perversa e num coração rebelde. Em sua revelação, Deus não é meramente uma sombra escondida, seguindo como um cão o homem secular atrás de reconhecimento; ele é uma realidade com a qual o homem secular está completamente envolvido, mesmo se ele der uma resposta evasiva e oblíqua à realidade não secular. Deus não é, de forma alguma, um estranho ao homem secular, como o ateu naturalista gostaria de nos fazer crer, mesmo que a teoria naturalista o descarte como ficção.

DEUS, REVELAÇÃO E AUTORIDADE

Insistir que o Deus vivo da Bíblia é, inescapavelmente, um aspecto da experiência cotidiana poderia soar ao homem "que alcançou a maioridade" como algo sem sentido, uma vez que a própria possibilidade é excluída por sua definição de realidade e sua delimitação da experiência. Ainda assim, sua consciência e conduta permanecem muito mais ambivalentes do que as suas pressuposições seculares implicam, e a sua própria mente está em contato com a divindade transcendente. Embora descarte a teoria não secular, o homem secular trai, na prática, uma autoconsciência que incorpora e reconhece o não secular; sua vida cotidiana reflete uma dimensão da realidade última que dá significado aos próprios símbolos religiosos que ele professa repudiar. Além disso, seu comportamento reflete premissas particulares a respeito de inter-relacionamentos pessoais e o caráter estabelecido da realidade exterior que contradiz, de forma marcante, a estrutura naturalista.

Os processos cognitivos de todo homem incluem, de fato, uma consciência ontológica primordial de Deus como a realidade definitiva. Nem mesmo o naturalista vive sem referências implícitas e explícitas ao Deus vivo. Qualquer análise da experiência que torna obscura a revelação racional e moral do Logos de Deus no cosmos, na história, e na vida do homem universalmente, reduz a situação humana de maneira objetável tanto quanto o faz a cosmovisão secular da vida. Concentrar-se, como Gilkey faz, naquilo que é meramente não cognitivo contra a consciência cognitiva, e em respostas ônticas contra ontológicas no que diz respeito à realidade definitiva, não é o bastante. Em vez de expor Deus em sua revelação transcendente, tais experiências abstraídas e subtraídas tornam-se meras notas de rodapé na psicologia da religião. Ao afirmar que não podemos conhecer Deus como ele verdadeira e objetivamente é (*Naming the whirlwind*,[174] p. 465), Gilkey condena o homem aos símbolos religiosos cuja verdade literal e cuja validade proposicional são sufocadas pela dúvida. Até mesmo a mente do homem secular abriga não meramente sentimentos conceitualmente vazios sobre a divindade, mas um conhecimento secreto de responsabilidade moral ao eterno Soberano, um senso de culpa e de vulnerabilidade pessoal ao julgamento final por fazer o que é errado. A emancipação secular à autonomia humana não cancelou

---

[174] Nomeando o redemoinho.

O homem secular e as questões prioritárias

nem conquistou esse sentimento de culpa, essa convicção de que não é apenas o meu próximo, mas que eu mesmo vivo na presença da ira moral e do juízo último sobre a má conduta ética. Os comoventes esforços da psicologia e da psiquiatria atestam que a reconciliação se mantém entre as preocupações mais urgentes da era secular. O homem busca aceitação e aprovação definitivas como uma estrutura para a sua existência, algo que ele não pode gerar por si só e que nem a natureza nem a sociedade são capazes de garantir. A psiquiatria oferece explicações e soluções diferentes para a resolução dessas ansiedades; a religião bíblica associa claramente esse senso de alienação ao pecado, e a reconciliação, ao perdão divino.

As Escrituras revelam os fatores complexos de resposta e de revolta que explicam a vacilação do homem secular entre um ousado recurso ao naturalismo e sua diluição e acomodação diária deste. A Bíblia estabelece os níveis cognitivos de experiência nos quais Deus mantém a iniciativa da revelação e ela revela ao mesmo tempo a resposta oblíqua e fragmentada do homem a essa confrontação divina. Mas o homem está em um relacionamento com Deus não somente nas Escrituras. O ser do homem tem uma significância que sobrevive ao climático fim dos tempos por meio de sua conexão com a criação e com a providência divina. Cada um de seus pensamentos e atos tem a revelação geral como o seu cenário. Não importa quanto o seu comportamento seja idiossincrático e idólatra, a sua experiência pressupõe essa real, ainda que violada, revelação de Deus. Se o homem que foi feito para Deus não viver pela verdade de Deus, ele se arriscará por si mesmo a conferir sentido e segurança à sua vida ao servir a falsos deuses. Sem algum tipo de conceitualidade que seja capaz de decifrar o seu lugar na totalidade das coisas, o homem não poderá sobreviver de forma significativa. A fim de escapar do vazio perturbador de uma vida não sujeita ao Deus vivo, ele recorre à idolatria em sua busca por uma realidade definitiva não condicionada que dê direção à sua existência e que, quem sabe, assegure o seu destino. Seu frenético esforço pessoal por conferir significado e segurança à existência é uma reação idólatra ao propósito revelado de Deus para a humanidade. A situação objetivamente estabelecida da vida do homem é tal que a escolha real que confronta a experiência humana não é a escolha entre a falta de valor do homem e o valor, mas entre valores espúrios e genuínos. Se seus postulados humanos removem dele o significado e a dignidade pessoais, ele irá quebrá-los em deferência a um senso de assombração intuitivo quanto ao seu papel no mundo real.

De fato, essa intuição é apoiada pela revelação cósmica do criador, e seu significado compreensivo é exposto nas narrativas bíblicas. O Logos de Deus ilumina o homem pela criação, resgata-o pela redenção, renova-o pela santificação e mantém o senso de significado e de dignidade do homem, purificando suas noções do bem e reforçando a sua convicção de valor pessoal mesmo em face da morte. O reconhecimento de Deus em sua revelação é a única premissa por meio da qual o homem secular poderá tanto entender seu bom e o seu mau comportamento e coerentemente escapar da queda no desespero que está implícita numa visão naturalista da realidade e do homem. Somente o propósito e a segurança de Deus manifestados em sua Palavra poderão dirimir as dúvidas acerca da significância histórica do homem; somente o reconhecimento de que o homem é criação divina e o fato da redenção poderão afastar as sombras do ceticismo e do cinismo.

Entretanto, não estamos sob nenhuma compulsão cristã para limitar a cognição humana de Deus somente àqueles que têm uma experiência especial de salvação, incluindo alguns que poderiam ser menosprezados por seus antigos companheiros, como uns poucos naturalistas que estão mentalmente exaustos e emocionalmente estressados e que se voltaram para a religião. Fazer um obituário de Deus será sempre algo claramente prematuro, mas isso não acontece apenas porque até mesmo alguns secularistas alcançam o perdão de seus pecados e uma nova vida em Cristo, compartilhando desse modo dos aspectos vitais da redenção do teísmo bíblico. Pois até mesmo aqueles que mantêm uma adesão à teoria naturalista têm, como todos os outros seres humanos, histórias individuais translúcidas de confrontação divina. A experiência que o homem tem do eterno, o seu conhecimento do juiz soberano dos motivos e das ações humanas, corta o coração humano não apenas em crises periódicas, mas envolve todas as decisões e ações humanas. Introduzir considerações da revelação geral sem correlacioná-las com todas as complexidades da vida diária do homem, e sem conectá-las com a busca do homem moderno por significado no mundo contemporâneo,

O homem secular e as questões prioritárias

negligenciaria, de forma indesculpável, elementos importantes da experiência que envolvem até o secularista com o chamado e a reivindicação do eterno. Não são apenas as suas alternativas secretas para a falta de sentido, mas também as suas ansiedades angustiantes quanto à dignidade pessoal, que implicam em pressuposições que tocam o relacionamento responsável do homem com o seu criador. A revelação contínua de Deus e os remanescentes da *imago Dei* no homem fornecem as condições continuadas da humanidade do homem. As convicções inerradicáveis que abrigamos sobre o caráter da realidade e sobre a maneira pela qual enquadramos as questões fundamentais de nossa vida refletem, ainda que involuntariamente, uma resposta à confrontação de Deus por parte de suas criaturas por intermédio da revelação. A manifestação universal de Deus penetra profundamente todas as confianças e as dúvidas do homem. Deus é o eterno com o qual o homem não renovado, em todas as suas experiências, tem um relacionamento inquieto. Evidências da realidade de Deus, de seu poder, verdade e bondade são constantemente irradiadas no curso da vida cotidiana do homem.

Por trás e além da conceitualização do homem acerca da realidade criada, em suas próprias premissas, existe uma atividade mais primária da cognição humana, envolvendo-o no conhecimento não apenas de si mesmo, de outros e do cosmos, mas também do soberano eterno rei e juiz de todos. Essa conscientização ontológica subjaz e permeia todos os outros elementos não condicionais e os compromissos na experiência humana. O homem é capaz de intuir a realidade exterior como objetivamente estabelecida e estruturada por um significado e dignidade, uma coerência definitiva, que não foi por ele divisada.

A concepção secular da realidade não leva em conta a totalidade da experiência do homem secular. Na verdade, ela não leva em conta de modo adequado nenhuma de suas experiências. A revelação de Deus permeia todos os pensamentos, motivos e ações do homem, todas as suas idas e vindas, como algo indispensável à sua humanidade. Nem um julgamento, nem uma decisão, nem uma ação acontece sem referência ao horizonte das reivindicações definitivas sobre a vida do homem. O homem secular não perde coisa alguma da revelação geral, mas ele perde a alegria de Deus e o alvo da vida.

9

O sentido dos mitos pelos quais o homem vive

O debate mais vigoroso na teologia de hoje diz respeito à origem, natureza e validade das categorias gerais que moldam a experiência humana.

A visão contemporânea considera o aparato conceitual do homem como um subproduto da experiência formada pelo passado evolucionário. Além disso, reivindica derivar todo o conteúdo do conhecimento humano exclusivamente de considerações empíricas. Desde Darwin, atribui-se a razão humana à ascendência animal, e desde Freud os comprometimentos mais profundos de sua psique estão ancorados no mito.

Hoje em dia, muitos estudiosos descartam todas as conceitualidades culturais e interpretações esquemáticas da história como construções mitológicas. A religião, a filosofia e a ciência igualmente são consideradas como fundamentadas na imaginação que fabrica mitos. Embora esses estudiosos admitam que a coesão cultural iria desabar sem alguma estrutura comum de convicções, eles consideram todas as noções de significância e de valor humano, ou de eventos históricos fatídicos, como uma invenção engenhosa que confere significado especial e valor duradouro à espécie humana. Todas as premissas motivadoras que subjazem à estabilidade social recebem uma explicação naturalista e psicológica; as asserções metafísicas do

DEUS, REVELAÇÃO E AUTORIDADE

homem são vistas como modos criativos e imaginativos de atribuir significado transcendente à sua história.

A controvérsia básica diz respeito à legitimidade ou não de sua explanação antibíblica da forma e do conteúdo do conhecimento humano. Os teólogos bíblicos argumentam que a revelação divina oferece a única exposição fidedigna do significado e do valor humanos. O padrão da história bíblica começa com Deus como o soberano criador dos mundos e do homem, homem este que prontamente profana os propósitos morais e espirituais para os quais foi divinamente feito. Tal padrão tem seu foco central na oferta gratuita de Deus da redenção, garantida no chamado de Israel e cumprida na dádiva de Jesus Cristo, que é agora o ressurreto chefe da Igreja. Focaliza uma sociedade global de pessoas redimidas e renovadas, cujo mandado atual é o de proclamar a todos os homens a oferta divina da vida plena no reino de Deus, cuja herança futura inclui o partilhar da vindicação divina e triunfal da justiça. O homem foi feito para conhecer e servir a Deus e, sob Deus, deve reclamar a terra e a humanidade para os propósitos santos do criador. Somente se o homem viver à luz dessa perspectiva escriturística poderá escapar de ser pego por mitos antigos ou modernos.

As alternativas de mitos metafísicos à visão bíblica proliferaram não só no mundo antigo no qual o cristianismo apareceu. O mundo moderno, para o qual também o evangelho é proclamado, ecoa de tal forma com uma diversidade de afirmações religiosas, filosóficas e científicas que ninguém pode negar o contínuo exercício da imaginação criativa na elaboração da natureza do homem e da significância do mundo em que vivemos. É no civilizado mundo ocidental moderno que uma nação em nossa época de vida acolheu o mito hitleriano da superioridade ariana. É no civilizado mundo ocidental moderno que multidões de contemporâneos literatos e sofisticados defendem o mito tecnocrático de que o mundo real externo é apenas um amálgama de processos e eventos impessoais. A disseminação do mito comunista, igualmente, desmascara a religião sobrenatural como obsoleta e impõe categorias materialistas sobre o cosmos e o homem, mas também retrata a história humana como tão arraigada pelo determinismo econômico que uma revolução mundial do proletariado é inevitável.

O sentido dos mitos pelos quais o homem vive

Desde a Primeira Guerra Mundial, estudiosos alemães e franceses que interpretam o homem pelas categorias contemporâneas da liberdade humana localizam o ser real do homem simplesmente na decisão pessoal. São as próprias perspectivas de fé do homem que superam o mundo impessoal da ciência e que afirmativamente criam e moldam a realidade histórica. Existe também o positivismo lógico. Este considera significativas apenas as asserções que sejam empiricamente falsificáveis e, portanto, descarta todas as afirmações sobre Deus como cognitivamente sem sentido e vazias. A reivindicação dos estudiosos da religião da filosofia secular da "morte de Deus", de falar pela vanguarda do cristianismo e de dentro da Igreja, declara o que antes era afirmado apenas pelos inimigos da religião revelada, tais como Nietzsche. Fica, então, evidente que, a partir do mito da utopia evolucionista até o mito do secularismo radical, que vê o universo como produto do acaso de uma explosão galáctica, o mundo contemporâneo não está menos repleto de mitos do que estava o mundo no qual o cristianismo surgiu.

É digno de nota que os principais defensores das religiões mundiais que competem entre si, ou de uma das muitas perspectivas filosóficas divergentes, ou do cientismo contemporâneo, normalmente assumem a superioridade de sua específica reivindicação de verdade e frequentemente acusam de inferior uma categoria inteira de alternativas. Os filósofos seculares há muito praticam e preferem teorizar sobre a metafísica a interessarem-se por sistemas religiosos que lhes parecem ingênuos e não sofisticados. Já em tempos antigos, não foi o próprio Sócrates condenado à morte em razão de que suas perspectivas filosóficas corroíam a fé popular nos primitivos mitos politeístas? Hegel disse que a religião tem suas raízes na imaginação e reflete preocupações fundamentais apenas em linguagem metafórica. A reflexão filosófica, por outro lado, afirmava ele, expressa realidades metafísicas em conceitos verdadeiros. Apesar de tudo isso, o clima da filosofia ocidental no longo prazo tem sido, ainda assim, muito mais frequentemente religioso do que antirreligioso e ateu. Alguns filósofos eminentes (com perspectivas tão diversas quanto as de Platão e de Spinoza, isso sem mencionar Agostinho) têm de fato considerado a teologia como a própria alma da filosofia. Distinguir a metafísica secular de forma absoluta dos mitos religiosos é muito difícil, se por nenhuma outra razão, senão pelo fato de que nenhum filósofo pode

DEUS, REVELAÇÃO E AUTORIDADE

evitar por longo tempo trafegar pelos absolutos. Além do mais, perspectivas conflitantes da realidade espiritual levantam graves dúvidas de que até mesmo as mentes mais brilhantes da filosofia escapam dessas influências subjetivistas que, frequentemente, são imputadas aos partidários da religião. Ainda mais, certo número das religiões mundiais se arrisca a apresentar uma apologética racional contínua. Isso é contrário ao discurso filosófico atual, que tende a enfatizar outras considerações que não as cognitivas, uma alegação há muito apresentada contra certas perspectivas religiosas. Ao mesmo tempo, muitos filósofos contemporâneos da ciência hesitam em converter seus modelos experimentais da natureza em afirmações ontológicas acerca da estrutura essencial do mundo real. Isso acontece porque frequentemente, no passado recente, tais teorias explicativas provaram-se nada mais do que mitos de pequena duração.

Os escritores bíblicos não fazem nenhuma distinção absoluta entre mitologias religiosas e a metafísica conjectural e, por extensão, a perspectiva científica. O Novo Testamento julga a sabedoria do mundo da filosofia secular de modo não menos adverso do que faz com a idolatria das religiões não bíblicas. A avaliação clássica das religiões pagãs pelo apóstolo Paulo em Romanos 1.21-25 está em consonância com o seu impressionante veredicto contra a sabedoria do mundo grego em 1Coríntios 1.18-25. O apóstolo mostrava igual desdém tanto às tradições filosóficas enganadoras (Cl 2.8) quanto ao ídolo religioso que, afirma ele, os espiritualmente iluminados sabem que *no mundo não é nada* (1Co 8.4). A Bíblia não considera nem as religiões mundiais nem as filosofias seculares como aliadas na causa da verdade. Falsos deuses nascem e crescem no submundo intelectual dos esquemas de salvação fabricados pelo homem.

O cristianismo aborda as tradições religiosas e filosóficas não menos timidamente do que a análise linguística moderna. Entretanto, assim o faz de uma perspectiva extremamente diferente, e traz até mesmo o movimento analítico sob a sua esfera de influência. Expressando frustração porque a história da filosofia e da religião exibe tantas diferenças e desacordos marcantes na atualidade, da mesma forma que fazia em séculos passados, muitos filósofos linguistas argumentam que, em contraste (supostamente) com a investigação científica, a filosofia e a religião não fizeram progresso algum na direção da verdade. Segundo muitos analistas críticos, a causa principal desse conflito inegável de ideias é que a filosofia tradicional e as religiões mundiais levantam, todas elas, as perguntas erradas e, por isso, discutem problemas irreais e insolúveis. Esse erro, dizem eles, ocorre porque o encantamento linguístico desvia os teólogos e os metafísicos de buscarem o sentido da linguagem em outros lugares que não na confirmação científica empírica. Mas, como Gilkey comenta, "nada é mais obscuro ou de outra forma claro no movimento analítico do que seu entendimento de que tipos de linguagem a filosofia tradicional foi composta, e, consequentemente, nada erra mais o alvo do que as razões que *eles* dão para as suas próprias reações dogmáticas contra todas essas formas de discussão filosófica" (*Naming the whirlwind*,[175] p. 439, n. 14). Enquanto muitos filósofos da linguagem estão propensos a dispensar a reivindicação da revelação judaico-cristã como simplesmente outra espécie de teorização metafísica, a revelação judaico-cristã escancara o dogmatismo arrogante da filosofia da linguagem e explora as suas pretensões mitológicas. Quando a análise positivista arbitrariamente exalta a si mesma como o expoente autoritário do significado de toda a linguagem filosófica, não revela com isso o aspecto tentativo empírico que professa apreciar, mas, em vez disso, uma postura dogmática mais compatível com o aspecto da revelação absoluta que deplora.

Contudo a revelação judaico-cristã também repudia expressamente a noção moderna de que todas as visões filosóficas do mundo e da vida, todas as perspectivas religiosas e esquematizações científicas da realidade, são, em última análise, nada mais do que conceitualizações de construção de mitos e projeções subjetivas do significado especial e do valor da vida humana. No capítulo anterior, foi necessário enfatizar que a revelação judaico-cristã não possui nada em comum com a categoria do mito. Neste capítulo, é importante observar que essa mesma revelação recusa-se a dispensar as religiões e filosofias não bíblicas como sendo unicamente radicadas na criatividade imaginativa. Esse veredicto não resulta simplesmente do fato de que a Bíblia insiste, junto com muitas conceitualidades sustentadas por metafísicos conjecturais e fundadores de religiões (e, em princípio, também por modernos teóricos da ciência), que existe

---

[175] Nomeando o redemoinho.

DEUS, REVELAÇÃO E AUTORIDADE

uma perspectiva ancorada na manifestação divina transcendente e que à luz dessa verdade revelada todas as outras perspectivas devem ser julgadas. A visão cristã não somente desqualifica a vasta multiplicidade de teorias feitas pelos homens – quer religiosas, quer filosóficas, quer científicas –, mas também rejeita descartar, como mera interpretação mitológica, a busca universal por uma visão compreensiva da realidade. A revelação cristã se põe contra a análise positivista tanto quanto contra outras filosofias e religiões não bíblicas, mas dificilmente desconsidera os problemas levantados pela história da filosofia e da religião como simplesmente um engano trágico, mesmo quando considera as soluções não bíblicas muito simplistas e incompletas para serem aceitáveis. O cristianismo leva em conta, com as suas próprias pressuposições, a busca contínua do homem por deuses múltiplos e as hipóteses explanatórias, e a aparência estável das visões antibíblicas que competem.

A revelação cristã oferece uma elucidação impressionante da propensão do homem decaído às falsas doutrinas. Pode parecer estranho, mas isso explica as energias para a construção da fé em cada pessoa parcialmente no contexto da revelação divina e da criação do homem por Deus. O homem é uma criatura feita para Deus, para relacionamentos que transcendem o mundo finito da natureza. O fato da criação divina do homem promove sua busca permanente por uma apreensão da realidade definitiva. Em sua divina concessão, o homem é uma criatura de fé. Diferentemente dos animais inferiores, sua vida e esperanças são moldados por um sentido inerradicável de que ele está, de algum modo, relacionado ao mundo real essencial. Ele é uma criatura "toda crédula"; ele não vive nem pode viver num vácuo de fé. A questão decisiva não é se a fé é uma condição necessária da vida humana, mas, em vez disso, em quem ou em que essa fé está depositada. Se ele não confia no Deus vivo, falsos deuses e divindades fraudulentas tomarão o lugar do Deus eterno.

A mesma coisa acontece com a sociedade, a coletividade humana. A empreitada cultural apoia-se invariavelmente numa fé secreta ou explícita. Atrás de cada moralidade socialmente estabelecida, alguma perspectiva subjacente sobre a vida e o mundo presume identificar o que a realidade é e que aspectos da realidade são considerados sagrados. Tais crenças e valores coletivamente sustentados estabelecem a

O sentido dos mitos pelos quais o homem vive

coerência de cada cultura. Convicções compartilhadas são os fatos que dão estabilidade ao empreendimento cultural. Uma disseminada perda de confiança em sua estrutura integradora de compromisso e ação é um sinal de que determinada sociedade está culturalmente enferma, talvez até mesmo de forma terminal. Qualquer geração que não tenha convicções seguras sobre a natureza da realidade não está apenas presa em suas dúvidas, mas vagueando em direção ao niilismo e ao desespero. As épocas em que ocorrem convulsões sociais são aquelas nas quais o povo abandona aquilo que durante muito tempo pensava ser fundamentalmente real e sagrado e está incerto quanto ao que colocar no lugar, ou mesmo se existe algo para pôr no lugar. Quando pessoas não conseguem mais decidir sobre assuntos importantes, ou sobre o que fazer se existe algo importante, nós as isolamos da sociedade. Quando a sociedade como um todo não tem um consenso acerca daquilo que é verdadeiro e sagrado, então aquela sociedade ou cultura está, seguramente, cambaleando em direção ao caos intelectual, à deterioração espiritual e à ruína moral.

O debate na teologia atual, já dissemos, é travado da forma mais violenta no que diz respeito à significância das estruturas culturais que competem entre si e as interpretações do significado e do valor moral humanos. Em harmonia com a erosão moderna da fé no sobrenatural, o declínio de confiança na razão e a orientação não ontológica da ciência contemporânea, estudiosos seculares, agora, rotineiramente explicam o fenômeno universal das estruturas de convicções em termos de contingência histórica. Nenhuma cultura, dizem eles, pode viver sem os seus mitos, e o mito cultural é, em última instância, uma estrutura opcional na qual cada sociedade escolheu investir a sua noção de significado e de valor humano.

Enquanto essa explanação específica, sem dúvida, ilumina muito da experiência humana, o cristianismo evangélico nega sua adequabilidade para explicar a história humana *in toto*, ou mesmo a história de uma cultura particular, e isso por três razões: 1) A teoria secular arbitrariamente extirpa a revelação transcendente do Deus vivo da história dos homens e das nações; 2) nega a responsabilidade e a prestação de contas humanas em relação a essa revelação; 3) supostamente explica toda a história humana pela mitologia de uma cosmovisão moderna antissobrenatural.

DEUS, REVELAÇÃO E AUTORIDADE

As afirmações atuais, feitas em nome do cientismo tecnocrático, comunicam uma orientação especial ao antigo conflito entre a religião revelada e a sabedoria do mundo. Assim como nos tempos do Antigo Testamento a religião revelada frequentemente tinha que lidar com reivindicações feitas em nome de deuses falsos e idólatras, e assim como o cristianismo primitivo confrontou a religião politeísta e as filosofias seculares prevalecentes, também a fé evangélica é convocada, especialmente hoje, para desafiar o clima positivista engendrado pelo naturalismo científico. O choque multicultural alcança o seu ápice nesse conflito entre o teísmo cristão e uma ideologia empírica que considera a crença na realidade sobrenatural como a marca de um homem não educado e não científico. Ao subordinar todas as crenças à premissa de um desenvolvimento evolucionista e à contingência histórica, o secularismo radical insiste que nenhuma perspectiva, a afirmação da revelação cristã expressamente incluída, é absoluta e final. O secularismo radical explica todas as visões orientadoras do que é real, bom e verdadeiro como perspectivas condicionadas pelo tempo. A cosmovisão científica moderna identifica como míticas quaisquer entidades que não possam ser validadas por seu modo confiável de saber, isto é, por uma metodologia empírica que idealmente exibe os eventos como sequências matemáticas conectáveis. O cientismo empírico, portanto, deliberadamente destrona Jesus Cristo como a figura do Salvador final ao declarar que todas as afirmações sobrenaturais são mitológicas.

Ao arrogar a si a soberania sobre toda a realidade exterior, e subentendendo assim uma onicompetência para revelar seus segredos escondidos e definir aquilo que pode ser dito sobre ela, o empirismo científico é celebrado como o grande demitologizador, cujo modo confiável de saber desmascara todas as lendas e mitos do passado a fim de substituí-los com um conhecimento autêntico. Como diz Theodore Roszak, aquilo que diferenciava a revolução científica como "um episódio cultural radicalmente diferente, senão final" era precisamente a sua reivindicação de demitologizar, com base na afirmação de que "com o advento da cosmovisão científica, a verdade indisputável toma o lugar do 'faz de conta'" (*The making of a counter culture*,[176] p. 210). Mas o cientismo cultural perdeu a visão em rela-

---

[176] A construção de uma contracultura.

O sentido dos mitos pelos quais o homem vive

ção à idolatria peculiar para a qual caiu como presa. Enquanto relativizava todas as conceitualidades humanas como mitológicas, ainda assim considerou a cosmovisão científica como permanente e universalmente válida, ou seja, como a conceitualidade definitiva. A revolução científica do Ocidente passou a considerar a cultura moderna como a última etapa na história da civilização, distinta de todas as antecedentes, porque foi iluminada pelo método empírico.

Hoje a cosmovisão científica está numa posição em que é acusada de promover uma magnífica remitologização da realidade. A "conscientização objetiva" afirmada pela cultura científica é realmente, argumenta Roszak, "uma construção arbitrária na qual determinada sociedade atribui seu senso de significado e de valor. E assim, como qualquer outra mitologia, pode ser evitada e questionada por movimentos culturais que encontram significado e valor em outros lugares" (ibid., p. 215). Por que será que a terminologia do mito cultural, tão avidamente aplicada pelo empirismo secular às crenças e aos valores de manifestações sociais e culturais sucessivas sustentados coletivamente, também não é apropriadamente aplicada à suposta "conscientização objetiva", que a sociedade tecnocrática moderna reivindica para si quando identifica o mundo real exterior unicamente em termos de eventos impessoais matematicamente traçados? As observações de Roszak são absolutamente apropriadas: "Se a cultura da ciência não localiza os seus valores mais elevados num símbolo místico de um ritual ou em lendas épicas de terras e tempos distantes, mas num processo de conscientização, por que deveríamos hesitar em chamar isso de mito? [...] Será que é possível que [...] a cultura científica seja singularmente não mítica? Ou será o caso que deixamos de olhar no lugar certo – na profunda estrutura de personalidade do cientista ideal – para o grande mito controlador de nossa cultura?" (p. 215).

A tentativa de reduzir todas as conceitualidades e interpretações da história simplesmente em mitos transitórios não apenas se apoia numa perspectiva contemporânea arbitrária, mas também obscurece caprichosamente a revelação do Deus vivo do cosmos e das questões humanas, além de negar a responsabilidade universal do homem àquela revelação. A religião revelada insiste que, quaisquer que sejam os comprometimentos religiosos, filosóficos ou científicos que tenham, os homens em todos os tempos e lugares permanecem num contínuo relacionamento responsável com o criador do universo. A visão bíblica explica as energias do homem empregadas na construção da fé e sua história de fé – não importando se sua perspectiva religiosa e filosófica seja certa ou errada – no contexto de uma indissolúvel conexão com a revelação divina contínua. A postura do homem quanto ao mundo e à vida é sempre e em todo lugar uma resposta pessoal à inescapável confrontação divina. Quer a pessoa seja um filósofo profissional quer um tagarela da praça central,[177] sua visão da vida e da realidade não reflete apenas o seu credo individual, mas também envolve uma resposta altamente pessoal à revelação de Deus e ao seu chamado.

Nenhum teólogo que tenha discernimento negará que muito da história e da vida multiforme do homem merece uma crítica na imprensa e que os antigos escritores bíblicos não hesitaram em fazer exatamente isso. Que denúncia mais severa das religiões pagãs gentílicas pode ser achada do que aquela que está na carta de Paulo aos Romanos (1.21ss.)? Karl Barth retratou a religião como um obstáculo do homem sem Deus para a fé genuína. A cultura religiosa do mundo que reflete o esforço humano, mesmo em sua forma mais nobre, reproduz a engenhosidade criativa do homem pecador não menos do que a glória imutável do único Deus verdadeiro. Entretanto, atribuir o aprendizado secular moderno ao naturalismo evolucionista exige o veredicto superficial de que todos os deuses do homem são meramente aspectos do universo finito que, de forma imaginativa, é revestido de poderes superiores. A teologia da revelação critica duramente essa tese do secularismo ou do naturalismo como um exagero destrutivo, como uma falácia acrítica da natureza religiosa do homem e suas pressuposições. A teologia da revelação insiste que não é apenas a prostituição do homem religioso com deuses falsos que pode ser adequadamente explicada como resposta pecaminosa do homem à realidade da revelação divina. Essa resposta pecaminosa inclui também a oposição perversa do naturalista contra toda realidade religiosa, que é vista como um mero reflexo da natureza.

---

[177] [NT] O inglês traz *Hyde Park*, que é um parque popular no centro de Londres, Inglaterra.

O sentido dos mitos pelos quais o homem vive

Até mesmo os pagãos e os devotos dos mitos seculares, sem dúvida, estão de algum modo em contato com o Deus da Bíblia. Isso não significa dizer que os mitos fornecem uma revelação objetiva ou reflexão do verdadeiro Deus vivo, pois eles constituem de fato uma transigência e evasão subjetiva. Os inventores desses mitos, porém, compreendiam-se de algum modo em contato com o verdadeiro Deus – como fazem alguns que ainda devotam-se a esses mitos na atualidade – mesmo que esses próprios mitos sejam uma falsa representação desse Deus e da natureza da experiência da salvação. Mas esses mitos existem apenas como diminuição e subversão das reivindicações do Deus vivo da revelação. Eles devem sua origem tanto àquela revelação como à revolta do homem contra Deus. Enquanto a revelação evoca a fé, a revolta mancha o seu conteúdo legítimo. Contra a tendência moderna de considerar o mitológico uma forma básica da experiência humana, o mitológico aparece como uma resposta evasiva pelo homem decaído à autorrevelação do Deus vivo.

Apesar de sua crítica radical, da rejeição das religiões não bíblicas e das filosofias especulativas, inclusive da mitologia do cientismo tão predominante hoje em dia, o cristianismo afirma a revelação do Deus vivo como o contexto que evoca o surgimento de todas as religiões e filosofias, bem como do empreendimento científico moderno. Pela criação, o homem foi feito para a adoração. A religião, a filosofia e a ciência como empreendimentos humanos são respostas ao mundo real definitivo, e encontram a sua pressuposição na universalmente presente revelação de Deus, na manifestação e no chamado do criador para o homem.

A autorrevelação do soberano Deus e criador de todas as coisas é concedida, segundo o testemunho bíblico, externamente na realidade cósmica, nos eventos da história humana, e internamente à medida que confronta a mente e a consciência de cada homem. O apóstolo Paulo insiste na automanifestação de Deus: *Pois desde a criação do mundo os atributos invisíveis de Deus, seu eterno poder e sua natureza divina, têm sido vistos claramente, sendo compreendidos por meio das coisas criadas, de forma que tais homens são indesculpáveis* (Rm 1.20, *NVI*).

Hendrik G. Stoker nos conclama a não esquecer que o Deus vivo não somente revela a *si mesmo* ao homem por meio da criação e das Escrituras, mas que ele revela universalmente o universo criado (incluindo o homem) ao homem (*Van Til's theory of knowledge*,[178] p. 30). Nesse sentido, a revelação alcança para além da manifestação da própria natureza de Deus a revelação de Deus ao homem do universo como uma realidade divinamente criada e ordenada. A tese de Stoker é que todo o conhecimento está fundamentado na revelação do criador e de seu plano e que no universo todos os homens são diariamente confrontados com uma criação organizada que revela o planejador divino. Portanto, a abordagem que o homem faz do universo, incluindo do próprio homem, seja no nível científico de suas continuidades matematicamente conectáveis, seja no nível da especulação filosófica quanto à sua finitude e limitação, seja no nível da contemplação e da reverência religiosa, essa mesma abordagem envolve decisões pessoais que presentemente correlatam o homem tanto com a automanifestação de Deus como com a manifestação de suas obras. Deus fala ao homem e o chama por meio da natureza, ordena que ele conheça seu plano e o planejador, e convida o homem a cumprir o chamado de Deus, isto é, de empregar o seu conhecimento no serviço de Deus e do próximo. A resposta do homem em relação ao significado da natureza e à realidade não é algo totalmente diferente da resposta do homem à revelação do plano e da pessoa de Deus. Nas palavras de Stoker, a verdade do conhecimento do homem está em sua "resposta ao que é reconhecível" (p. 32), ou seja, a Deus e ao seu plano revelado tanto na realidade criada quanto em sua palavra redentora.

Dessa forma, que relacionamento poderá ser postulado entre a vasta amplitude de religiões não bíblicas e assim chamadas sabedoria do mundo ou teorização filosófica e a revelação de Deus? Será que cada sistema religioso, cada perspectiva filosófica e talvez até mesmo cada teoria científica possuem algum ponto de contato identificável com a verdade revelada? Será que poderíamos especificar, em algumas, senão em todas as religiões pagãs e perspectivas seculares, verdades e valores com os quais o cristianismo teria uma causa em comum? Será que poderíamos, talvez, até mesmo relacionar

---

[178] A teoria do conhecimento de Van Til.

O sentido dos mitos pelos quais o homem vive

as religiões mundiais e os sistemas filosóficos ao Novo Testamento em alguma função que faça sombra ao papel do Antigo Testamento, que é preliminar e preparatório para a revelação especial, e que seja, possivelmente, até apologeticamente útil para a exposição da verdade da revelação?

Essas questões nos colocam diante de importantes assuntos da revelação geral, da imagem divina no homem, dos efeitos noéticos do pecado e da teologia natural. Neste ponto, meramente observamos que enquanto a religião revelada insiste que o homem como ser criado está inescapavelmente cônscio de Deus e do cosmos transcendentemente ordenado, isto é, do poder incomparável e da divindade do planejador cósmico, a sua resposta ao Deus revelado, conhecido em sua revelação, é quebrada e evasiva. O homem pode, de fato, conhecer o Deus da criação e da realidade criada – não de forma exaustiva, é claro, mas assim mesmo verdadeira. No entanto, como pecador ele frustra a revelação divina que penetra em sua própria mente e consciência e de forma significante também dilui, e até mesmo reprime, a revelação na realidade criada. Por tudo isso, o homem ainda que pecador tem consciência do Deus vivo e da realidade criada, como uma ordem divinamente concedida e como um cenário para a manifestação divina, mesmo que ele se lance contra essa revelação e responda a ela de modo obtuso. Nas palavras de Stoker, "o pecador tem contato com esse plano; mas ele *não o encontra* de modo pleno [...] num modo verdadeiramente responsivo; as suas pressuposições estão erradas; ele percebe [...] aquilo que é reconhecível numa perspectiva errada; ele direciona sua fé erradamente; ele 'descarrila' o seu pensamento, formando conceitos, julgamentos, teorias etc. errados; assim, ele percebe o reconhecível de acordo com as suas construções teóricas erradas" (ibid., p. 33). "Seu conhecimento não mais responde livremente ao que é reconhecível, mas falsifica-o" (p. 34). Portanto, é necessário manter a distinção entre o indivíduo que traz a *imago Dei* pela criação e a resposta esquematizada que ele faz à revelação de Deus e de sua realidade criada.

Todavia, a realidade criada não confronta o homem simplesmente com um enigma que lhe é deixado para decifrar, uma questão que aguarda sua resposta definitiva; ela confronta-o primeiro como uma revelação, uma declaração, um chamado, ao qual ele inevitavelmente

DEUS, REVELAÇÃO E AUTORIDADE

responderá de forma apropriada ou não. E o deplorável esforço para intuir o mistério do universo em termos da identificação mística que se tem com a realidade definitiva, ou para decifrar os seus segredos pela teorização filosófica, ou para mapear o seu padrão de comportamento pelo cientismo tecnocrata, ou pelo positivismo histórico, apaga do mundo exterior a realidade, a decisão, a iniciativa e a agência decisiva de Deus. Pois a revelação que confronta o homem desde o início ressoa a voz de Deus: "Você é Adão – *homem*! – e é somente conhecendo o seu criador que você verdadeiramente conhece a si mesmo!" O homem responde: "Sou homem, de fato" (as religiões e as múltiplas conceitualizações culturais são esquematizações dessa significância e valor especial), "mas quem ou o que é Deus?". De sua própria iniciativa o homem vai adiante para responder a uma questão que ele levanta de sua própria maneira: Deus se torna um objeto com múltiplos nomes por meio do qual o significado e o valor que o homem agora postula para si são conceitualmente assegurados.

Dessa forma, seria uma transigência desnecessária encorajar o homem pecador a perguntar somente se a realidade (a qual ele arbitrariamente limita) não poderia talvez possivelmente, ou em algum sentido provavelmente, ou mesmo muito provavelmente, confrontar o homem com um horizonte mais amplo do que aquele em que o secularismo moderno prefere dogmatizar. Na realidade, toda a evidência que um cientista empirista reivindica para suas teorias, desde que ele esteja em contato com a realidade, é também uma evidência não reconhecida que aponta para Deus, um manuseio (e manipulação por objetivos abstratos) da revelação de Deus ao homem da natureza e de sua ordem criada. Mas Deus não deve ser primeiro arbitrariamente colocado de lado e a busca por ele ser posteriormente introduzida (se for) em termos de técnicas humanamente divisadas a fim de detectar qualquer que seja o mistério periférico que esteja fora dos limites de nossos interesses especiais. A existência humana não é primariamente uma vocação na qual o experimentalista moderno dirige perguntas ao universo. Em vez disso, a existência criada e o Deus da criação falam a nós. Uma realidade transcendente que requisita reconhecimento fala conosco. Somos confrontados por um ambiente divinamente concedido que exige uma decisão de nossa parte e que espera que cumpramos o nosso chamamento.

O sentido dos mitos pelos quais o homem vive

Os estudiosos que não compartilham das convicções cristãs têm, é claro, a liberdade de dizer o que desejarem sobre as perspectivas culturais e históricas. Mas se um preconceito positivista causa sua rejeição de *toda* interpretação histórica como mística, e de *todas* as afirmações metafísicas sobre as quais as culturas humanas se apoiam como postulantes, eles deveriam ser lembrados de que não existe qualquer prerrogativa legítima para estender arbitrariamente tais julgamentos majestosos e universais a ponto de incluir a representação bíblica, ou para arbitrariamente isentarem suas próprias peregrinações. Os críticos radicais transformam o mito num princípio compreensivo para descartarem o cerne miraculoso e sobrenatural da religião revelada. Esse aprofundamento da descrença dos predecessores, que numa geração anterior aventuraram-se a apenas identificar esse ou aquele segmento da narrativa das Escrituras como mito, infelizmente tem sido encorajado pela noção de Bultmann de que o *kerygma* apostólico centraliza-se no mito de que a ressurreição do Jesus crucificado é meramente um código linguístico críptico para uma experiência existencial interior de um novo ser. Van A. Harvey conclui que "o contexto da fé pode também muito bem ser mediado por meio de uma historicamente falsa *história de certo tipo*, bem como por meio de uma história verdadeira, por meio de um mito, bem como por meio da história" (*The historian and the believer*,[179] p. 280ss.).

Todavia, o Antigo Testamento explicitamente diferencia o culto ao eterno dos mitos pagãos do mundo antigo, que são deplorados como falsas religiões, e o Novo Testamento expressamente distingue a base e o conteúdo da fé cristã do mito. J. Gresham Machen observou: "Se há uma coisa que deve ser clara para o historiador é esta: que o cristianismo em seu início foi fundado completamente sobre um relato de coisas que aconteceram, sobre uma notícia, ou em outras palavras, sobre um 'evangelho'" (*What is faith?*,[180] p. 149). Os escritores apostólicos viveram num mundo em que homens responsáveis não ignoravam a distinção entre mito e realidade. O apóstolo Paulo, assim como fizeram os outros apóstolos, apresenta o conteúdo da fé cristã, como consistindo, essencialmente, em fatos históricos, verdade divina, e não em mito (1Co 15.14,20). Eles se opunham intensamente a noções míticas e especulativas da fundamentação

---

[179] O historiador e o crente.

[180] O que é fé?

historicamente saudável de sua própria fé. Certamente, os apóstolos, de forma energética, denunciam as alternativas míticas ao cristianismo por exibirem a superioridade daquilo que é verdadeiro e factual: *Porque não seguimos fábulas engenhosas quando vos fizemos conhecer o poder e a vinda de nosso Senhor Jesus Cristo, pois fomos testemunhas oculares da sua majestade* (2Pe 1.16). O cristianismo afirma oferecer não apenas uma conceitualidade filosófica da história que é universal e final (o marxismo e outras perspectivas também afirmam isso), mas insiste de forma mais especial que suas verdades e convicções controladoras estão baseadas na revelação transcendente de Deus, que foi dada historicamente e atestada nas Escrituras.

O cristão conhece o eixo divino sobre o qual a história em última análise gira e Jesus de Nazaré que é para ser o centro e o tema final de seu plano redentor; além disso, ele sabe que entre a criação e o julgamento a providência particular de Deus trabalha ativa e decisivamente nas questões cósmicas e humanas. R. G. Collingwood acredita que os escritores cristãos primitivos tomaram dos historiadores greco-romanos a interpretação providencial da história, habilitando-os a ver a história do mundo como um todo, mesmo que essa orientação dos eventos para o propósito do homem possa conflitar com os propósitos objetivos de Deus (*The idea of history*[181]). Donald M. MacKinnon observa, porém, que Collingwood faz essa distinção porque não pensa, como Agostinho pensou, que o registro da história está realmente preocupado com o que verdadeiramente ocorreu (*The Journal of Theological Studies,*[182] 48:250). Para Collingwood, a história é principalmente um produto do historiador, uma visão que reflete um preconceito subjetivista subjacente na teoria do conhecimento. "Na frase do próprio Collingwood, é por meio do trabalho do historiador, pelo menos em parte, que o passado é 'encapsulado' no presente. Mas que princípios existem para esse 'encapsulamento'?", pergunta MacKinnon (p. 251ss.). O que coloca o historiador sob obrigação quanto aos eventos é que seus julgamentos de importância não constituem de fato a situação externa; na realidade, se ele for digno de respeito profissional, deve preocupar-se com a resposta à evidência histórica.

---

[181] A ideia de história.

[182] Revista de estudos teológicos.

O sentido dos mitos pelos quais o homem vive

A revelação transcendente do propósito soberano de Deus, como é atestado nas Escrituras, dá ao historiador o único referencial que impede que a história seja assimilada a uma quase infinita variedade de reconstruções interpretativas. Os seres humanos finitos não têm uma história "puramente" objetiva que possa elaborar a significância detalhada dos eventos. A Bíblia também não nos apresenta uma exposição detalhada das interconexões entre todos os desenvolvimentos históricos. Em vez disso, ela oferece uma estrutura compreensiva na qual o propósito, a sobrevivência e o destino dos homens e das nações são decisivamente relacionados ao Senhor da história. O cristianismo resiste em narrar o passado simplesmente em correlações de eventos que são moldados por um princípio seletivo postulado pelo historiador secular; e se recusa muito mais render o futuro a quiromantes, astrólogos e horóscopos.

Se, no fim das contas, o próprio homem é o criador de todos os significados e valores – o significado da pessoa e o valor da sociedade, o significado da história e o valor da vida, o significado do cosmos e o valor da verdade, e até mesmo o significado do significado e o valor dos valores, então uma vasta amplitude de mitos, tanto modernos quanto antigos, estão liberados para dominar, sem qualquer oposição, o campo da interpretação. Se esse for o caso, ninguém deveria reivindicar maior ou menor validade para um desses mitos sobre os outros, qualquer que seja ele: o mito hitleriano, o mito marxista, o mito maoísta, o mito da utopia evolucionista, o mito do secularismo radical, o mito do *black power*, ou o mito da contracultura que se arrisca a justificar o valor da pessoa humana em termos de transcendência mística. As diferenças nos comprometimentos humanos reduzem-se, então, simplesmente a que mito – religioso, filosófico, histórico ou científico – a pessoa subjetivamente prefere. Apesar disso, a mentalidade secular radical refletida no espírito do movimento da "morte de Deus", como Gilkey observa, "expressa aparentemente um estágio terminal no processo de secularização, no qual o divino finalmente abandonou tanto a imanência como a transcendência" (*Naming the whirlwind*,[183] p. 189). O que também decresce nesse caso é a verdade, o valor e a esperança. A sombra que aparece cada vez maior é a da intrusão do niilismo e do desespero, uma existência vazia de qualquer

---

[183] Nomeando o redemoinho.

DEUS, REVELAÇÃO E AUTORIDADE

sentido prevalecente e permanente de significância e da dignidade do homem.

Foram os teólogos que abandonaram toda a história aos critérios seculares que forneceram uma transição mediada a essa mentalidade radical. Consequentemente, os padrões positivistas governaram a interpretação de todos os eventos históricos e cósmicos. Apesar de sua ênfase, em muitos casos, no "Deus que age" e nos "eventos salvíficos", todos esses atos tornaram-se isolados do horizonte da história objetiva e, em vez disso, foram assimilados à área da interpretação espiritual e à posição de fé pessoal. Dessa forma, a história religiosa ganhou a aura de mito, saga ou lenda – algo muito diferente dos eventos concretos da realidade histórica que a Bíblia declara que manifestam o Deus vivo que fala e que age.

O Deus que age e que fala, no testemunho bíblico, assim o faz nos assuntos externos dos homens e das nações, na realidade histórica objetiva. O êxodo do Egito, a fundação da nação dos hebreus, a crucificação e a ressurreição de Jesus Cristo e a fundação da Igreja cristã não são apenas perspectivas espirituais exteriores; são ocorrências historicamente factuais e na verdade o próprio fundamento da história quando ela é vista em seu contexto compreensivo.

A revelação cristã sustenta que o significado do cosmos, do homem e da história é dado de forma transcendente como uma revelação divina inteligível. É nessa base que o cristianismo professa fornecer a conceitualidade permanente que é unicamente capaz de possibilitar uma unidade contínua da teologia, filosofia, história e ciência.

10

Teologia e ciência

O homem moderno, mais e mais, tem feito a opção pelo método científico como a fonte de conhecimento confiável sobre o mundo real. Há várias gerações alguns estudiosos têm sustentado que a teologia e a filosofia poderiam ambas ser colocadas sobre uma base mais firme se essas disciplinas fossem empiricamente fundamentadas. Mas, ao longo do tempo, o resultado dessa tendência dificilmente é aquilo que os primeiros proponentes esperavam. O homem contemporâneo está hesitante não só pelo evidente triunfo do secularismo, mas também pela proliferação do ceticismo em todos os campos de pesquisa.

Para muitas pessoas hoje em dia – e não apenas entre filósofos profissionais –, a questão perturbadora no que diz respeito à religião não é mais, Schubert Ogden observa, "se o teólogo é capaz de fazer asserções que conflitam com a ciência, mas se ele de qualquer forma pode fazer asserções significativas" (*The reality of God and other essays*,[184] p. 9). A consideração pelo método empírico como o único significante e a consequente deferência à ciência observacional como decisiva para o conhecimento das questões básicas de toda a vida implicaram a significância não cognitiva da teologia. A abordagem empírica da ética, que investigou a religião à luz da moralidade autônoma, implicou igualmente a não importância fundamental das questões espirituais. Numa sociedade em rápido processo de secularização, o *status* da teologia como ciência tornou-se cada vez mais

---

[184] A realidade de Deus e outros ensaios.

suspeito. Em alguns círculos, o estudo teológico tem sido agora, por muito tempo, considerado inferior ao estudo científico que a teologia raramente recebe, em sua conotação tradicional, como a ciência de Deus.

A visão de que o empirismo moderno dissolve a significância cognitiva ou a inteligibilidade do falar sobre Deus deu apoio a muito da mentalidade da teologia da morte de Deus. Assim, por exemplo, Paul M. van Buren afirmou que "o empirista em nós" – presumivelmente no homem contemporâneo típico – deixa-nos mudos na presença do discurso sobre Deus: "Nós não sabemos 'o que' Deus é, e não podemos compreender como a palavra 'Deus' é usada" (*The secular meaning of the gospel*,[185] p. 84). Van Buren segue adiante e dispensa a realidade de Deus como inconsequente para a religião cristã e, além disso, considera essa negação da divindade como compatível com o evangelho e desejável para a sua extensão moderna.

De modo não muito frequente, cientistas modernos, em especial os que têm uma inclinação humanista, referem-se ao cristianismo somente de uma maneira altamente pejorativa. Até mesmo Edmund Leach, o antropólogo de Cambridge, parece incapaz de retratar o cristianismo, exceto na forma de uma caricatura que dificilmente daria a um estudante de antropologia uma nota suficiente para passar, caso fosse mais preciso em descrever alguma religião primitiva. O Deus do cristianismo, escreve Leach no livro A Runaway World?,[186] é "o criador que primeiro põe para funcionar o relógio cosmológico" (o que soa como se ele estivesse lendo os deístas do século XIII em vez da Bíblia). Ainda mais, ele nos diz, esse Deus é "um tipo de enganador que intervém nas questões humanas de um modo bem arbitrário a fim de testar a fé dos justos" (o que sugere que ele acabou de ler Voltaire ou alguma outra fonte "não preconceituosa", semelhante). Isso nos faz lembrar de um comentário de Martin Buerger, um mundialmente renomado cristalógrafo e ex-diretor da Escola de Estudos Avançados do *Massachusets Institute of Tecnology*, de que os cientistas modernos concentram tanto a sua atenção nos detalhes de seus próprios campos de especialização que tendem a ser ignorantes de muito coisa fora disso, quanto mais do mundo da Bíblia.

---

[185] O significado secular do evangelho.

[186] Um mundo em fuga?

Teologia e ciência

A igreja organizada logo acomodou-se à primazia da assim chamada cosmovisão científica moderna. Ela eclipsou a história da criação em Gênesis, exceto por generalizações morais, e exorcizou o supernaturalismo dos Evangelhos em nome do modernismo não miraculoso. Aceitou a educação religiosa como classe facultativa, dando preferência à cosmovisão científica como o centro indispensável de instrução na escola pública, enquanto o cristianismo, assim como as artes e as habilidades manuais, tornou-se uma atividade opcional extracurricular. Enquanto o ensino cristão nas universidades alemãs era tolerado em troca da saudação nazista, na educação pública americana foi acomodado ao preço de uma implícita saudação à mentalidade tecnológica prevalecente. Discussões de jovens universitários nas igrejas foram desviadas para assuntos da piedade, enquanto toda uma geração influenciada pela tendência acadêmica secular buscava uma nova identidade pessoal, novas experiências sexuais e padrões familiares, novas estruturas comunitárias e uma nova sociedade.

Há quase um século, James Orr enfatizou em *The Christian view of God and the world* (Kerr Lectures)[187] que a verdade é universal e que, portanto, a cosmovisão cristã baseada na revelação não irá conflitar nem conflita com nada daquilo que a filosofia e a ciência possam estabelecer com absoluta certeza. Mas "tudo que é visto como certeza e estabelecido nos resultados da ciência" é, em nossa época, menos imponente do que os estudiosos do início do século XX pensavam. Aquilo que William James saudava como um relacionamento científico com a realidade baseado em "fatos irredutíveis e firmes" é hoje em dia raramente celebrado. Até mesmo as mais compreensivas formulações da teoria empírica são agora consideradas passíveis de revisão.

Existe na atualidade um notável declínio da paixão momentânea com a ciência que era característica de um passado recente. Esse desencantamento não é devido apenas ao fato de que praticamente todas as percepções da ciência podem ser utilizadas por bárbaros para fins malévolos, nem às circunstâncias de que cada conclusão da ciência empírica é, em princípio, refutável ou revisável, nem às observações de Karl Popper de que 90% do que se faz na ciência é perda de tempo. Esse desencantamento tem mais a ver com a promessa não

---

[187] [NT] "A visão cristã de Deus e do mundo" (ciclo anual de preleções em homenagem à senhorita Joan Kerr, que acontece na Universidade de Glasgow, na Escócia).

cumprida pela ciência do enobrecimento do espírito do homem e da elevação da qualidade da vida humana. Bertrand Russell disse, meio século atrás, que "a ciência pode, se assim escolher, capacitar nossos netos a viver a boa vida ao dar-lhes conhecimento, autocontrole e um caráter que produz harmonia em lugar de conflito" (*What I believe*,[188] p. 87). No entanto, os netos dos quais falou testemunham agora que, por mais confortável e, algumas vezes, conveniente que a ciência moderna tenha feito da existência humana, ela não conferiu nem caráter nem a boa vida, e o tipo de conhecimento que ela concede é algo diferente de sabedoria. O vazio moderno de credibilidade ampliou-se a fim de envolver não apenas a teologia, ou a teologia e a filosofia, mas também a ciência. A jovem contracultura ataca a fé moderna no cientismo tecnocrático como a lenda monstruosa que enfeitiçou o homem secular ocidental.

Além disso, a relação do empreendimento científico com o domínio da verdade é também objeto de debate. Tão indefinível é o alvo da verdade que mesmo os defensores da ciência agora, frequentemente, definem suas aspirações de maneira menos ambiciosa, meramente em termos de utilidade: hipóteses científicas são métodos úteis para resumir e organizar as nossas experiências passadas da natureza. Os positivistas lógicos localizavam o conteúdo essencial das teorias científicas na verificabilidade ou falsificabilidade empírica; os pragmatistas estadunidenses (notavelmente John Dewey), naquilo que "funciona"; o operacionalista, em afirmações sobre procedimentos ou operações que o cientista pode realizar com o equipamento apropriado. Até mesmo a visão de que o objetivo das leis da física é o de predizer o resultado de experimentos reflete essa tendência geral de deslocar a verdade como o alvo da ciência.

David Bohm indica que perspectivas tais como as do positivismo, do pragmatismo e do operacionalismo, que presumem que a verdade é relativa, podem com base nessa premissa deixar de apresentar a razão para preferir um critério de importância em vez de outro. Na realidade, acrescenta ele, elas consideram "que a *sua* noção da relatividade da verdade é a verdadeira, e dessa forma introduzem a verdade absoluta pela porta dos fundos" (*Truth and understanding in*

---

[188] "O que eu acredito.

science,[189] p. 219). Essa constante reintrodução da noção do conhecimento da revelação em disfarce contemporâneo – equivalente ao que é "universalmente aceito" por cientistas, historiadores, filósofos ou estudiosos da religião "atualizados" – é de fato um aspecto curioso da revolta científica contra a revelação transcendente.

Karl Popper ataca a fuga da verdade e procura, a seu modo especial, restaurar a noção da verdade para a investigação científica. Ele deplora a tentativa do positivista lógico de substituir a verdade pela verificabilidade e argumenta que a indução não é capaz de verificar a teoria científica, mas pode apenas falsificá-la, e ainda assim não de modo conclusivo.

No entanto, a tentativa atual de ressuscitar a verdade na ciência vem agora combinada com uma rejeição explícita do ideal do absoluto ou da verdade "fixa, definitiva e final". A objetividade supostamente anexada ao método científico de saber é mais e mais questionada de uma maneira que põe em disputa toda a objetividade. Bohm afirma que o caráter externamente mutável do mundo, e de nossa experiência relacionada, nos condena a um conhecimento de validade apenas parcial. A redução da verdade à verificabilidade, à falsificabilidade, ao instrumentalismo, ou a qualquer outra coisa, ele observa, reflete o desejo de apoiar conclusões numa fundação positiva. Mas acrescenta ele, num universo mutável, a verdade pode "não ter formas fixas e finais ou limites em si mesma, de forma que ela não pode ser conhecida em sua totalidade, nem abordada, nem acumulada, nem mesmo referida a algum critério definível pela qual seja reconhecível". Presumivelmente, deveríamos em todo caso considerar esses sentimentos como verdade do evangelho. Na abordagem de Bohm, "a própria verdade, e os métodos e critérios para o seu estabelecimento, devem ser entendidos sempre de novo de momento a momento, porque todas as coisas estão sempre mudando, de maneira que o problema é, de certo modo, fundamentalmente novo em cada ocasião na qual a questão da verdade deve ser considerada" (*Truth and understanding in science*,[190] p. 218s.). Mas nesse caso, a visão de Bohm da situação há uma década dificilmente poderia ser considerada seriamente hoje em

---

[189] Verdade e entendimento na ciência.

[190] Verdade e entendimento na ciência.

DEUS, REVELAÇÃO E AUTORIDADE

dia. Entretanto, uma vez que ele mesmo deseja que consideremos a sua análise do problema como definitiva, seria interessante descobrir por meio de qual técnica de revelação particular ele discerniu o seu supostamente princípio básico da verdade. Se as leis da lógica não permanecerem constantes em nosso ambiente, que está aparentemente em mutação e evolução contínua, toda a possibilidade da verdade entra em colapso. E será que a noção da validade parcial nas premissas de Bohm, ou em quaisquer outras, podem realmente escapar ao ceticismo do "momento a momento"?

Apesar de todos os refinamentos e avanços da ciência moderna, a complexidade dos fenômenos força notavelmente sobre muitos estudiosos um senso marcante da impressionante ignorância do homem. Karl Popper diz que "o mais que aprendemos sobre o mundo, e o mais aprofundado que seja o nosso aprendizado, o mais consciente, específico e articulado será o nosso conhecimento daquilo que não conhecemos, o nosso conhecimento de nossa ignorância" (*On the sources of knowledge and ignorance*,[191] p. 60). Warren Weaver acredita que a ciência, em última análise, não avança na explicação "da totalidade do que é irresolvível": "À medida que a ciência aprende uma resposta [...] ela também aprende uma série de questões novas [...]. O volume daquilo que é averiguado, mas não compreendido, continua crescendo. Na ciência, continuamos a receber uma visão cada vez mais sofisticada de nossa ignorância" (*A scientist ponders faith*[192],). Com tais considerações em vista, F. A. Hayek afirma que "já é hora [...] de levar a nossa ignorância mais a sério [...]. De fato, em muitos campos de pesquisa já aprendemos o suficiente para saber que não poderemos saber tudo o que poderíamos saber a fim de ter uma explicação plena dos fenômenos [...]. Precisamos nos livrar da crença ingênua de que o mundo deve ser tão organizado que seja possível, por observação direta, descobrir simples padrões de regularidade entre todos os fenômenos, e que isso seja uma pressuposição necessária para a aplicação do método científico" (*The theory of complex phenomena*,[193] p. 348s.).

---

[191] Das fontes do conhecimento e da ignorância.

[192] Um cientista pondera a fé.

[193] A teoria dos fenômenos complexos.

Que a fé é um elemento inescapável de todo o entendimento humano, sem excluir o dos cientistas que podem ser tentados a categorizá-la como ignorância imperdoável, é agora mais admitido do que há um século. W. J. Neidhardt declara que a fé é um elemento integral tanto do pensamento científico como do religioso. "O clima intelectual de nossa era nos tem apresentado a distorção de que a fé é o ápice da irracionalidade. A ciência é retratada como uma disciplina fria e analítica, desprovida de conteúdo de fé e metafísica; valores humanos e espirituais mantidos como singulares são agora reduzidos a explicações psicoquímicas". Mas, Neidhardt sugere, "A fé, corretamente compreendida, é aquela iluminação pela qual a verdadeira racionalidade começa [...]. De fato, a fé é um componente necessário da ciência tanto quanto da experiência religiosa (*Faith, the unrecognized partner of science and religion*,[194] p. 92, 90).

A fé não supre a informação do conhecimento, destaca Neidhardt, entretanto ela provê a "ideia fundamental" ou o padrão que melhor se encaixa com e explica a informação. Max Plack, cuja projeção da energia quântica encerrou a era clássica da física baseada na premissa da continuidade absoluta da natureza, escreveu acerca da função da "visão e fé imaginativa" na proposta de novas hipóteses pelo cientista (apud Stanley L. Jaki, *The relevance of physiscs*,[195] p. 353). Quaisquer que sejam as noções a respeito da natureza como um caos não ordenado que são atualmente apresentadas por secularistas radicais, Neidhardt enfatiza que Planck e Albert Einstein, bem como Isaac Newton, foram grandemente motivados pela fé na ordenação da natureza, e correlata as contribuições de Michael Faraday, James Maxwell e P. A. M. Dirac em sua fé na interconexão e simetria da natureza. Michael Polanyi observa que o cientista presume, além do mais, que a boa condição do método e da doutrina científicos são premissas inquestionavelmente aceitas (*Science, faith and society*,[196] p. 15, 45).

Neidhardt observa que a representação bíblica da fé não está conectada exclusivamente com a redenção em Jesus Cristo e com preocupações religiosas pessoais, mas inclui também uma referência

---

[194] Fé, a parceira não reconhecida da ciência e da religião.

[195] A relevância da física.

[196] Ciência, fé e sociedade.

DEUS, REVELAÇÃO E AUTORIDADE

mais ampla: *A fé é a garantia do que se espera e a prova do que não se vê* (Hb 11.1). "Um aspecto bíblico da natureza do homem, necessário para a obtenção do conhecimento de Deus e de outras pessoas, é também exigido para a aquisição do conhecimento de uma natureza puramente científica" (*Faith, the unrecognized partner of science and religion,*[197] p. 92s.). A fé como um aspecto inerente de todo o esforço humano é uma admissão de convicções para as quais não existem garantias empíricas. O que diferencia a fé cega da fé autêntica é que a última tem o apoio adequado de evidências, empíricas ou não empíricas. A fé bíblica se diferencia dos outros tipos de fé por meio de sua fundamentação nas evidências no Deus que fala uma Palavra que não está sujeita à revisão humana e está centralizada na redenção em Jesus Cristo.

Quando Francis Bacon (1561-1626) repudiou a então metafísica aristotélica que imperava como um empecilho ao aprendizado, ele vislumbrava essa virada – quase de um clima pré-positivista – como a rejeição de toda a metafísica. Isso não ocorreu em virtude de Bacon opor-se à metafísica por causa de seu caráter abstrato. Mas, sustentava ele, qualquer prioridade metodológica da metafísica iria minar a ciência autêntica. A ciência era tida como algo baseado somente na observação e na indução, que deveria ser desenvolvida na completa ausência de ideias preconcebidas. As postulações de qualquer teoria previamente à observação e à indução iriam apenas levar a um recrudescimento supersticioso de especulações sobre a natureza. O procedimento que lidava com a observação e a inferência indutiva iria finalmente produzir a metafísica científica, ou a certeza científica.

O triunfo da proposta de Copérnico e das perspectivas metafísicas de Galileu e de Descartes obscureceu a inevitável importância da metafísica em razão da preocupação científica com a experimentação. Além disso, o desejo de evitar a controvérsia religiosa, que a metafísica necessariamente implica, encorajou esse clima antimetafísico. Descartes defendeu a metafísica científica de uma maneira altamente específica: ele retratou seus próprios princípios – apesar de baseados num raciocínio apriorístico em lugar da indução – como um corpo de certo conhecimento que precede em vez de finalizar a investigação científica.

---

[197] Fé, a parceira não reconhecida da ciência e da religião".

Teologia e ciência

A inversão significativa foi proposta por William Whewell (*The poverty of historicism*,[198] p. 121): teorias científicas não são o resultado de inferência indutiva; pelo contrário, elas são o produto da imaginação criativa, e essas hipóteses explicativas inventadas de forma imaginativa são então empiricamente testadas e, assim, verificadas ou desqualificadas. Qualquer metafísica coerente é uma fonte possível de hipóteses explanatórias criativas. Nas palavras de Karl Popper, "A ciência [...] não pode iniciar com observações, ou com 'coletas de informações', como alguns estudantes do método acreditam. Antes de podermos coletar a informação, o nosso interesse na *informação de certo tipo* deve ser despertado: o *problema* sempre vem primeiro". A análise de Popper sobre a lógica da ciência mostra que não pode haver justificativa para a inferência indutiva, mas que o conhecimento científico está baseado no modelo hipotético e dedutivo, de modo que suas leis e teorias nunca poderão ser verificadas, somente refutadas. Até mesmo as mais reverenciadas reivindicações de conhecimento científico não transcendem esse *status* de serem revisáveis, em princípio. Portanto, Popper reviveu e refinou a tese de Whewell da seguinte forma: a metafísica é uma fonte legítima de inspiração científica, mas qualquer teoria científica (distinguida da pseudociência) deve ser passível de teste – ainda que para estabelecer-se como *científica*, como Whewell acrescentou, ela não necessite ser justificada pelos fatos.

Já passou, há muito, o tempo em que a ciência podia reivindicar honra especial com base no fato de que ela não transita nas questões metafísicas. A verdade é que a ciência dificilmente poderá seguir adiante, ou mesmo ir muito longe, sem algum tipo de premissa metafísica; e quanto mais adentrar sua esfera anunciada de influência, mais ela dicotomizará os temas metafísicos que se acumulam na história das ideias. A propensão científica pela busca das questões metafísicas não ficou sem ser notada: "Eu não sei por que os eventos significativos na história da ciência deveriam ser metafisicamente significantes, mas até agora verifiquei que esse é quase sempre o caso. Eu sugiro que a significância com relação à ciência (pura) é normalmente a significância com respeito às estruturas metafísicas da ciência [...]. A maioria dos cientistas (puros) está mais interessada

---

[198] A pobreza do historicismo.

DEUS, REVELAÇÃO E AUTORIDADE

na metafísica do que parece" (Joseph Agassi, *The nature scientific problems and their roots in metaphysics*,[199] p. 210). Grande parte das realidades metafísicas majestosas está fora do alcance e da competência da observação empírica; o desejo contínuo de muitos cientistas de iluminar, exatamente, essas mesmas questões é um atributo patente da história da ciência.

Portanto, contrastar a ciência, que é definida como não especulativa (porque está supostamente baseada em inferência indutiva dos fatos), com a metafísica como especulativa (porque está baseada em ideias preconcebidas), incorpora um duplo mal-entendido. Não é somente o caso da ciência emprestar inevitavelmente premissas metafísicas, mas alguns dos experimentos mais marcantes na física experimental moderna têm sido engendrados por imaginativas teorias metafísicas. A história da ciência é uma história de estruturas metafísicas, algumas de importância continuada até agora e muitas já abandonadas.

Outra diferença marcante tida agora, frequentemente, como distinguindo a pesquisa científica da teológica é que os cientistas compõem uma comunidade mundial de estudiosos que compartilham de uma metodologia e de critérios de verificação acordados, enquanto os teólogos estão deploravelmente em desacordo em relação à natureza e à realidade de Deus, aos modos do conhecimento teológico e à função e ao significado da verificação. Essa divergência permeia até mesmo os círculos teológicos mais notáveis, inclusive a prestigiosa membresia da Sociedade Teológica Americana,[200] por exemplo. Será que a Associação Médica Americana[201] receberia como membro um cirurgião que negasse a existência do homem ou um médico que negasse o fato da doença humana? Será que uma sociedade geológica daria boas-vindas a um estudioso que insiste que a Terra é irreal tão obstinadamente quanto os teólogos da morte de Deus excluem a realidade ontológica do ser divino?

Até os mais ardentes proponentes da ciência admitem que em tempos de mudanças catastróficas os cientistas mostram um desacordo fundamental quanto ao objeto e aos métodos de seu estudo,

---

[199] Problemas científicos da natureza e suas raízes na metafísica.

[200] *American Theological Society.*

[201] *American Medical Association.*

Teologia e ciência

mas em épocas normais, destacam eles, os cientistas exibem um consenso impressionante. Contudo, será que a sua falta de consenso a respeito de questões básicas está confinada apenas a essas ocasiões infrequentes, quando alguma nova hipótese explicativa ganha a cena científica? Psicólogos profissionais há muito tempo incluíram em suas fileiras cientistas do comportamento que negam a realidade da alma, ou da psique, em distinção ao corpo. No caso da psicologia, porém, a profissão como um todo praticamente perdeu sua alma, embora haja exceções notáveis. Mas será que a concordância sobre o que é, exatamente, o método científico e o que precisamente constitui a verificação pode ser aceita de forma universal e absoluta, como geralmente se acredita? O progresso na ciência depende, na verdade, de revisões contínuas de todas as suas convicções que estão nas fronteiras do conhecimento. O refinamento perpétuo da ciência não a coloca para além da possibilidade de alguma redefinição do objeto, muito menos de alguma revisão de método. Será somente um dogmatismo não científico que poderá impedir essas eventualidades.

A investigação teológica é vista como diferente também em relação às ciências naturais pelo modo com que ela se relaciona com as nossas ansiedades e esperanças pessoais. Afirma-se que o cientista avança em seus estudos com uma objetividade fria e distanciada, enquanto a realidade de Deus não pode ser contemplada à parte de nosso próprio interesse e comprometimento. Não há nenhuma dúvida de que a nossa contemplação de Deus nos envolve numa variedade de experiências que estão além de relacionamentos físicos impessoais e que traz para a equação assuntos tais como a eternidade, o espírito, o pecado, a vida após a morte e muito mais. No entanto, o estudo científico não está, de maneira alguma, desvinculado do entendimento pessoal que alguém tem da vida. Por exemplo, sem uma honestidade básica em relatar resultados experimentais, a pesquisa científica seria inteiramente infrutífera. E, afinal, será que os eventos e as ansiedades pessoais são totalmente marginais para a investigação científica como frequentemente tem sido pressuposto? Será que questões como quem chegará lá primeiro se não formos nós, e quais seriam as consequências para a história humana, não têm nada a ver com a prioridade dada ao programa espacial pelos Estados Unidos e pela Rússia? Não é a concentração em preocupações ecológicas meramente um acidente da pesquisa científica motivada por ansiedades pessoais? "Insatisfeitos

DEUS, REVELAÇÃO E AUTORIDADE

com uma caricatura da ciência [...] desprovida de toda paixão pessoal", escreve Neidhardt a respeito da revolta contracultural contra a impessoalidade tecnocrática, "alguns de nossos jovens mais brilhantes adotaram uma forma extrema de existencialismo na qual sentir-se sozinho é significativo e a análise racional não possui qualquer consequência" (*Faith, the unrecognized partner of science and religion,*[202] p. 92). Talvez seja interessante notar que o conhecimento científico e o conhecimento teológico podem ser usados para o benefício pessoal e social, mas que nem as fórmulas científicas nem as verdades teológicas são, por essa razão, reduzíveis a expressões do desejo pessoal. Às vezes, a teologia é supostamente aceitável ou não – dependendo da posição de quem avalia – por causa de sua acomodação da esperança e do medo. No entanto, a presença de preferências pessoais nem resolve a questão da verdade nem impede completamente a possibilidade de um estudo objetivo. Para prosseguir no estudo da teologia dificilmente alguém precisará endossar a reivindicação, agora, frequentemente ouvida de que Deus nunca é conhecível como objeto racional, mas apenas como Sujeito da perspectiva existencial.

Uma vantagem adicional que a ciência frequentemente é vista como tendo sobre a teologia é que ela lida com realidades empiricamente observáveis, enquanto a teologia está preocupada com a metafísica não empírica. A força dessa representação depende, obviamente, da premissa oculta de que, em razão de não serem empiricamente observáveis ou verificáveis, as realidades metafísicas são menos significantes ou menos reais. Todavia, não seria possível insistir com a mesma força que a teologia tem a vantagem sobre as ciências físicas de tratar com as realidades espirituais invisíveis?

O estudo científico não está tão desvinculado de comprometimentos metafísicos como frequentemente tem sido apresentado. O fato da causalidade, por exemplo, foi por longo tempo afirmado de modo dogmático no estudo da física, e com bem menos justificação, como é a realidade de Deus pelos teólogos. Mais recentemente, devido às evidentes limitações do método empírico, muitos físicos admitem que a causalidade é uma ideia não experimental, e eles falam com mais cautela de sequências de eventos que foram observadas. No entanto, a ciência contemporânea, ainda assim, está

---

[202] Fé, a parceira não reconhecida da ciência e da religião.

repleta de postulações metafísicas. Quem já viu um átomo ou um elétron? A resposta, é claro, será que há vastas diferenças que separam os seres celestiais com os quais as religiões antigas encheram o mundo invisível e a seleção natural, os campos gravitacionais, os elétrons e outros postulados da ciência moderna. Uma coisa é certa: a ciência é um método de conhecimento que não aceita as coisas como finais (ou com finalidade!) e está sempre pronta para revisar as suas descobertas (a própria palavra *descobertas* pode ter um significado menos preciso). Mas, se lembrarmos que fórmulas matemáticas refletem médias estatísticas, surge então a questão de se as conexões matemáticas relatadas foram alguma vez observadas em todos os casos, ou em alguns casos, e se a natureza por si mesma corresponde a elas. Sem dúvida, se argumentará que o cientista empírico simplesmente não *presume* realidades metafísicas (um teólogo bíblico pode esperar somente encorajamento neste ponto), mas em vez disso postula-as com o propósito de explicar e, então, procura refutar a sua hipótese, quer fale sobre campos gravitacionais ou de elétrons. Se isso tem a intenção de implicar que as afirmações metafísicas tornam-se racionalmente significantes apenas quando tanto a evidência como os critérios de verificação ou de desaprovação são introduzidos, a ênfase não é menos bem-vinda na teologia quanto na ciência empírica. Entretanto, se isso implica que o cientista empírico tem, adicionalmente, um modo especial de testar a verdade das asserções metafísicas, então isso é inteiramente suspeito. Além do mais, a reivindicação de que as construções científicas têm a vantagem de serem correlacionadas com a verificação sensorial dá origem a novas dúvidas. A ciência operacional não presume, mas nega a realidade de um campo eletromagnético. Com base na metodologia empírica, o cientista não tem qualquer metafísica legítima. Elétrons, em distinção a centauros, permitem deduções que no presente parecem sustentá-los em vez de refutá-los, mas, se a seleção natural e os elétrons são menos imaginativos do que os centauros, dependerá de qual geração de cientistas isso é inquirido.

Thomas Kuhn reflete o crescente ceticismo acadêmico de que a ciência contemporânea esteja progressivamente refinando "a verdade" sobre o mundo real. Ele observa que os cientistas mantêm a impressão do progresso ao reescrever frequentemente seus livros-texto e eliminar os erros, e suas novas hipóteses não estão baseadas tanto quanto os cientistas presumem em apoios racionais ou empíricos

(*The structure of scientific revolutions,*[203]). Por causa das limitações do método, a ciência possui uma base muito pequena para a verdade fixa e final acerca da realidade, de modo que precisa estar pronta para alterar cada pronunciamento que faz e, depois, alterar a alteração *ad infinitum.* Mas a teologia cristã identifica historicamente tais afirmações não como verdade científica, mas como opinião ultrapassada.

O desejo pela certeza com autoridade, que o movimento judaico--cristão alicerça na revelação divina da Palavra de Deus, é ancorado em outro lugar pela filosofia e pela ciência moderna: Descartes e Kant em raciocínio apriorístico, e Francis Bacon na observação empírica e na inferência indutiva, que presumivelmente levaria à metafísica científica. No entanto, os filósofos da ciência foram levados a admitir que nenhum número de ocorrências, seja confirmando, seja verificando, poderá provar a verdade de alguma teoria. Uma doutrina metafísica não implica necessariamente ocorrências confirmadoras, nem mesmo surge disso, a não ser que a indução seja exaustiva. E uma doutrina que deliberadamente relaciona o seu primeiro princípio a vários pontos no tempo e no espaço em formas que não sejam totalmente uniformes não pode ser forçada a passar no teste da uniformidade.

Uma maneira pela qual o cristianismo e as ciências naturais podem estar relacionadas é distinguindo o cristianismo não como uma ciência no sentido moderno do termo, em vista não somente do caráter professamente empírico, mas também por causa da ausência de finalidade e do necessário aspecto provisório da ciência da observação. Então, poderia ser argumentado que a ciência é uma opinião altamente refinada, mas não o conhecimento exatamente, e que qualquer assimilação da verdade da revelação a essa estrutura de entendimento é inerentemente uma distorção do conhecimento cristão. Ainda que o "refinamento" contínuo de todas as ênfases limítrofes deixe algumas convicções sem mudança por mais tempo do que outras (p. ex., a física quântica e relativista aceita a validade da conservação da energia, do ímpeto e da mudança tanto quanto a física clássica), esse fato não altera a natureza provisória de toda a explicação empírica. É verdade que o cristão evangélico não reivindica a onisciência, nem mesmo diz ter toda a verdade a respeito de algumas questões empíricas. Mesmo assim, ele afirma ter, com base

---

[203] A estrutura das revoluções científicas.

em fundamentos adequados, uma Palavra assegurada e final acerca de certos assuntos cruciais, e isso é algo mais do que digno de ser ouvido numa era científica. Essa abordagem enfatiza o caráter absoluto da revelação enquanto vê as asserções da ciência de modo cético.

De fato, a pergunta que às vezes é feita de forma insistente hoje em dia é se a própria ciência é racional não meramente em vista de seus resultados, mas em vista de sua natureza. O termo *cientista* foi primeiramente usado em relação à compreensão do meio ambiente por meios racionais. A designação de ciência foi, portanto, bem recebida por teólogos, filósofos e cientistas que investigavam seus respectivos objetos de estudo no interesse das crenças racionais. Se racional significar raciocínio lógico, a ciência poderá ser tanto racional quanto do processo de tentativa e erro. Os mais conhecidos fenômenos da luz foram deduzidos da teoria das ondas; então outros fenômenos foram descobertos, e outros ainda seriam deduzidos, de alguma outra teoria – mas o processo é tão racional quanto a matemática. Entretanto, à medida que os projetos investigativos empíricos fizeram afirmações superiores ou exclusivas sobre a verdade, o interesse e a abordagem de "outros" domínios foram retratados pejorativamente como mística ou estética e, como reação, o racional foi logo ampliado a fim de incluir todas as coisas, exceto o irracional. Em alguns setores, isso conduziu, agora, à noção de que a racionalidade positiva é um mito, ainda que somente a ciência combata a antirracionalidade. Uma vez, porém, que muitas pessoas, ao que parece na atualidade, definem a ciência de acordo com a sua própria predileção, apresenta-se até mesmo a possibilidade de haver uma ciência irracional. A teologia não será muito ajudada com a insistência de que a sua disciplina é científica, se isso implicar uma função marginal para a racionalidade. Há pouca base para satisfação no veredicto de Husserl de que o homem está tornando-se irracional porque todas as suas teorias da racionalidade entraram em colapso. O grau de racionalidade que a ciência exibe vem sendo cada vez mais questionado, uma vez que a racionalidade tem dois aspectos: a condutividade para encontrar a verdade e a ação com propósito. A limitação do empirismo em observar o que *funciona,* em lugar de identificar o que *existe* e *por que*, e a inabilidade da ciência que se apoia na observação de impedir o emprego destrutivo de suas percepções sugerem que a ciência empírica pode alinhar-se compreensivamente ao lado da razão apenas por meio de uma sabedoria e de um poder que ela é incapaz

DEUS, REVELAÇÃO E AUTORIDADE

de alcançar ou prover por si mesma. É hora de examinar de novo as teorias que estão em voga mais recentemente e ver onde e por que elas têm servido de maneira tão insatisfatória.

O operacionalismo científico prescreve modelos operacionais da realidade exclusivamente com base na autoridade da experiência do homem e nega que a ciência descreve a natureza. Percy Bridgman recusa-se a afirmar que exista alguma coisa na natureza tal como um campo eletromagnético; as equações representam como um cientista opera em um laboratório, elas não dizem como a natureza trabalha (*The logic of modern physics*,[204] p. 57). Hendrik Hart insiste que "por si mesma, a ciência não fornece nenhum conhecimento, exatamente porque a marca registrada de todos os produtos científicos é a abstração, a diversificação, e não a integração" (*The challenge of our age*,[205] p. 53s.). No entanto, a abstração, ou algo parecido, seria um meio valioso para a obtenção de informação, se não fosse frustrado por outros fatores. Existe uma razão mais profunda para que a ciência não forneça conhecimento da natureza: o fato de que a sua metodologia não pode produzir nada além de uma opinião que pode ser revisada. Gordon Clark indica que a ciência não oferece premissas a partir das quais pode-se deduzir logicamente, ou a filosofia do mecanismo, ou qualquer outra filosofia geral; a sua metodologia não é capaz de estabelecer nem o determinismo nem o indeterminismo de Heisenberg (*The philosophy of science and belief in God*,[206] p. 91ss.). Hart está perto de atingir o alvo quando conclui que a ciência supre pedaços desintegrados de informação, enquanto o conhecimento está integralmente associado ao significado e a uma visão plenamente integrada do homem em relação a Deus, ao cosmos e à sociedade. O método científico pode explicar um grande número de coisas, enfatiza ele, mas é incapaz de estabelecer o significado de eventos e de relacionamentos. A realidade é que a ciência empírica não tem qualquer base firme sobre a qual poderia erguer objeções ao cristianismo. Isso não acontece porque preocupações científicas e históricas sejam irrelevantes à revelação e à fé, mas porque os cientistas devem permitir a possibilidade de exceções para cada regra que afirmam e para a vulnerabilidade empírica das próprias regras.

---

[204] A lógica da física moderna.

[205] O desafio do nosso tempo.

[206] A filosofia da ciência e a crença em Deus.

Nota suplementar: ciência e o invisível

A física newtoniana clássica professava deduzir seus conceitos e leis básicas da observação empírica. Mas em anos recentes o *status* cognitivo tanto dos termos científicos teóricos (p. ex., fótons, nêutrons) como dos termos relativos à observação (p. ex., água, gás hidrogênio) têm sido intensamente debatidos. Os estudiosos se dividem quanto aos termos teóricos e aos relativos à observação, se eles referem-se, na realidade, a diferentes tipos de "objetos" e se qualquer significado referencial adere-se a um ou a outro ou a ambos. Israel Scheffler observa: "Devemos agora perguntar seriamente se a objetividade científica não é, em última análise, uma ilusão, se não estamos fundamentalmente equivocados, no fim das contas, ao supor a existência de concepções empíricas capazes de ser responsavelmente controladas pela lógica e experiência" (*Science and subjectivity*,[207] p. 8).

A estrutura da ciência em dois níveis, desenvolvida por Ernest Nagel, retrata afirmações teóricas surgindo de afirmações relativas à observação fundamental (*The structure of science*,[208] p. 91ss.). Como Rudolph Carnap diz, os postulados da física são preservados de "um esplêndido isolamento do mundo", ou da vacuidade empírica pelo inter-relacionamento dos postulados e conceitos experimentais; termos axiomáticos tais como *elétron, campo*, e assim por diante, "devem ser interpretados por regras de correspondência que conectam os

---

[207] Ciência e subjetividade.

[208] A estrutura da ciência.

termos com os fenômenos observáveis" (*Philosophical foundations of physics*,[209] p. 237).

O maior problema que confronta a ciência em dois níveis é o de distinguir e de conectar aquilo que é observável e experimental e o que é teórico. Se termos teóricos não estão de alguma forma ligados ao que é observável, e não possuem significância referencial em termos de teste empírico, eles têm mais afinidade com termos teológicos e metafísicos não referenciais. Será, então, que o empirista deverá admitir a adequação de asserções metafísicas na teologia e na filosofia em geral?

A teoria científica contemporânea enfatiza a postulação criativa do cientista e reconhece que hipóteses explicativas não são nem meramente descritivas de fatos observáveis nem dedutíveis deles. F. S. C. Northrop diz de maneira direta que a dedução no método científico "não vai dos fatos para as premissas da teoria, mas da teoria presumida para os fatos e para a informação experimental [...]. Em resumo, qualquer teoria da física desperta mais pressuposições físicas e filosóficas do que os próprios fatos dão ou implicam" (introdução ao livro de Werner Heisenberg, *Physics and philosophy*,[210] p. 3s.). Embora Popper acrescente a falsificabilidade à verificabilidade para um teste empírico adequado, ele afirma a mesma coisa quando chama as teorias científicas não de "compilação de observações", mas de "conjecturas corajosamente apresentadas para o julgamento, para serem eliminadas caso choquem-se com as observações" (*Conjectures and refutations*,[211] p. 46).

No entanto, se os termos básicos são não referenciais, e se seus objetos científicos são postulados cujos significados não são fixados por meio de procedimentos experimentais, e cujas relações ou correspondência com as realidades físicas deverão ser, subsequentemente, averiguadas por experimento, então em que sentido podem, por exemplo, elétrons ou prótons, serem tidos como existindo de outro modo que não seja como construções simbólicas teóricas?

O instrumentalista científico Frank Ramsey propõe revisar e substituir termos teóricos por afirmações de variáveis existencialmente

---

[209] Fundamentos filosóficos da física.

[210] Física e filosofia.

[211] Conjecturas e refutações.

Nota suplementar: ciência e o invisível

quantificáveis: dessa forma, os atributos relativos à observação permaneceriam, enquanto *elétrons* seriam dispensáveis (cf. Nagel. *The Structure of science*,[212] p. 142). Contudo Rudolph Carnap observa que a questão do significado exato do termo *elétron* não é tão facilmente descartável e, como alguém que apenas descreve como a língua é usada, ele responde aos instrumentalistas que "nenhuma linha marcante" separa "algo observável, como uma maçã, de algo não observável, como um nêutron" (*Philosophical foundations of physics*,[213] p. 255). Enquanto alguns consideram que termos teóricos são expressões abreviadas para um padrão de eventos observáveis, homens como Rudolph Carnap não hesitam em falar da *existência* de elétrons com base em que as suas consequências são empiricamente observáveis. A sentença "elétrons existem" é considerada verificável, porque algumas afirmações existenciais atributivas são, ou podem ser, verificadas; um compromisso ontológico é feito com alguma coisa no mundo exterior que tem as propriedades que a física atribui aos elétrons. Tais indivíduos, como Carnap, retêm termos teóricos tais como "campo magnético" e "ondas gravitacionais", fazendo referência a entidades reais; entidades postuladas quando bem apoiadas pela informação proveniente da observação são consideradas não menos objetivas do que realidades físicas atribuídas a objetos empíricos.

Está em jogo algo muito mais importante do que uma disputa semântica, embora tanto Nagel como Carnap vejam a controvérsia como basicamente linguística. O fato é que a distinção entre postulados teóricos e objetos físicos está cada vez mais nebulosa. É verdade que tanto afirmações teóricas científicas como afirmações com base na observação são, no longo prazo, justificadas por consequências empíricas. Entretanto, a ciência moderna reconhece que ninguém vê objetos físicos por si; o conhecimento dos assim chamados objetos físicos é visto como derivado inteiramente da experiência sensorial, por meio da inferência de percepções sensoriais. Mas nesse caso os assim chamados objetos físicos não são real e objetivamente dados. De fato, informação sensorial individual não é nem verificável nem falsificável, uma vez que ninguém pode ter as experiências sensoriais de outra pessoa, e não existem duas experiências sucessivas que sejam idênticas. Peter Genco, portanto, observa que, nas premissas

---

[212] A estrutura da ciência.

[213] Fundamentos filosóficos da física.

DEUS, REVELAÇÃO E AUTORIDADE

positivistas, a experiência sensorial deve ser rejeitada como um conceito falso, enquanto, em contraste, os positivistas fazem dela um referente para o sem sentido cognitivo (*Verification*,[214] p. 147, n. 150).

Assim, fica aparente que entidades inferidas estão envolvidas tanto no caso de objetos físicos como no de objetos teóricos. Nas palavras de Willard Quine, objetos físicos e objetos teóricos são semelhantes, "conceitualmente comunicados dentro da situação como intermediários convenientes", ou "afirmações irreduzíveis" que, comenta Quine, são "comparáveis, epistemologicamente, aos deuses de Homero" (*From a logical point of view*,[215] p. 44). Quine insiste que esses "intermediários" e "afirmações" não são postulados a fim de cumprir as exigências de nossa experiência; mas, em lugar disso, as nossas convicções ontológicas servem para tornar as nossas experiências inteligíveis. Se alguém opta por objetos físicos, objetos teóricos, ou deuses homéricos, "a ontologia da pessoa é básica para o esquema conceitual pelo qual ela interpreta todas as experiências, mesmo as mais triviais" (p. 10). A importância criticamente decisiva da estrutura teórica mais ampla é atestada pelas dificuldades encontradas quando tentativas são feitas para incorporar leis experimentais num novo esquema conceitual; as várias teorias têm as suas leis experimentais correspondentes, e isso põe dúvidas sobre o caráter estabelecido de tais leis. Uma mudança de contexto ontológico envolverá uma mudança de significado em todas as explicações subsidiárias, do mesmo modo que a relatividade de Einstein – como uma nova rede conceitual – exigiu uma remoção revolucionária de conceitos e leis newtonianos.

Paul K. Feyerabend chega a ponto de rejeitar a abordagem dos dois níveis com os seus princípios de dedução, significado invariável e coerência, e defende a alternativa de cruzar parcialmente teorias mutuamente incoerentes, cada uma delas fornecendo o seu próprio significado contextual às observações empíricas (*How to be a good empiricist – a plea for tolerance in matters epistemological*,[216] p. 3-38). Assim, a porta está aberta para teorias incoerentes e inco-

---

[214] Verificação.

[215] De um ponto de vista lógico.

[216] Como ser um bom empirista – um apelo por tolerância em questões epistemológicas.

Nota suplementar: ciência e o invisível

mensuráveis, e o sucesso previsto para cada uma, presumivelmente, leva em conta alguma extensão de informação empírica. A noção de objetividade é aqui abandonada, pois o significado dos eventos é comunicado unicamente pela incorporação teórica deles; nenhuma reivindicação de universalidade ou finalidade adere-se a nenhuma teoria conceitual, e enquanto, subjetivamente, uma base pragmática é afirmada para a preferência de uma estrutura conceitual sobre a outra, controles objetivos para a avaliação das estruturas são abandonados. Mais ou menos a mesma crítica é feita por Thomas S. Kuhn, que considera a introdução de uma "linguagem de observações neutras" uma aventura "sem esperança" (*The structure of scientific revolutions*,[217] p. 125), e por Wilfrid Sellars, que declara que "a tese da inviolabilidade de conceitos de observação [...] é falsa" (*The language of theories*,[218] p. 74).

Assim como Feyerabend, Kuhn e Sellars abandonaram a noção de uma dicotomia ontológica entre os referentes das generalizações teóricas e das generalizações de observação, e reconhecem somente um destino metodológico nas representações esquemáticas da interpretação teórica. Na realidade, eles insistiriam que a explicação conceitual em termos de elétrons é muito diferente da interpretação com referência a duendes, ou algum outro agente imaginário, com base em que seres imaginários não mantêm, em conceito, nenhuma relação causal com o mundo observável e, além disso, os eventos empíricos podem ser explicados sem recorrer a eles. Mas isso desperta a suspeita de ser reminiscente do modo pelo qual o positivismo elimina Deus e todas as asserções teológicas, e da assimilação de Flew do jardineiro invisível ao jardineiro imaginário, ou à ausência completa do jardineiro. Virando o argumento contra o empirista, em vez de contra o teólogo, poderíamos perguntar se duendes imaginários são realmente distinguíveis de conceitos teóricos que, apesar de postulados por um período de tempo a fim de explicar eventos empíricos, são mais tarde reconhecidos como desprovidos de verdade e substituídos por alternativas? E se o empirista insiste em entidades abstratas não empíricas que são não imaginárias, com que base ele excluirá dogmática e arbitrariamente Deus como um conceito explicativo, uma existência não imaginária sustentando um relacionamento causal com eventos

[217] A estrutura das revoluções científicas.

[218] A linguagem das teorias.

DEUS, REVELAÇÃO E AUTORIDADE

empíricos? A resposta, é claro, será que o conceito de Deus não origina qualquer equação *matemática* que possa ser testada por experimentos e, ainda, que os cientistas não têm lugar para a causalidade.

Se a explicação de eventos empíricos depende de pressuposições metafísicas, ou de conceitos teóricos que alguém usa para interpretar a experiência, e se o teólogo, igualmente, insiste que uma Vontade divina invisível explica melhor toda a ordem que um cientista é capaz de encontrar, abrangendo quaisquer continuidades previsíveis que o cientista é capaz de citar e, além disso, que esse princípio explicativo apoia-se em mais do que considerações pragmáticas, o que, então, confere ao empirista o poder de embargar especialmente esse conceito teórico? Seja lá o que for que alguém escolhe defender – o materialismo, o idealismo, o teísmo especulativo ou o Deus da Bíblia –, isso nunca é ditado por observações empíricas. Na verdade, estruturas interpretativas científicas não menos do que teológicas derivam de outras considerações. Uma vez que diferentes estruturas oferecem diversas perspectivas por meio das quais os "fatos" devem ser compreendidos e entendidos, nenhuma estrutura proposta pode ser testada independentemente das premissas metafísicas por meio das quais ela "enxerga" a realidade.

Qualquer metodologia que imponha um veredicto prévio sobre a complexidade da realidade e o tipo de conclusões que podem ser alcançadas a respeito dela é suspeita. Quatro conclusões podem ser prontamente predispostas simplesmente via considerações metodológicas. Existe uma linhagem contaminada a favor da ênfase de que coerência lógica somente resulta em sistemas formais esvaziados de conteúdo factual e que apenas pela investigação científica empírica pode-se chegar a conclusões sobre a realidade. Se alguém sustentar a fé de que processos psicoquímicos podem explicar o comportamento total do homem, como faz J. C. C. Smart em seu comprometimento com uma teoria de identidade das relações mente-corpo (*Sensations and brain processes*,[219] p. 143), nenhuma explicação parecerá tão simples e adequada, mesmo que uma teoria competitiva leve em consideração todos os fatos, e até mesmo se alguns fatos não forem de maneira alguma explicáveis na atualidade pela teoria naturalista. A validade da experiência religiosa, da interpretação sobrenatural, a

---

[219] Sensações e os processos do cérebro.

ocorrência de milagres, tudo isso pode ser deixado de lado meramente com base no fato de que a experiência ordinária não miraculosa compõe uma grande parte da informação que a lei da parcimônia – isto é, uma explicação naturalista! – é o caminho preferível; como Frank B. Dilley diz, todas "as explicações em termos de causas transempíricas serão não parcimoniosas" (*On arguments for a transcendent God*,[220] p. 143). Um golpe preciso da navalha de Occam instantaneamente elimina Deus, o sobrenatural, os milagres e muito mais.

Dilley argumenta que todos os sistemas básicos de fé – incluindo tanto os sistemas religiosos como os não religiosos – são "lógica e factualmente irrefutáveis" (p. 145). Ele considera que o argumento de William C. Shepherd de que os sistemas religiosos de fé são irrefutáveis (*On the concept of 'being wrong' religiously*,[221] p. 66s.) seja injustificadamente restrito à religião; sistemas de fé tanto religiosos como não religiosos, argumenta ele, possuem recursos para lidar com toda a realidade, eventos e informação. Dilley diferencia sistemas de fé de sistemas de conhecimento: sistemas de fé são "conjuntos de proposições sobre como a realidade deve ser interpretada, com base numa perspectiva do mundo de um ângulo de visão que acredita-se produzir a verdadeira história sobre o mundo" (*On arguments for a transcendent God*,[222] p. 145). Consciente ou inconscientemente, sistemas de fé apoiam-se sobre premissas fundamentais que decisiva e compreensivamente interpretam toda a realidade e a vida.

Se alguém insiste que um universo com valor determinado ou que processos impessoais explicam melhor a experiência, se o axioma básico de alguém for teológico ou materialista, as respectivas teorias de adequação serão metafisicamente tendenciosas. A visão de importância do intérprete é aquilo que faz vir à tona os "fatos decisivos".

---

[220] Sobre argumentos a favor de um Deus transcendente.

[221] Sobre o conceito de 'estar errado' no que diz respeito à religião.

[222] Argumentos a favor de um Deus transcendente.

11

Teologia e filosofia

"A questão da natureza da teologia, especialmente em sua relação com a filosofia e a história, parece estar prestes a passar por uma remodelação drástica no presente", é o que diz Dorothy Emmet (*The Nature of metaphysical thinking*,[223] p. vi). "É impossível não sentir uma crise real no pensamento filosófico e, particularmente, no metafísico" (p. 1). Dorothy Emmet pensa que as antíteses hoje tão frequentemente traçadas entre a filosofia e a fé, a metafísica e a teologia, estão baseadas numa visão inaceitável do que é a filosofia metafísica. Poderíamos acrescentar que o conflito surge, de igual modo, de noções inadequadas do que a teologia é e de questões correspondentes quanto à natureza da verdade teológica e como ela difere de outras verdades.

A relação da teologia com a filosofia já foi retratada em várias épocas em termos da não legitimidade intelectual de uma ou de outra disciplina, ou da necessária subordinação de uma à outra, ou de seu valor coordenado em relação à esfera da verdade. A advertência do apóstolo Paulo *Tende cuidado para que ninguém vos tome por presa, por meio da filosofia e sutilezas vazias* (Cl 2.8) é evidência clara de que o cristianismo primitivo não presumia a compatibilidade da teologia revelada com qualquer ou todo tipo de filosofia. Através dos séculos, a teologia e a filosofia alternaram relacionamentos de amor e ódio entre si.

---

[223] A natureza do pensamento metafísico.

A *The encyclopedia of philosophy*,[224] (1967) não tem uma entrada separada para "teologia", mas, em seu artigo acerca da "filosofia da religião", William P. Alston contrasta as duas disciplinas desta forma: a filosofia da religião, escreve ele, "distingue-se da teologia pelo fato de não presumir coisa alguma, pelo menos nada no âmbito religioso; [...] ela toma a liberdade de questionar qualquer coisa. A teologia, no sentido mais estrito do termo, propõe-se a articular as crenças de determinada religião e colocá-las numa ordem sistemática, sem jamais levantar a questão fundamental de sua verdade" (6:287). Isso chega perto de afirmar que a teologia está centrada em convicção não aberta à reflexão; isso lembra, por outro lado, as reivindicações do positivismo lógico que desacreditou toda metafísica, teologia e filosofia da religião como coisas sem sentido. Contudo, Alston claramente implica que a filosofia tem direitos de realeza sobre a razão e a verdade e que a teologia se desenvolve num clima de preconceito irracional.

Por outro lado, teólogos neo-ortodoxos e existencialistas não apenas depreciam a filosofia como uma disciplina ilegítima para se conhecer Deus, mas, às vezes, parecem até mesmo dar boas-vindas aos ataques recentes contra a metafísica em círculos não teológicos, cuja negação se estende ao teísmo cristão histórico tanto quanto à filosofia especulativa. Karl Barth enfatizou que a teologia da revelação tem acesso exclusivo à verdade de Deus e à sua autocomunicação redentora, em contraste com a filosofia (inclusive a filosofia da religião) que é uma busca autônoma humana pelo divino, sendo, portanto, fútil. A Palavra de Deus é conhecida, declara Barth, somente por meio de encontros esporádicos com Deus de pecadores responsivos e obedientes; está oculta àqueles que buscam Deus pelo raciocínio humano. O Deus da Bíblia e a divindade dos filósofos são tão distintos quanto o Deus vivo e os mitos da humanidade.

No curso da longa história do pensamento cristão, a revelação e a razão foram retratadas, na realidade, como estando em três relacionamentos marcantemente diferentes, algumas vezes designados como os "três caminhos" – o de Tertuliano, o de Agostinho e o de Tomás de Aquino.

O caminho de Tertuliano – que nunca foi o caminho tipicamente cristão até ascender à proeminência no século XX por

---

[224] Enciclopédia da filosofia.

Teologia e filosofia

intermédio de teólogos dialéticos e existencialistas – contrasta precisamente a verdade da revelação com o conhecimento metafísico e científico. Tertuliano (c. 160-c. 220) apreciava o paradoxo e a contradição e até mesmo argumentava que a encarnação de Cristo "é certa por ser impossível" (*De carne Christi*,[225] cap. 5). A hipérbole literária, porém, poderia ter entrado em afirmações como essa, uma vez que Tertuliano tentou, ainda assim, provar por argumento lógico e sem contradição o pré-milenarismo e outras doutrinas religiosas. Enquanto ele frequentemente considera a filosofia um inimigo da religião, também há passagens nas quais ele a considera uma aliada; a frase muitas vezes citada "Que tem a ver Jerusalém com Atenas?" deve ser paralela com "Sêneca é frequentemente um de nós". No entanto, a ênfase dominante de Tertuliano não recai simplesmente na prioridade da fé, mas na separação de fé e razão: cristianismo exige fé naquilo que para a mente não regenerada parece absurdo.

Enquanto Clemente de Alexandria (séculos II e III) e Orígenes (182?-254?) procuraram sintetizar as categorias de pensamento hebraica e helenística, Tertuliano afirmava "uma absoluta e radical descontinuidade entre o cristianismo e a filosofia: misturá-los significaria permitir que o pensamento pagão ditasse os termos ao evangelho, ou seria o mesmo que convidar um amálgama incoerente e gnóstico dos dois que não satisfaria nem os cristãos verdadeiros nem os filósofos verdadeiros" (Henry Chadwick, *Early christian thought and the classical tradition*,[226] p. 1s.). A visão de Tertuliano também não era simplesmente um acidente pelo fato de que ele vivia numa era em que a filosofia era moldada por pensadores gregos e romanos fora da órbita da revelação judaico-cristã. Pois ele opõe-se em princípio à ideia e possibilidade de uma filosofia cristã. Defensores modernos da opinião de Tertuliano apontam para o escolasticismo medieval e o hegelianismo moderno como exemplos clássicos do erro de tentar moldar a religião revelada num matiz filosófico. A ênfase é também característica de Kierkegaard: "Em relação ao cristianismo, a filosofia sistemática é meramente treinada no uso de todo tipo de fraseologia diplomática, que engana o ingênuo. O cristianismo, do modo como é entendido pelo filósofo especulativo, é uma coisa diferente do cristia-

---

[225] [NT] Tertuliano escrevia em latim. O título desta obra em português seria: *Sobre a carne de Cristo*.

[226] Pensamento cristão primitivo e a tradição clássica.

nismo que é exposto para o simples. Para estes, é um paradoxo; mas o filósofo especulativo sabe como repelir o paradoxo. Assim, não é o cristianismo que é, era e permanece sendo a verdade; não, é o entendimento que o filósofo tem do cristianismo que constitui a verdade do cristianismo" (*Concluding unscientific postscript*,[227] p. 200).

O caminho agostiniano (seguido, de modo geral,[228] por Anselmo, Lutero e Calvino) apela para a revelação com o interesse em uma razão mais informada. Agostinho enfatiza tanto a prioridade da fé como a sua incompletude sem o entendimento (ou razão). A fé é um passo no caminho do entendimento. A famosa máxima de Anselmo *Credo ut intelligam* (creio para compreender) resume brevemente a visão agostiniana da relação entre fé e entendimento. "Crer para compreender" é a ênfase; sem a fé, a pessoa não entenderá. A razão ainda tem a sua tarefa, mas numa nova fundação e num novo clima. A revelação do Deus vivo é a precondição e o ponto de partida para o entendimento humano; ela supre a estrutura e o corretivo para a razão natural. Contudo, Agostinho não sentiu qualquer compulsão para renunciar seus interesses filosóficos quando tornou-se um cristão. Ele usa conceitos e argumentos filosóficos para elucidar aspectos da doutrina cristã.[229]

Na visão de Agostinho, a filosofia é útil para explicar a sabedoria encontrada nas Escrituras. Uma vez que o Deus vivo falou na revelação especial conhecida nas Escrituras judaico-cristãs, o filósofo cristão não deveria hesitar em fazer uso completo daquilo que os filósofos gregos não conheciam. O papel da filosofia é o de mostrar aos homens o caminho para a bem-aventurança, e o cristianismo exibe esse caminho como foi oferecido somente por Jesus Cristo. O cristianismo pode ser considerado uma filosofia, conquanto o termo seja

---

[227] Um pós-escrito científico concludente.

[228] A qualificação se faz necessária em razão da reivindicação de Anselmo de demonstrar a necessidade da encarnação e da expiação sem depender da revelação atestada na Bíblia, e pelo fato de Lutero, apesar de agostiniano na teologia, reivindicar ser occamista, isto é, um nominalista, na filosofia.

[229] Seria, provavelmente, ir longe demais dizer, como alguns dizem, que Agostinho empregou as *categorias* de Aristóteles para explicar a noção de substância e de relação quando expunha as distinções trinitárias em *De Trinitate* e ao interpretar a natureza do tempo e discutir se a mente do homem de alguma forma reflete o aspecto "três em um" de Deus. Atanásio não faz referência a Aristóteles, e Agostinho oferece um relato do tempo completamente não aristotélico.

suficientemente amplo para incluir a teologia. Embora em suas obras mais antigas contra o ceticismo ele defina certos princípios normativos sem referência às Escrituras, a revelação e a autoridade divinas, em lugar da razão humana, são para ele o ponto de partida da "filosofia cristã"; não são as especulações filosóficas, mas as Escrituras inspiradas que constituem a porta de acesso à verdade.

O caminho tomista rompeu com a ênfase de Agostinho e Anselmo no *Credo ut intelligam*, tanto quanto com a ênfase de Tertuliano no *Credo quia absurdum*, e o seu *Intelligo ut credam* (compreendo para crer) criou espaço para a teologia natural, ou filosófica, como preparatória para a teologia revelada. Enquanto Tomás de Aquino aborda a existência de Deus tanto por meio da experiência comum do homem e da revelação sobrenatural como pontos de partida, ainda assim ele invoca a teologia filosófica, ou a metafísica, um tipo natural de conhecimento aberto para qualquer pessoa, a fim de prover os fundamentos da fé. Aquino considera o primeiro uso da filosofia em relação à teologia como a demonstração de "itens que são preâmbulos para a fé" (*Boethii de Trinitate*, II, 3c). Todos os argumentos de Aquino para a existência de Deus apoiam-se num apelo para a observação sensorial sem dependência da revelação divina. Ele esboça três argumentos para a existência de Deus no livro *De Potentia Dei* (III, 5c), reafirmando o argumento de Platão de muitos existentes para uma causa, o argumento de Aristóteles de seres contingentes em movimento para um movedor imóvel, e o argumento de Avicena do caráter composto dos seres finitos para a existência do ser necessário no qual a essência e a existência são um. Aquino viu esses três argumentos, pelos metafísicos pagãos gregos e pelo filósofo muçulmano do século XI, como estabelecendo a existência de "uma causa universal de seres reais pela qual todas as outras coisas surgem". Seu argumento mais conhecido – a assim chamada prova dos cinco pontos que demonstra afirmativamente a existência de Deus – é encontrado na *Summa theologiae* (I,2,3c). Aqui Aquino suplementa as ênfases que vieram antes dele ao retrabalhar posições assumidas por Maimônides (1135-1204). Enquanto os tomistas discordam entre si quanto à questão se Aquino oferece um argumento compreensivo ou cinco provas diferentes (a primeira é a visão predominante), a questão importante aqui é que a filosofia, distintamente da teologia, mantém

DEUS, REVELAÇÃO E AUTORIDADE

uma função criticamente decisiva não somente no que diz respeito ao mundo físico mas também em relação ao mundo espiritual.

Na verdade, Aquino insiste que a teologia ensinada nas Escrituras oferece informação suplementar sobre Deus e seus propósitos para o homem que não pode ser derivada de outra fonte, exceto da revelação divina. Exemplo disso são: a doutrina da encarnação divina em Jesus Cristo, a Trindade, a ressurreição corporal etc. Mas as verdades da existência de Deus e da existência e imortalidade da alma não estão fundamentadas em considerações religiosas, mas são consideradas inferências da observação sensorial, e o raciocínio filosófico é tido como capaz de oferecer uma prova demonstrativa.

Quando os primeiros filósofos modernos se mostraram não convencidos de que a abordagem filosófica de Aquino produzia as conclusões que ele apontava, surgiram dificuldades quanto ao término de um edifício cuja construção real não poderia ser mantida de forma segura. De modo particular, a reivindicação de que a existência divina poderia ser logicamente demonstrada por inferências da experiência sensorial foi atacada, primeiramente pelos racionalistas e, depois, pelos empiristas. Uma vez que Aquino fundamentou o caso da existência de Deus na demonstração filosófica, uma falha na prova dos cinco pontos deixaria a teologia revelada flutuando nebulosamente no ar e sem uma plataforma de lançamento. Apesar de toda a ênfase no conhecimento superior derivado da revelação (por sua graça, Deus revelou a sua existência até mesmo a camponeses que não poderiam acompanhar as provas filosóficas), Aquino concedeu à filosofia, como por ele definida, uma função que involuntariamente deslocou a teologia para um relacionamento de pensamento secundário, devido ao seu reconhecimento apropriado de que a teologia não está baseada em princípios inerentes à sensação.

A ascensão da filosofia moderna trouxe consigo a demolição da síntese tomista: a observação empírica não produziu somente conclusões teístas incontroversas, mas, pior ainda, Aquino descarrilou de seu curso a revelação divina como uma consideração relevante no estabelecimento da existência de Deus. Augusto Comte, o pai do positivismo moderno, inverteu o esquema tomista que havia arranjado de forma piramidal a ciência empírica, a filosofia e a revelação em significância ascendente, ao descartar a teologia como imaginação mitológica da infância humana, ao desvalorizar a filosofia como uma especulação característica da idade infantil da raça humana, e ao exaltar a experiência sensorial como validadora daquilo que o homem maduro pode acreditar.

A postura filosófica moderna passou rapidamente da não dependência da revelação especial por Descartes, um católico ortodoxo nominal que formulou o teísmo filosófico como uma alternativa ao teísmo bíblico miraculoso, até o repúdio total da revelação transcendente por Spinoza, que escreveu uma narrativa crítica da filosofia cartesiana alguns anos depois de sua expulsão da sinagoga por causa de sua heterodoxia. Agora, a filosofia moderna eclipsou tanto o judaísmo antigo como o cristianismo como insignificantes para o estabelecimento da realidade e da natureza de Deus. Embora teólogos evangélicos posteriores, como Charles Hodge,[230] A. H. Strong e outros correlacionassem a revelação bíblica geral e especial, a perda filosófica da revelação das Escrituras, que já tinha sido movida para a margem por Aquino e outros escolásticos por sua designação de prioridade para a teologia natural, deixou tudo pronto para a completa erosão, exceto pelo fato de teólogos intermediários e filósofos religiosos atribuírem à revelação especial um sentido diluidor do teísmo bíblico. Lou H. Silberman observa que "antes do ataque violento da filosofia liberal iniciado com Spinoza [...] todo e qualquer significado da revelação, exceto como e, talvez, até como metáfora secularizada [...] foi alvo de ataques e caiu [...]. Se teólogos avançados permaneceram aderindo à palavra, isso aconteceu, frequentemente, com um novo conteúdo, pouco relacionado à tradição confessional dentro da qual eles presumivelmente funcionaram" (preleção sobre "Revelação no judaísmo").

Spinoza e Hegel foram os dois racionalistas de grande envergadura que submergiram a teologia na filosofia, comprimiram a revelação divina na reflexão humana, consideraram o raciocínio filosófico como a manifestação superlativa da revelação divina e dissolveram o interesse de judeus e cristãos modernos na manifestação divina definitiva. Pelo suposto interesse da razão, ambos os pensadores esvaziaram a teologia na filosofia e reduziram a revelação divina especial

---

[230] Hodge, porém, seguiu Reid e os filósofos do senso comum escocês e, frequentemente, apelou à experiência e à conscientização comum (não especificamente cristã) da humanidade.

a um princípio explicativo. Hegel intensificou a revolta de Spinoza contra a revelação transcendente tal qual a do Deus da Bíblia, pois, como Weber e Perry comentam, "Se por Deus queremos dizer o *ser transcendendo a razão humana*, então Hegel é o mais ateu dos filósofos, uma vez que ninguém é mais enfático em afirmar a imanência e a perfeita cognoscibilidade do absoluto. O próprio Spinoza, *o filósofo da imanência*, não parece ir tão longe; pois, embora admita que o intelecto tem uma ideia adequada de Deus, ele presume que a substância possui atributos infinitos" (Alfred Weber e Ralph Barton Perry: *History of philosophy*,[231] p. 406). Todavia, tanto Spinoza como Hegel afirmam expor a fé histórica numa forma mais pura. Nenhum dos dois pensadores admite que um conflito poderá surgir entre a filosofia e a revelação; o homem filosoficamente iluminado não pode aceitar a teologia revelada como verdade literal, mas o homem religioso de todas as eras requer em forma alegórica aquilo que o filósofo (num caso, Spinoza, noutro, Hegel) oferece como verdade metafísica. Para um, Deus é a natureza; para o outro, o Absoluto é o universo. Ambos obscurecem a distinção entre Deus e o mundo, um dos aspectos elementares da religião revelada. Na Rússia do século XX, Spinoza e Hegel tornaram-se os filósofos do mundo ocidental, pré-Marx, mais lidos, sendo vistos como precursores do materialismo dialético, embora Marx tivesse de virar Hegel de cabeça para baixo, é claro, e afirmar que o *Logik* era um tratado sobre economia!

O ataque de Spinoza contra a revelação foi duplo: a refutação de representações da revelação por filósofos judeus da Idade Média e uma rejeição do ensino do Antigo Testamento supostamente com base em análise crítico-literária. Noções especulativas da revelação prevaleceram, subsequentemente, entre intelectuais judeus a ponto da *Jewish encyclopedia*,[232] (11:544a) designar Solomon Steinheim um "livre-pensador", que identificou a revelação como uma "comunicação divina feita para a humanidade num evento único e num período de tempo específico" (*Die offenbarung nach dem lehrbegriffe der synagoge*,[233] 3:319).

---

[231] História da filosofia.

[232] Enciclopédia judaica.

[233] A revelação a partir dos termos de ensino da sinagoga.

Hegel percebia sua metafísica idealista oferecendo uma defesa do cristianismo como a religião absoluta. Mas aquilo que eleva a religião cristã acima de todas as outras é a doutrina da encarnação que, na exposição de Hegel, torna-se um quadro teológico da verdade filosófica de que o absoluto não é distinto do finito, mas é necessariamente manifestado no universo. Hegel considerava Jesus como o filho de José e de Maria e um obscurantista junto com Sócrates. Deus é significativamente revelado no nazareno no sentido de que foi ele quem primeiro, supostamente, discerniu que Deus e o homem são universalmente um, ou seja, a encarnação onipresente da mente absoluta. Em vez de uma encarnação num momento e lugar específicos unicamente em Jesus Cristo, como o cristianismo argumenta, Deus torna-se – na teoria de Hegel – incorporado no universo. Hegel considera a filosofia como algo superior à religião. A religião concede apenas uma representação pictórica da forma suprema do conhecimento, que é metafísica; a filosofia afirma de forma conceitual o que a religião expressa somente num modo quase imaginativo. As ênfases históricas altamente específicas da religião revelada são transformadas em abstrações filosóficas altamente gerais.

Se Spinoza e Hegel empreenderam demolir a revelação transcendente no interesse da razão, e transmutar a teologia em filosofia, outra linha de filósofos modernos toma um caminho diferente, o de limitar a razão no interesse da fé e da revelação. As rivalidades na filosofia moderna, portanto, continuaram multiplicando-se, até a visão de Comte emergir finalmente numa refutação contemporânea da teologia e também da filosofia em deferência à ciência empírica.

Essa limitação da razão tinha o seu modelo pré-hegeliano perfeito em Hume, e então Kant, a quem Hegel respondeu exaltando a razão humana até as pretensões do infinito. A refutação pós-hegeliana a Hegel pelos teólogos e filósofos dialético-existenciais não iria apenas restringir a razão no interesse da fé, mas repudiá-la em deferência à revelação divina.

Kant dispensa a teologia dogmática, uma vez que o conhecimento do suprassensível é considerado impossível. Ele rejeita a possibilidade do conhecimento por meio de conceitos puros da realidade como ela é realmente. Ele menospreza as facetas históricas do cristianismo como insignificantes e dá pouquíssimo valor às doutrinas cristãs básicas. A única prova de Deus que ele permite não começa com a revelação ou com base em algum conceito, mas do senso de obrigação moral. No entanto, esse Deus não é um fator constitutivo da realidade, mas, em vez disso, uma convicção pessoal e um princípio heurístico a serviço da moralidade, algo que todo ser racional deve admitir e usar. Em vez de conhecimento metafísico válido de certezas teológicas, Kant propõe a fé no legislador divino, que cada pessoa deve experimentar por si mesma como implícito no senso de dever moral: "Eu não devo nem mesmo dizer '*É* moralmente certo que existe um Deus [...]', mas '*eu estou* moralmente certo" (*Crítica da razão pura,* 1787). Responder aos nossos deveres éticos como se fossem mandamentos divinos não envolve conhecimento cognitivo do sobrenatural, mas implica fé subjetiva em Deus e numa vida futura.

Schleiermacher, o precursor do modernismo protestante, toma a ênfase de Kant de que o conhecimento trata somente dos fenômenos e a estende, na verdade, não ao conhecimento objetivo de Deus como ele é em si mesmo, mas às afirmações experienciais revisáveis acerca de Deus em relação a nós. Mas a teologia dialético-existencial, que um século mais tarde iria herdar a sorte decrescente do modernismo, combina o papel kantiano para a resposta moral interna – visto como obediência a um mandamento divino (embora no caso de Kant estritamente lógico, dependendo unicamente da lei da contradição) – com a fé existencial na confrontação autorreveladora de Deus. Ela retém a desaprovação de Kant em relação ao conhecimento objetivo do metafísico, mas insiste na realidade de Deus conhecida na obediência não conceitual. A teologia dialético-existencial se propõe a destruir as verdades proposicionais a respeito de Deus a fim de focalizar a atenção em sua realidade confrontadora, conhecida somente em confiança submissa. É, portanto, logicamente impotente enfrentar o ataque do secularismo naturalista e do positivismo lógico, que tomam a negação dialético-existencial de afirmações cognitivamente válidas acerca da divindade como evidência confirmatória de que a teologia é sem sentido. A limitação da razão kantiana manobrou os seus herdeiros modernistas e neo-ortodoxos na direção de um abandono não intencional de verdades permanentes sobre o Deus vivo e, assim, para a profanação da teologia da revelação.

Karl Barth, o defensor da neo-ortodoxia ou da teologia dialética, coloca a revelação e a fé em relacionamentos antitéticos com a razão, antes de fazer qualquer esforço para correlacioná-las. Ele enfatiza que a revelação é totalmente independente da filosofia. O Deus de Abraão, Isaque e Jacó não é o Deus dos filósofos, mas o Deus que se autorrevela. Uma vez que a Palavra de Deus é tida como criando o seu próprio ponto de contato com o crente, Barth mostra pouco interesse na posição dos ouvintes ou recipientes da revelação.

Barth não argumenta somente que a filosofia não é uma fonte primária nem secundária da verdade, mas insiste, além disso, que a teologia e a filosofia diferem tanto em conteúdo como no método. Em razão dessa separação abrangente, ele rejeita qualquer introdução filosófica para a dogmática. Isso o diferencia não apenas dos dogmáticos de direita pós-hegelianos, tais como A. E. Biedermann e A. Dorner, que propuseram a dogmática com base em pressuposições idealistas, mas também de teólogos evangélicos que faziam da revelação transcendente o seu axioma epistemológico controlador.

Biedermann e Dorner, na Alemanha, assim como as influentes preleções Gifford na Inglaterra, supriram essencialmente reafirmações racionalistas do cristianismo em termos idealistas e quase panteístas. A estrutura literária de alguns desses escritos teológicos é sintomática. Eles não iniciam, como faz a teologia evangélica, com a revelação divina transcendente como o conceito controlador que tudo mais segue. Em vez disso, eles veem o raciocínio filosófico como a forma e o conteúdo da revelação divina. Sua dogmática começa com uma introdução filosófica que formula a religião como uma relação recíproca do espírito finito com o Espírito Infinito e que eclipsa a realidade da revelação transcendente. Enquanto Ludwig Feuerbach (1804-1872) descarta a religião como uma ilusão, David Strauss (1808-1874) a considera uma infantilidade, e Schleiermacher a reduz a uma implicação imediata dos sentimentos, a ideia de Deus é justificada como uma ideia necessária da mente humana, uma ênfase que na superfície é compatível com a insistência evangélica na manifestação divina universal e remanescente da imagem de Deus no homem, embora incompatível com a total rejeição da revelação geral por parte de Barth. Mas tudo isso é feito numa fundação panteísta ou semipanteísta que subordina a revelação transcendente. Essa

DEUS, REVELAÇÃO E AUTORIDADE

introdução filosófica, em outras palavras, "justifica" a universalidade e a necessidade da religião com uma premissa sub-bíblica, envolvendo a exclusão da manifestação divina especial como uma fonte distintiva de conhecimento. Dessa forma, o caminho está preparado para o reconhecimento do próprio raciocínio do homem como equivalente, uma vez que a reflexão humana é assimilada na mente divina e torna-se sua expressão. Esse mascaramento do raciocínio filosófico passando-se por revelação divina é, ainda mais, oculto pelo próximo estágio da apresentação, que geralmente é um relato imparcial da teologia bíblica e das convicções cristãs históricas dos Credos. Então, em detalhes, emerge aquilo que estava implícito todo tempo na introdução, uma crítica dinâmica dos modos tradicionais de afirmação como ontologicamente inadequados e suas traduções para a metafísica idealista a fim de assegurar validade permanente. A audácia desse ataque, além de sua piedade superficial, está em sua adicional identificação presumida dessa própria substituição filosófica como alguma coisa exigida pela suposta realidade da revelação do absoluto.

Em sua ênfase de que apenas a revelação nos capacita a conhecer a realidade religiosa, Barth está em chão firme; nós não podemos conhecer a Deus fora de sua revelação. Barth recusa-se a tratar o filósofo como alguém cujas visões devam em qualquer caso ser recebidas como definitivas em relação à realidade e ao conhecimento. A verdade da revelação desafia todos os avanços do pensamento secular. Martin Heidegger e Jean-Paul Sartre não podem contribuir com coisa alguma para o conteúdo e o método da teologia. A teologia permanece sendo a norma contra concepções filosóficas equivocadas.

Barth, porém, define a filosofia, de forma preconceituosa e polêmica, como um esforço radicado na autonomia humana, que toma uma postura de superioridade procurando controlar o seu objeto, e que é motivada por curiosidade em vez de obediência. No entanto, Agostinho não via a filosofia como um esforço que exigia a autonomia humana, nem como necessariamente repudiando Deus como criador ou isentando o homem da prestação de contas ao seu criador. Em vez disso, ele não destacava simplesmente, como Barth fazia, que a fé precede a razão, mas também, e contrariamente a Barth, que a fé genuína é inerentemente inteligível. O protesto contra a autonomia implícito no teísmo da revelação não propõe a assimilação do homem sob o mandamento "Obedeça, não pense!", como se elevasse a vontade de crer acima da vontade de buscar a verdade. Esse protesto também não propõe coibir a pesquisa e a investigação, nem privar o homem de sua liberdade de pensar sem ser controlado por outro, nem restringir a moralidade do julgamento crítico. Ele adverte que a declaração de independência do homem em relação a toda autoridade meramente põe no lugar da autoridade legítima uma autoridade própria altamente duvidosa, e que a perda da autoridade divina significa a perda de toda a certeza. O ceticismo é, de fato, o resultado final da resposta de qualquer filosofia a nenhuma autoridade a não ser a sua própria.

A ampla insistência de Barth de que Cristo, a Palavra, é relevante a todos os domínios da realidade e da vida conflita, aparentemente, com a sua clara distinção entre teologia e filosofia, e veremos que ele, na realidade, não as compartimenta na prática. Antes, porém, de considerar suas incoerências com a sua premissa básica, devemos notar bem que qualquer tentativa de formular teologia ortodoxa completamente à parte de interesses filosóficos vai contra a herança cristã tão remotamente quanto Agostinho e até antes dele.

Barth admite a necessidade de conceitos filosóficos (quando apropriadamente qualificados) na exposição teológica e busca na filosofia e em outras disciplinas apoio para o esforço teológico. Portanto, a filosofia é legítima na medida em que endossa o que a teologia afirma previamente. Barth ilustra isso pelo conceito de causa (*Church dogmatics*,[234] III/3), que os reformadores protestantes tomaram não da Bíblia mas de Tomás de Aquino e, antes dele, de Aristóteles. Como um princípio explicativo, a causalidade é útil para a compreensão do agir de Deus num sentido formal, mas não num sentido material; Barth rejeita a *causa,* a não ser que a graça seja entendida como um poder superior. Apesar de criticar o uso de conceitos filosóficos a fim de expor e clarificar a teologia, ele usa a distinção entre lenda e saga, por exemplo – uma noção que surgiu durante a especulação filosófica do século XIX – precisamente para esse propósito. Além disso, a sua exposição do Nada e de tratamentos relacionados do caos em conexão com o problema do pecado e do mal parece ter mais em comum com Heidegger e Sartre do

---

[234] Dogmática da igreja.

DEUS, REVELAÇÃO E AUTORIDADE

que com as Escrituras. E ele pode ser festivamente dependente de Platão enquanto carboniza Bultmann por sua dependência de Heidegger. Barth parece não mostrar embaraço em filosofar por si mesmo, acomodando assim na prática aquilo que ele desaprova em princípio. Discussões teológicas envolvendo a ontologia e a epistemologia são, na verdade, inevitáveis para qualquer teólogo que procura lutar com questões teológicas básicas em profundidade diante de teorias alternativas.

A questão fundamental é a base sobre a qual Barth segrega rigorosamente a teologia e a filosofia. Ele vê, corretamente, a teologia como uma exposição da revelação, embora, equivocadamente, negue que a teologia seja uma sistematização do material bíblico. Sua ênfase na proclamação pura e simples, sem um ponto de contato na mente dos ouvintes, leva-o a divorciar a teologia de interesses filosóficos, uma vez que ele negligencia as condições lógicas inescapáveis que compõem a estrutura do homem como homem. Ao considerar que a revelação é uma confrontação ocasional direta, em vez de ser objetivada pelas Escrituras, Barth encobre os preconceitos mentais que frustram a experiência humana. A dificuldade primária na visão de Barth surge de sua noção de revelação como pessoal, mas não proposicional, uma visão que corrói a validade racional do conteúdo da revelação. Se a teologia é apenas para os crentes, como um assunto de decisão interior e obediência, então a filosofia como um esforço universal deve traçar o seu próprio curso. Mas Barth, como teólogo, não pode esquivar-se de restrições lógicas, nem evitar a interpretação lógica, nem poderão os cristãos isentar-se da racionalidade.

No entanto, Barth sustenta que a teologia é uma filosofia, uma vez que ela é expressa em linguagem humana, e crê que não existe nenhuma razão com base na revelação para preferir-se um esquema filosófico a outro; caso algum sistema filosófico venha tornar-se um corolário da Palavra, isso seria fatal para a revelação. Por um lado, ele admite que a teologia não pode manter-se completamente isolada das ideias e dos termos filosóficos, porque estes pertencem à cultura na qual se vive. Por outro lado, ele adverte contra a "escravidão egípcia", na qual a filosofia toma o controle e estipula aquilo que a revelação tem permissão de asseverar. Como ele mesmo afirmou, a Palavra de Deus tem o poder de revelar ao ser humano sem esperar

Teologia e filosofia

por verificação filosófica (*Church dogmatics*,[235] I/1, p. 323ss.). Mas será que poderíamos extrair disso a implicação, como Barth faz, de que todas as filosofias podem servir para a exposição da revelação cristã e, portanto, não são destrutivas para a revelação, a não ser que se negue a normatividade do conteúdo da revelação? Por um lado, ele declara que nem Aristóteles, Descartes, Kant, Hegel e Heidegger tem permissão de colocar a teologia sob sujeição, enquanto, por outro lado, ele acolhe o uso eclético que a teologia faz de "ideias, conceitos, imagens e expressões atuais" com a "maior confiança" (*Evangelical Theology: an introduction*,[236] p. 12). É verdade que Barth insere a qualificação "enquanto estas derem provas de sua adequação", mas será que as ideias e expressões atuais formadas independentemente da revelação são imparciais e neutras? Será que ao manter essa posição Barth não está simplesmente ocultando a influência adversa de certos elementos filosóficos sobre a teologia?

A inconsistência de Barth parece ter origem em sua antipatia por qualquer cosmovisão como barbarismo intelectual e um desafio proposto contra a revelação, embora ele seja incapaz de negar o fato de que também possui uma cosmovisão e que nenhum teólogo – ou qualquer homem – pode escapar do envolvimento com algum tipo de filosofia. Barth, claro, está certo ao enfatizar, como todo teólogo deveria, que não existe uma identidade direta entre a teologia como disciplina teórica e a Palavra revelada que ela expõe. Entretanto, para a ortodoxia evangélica a formulação conceitual da revelação não começa com o teologizar humano, mas é parte integral da infalível revelação de Deus. Embora nossos sistemas teológicos sejam claramente não infalíveis, as Escrituras inspiradas comunicam a própria Palavra de Deus na forma de verdades divinamente concedidas. Todavia, uma vez que Barth retrata a revelação da Palavra não comunicando verdades válidas, e deprecia até mesmo as Escrituras como "indicação falível" da revelação, ele não é mais capaz de discriminar entre perspectivas falíveis e infalíveis com base na fidelidade à revelação. Portanto, Barth poderia contar até mesmo com Feuerbach como alguém que poderia ser útil na Igreja.

---

[235] Dogmática da Igreja.

[236] Introdução à teologia evangélica, São Leopoldo: Sinodal, 1977.

De fato, Barth é forçado por sua própria ênfase na Palavra como evento a considerar tanto a teologia como a filosofia como estranhas à Palavra. Em sua própria teoria da revelação, ele fez na realidade um acordo secreto com os filósofos de uma persuasão específica, apesar de sua elevação da Palavra de Deus acima da filosofia. Essa revelação divina jamais ocorre na história e na natureza, ela não é inteligível de forma válida, mas conhecida somente na decisão e obediência interior. O que são essas premissas, a não ser comprometimentos fundamentados não na Bíblia, mas em perspectivas filosóficas particulares moldadas pela teoria religiosa dos séculos XIX e XX? Qualquer pessoa que argumenta que Deus só pode ser declarado verdadeiro com base numa decisão subjetiva não cognitiva impõe à Bíblia uma visão moderna, essencialmente existencial, que obscurece a intenção original dos escritores sagrados e distorce sua maneira bem diferente de enxergar Deus e suas relações com o homem e o mundo.

A reafirmação da transcendência pela neo-ortodoxia, ainda que elogiável como resposta àqueles que diminuem o divino até o tamanho das maquinações mentais da humanidade, não pode sobreviver à contracrítica porque obscureceu a razão para promover a teologia. A argumentação positivista de que asserções acerca de Deus não fazem sentido dificilmente poderia ser efetivamente rebatida por uma teologia da revelação na forma promovida pelo jovem Barth, que suspendeu a realidade de Deus sobre uma confrontação divina interior e a verdade pessoal em distinção à comunicação cognitiva. Se todas as nossas afirmações sobre Deus não tiverem validade, então nem mesmo com base na revelação algum conteúdo teológico poderá ser asseverado como verdadeiro. Portanto, a teologia europeia recente não ofereceu nenhuma alternativa eficaz à investida positivista. Certamente a intenção de Barth estava bem longe de um programa de irreligião secular, mas ele conectou conceitualizações significativas de Deus com a falsa religião, contrastou a revelação com o conhecimento conceitual de Deus e não aceitou nenhum critério universalmente válido de verdade com respeito à revelação. Os teólogos europeus reagiram corretamente às pretensões racionalistas do idealismo hegeliano, contudo suas alternativas dialéticas e existenciais deram forma a uma polêmica teológica contra a própria razão. A postura antifilosófica de Barth e Bultmann era elogiável na medida em que tinha como alvo preservar a diferença qualitativa entre Deus

Teologia e filosofia

e o homem. Entretanto, ela repudiava radicalmente qualquer reivindicação de uma conceitualização válida a respeito de Deus, mesmo com base na manifestação divina, e essa redução colocava em perigo todas as suas asserções teológicas, inclusive a insistência na realidade e na transcendência divinas, que estavam no centro do foco neo-ortodoxo na revelação. A extensão em que os teólogos da morte de Deus compartilharam da compreensão deficiente de Barth e de Bultmann quanto à revelação cristã não deve ser menosprezada como um fator que contribuiu para o abandono da visão cristã de Deus. Kai Nielsen deriva, virtualmente, uma conclusão positivista da exposição não conceitual da revelação (*Can faith validate God-talk?*,[237] p. 131ss.).

Quaisquer que sejam as dificuldades internas dessas alternativas modernas recentes, e insuperáveis como as dificuldades sem dúvida são, essas propostas encontram incentivo nas abordagens à teologia e à filosofia que se lançam na defesa da fé pelo sacrifício da razão, da mesma forma que as primeiras perspectivas modernas presumiam exaltar a razão ao desacreditar a fé. O cristianismo evangélico histórico conhece um caminho melhor, um caminho que evita ao mesmo tempo os erros caros da filosofia moderna e contemporânea e os da teologia neoprotestante. Não menos do que Barth, enfatiza a importância decisiva da revelação divina especial, mas, além disso, insiste tanto na inteligibilidade da revelação de Deus como no critério universalmente válido de significado e verdade.

Na verdade, os proponentes do "cristianismo secular" erram totalmente o objetivo de Barth quando abandonam o homem moderno à sua ideologia científica empírica. No entanto, uma vez que o próprio Barth negou que verdades válidas sobre Deus podem ser afirmadas, mesmo com base na própria exposição de Barth sobre a revelação, eles propuseram em vez disso um "evangelho" que liberta o homem de comprometimentos religiosos idólatras (sobrenaturais) e o relaciona unicamente ao mundo e à sociedade. O positivismo lógico e o secularismo radical repudiam tanto a teologia como a metafísica filosófica (pelo menos em teoria) em função dos interesses da verificação empírica. A rivalidade entre sistemas de filosofia em competição tem sido tão profunda e extensa que o positivismo lógico

---

[237] Pode a fé validar o falar sobre Deus?

DEUS, REVELAÇÃO E AUTORIDADE

foi encorajado a imprimir o carimbo do sem sentido sobre todo o empreendimento metafísico, apesar de ele mesmo reivindicar uma exclusividade injustificada para o método científico empírico.

A filosofia de Kant estabeleceu o clima de várias maneiras para a consideração moderna pelo método da ciência natural como fonte normativa para o conteúdo de nosso conhecimento e a consequente desconfiança de todas as reivindicações de conhecimento cognitivo de qualquer realidade que transcenda o mundo natural. Por intermédio da filosofia crítica, as afirmações metafísicas foram vistas como injustificáveis, e o conhecimento conceitual foi associado exclusivamente à observação empírica ou à experiência sensorial. A ênfase paralela de Kant na razão prática do homem, e na livre agência moral, foi levada adiante pelas filosofias modernas da existência, destacando a transcendência do homem sobre a natureza e desenvolvendo sua experiência religiosa em categorias não cognitivas. Mas, com base na premissa de que a metodologia da ciência natural é normativa para o conhecimento humano, o positivismo lógico desenvolveu um entendimento pejorativo das afirmações metafísicas.

Sentimentos de ansiedade pessoal e o reavivamento da melancolia na sociedade civilizada atual são evidência empírica de que dois séculos de filosofia foram incapazes de justificar, do modo que a religião revelada o faz, o sentido e a dignidade da sobrevivência humana. A filosofia pode até levar o nome honorífico de amor à sabedoria, mas o amor tornou-se para o homem não regenerado uma categoria tão indefinível quanto a sabedoria. A perda da direção dada pelo cristianismo fez que o homem contemporâneo atalhasse pelos pântanos da incerteza acerca da verdade, do bem e da significância permanente de suas aspirações e desejos por ninguém mais, a não ser por si mesmo. Sua confiança anterior na imortalidade pessoal ruiu nesse meio-tempo num desejo nostálgico por uma imortalidade de influência, e isso parece cada vez menos realizável numa época em que a criatividade e a individualidade humanas requerem apenas que cada um faça a sua parte. Como observa Schubert M. Ogden, cada vez mais é possível achar a afirmação "não só de que os únicos padrões de conduta são aqueles implícitos na própria ação humana, mas que tal ação não executa nenhuma vontade pelo bem além do meramente humano e não requer nem admite nenhuma justificação transcendente" (*The reality of God and other essays*,[238] p. 11). Se a humanidade deve recobrar uma convicção firme e clara da verdade e do bem transcendente, e do valor contínuo da existência humana, não é a observação humana nem o filosofar secular, mas a revelação divina apenas que tem a chave da vida.

O fato inabalável de que a automanifestação de Deus é inteligível, e concedida na forma de conceitos racionais e de verdades válidas, rompe com as falsas noções de que o filósofo não pode falar nem de Deus nem de sua Palavra, ou de uma ação divina na existência humana, de que a teologia depende totalmente de especulação para uma clarificação de seus conceitos e a expressão linguística do conteúdo da fé, ou que toda e qualquer ontologia filosófica restringe a liberdade de Deus em sua revelação e põe no lugar uma autoridade primária alternativa e espúria. Se o conteúdo da revelação for acriticamente definido como conhecido somente na resposta pessoal à confrontação interior de Deus aos indivíduos, então, é claro, o filósofo terá de tornar-se um teólogo a fim de conhecer o conteúdo da revelação. Mas se a verdade de Deus for dada numa forma em que seja reconhecível, com o homem apropriando-se dela de modo salvífico ou não, pois os homens são julgados por aquilo que fazem com ela, então o filósofo não necessita deixar de ser um filósofo para falar – seja com aprovação, seja com desaprovação – da realidade e das ações de Deus. Nesse caso, a teologia também não precisará ser meramente pensamento humano configurado como testemunha da confrontação divina interior; pelo contrário, pelo menos no caso daqueles escolhidos como recebedores profético-apostólicos da revelação especial e de todos que dão crédito a essa revelação, consiste num pensar os pensamentos de Deus. Em virtude de Barth declarar que Deus não pode ser objeto do conhecimento, ele foi forçado a ligar a teologia não com a investigação de verdades reveladas pela autorrevelação de Deus, mas com o testemunho falível que a Igreja dá dessa revelação, ou seja, com a proclamação da Igreja.

A filosofia é um ingrediente inescapável no pensamento e no equipamento mental do teólogo ao abordar a revelação. Ronald W. Hepburn observa corretamente que o teólogo é um filósofo também no que tange às tentativas de qualquer escrutínio lógico de seus

---

[238] A realidade de Deus e outros ensaios.

Deus, revelação e autoridade

conceitos e que o filósofo não participa na discussão teológica "como um intruso alheio e impertinente" (*Christianity and paradox,*[239] p. 2s.). Frequentemente as atividades do filósofo e do teólogo poderão, de fato, assemelhar-se uma à outra; o método e a linguagem filosóficos não podem ser ignorados se a teologia quer ser precisa e efetiva.

O problema da clarificação dos relacionamentos entre disciplinas é complicado pela ampla discordância quanto ao método e à relevância do assunto. Se um cristão disser que estuda o ser e a vontade ou a atividade de Deus e o metafísico disser, em vez disso, que estuda o ser em geral – como algumas vezes tem sido afirmado –, como essas coisas se relacionam ou se distinguem? Será que a discussão a respeito de Deus, ou sobre a alma, não é uma discussão metafísica mesmo quando feita por um teólogo? E a filosofia não lida com questões teológicas quando discute esses mesmos assuntos? Também não pode ser dito que a teologia afirma a realidade de Deus, enquanto a questão está aberta para a filosofia, pois numa visão mais ampla a maioria dos filósofos afirma Deus (pelo menos em algum sentido: o deus de Spinoza era a própria natureza, e o de Kant, um princípio heurístico!), enquanto hoje em dia alguns teólogos – tomando por empréstimo uma frase de Peter Baelz – "traduzem a linguagem a respeito de Deus em linguagem sem Deus" (*Christian theology and metaphysics,*[240] p. 7).

Se o ataque positivista tivesse a intenção de simplesmente expor os vastos panoramas de contradição entre os metafísicos seculares, iria meramente bater na mesma tecla que teólogos cristãos tocaram muitas vezes no passado, os quais, por essa causa, não procuraram destruir a metafísica em princípio nem fingir que eles mesmos eram de mentalidade não metafísica. Nem mesmo todas as filosofias supostamente cristãs podem reivindicar mais do que uma posição quase cristã ou subcristã, uma vez que visões rivais estão em conflito, não importando quão devotados sejam seus patrocinadores. Entretanto, o cristão argumenta que somente uma visão explicativa centrada no Deus autorrevelado da religião judaico-cristã verdadeiramente estabelece os fatos. Por outro lado, o positivista especula que toda metafísica é ruim e não verdadeira e ele faz isso

---

[239] Cristandade e paradoxo.

[240] Teologia cristã e metafísica.

inconsciente do fato de que não pode resgatar seu próprio dogma desse juízo ou tenta jogar o jogo filosófico mediante um conjunto de regras particulares.

O cristianismo mira sua crítica à metafísica filosófica não apenas contra noções agnósticas da realidade que são predominantes na atualidade, mas também contra visões gnósticas que afirmam que o homem por seu próprio raciocínio desassistido pode explicar adequadamente a existência como um todo. O cristão fundamenta o seu protesto não somente na tendência dos metafísicos especulativos de tratar cada explicação religiosa como um relato primário ilustrativo (enquanto a filosofia secular presumivelmente expõe aquilo que pode ser dito sobre a realidade com astúcia crítica). Mas o cristão contesta ainda mais agudamente que as exposições racionalistas substituem afirmações racionalmente confiáveis sobre Deus, o homem e o mundo implícitas na visão da revelação. A abordagem especulativa ignora a autorrevelação do Deus vivo e propõe uma cosmovisão e uma perspectiva de vida racionalistas com base em premissas antitéticas. Ao fazer isso, minimiza a finitude do homem e oculta a sua difícil situação no que diz respeito ao pecado. Até mesmo as teorias metafísicas seculares são significativas no que diz respeito à religião, mas, ainda que tratem de forma compreensiva as questões da vida, na melhor das hipóteses oferecem uma visão racionalista que obscurece a verdade de Deus, as realidades da redenção e uma cosmovisão adequada.

A teologia mantém a sua vitalidade apenas quando está segura de seu próprio fundamento e interage com outras disciplinas. Mas em que base ela irá buscar esse diálogo? Em vez de permitir que o assunto teológico determine seu próprio método relevante, Bernard J. F. Lonergan (*Method in theology*,[241]) procura de antemão um método que seja comum a todas as ciências, inclusive a teologia. Portanto, ele corre o risco da absorção de algum assunto em outras ciências, especialmente da teologia. Lonergan afirma somente o "*praticamente* não condicionado" (e assim, altamente provável, ainda que não isento da possibilidade de revisão), o qual, dessa forma, é indiferente às Escrituras como um instrumento básico da verdade final. Mas um método teológico derivado de outras ciências, na realidade, ajusta a

---

[241] Método na teologia.

teologia a uma metodologia geral que nega à própria teologia o seu próprio objeto e assunto peculiar. Se a tentativa de discutir a natureza de Deus é limitada a afirmações teológicas relacionadas a objetos dentro do campo de outros objetos, Deus continuará sendo um mistério. A atual teoria religiosa do conhecimento está historicamente condicionada por controles científicos modernos e impõe sobre a teologia um ideal emprestado da historiografia científica de Leopold von Ranke. A teologia não deve ser antecipadamente aprisionada ao método de outras ciências. Será que um estudioso como Lonergan, que é capaz de escrever de forma extensa acerca de epistemologia e não mencionar Deus, não deveria reconsiderar a relação entre revelação e razão? Ninguém deveria surpreender-se pela descoberta de que não poderemos alcançar as doutrinas cristãs pelo método de Lonergan.

A teologia revelada distingue-se de forma decisiva dos sistemas filosóficos seculares. Contudo, enquanto a revelação no sentido bíblico é uma forma de conhecimento que deve ser precisamente contrastado com o raciocínio filosófico, ela não é antirrazão, mas uma profunda revelação do Logos e uma revelação inteligível da Palavra. Ela não é apenas uma revelação divina racional, mas é, da perspectiva cristã, o alicerce de toda racionalidade. De fato, como Barth advertiu, sempre existe o perigo de que a filosofia, mesmo usada como um instrumento, domine a teologia como o seu assunto. William E. Hordern comenta de modo apropriado que "sempre que a teologia esperou se alimentada pela filosofia, permaneceu faminta. Os filósofos da linguagem podem ajudar o cristão a falar mais claro e incisivamente de sua fé. Mas o cristão sabe que não é alimentado pela filosofia; ele é alimentado pelo bom pastor" (*Speaking of God*,[242] p. 200).

A filosofia do processo, por exemplo, usa a abordagem da fenomenologia e do existencialismo que renuncia a um sistema compreensivo racional e o conhecimento final, mas que procura iluminar a natureza da realidade por meio da relação imediata do homem com o mundo da experiência. Martin Heidegger examinou a realidade pelo *Da-sein*,[243] do homem, o seu "estar aí" concretamente na dimensão

---

[242] Falando de Deus.

[243] [NT] O conceito filosófico do *Da-sein* na filosofia de Heidegger correspondia ao "ente aberto ao ser".

espaço-temporal com a sua ansiedade, liberdade, decisão e morte. Alfred North Whitehead parte da categoria do sentimento e localiza na percepção, lembrança, avaliação, tornar-se e morrer a chave para a natureza do ser. Se essa rejeição da verdade absoluta numa visão total da realidade parece modesta, ainda assim acaba em Heidegger, Whitehead e outros como uma metafísica extensiva que, se for honrada até mesmo como uma percepção provisória válida, implica a inverdade final de visões alternativas da realidade. Além do mais, a sua seleção otimista de certos aspectos da experiência do homem, determinando e iluminando toda experiência e moldando toda realidade, é dificilmente algo tão modesto como aparenta ser.

Para Daniel Day Williams, a análise dessas estruturas como iluminadoras do mundo definitivo constitui "a única justificativa para o pensamento metafísico" (*The spirit and the forms of love*,[244] 1968). Williams afirma que "seja o que for que estiver presente nas inescapáveis estruturas da experiência humana, deve estar presente no "ser-em-si-mesmo". Quando, então, ele examina o significado da realidade definitiva por meio das formas do amor humano, especificamente do amor interpessoal, e, além disso, ignora a estrutura inescapável da sexualidade no amor humano na tentativa de iluminar o amor divino, detectamos aí uma seleção bem arbitrária de estruturas de experiência. De igual forma, somos estimulados a perguntar se a doutrina que diz que o homem foi criado à imagem de Deus não poderia produzir conclusões marcantemente diferentes do que a noção de que é Deus que se conforma à imagem do homem, especificamente se – como o cristianismo teísta histórico insiste – o homem é um rebelde pecador necessitado da manifestação objetiva de Deus para uma compreensão apropriada da divindade. Se, como argumenta o teísmo bíblico, a realidade absoluta é o Deus que se autorrevela, então as estruturas da experiência humana dificilmente serão a fonte final de informação sobre o ser transcendente.

Williams declara que nenhuma filosofia é suficiente para a fé cristã, mas que a vida de fé precisa de estrutura filosófica para sua inteligibilidade, e a teologia supre tal interpretação. O aspecto provisório de todas as estruturas de interpretação é um atributo primordial e necessário do processo de pensamento. Aqui se discerne a

---

[244] O Espírito e as formas do amor."

influência de Whitehead, que retrata o cristianismo como uma religião em busca de uma metafísica, mas declarou que a filosofia é um ensaio inacabado sobre a inteligibilidade da realidade, sempre errada quando reivindica finalidade e completude.

Williams rejeita a perspectiva de que a fé inclui "crença em uma verdade, um tipo de conhecimento objetivo" (ibid., p. 44). "A história da concepção do amor", escreve ele, "é também a história da concepção de Deus. [...] Por meio da criatividade interna da perspectiva bíblica, aliada à conscientização histórica moderna [...], uma nova possibilidade se abriu para a reconcepção do significado do ser de Deus em relação ao tempo e à história" (p. 104). Ele invoca "a visão bíblica" e "o testemunho bíblico" na exposição do significado do amor de Deus, e é capaz de até mesmo asseverar o objetivo da interpretação do amor de Deus "à luz da fé bíblica e em relação à experiência humana" (p. 129) como se o primeiro aspecto tivesse prioridade sobre o segundo. Williams apela para imagens e analogias humanas usadas para o amor de Deus nas Escrituras a fim de lançar luz sobre o significado do amor de Deus (p. 122) e usa nuanças bíblicas quando são úteis à sua própria teoria em lugar de lançar a relatividade histórica sobre todo o testemunho das Escrituras. Todavia, ele insiste que a interpretação nunca é finalizada e necessita ser empreendida de forma renovada em cada era. Williams não argumenta que a formulação do processo seja "bíblica" e, sobre essa base, autêntica. Ele é mais cauteloso do que Schubert Ogden e Norman Pittenger quanto à reivindicação de uma visão autenticamente bíblica, que de fato a teologia do processo seriamente compromete e frequentemente contradiz. No entanto, ele enfatiza que "nos termos bíblicos mais exatos deve haver alguma coisa em comum entre as palavras que usamos para falar do ser de Deus e do nosso ser, senão seria impossível perceber como a linguagem acerca de Deus o Pai e Deus o Filho pode ter qualquer importância" (p. 123). Ao mesmo tempo admite que todas as analogias humanas podem fracassar ao descrever o amor de Deus (p. 122) e que "uma defesa plena do modo de pensamento analógico sobre Deus exigiria uma discussão complexa" (p. 123). Certamente, porém, os escritores bíblicos não citaram suas perspectivas como um exercício de análise filosófica desenvolvida como uma inferência revisável da experiência humana.

Teologia e filosofia

William Hordern pensa que teologia cristã se confunde com outros jogos de linguagem quando, em seu papel tradicional como rainha das ciências, busca dar uma visão sistemática de toda realidade. Não há dúvida de que as várias ciências operam agora com base em teorias especiais e levantam problemas peculiares de um modo que impede a sua integração coerente. Todavia, Joseph Agassi (*Towards an historiography of science*[245]) é um dentre muitos observadores recentes que notou como as preocupações metafísicas dominantes tendem a estabelecer as direções do interesse científico. De fato, a teologia não é "um sistema supracientífico com respostas para todas as perguntas deixadas sem resposta pela ciência", mas oferece ao homem um meio pelo qual ele pode viver "com um senso de propósito, direção e integridade", como Hordern nos lembra (*Speaking of God*[246] p. 89). Além disso, o cristianismo comunica um novo modo de vida e "nunca é puramente uma questão de lógica" (p. 90). Mas será que isso implica, como Hordern sustentaria, que a teologia idealmente "não oferece uma explicação sistemática do universo"? E seria o caso de que "sem a experiência da vida cristã, a teologia cristã não pode tornar-se significativa, por ser impossível traduzir seus termos nos termos de outro jogo sem distorcer o seu significado" (p. 90)? É certo que a teologia cristã torna-se uma experiência vital somente na presença de uma decisão pessoal. No entanto, certamente, pode-se aprender a linguagem de um novo jogo, e a sua lógica, mesmo se alguém for um espectador, e não um participante. Até mesmo a comunicação inteligível simplesmente do modo de vida cristão não depende unicamente de nossas ações, mas especialmente de uma indicação de seu significado e propósito.

Um olhar através da longa história da filosofia cristã deixa evidente que nem um sistema em particular nem todos juntos foram capazes de persuadir todos os intelectuais sobre a verdade do cristianismo; também nenhuma filosofia cristã em particular obteve a lealdade de todos os estudiosos cristãos. Hordern argumenta que os proponentes da teologia filosófica, frequentemente, ficam mais envolvidos com a defesa dos requisitos de determinado esquema especulativo do que com a defesa de convicções bíblicas, como no comprometimento de muitos protestantes liberais com a filosofia

---

[245] Na direção de uma historiografia da ciência.

[246] Falando de Deus.

DEUS, REVELAÇÃO E AUTORIDADE

idealista (ibid., p. 189). A formidável diversidade de teorias metafísicas e o desacordo fundamental quanto ao significado da metafísica, característico da arena filosófica, invadiu até seminários supostamente cristãos. Mas o próprio cristianismo não sustenta nenhuma promessa de que todos os homens, intelectuais ou não, acolherão suas visões nesta vida. Além disso, o cristianismo não traça a rejeição que o homem faz de suas afirmações às considerações racionais, e sim volitivas.

A verdade da revelação implica não somente uma metafísica, mas numa metafísica particular; não é todo e qualquer sistema filosófico que é reconciliável com as asserções cristãs sobre o mundo real definitivo. A fé cristã permanece ou cai com certas asserções específicas e explícitas acerca da realidade. O cristianismo oferece a sua própria ontologia, e qualquer afirmação sobre o mundo real definitivo que não seja baseada na revelação divina e que dependa, em vez disso, meramente do raciocínio humano se mostrará menos do que adequada, senão hostil. A teologia cristã é metafisicamente afirmativa, no sentido de que ela se preocupa em informar-nos, com base na revelação, aquilo que é exatamente o caso sobre Deus e o mundo espiritual. As asserções de que "Deus é" e que "Deus estava em Cristo" presumem contar-nos alguma coisa acerca da natureza da realidade última. Não pode haver teologia cristã no sentido em que o cristianismo historicamente entendeu sua própria reivindicação sem asserções ontológicas e metafísicas. Um entendimento deficiente da teologia sublinha a noção de que enquanto os cristãos da geração passada podem ter tido a necessidade de redescobrir a natureza e a importância da dogmática, aquilo que a Igreja contemporânea mais necessita hoje é a redescoberta da piedade, ou da preocupação social, ou da urgência evangelística. Nem a devoção pessoal, ou a evangelização global, nem a preocupação social sobreviverão por muito tempo numa base cristã em que uma teologia sadia não governa as convicções que se tem da verdade e da vida.

A Bíblia começa com o Deus que se autorrevela, que fala ao homem por meio de sua Palavra. Os filósofos fortalecem suas afirmações por meio de argumentos complexos e extensos; as Escrituras iniciam com uma exposição direta de assuntos tão importantes como a criação, o tempo e a eternidade, a natureza e o destino do homem, o bem e o mal – tudo isso no contexto daquilo que o Deus vivo diz e faz. A teologia revelada cita Deus como autoridade final, uma autoridade à qual o homem, apesar de todo o seu gênio e capacidades, deve submeter-se, e pela Palavra de Deus ao homem é ordenado que organize a sua vida inteira. A filosofia secular, por outro lado, busca transmutar mandamentos externos em sanções internas, como se insistisse que a autoridade divina é incompatível com a dignidade e o valor humanos. Além disso, apesar de toda a sua profundidade, as Escrituras não empregam definições formais para seus termos. Elas empregam o vocabulário popular de seu tempo em lugar do jargão técnico dos profissionais e, ao fazer isso, pode parecer que lhes falte a precisão sofisticada dos tratados acadêmicos, mas ganham naquilo que muitos outros escritos sacrificam, uma inteligibilidade atemporal. Acrescente-se a isso, como Edward John Carnell destaca, que a Bíblia dispõe seu ensino de tal maneira que a culpa interior do homem nunca está fora do foco, e a revelação salvífica de Deus é dirigida a pecadores culpados (*A philosophy of the christian religion*[247] p. 26s.). A filosofia secular deu proeminência ao complexo de culpa do homem apenas em nosso século e de uma forma profundamente não bíblica.

O que dizer, então, do relacionamento mais amplo entre a teologia revelada e a filosofia secular? Qual deveria ser a atitude dos cristãos às conexões que foram feitas, e ainda são feitas, entre a verdade da revelação e os sistemas especulativos de Platão, Aristóteles, Hegel, Whitehead e outros? Essas filosofias têm sido saudadas como aliadas indispensáveis ao se tentar ganhar a atenção de pessoas instruídas. Mais recentemente no continente europeu, Bultmann e outros coligaram a fé cristã ao existencialismo filosófico, enquanto na Inglaterra outros estudiosos coordenaram a fé cristã com o positivismo lógico. Na América do Norte, um número crescente de estudiosos neoliberais considera agora a filosofia do processo o conceito preferido para a exposição da fé cristã.

A questão decisiva no que diz respeito à inter-relação entre a teologia e a filosofia é se o conteúdo dominante da filosofia que alguém sustenta é derivado da revelação, ou se o raciocínio humano é elevado à posição de um instrumento secundário de revelação – e,

---

[247] Uma filosofia da religião cristã.

DEUS, REVELAÇÃO E AUTORIDADE

assim, considerado outra autoridade final – junto com a Palavra de Deus. A revelação não é uma possibilidade para o homem, mas somente para Deus e sua autorrevelação. Será que a lógica humana tenciona ela mesma suprir – mesmo que inconscientemente – a estrutura, a função e o conteúdo da teologia e de constituir-se de alguma forma uma fonte absoluta na esfera da revelação? Se esse for o caso, o divino é assimilado pelo humano. Não existe nenhuma justificativa definitiva para a insistência do filósofo de que a revelação divina sempre se mistura com o raciocínio humano, pois isso seria simplesmente uma negação da revelação divina. Relacionado com essa negação vem a noção de que verdades universais estão implícitas na revelação divina, mas que a revelação olha para o fim das coisas, de maneira que no tempo presente compreendemos equivocadamente, em lugar de entender, o seu conteúdo proposicional.

O teólogo necessita da verdade da revelação – que é verdade do mesmo tipo que qualquer outra verdade, ainda que envolva seu objeto e método distintivos – a fim de purificar o seu próprio pensamento de entendimentos filosóficos equivocados. As Escrituras não apenas desafiam as premissas seculares que frustram a crença do homem na realidade e no propósito de Deus e sua aceitação do evangelho, como elas também contradizem qualquer afirmação do teólogo, ou do papa, de que aquilo que diz qualquer homem moderno supre o significado normativo da revelação.

Mas, desde que a revelação é em si mesma conceitual e verbal, nenhuma fronteira arbitrária pode ser erigida entre a filosofia e a teologia, e a filosofia pode enriquecer-se com o conteúdo da teologia revelada. Pois a teologia e a filosofia estão em atividade no mesmo terreno.

A filosofia secular pode, de fato, levantar problemas de existência e de conhecimento sobre os quais a teologia é capaz de lançar luz. Entretanto, o teólogo deveria sempre perguntar, no que diz respeito a afirmações de toda e qualquer filosofia: "Isso está de acordo com a revelação divina?" Ainda assim, a filosofia ilumina as questões que pensadores brilhantes formulam em relação ao domínio da existência e da vida, e a diversidade de respostas que apresentam de um ponto de vista distinto da revelação, e ela propõe questões intelectuais sobre as quais o teólogo procurará lançar luz do ponto de vista da revelação de Deus. A filosofia estimula a teologia a dispor de forma esquemática e sistemática o seu conteúdo de revelação que, como todo leitor da Bíblia sabe, surgiu primeiramente no drama contínuo da história humana à medida que o Deus vivo entrou progressivamente na mudança do destino de sua criação decaída. Ao contrário de Barth, não é o caso que o filósofo e o teólogo difiram no sentido de que o primeiro deve tentar uma síntese, enquanto a teologia aceita um testemunho dialético da verdade e se satisfaz com uma síntese que, supostamente, está com Deus e está além do alcance do pensamento humano.

Razão e fé não são antitéticos. Fé sem a razão leva ao ceticismo, e a razão sem a fé também o faz. O conhecimento humano só é possível com base na revelação divina; Agostinho sustentou corretamente que todo o conhecimento é fé. Tanto o empirismo como o racionalismo se perdem porque ignoram a revelação como fonte da verdade. A racionalidade permeia a perspectiva da revelação: o Logos é o começo, o centro e o clímax da manifestação divina. O cristianismo jamais se ofereceu como um refúgio para se escapar da racionalidade; em vez disso, enfatiza as dificuldades e as incoerências racionais de visões alternativas da realidade e da vida. Teólogos cristãos do passado destemidamente buscaram a razão; Deus convida o homem a pensar os seus pensamentos. Mas a revelação ergue a razão humana acima das restrições do intelecto limitado pela finitude, e obscurecido pelo pecado, por meio do conhecimento que comunica do criador e redentor do homem. O teísmo da revelação sustenta uma cosmovisão racional alicerçada em perspectivas da revelação.

A revelação cristã não deve ser confrontada por concepções filosóficas já prescritas, às quais seu conteúdo precisa conformar-se. Isso não significa dizer que a religião bíblica não esteja interessada naquilo que os filósofos dizem tanto a favor como contra a fé. Mas o teísmo cristão resiste à intromissão de princípios especulativos no significado constitutivo da verdade da revelação. Argumentos especulativos não são nem a base nem devem ou podem suprir a estrutura da verdade da revelação. O teísmo da revelação supre informação cognitiva sobre Deus e a verdadeira natureza da realidade e fornece as categorias de pensamento e as definições da realidade que requerem a substituição da conjectura filosófica.

12

É a teologia uma ciência?

Com que meios ou métodos os estudiosos procuram conhecer a realidade definitiva? Uma resposta frequentemente cita a *teologia*, a *filosofia* ou a *ciência*. Compreendida de maneira correta, essa resposta tem méritos; o desenvolvimento do pensamento moderno, porém, faz que isso, superficialmente, seja altamente confuso e enganoso.

A teologia, por exemplo, é historicamente considerada uma ciência, bem como a filosofia. Na verdade, Platão e Aristóteles consideraram a filosofia como a ciência mais elevada. Tomás de Aquino, por outro lado, nomeou a teologia a rainha das ciências; a teologia revelada coroa as verdades metafísicas ou a teologia natural que ele professava derivar da observação empírica. Em sua definição clássica, a ciência significava qualquer assunto claramente definido que produz conhecimento válido comunicável de mente para mente e de geração a geração. A ciência, portanto, não estava limitada a apenas uma metodologia específica; cada ciência elaborava o seu conteúdo pelo método apropriado ao seu próprio assunto principal.

Contudo, em tempos recentes essa perspectiva compreensiva da ciência foi sendo estreitada a fim de incluir somente informação sistematizada obtida pelo método da observação das ciências físicas. Essa correlação da verdade científica com a insistência na verificabilidade pela percepção sensorial do pesquisador reflete uma postura obviamente preconceituosa. Com base nessa abordagem positivista, tem sido dito que os cientistas têm um método específico e

DEUS, REVELAÇÃO E AUTORIDADE

geralmente aceito; os teólogos e os filósofos, por outro lado, supostamente ainda procuram uma metodologia apropriada. Tendo em vista essa pressuposição injustificada, o positivismo lógico projetou a si mesmo como aspirante a coordenador de todas as áreas do saber humano. Seus proponentes subordinaram tudo à sua autoridade com a mesma ousadia de qualquer sistema de teologia já passado ou de filosofia agora banida.

O destronamento da teologia como rainha das ciências foi involuntariamente encorajado e tornou-se quase inevitável pela instrumentalidade do mesmo estudioso que havia patrocinado a sua coroação, Tomás de Aquino. A teologia como "rainha" implicava o tomismo, um relacionamento peculiar entre a filosofia e a teologia; a filosofia deveria preparar o caminho, desempenhando a função da teologia natural, para a verdade revelada expressada em dogmas com a autoridade da Igreja e os pronunciamentos papais. Essa abordagem prometia a livre investigação no nível básico. Entretanto, seu compromisso secreto com a assim chamada *philosophia perennis* ou princípios fundamentais do tomismo como a única filosofia inteligível limitou a disposição de questionar todas as pressuposições.

Quando o empirismo especulativo colocou-se contra a revelação transcendente, em lugar de recomendá-la, e o tomismo finalmente declinou, Karl Barth reagiu no extremo oposto: a teologia, disse ele, não era nem rainha das ciências nem mesmo era uma ciência teórica. Além disso, pelo menos em seus escritos mais antigos, Barth rejeita a filosofia *in toto* como ignorante da realidade definitiva. Barth descarta como arbitrária e equivocada a busca filosófica pelo conhecimento cognitivo do transcendente; Deus, insiste ele, não deve ser conhecido de forma cognitiva, mas numa resposta de fé à manifestação divina dialética. A fim de conhecer Deus, o filósofo deve, com efeito, cessar de filosofar e tornar-se um teólogo. Não existe nenhuma possibilidade, mesmo com base na revelação, de uma filosofia ou cosmovisão cristã. Essa visão neo-ortodoxa negativa da filosofia desenvolveu-se, de modo geral, da erosão radical da fé bíblica promovida por Kant e Hegel. A teologia neo-ortodoxa rejeitou a síntese protestante liberal que, pela reflexão racional na experiência religiosa, procurou harmonizar a ciência moderna, a filosofia e a teologia. Barth não apenas rejeitou a teoria de que a teologia autêntica faz suas asserções

É a teologia uma ciência?

com base num exame indutivo da experiência religiosa, mas também insistiu que a teologia não é um estudo científico, racional. Para ele, o papel da filosofia no serviço da teologia é puramente negativo, sendo limitado à exposição das inadequações e incoerências das alternativas especulativas da revelação.

Alguns estudiosos procuraram distinguir construtivamente o cristianismo como pré-científico em vez de científico. Conhecimento pré-científico, eles enfatizam, está mais aberto do que a pesquisa científica ao relacionamento total do homem com toda a realidade e mais aberto também à autoridade e à tradição como veículos da verdade. Em contraste, o aprendizado científico moderno subdivide a conscientização do eu e focaliza unilateralmente as minúcias do comportamento da natureza. Isso é feito dessa forma, a fim de concentrar-se em aspectos específicos da experiência, nas percepções sensoriais, por exemplo. Mas, se essa distinção implica que o cristianismo está desinteressado na verificação de suas afirmações sobre a verdade, e em sua sistematização técnica, então rotular o cristianismo como pré-científico, em lugar de científico, tem um custo muito elevado. A teologia cristã está interessada, tanto quanto qualquer outra ciência, na discussão de pressuposições e princípios, fontes e informação, propósitos e objetivos, método de conhecimento, verificabilidade e falsificabilidade. Na realidade, o cristianismo é uma genuína ciência no sentido mais profundo porque presume levar em conta, de maneira inteligível e ordeira, tudo o que for legítimo em cada esfera da vida e do aprendizado.

Hendrik G. Stoker distingue a teologia como a *scientia prima inter pares*, ou a ciência que é a primeira entre outras, porque lida com os problemas fundamentais. Por outro lado, a filosofia, sustenta ele, trata da totalidade e coerência da diversidade radical do cosmos e de ciências específicas com aspectos especializados do universo. Em contraste com a teologia revelada, a teologia não cristã contempla algum absoluto ou divindade além do Deus que se autorrevela. Essa distinção apresenta algumas dificuldades, uma vez que a filosofia lida, de modo frequente, com problemas fundamentais, e a teologia não está desinteressada do problema da totalidade ou da diversidade, ou da unidade e da diferenciação. Dizer que a teologia revelada é a primeira entre outras ciências, porque diz respeito ao Deus que se

DEUS, REVELAÇÃO E AUTORIDADE

autorrevela, e ao seu relacionamento com a realidade criada, é, talvez, mais apropriado do que chamá-la de rainha das ciências, e certamente ainda mais apropriado do que chamá-la rainha pelas razões que Aquino apresentou.

Apesar da insistência extrema dos teólogos do século XIX para que a teologia fosse estimada como ciência, e o esforço hercúleo dos teólogos do século XX para qualificá-la como "uma ciência no [...] sentido mais rigoroso da palavra", Karl Barth aponta que antes de 1686 nenhum estudioso protestante chamou a teologia de ciência (*Church dogmatics*,[248] I/1, p. 6). A designação preferida era *doctrina* ou *sapientia*. A teologia, declara Barth, tem o seu próprio método distintivo e não pode adotar para si mesma os métodos concretos de outros empreendimentos; ela precisa demandar respeito, como fazem outras disciplinas de estudo, pela fidelidade com que aplica a sua própria metodologia.

Aceitaremos como definitiva a noção moderna da ciência estabelecida de forma independente da teologia? E, se esse for o caso, traria isso de algum modo algum benefício para a teologia da revelação adquirir credenciais científicas nesta base? Se equipararmos a teologia com outros empreendimentos humanos implicar, desde o início, que, em cada domínio sobre o qual ela tem efeito, a teologia deve conformar o seu conteúdo àquilo que os filósofos, os historiadores ou os psicólogos estão dizendo no momento, então ao certificar a sua legitimidade científica dessa forma não estaria a teologia meramente assinando o seu próprio atestado de óbito?

Por outro lado, enquanto insistimos que aquilo que é diferente da teologia não pode determinar o conteúdo da teologia, ou a sua natureza como ciência, geramos com isso a implicação de que todas as várias disciplinas acadêmicas podem e devem seguir livremente o seu próprio caminho, independente e competitivamente, sem qualquer obrigação de coordenar e de ajustar suas afirmações acerca do mundo real ou em nome da verdade? Em nome da revelação e da razão, e tendo em vista as normas lógicas da não contradição e da coerência, a teologia não deveria convocar as ciências seculares à prestação de contas? Não deveria, por exemplo, pôr em cheque tanto a arbitrária limitação da verdade positivista ao mundo sensorial como

---

[248] Dogmática da Igreja.

É a teologia uma ciência?

o reducionismo científico tecnocrático do mundo real a processos e relacionamentos impessoais? E, seguindo mais adiante, a teologia não deveria, em nome da verdade da revelação, elaborar uma estrutura compreensiva na qual a teologia e todas as outras ciências são junta e igualmente responsáveis pelos critérios que se aplicam a todo e qualquer um que reivindicar conhecimento da realidade exterior?

Se a teologia deveria ser considerada uma ciência, ou vista como completamente independente e desengajada do assim chamado aprendizado não teológico, tal como a filosofia, a história e a antropologia, por exemplo, seja qual for a perspectiva, isso levanta questões criticamente importantes. Barth exclui a teologia da classificação de ciência com base em que a teologia não reconhece como autoridade sobre si "o conceito universal da ciência com autoridade hoje em dia". Além disso, ele considera as comumente mencionadas normas da ciência como irrelevantes para a teologia.

Barth analisa os postulados da ciência enumerados por Heinrich Scholz num artigo em *Zwischen den zeiten*[249] – o postulado da proposição, o postulado da coerência, o postulado do controle, o postulado da congruência e o postulado da independência[250] – e, adicionalmente, examina também o requisito de que todas as proposições sejam subdivididas em axiomas e teoremas suscetíveis a prova. De modo geral, Barth rejeita a imposição desses postulados sobre a teologia. Todavia, fica claro por sua análise que a sua oposição à definição da teologia como ciência não vem, simplesmente, por causa da orientação moderna da ciência na direção de uma metodologia empírica e de conclusões meramente provisórias; o que Barth igualmente rejeita é a submissão da teologia como ciência aos critérios lógicos comuns.

---

[249] [NT] *Zwischen den zeiten*. Em português: *Entre os tempos*, foi uma revista teológica que Barth publicou na Alemanha com Friedrich Gogarten, Eduard Thurneysen e Rudolf Bultmann entre 1923 e 1933.

[250] A quinta norma (liberdade de "qualquer tipo de preconceito") – que Barth rejeita junto com outras – é, como Gordon H. Clark observa, muito indefinida para ser significativa, e pode ser dispensada como irrelevante. Uma vez que nem a ciência nem a teologia são livres de pressuposições, até um cientista iria achar isso questionável. A noção de ciência sem pressuposições, adiciona Clark, "é parte da bagagem do século XIX, junto com a idéia de que as leis científicas são verdades absolutas" (*Karl Barth's theological method*. [O método teológico de Karl Barth], p. 66).

Barth rejeita o primeiro postulado de Scholz, isto é, a exigência científica por liberdade de contradição, com base no fato de que a sua aplicação teológica seria altamente limitada. Embora a teologia não considere contradições como irremovíveis, diz Barth, ele não opta definitivamente pela remoção delas (*Church dogmatics*[251] I/1, p. 8). Barth não nega o aspecto da interconexão da teologia; em outros lugares ele escreve da "validade distinta da palavra profética e apostólica na Igreja" e do "valor do dogma" (I/2, p. 230-231).

Barth destaca até mesmo a coerência sistemática das Escrituras. Quando escreve sobre a antropologia bíblica, ele parece cair dos dois lados da cama ao mesmo tempo: "Temos [...] de nos contentar com pressuposições puramente incidentais e autoevidentes, se procurarmos informação deles sobre essa questão, e não devemos nos surpreender se essa informação nos parecer não sistemática, defeituosa, parcial e até mesmo contraditória. O fato é que os autores bíblicos sabem muito bem o que dizem quando falam do homem, de que havia uma unanimidade substancial entre eles e que, em todos os lugares em suas afirmações, temos um tratamento muito mais fundamental e verdadeiramente sistemático do que parece à primeira vista" (III/2, p. 433).

Barth esquematiza sua própria teologia e invoca a razão e a lógica com grande poder contra aqueles cujas visões religiosas julga dignas de oposição, usando com muita frequência a exposição de contradições em causa própria. Ainda assim, ele considera a norma da coerência lógica, sobre a qual a ciência insiste, inaceitável para a teologia e não defende uma teologia livre de contradição. Curiosamente, Barth tanto sustenta como não reconhece a coerência com admirável incoerência. Seu problema não tem a ver com alguma deficiência na habilidade de raciocínio nem na fraqueza humana, pois a sua argumentação é frequentemente brilhante. Mas o seu método teológico consciente e deliberadamente ignora a lei da contradição como uma norma apropriada à teologia.

Portanto, enquanto Barth acomoda a lei da contradição de uma forma limitada, ele rejeita totalmente como imperativo teológico as cinco normas da ciência restantes que Scholz preconiza. "Nem um iota pode ser sacrificado aqui", escreve ele, "sem se trair a teologia,

---

[251] Dogmática da Igreja.

pois qualquer concessão aqui envolve a rendição do tema da teologia" (I/1, p. 8). No entanto, ao apresentar as suas próprias perspectivas, o mesmo Barth frequentemente sacrifica mais do que "um iota" à coerência, ainda que veementemente repudie a coerência como um teste para a verdade. E, apesar de sua vigorosa rejeição do postulado do controle, o próprio Barth invoca controles teológicos – notavelmente o julgamento coletivo da Igreja – em seu repúdio do modernismo como heresia.

Barth rejeita, igualmente, o postulado da congruência, que requer atenção científica àquilo que é física e biologicamente impossível. Ao alegar que teologia e ciência podem seguir seus respectivos caminhos sem pisar um no outro, ele acomoda a noção de que um veredicto negativo por parte de cientistas e historiadores a respeito do nascimento virginal e da ressurreição de Jesus não constitui um impedimento à fé nesses milagres.

Apesar de Barth, o cristão não vive sob a necessidade de aceitar uma ruptura lógica entre a teologia e a ciência. Se o cristão estiver racionalmente convencido da impossibilidade científica de certos milagres, ou de todos os milagres, ele não tem nenhuma opção inteligente, a não ser descrer deles, qualquer que sejam as consequências para a fé cristã. Entretanto, descrer dos milagres não é de forma alguma a única opção racional. Exigiria mais do que um milagre reconciliar as diversas afirmações feitas sobre os milagres pelos cientistas; de fato, seria logicamente impossível. Muitos cientistas que não têm qualquer interesse no cristianismo e na teologia há muito tempo já abandonaram as reivindicações feitas em nome da ciência, por exemplo, de que a ciência supre a verdade sobre a constituição objetiva do universo. Não são poucos aqueles que consideram todas as formulações científicas como altamente provisórias, e conceitos científicos meramente modelos de trabalho opcionais. Mas, se a ciência nos oferece apenas procedimentos laboratoriais para atingir certos resultados operacionais, e não define a constituição verdadeira da realidade exterior – ou seja, não nos diz o que é objetivamente possível ou impossível no mundo presente –, por que, pergunta Gordon H. Clark, deveria a ciência ser vista como capaz de nos dizer o que era possível no passado bíblico (*Karl Barth's theological method*,[252] p.

---

[252] O método teológico de Karl Barth.

DEUS, REVELAÇÃO E AUTORIDADE

66)? Por que, então, a ciência deveria ser considerada qualificada a formular condições expressas sob as quais a teologia pode falar de modo persuasivo acerca da realidade definitiva?

O cristão não está debaixo de nenhuma obrigação, imposta nem por este mundo nem pelo próximo, de aceitar à primeira vista cada afirmação feita em favor da ciência. O estado atual da teologia científica deve à ciência tanto quanto à religião qualquer tipo de orientação que seja capaz de oferecer na formulação de uma alternativa preferível. O conceito de ciência, estimado como portador de autoridade para a ciência hoje em dia, não é mais propriamente detentor de autoridade para a ciência do que é para a teologia. A formulação de uma filosofia da ciência não positivista, que substitua a entronização positivista da verificação sensorial como a única porta de entrada para o conhecimento, permanece sendo uma necessidade básica de nossos dias.

A sexta norma (Clark a identifica como o ideal da axiomatização, uma vez que Barth não lhe dá um nome) sustenta que todas as proposições devem ser organizadas na forma de axiomas e teoremas. Barth rejeita isso e repudia com vigor qualquer processo de sistematização do pensamento teológico. Em grande medida, porém, o próprio Barth usou um arranjo de verdades teológicas em forma axiomática a fim de expor sua própria dogmática. Para ele, o evento da revelação é o axioma no qual a doutrina da Trindade está implícita, e o restante de sua dogmática ele presume derivar da doutrina da Trindade. Ele até mesmo critica a teologia do século XVIII por deixar de "considerar as afirmações fundamentais das confissões luteranas e de Heidelberg como axiomas definidos" (*Church dogmatics,*[253], I/2, p. 293).

Em resumo, Barth observa que "se a teologia permitir-se ser chamada de ciência, não poderá ao mesmo tempo tomar sobre si a obrigação de submeter-se a ser medida pelos cânones válidos para outras ciências". Ele adverte contra "a rendição perturbadora, de fato destrutiva, da teologia ao conceito geral de ciência". Ele, ainda, trata com sarcasmo os defensores da coordenação e do sistema racional ao escrever sobre "a leve falta de atenção com a qual a ciência não teológica – possivelmente com um nariz mais vigilante às coisas atuais do

---

[253] Dogmática da Igreja.

que os teólogos que têm sede pela síntese – têm o hábito de responder a esse modo particular de justificar a teologia" (I/1, p. 9s.). Ele põe de lado qualquer tentativa de elaboração de "um conceito de ciência que [...] inclui uma boa teologia" (I/1, p. 9) e, assim, dispensa com a possibilidade de uma coordenação ampla. A teologia não pode "colocar-se num relacionamento sistemático com outras ciências" porque, argumenta Barth, "ela não pode absolutamente considerar-se membro de um cosmos ordenado, mas apenas uma solução provisória em um cosmos desordenado".

Contudo, uma vez que seja esclarecido qual significado ou que definição está atrelada ao termo ciência, como Gordon H. Clark nos alerta, torna-se "uma questão substancial", e não um assunto sem importância, se a teologia está incluída ou não (*Karl Barth's Theological method,*[254] p. 52). A opção mais devastadora que a teologia poderia exercer seria a de opor-se à razão e à lógica a fim de preservar sua função especial na exposição da verdade da revelação; tal procedimento seria o mesmo que o suicídio para a teologia. "Se a teologia é uma ciência ou não, se ela cumpre ou não as outras cinco normas", adverte Clark, "poderá violar a norma da lógica somente sob o tormento de não ter o que dizer ao mundo exterior" (p. 59). Barth não diz simplesmente que mesmo um teólogo iluminado pela revelação divina irá transgredir os axiomas da lógica por causa da finitude ou dos limites da regeneração. Em vez disso, ele diz que "como um teólogo ele é incapaz de escapar da necessidade de transgredir" a lógica, a contradição, a coerência. É essa atitude quanto à contradição como uma necessidade teológica que deve ser correlacionada com a sua negação de que a teologia pode ser dada em forma sistemática. Barth rejeita a ideia de que as Escrituras são "um total fixo de proposições reveladas a ser sistematizado" (*Church dogmatics,*[255] I/1, p. 155s.). À ideia de "um resumo sistemático" de ensino profético, ele chama de "uma impossibilidade". Muito depressa e entusiasticamente, Barth procura pelos assim chamados aspectos irreconciliáveis nas Escrituras, mesmo onde estudiosos competentes consideram as perspectivas muito compatíveis. Ele diz, por exemplo: "Não é, de forma alguma, uma hipótese histórica ruim teologicamente [...] que a representação joanina seja uma antítese direta dos Sinóticos".

[254] O método teológico de Karl Barth.

[255] Dogmática da Igreja.

DEUS, REVELAÇÃO E AUTORIDADE

Ainda mais, afirma ele, os diversos usos que o apóstolo Paulo faz do nome Jesus Cristo não podem ser entendidos em "um sistema representando [...] um pensamento unificado" (I/1, p. 204ss.).

Descontente com a diferenciação que Barth faz entre a teologia e a ciência com essa base, Clark oferece uma crítica aguda. A "hesitação de Barth com a lei da contradição", escreve ele, "combina muito mal com uma teologia do Logos" (*Karl Barth's theological method*,[256] p. 54). Barth aparenta dizer que "a lei da contradição sustenta-se na teologia somente sob limitações dificilmente toleráveis para o teórico científico". Na visão de Barth, a teologia precisa acolher a contradição e é incapaz de representação sistemática. Toda teologia, incluindo o ensino de inspirados profetas e apóstolos, é declarada não possuidora de coerência sistemática. Se Barth verdadeiramente nos relata o que é de fato o caso – não simplesmente com a sua própria teologia (que, sem dúvida, tem falta de coerência), mas com a teologia da Bíblia – então, como diz Clark, não seria a teologia ilógica, não tendo nada intelectualmente convincente a dizer para o mundo? De três opções possíveis – a defesa de uma teologia logicamente revelada, a demonstração de que a teologia é ilógica e, portanto, não merecedora de comprometimento pessoal, ou a declaração de que a teologia é uma prioridade divina, enquanto ela é definida como incoerente, não sistemática e ilógica –, Clark argumenta que Barth optou pela terceira e menos digna dessas opções. De fato, se Barth deve ser levado a sério em sua própria premissa de que a teologia tolera brechas na lei da contradição, que seriam "dificilmente toleráveis" para o cientista, então, pergunta Clark, pode ela ainda dizer alguma coisa para Barth e para o teólogo da mesma forma que ao mundo exterior, uma vez que a "libertação da autocontradição interna é a condição *sine qua non* de toda a inteligibilidade" (p. 59)?

Semelhantemente, Clark não vê nenhuma necessidade teológica ou legitimidade no repúdio total de Barth quanto à norma da coerência. A teologia dificilmente poderá esperar qualquer ganho ao considerar a falta de unidade como um requisito. Clark diz que o postulado do controle só é inaceitável para a teologia por causa do modo preconceituoso com que os cientistas de laboratório o formulam, isto é, ao presumir falsamente que toda a verdade é obtível por meio de

---

[256] O método teológico de Karl Barth.

É a teologia uma ciência?

experimentos laboratoriais. Em princípio, porém, tudo recomenda o requisito de que todas as proposições deveriam ser passíveis de exame por qualquer leitor ou ouvinte "suficientemente atento" (p. 60).

Não menos inexplicável é a rejeição de Barth ao postulado da congruência que requer atenção a tudo aquilo que a ciência mostra ser física e biologicamente impossível. A alternativa para Barth pode ser apenas uma teoria da dupla verdade, observa Clark, e o "virulento irracionalismo" de afirmar que é verdadeiro na teologia o que é falso na ciência (p. 62). As consequências de procurar abrigo nesse refúgio inseguro e ilógico da dupla verdade são caras, tanto para a teologia como para a ciência, pois Barth rejeita em nome da teologia "o dever de tentar escrever uma melhor definição de ciência" (*Church dogmatics*[257] I/1, p. 10). Entretanto, poucas outras tarefas imperativas confrontam os teólogos cristãos hoje em dia mais do que a de dar orientação para se moldar uma alternativa ao reducionismo arbitrário positivista da ciência à verificabilidade sensorial.

Clark considera a rejeição de Barth à axiomatização, a norma final, como decisivamente conclusiva para toda a sua abordagem. Aqui Barth rejeita a obrigação da teologia de submeter-se aos "cânones válidos para outras ciências". Embora os cânones elaborados por Thomas Huxley, Karl Pearson e Herbert Feigl, de fato, devam ser rejeitados como arbitrários, não há por essa causa razão alguma, Clark insiste corretamente, de isentar a teologia dos cânones de uma filosofia de ciência adequada, nem de excluir as outras ciências dos cânones apropriados à teologia (*Karl Barth's theological method,*[258] p. 67). Quanto à designação que Barth dá ao papel da teologia, como meramente uma "solução provisória" em um cosmos "desordenado", Clark declara que está errada nos dois sentidos. A atividade racional e proposital de Deus na criação e na revelação implica a correlação da teologia e das outras ciências. "Se Deus dá ordem ao mundo, e se o mundo é o que Deus ordenou que fosse, então a ciência da física, seja ela operacional, seja ela descritiva da natureza, deve estar incluída sob a teologia num sistema idealmente unificado" (p. 68). A noção barthiana de que a síntese é um fetiche ilícito dos teólogos e de que os cientistas têm um nariz mais sensível para os fatos evita,

---

[257] Dogmática da Igreja.

[258] O método teológico de Karl Barth.

DEUS, REVELAÇÃO E AUTORIDADE

de uma forma muito questionável, a busca por uma visão unificada do conhecimento pelos positivistas lógicos. Ao negligenciar as outras ciências, os teólogos entregam desnecessariamente o empreendimento científico àqueles que artificialmente influenciam o caso contra a função legítima da teologia.

Em resumo, coordenar a teologia com o pensamento científico não deve ameaçar o *status* peculiar da teologia. Barth está certo apenas no que diz respeito à sua insistência de que "nem uma ciência possui direitos de propriedade sobre o nome" e que qualquer rendição da teologia ao conceito geral da ciência formulado por filósofos ateus destrói a base independente e a função da teologia. Mas ele está errado ao opor-se à integração da ciência com a teologia como algo maligno e ao recusar, nas palavras de Clark, "redefinir a ciência de modo a trazer alguma unidade para a esfera do conhecimento" (ibid., p. 71). A própria *Dogmática da Igreja*[259] de Barth é muitas vezes tranquilamente incoerente com e superior à sua metodologia subjacente. Mas o seu entendimento da teologia é confuso e, por essa razão, não está adequadamente alerta em relação ao mundo exterior ao qual a teologia deve dirigir o seu conteúdo.

Apesar de tudo isso, em sua discussão final, Barth defende a denominação da teologia como ciência por três motivos: ela encoraja a humildade entre os teólogos; ela protesta contra um conceito meramente secular da ciência; ela leva em conta até mesmo ciências estranhas como estando dentro do âmbito da Igreja. Seu desenvolvimento desses pontos dificilmente poderia ser considerado, em todos os sentidos, coerente com a sua rejeição dos axiomas da ciência, nem com a exposição mais abrangente de sua teologia; a coerência não está – em sua desvantagem – entre as virtudes principais de Barth.

Somos informados de que identificar a teologia como uma ciência promove a humildade, pois o reconhecimento da cooperação da teologia com outros esforços humanos em busca da verdade contrapõe "a concepção de que ela esteja ontologicamente elevada acima desses outros" e lembra os teólogos do "aspecto profano" com o qual a teologia também "em seu caminho relativamente especial, cumpre a sua tarefa mesmo nas mais exaltadas regiões" (*Church dogmatics*[260]

---

[259] *Church dogmatics*.

[260] Dogmática da Igreja.

I/1, p. 10). Assim, em contraste com a sua recusa anterior de integrar a teologia com a ciência, Barth enfatiza aqui a sua "solidariedade" e as considera semelhantes em espécie e até mesmo pertencendo à mesma categoria singular. No entanto, como observa Clark, Barth dificilmente é capaz de aprovar sua integração sem propor uma alternativa inteligível à filosofia da ciência defendida pelo positivismo lógico, que considera a teologia como sem sentido e somente a integraria por meio de mutilação.

Além do mais, diz Barth, identificar a teologia como uma ciência desafia os mal-entendidos meramente "pagãos" e seculares da ciência e lembra aqueles que insistem que o cristianismo não possui base para a existência superior à especulação aristotélica de que "a incondicionalidade quase religiosa de sua interpretação" pode ser debatida. Mas, insiste Clark, "se a arrogância de irreligiosos oniscientes" deve ser desafiada, a repreensão de Barth não deveria ser "implementada pela formulação de uma cosmovisão compreensiva"? – uma tarefa teológica que Barth frequentemente vê com desdém (*Karl Barth's theological method*,[261] p. 72).

Além de tudo isso, por meio da identificação como ciência, a teologia atesta que, embora haja intolerância das ciências seculares em relação à teologia e à tarefa teológica, a teologia "não considera o seu caráter pagão tão seriamente de forma a separar-se delas numa maneira superior sob outra rubrica" e "as considera na Igreja juntamente consigo mesma" (*Church dogmatics*,[262] I/1, p. 11). Aqui Barth aparenta não apenas estar reconciliado com a co-existência da teologia com outras ciências estranhas à teologia, mas, como Clark observa, até mesmo considera essas ciências estranhas dentro do âmbito da Igreja (*Karl Barth's theological method*,[263] p. 73).

Essas considerações levam Clark a enfatizar que Barth conscientemente intitula a sua enorme obra como *Dogmática da Igreja* (*Church Dogmatics*) em lugar de *Dogmática bíblica* ou *Dogmática cristã*. Embora Barth deplore o modernismo como heresia, e até mesmo proteste contra os filósofos da religião que, de fato, propõem uma nova igreja, ele acolhe como estando "na Igreja cristã [...]

---

[261] O método teológico de Karl Barth.

[262] Dogmática da Igreja.

[263] O método teológico de Karl Barth.

Schleiermacher ou Ritschl ou qualquer outro" que, de modo semelhante a Barth, esteja "fundamentalmente preocupado [...] quanto à fé cristã" (a passagem inteira é citada, e a parte relevante é traduzida por Clark, p. 73s.). Em sua obra (*Protestant theology in the nineteenth century*[264]), Barth não acrescenta nenhum critério superior para a exclusão de Rousseau, Lessing, Kant e Feuerbach, os quais ele expõe como teólogos protestantes.

A falha de Barth em preservar uma distinção sistemática, coerente e não contraditória entre a verdade da teologia e as contestações da ciência secular, ou entre a Igreja e o mundo, tem consequências ainda mais custosas. A não ser que conceda um papel mais elevado para a coerência e para a lógica, ele não pode esperar preservar nenhuma distinção entre a verdade e a inverdade na teologia.

A relutância de Barth em classificar a teologia com outras ciências é, portanto, contingente em vez de absoluta, pelo fato de que ele concede, como vimos, uma necessidade prática para a identificação da reflexão teológica como científica. Mas os teólogos evangélicos não podem aceitar suas razões, nem para a rejeição do caráter racionalmente científico da teologia nem para a promoção de seu caráter praticamente científico. Ainda que Barth defenda uma teologia da revelação em oposição à antropologia religiosa de Schleiermacher, ele concorda com Schleiermacher que a teologia cristã não tem como objetivo apresentar um sistema de verdades objetivas e que as distinções doutrinárias não têm importância decisiva. Ele não encontra na cognição universalmente válida a suprema unidade do pensamento e do ser; isso está na dependência pessoal de Deus.

Em vez de dar uma acolhida incondicional à defesa de Barth de uma necessidade meramente "prática" para se ver a teologia como ciência, deve-se contemplar os vários modos pelos quais a teologia e as ciências naturais podem ser correlacionadas. Para os modernistas protestantes, as doutrinas teológicas são tão completamente provisórias e subjetivas para a reconsideração quanto são os pronunciamentos científicos; para eles, o *status* científico do cristianismo depende da renúncia da infalibilidade teológica e do reconhecimento de apenas um modo de conhecer a verdade, isto é, a metodologia empírica da ciência moderna. Essa visão representa a capitulação da

---

[264] Teologia protestante no século XIX.

base axiomática do cristianismo na revelação divina e abandona o cristianismo histórico. Influenciados por Ritschl, outros pensadores sustentaram que a teologia tem uma verdade peculiar toda sua, que não está sujeita aos cânones teóricos da ciência, nem é útil para a formulação de uma cosmovisão, mas prática em seu significado. Mesmo quando contraditórias, a verdade da ciência e a verdade da religião, acreditam eles, não colidem porque dominam compartimentos diferentes da psique humana. É com essa teoria que a exposição de Barth da verdade da revelação parece ter mais em comum; sua fraqueza perniciosa é que uma teologia da dupla verdade leva a uma teologia não inteligível. Outra possibilidade de correlacionar a teologia com as ciências naturais seria enfatizar que o cristianismo, por causa do caráter absoluto da revelação divina conhecida pela teologia com base em critérios apropriados, não pode ser designada como uma ciência no sentido moderno do termo, tanto em vista da natureza empírica da ciência como de suas conclusões necessariamente provisórias.

Quanto à concessão que Barth faz à teologia como ciência simplesmente por motivos práticos, Clark propõe uma alternativa compreensivamente diferente. Suas teses alternativas são: "Primeiro, a racionalidade, que é indispensável para toda a troca de ideias, requer uma unificação das ciências. Segundo, uma vez que o cientismo moderno não pode suprir as suas próprias normas, a teologia deveria redefinir a ciência e governar como rainha. Em terceiro e último lugar, essas duas conclusões requerem uma atenção à axiomatização, permitem uma confrontação direta com o mundo exterior e entre outras coisas requerem uma grande verdade na lei da contradição" (*Karl Barth's theological method*,[265] p. 75).

A teologia evangélica é uma ciência humilde, crítica e alegre. Sua humildade tem origem em duas verdades fundamentais: a confissão da Igreja de que "agora conhecemos em parte" e ainda não possuímos uma "teologia da glória" e o fato de que no serviço de Deus a Igreja, ainda assim, não proclama reflexões sobre a propriedade ou impropriedade de sua vontade, mas uma Palavra divina. Em sua função crítica, ela julga qualquer visão rival da realidade e da vida que poderia obstruir a Palavra de Deus e julga pelas Escrituras o seu próprio compromisso e proclamação para que a Palavra de Deus

---

[265] O método teológico de Karl Barth.

não seja desrespeitada entre amigos. A alegria da teologia evangélica flui de seus fundamentos no soberano e livre criador e Senhor de todos, cuja Palavra é sim e amém, e da gratidão infindável pela boa--nova de Deus que o homem pecador oferece em sua situação que seria, de outro modo, difícil e apavorante. Mas a teologia evangélica é, além disso, uma ciência racional. Não existe autorização bíblica para se alicerçar a modéstia da teologia, como Barth mantém, em sua suposta "analogia humana" ao Logos como testemunha totalmente dialética e meramente falível. Em vez disso, sua modéstia é nutrida pelo fato de que a teologia evangélica tem a coragem de abrigar uma e somente uma pressuposição: o Deus vivo e pessoal que é conhecido de forma inteligível em sua revelação. Como disciplinas eclesiásticas e acadêmicas, as teologias bíblica e sistemática não são definitivas, uma vez que são esquematizações finitas do conteúdo das Escrituras. O conteúdo das Escrituras com base na revelação divina é, por outro lado, não somente implicitamente sistemático, mas também profundamente autocoerente. A teologia da revelação não tem qualquer razão para hesitar ao se caracterizar como ciência; ela não é vulnerável à revisão perpétua, como é o caso do que é meramente investigação empírica, nem está consignada à contravenção contínua, como é o caso da teorização filosófica.

13

O método e os critérios da teologia (I)

REVELAÇÃO: O AXIOMA EPISTEMOLÓGICO BÁSICO

Uma vez que a teologia é uma disciplina racional, ela é forçada a declarar qual método ou métodos do saber ela considera apropriados para o conhecimento de Deus e que testes aprova para a verdade religiosa. Quando um não cristão pergunta "Que razões convincentes você tem para crer?", a questão básica em jogo é: será que a teologia é algo crível?

A não ser que a teologia identifique e exponha claramente seu modo de conhecer Deus e seu critério para a verificação de tais reivindicações de conhecimento, seu futuro como um sério objeto de interesse acadêmico será problemático. Escolas de teologia podem oferecer continuamente cursos em teologia sistemática a fim de expor a natureza e os caminhos de Deus. Mas será somente uma afirmação explícita dos métodos e dos critérios teológicos que desafiará aqueles que rotineiramente questionam se é adequado que a teologia seja reconhecida como um assunto legítimo de estudo. Se a tarefa epistemológica for negligenciada, os estudiosos críticos vão suspeitar das afirmações da teologia, desconfiar de seus objetivos fundamentais, e se sentirão à vontade para difamar a teologia como especulação humana envolvida na fabricação de teorias feitas por homens a respeito de Deus. Os departamentos de religião relacionados com as universidades continuarão oferecendo estudos históricos sobre os escritos bíblicos, bem como acerca dos *Upanixades*,[266] do *Bhagavad-Gita*[267] e do *Alcorão*,[268] mas essas ofertas não exercerão, necessariamente, qualquer exigência quanto à crença na natureza da verdade válida. Com a ausência de credenciais epistêmicas persuasivas, o cristianismo será assimilado na abordagem histórica prevalecente no mundo intelectual moderno, onde todos os eventos são colocados no contexto da contingência desenvolvimentista, e qualquer reivindicação de finalidade e singularidade absoluta é posta no mesmo nível. Se a teologia da revelação contém mais do que um interesse naquilo que é antiquado, os cristãos deveriam indicar suas convicções de que o cristianismo é distinguido, acima de tudo, por sua verdade objetiva, e deve citar o método de conhecimento e a forma de verificação pelos quais cada um poderá ser pessoalmente persuadido.

A civilização moderna está completamente confusa a respeito da legitimidade das convicções espirituais e morais. O mercado de ideias filosóficas está grandemente saturado; de igual modo encontra-se a ala das religiões contemporâneas com afirmações competitivas e contraditórias. A instrução secular é, na melhor das hipóteses, agnóstica quanto à realidade do sobrenatural; o clima que prevalece nos círculos educacionais é explícita ou implicitamente naturalista. O ambiente cultural no qual a teologia, agora, luta por atenção pública foi amplamente formado pelo cientismo tecnocrático. O humanismo predominante da educação contemporânea raramente é desafiado pelos meios de comunicação de massa. Num século em que a leitura religiosa incluiu títulos tais como o livro de Julian Huxley, *Religion without revelation*,[269] o livro de Corliss Lamont, *The illusion of immortality*,[270] e o livro de Thomas Altizer, *The gospel of christian atheism*,[271] muitas igrejas têm estado mais preocupadas com a uni-

---

[266] [NR] Livros sagrados da Índia escritos entre os séculos VII e IV a.C.

[267] [NR] Livro contendo setecentos versos que é parte do épico *Mahabharata* escrito em sânscrito na Índia por volta do ano 400 a.C.

[268] [NR] Livro que contém as escrituras da religião islâmica produzidas pelo profeta Maomé durante o século VII d.C.

[269] Religião sem revelação.

[270] A ilusão da imortalidade.

[271] O Evangelho do ateísmo cristão.

O método e os critérios da teologia (I)

dade ecumênica e com assuntos políticos do que com a confrontação da fúria naturalista da época presente.

A contracultura jovem, embora corretamente rejeite a cosmovisão positivista, está menos interessada na coerência intelectual do que nas abordagens existencialista e mística da vida. Mesmo se os "jovens da contracultura", e os professores de instituições acadêmicas que compartilham de suas perspectivas, gravitassem em direção ao centro da estrutura social, sua rejeição da sociedade científica não representaria ganho algum para a verdade da revelação não apenas devido à grande ignorância do cristianismo histórico, mas também por causa da negligência do papel da razão. A tendência anti-intelectual crescente deveria estimular os cristãos evangélicos a um mais preciso delineamento erudito do método teológico. Sempre foi importante esclarecer o modo distintivo de saber, do qual a teologia cristã depende para as suas afirmações significativas sobre a realidade. Esse é o caso especialmente desde a ascensão do empirismo lógico, com a sua exigência insistente de que a teologia e a metafísica expliquem como aquilo que é afirmado para além das fronteiras da percepção pode ser testado como verdadeiro ou falso. A necessidade de clarificação surge também porque a contracultura encorajou muitos da geração jovem a usar técnicas místicas para sondar os domínios do invisível.

Além disso, se a questão do método e da verificabilidade for deixada sem resposta, até mesmo o próprio cristão não terá certeza racional em seu compromisso com Deus. Uma metodologia teológica não é meramente para ser pressuposta, mas é conscientemente posta em justaposição a teorias rivais da vida e da realidade, senão aqueles que afirmam a realidade de Deus frequentemente justificarão suas crenças com argumentos não convincentes. Uma afirmação da natureza e do propósito da teologia não só reflete uma filosofia subjacente, mas também carrega implicações para muito mais do que isso. Desatenção à metodologia sistemática prejudicará seriamente todo esse conjunto de preocupações, incluindo o relacionamento da teologia com a filosofia e com a ciência, a função da apologética e até mesmo o conteúdo da proclamação do púlpito.

O cristianismo primeiro entrou no mundo em nome do Deus vivo da verdade a fim de proclamar Jesus Cristo como a revelação singular e final da verdade e da graça de Deus (Jo 1.18). Seu método teológico, estabelecido sobre a prioridade da revelação divina, não se origina de uma conceitualidade condicionada pela cultura que não tenha importância para além de uma era histórica específica ou período cultural. Embora Langdon Gilkey esteja certo quando diz que "métodos filosóficos e teológicos, bem como todo o pensamento humano, existe na dimensão *histórica* e, assim, está relacionado ao *Geist*[272] de seu tempo", ele não faz justiça de forma alguma ao método e ao conteúdo da teologia da revelação quando acrescenta que "como os hábitos da fala vernacular ou os costumes de comunidades locais", o método teológico "não pode ser traduzido para outra época cultural e ser de muito valor" (*Naming the whirlwind*,[273] p. 190). É verdade indubitável que "um método é em si mesmo parte de um todo maior que é expressado em um sistema filosófico e teológico inteiro", como Gilkey observa. Mas somente o relativismo cultural poderia invalidar sua importância permanente com base em um método que é uma expressão parcial "daquela visão mais profunda das coisas que domina uma era inteira de experiência e pensamento cultural" (ibid.). Um método cujo axioma primário é a revelação transcendente irá incorporar todas as eras da experiência cultural e chamá-las a prestar contas.

A teologia cristã sustenta, ainda mais, que toda a lógica que o homem é capaz de reunir está do lado da religião revelada. Os apóstolos cristãos insistiram que a crença no Deus que se autorrevela na Bíblia tem uma base inteligível. O cristianismo ofereceu ao mundo uma razão completa para a sua esperança (1Pe 3.15). Os apologistas cristãos argumentam que os não crentes ignoram considerações racionais convincentes e que as alternativas não cristãs deveriam ser rejeitadas como falsas.

Uma vez que a viabilidade da teologia depende da verdade ou da falsidade de suas afirmações, a discussão acerca dos modos de conhecer a verdade teológica, e dos critérios apropriados para julgar as reivindicações teológicas, é imperativa. A tarefa de primeira ordem do evangélico é a de insistir sobre a verdade. Uma época que submerge as questões quanto à verdade religiosa precisa ser confrontada

---

[272] Espírito.

[273] Nomeando o redemoinho.

O método e os critérios da teologia (I)

com uma insistente chamada para que enfrente a verdade ou a falsidade de suas doutrinas. A próxima tarefa é identificar a verdade e indicar como é possível reconhecê-la e ter segurança a respeito dela. Algumas pessoas, de fato, rejeitam deliberadamente a mensagem cristã, mas essa opção deveria existir somente para aqueles que primeiro se informam a respeito de suas afirmações, e não para qualquer um que compartilha do equívoco que a verdade da revelação requer algum tipo de compromisso ilógico.

A revelação divina é a fonte de toda verdade, da verdade do cristianismo também; a razão é o instrumento para que se reconheça isso; as Escrituras são o seu princípio verificador; a consistência lógica é um teste negativo para verdade e a coerência é um teste subordinado. A tarefa da teologia cristã é apresentar o conteúdo da revelação bíblica como um todo organizado.

1. DEUS EM SUA REVELAÇÃO É O PRIMEIRO PRINCÍPIO DA TEOLOGIA CRISTÃ, DO QUAL TODAS AS VERDADES DA RELIGIÃO REVELADA SÃO DERIVADAS.

A revelação divina é a causa evocativa da teologia e da fé cristã e o critério definitivo para a doutrina evangélica. O cristianismo arrisca as suas afirmações sobre Deus por causa daquilo que Abraham Kuyper chama de o "caráter dependente da teologia" – isto é, sua dependência completa de Deus para toda e qualquer afirmação que tivermos sobre ele. Nas palavras de B. B. Warfield: "A religião da Bíblia apresenta-se como uma religião distintamente revelada" (*The inspiration and authority of the Bible*,[274] p. 72). A iniciativa é inteiramente de Deus, desde a sua comunicação original com o Adão sem pecado até a encarnação do Logos em Jesus Cristo. O conhecimento de Deus é um tópico tão vasto e tão limitado como o próprio Deus é em sua revelação; unicamente com base na autorrevelação de Deus o homem é capaz de fazer quaisquer afirmações legítimas sobre ele.

Se é apropriado ou não designar a revelação divina dessa maneira, como o axioma epistemológico básico, tem sido objeto de discussão de diversos modos: 1) Alguns estudiosos modernos praticamente elevam o aspecto não revelação ao patamar de um axioma dominador ao forjar, deliberadamente, uma contraposição antagonista à afirmação cristã da revelação cognitiva transcendente.

---

[274] A inspiração e a autoridade da Bíblia".

DEUS, REVELAÇÃO E AUTORIDADE

2) Rivais especulativos da religião revelada defendem uma variedade de axiomas que competem com a revelação bíblica. 3) O modernismo define especificamente o cristianismo com base nos sentimentos religiosos do próprio homem, independente da manifestação divina transcendente. 4) Alguns estudiosos evangélicos advogam que não é a revelação divina, mas a existência ou a realidade de Deus, ou o fato histórico da ressurreição de Jesus Cristo dentre os mortos, que é o axioma básico do qual a fé cristã deriva seu conteúdo. O apelo à revelação divina como a causa evocativa e a fonte da verdade cristã levanta, assim, questões que dizem respeito ao antiaxioma, ao contra-axioma e ao para-axioma.

1) Ao rejeitar qualquer possibilidade de revelação divina transcendente, e ao assimilar especulativamente o cristianismo à história geral das religiões, Ernst Troeltsch (1865-1923), proponente da *Religionsgeschichte*,[275] negou que a teologia possui qualquer método especial de conhecer Deus. Em vez disso, Troeltsch sustentou que o cristianismo deve ser entendido por meio dos fenômenos históricos universais. Seu compromisso com a relatividade universal como uma fé científica o leva a privar todos os fatos de um caráter absoluto – exceto a sua postulação absoluta (uma revelação particular?) de que o desenvolvimento histórico abarca todas as coisas. Como deferência ao seu princípio interpretativo secular, tudo o que se supõe ser sobrenatural é ajustado, de forma onisciente, às sequências uniformes de causa e efeito. Troeltsch escreve: "O cristianismo não é a única revelação ou redenção, mas o ponto culminante das revelações e redenções que estão operando *na elevação da humanidade a Deus*" (artigo acerca da "Revelação", em *Die religion in geschichte und gegenwart*,[276] (grifo do autor). Em princípio, Troeltsch relativiza a atividade reveladora de Deus e dessa forma faz que a realidade de uma revelação divina especial seja não somente improvável, como inconcebível. A manifestação por meio de revelação transcendente é filosoficamente suprimida, e a verdade e o valor de tudo que é nitidamente bíblico são obscurecidos.

Em lugar algum Troeltsch prova – nem é capaz de fazê-lo – que todas as religiões originam-se de um campo uniforme de

---

[275] História da religião.

[276] Religião na história e no presente.

O método e os critérios da teologia (I)

desenvolvimento. Sua continuidade toda abrangente da história humana é afirmada de forma especulativa e depende de uma premissa metafísica secreta que não pode ser derivada da experiência, nem é um requisito lógico do pensamento humano. As próprias regras fundamentais que Troeltsch levanta para o diálogo religioso tornam, portanto, a revelação divina transcendente num axioma inadmissível; como H. R. Mackintosh afirma: a noção de que a revelação especial é impossível fica assegurada "pela transformação dessa premissa em um axioma" (*Types of modern theology*,[277] p. 204).

Troeltsch condena o cristianismo à mutação genética, sem permitir que este tenha qualquer palavra ou argumento em sua defesa por seus próprios princípios explicativos. Tal teorização não apenas obscurece a revelação transcendente como base especial da religião bíblica, mas também interpreta erradamente a religião em geral. As próprias Escrituras explicam a esfera da religião pelos dois princípios da revelação divina e da rebelião humana, e não somente pelo desenvolvimento histórico e pela relatividade.

As "leis" de Troeltsch (crítica, relatividade, analogia) que governam toda a pesquisa histórica não são claramente destiladas de sua observação de toda a história. Elas são, porém, limitações axiomáticas que ele impõe sobre a história como uma estrutura de interpretação. Somente nos contornos dessas limitações ele discutirá a informação histórica, embora, de forma incoerente, isente suas próprias perspectivas delas. Se sua teoria for verdadeira, os absolutos do próprio Troeltsch serão indefensáveis, uma vez que nenhum aspecto definitivo pode ser reivindicado em favor de suas perspectivas, assim como também de outras.

2) Praticamente todas as religiões não bíblicas e também as visões filosóficas da realidade espiritual têm como um axioma básico o ato de negligenciar a revelação cognitiva transcendente. Seus contra-axiomas não são, portanto, principalmente afirmações rivais derivadas de revelação, mas dão primazia epistêmica a alguma premissa alternativa. Existe boa razão para contra argumentar à noção de que todas ou a maioria das religiões fazem as mesmas reivindicações de revelação exclusiva e incondicional como faz o cristianismo. Até mesmo os porta-vozes do budismo já publicaram réplicas contra a

---

[277] Tipos de teologia moderna.

DEUS, REVELAÇÃO E AUTORIDADE

ênfase ecumênica neoprotestante de que existe revelação em todas as religiões, uma vez que essa premissa implica um Deus pessoal, o que muitos budistas rejeitam.

Emil Brunner, apropriadamente, rejeita a noção amplamente divulgada de que a revelação cristã compete por aceitação entre muitas reivindicações comparáveis: "A premissa comum de que a reivindicação cristã pela revelação confronta uma variedade de reivindicações semelhantes de igual valor é totalmente indefensável. A coisa impressionante é o extremo oposto, isto é, que a reivindicação de uma revelação possuindo validade universal na história da religião seja rara. [...] Nenhuma 'outra religião' é capaz de asseverar a revelação no sentido radical e incondicional que a fé cristã faz, porque nenhuma 'outra religião' conhece o Deus que é, ele mesmo, o revelador" (*Revelation and reason*,[278] p. 235).

De fato, a religião bíblica insiste que a revelação divina é uma realidade universal, mesmo que os homens a rejeitem e outras religiões a distorçam. Em termos de sua própria reivindicação de ser revelação, o cristianismo explica o próprio fenômeno da religião universal e atribui a multiformidade de religiões (com suas visões deturpadas de Deus e da consciência religiosa) à imprevisibilidade do homem.

Os princípios controladores alternativos propostos por visões não cristãs são tão diversos que desafiam classificação. A religião é tão multiforme que não possui doutrina, liturgia ou atitudes experimentais universalmente comuns. Quando a manifestação divina inteligível é abandonada, qualquer prognóstico de aspectos espirituais definitivos dependerá da experiência mística, da conjectura racionalista ou das visões limitadas que o homem tem da história e do cosmos, e tudo isso torna-se substituto para a Palavra de Deus revelada de modo inteligível. É tão imensa a dificuldade de demonstrar o infinito partindo das premissas do universo finito que toda teoria que procura alcançar Deus a partir do não Deus logicamente cairá no agnosticismo ou ceticismo. O cristianismo não deriva sua autoridade dos estados psicológicos interiores do homem nem da reflexão filosófica sobre a experiência humana e o mundo, mas da manifestação divina.

---

[278] Revelação e razão.

O método e os critérios da teologia (I)

A existência de outras reivindicações de revelação não oferece nenhuma razão para evitar a revelação divina como o axioma epistemológico básico da religião revelada. A existência de cédulas de dinheiro falsificadas não prova a não existência de cédulas verdadeiras; pelo contrário, pressupõe a existência delas. Frequentemente, a visão cristã de revelação tem sido diluída por teólogos mediadores que tendem a acomodar a religião revelada aos preconceitos filosóficos contemporâneos. Barth transformou o princípio cristão epistêmico básico no axioma que afirma que somente a revelação *especial* é a fonte de todo o conhecimento de Deus. Assim como Barth, Brunner formulou a revelação em termos de uma confrontação divina não intelectiva, uma posição que corrói muito daquilo que é parte integral da revelação cristã, como foi atestada biblicamente.

3) Com a influência continuada de Schleiermacher, o protestantismo liberal voltou-se da revelação mediada objetivamente por Deus para a experiência interior do homem como fonte elucidativa do conteúdo da fé cristã. Schleiermacher sustentou que a doutrina cristã idealmente deveria ser a descrição dos estados interiores da alma. Nas palavras de H. R. Mackintosh, ele pôs "a *descoberta* no lugar da revelação, a *consciência religiosa* no lugar da Palavra de Deus" (*Types of modern theology*,[279] p. 100). Uma vez que Schleiermacher abandonou a revelação objetiva em favor da experiência, a teologia perdeu a manifestação divina transcendente como sua base para a formulação daquilo que a Igreja deveria crer e podia apenas expor aquilo que a Igreja atualmente crê ou pensa. O modernismo, na verdade, substituiu a teologia pela antropologia. Barth estava inteiramente certo ao enfatizar que a verdade da revelação não é derivável dos sentimentos e volições internas do homem e que a teologia é incapaz de falar com autoridade com base numa análise indutiva da experiência religiosa. Ele adequadamente destacou que a autêntica fé cristã se fundamenta na revelação do próprio Deus, a qual não pode ser enquadrada em categorias filosóficas pré-fabricadas que excluem a palavra transcendentemente falada por Deus.

4) Alguns estudiosos cristãos e evangélicos, embora admitindo que a base indispensável do cristianismo é a revelação divina transcendente, insistem ainda assim que o axioma básico do cristianismo

---

[279] Tipos de teologia moderna.

não é a revelação, e sim o Deus vivo, ou a ressurreição histórica de Jesus Cristo. Designar a revelação como o primeiro princípio axiomático, argumentam eles, leva imediatamente na direção de uma controvérsia desviante quanto a reivindicações acerca da revelação feita por outras religiões. Isso, por sua vez, adia a ênfase teológica no Deus vivo, que já é conhecido pela consciência por meio da natureza e da história, ou na ressurreição histórica de Jesus Cristo como criticamente decisiva para o destino da humanidade.

A primeira objeção, que defende o Deus vivo em vez da revelação, falha em distinguir axiomas epistemológicos de ontológicos. A afirmação de que a revelação divina é o axioma epistemológico básico do cristianismo, do qual todas as doutrinas da religião cristã derivam, de modo algum anula o corolário de que o Deus trino é o axioma ontológico básico do cristianismo. A revelação de Deus em sua Palavra é para o cristianismo o princípio epistemológico primário do qual todas as outras verdades são deduzidas.

A segunda objeção apresenta a ressurreição de Jesus Cristo como o axioma epistemológico básico da teologia cristã. Essa alternativa, como se considera, evita a abordagem pressuposicional que começa com o Deus invisível em lugar de argumentar o caso e adia um conflito inicial a respeito de reivindicações de revelação que competem entre si, tais como a crença muçulmana de que o *Alcorão* é a eterna e preexistente Palavra de Deus. O acesso universal da evidência histórica pela ressurreição de Jesus como é apresentada na Bíblia, assim se crê, oferece um mapa cultural e conceitual preferível para identificar a verdade religiosa.

Defensores da ressurreição como o primeiro princípio do qual toda a verdade cristã deve ser logicamente derivada, afirmam, às vezes, que citam a ressurreição, como diz Clark Pinnock, não como um axioma ou postulado pressuposicional, mas como um evento evidentemente acessível a todos os homens, uma vez que Deus ressuscitou Jesus no meio da história profana.

Pinnock, é claro, está absolutamente certo quando afirma que o cristianismo é "uma crença fundamentada em eventos históricos não recorrentes", que "a fé cristã não é um sistema metafísico abstrato apoiado pelo pressuposicionalismo" e, além disso, "que a nossa pressuposição de cristianismo não oferece validade e realidade à

O método e os critérios da teologia (I)

revelação de Deus" (*The philosophy of christian evidences*,[280] p. 421s.). No entanto, enquanto a estrutura lógica da axiomatização procura expor, por dedução, as implicações de qualquer postulado ou axioma proposto, ela confunde totalmente os fundamentos reais epistêmicos do primeiro princípio cristão quando os defensores de um axioma da revelação são retratados como o tendo inventado através de meras especulações. Somente um conceito de autorrevelação divina autor-refutável poderia ter sua base meramente no pressuposicionalismo filosófico. A religião cristã não está dependurada no ar, suspensa por um gancho celestial postulante; ela está ancorada na autorrevelação de Deus. Os proponentes do axioma da revelação não abordam a revelação divina como um primeiro princípio meramente especula-tivo, mas o afirmam em vista da atividade de autorrevelação de Deus. O próprio fato da revelação divina obriga o cristão teísta a honrá-la como o axioma epistemológico básico da teologia. Qualquer obscu-recimento desse aspecto distintivo do axioma básico da religião reve-lada somente minimiza uma diferença marcante entre a manifestação divina transcendente e a postulação e especulação humana.

Além do mais, os defensores do axioma da revelação conside-ram toda a evidência que pode ser proposta para a ressurreição de Jesus, e muitas outras coisas além dessas, como implícita na revelação de Deus em sua Palavra. O fato de que o cristianismo é uma religião histórica não é menos compatível com a primazia da revelação, como o axioma cristão epistêmico, do que é a centralidade da ressurreição. A religião revelada estava historicamente fundamentada antes da res-surreição; além do mais, tanto a revelação geral de Deus ao homem como a especial possuem facetas históricas irredutíveis.

A alardeada superioridade do axioma da ressurreição sobre o axioma da revelação é altamente questionável. Como apoio à sua tentativa de derivar o conteúdo do cristianismo da ressurreição, seus defensores enfatizam que a proclamação apostólica deu centralidade à ressurreição do Jesus crucificado. Os Evangelhos não são simples-mente testemunhos de fé, mas são oferecidos como testemunho histórico. Na verdade, os apóstolos foram escolhidos para sua mis-são por serem testemunhas oculares do Jesus ressurreto, o qual eles conheceram bem de perto; sua proclamação focalizou seu ministério

---

[280] A filosofia das evidências cristãs.

DEUS, REVELAÇÃO E AUTORIDADE

da ressurreição. A convicção pessoal deste autor é de que, sem a ressurreição corporal de Jesus de Nazaré, os Evangelhos não teriam sido escritos e a Igreja cristã não teria vindo a existir.

No entanto, esses fatos por si sós não decidem a questão do axioma cristão fundamental. Em outro lugar discutiremos mais detalhadamente os esforços evangélicos recentes, tais como os de John Warwick Montgomery e de Clark Pinnock, que apoiam o caso pelo teísmo cristão em evidências históricas, começando com a ressurreição corporal de Jesus. Aqui é suficiente observar a insistência de Pinnock de que "o cristianismo não começa com o axioma da existência de Deus e que a Bíblia é verdadeira, ao que todas as outras crenças estão dedutivamente ligadas", mas que na elaboração do conteúdo da teologia cristã devemos hoje em dia "começar dos particulares, e não dos universais" (*The philosophy of christian evidences*,[281] p. 422). Ele acrescenta que "de nossa experiência da vida no mundo, tanto racional, cósmica como histórica, chegamos à conclusão, sob a ação do Espírito Santo, que Deus existe e que o evangelho é verdadeiro" (p. 423). Qualquer que seja a intenção evangélica e a consequência da opinião de Pinnock, esse conceito requer um hercúleo peso de demonstração que nenhum teólogo evangélico, mesmo com o mais alto grau de devoção e brilhantismo, poderá ser bem-sucedido em realizar. Pois Pinnock parece implicar (p. 425) que, sem qualquer apelo à revelação divina transcendente e por meio de considerações empíricas apenas, o homem comum não regenerado poderá ser lógica e inescapavelmente atraído à compreensão cristã da realidade, e que qualquer insistência na não validade de tal argumentação empírica deve-se unicamente à recalcitrância volitiva, e não, de forma alguma, a deficiências empíricas no que diz respeito às evidências.

Se os Evangelhos não forem historicamente confiáveis, então é claro que não existe nenhum critério pelo qual distinguir Jesus de Nazaré de outros personagens históricos do passado. O que temos de informação nos assegura que Jesus era de fato uma figura pública e que os Evangelhos, como documentos históricos, nos possibilitam estabelecer o seu caráter pessoal. A ressurreição foi realmente um evento histórico. Mas apelar unicamente com base na pesquisa histórica ao ato histórico especial de Deus na ressurreição de Jesus

---

[281] A filosofia das evidências cristãs.

O método e os critérios da teologia (I)

de Nazaré, sem qualquer dependência de alguma autoridade da revelação, não nos capacitará a estabelecer o significado e a relevância da ressurreição. Eventos históricos não são autoexplicativos, muito menos os atos redentores especiais da Bíblia. É verdade, Paulo declarou que, ao ressuscitar Jesus dentre os mortos, Deus tinha removido até o último pretexto de ignorância humana de seus propósitos. A ressurreição, porém, não foi um fato bruto ou um acontecimento histórico sem racionalidade que refletia a sua própria mensagem. O próprio Jesus advertiu que *Se não ouvem Moisés nem os profetas, tampouco acreditarão, mesmo que alguém ressuscite dentre os mortos* (Lc 16.31), uma sentença que diagnosticou com precisão o destino iminente do judaísmo. Os próprios Evangelhos começam com um relato do nascimento profeticamente antecipado do Messias, e não com a ressurreição. O livro de Atos relata como Saulo de Tarso, embora convencido da ressurreição de Cristo por meio da confrontação histórica empírica pelo milagre não repetível do caminho de Damasco (At 9.3), tinha ouvido previamente nas igrejas primitivas missionárias o testemunho cristão que colocava a ressurreição de Cristo na perspectiva da revelação do Antigo Testamento (1Co 15.1ss.). Em nenhum lugar a Bíblia discute a ressurreição de Cristo como uma exceção dramática numa extensão de seis mil anos de história humana que é, de outro lado, explicável como uma sequência contínua de eventos não miraculosos – o contexto no qual o homem secular moderno busca compreender a reivindicação da ressurreição. Pelo contrário, a Bíblia encaixa a perspectiva da ressurreição do Messias no contexto das promessas de Deus e do seu cumprimento nas Escrituras; os seguidores de Cristo no Novo Testamento compartilhavam de uma crença na ressurreição futura da humanidade muito antes de ouvir o nome Jesus.

O apelo empírico da ressurreição de Jesus como ponto de partida primário do cristianismo não está mais livre de contrarreivindicações do que o apelo do pressuposicionalista à revelação. Deve-se admitir que ao longo dos séculos supostas revelações contraditórias emergiram (incluindo a do mormonismo no passado recente), que impõem ao cristianismo uma necessidade consequente de distinguir entre *bona fide* e falsa revelação ao decidir qual realmente é a Palavra de Deus. Mas a reivindicação histórica da ressurreição deve lidar, de igual modo, com muitos entendimentos e entendimentos equivocados da ressurreição atestada pelos Evangelhos, seja na forma das religiões gregas de mistério, seja na da super-história barthiana, seja na do existencialismo bultmanniano. Além disso, em vista das "leis" da interpretação universal histórica de Troeltsch, a reivindicação da ressurreição ainda confronta a noção arbitrária de que a moralidade da consciência histórica não permite a aceitação do aspecto factual de eventos passados para os quais o presente não fornece analogia.

Não é de modo algum evidente que doutrinas cristãs sejam derivadas inteiramente da ressurreição de Jesus como uma premissa fundamental, não importando quão grande seja o seu valor evidencial para a verdade da mensagem cristã. Apesar de que toda a doutrina cristã é comunicada por meio da automanifestação histórica de Deus, um entendimento apropriado da ressurreição não deve ser isolado da revelação mais ampla nas Escrituras dos propósitos de Deus na história. A primazia apostólica não supre base alguma para projetar a ressurreição de Cristo como a ênfase evidencial mais importante do cristianismo, em contraste deliberado com a da revelação divina. Os sermões em Atos frequentemente apelam para a revelação profética do Antigo Testamento como sendo dramaticamente cumprida na vida, morte e ressurreição de Jesus de Nazaré e, portanto, como mediação epistemológica para o entendimento da ressurreição. A pregação apostólica, repetidas vezes, põe a ressurreição de Jesus no contexto mais amplo das promessas proféticas (At 2.25; 3.21; 4.10s.; 10.43; 17.2; 23.6) e do eterno que se revelou aos antepassados (At 3.13; 3.25s.; 5.30; 13.32; 22.14). Dessa forma, a ressurreição de Jesus Cristo traz a revelação como sua pressuposição coordenadora e correlativa; de fato, a própria ressurreição é um evento revelador que compõe a manifestação compreensiva de Deus. A ênfase do Novo Testamento é que o Deus vivo da revelação, que falou no passado por intermédio dos profetas inspirados, fala agora de maneira definitiva em seu Filho (Hb 1.1s.). A revelação divina não deve ser, portanto, um princípio subordinado à ressurreição.

Ao defender-se diante de Félix, o apóstolo Paulo declara que ele adora *o Deus de nossos pais, crendo em tudo o que está escrito na lei e nos profetas, tendo esperança em Deus [...] de que haverá ressurreição tanto de justos como de injustos.* [...] *É por causa da ressurreição dos mortos que hoje estou sendo julgado* (At 24.14s., 21). *Diante de Agripa, ele afirma: Agora estou aqui para ser julgado por causa da esperança da promessa feita por Deus a nossos pais* [...] *continuo testemunhando tanto a gente comum como a pessoas influentes, não dizendo nada senão o que os profetas e Moisés disseram que haveria de acontecer. Isto é, como o Cristo deveria sofrer, e como ele seria o primeiro que, pela ressurreição dos mortos, anunciaria luz a este povo e também aos gentios* (At 26.6,22,23). Vez após vez, a ressurreição de Jesus é apostolicamente enquadrada na revelação profética (cf. Rm 1.2ss.; 1Co 15.3s.), da mesma forma que o evento por si só tornou-se inteligível para os discípulos pela iluminação por meio da revelação (Jo 2.22).

Com base somente nos Evangelhos como narrativas históricas confiáveis, e sem um apelo à revelação divina, é impossível estabelecer o fato absoluto da vida de Jesus de Nazaré depois da crucificação – ou seja, que ele não foi meramente vivificado, mas ressuscitado para a vida eterna como os "primeiros frutos" da ressurreição geral dos mortos. Nada menos do que isso, porém, está implícito na revelação cristã.

Além disso, o cristianismo argumenta que o homem em todo lugar está num relacionamento mais direto com a revelação geral de Deus pela ressurreição de Jesus Cristo do que com a evidência histórica. Na colina de Marte, o apóstolo Paulo apresenta a ressurreição de Jesus no contexto abrangente da revelação universal do Deus vivo na natureza e na história (At 17.24ss.).

Preferir a revelação divina em vez da ressurreição de Cristo como a premissa fundamental não implica negação de qualquer espécie, é claro, que o Deus da Bíblia revela-se no mundo empírico dos fatos e que o homem é inescapavelmente confrontado nesse mundo pela revelação. Essa preferência também não nega que a ressurreição é de importância apologética universal, ou que a contemplação do cosmos e da história feita pelo homem pecador não seja uma ocasião em que o Espírito de Deus concede nova vida àqueles delinquentes que são candidatos à evangelização.

Os prolegômenos para qualquer ciência sempre consistem principalmente na indicação de como o conhecimento será alcançado naquela ciência em particular que está em discussão. Onde a revelação divina é afirmada, se alguém obscurece a revelação como a fonte não qualificada de verdade religiosa, pode-se apenas desviar a atenção para outras supostas fontes de conteúdo da teologia cristã, e pode, até mesmo, ainda criar expectativas exageradas com base em outras fontes postuladas.

O axioma básico de todo o sistema é indemonstrável, ou seja, não pode ser deduzido de algum conhecimento ainda maior ou prévio, uma vez que todo o sistema de teoremas e proposições está subordinado de forma dependente a esse primeiro axioma. Os axiomas do sistema cristão de verdade não são pressuposições partilhadas em comum com o pensamento secular. As doutrinas cristãs não são derivadas da observação experimental ou do racionalismo, mas de Deus e de sua revelação. Para a religião revelada, a importância primária axiomática da revelação divina é, em última análise, uma questão de vida ou morte.

Assim, a fonte da teologia evangélica é o Deus conhecido em sua própria Palavra e ação. Os reformadores protestantes corretamente honraram a Palavra de Deus como concedida na revelação não somente acima da experiência, mas também acima da Igreja como ponto controlador da cada aspecto da doutrina cristã. A revelação de Deus foi convenientemente classificada em dois tipos principais: a revelação geral, ou a manifestação do eterno poder e glória de Deus por meio da natureza e da história; e a revelação especial, ou a manifestação do propósito e da ação redentora de Deus. As Escrituras, porém, são um sumário autorizado de toda a revelação de Deus – no universo, na história redentora, em Jesus de Nazaré – divinamente providenciado para nós de forma inspirada. Em razão dessa alienação pecaminosa de Deus, o homem decaído é culpado de menosprezar a revelação geral contínua na natureza e na história, uma revelação que constantemente invade até mesmo a sua mente e consciência. A Bíblia publica abertamente a situação desastrosa do homem e o remédio redentor de Deus na forma de afirmações objetivamente inteligíveis. A revelação nas Escrituras tem prioridade epistemológica sobre a revelação geral não porque a revelação geral é obscura, ou porque o homem, sendo pecador, não é capaz de conhecê-la. A razão é que as Escrituras como documento literário inspirado publicam de contínuo o conteúdo da revelação geral de modo objetivo,

O método e os critérios da teologia (I)

em contraste com as diluições redutivas e as falsas interpretações do homem pecador. Além disso, elas proclamam o modo pelo qual Deus realiza a redenção em favor do homem pecador que está em condição culposa. Como observa H. C. Thiessen, "Epistemologicamente, as Escrituras Sagradas são o ponto alto da revelação especial. [...] Para o cristão, elas são a suprema e única fonte infalível para a construção de sua teologia. [...] A Bíblia incorpora todas as outras formas de revelação" (*Introductory lectures in systematic theology*,[282] p. 42).

É verdade que, ao expor a verdade da revelação, os escritores bíblicos não forneceram um tratado extenso sobre epistemologia religiosa. Uma vez que as Escrituras não identificam um único sistema de epistemologia como correto, seria injustificável identificar algum esquema como bíblico. No entanto, o cristão não precisa, por isso, admitir como verdade a afirmação de Ludwig Wittgenstein de que as epistemologias são simplesmente *gestalt* de estruturas ou "redes lançadas a fim de pegar o que chamamos de mundo; para racionalizar, explicar e nos assenhorearmos dele" (*Tractatus logico-philosophicus*,[283] 6.341-6.36). O cristão pode mostrar que a sua epistemologia evita os problemas latentes e impeditivos nas visões alternativas de conhecimento. Mais do que isso, com base na revelação e suas implicações, ele pode propor algumas considerações epistêmicas específicas e altamente significativas. A teologia evangélica não está apenas preparada para debater todo e qualquer axioma rival proposto para um entendimento da realidade e da vida, mas também está mais disposta do que seus rivais para fazê-lo, como atestam a sua iniciativa evangelística e a sua expansão missionária. A fim de sustentar sua própria reivindicação e para contestar as reivindicações que competem com ela, a religião revelada está plenamente preparada para propor critérios e princípios de verificação.

---

[282] Preleções introdutórias à teologia sistemática.

[283] Tratado lógico filosófico.

14

O método e os critérios da teologia (II)

A FUNÇÃO DA RAZÃO, DAS ESCRITURAS, CONSISTÊNCIA E COERÊNCIA

Já destacamos que a religião cristã defende a racionalidade contra o irracionalismo prevalecente em nosso tempo e que, em vez de evitar, promove as exigências da verificação e dos testes da verdade. Junto com a ênfase na revelação divina, como o seu axioma epistêmico fundamental, discutiremos agora a função indispensável da razão em vista dos relacionamentos no âmbito da revelação do criador com o seu universo ordenado pelo Logos.

2. A RAZÃO HUMANA É UM INSTRUMENTO DIVINAMENTE CONCEBIDO PARA O RECONHECIMENTO DA VERDADE; NÃO É UMA FONTE CRIATIVA DE VERDADE.

Ninguém tem o direito de prejulgar a natureza da revelação divina. Entretanto, os teólogos que enfatizam que Deus é "totalmente outro" frequentemente apoiam uma noção distorcida de revelação que dá pouca importância à faculdade da razão. O cristianismo histórico rejeita qualquer correlação da revelação com o irracional. O Deus da Bíblia não difama a razão como incapaz de entendimento religioso ou lógico, como algo que distorce interesses espirituais. Frequentemente se diz que ninguém deveria esperar maior precisão sobre qualquer assunto além daquilo que o tema admite; infelizmente uma grande porção da teologia contemporânea dá a impressão de uma divindade excessivamente ambígua. O Deus criador e redentor da Bíblia criou o homem à sua imagem racional e espiritual para relacionamentos inteligíveis. A fé cristã enfatiza que ninguém ganha coisa alguma, mas põe tudo a perder, ao opor-se ou menosprezar a racionalidade.

Aqueles para quem a razão humana é a única fonte de verdade – uma posição há muito influente na filosofia, mas agora cada vez mais sob intenso ataque – poderão argumentar que o apelo à revelação divina como axioma primário do conhecimento religioso rebaixa a razão à irrelevância. Mas a religião revelada não dá espaço para a ilusão idealista de que a razão humana é intrinsecamente capaz de construir verdade eterna. Se a revelação divina, e não a razão humana, é a fonte da verdade, então a mente do homem não pode ser vista como inerentemente qualificada para explicar os enigmas da vida. Dizer que os poderes mentais do homem são praticamente divinos contradiz tanto o axioma cristão básico de que Deus em sua revelação transcendente é a única fonte da verdade e sua ênfase relacionada, isto é, que o homem finito e decaído, embora dotado da imagem divina, depende da revelação. Quando o raciocínio humano é exaltado à condição de fonte da verdade, então o conteúdo da verdade é logo conformado aos preconceitos de algum erudito influente ou escola de eruditos, ou poderá, ainda, ser conformado ao consenso de opinião vigente, algumas vezes engrandecido pela expressão "a consciência humana universal". A teologia cristã nega que a mente humana, ou o raciocínio humano, seja uma fonte criativa de conteúdo de revelação; seu papel apropriado não é o de formar revelação ou verdade, mas o de reconhecê-la e elucidá-la.

No entanto, a religião cristã designa um papel crítico e indispensável à razão. Seu protesto contra o filosofar racionalista, ou contra a metafísica conjectural, não deve ser confundido com um repúdio à legitimidade do raciocínio humano usado em silogismos e em outras formas válidas de implicação. Aqueles que hoje em dia deploram a metafísica especulativa frequentemente o fazem pelos interesses do irracionalismo, ou pela crença em asserções contraditórias, como foi o caso com Kierkegaard. É bastante legítimo o protesto cristão contra o racionalismo no século XVIII, com a sua ênfase deísta na

O método e os critérios da teologia (II)

suficiência da especulação humana não iluminada pela revelação divina. Contudo, o que é objetável quanto ao racionalismo não é a razão, mas o raciocínio humano colocado a serviço das premissas que fluem de postulações arbitrárias e equivocadas sobre a realidade e a verdade. A teologia cristã defende, sem reservas, a razão como um instrumento para a organização das informações e para derivar inferências delas, e também como uma faculdade lógica competente para testar reivindicações religiosas.

John H. Gerstner discorda da teologia pressuposicionalista porque, diz ele, 1) exagera as consequências noéticas da queda do homem; 2) nega a existência de qualquer "denominador comum" entre crentes e descrentes; e 3) cede às demandas de uma teoria coerente da verdade. (Essa informação foi passada num diálogo público com este autor na *Trinity Evangelical Divinity School* em novembro de 1974.) Enquanto algumas exposições podem, de fato, sofrer de um ou mais desses defeitos, a ênfase na revelação como o axioma epistêmico primário, como foi aqui formulada, não faz isso. A própria revelação afirma que o homem é depravado em consequência da queda, e que essa depravação o afeta no todo de seu ser – na vontade, na afeição e no intelecto. Mas isso dificilmente significaria que o homem é incapaz de compreender a revelação de Deus, ou que ele seja incapaz de fazê-lo antes da ação regeneradora e iluminadora do Espírito Santo; significa menos ainda que as habilidades racionais do homem estejam completamente anuladas. A queda condiciona a vontade do homem mais profundamente do que sua razão. O homem não quer conhecer Deus na verdade, e faz da reflexão religiosa algo que está a serviço da revolta moral. No entanto, ele ainda é capaz de analisar intelectualmente a evidência racional quanto ao valor como verdade das asserções acerca de Deus. Se os efeitos noéticos da queda fossem total e inteiramente danosos, fazendo assim que o homem fosse incapaz de pensar corretamente e se tornasse imune à validade racional das categorias básicas da lógica (p. ex., a lei da contradição), então nenhum caso racionalmente convincente poderia ser montado a favor de ou contra qualquer assunto. Só existem dois modos de pensar – não regenerado ou iregenerado, mas válido ou inválido. Só existe um sistema de verdade, e esse sistema envolve o axioma correto e seus teoremas e premissas derivados com consistência lógica completa. Mas esse último não requer, como veremos,

DEUS, REVELAÇÃO E AUTORIDADE

um pressuposicionalista para extrapolar todo um sistema de teologia fazendo-o conformar-se a uma teoria coerente da verdade, nem necessita uma negação de todo o fundamento comum entre o crente e o descrente.

O conhecimento de Deus depende totalmente da revelação divina, mas o homem foi divinamente feito com aptidões racionais e morais para a comunicação inteligível com o seu criador e para o feliz serviço de Deus. A possibilidade do conhecimento do homem da revelação divina apoia-se na capacidade criada da mente humana de conhecer a verdade de Deus e a capacidade de pensamento e de fala que antecipa o conhecimento e a comunhão inteligíveis. A racionalidade do homem é, portanto, uma extensão da ponte epistemológica por meio da qual ele conhece a verdade teológica. A razão humana como uma dádiva divina para o reconhecimento da verdade de Deus é um dos preceitos principais da fé cristã. A razão humana foi um subsídio divino que capacitou o homem a ter o conhecimento de Deus e de seus propósitos no universo. As funções da razão – conceitos, formas de implicação, dedução e indução, julgamentos e conclusões, e tudo mais – não são simplesmente desenvolvimentos pragmáticos evolucionistas, mas cumprem uma intenção e propósito divinos para o homem em relação a todo o domínio do conhecimento.

Nem mesmo a cataclísmica tragédia moral da queda demoliu totalmente a capacidade do homem de conhecer Deus e sua verdade revelada. As Escrituras enfatizam que a revelação geral de Deus, na natureza, na razão e na consciência, penetra na própria mente do homem. Dessa forma, o homem é ainda mais culpado, uma vez que ele a desdenha pessoalmente. Toda a revelação de Deus é revelação inteligível; sua revelação especial nas Escrituras é comunicada em verdade e palavras. Os profetas e apóstolos, e Jesus Cristo não menos do que eles, pressupõem a racionalidade do homem e afirmam sua culpa universal, em vista da revolta do homem contra a luz não só em Adão como representante da raça, mas também em nossa história religiosa privada.

A doutrina bíblica do conhecimento religioso pressupõe, em todo lugar, a habilidade do homem de pensar logicamente e de entender a verdade comunicada pelo próprio Deus sobre si mesmo e toda a realidade criada. O fato de que as multidões sitiadas recebem a oferta

O método e os critérios da teologia (II)

não só de uma única mensagem de resgate sobrenatural, mas estão cercadas também por uma impressionante pluralidade de reivindicações religiosas, na verdade, por uma cacofonia de vozes supostamente da revelação, não intimida de maneira alguma o apelo à razão como o instrumento para o conhecimento da verdade. Jesus verbalizou, cuidadosamente, afirmações espirituais e morais e exortou intensamente seus ouvintes a considerarem as altamente específicas proposições teológicas que ele lhes expunha. O cristianismo não comunica uma mensagem produzida por harpas celestes, numa linguagem expressa por línguas exóticas, e entendida apenas pelos anjos. Emprega linguagem inteligível e verdades compreensíveis aos seres humanos racionais. As afirmações cristãs estão baseadas em conhecimento e história que não são epistemologicamente dissimilares ao tipo de informação cognitiva e material histórico do qual dependem todas as decisões históricas, judiciais ou outras decisões diárias. Como observa Edward John Carnell, "Quando o cristianismo fala a respeito da verdade, ele quer dizer exatamente o que o homem comum diz. Se uma pessoa ouve um discurso político ou lê a Bíblia, ela é chamada a julgar a suficiência das evidências: e se for razoavelmente livre de preconceito, irá trazer os mesmos critérios usados para realizar uma tarefa para a outra" (*The case for orthodox theology,*[284] p. 87).

Com boa razão, o cristianismo evangélico recusa-se a se classificar como meramente uma opção entre muitas no mundo contemporâneo e procura convencer a humanidade de que Cristo é o Salvador divino. O cristianismo considera que a existência de muitas filosofias contraditórias e religiões rivais é evidência mais do que suficiente não que o cristianismo seja demonstravelmente verdadeiro, mas que a questão da verdade na religião tem sido evitada ou comprometida. Qualquer religião que venha propor uma afirmação da verdade nesse contexto de confusão e competição deve sugerir critérios pelos quais a veracidade de suas afirmações seja testada, tanto pelo cristão como pelo não cristão. Paul Tillich diz que "a teologia é tão dependente da lógica formal como qualquer outra ciência" (*Systematic theology,*[285] I:56).

---

[284] O caso a favor da teologia ortodoxa.

[285] Teologia sistemática.

A verdade teológica não difere de outras verdades com respeito à inteligibilidade; portanto, a verdade deve ser racionalmente conhecível se pretende ser abraçada e comunicada de forma significativa. A diferença não está, também, no fato de que a revelação é a sua fonte, pois Deus é a fonte de toda verdade. A diferença, na realidade, é que a verdade teológica é divinamente autorizada, infalivelmente certa e biblicamente atestada; todas as outras reivindicações da verdade estão sujeitas à correção e são, na melhor das hipóteses, prováveis. De fato, não poderemos fazer que outras pessoas se comprometam com a verdade da revelação simplesmente por meio de argumentação teórica, mas podemos demover e demolir contrarreivindicações que não estão associadas à revelação. Os homens não se apropriam da revelação cristã por intermédio de uma convicção alcançada apenas com base num argumento racional. A fé pessoal é uma dádiva do Espírito Santo, mas a verdade é a provisão da revelação de Deus, e o Espírito usa a verdade como meio de persuasão e de conversão.

Em resumo, Deus é a fonte de revelação de toda verdade; a revelação é a sua verdade manifestada e causa evocativa do conhecimento. A razão é um instrumento divinamente concedido que habilita o homem a reconhecer a revelação ou a verdade. Ele pode fazer isso porque, pela criação, leva a imagem de Deus (Gn 1.26), e é especialmente iluminado pelo Logos divino (Jo 1.9), de modo que pode conhecer o seu criador de forma inteligível, ter comunhão com ele e obedecer-lhe. As formas da razão e as leis da lógica sobreviveram à queda como dádivas da criação; sem essas coisas, nenhuma comunicação inteligível, seja divina, seja humana, seria possível.

3. A Bíblia é o princípio de verificação do cristão.

As Escrituras inspiradas são a forma de revelação divina com autoridade mais próxima e universalmente acessível.

Onde quer que o conteúdo da comunicação divina, ou da experiência religiosa, for definido de maneira mística, a verificabilidade e os controles externos são completamente irrelevantes. Os caminhos epistêmicos para o comprometimento religioso hoje em dia parecem tão largos quanto o mundo. Na megalópole global do homem moderno, cada um é encorajado a fazer a sua própria coisa não apenas no que diz respeito ao estilo de vestuário, mas também no que se refere à piedade privada e às preferências religiosas. As reivindicações religiosas são consideradas como adequadamente provadas pela relevância pessoal em vez de pela validade universal. O cristianismo, porém, argumenta que essa verdade da revelação é inteligível, exprimível em proposições válidas e universalmente comunicável. Espera que homens de todas as culturas e nações compreendam as suas afirmações sobre Deus e insiste que os homens em todo lugar devem reconhecê-las e apropriarem-se delas. Se os homens rejeitam a verdade, ou recusam-se a se tornar cristãos, isso não acontece em razão da verdade da revelação ser ininteligível, incomunicável ou inválida.

Assim, um postulado de verificabilidade e de controlabilidade é inteiramente apropriado à teologia cristã. A verificação teológica não depende da fé pessoal ou de perspectivas nacionais ou culturais. Se uma pessoa precisa primeiramente ser um cristão a fim de compreender a verdade da revelação, então o significado é subjetivo e incomunicável. Certamente, a regeneração cria novas atitudes em relação à verdade da revelação e facilita a compreensão do homem a esse respeito, mas o novo nascimento não é um pré-requisito para um conhecimento da verdade de Deus. Quando Barth define a dogmática como atividade de um crente devoto, ele distingue a teologia das ciências seculares tais como a física, a química e a sociologia, no ponto errado. O assunto da teologia não está limitado ao exame somente por aqueles que são cristãos. O conteúdo da verdade do cristianismo pode ser investigado – assim como pode ser a astronomia, a botânica e a geologia – separadamente do caráter moral do estudioso técnico e de seu interesse ou desinteresse num novo modo de vida. A verdade da revelação é planejada para os pecadores, e o descrente pode de fato examinar o conteúdo da teologia. Se a verdade da revelação não puder ser conhecida previamente ao compromisso com Cristo, então os homens não podem ser considerados culpados por sua rejeição; mais ainda, seria uma perda de tempo e de energia a tentativa de convencê-los de sua validade. Um descrente poderá conhecer o significado da revelação e o sentido da vida e da história se der atenção àquilo que a Bíblia ensina. "Não há qualquer necessidade de graça, nem mesmo de grande erudição", observa Gordon Clark, "para concluir que a linguagem que nega o nascimento virginal e a ressurreição não é coerente com a mensagem bíblica" (*Karl Barth's theological method*,[286] p. 61).

No entanto, ninguém tem licença para impor critérios arbitrários tais como as exigências da lógica positivista para o sentido de verificabilidade de afirmações teológicas, ou a insistência de alguns cientistas de laboratório quanto à confirmação experimental. Uma norma de estabelecer controles adequados, como observa Clark, requer apenas que "todas as proposições devam ser capazes de ser testadas por qualquer leitor ou ouvinte que é suficientemente atento" (ibid., p. 60). Clark continua a dizer que "a verificação da conformidade da linguagem da Igreja sobre Deus com o seu critério bíblico é possível a qualquer um que seja suficientemente atento" (p. 61).

Calvino declarou que "não estamos procurando argumentos ou analogias nos quais nosso julgamento possa repousar; mas submetemos nosso julgamento e inteligência a alguma coisa elevada acima da necessidade de ser julgada" (*Institutes of the christian religion,* ed. francesa, 1939, apud Emmet, *The nature of metaphysical thinking*,[287] p. 138). Emmet está equivocado ao alegar que isso significa que "não pode haver nenhuma comunicação real sobre questões fundamentais entre teólogos e historiadores, filósofos e cientistas [...] procurando seus próprios métodos de investigação, a não ser que os historiadores, filósofos e cientistas estejam preparados para adotar uma atitude puramente positivista em relação às suas próprias pesquisas e negar que estejam, de alguma forma, preocupados com questões metafísicas" (p. 130). Essa alegação seria muito mais reveladora contra Barth do que contra Calvino. Barth sustentou não somente que 1) a teologia tem sua base na revelação divina transcendente, mas também porque 2) a revelação é *sui generis:* a) ela não é apropriadamente julgada pela razão do homem finito pecador, mas transcende as categorias de pensamento e da experiência humana, e nem a pesquisa filosófica nem histórica são diretamente relevantes a ela; e b) o seu corolário é a fé, um dom divino que não envolve concordância intelectual com proposições, mas resposta obediente. Mas, se a verdade ou a falsidade lógica do conteúdo das crenças teológicas é irrelevante, como deverão ser distinguidas das grandes ilusões? Em lugar de promover a "lógica

---

[286] O método teológico de Karl Barth.

[287] As institutas da religião cristã e A natureza do pensamento metafísico.

O método e os critérios da teologia (II)

da obediência" que faz das Escrituras meramente um testemunho paradoxal da manifestação transcognitiva, a teologia cristã histórica enfatiza que Deus se revela de modo inteligível à mente do homem. A revelação paradoxal não tem lugar nem nas Escrituras nem no céu.

Os meios de verificabilidade da verdade sobre Deus, que são as Escrituras inspiradas, estão acessíveis a todos. É difícil entender a razão de Pinnock deplorar o apelo às Escrituras como o princípio cristão de verificação porque, supostamente, requer decisão antes de reflexão. Ele critica o apelo do pressuposicionalista à Bíblia ao atestar a revelação como, com efeito, oferecendo uma pedra quando pão é pedido: filósofos analíticos, ele afirma ser o caso, pedem por verificação como apoio aos fundamentos metafísicos, e o pressuposicionalismo fecha a porta! Pinnock está bem ciente de que o tipo de verificabilidade de sentido que os positivistas exigem iria cancelar a verdade da revelação pela predefinição arbitrária. Mas ele está predisposto a propor evidência empírica mediante a ordem cósmica e histórica em lugar do ensino inspirado da Bíblia na verificação das crenças cristãs.

John Montgomery argumenta que "na base do método empírico como é aplicado à história, pode-se indutivamente validar a reivindicação cristã da revelação e a visão bíblica de toda a história" (*Clark's philosophy of history,*[288] p. 388). A validade lógica ou não de argumentos empíricos para o teísmo cristão é mais apropriadamente considerada sob as nossas observações a seguir a respeito da consistência lógica e a coerência sistemática e no contexto da tarefa apologética da Igreja. Dedicaremos um capítulo mais adiante ao teísmo cristão e a verificabilidade apologética. Contudo, deveria ser observado neste ponto que a ênfase de Montgomery, que não são as pressuposições, mas os fatos que determinam a interpretação da história, segue uma linha de argumentação que não é tão sem pressuposições como ele quer nos fazer crer. Na realidade, ele tem hesitado entre uma ênfase na interpretação inteiramente sem considerações *a priori* (*The shape of the past,*[289] p. 292) e uma interpretação que presume o menos possível: "Todas as premissas deveriam ser mantidas no mínimo, sendo

---

[288] [NT] A história da filosofia de Clark.

[289] A forma do passado.

autoevidentes e além da possibilidade de debate quanto for possível" (p. 265).

Na realidade, nenhum historiador ou cientista trabalha sem pressuposições. Os empiristas sempre operam com pressuposições que eles não podem provar com a sua própria metodologia. Mesmo a teoria evolucionista entraria em colapso, exceto por certas pressuposições que não podem ser cientificamente provadas; entre elas, Hendrik Stoker aponta a "autonomia de pensamento, uma [...] concepção neopositivista dos fatos, uma continuidade dinâmica universal de causas, um direito de generalização e extrapolação universais, e que a natureza deve ser completamente explicável pela natureza somente" (*Van Til's theory of knowledge*,[290] p. 35). As abordagens científicas e históricas para o significado prosperam através de acordos secretamente negociados do tipo empréstimo com usufruto da terra como pagamento, nos quais estudiosos não cristãos recusam-se arbitrariamente a pagar juros atrasados e acabam negando qualquer tipo de débito à visão teísta.

Montgomery difere dos pressuposicionalistas que ele critica somente no número e no alcance das pressuposições que ele prefere para decifrar o sentido da história. Entre suas premissas aprovadas estão a de que o cientista e o historiador devem ser honestos em suas observações, que o processo histórico é significativo porque foi criado por Deus, que o centro da história é a ação de Deus em Jesus Cristo – isso supre os critérios para todos os outros eventos – e que o julgamento final do processo histórico está nas mãos de Deus. Será que essas pressuposições aprovadas por Montgomery foram adquiridas de modo indutivo, ou será que ele não faz aqui, secretamente, aquilo que ele acha censurável quando outros pressuposicionalistas fazem a mesma coisa abertamente, isto é, começa com a validade da revelação cristã? Montgomery critica os historiadores seculares por interpretar a história com base em pressuposições estranhas, em vez de vê-la de forma objetiva e indutiva; em vez de aceitar a afirmação bíblica da ressurreição de Cristo, diz ele, o não cristão optará pelas alternativas mais ridículas. Mas não se pode desfrutar de duas alternativas desejáveis ao mesmo tempo, que sejam mutuamente excludentes. Se a questão for decidir entre abordagens pressuposicionais

---

[290] A teoria do conhecimento de Van Til.

O método e os critérios da teologia (II)

e não pressuposicionais, isso é uma coisa; mas, se for entre axiomas ou pressuposições que competem entre si a fim de compreender de modo consistente a informação, isso é algo bem diferente. As pressuposições de Montgomery são frequentemente recomendáveis, ao contrário das de Ayer ou de Bultmann, mas elas devem ser reconhecidas pelo que realmente são.

Resumindo, as Escrituras inspiradas são a divinamente autorizada confirmação do falar e do agir de Deus e como tais são normativas em todos os assuntos de religião e ética. A Bíblia não é um manual de ciência ou de história. Mas atenção às afirmações da Bíblia que têm alguma relação com as ciências físicas, a história, a política e a sociologia capacitará seus leitores a evitar muitos mal-entendidos aos quais a pesquisa empírica permanece vulnerável. Enquanto a revelação é a fonte de toda a verdade, e a razão o instrumento para reconhecê-la, a Bíblia é o princípio cristão de verificação. "À lei e ao testemunho", àquilo que as "Escrituras dizem", à palavra profética e à palavra apostólica, aos escritos sagrados como um cânon inspirado, foi para onde apontaram a fiel comunidade hebraica e cristã sem qualquer apologia e de maneira incansável quando a questão em disputa era a verificação de crenças legítimas.

4. CONSISTÊNCIA LÓGICA É UM TESTE NEGATIVO DA VERDADE, E A COERÊNCIA É UM TESTE SUBORDINADO.

Algumas pessoas podem pensar que testes da revelação ou da verdade são altamente inapropriados e que as criaturas humanas deveriam aceitar o divino sem questionamento. Mas testes da verdade são inteiramente apropriados. O Antigo Testamento exigia que o povo distinguisse os profetas dos falsos profetas; Jesus advertiu acerca de falsos cristos (Jo 5.43); e os primeiros cristãos deveriam discriminar entre os verdadeiros e os falsos apóstolos. Os testes da verdade servirão não somente para refutar as objeções do homem natural como espúrias, mas também mostrarão que as alternativas propostas não se sustentam e levam mais precisamente ao ceticismo. Testes racionais também exibirão a lógica e a superioridade psicológica da revelação cristã como a cosmovisão que melhor atende às necessidades humanas.

DEUS, REVELAÇÃO E AUTORIDADE

Cristo e os escritores profético-apostólicos presumiam os cânones da racionalidade e esperavam que os homens exercitassem as leis da lógica requeridas para o pensamento significativo. Eles não autorizaram ou introduziram novos e desconhecidos testes da verdade, ou alguma técnica de entendimento nova ou peculiarmente cristã (cf. Carnell, *A philosophy of the christian religion*,[291] p. 184ss.).

Sem a não contradição e a consistência lógica, nenhum conhecimento será possível. O cristianismo insiste que a verificação responda à questão "Como posso saber que essa afirmação é verdadeira?", e não a uma questão de preferência pessoal. Para mentes racionais, a credibilidade de uma reivindicação religiosa, como qualquer outra, repousa na disponibilidade de evidência persuasiva e de critérios adequados. A importância da intelectualidade na teologia – do cognitivismo e de conceitos, de proposições válidas, de um sistema lógico – não deve, portanto, ser minimizada. Algumas pessoas criticam a ênfase racional sobre a lógica e a consistência em considerações da revelação divina. Deus não se deixa prender por tais critérios, nos é dito; ele está, supostamente, acima dos cânones do raciocínio humano, de modo que a "verdade da revelação" confronta o homem em termos de contradição, ou de paradoxo, ou de mistério. Contudo, sem um apelo à razão suficiente, a mente do homem não terá nenhuma base para discriminar entre mistérios, paradoxos e contradições. Mesmo que a razão fosse apenas um modo de interpretar e de sistematizar a experiência humana, o homem que almeja dar uma razão para a sua esperança não poderá se dar ao luxo de ignorar sua reivindicação ou de repudiar sua validade. E se a razão é a precondição de toda experiência inteligível, então será necessário evitar o divórcio da fé e da lógica.

A pessoa que renuncia à importância da não contradição e da consistência lógica não somente apoia o suicídio da teologia, mas também a depreciação do discernimento intelectual quer apele para o paradoxo definitivo quer para "o absurdo racional do eu real" (uma frase de Niebuhr). Quando Barth nos diz que a verdade da teologia consiste, necessariamente, num "sim" e "não" logicamente irreconciliável, ele defende um tipo de irracionalismo religioso que não pode recomendar-se àquele que é devotado à verdade religiosa. A visão

---

[291] Uma filosofia da religião cristã.

O método e os critérios da teologia (II)

apocalíptica de George Orwell de homens conscientemente capazes de "pensamento duplo" – de sustentar "simultaneamente duas opiniões que se cancelam, sabendo que são contraditórias e crendo nas duas" (1984, p. 32s.) – teve a sua preencarnação teológica na dogmática dialética da geração passada. Os absurdos intelectuais da teologia dialética nada fazem para recomendá-la como cristianismo digno de crédito.

A revelação divina envolve sequências inteligíveis de informação, e não um caos incoerente e autocontraditório. O fato é que qualquer que seja a coisa que viola a lei da contradição não pode ser considerada como revelação. A verdade da revelação não é uma série de proposições não relacionadas e desconexas do tipo "Hoje eu amo a minha mulher. Os astronautas retornaram. Os salmões estão saltando". O Deus da revelação bíblica é o Deus da razão, e não da irracionalidade absoluta; tudo o que ele faz é racional. Num de seus melhores dias, Barth escreveu: "Deus abrange a si mesmo e é, portanto, razão eterna [...] aquele que sob todas as circunstâncias é inteligência e razão [...]. Ele é constante e autoconsistente. [...] Se Deus for para nós um abismo de acaso e capricho, se formos tão longe quanto possível e considerarmos o irracional como o essencialmente divino, não temos nem poderemos ter qualquer confiança real em relação a Deus. Pois confiança está baseada na apreciação da razão, significado e ordem. [...] Deus [...] é, ele mesmo, a fonte de toda consistência verdadeiramente lógica" (*Church dogmatics*,[292] II/1, p. 427). Arthur F. Holmes observa agudamente: "Se Deus não pode contradizer a si mesmo, também a revelação geral não poderá contradizer a revelação especial, a informação científica também não poderá contradizer a informação bíblica e o raciocínio filosófico válido não poderá contradizer o raciocínio teológico válido" (*Christianity and philosophy*,[293] p. 17).

A consistência é um teste negativo da verdade; aquilo que é logicamente contraditório não pode ser verdadeiro. Uma negação da lei da contradição faria da verdade algo equivalente ao erro; assim, de fato, ela destrói a verdade. De que outra maneira, exceto pela evidência racional convincente que desmascara as inconsistências de

---

[292] Dogmática da Igreja.

[293] Cristandade e filosofia.

DEUS, REVELAÇÃO E AUTORIDADE

outras visões e exibe a consistência racional das reivindicações cristãs, faremos que seja aparente ao descrente que a sua alternativa, por mais fantásticas que sejam suas promessas, não possui a compulsão intelectual da visão cristã? Certamente, não é possível apelar somente para o instinto, ou ao costume e tradição, ou à emoção, ou ao sentimento, ou à sensação, ou ao pragmatismo. Atenção à consistência lógica esclarecerá que a razão dos não cristãos lançarem fora a revelação cristã não é alguma falta de lógica da verdade cristã, mas por causa da sua falta pessoal de lógica e pecaminosidade. Somente a consistência lógica poderá julgar se alguma alternativa é digna do compromisso de alguém. Quando os estudiosos sustentam pontos de partida divergentes, cada um afirmando que o seu é o lógico, não devemos abandonar a lógica pensando que assim faremos um serviço em favor do cristianismo; pelo contrário, devemos mostrar que as alternativas não bíblicas são fúteis e que admitir a revelação de Deus não significa ir contra a verdade, mas reconhecê-la. O sistema cristão de doutrina aprecia a coerência interna. As verdades da religião revelada não contradizem umas às outras; os teoremas derivados do axioma da revelação são autoconsistentes.

Uma objeção contra a consistência como um teste tem sido que muitas alternativas logicamente consistentes podem ser especulativamente desenvolvidas com base em diferentes pontos de partida e que apenas considerações empíricas verificarão adequadamente as reivindicações da teologia revelada. Com base nesses fundamentos, Montgomery afirma: "Quando cosmovisões colidem, um apelo a fatos comuns é a única prevenção contra [...] a anarquia religiosa. [...] Os riscos são simplesmente muito altos para se operar de forma pressuposicionalista. Posições não cristãs devem ser destruídas por meio de fatos e a religião cristã estabelecida pelos fatos (*Once upon an a priori*,[294] p. 341). Ele escreve em outro lugar: "Como testaremos os espíritos? Não será pela coerência interna (o diabo é um ser lógico extremamente coerente, assim como são os grandes mentirosos), mas pela comparação empírica. Recorda-se aqui o argumento reverso de Descartes, de que algum ser malévolo poderia estar enganando-o sobre a natureza do mundo exterior e a sua subsequente confiança de que a matemática era a chave mais confiável para a natureza. [...]

---

[294] Era uma vez um *a priori*.

Somos, mais uma vez, trazidos de volta à necessidade absoluta de uma historiografia objetiva" (*Where is history going?*,[295] p. 178). Além disso, Clark Pinnock declara que seria "desonesto" crer "no Deus das Escrituras apenas porque essa crença iria exorcizar do universo os demônios da irracionalidade e do absurdo" (*The philosophy of christian evidences*,[296] p. 425). Ele insiste que a fé não se apoia na revelação, mas nas induções dos fatos cósmicos e históricos da revelação, e defende uma teoria da correspondência da verdade (p. 425).

Seria proveitoso considerar, a seguir, essas objeções à coerência interna como um teste da verdade e a alternativa proposta.

Muitos sistemas racionalistas têm sido propostos por filósofos influentes que promovem teorias metafísicas divergentes. Um argumento baseado na multiplicidade de visões não deveria dar tranquilidade nem para o racionalista nem para o empirista. Até mesmo no clima antimetafísico de nossos próprios dias, os tomistas continuam esquematizando a realidade segundo as linhas aristotélicas; Marcuse, o humanista marxista, esquematiza o mundo de um modo dialético-revolucionário; os filósofos do processo e outros esquematizam o mundo em ainda outros modos. Contrariamente a todos eles, o pressuposicionalista cristão defende um axioma teísta da revelação, como a explicação mais coerente da realidade e da vida. Contra esse axioma da revelação, exceto onde previamente confirmado por considerações empíricas, Montgomery argumenta que "num universo contingente existe um número *infinito* de posições filosóficas possíveis, e até mesmo as falaciosas posições do "infinito-menos-uma" não estabeleceriam a validade daquela que restaria (a não ser que introduzíssemos a premissa gratuita de que, pelo menos uma, *tem de* ser correta!)" (*Once upon an a priori*,[297] p. 388).

Certamente, é preciso admitir que, no contexto de seu ponto de partida especial, imagina-se que qualquer filósofo que aprecie a coerência lógica irá considerar a sua própria perspectiva como internamente coerente. Por exemplo, quando um proeminente matemático perguntou ao renomado embriologista C. H. Waddington se realmente houve tempo suficiente para a seleção natural produzir

---

[295] Para onde vai a história?

[296] A filosofia das evidências cristãs.

[297] Era uma vez um *a priori*.

DEUS, REVELAÇÃO E AUTORIDADE

as formas complexas de existência, Waddington respondeu: "Você pergunta se existe tempo bastante para a evolução produzir coisas tão complicadas como o olho? Deixe-me inverter a ordem das coisas aqui. A evolução produziu coisas tão complicadas como o olho; podemos deduzir disso alguma coisa sobre o sistema pelo qual ele foi produzido?" (na discussão que se seguiu à apresentação do ensaio *How to formulate matematically problems of rate of evolution*,[298] p. 28). Admitindo pontos de partida divergentes, permanece a possibilidade de que várias alternativas logicamente coerentes sejam postuladas; um não teísta poderia até mesmo admitir a coerência do sistema de verdade cristão, dado o seu axioma primário da realidade de Deus em sua autorrevelação. Mas, se tal consideração leva alguém a descartar a importância da coerência lógica, destrói-se toda e qualquer possibilidade de verdade. A coerência lógica não é um teste positivo da verdade, mas um teste negativo; se fosse positivo, a coerência lógica daria crédito a todas as perspectivas, ainda que conflitantes, que coerentemente procedem de pontos de partida distintos. Enquanto a coerência lógica como um teste positivo poderia recomendar em demasia, a incoerência lógica seria uma deficiência para qualquer perspectiva. Como teste, a coerência lógica desqualifica qualquer concorrente sério cuja reivindicação da verdade é caracterizada por contradição lógica. O fato de Edgar S. Brightman, L. Harold DeWolf, William Hordern e muitos outros enfatizarem o critério da coerência lógica, mas chegarem a alternativas não evangélicas – e, na realidade, uma variedade considerável delas – não invalida esse critério ou destrói a sua relevância. Suas diferenças exigem ainda mais insistentemente uma aplicação mais completa do critério da coerência lógica que examina, de modo crítico, o ponto de partida e os postulados controladores absolutos com os quais alguém começa, e as inferências que se pensa seguem-se deles.

Críticos da visão de Montgomery apontam algumas contradições internas que enfraquecem o caso dele em favor do teísmo. Ele não somente deplora o pressuposicionalismo enquanto emprega pressuposições, mas também apela a considerações extraempíricas ao longo de uma argumentação empírica. Quando Montgomery critica os descrentes por estarem mais interessados no presente do que na vida futura,

---

[298] Como formular problemas de taxa da evolução matematicamente.

O método e os critérios da teologia (II)

poderíamos perguntar se Montgomery estabeleceu empiricamente o fato de uma vida geral no porvir à parte da autoridade da revelação. Quando ele diz que os homens não aceitam a ressurreição porque não estão dispostos a fazer a vontade de Cristo, será que ele quer implicar com isso que a verdade da revelação só pode ser conhecida por crentes? (cf. *The shape of the past*,[299] p. 338). Em outro lugar, ele admite que o pecador "poderia facilmente avaliar os quadros que competem entre si [...] com base em sua própria condição pecaminosa, em vez de basear-se [...] na imagem de Deus [...] em sua própria pessoa" (*Once upon an a priori*,[300] p. 389). Se os homens devem avaliar os fatos à parte de pressuposições, que considerações empíricas reforçam essas observações como, por exemplo, que devemos obedecer à verdade, ou que a pecaminosidade condiciona a avaliação intelectual, e que existe uma vida no porvir? Embora Montgomery pense que os descrentes possam ser persuadidos por considerações empíricas somente, numa passagem impressionante ele parece suspender o significado real de todas as asserções com base num conhecimento de suas condições de verificação (*The shape of the past*,[301] p. 26).

Cornelius Van Til alega que convidar outros a justificar suas crenças em Deus, em vista do teste racional, é "começar com o homem como autônomo" e propor "uma forma de teologia natural disfarçada de graça comum" (*The case for calvinism*,[302] p. 95). Elevar a coerência sistemática como o teste da verdade, ele argumenta ao criticar Carnell, subordina a autoridade do Deus vivo a um exame administrado pelo homem natural como se ele não fosse nem criatura nem pecador, isto é, submete essa autoridade a "um sistema de lógica pelo qual o homem, totalmente sozinho, decide o que pode e não pode existir, o qual presume que todos e quaisquer fatos sejam totalmente explicáveis quer Deus exista quer não" (em *Jerusalem and Athens*,[303] p. 365). Mas essa resposta parece implicar ou que o descrente pensa com outro sistema de lógica, ou confunde a lógica formal com determinado esquema de pensamento (uma teologia natural) e, assim, mistura a exigência por coerência lógica com uma

---

[299] A forma do passado.

[300] Era uma vez um *a priori*.

[301] A forma do passado.

[302] O caso a favor do calvinismo.

[303] Jerusalém e Atenas.

DEUS, REVELAÇÃO E AUTORIDADE

ênfase que diz que existem "áreas de concordância absoluta" em cosmovisões competitivas.

Carnell não apenas repudia a teologia natural, como também rejeita qualquer argumento sobre Deus que procede simplesmente do raciocínio humano (*An introduction to christian apologetics.*[304] caps. VII-VIII). Contudo, Carnell aparentemente substitui um ponto de partida por outro: "Todos os absolutos lógicos devem ser testados, [...] e a única maneira de fazer isso é calculando o que seria um procedimento de início ainda mais primitivo. O ponto de partida sinótico [...] é a resposta para a questão: 'Como você prova o ponto de partida lógico?'" (*A philosophy of the christian religion,*[305] p. 124s.). A "coerência sistemática", como ele a denomina, vai além da validade meramente formal para incluir relações com o domínio da história e da natureza (p. 59s.). Se a coerência sistemática aqui torna-se um princípio independente e prévio que trata da ideia de Deus unicamente como uma hipótese e chega ao Deus vivo da revelação, então esse procedimento daria alguma justificativa para a alegação de Van Til de que Carnell "procura primeiro estabelecer a possibilidade da existência de Deus e de sua revelação por meio de um apelo à experiência humana" (*Christian theistic evidences,*[306] p. 50). Essa referência da teologia não à Bíblia, mas a um critério experiencial para a validação da teologia, no livro de Carnell (*Christian commitment, an apologetic,*[307]), leva também a um apelo aos sentimentos morais do homem natural. Mas será que isso não minimiza os efeitos noéticos do pecado? Será que as preferências refletidas do homem decaído, mesmo em seu aspecto mais nobre, são um árbitro imparcial em relação à verdade de Deus? Tem o homem, portanto, capacidade de determinar para si mesmo de forma autônoma o que é verdadeiro e falso, bem e mal? Esse esforço já não foi calamitoso mesmo no Éden?

Quando Pinnock nos encoraja a aceitar uma teoria de correspondência da verdade, que não encontra a verdade em proposições internamente coerentes, mas em conformidade com fatos externos, os problemas da teoria do conhecimento multiplicam-se. Se a

---

[304] Uma introdução à apologética cristã.

[305] Uma filosofia da religião cristã.

[306] Evidências teístas cristãs.

[307] Compromisso cristão, uma apologética.

O método e os critérios da teologia (II)

mente humana não é capaz de conhecer a própria realidade, mas somente aquilo que corresponde a ela, a consequência parece ser o ceticismo. Se não podemos conhecer a realidade, então aquilo que supostamente corresponde a ela não nos ajudará muito; a não ser que possamos conhecer a própria realidade, ela será desconhecível. Se pudermos conhecer à realidade, não haverá necessidade de conhecer algo mais que meramente corresponde a ela. Essas considerações deveriam reforçar a visão de que a verdade é um sistema coerente e que todas as suas facetas (inclusive os fatos) têm significado como uma parte desse sistema.

Só pode haver um sistema da verdade, não importando quantos modelos teóricos sejam formulados. Esta ênfase nos introduz na área da apologética teológica, que será discutida mais adiante. Os axiomas seculares inevitavelmente não alcançam a verdade e conduzem à autocontradição ao explicarem a realidade. Uma investigação paciente mostrará como a interpretação que não vem da revelação é logicamente incoerente e, portanto, inadequada e até mesmo falsa em alguns pontos em seu esforço de levar em conta o todo da realidade e da vida.

Os fatos revelados do sistema cristão da verdade podem ser coerentemente correlacionados com todas as outras informações, incluindo informação empírica envolvendo cronologia, geografia, história, bem como a experiência psicológica. Entretanto, não me parece nenhum ganho colossal para o cristianismo se alguém defende uma teoria de coerência da verdade, como Van Til faz, e simultaneamente isenta a revelação cristã da autocoerência lógica. Argumentar que asserções são verdadeiras porque estão juntas é inadequado, especialmente se esse estar juntos for provado em, última instância, ser menos do que lógico. Por outro lado, Dorothy Emmet pensa ser necessário abandonar a coerência como teste para a verdade a fim de preservar o sentido para a experiência do transcendente (*The nature of metaphysical thinking*,[308] p. 118). Isso também dificilmente preserva a causa que ela deseja defender, embora seja verdade que as exposições não bíblicas do transcendente de fato acabam sacrificando a consistência lógica e a coerência (e com isso atestam a sua invalidade). A alegação da senhorita Emmet de que a busca por coerência

---

[308] A natureza do pensamento metafísico.

DEUS, REVELAÇÃO E AUTORIDADE

"nos tenta a apresentar nossas ideias explicativas como um sistema fechado, em vez de como interpretações de uma relação" à realidade transcendente, e o consequente apelo à analogia como uma base preferível para "uma teologia saudável", é infeliz, uma vez que envolve o abandono tanto da coerência lógica como do conhecimento inequívoco ou verdade literal acerca do divino.

Aqueles que estão relutantes em apelar tanto à coerência lógica como à consistência, e a equiparar o conteúdo da religião revelada com a exigência da razão por uma finalidade, assinalam que a razão do homem decaído é atrasada por preconceitos morais de uma vontade que não quer hospedar a verdade total sobre Deus. Certamente, é o caso da revelação cristã julgar a experiência dos não comprometissados com relação a qualquer que seja o princípio organizador que o descrente emprega, bem como a respeito de um conhecimento mais completo da realidade, e a rejeição crítica de elementos determinantes de visões que não derivam da revelação. Mas a natureza da verdade é tal que a revelação cristã é formalmente inteligível a todos os homens; ela cruza com elementos inerradicáveis da experiência de todo homem e oferece uma explicação mais coerente, mais compreensiva e mais satisfatória do sentido e do valor da vida do que as outras visões. Como o descrente reconhecerá a superioridade das reivindicações cristãs se as fraquezas lógicas de sua alternativa não são expostas, e a superioridade da verdade da revelação ao confrontar as questões básicas da realidade e da vida não é apresentada? A relutância em dar espaço apropriado à consistência e à coerência milita contra uma eliminação rápida de mal-entendidos.

O cristianismo supre o ímpeto para interpretação compreensiva e coerente da realidade e é aplicável a todas as experiências da vida. Envolve o conhecimento do mundo definitivo e antecipa o destino futuro do homem. Expõe a maravilha do cosmos, o significado e o valor da existência individual, o propósito da história e a função da sociedade e da cultura, a compreensão dos valores morais e o poder do amor. É o que melhor "mantém as aparências", isto é, além de evitar a contradição lógica e a falta de conexão em seus princípios fundamentais, é que o mais adequadamente explica a experiência humana. No entanto, insistir que a verdade do teísmo da revelação explica de forma mais consistente e coerente a informação empírica

O método e os critérios da teologia (II)

é algo bem diferente de professar a validação dos compromissos centrais do teísmo cristão totalmente em bases empíricas. O teísmo cristão, ainda assim, promete consequências experimentais incomparavelmente recompensadoras na vida daqueles que se apropriam pessoalmente das verdades da religião revelada, e o seu fim dos tempos escatológico engloba uma confirmação universal e irresistível de sua validade.

5. A tarefa genuína da teologia é expor e elucidar o conteúdo das Escrituras de modo organizado.

Teologia cristã é a sistematização do conteúdo da verdade, tanto explícito como implícito, nos escritos inspirados. Consiste essencialmente na repetição, combinação e sistematização da verdade da revelação em sua forma dada proposicionalmente na Bíblia. A responsabilidade da teologia é concentrar-se no conteúdo inteligível e nos relacionamentos lógicos dessa revelação das Escrituras e apresentar esse ensino como um todo compreensivo.

O procedimento ideal seria organizar todas as verdades do cristianismo, de modo lógico, ao resumir e sistematizar os textos e ensino das Escrituras e providenciar uma exposição do conteúdo lógico e das implicações da Bíblia em suas próprias premissas. Pinnock está correto em insistir, dizendo: "A exegese das Escrituras [...] tem prioridade absoluta sobre todos os sistemas. [...] As Escrituras são capazes de disciplinar seus teólogos e corrigir seu trabalho" (*Biblical revelation*,[309] p. 135). Mas as Escrituras são elas mesmas implicitamente sistemáticas. Ninguém que argumenta que a Bíblia, como documento literário, é um cânon de verdades divinamente inspiradas poderia pensar diferente sem refletir de modo adverso sobre a mente de Deus.

O ideal da explicação e da completude sistemática não foi, simplesmente, emprestado pela ciência moderna dos grandes filósofos do passado ou evocado pela experiência; suas raízes são bem mais profundas; estão na própria natureza do homem como um ser reflexivo e no pensamento construtivo que sustenta e, além disso, no fato de que o homem como uma criatura distinta de Deus permanece em contínuo contato com a revelação. Se a moderna filosofia da

---

[309] Revelação bíblica.

ciência, junto com o seu objetivo persistente de unidade sistemática, é encorajada a aderir a explicações temporárias do universo de um tipo principalmente regulador e sempre pode ser revisada, então a teologia cristã deveria exibir, ainda mais, uma exposição da realidade constitutiva que vem da revelação, tendo em vista o propósito declarado de Deus para o homem e o mundo.

Gordon Clark observa que a implausibilidade inicial de um sistema de axiomas teológicos e teoremas explicativos de toda a realidade deriva da falha em reconhecer o caráter todo-compreensivo da verdade de Deus. Essa falha é encorajada pela convicção contemporânea generalizada de que as ciências seculares são em grande medida, senão totalmente, verdadeiras, enquanto o cristianismo é visto como algo que implica sua total falsidade (*Karl Barth's theological method*,[310] p. 97). Os axiomas da teologia são, de fato, todo-compreensivos e negam a independência lógica das ciências; o homem não pode viver de modo respeitoso com um padrão duplo da verdade. Em princípio, o cristianismo implica a teologização da química, da biologia, da história e de todos os domínios da verdade. "Não há nada mais implausível na teologização da química do que ao submetê-la positivismo ou ao hegelianismo" (p. 97). Contudo, enfatiza Clark, o hegelianismo, o positivismo e a visão marxista da história são falsos não por não serem teologicamente sancionados, mas porque são falaciosos.

À primeira vista, o termo *axiomatização* poderia, aparentemente, implicar uma geometrização da teologia, ou uma transmutação da verdade do cristianismo em alguma coisa parecida com o racionalismo de Spinoza. Mas a axiomatização é simplesmente o melhor meio de demonstrar a coerência lógica de determinado sistema de pensamento e de mostrar que todos os teoremas logicamente dependentes fluem dos axiomas básicos. Se Deus é em si mesmo a verdade e a origem e a substância de toda verdade deve ser encontrada nele, se a revelação é sua fonte e a verdade é uma unidade, como o cristianismo sustenta, então, essa axiomatização seria o modelo de como vencer a noção de que o cristianismo é deduzido dos primeiros princípios sustentados em conjunto com outras religiões ou cosmovisões; isso também evitaria uma adoção incoerente ou a defesa involuntária de crenças estranhas.

---

[310] O método teológico de Karl Barth.

O método e os critérios da teologia (II)

Um arranjo teológico de proposições em um sistema de axiomas e teoremas nunca foi realizado. No passado, teólogos ortodoxos esforçaram-se bravamente para atingir esse alvo. Mas Schleiermacher, o pai do modernismo protestante, apelou à experiência em lugar da revelação e das Escrituras como a fonte do conteúdo da teologia; dessa forma, ele desviou o interesse teológico para a psicologia e considerou até mesmo a definição de Deus algo passível de revisão. Os neo-ortodoxos, que defendem uma perspectiva anti-intelectual da revelação, também redefinem a natureza da dogmática e desdenham da abordagem cristã histórica como doutrinadora e racionalista. Karl Barth propôs, em nome da Palavra de Deus (A palavra de Deus é o Filho de Deus), erigir "uma barreira real e eficaz" contra a visão dos reformadores protestantes de que as Sagradas Escrituras são "um corpo fixo de proposições reveladas a serem sistematizadas assim como partes de um código de leis" (*Church dogmatics*,[311] I/1 p. 156). No entanto, a alternativa de Barth pressupõe uma teoria da verdade da revelação não proposicional que entra em colapso sob o peso de contradições inerentes e que vai na direção oposta ao próprio testemunho das Escrituras. Apesar de Barth insistir com muito esforço quanto à verdade da revelação e repudiar todas as negações céticas do verdadeiro conhecimento de Deus, sua paradoxal teoria do conhecimento frustrou um conceito revelador de Deus e revelador do falar desse mesmo Deus (cf. II/1, p. 192).

O fato de que nenhum teólogo ainda não foi bem-sucedido em organizar plenamente a verdade da revelação na forma de axiomas e teoremas não é razão para abandonar esse objetivo. Como Gordon Clark observa: "Isso também jamais foi alcançado na geologia. Somente na geometria, nem mesmo na aritmética, e possivelmente na mecânica esse ideal da axiomatização foi realizado" (*Karl Barth's theological method*,[312] p. 69). Se a racionalidade e o sistema são intrínsecos à teologia, então o arranjo do ensino teológico em axiomas e teoremas permanece sendo um objetivo legítimo e ideal. Um polemista propôs que essa tarefa de axiomatização seja o primeiro trabalho para os teólogos neoprotestantes no inferno (cf. Ap 22.19, como seu versículo chave: *e se alguém tirar alguma coisa das palavras do livro desta profecia , Deus lhe tirará a sua parte da árvore da vida*) por causa

---

[311] Dogmática da Igreja.

[312] O método teológico de Karl Barth.

de sua propensão de escolher o melhor, reter e rejeitar, postular e reorganizar o material da revelação com suas próprias premissas. Mas esse seria, de fato, um triste comentário sobre a realização evangélica, se isso fosse a primeira possibilidade de uma exposição lógica de todo o conteúdo da revelação da Bíblia.

A questão não é que os estudiosos cristãos sejam capazes de alcançar a infalibilidade nesta vida. Muito frequentemente, esquece-se a distinção entre o conteúdo canônico da revelação e os sistemas derivados dele para os quais afirmações absolutas são feitas. Entretanto, o conteúdo da revelação presta-se, de fato, à exposição sistemática, e quanto mais ordeira e lógica for essa exposição, mais próximo o expositor estará da mente de Deus em sua revelação. Montgomery destaca que as lacunas na informação da revelação resultaram no surgimento de diferentes sistemas de teologia cristã. De fato, ainda não temos uma teologia da glória. Até mesmo os apóstolos tiveram que confessar que seu conhecimento era apenas "em parte", e mesmo esse conhecimento inclui elementos que, apesar de não se encontrarem além da compreensão humana, aguardam esclarecimentos mais profundos. Não foram apenas Calvino e Lutero na época da Reforma, mas mesmo em tempos modernos, teólogos que creem na revelação pressuposicional, tais como Gordon Clark, Herman Dooyeweerd e Cornelius Van Til, constroem esquemas teístas com base em premissas até certo ponto diferentes. Há um perigo que nos confronta continuamente: o de formular modelos em hipóteses não necessariamente exigidas pela revelação, e forçar no entendimento dessas premissas e deduções o que é meramente suposto, e desautorizar, como inautenticamente bíblico, qualquer um que questione a propriedade de fazer isso.

Pinnock enfatiza que as Escrituras incluem lacunas doutrinárias e históricas que impedem a elaboração infalível de um sistema teológico total. Mas, se isso impede totalmente a elaboração de uma exposição consistente do conteúdo da revelação, então o cristianismo está em grande desvantagem e a revelação não ajuda muito no conflito intelectual de ideias. A alternativa cristã aos sistemas especulativos apriorísticos é uma exegese organizada da verdade da revelação. Se as doutrinas da Trindade, da eleição divina e da responsabilidade humana ou das duas naturezas de Cristo fossem logicamente

O método e os critérios da teologia (II)

contraditórias, nenhum cristão evangélico poderia ou deveria aceitá-
-las e crer nelas. Uma exposição sistemática da verdade da revelação
incluirá uma afirmação convincente dessas doutrinas, não menos do
que da eleição divina e da oferta universal do evangelho. É dever da
teologia criticar e revisar as próprias afirmações da Igreja a respeito
de Deus e de sua vontade à luz das Escrituras e promover a fiel proclamação no púlpito da verdade da revelação.

6. A TEOLOGIA DA REVELAÇÃO REQUER A CONFRONTAÇÃO APOLOGÉTICA DAS TEORIAS ESPECULATIVAS DA REALIDADE E DA VIDA.

Ao aplicar as leis da lógica, o apologista cristão montará uma
crítica interna às posições contrárias e exporá as contradições inerentes nos axiomas do secularismo. Assim, ele reduzirá o absurdo das
alternativas sucessivamente propostas ao teísmo cristão e forçará o
abandono intelectual de visões especulativas. Ao mesmo tempo, ele
apresentará a coerência interna dos axiomas cristãos e mostrará que a
verdade evangélica explica muito melhor qualquer faceta desejável de
uma alternativa proposta, enquanto evita também suas incoerências
lógicas.

Barth argumenta que uma resposta à questão "Deus é conhecível?" não requer dos teólogos um longo desvio em direção a prolegômenos dogmáticos. Ao contrário dos longos discursos sobre
metodologia em voga, ele observa, os grandes teólogos antigos e
medievais fizeram apenas breves comentários introdutórios. Mas será
que essa brevidade dos prolegômenos no passado realmente justifica
a negligência da questão de metodologia no presente?

Ao contrário de Barth, Brunner insiste que a nossa época exige
atenção detalhada aos prolegômenos. Em gerações anteriores, teólogos dogmáticos concentraram-se em aspectos especiais da teologia
que naquele momento estavam sob ataque. Nos tempos modernos, a
Igreja enfrenta dúvida em larga escala, "se existe tal coisa como a revelação [...] e assim o problema do intelecto e da revelação é a questão
em risco". Barth responde que a dogmática deveria ser determinada
unicamente pela natureza da revelação, e nunca pelo clima predominante (*Church dogmatics*,[313] I/1, p. 28). A negação da verdade da revelação, ele destaca, não é peculiarmente moderna; o cristianismo tem

---

[313] Dogmática da Igreja.

DEUS, REVELAÇÃO E AUTORIDADE

tido a necessidade de lutar com divindades pagãs e noções peculiares de revelação na Antiguidade, e até mesmo a Idade Média teve o seu ponto de vista de descrença. A mentalidade de séculos anteriores não foi, portanto, mais favorável do que a nossa ao evangelho; descrentes em todas as eras rejeitam a revelação transcendente de Deus.

No entanto, embora a presente situação de descrença não difira inteira e basicamente de situações em tempos passados, será que o clima do pensamento do século XX não requer atenção especial à apologética? Ou, mais especificamente, será que a noção peculiar do próprio Barth sobre a natureza e o conteúdo da revelação não requer isso?

O que realmente destaca a objeção de Barth aos prolegômenos é uma visão particular e idiossincrática da revelação, que localiza a sua significância para a humanidade do lado de fora da esfera da persuasão racional. Barth insiste que a teologia cristã confronta de forma responsável a cena contemporânea somente ao testemunhar dessa singular revelação de Deus, e não ao debater a questão sobre a existência de Deus ou discutir a possibilidade de tal revelação. "Nunca houve qualquer outra apologética e polêmica de fé eficaz contra a descrença do que [...] aquela que teve lugar quando o próprio Deus colocou-se a favor do testemunho da fé" (ibid., p. 31). Barth argumenta que uma teologia que se satisfaz com uma apologética racional toma a revelação menos seriamente do que a descrença; ela dialoga com o mundo, diz ele, em seu próprio terreno neutro do ceticismo em vez de dirigir-se ao homem como alguém que é vencido pela sua própria incredulidade. "Apologética e polêmica podem apenas ser um evento; elas não podem ser um programa" (p. 33).

Uma vez que não é o espírito contemporâneo, ou algum ponto de contato pressuposicional na teoria secular, mas a natureza da revelação que determina a direção em que a exposição teológica deve seguir, será que isso significa que a dogmática deva ser feita de modo indiferente em relação à assim chamada sabedoria do mundo e sem interesse apologético? Vamos conceder que a teologia natural traça um caminho errado que obscurece a revelação divina para prejuízo tanto da Igreja como do mundo, e que não haja "pressuposições em comum" suprindo uma ponte entre a fé e a descrença. Será que toda apologética, portanto, deveria ser considerada prejudicial

O método e os critérios da teologia (II)

à dogmática? Não deveria a teologia, necessariamente, ocupar-se com uma refutação intelectual de teorias seculares e filosofias pagãs influentes na atualidade se, de modo persuasivo, quiser alcançar para a verdade da revelação aqueles que estão dominados por essas alternativas não cristãs?

Curiosamente, Barth admite que "cada doutrina e cada teoria humanas, apesar de toda a sua lógica, poderão revelar e, necessariamente revelarão em algum ponto, um hiato e conterão e tolerarão suas próprias contradições em si mesmas. O testemunho bíblico [...] não prolonga uma ideia humana, ao lado da qual ideias outras e contraditórias podem e devem ter lugar, como é o caso com todos os sistemas humanos de pensamento" (*Church dogmatics*,[314] II/1 p. 105). Em contraste com a verdade da revelação, todas as teorias especulativas abrigam alguma falta de coerência interna notável e a autocontradição; pontos de vista que não procedem da revelação são todos potencialmente propensos à exposição ilógica e à redução ao absurdo. Se o sistema cristão de doutrina for verdadeiro, então deduções derivadas de axiomas contrários devem ser falsas.

É claro que, se alguém sustentar que a revelação não possui clareza racional, coerência interna e consistência, não será difícil ver o por que a teologia não tem uma mensagem convincente para o mundo exterior. O seu conteúdo, então, não seria inteligível nem para o homem na rua, nem para os eruditos na sala de aula, nem mesmo para os homens da igreja. Mas a própria Bíblia recomenda uma metodologia apologética bem diferente, desde a exortação do eterno: *Vinde e raciocinemos* (Is 1.18) até os debates de Paulo na sinagoga (At 17.17); e até mesmo a declaração do salmista de que é *o insensato* que diz *no seu coração: Deus não existe* (Sl 14.1) implica certa má vontade em dar crédito à evidência adequada. A *Nova Versão Internacional* traduz assim a passagem de Isaías 1.18: *Venham, vamos refletir juntos*. Numa passagem surpreendente, Barth diz que "jamais poderá ser evidente em qualquer afirmação de qualquer teólogo se isso está neste ou naquele lado da divisa" do "mero fio de cabelo" que separa "a *via regia* da simplicidade divina e o caminho do mais incrível engano" (*Anselm: fides quaerens intellectum*,[315]

---

[314] Dogmática da Igreja.

[315] Anselmo: fé em busca de compreensão.

p. 70). A isso, Clark responde de forma contundente: "Isso [...] é devastador, pois significa que [...] não temos razão para crer que Anselmo estava certo [...] que jamais poderá ser evidente em que lado da divisa o próprio Barth está [...] que nem o escritor nem o pregador [...] pode confiar em seu próprio julgamento" (*Karl Barth's theological method,*[316] p. 88). Nesse caso, a teologia precisaria desligar-se de bem mais que apenas do mundo exterior. Pois dificilmente poderia ser significativa também para a Igreja; de fato, seria completamente irrelevante. Se a linha que separa a verdade da heresia não for "nunca [...] de todo evidente"; se faz pouca diferença se alguém crê (e certamente o próprio Barth em muitas passagens, em outros lugares, repudia essa noção); se alguém pode ser um cristão, ainda que pensa que Deus está morto, ou que a revelação é um mito, ou que Jesus de Nazaré foi o filho de um soldado romano, ou que o universo é simplesmente produto da evolução, ou que o mundo real definitivo é meramente uma série de eventos matematicamente conectados, então a teologia não necessita dizer coisa alguma sobre a teoria secular, porque nenhuma teoria será então identificável como pagã ou não cristã, e a teologia cristã não será certamente não pagã. Seja o que for que a teologia cristã venha a ser em tais circunstâncias, terá pouco ou nada a ver com a verdade.

Alguém pode também sustentar – embora dificilmente do ponto de vista das Escrituras – que, uma vez que Deus dá nova vida ao penitente, considerações lógicas e intelectuais serão, portanto, não essenciais à regeneração. Com essa premissa a instrução teológica seria inútil mesmo se comunicasse a doutrina cristã em sua coerência interna. Mas tal ênfase colide frontalmente com a visão bíblica, não importando quão compatível seja isso com a noção especulativa de que a revelação divina não comunica verdade alguma sobre Deus. E suas implicações para a regeneração não serão menos devastadoras do que para a revelação.

Todavia, se a teologia apoia-se na manifestação divina inteligível e procura apresentar a verdade em forma sistemática, então muito certamente ela contém um argumento estruturado contra visões rivais, e a apologética não pode ser contrastada com ela como algo totalmente diferente e distinto da teologia. Nesse caso,

---

[316] O método teológico de Karl Barth.

os prolegômenos teológicos podem muito bem ocupar-se com as implicações da revelação de Deus para as alternativas contemporâneas, cujos princípios falaciosos eclipsam a verdade da Palavra de Deus. A teologia pode e deve permanecer alerta às dificuldades especiais do descrente contemporâneo com o cristianismo. Se o cristianismo se movimenta no ambiente da verdade – não meramente a "verdade para os cristãos", mas a verdade válida para todos os homens –, ele precisa falar ao mundo externo a si mesmo. Não pode se dar ao luxo de negligenciar a descrença – não apenas porque a descrença oferece tentações brilhantes por meio de sua caricatura do cristianismo diante do mundo, mas porque a verdade da revelação, se é isso o que os cristãos conhecem e é nisso que creem, poderá reduzir todas as alternativas seculares a argumentos de conveniência e ao absurdo.

Em resumo, o cristianismo é uma religião racional porque está fundamentada no Deus vivo e racional e em sua revelação significativa. As teorias seculares que são elaboradas de modo independente da verdade da revelação acabam exagerando ou limitando a natureza da razão, do pensamento e da linguagem numa forma que o cristão sabe que distorce o estado real das coisas. Não somente o abandono apóstata da revelação como o axioma cristão básico na epistemologia, mas também perspectivas fracas e falaciosas da revelação divina obscurecem, sem necessidade, a verdade do teísmo evangélico. A verdade da revelação é, igualmente, enfraquecida por uma descrença na autoridade e na confiabilidade das Escrituras, uma vez que dilui a Palavra e o falar de Deus. Também é obscurecida pela falha em expor a Bíblia de maneira lógica e sistemática e por todo tipo de acomodação da heresia doutrinária. Muitas tendências desastrosas estabeleceram-se nas igrejas contemporâneas numa época em que os próprios teólogos têm conflitos quanto ao método de conhecer a verdade espiritual e quanto aos critérios para verificação dele. Tal confusão é uma penalidade inevitável, de fato uma punição divina, pelo abandono da verdade da revelação. Se a revelação divina é inteligível, como o cristianismo bíblico insiste, então a comunicação que Deus faz da verdade e a provisão de informação são o seu centro vital. Nesse caso, a significância de conceitos e de palavras da revelação, e da verdade proposicional, é indispensavelmente importante.

15

Verificação empírica e o teísmo cristão

Assim como a questão "Elétrons existem?" faz pouco sentido, diz J. C. C. Smart, a não ser que alguém aponte para um exemplo afirmativo, também a questão "Deus existe?" não faz sentido para o não convertido (*The existence of God*,[317] p. 41). Em suas afirmações a respeito de Deus, assim nos dizem, os cristãos não apontam para nada que possa refutar suas afirmações e, assim, poderiam muito bem estar falando de um elefante invisível.

Mas será que necessitamos exibir um exemplo concreto a fim de definir um termo? Certamente, podemos definir um dinossauro ou um bruxo, mesmo que jamais tenhamos visto algum. Essas definições, além do mais, são inteligíveis tanto para os ateus como para os teístas. A ideia de Deus não é tão nebulosa, mesmo para o não convertido, como alguns críticos pensam. O que é de fato o caso, como John Wisdom observa, é que afirmações sobre elétrons invisíveis – e alguém poderia acrescentar elefantes invisíveis – não atraem tanta ansiedade filosófica quanto afirmações acerca de Deus (*Paradox and discovery*,[318] p. 49). Além disso, grande parte dessa ansiedade deriva da desnecessária confusão da verificação de Deus com a verificação de elefantes e com a verificação de elétrons.

---

[317] A existência de Deus.

[318] Paradoxo e descoberta.

A questão do significado é muito diferente da que trata dos apoios lógicos apresentados como evidência pelo cristão para um Deus de poder infinito e de amor incomparável, quando os críticos contrapõem a asserção do cristão com argumentos da miséria e da infelicidade do mundo como o conhecemos. Também difere da questão sobre se as reivindicações do cristão teísta são compatíveis com a experiência humana e que função, se tiverem alguma, as considerações empíricas têm na verificação ou na falsificação de afirmações teológicas.

Argumentamos que um sistema lógico – e o cristianismo afirma ser um sistema logicamente coerente de verdades reveladas – deve depender de axiomas estabelecidos. Até mesmo o positivismo lógico presume e não verifica seu axioma fundamental, um ponto que não deverá ser esquecido quando lermos as palavras de A. J. Ayer no próximo parágrafo. Ainda assim, na área em que qualquer postulado reivindica a verdade, a exigência de verificabilidade por uma metodologia apropriada é plenamente adequada. É claro que deve haver concordância sobre as regras aplicáveis e sobre que evidência seria capaz de derrotar uma teoria. Seria arbitrário requisitar verificação por uma metodologia estranha ou em áreas nas quais a verdade não é reivindicada.

Que evidência empírica, pergunta Ayer, tende a apoiar ou a negar as nossas afirmações? De acordo com o seu princípio de verificação, "uma sentença é factualmente significante para alguma pessoa se, e apenas se, ela souber como verificar a proposição que essa sentença propõe expressar – isto é, se ela souber que observações a levariam, sob certas circunstâncias, a aceitar a proposição como verdadeira, ou a rejeitá-la como falsa" (*Language, truth and logic*,[319] p. 35). Na realidade, a tese positivista não requeria nenhuma prova final, uma vez que nenhuma afirmação empírica pode ser verificada de modo absoluto. No entanto, ela requeria uma estipulação da evidência empírica pela qual nossas afirmações pudessem ser testadas se elas não fossem descartadas como asserções sem sentido. Em resumo, as afirmações são significativas somente se soubermos o que poderia verificá-las ou falsificá-las empiricamente.

---

[319] Linguagem, verdade e lógica.

Enquanto a sua chamada ao princípio da verificação e ao apoio da evidência era inteiramente apropriado, o positivismo arbitrariamente restringiu a área do discurso significativo e do conteúdo factual ao presumir que somente testes empíricos são admissíveis. Essa metodologia garantiu antecipadamente que apenas afirmações empíricas sejam factualmente significativas. Afirmações a respeito de questões não sensoriais foram colocadas de lado como afirmações "sem sentido"; alguém poderia dizer "ui" ou absolutamente nada, ou dizer "Deus é amor", ou a "fornicação é um mal", ou o "arco-íris é bonito".

A "verificação pública" pelo método científico como o único fundamento convincente para a convicção humana é o que tem sido amplamente afirmado em décadas recentes. Mas a importância e a intenção dessa reivindicação não são autoevidentes. Embora todos os cientistas concordem que hipóteses empíricas deveriam ser submetidas à verificação imparcial – uma caracterização mínima do método científico –, eles não concordam universalmente quanto à exata definição de tal metodologia empírica. Aqueles que limitam a qualificação científica a afirmações dadas em fórmulas quantitativas precisas são desafiados por outros que insistem que a observação "empírica" tem um alcance muito maior do que isso. Mas, nesse caso, a área das ciências inclui ou exclui estudos tais como a história, a estética e a teologia? As mesmas ambiguidades surgem quando o princípio da observação imparcial é citado. Os proponentes do método científico aparentemente titubeiam quanto ao que é científico ao definir a sua metodologia. Ainda que seja ampla a variedade de técnicas e de métodos nos procedimentos científicos, o positivismo lógico tem sido o mais preciso e influente em delinear as implicações da verificação ou da falsificação empírica para as reivindicações teológicas, tendo como resultado que a verificação de hipóteses é agora considerada o principal método científico.

Atordoados pela reação do positivismo, alguns tímidos teístas admitiram de modo conformista que as crenças religiosas não são demonstravelmente verdadeiras, mas insistiram que sua importância ainda assim faz que sejam "razoáveis". Apesar de tudo, o que confere significação duradoura às afirmações espirituais, dizem eles, é a sua correlação com os valores e a bondade e com o triunfo final do bem.

Se afirmações teológicas são cognitivamente vazias, acrescentaram, então os ateus que comentam que "Deus não existe" patrocinam a mesma tolice dos teístas que insistem que "Deus é o recompensador daqueles que diligentemente o buscam". Entretanto, foi conforto barato dizer que enquanto ambos, o ateu e o teísta, presumivelmente, dizem algo sem sentido, o teísta pronuncia "importantes" afirmações sem sentido.

Os positivistas, supostamente, removem a validade objetiva das afirmações cristãs sobre a verdade porque essas afirmações não podem ser testadas de modo empírico. A questão crítica, agora, não é mais se Jesus de Nazaré é o Cristo, pois ela mudou para a questão: se e como tal afirmação pode ser certificada. A religião, foi dito, joga o seu próprio jogo de linguagem, e as suas vitórias e derrotas têm importância apenas interna. D. Z. Phillips, que no passado cria que os princípios religiosos são uma questão relativa ao jogo eclesiástico e não têm relevância fora da Igreja, mais tarde repudiou essa perspectiva. Ele veio a insistir que a força das crenças religiosas depende em parte de sua relação a considerações externas. De fato, a religião tem o seu vocabulário próprio, mas a sua importância é enfraquecida ao conectá-la com outras crenças somente de um modo fantástico e absurdo.

Cada tipo de certeza, insistiu Ludwig Wittgenstein, tem a sua própria forma de validação ou de verificação; não se pode verificar uma asserção por meio de métodos apropriados somente a outros tipos de afirmações. William E. Hordern observa astutamente que muitos analistas da ética preferem falar não de "verificar" afirmações morais, mas de "justificar", "validar" ou de "dar boas razões" para elas. Em sua tendência de restringir o termo *verificar* a asserções científicas empíricas, ele detecta uma implicação infeliz e desnecessária de que afirmações éticas não podem ser legítima e demonstravelmente verdadeiras como outras afirmações. Ele declara: "Eu não vejo nenhuma razão melhor para aceitar a redefinição do positivismo lógico de 'verificar' tanto quanto de aceitar a sua redefinição de 'significado'" (*Speaking of God*,[320] p. 92).

Na medida em que o princípio da verificação se refere ao significado na ciência empírica e na lógica, nessa mesma medida o

---

[320] Falando de Deus.

procedimento do positivista lógico tem valor para desmascarar as pretensões da assim chamada ética científica, ou teologia científica, de reivindicar a confirmação empírica. Mas a reivindicação de que afirmações não empíricas sejam sem sentido não deve ser automaticamente considerada como impositiva. Pelo contrário, como destaca William Zuurdeeg, seus defensores meramente usam linguagem de convicção para expressar apenas seu ponto de vista particular (*An analytical philosophy of religion*,[321] p. 14ss.). O fato de afirmações teológicas e éticas não poderem ser verificadas por métodos empíricos não significa, como os positivistas concluem errada e arbitrariamente, que estejam além da verificação. Tal julgamento tem origem puramente na teoria metafísica de que somente a experiência empírica supre evidência sobre a realidade.

O hindu, o cristão e o positivista lógico têm experiências sensoriais semelhantes (não idênticas, é claro, pois as percepções de cada indivíduo diferem). A diferença essencial entre eles ocorre não naquilo que veem, cheiram ou testam, mas no que eles *pensam* sobre a realidade. O positivista pensa que a informação sensorial somente pode nos relacionar com o mundo real; o hindu pensa que a informação sensorial é ilusória e afasta do mundo real; o cristão pensa que o mundo fenomenal é uma criação real que dá testemunho de seu criador. O cristão fala de Deus que em certo sentido transcende o universo e que não pode ser reduzido aos processos organizados da natureza, ou a entidades tangíveis sondadas pela ciência empírica. A religião judaico-cristã insiste que Deus é Espírito invisível e imaterial e de modo algum é ontologicamente idêntico ao universo criado; essa ênfase coloca o teísmo bíblico frontalmente contra o panteísmo e o naturalismo.

O cristianismo bíblico não é hostil ao argumento que é detalhadamente articulado, não importando quanto alguns proponentes dialéticos e existenciais da assim chamada confrontação da revelação possam, como Heidegger, Sartre e Jaspers, simplesmente declarar o que a fé supostamente exige. Aqueles que arriscam fazer afirmações acerca da realidade – seja sobre Deus, seja sobre a alma, seja sobre os elétrons – deveriam considerar, e não evitar, o significado e o modo de verificação próprio a qualquer afirmação importante.

---

[321] Uma filosofia analítica da religião.

DEUS, REVELAÇÃO E AUTORIDADE

Dificilmente seria compatível com o cristianismo significativo insistir em premissas sobre Deus, as quais não temos razão de pensar que sejam verdadeiras ou que sejam tidas como estando além da compreensão humana. Como John Wilson nos lembra, "a não ser que uma afirmação metafísica seja suprida com um significado com o qual se concorde e com uma verificação com a qual se concorde, ela não terá qualquer valor na comunicação de verdades" (*Language and the pursuit of truth*,[322] p. 72). A não ser que haja uma maneira de falsificar uma proposição, dificilmente se poderá insistir em sua verdade, pois o seu *status* lógico permanece suspeito, e a sua significância factual, em dúvida. Faz pouca diferença se alguém fala de verificabilidade, confirmabilidade ou de falsificabilidade, uma vez que, como disse Aristóteles, a ciência dos contrários é uma; o princípio da verificação e da falsificação é, portanto, exatamente o mesmo.

A rejeição de qualquer teste para a revelação é uma abordagem característica daquela escola de teologia antecipada por Tertuliano e Pascal e tornada proeminente por Kierkegaard e Barth. Essa escola afirma que a revelação divina requer apenas uma resposta de fé interior, pois qualquer exigência de prova racional ou de evidência de apoio não é apropriada a ela. Mas uma exigência de fé somente, destituída de conteúdo racionalmente inteligível e de apoio da evidência para as reivindicações da fé, levaria à incredulidade. Se somos confrontados apenas por uma exigência aparentemente absoluta por confiança obediente – por exemplo, por uma fé sem reservas no *eht noitpmeder fo dog* –, não poderia ser isso também Satanás intrometendo-se como um misterioso anjo de luz como *a redenção de Deus* soletrada às avessas de modo críptico? A fé é, de fato, uma dádiva divina, mas ela não é concedida pelo absurdo, nem conferida em meio à ausência de evidência.

Não ajuda de forma alguma argumentar, como fazem alguns, que, enquanto Deus conhece a verdade das crenças religiosas, a nossa finitude nos impede de compreender o seu significado ou verdade. Tal visão destrói tanto a possibilidade de comunicação divina inteligível ao homem, como também a possibilidade de seres humanos comunicarem acerca de Deus uns com os outros. Como Robert Coburn observa, se tivéssemos de aceitar como base da teologia uma

---

[322] Linguagem e a busca pela verdade.

Verificação empírica e o teísmo cristão

ênfase de que Deus conhece uma verdade que os homens são incapazes de conhecer, então afirmações contraditórias poderiam ser feitas a respeito dele sem que ninguém soubesse disso ou suspeitasse do fato. Além disso, os homens iriam interpretar afirmações verdadeiras ou falsas sobre Deus sem que ninguém soubesse a razão dessas, ou quaisquer outras, afirmações serem verdadeiras ou falsas. Acrescente-se a isso que, mesmo que todos os homens sustentassem algum tipo de crença, ninguém entenderia o que o outro crê (*The hiddeness of God and some barmecidal surrogates*,[323] p. 698s.). A intenção de Coburn pode ser preservada sem a negação de que Deus possa, de fato, saber algumas coisas que não conhecemos nesta vida – por exemplo, certos teoremas da geometria – e que talvez continuaremos sem conhecer na vida do porvir.

Wilson diz que no caso de "existem homens em Marte" temos um método de verificação acordado. Já em afirmações tais como "Deus salvará o justo", "não há concordância sobre o que seria contado como boa evidência [...]; de fato, as palavras específicas 'Deus', 'salvar' e 'justo' são muito vagas, e o seu uso não está estabelecido. Por causa dessa falta de concordância sobre a verificação, o significado da afirmação também é dúbio" (*Language and the pursuit of ttuth*,[324] p. 71). As ciências "florescem e produzem resultados úteis", acrescenta, "parcialmente porque elas usam afirmações empíricas e analíticas, e assim as condições da verdade podem ser satisfeitas [...] Mas [...] certas 'ramificações do conhecimento' (ou aquilo que supõem ser o conhecimento) não parecem florescer da mesma forma" (p. 80). "Grandes sábios e filósofos [...] e moralistas têm aparecido [...] mas [...] a humanidade como um todo não parece estar mais perto da verdade. [...] Aqui, diferentemente de outras 'ramificações do conhecimento', não existem afirmações propostas que todos pensam ser obviamente verdadeiras" (p. 81). Em outras palavras, questões tais quais "Deus existe?" e "Devo obedecer aos Dez Mandamentos?" recebem diferentes respostas porque essas afirmações não satisfazem as "duas primeiras condições da verdade" (p. 82), ou seja, um significado e um método de verificação com os quais todos concordam.

---

[323] A ocultação de Deus e alguns substitutos ilusórios.

[324] Linguagem e a busca pela verdade.

Afirmações metafísicas, resume Wilson, são "afirmações com cujos significados e método de verificação não concordamos, ou que (até onde podemos ver) parece não haver qualquer significado ou método de verificação. [...] Chamar uma afirmação de 'metafísica' é como colocar uma carta no arquivo 'miscelânea': significa que ainda não sabemos o que isso significa ou como verificá-lo e que, portanto, não devemos emitir juízo sobre se é verdadeiro ou não" (ibid., p. 70). Afirmações a respeito da justiça, beleza, verdade, direitos naturais, da vontade, do eu, cujo significado e verificação Wilson avalia como "obscuros e não propriamente estabelecidos" (p. 71), são considerados desse tipo. A implicação clara é que nenhuma afirmação sobre Deus, ou afirmações acerca de questões teológicas, devem ser consideradas como afirmações de fato, a não ser que novos experimentos ou novas experiências estejam disponíveis. Mas deveria ser óbvio que a questão decisiva não é se "todos pensam" que certas reivindicações são verdadeiras, mas se elas são assim de fato, e que a ciência está constantemente sujeita à revisão contínua de seus julgamentos. Se existe uma palavra final, ela deve ser necessariamente uma palavra da revelação divina. Colocar todas as afirmações metafísicas (exceto as de Wilson?) num arquivo "miscelânea" é excluir antecipadamente a revelação divina como uma opção.

Nas suas *Gifford lectures*,[325] H. H. Price observa muito a propósito que "não se deveria esperar que um ser razoável comprometa-se de modo irrevogável com a verdade de uma proposição, a não ser que tenha evidência conclusiva de que a proposição seja, de fato, verdadeira, o que ele raramente tem..." (*Belief*,[326] p. 30). Com exceção das tautologias da lógica e da matemática, Price está propenso a condicionar o conhecimento humano às considerações empíricas, e uma vez que tal evidência é sempre fragmentária em vez de completa, isso acaba insistindo no caráter provisório e que pode ser revisado dos compromissos intelectuais de todos os homens. Mas se Price é capaz de arriscar-se na ausência de "evidência conclusiva" a nos falar a verdade sobre a dificuldade religiosa dos homens de modo geral, então outros certamente também poderão fazer o mesmo e apontar, em vez disso, para apoios convincentes para as afirmações evangélicas a respeito de Deus e de sua vontade para o homem.

---

[325] Preleções em homenagem a Gifford.

[326] Crença.

Ao avaliar criticamente os limites da metodologia científica, os cristãos evangélicos seriam irresponsáveis se a qualificassem como perniciosa ou inútil, pois a verificação científica é praticamente indispensável na vida moderna. O elevado grau de confiabilidade alcançado pela ciência transformou externamente a civilização contemporânea. Se a teologia se recusar a conceder o crédito apropriado a um método de pesquisa que ajudou a vencer doenças e a melhorar as condições de vida de milhões de pessoas, fará isso em prejuízo próprio.

No entanto, o pensamento moderno é empiricamente orientado por causa das conquistas espetaculares da ciência prática e põe uma pressão cada vez maior sobre as reivindicações religiosas por validação experiencial. Contudo, tem sido frequentemente negligenciado que as imensas mudanças e as contínuas revisões, até mesmo nas leis da física mais básicas, indicam a sua situação completamente questionável como descrições objetivas da natureza. A teoria das ondas de Schrödinger é, provavelmente, a mais estável das leis contemporâneas, mas que cientista poderá estar certo de que ela sobreviverá? Na ciência empírica uma teoria evanescente ou mesmo falsa pode ser altamente proveitosa – como toda a física do século XIX atesta –, mas a teologia não pode arriscar-se a abrigar postulações falsas sobre a natureza e a atividade de Deus.

Ao buscar o significado das afirmações teológicas e éticas, os cristãos devem precaver-se, portanto, contra uma importação involuntária de preconceitos positivistas. Fazer da experiência religiosa – quer os sentimentos, quer a volição, quer o sentimento moral, quer até mesmo argumentos empíricos do mundo – a razão para as crenças judaico-cristãs conduz invariável e inevitavelmente à dissolução da visão bíblica. Muitos teólogos naturais agora mudam das provas clássicas para outras formas de argumento. Sua abordagem, como o caso de F. R. Tennant, apela para a informação da experiência humana independente de qualquer referência à manifestação divina. Toda a tradição da filosofia empírica moderna desde o tempo de Hume tem se inclinado contra qualquer demonstração de um Deus transcendente infinito com base em premissas concernentes ao universo espaço-temporal, inclusive o homem. A filosofia analítica aprofundou essas dúvidas; ela apontou as mudanças sutis em significado que ocorrem em conceitos básicos aos argumentos analógicos quando a causalidade é elevada à Causa Primeira, à ordem física no Desenho Inteligente, e à consciência em um Legislador Moral (cf. John Hospers, *An introduction to philosophical analysis,*[327] 1.ed., p. 356s.).

Até mesmo alguns teólogos, cientes dos perigos de mudar o caso a favor do teísmo, de considerações racionais para empíricas, ainda assim tendem a expor a metafísica judaico-cristã com base na experiência em vez de apelar para a coerência lógica. Exatamente qual o papel verificador que a experiência cumpre nessas formulações é algo raras vezes claro. Quando a experiência é alinhada junto com a coerência como um teste para a verdade, é frequentemente difícil ver qual delas assume a prioridade. De fato, o indivíduo tem a perturbadora impressão de que critérios múltiplos alternam-se a fim de promover uma metafísica preconcebida. O cristianismo, certamente, reivindica o "manter as aparências", e não é de modo algum invalidado pelas considerações empíricas, mas eleva a discussão sobre a verificação a um plano superior ao empírico.

Peter Genco, por exemplo, propõe apresentar um refúgio empírico para o teísmo. Ele faz isso ao estender o método semântico de Rudolph Carnap e James W. Cornman sobre a realidade das entidades, ao apropriar-se das perspectivas de Paul Feyerabend, Thomas Kuhn e Roy W. Sellars a respeito da alteração teórica do conteúdo "objetivo" de uma estrutura conceitual. Ele pergunta por que o termo *Deus* é menos frutífero do que o termo *elétron* "como um termo não extensivo, não definido, usado para nomear a causa para as consequências observáveis atribuídas a ele de forma esquemática" (*Verification,*[328] p. 216). Usados assim, nem *Deus* nem *elétron* são meramente uma terminologia abreviada para as manifestações empíricas traçadas até aqueles termos particulares; negar a objetividade de *elétrons* ou de *Deus* seria cancelar um compromisso ontológico com uma estrutura interpretativa que chama para uma verificação ou falsificabilidade. Cada termo estipula uma causa específica que se crê que responde pelos fenômenos correlativos observáveis: uma inferência é possível pela identificação das manifestações de comportamento com suas causas postuladas (p. 218). Alguém pode correlacionar padrões

---

[327] Uma introdução à análise filosófica.

[328] Verificação.

observáveis com *Deus* ou *elétrons* quando se procura por evidência empírica de apoio, mas o método de observação de teste crítico e experimentação não é a fonte de afirmações metafísicas. A ontologia que Genco enfatiza não é derivada de informação empírica; em vez disso, a informação é explicada pelo esquema conceitual (p. 219). Mas o que fazer se *Deus* ou *elétron* tiverem o mesmo significado? Ou será que essa possibilidade deve ser descartada de antemão?

A ciência contemporânea presumivelmente acolhe qualquer esquema e até mesmo qualquer pluralidade de estruturas que atinjam resultados previsíveis. Até que ponto, porém, é a fé no Deus vivo da revelação servida pela ênfase de objetos físicos que a maioria dos mortais presume que realmente não "existem"; que nossas percepções sensoriais possam ser explicadas por hipóteses em competição umas com as outras; que o esquema conceitual preferido de um intérprete explicará a sua experiência de uma maneira subjetiva satisfatória? Se os elétrons podem ser tidos como existentes apenas porque os cientistas, interpretando os fenômenos empíricos no interior de uma estrutura de física quântica, atribuem a eles certas consequências observáveis, seria uma vitória lógica para o teísmo dizer, semelhantemente, que Deus existe porque muitas pessoas que interpretam a experiência no interior da estrutura da metafísica teísta referem certos fenômenos a ele? Percy Bridgman assevera e argumenta que não existe tal coisa como um campo eletromagnético (*The logic of modern physics*,[329] p. 57). Essa abordagem contaria como evidência de apoio para a teologia da morte de Deus? Morris Cohen e Ernest Nagel admitem que nos estágios avançados da ciência "um incalculável elemento estético" entra na escolha entre teorias rivais (*An introduction to logic and scientific method*,[330] p. 215). Será que a opção teísta deveria, portanto, ser recomendada por alguns estudiosos como mais bela do que as visões alternativas?

Genco tem razão em afirmar que pressuposições metafísicas intrometem-se em cada nível da pesquisa científica e que nenhum nível de observação empírica pode ser isolado como objetivamente factual em e por si mesmo; considerações teóricas estão em ação em todos os níveis da observação, experimentação e interpretação. A

---

[329] A lógica da física moderna.

[330] Uma introdução à lógica e ao método científico.

DEUS, REVELAÇÃO E AUTORIDADE

explicação científica não deve ser bifurcada num dualismo ontológico do universo teórico e da observação, e o último presumivelmente teria prioridade porque tem um significado inerentemente invariável, não colorido pela teoria metafísica.

O único tipo de "existência" que Genco confirma para os elétrons como possível para as interpretações na ciência é a de serviço funcional temporário e produtivo na pesquisa. Mas, quando ele estende essa abordagem a outras estruturas (p. ex., a teológica e a moral), o que acontece a conceitualidades não empíricas tais como Deus e as normas éticas? Enquanto ele concorda que requisitos diferentes atribuem-se a essas estruturas diferentes, ele argumenta que "não segue que as razões diferirão para permitir que várias entidades existam" (*Verification*,[331] p. 221). No contexto de seu argumento, a noção da existência de Genco seria, de modo admissível, "nada mais que a aceitação de certas formas esquemáticas de discurso. Ser real num sentido teológico ou científico significa simplesmente ser um elemento da respectiva estrutura".

Contudo, os termos *real* e *existe* podem ser predicados para todas as coisas; assim, eles não distinguem coisa alguma. Uma miragem é real – uma miragem real – e mesmo sonhos "existem". A discussão sobre "Deus ou elétron?" deveria, portanto, ser orientada para a questão: "O que são eles?" Esse postulado e conceitualidade sobre Deus, pelos quais o homem propõe explicar os fenômenos observáveis, têm alguma coisa em comum com o Deus vivo da criação e redenção, com o Deus que nunca deixa de dar testemunho de si mesmo em todo lugar, com o Deus que se autorrevela? Quão útil é à teologia da revelação essa possibilidade deplorável da existência de Deus suspensa apenas sob certas manifestações empíricas correlacionadas com a ideia de Deus? É verdade que o cristianismo defende uma revelação divina geral, e a própria ideia de Deus tem sido fundamentada universalmente na *imago Dei* por expositores fiéis da visão bíblica. Mas uma fonte autorreveladora é muito diferente de uma divindade hipotética explanatória que é meramente conjecturada ou postulada.

Esse apelo à experiência abandona uma ontologia estável e invariável. O Deus do cristianismo não é simplesmente uma categoria

---

[331] Verificação.

ontológica hipotética, mas a fonte autorreveladora e o sustentador de tudo mais. O cientista pode, de fato, considerar a "existência" de elétrons algo produtivo; o cristão afirma que Deus é Espírito eterno e imutável. É possível ver entidades empíricas como postulados epistemologicamente similares aos deuses homéricos; mas ver o Deus da Bíblia dessa maneira seria eclipsar o criador automanifestado. Nenhum cristão considerará por muito tempo o postulado da divindade como produtivo na ausência do verdadeiro Deus vivo.

Genco corretamente observa que aceitar uma estrutura ontológica "não livra da responsabilidade de prover evidência que justifique a proposição interna que existem elétrons e de que existe um Deus". Entretanto, o que contaria como "apoio empírico" para afirmações a respeito de Deus? Como se pode justificar a utilidade da ideia de *Deus* em distinção à ideia do *elétron*?

Ao discutir o tipo de evidência que uma estrutura teísta exige, Genco examina a proposição "Deus encarnou-se em Jesus". Um esquema teísta emprega a sentença, ele nos informa, a fim de "dizer alguma coisa sobre o tipo de pessoa que Jesus era". A sentença afirma que "Jesus manifestou poderes e características semelhantes aos de Deus num grau que o distinguiu de todos os outros homens" (*Verification*,[332] p. 222). Genco rejeita a objeção de que, sem primeiro definir *Deus*, não se pode elucidar a "semelhança de Deus" na vida de Jesus; ele faz isso com base – que não está livre de disputa, pensamos – na ideia de que manifestações "semelhantes aos elétrons" são explicáveis numa estrutura científica sem uma definição antecipada de elétrons. A questão é: que características – em vista das quais alguém poderia dizer de forma apropriada, Jesus manifestou poderes semelhantes aos de Deus – uma pessoa que encarna Deus iria manifestar?

Genco insiste que as experiências singulares que cercaram o nascimento e a vida de Jesus – um nascimento virginal, controle sobre a natureza, uma vida santa, a transfiguração e sua ressurreição dos mortos (p. 224) – devem ser correlacionadas como fatores necessários com a afirmação de que Deus encarnou-se em Jesus. Evidência da virgindade de Maria, de Jesus acalmando o mar agitado, de sua cura compassiva do cego e a ressurreição dos mortos e, além disso, de sua perfeição moral, crucificação e ressurreição, seria evidência

---

[332] Verificação.

esquematicamente justificável que atesta a encarnação divina. Se a evidência não permite tais características e poderes a Jesus, então nós devemos negar a afirmação de que Jesus era Deus encarnado.

Embora Genco admita que "alguns homens copiaram *algumas* das *performances* e características de Jesus", ele argumenta que Jesus era diferente de todos os outros homens no sentido de que "nem quantitativa nem qualitativamente alguém fez *tudo* o que Jesus reivindicou fazer, nem [...] *tudo* o que é dito a respeito dele" (p. 225). O significado e o valor da verdade de que "Deus encarnou-se em Jesus" é achado, portanto, em poderes e características semelhantes aos de Deus supostamente exibidos por Jesus, e as expectativas empíricas que se atribuem a essa asserção decidiriam sua verdade ou falsidade.

Os problemas suscitados por essa abordagem dizem respeito à adequação da evidência proposta para a semelhança de Deus, bem como o procedimento de teste proposto. Genco não somente empresta de forma circular o seu critério de divindade dos registros sobre Jesus a fim de apoiar sua reivindicação à divindade, mas ele também implicitamente aprova a noção de que outros diferem de Jesus apenas em grau da semelhança de Deus (uma categoria na qual ele assimila o nascimento virginal e a ressurreição, assim como a impecabilidade) e, dessa forma, defende uma cristologia e antropologia confusas. Além disso, o que dizer do proposto método de verificação? Poderia determinar que na ainda incompleta história da humanidade Deus encarna-se apenas em Jesus, ou será que Jesus poderia, teoricamente, ser rivalizado, se não ultrapassado, num futuro próximo?

O método de teste, como Genco o vê, "é similar, quer as sentenças em vista sejam sobre Deus ou elétrons" (p. 227). Um senso de mistério da existência perpassa toda a investigação humana acerca da realidade. Mas é necessário correlacionar um conceito cognitivamente significante com observações relevantes para o teste, aprovando ou rejeitando o princípio explicativo em vista das supostas consequências. Determinada estrutura de perspectiva pode ser considerada adequada apenas se suas pressuposições metafísicas e metodológicas responderem satisfatoriamente por certos aspectos da experiência. Quando estruturas rivais são propostas a fim de explicar os mesmos fenômenos, e ambas são julgadas adequadas para levar em conta a informação da observação, sua escolha depende, diz Genco, do compromisso esquemático que se tem com relação à realidade como um todo, da coerência lógica dentro daquela estrutura e da força e da fraqueza da evidência de apoio. Ele não indica que as preferências estéticas poderiam, realmente, ser decisivas de modo supremo nesses casos.

A evidência de apoio, Genco acrescenta, requer métodos evidenciais e fontes apropriadas aos vários modos da realidade. Somente prejulgamento arbitrário pode ditar que o método de observação científico-empírico é o único capaz de lidar com reivindicações ontológicas. Asserções metafísicas de qualquer natureza – matemática, lógica, teológica, filosófica – são propriamente testadas somente pelos cânones que têm jurisdição sobre elas; questões históricas devem ser, igualmente, decididas pelos critérios apropriados a essa disciplina. Vários esquemas interpretativos ditam o que pode propriamente se contado como evidência para as suas respectivas reivindicações centrais.

A esses comentários recomendáveis sobre o método de teste, Genco acrescenta a estipulação de que afirmações centrais deveriam ser correlacionadas com reivindicações passíveis de teste que são tidas como que exibindo fundamentos empíricos. A pergunta, portanto, precisa ser feita se, ao tomar emprestado o padrão da explicação esquemática da ciência e aplicá-lo ao discurso teológico, Genco de fato é bem-sucedido em trazer às reivindicações teístas um método de fortalecimento empírico. O caráter lógico de uma estrutura teísta pode em princípio permitir o apoio empírico de suas reivindicações principais; crucialmente decisiva é a questão sobre o que e como entidades observáveis servem a esse propósito. Genco admite que afirmações da observação numa estrutura teológica "não estão abertas aos procedimentos de teste de observação no mesmo sentido que [...] afirmações científicas e históricas" (ibid., p. 250). Todavia, "'pontos de apoio' na experiência direta [...] fazem das entidades não ostensivas do teísmo, pelo menos em princípio, acessíveis no que diz respeito à estrutura" (p. 251).

Um ponto de apoio é, de fato, mais do que uma pegada, mas o jardineiro invisível, dessa forma postulado empiricamente, ainda não é o Deus da revelação inteligível. A teologia sistemática deve ter como sua base alguma coisa bem mais substancial. O valor da abordagem de

Genco não está em sua demonstração da existência do Deus vivo; o seu valor está, em lugar disso, em expor a arbitrariedade das reivindicações positivistas que têm a intenção de minar o metafísico e em nos relembrar dos limites do positivismo lógico. Alguns estudiosos, sem dúvida, continuarão rejeitando a estrutura teológica da interpretação e do compromisso teísta. Eles farão isso, porém, não porque o teísmo é uma opção ininteligível, ou em razão de que as reivindicações teológicas principais não possuem validade cognitiva, ou mesmo porque não exista qualquer influência empírica para o Deus da Bíblia. O critério de significado e verdade do positivismo lógico é pura e simplesmente um princípio inválido para determinar o significado e validade cognitiva das sentenças teístas principais. Uma pressuposição esquemática ontológica que reduz a realidade e a existência a entidades que apenas o método científico empírico da observação sensorial e a experimentação podem validar é logicamente criticável. Uma vasta gama de questões metafisicamente relacionadas simplesmente não pode ser testada por qualquer método de observação sensorial e experimentação. Além disso, é um mito já desgastado representar a ciência como uma descrição não pressuposicional da realidade.

Na verdade, é possível identificar o contexto ontológico da experiência empírica com uma variedade dos conceitos metafísicos. Pierre Duhem apresenta isso muito bem quando diz que, ao resolver questões tais como "Existe uma realidade material distinta das aparências sensoriais?" e "Qual é a natureza dessa realidade?", a pessoa "transcende os métodos usados pela física" (*The aim and structure of physical theory*,[333] p. 10).

A fim de justificar a alternativa teísta, é necessário requisitar uma metodologia apropriada ao conhecimento de Deus e da verdade da revelação; também se requer atenção à coerência lógica, à exigência moral influenciada pela alternativa teísta e à questão do apoio empírico. Portanto, na busca científica contínua por uma explicação compreensiva, o teólogo ou filósofo cristão não deve encerrar o seu caso na inerente possibilidade de mudar de estruturas, porque essas mudanças são um traço inevitável da explicação científica do comportamento empírico. O estudioso cristão também não estará confortável com duas estruturas rivais mantidas simultaneamente em

---

[333] O alvo e a estrutura da teoria física.

compartimentos separados – uma no esquema teísta, supostamente não tendo toda a jurisdição em relação a assuntos científicos, e a outra, uma abordagem científica, supostamente não possuindo toda a significação teológica e metafísica.

No entanto, o erudito cristão tem todo o direito a duas ou mais estruturas interpretativas, uma sendo a estrutura teísta da revelação, cobrindo o universo como um *todo*, e a outra de um tipo científico como na física, tratando da propagação da luz, da anatomia do átomo etc. e envolvendo revisão contínua. Embora a explicação teológica não tenha como alvo providenciar um relato detalhado das sequências de eventos e reconheça o aspecto provisório da explicação científica, não é por causa disso que se desinteressaria em predizer o futuro e de fazer afirmações sobre o comportamento e a estrutura do cosmos e da história. Nem precisa permanecer calada quando as explicações científicas ultrapassam aquilo que a teologia afirma ser o caso em vista de seu próprio meio de saber; precisa, sim, enfatizar a abrangência estreita da ciência. Pois a ciência é incapaz de apresentar a verdade final sobre a luz e a eletricidade, e menos ainda a respeito da moral e da religião.

Insistir no nascimento virginal e na ressurreição de Cristo implica a convicção mais ampla – e de fato a pressupõe – de que Deus está ativo de modo providencial e intencional no mundo exterior da natureza e da história. Nem a ciência nem a história são capazes de negar de forma conclusiva a ocorrência de uma dúzia de nascimentos virginais, uma vez que ninguém examinou ou seria capaz de examinar todos os nascimentos. A doutrina cristã da providência afirma que Deus planeja todas as coisas que acontecem para um propósito providencial. Entretanto, no estado atual da revelação, ela não provê informação detalhada sobre a história chinesa antiga, o código genético, campos eletromagnéticos e muitas outras coisas. Mas isso não é desculpa para descartar a noção de que a percepção verificadora é redutível a discretas experiências de percepção momentânea que demandariam confirmação momento a momento. A consciência é, de fato, uma rede de relacionamentos interconectados de forma lógica, incluindo a abstração que transcende tanto a experiência imediata como as realidades empíricas. Tudo isso amplia o significado da verificação.

Que espécie de divindade é exigida de antemão por uma teoria epistêmica que, apesar de sua ênfase em evidências públicas, reconhece na verdade uma realidade significativa somente se esta manifestar-se definitivamente sob minhas ordens pessoais e, então, unicamente para satisfazer os requisitos para o estabelecimento de diferenças decifráveis de modo objetivo no domínio do mundo físico? Que acolhimento do tipo "cavalo de Troia" os teóricos positivistas propõem para a teologia, se eles escrutinizam apenas os particulares relativos aos sentidos para encontrar diferenças traçáveis que devam constituir evidência decisiva a favor de ou contra uma realidade que não é sensível? Como pode a realidade de uma mente e vontade invisíveis – até mesmo a mente do positivista lógico, que não é capaz de reivindicar de forma coerente isso para si mesmo – ser validada por uma metodologia que vê a existência somente em termos de fenômenos observáveis? O teólogo pode muito bem lembrar ao cientista que, ainda que o próprio cientista esteja deploravelmente inconsciente delas, o seu empreendimento científico está alicerçado em pressuposições ocultas que o teólogo conhece. O cientista nunca poderá conhecer essas pressuposições, ou qualquer outra coisa, enquanto limitar sua investigação às percepções mutáveis da pesquisa científica.

John Warwick Montgomery, que defende o empirismo histórico (ou o "objetivismo histórico") a fim de sancionar as afirmações cristãs centrais, argumenta que o cristianismo pode ser objetivamente validado somente pelo método histórico. Seu argumento (cf. *The shape of the past*[334]) pode ser resumido da seguinte forma: O método histórico científico confirma os Evangelhos como fontes confiáveis para a vida de Jesus. Nesses documentos, Jesus reivindica ser Deus e estabelece a sua reivindicação sobre a sua futura ressurreição dentre os mortos. A ressurreição é descrita com tantos detalhes que é capaz de ser empiricamente validada. Não pode ser descartada *a priori*, uma vez que os milagres são impossíveis somente se assim forem definidos (como foram por Hume). Se Cristo é Deus, como a ressurreição atesta, então ele falou a verdade em relação ao Antigo Testamento e ao Novo Testamento que logo seria escrito. Segue-se a isso que todas as asserções bíblicas acerca da filosofia da história são verdade da revelação, e que todas as outras pressuposições, portanto,

---

[334] A forma do passado.

Verificação empírica e o teísmo cristão

devem ser julgadas por elas. Embora Montgomery admita que, como no caso de toda informação derivada de interesses históricos, esses resultados são "prováveis", ainda assim ele insiste que eles apoiam uma revelação cujas verdades são inerrantes.

Consoante a essa ênfase, Montgomery promove uma apologética empiricamente orientada. A fim de distinguir fato de ficção, tanto cristãos como não cristãos devem usar procedimentos indutivos. A abordagem indutiva, diz Montgomery, simplesmente abre a possibilidade de se distinguir a revelação verdadeira da falsa. De modo algum faz que alguém se comprometa com uma metafísica científica ou macula a revelação de Deus. Qualquer pessoa pode comparar interpretações alternativas do "fato" e, "com base nos próprios fatos", determinar que interpretação melhor se encaixa com a realidade. O não cristão deve ser levado a perceber a natureza volitiva de sua rejeição a Cristo, uma vez que em todas as outras esferas, exceto a das afirmações cristãs, ele regularmente concorda com a evidência comparável.

O método histórico-científico, observa Montgomery, tem certa parcela de dívida involuntária com as pressuposições cristãs. Considerando as premissas estranhas da Renascença – que as considerações definitivas do método histórico são, primeiramente, as decisões do homem e, em segundo lugar, os aspectos imprevisíveis da sorte –, nenhum plano ou propósito pode ser esperado ou encontrado na história. A Reforma, porém, enfatizou o propósito e o plano soberano de Deus nos eventos históricos e atribuiu a confiabilidade e inteligibilidade do mundo a Deus, seu criador. E não é menos do que isso que faz o historiador científico empirista secular, quando busca alguma forma de significado relacional entre os eventos. Ele nem suspeita de que a contínua revelação universal de Deus subjaz à coerência da história e impede o seu abandono à contingência. O secularista lida apenas com questões quantitativas e estatísticas, e o monstro do acaso ameaça o seu ponto de vista mesmo nesse nível. Isso, porém, não significa que suas opiniões devam divergir daquelas do intérprete cristão. O cristão reconhece o governo e a providência de Deus e interpreta a história com base nisso no espírito de Romanos 8.28.

Montgomery rejeita com veemência a crítica evangélica de seu empirismo histórico como uma negação fundamentada no calvinismo de que Deus esteja claramente presente na história. O luteranismo (sua afiliação teológica), por outro lado, enfatiza a manifestação de Deus "em, com e sob" o mundo externo. O calvinismo exagera a linha que separa o eterno do temporal, argumenta ele, com a consequente negação da verdade objetiva na história. Os calvinistas, portanto, precisam enfatizar o testemunho interno do Espírito como um fator objetivo. Montgomery comete um erro, no entanto, ao pressupor que Calvino negou a presença clara de Deus na história. A verdadeira questão é se, buscado independentemente de outras considerações epistêmicas, o empirismo histórico leva às conclusões positivas que Montgomery presume dele derivar.

Vejamos mais de perto a proposta de Montgomery para sancionar as afirmações cristãs centrais por meio do empirismo histórico:

1. O método histórico prova que os Evangelhos são fontes confiáveis para a vida de Jesus Cristo. Será que podemos insistir nesse argumento, porém, sem certas premissas anteriores sobre a confiabilidade e a imparcialidade dos evangelistas e levar muito menos em conta a habilidade do investigador de ler os textos? Podemos reunir informação empírica impressionante e independente fora das narrativas do Novo Testamento a fim de confirmar a intrincada rede de eventos registrados nos Evangelhos? Será que não se deve apelar ainda mais à coerência racional do que, simplesmente, ao método histórico a fim de estabelecer a validade do quadro apresentado nos Evangelhos? Em vez de argumentar que o método histórico prova que os documentos são confiáveis, não seria uma ênfase preferível declarar que qualquer rejeição de sua confiabilidade histórica envolve, necessariamente, uma capitulação de todas as reivindicações significantes sobre a vida, a obra e a importância de Jesus de Nazaré?

2. Nos Evangelhos, Jesus Cristo afirma ser Deus e alicerça essa reivindicação em sua futura ressurreição dos mortos. Das teses de Montgomery, essa parece ser uma das menos disputáveis. Apesar dessa ênfase estreitar consideravelmente o apoio da evidência apresentada por Jesus (cf. Jo 5.18-47; Lc 16.31), Montgomery argumentaria que, se a base mais

Verificação empírica e o teísmo cristão

reduzida é suficiente (como ele pensa ser), a base mais ampla corrobora isso ainda mais.

3. Os Evangelhos apresentam a ressurreição de Jesus com tantos detalhes que ela pode ser empiricamente validada. O que Montgomery quer dizer aqui com validação empírica? Tendo em mente aquilo que conhecemos do ministério de Jesus e o contexto no qual ele apareceu, uma interpretação racionalmente coerente da informação conduz, nós cremos, à firme conclusão de que Jesus ressuscitou corporalmente dos mortos. Mas isso é algo diferente de validação por técnicas empíricas. A validação empírica da verdade dos relatos requer evidências externas, e não simplesmente uma exposição do fato de que o conteúdo da narrativa é coerente com o evento. Será que a ressurreição de Cristo, tomada de forma isolada como evento histórico, e correlacionada apenas com a sua própria reivindicação, realmente prova que Jesus é Deus? Ainda mais, será que esse terceiro ponto fundamental do argumento de Montgomery, de fato, acrescenta alguma coisa que já não esteja implícita no primeiro? Se o método histórico provou a confiabilidade dos Evangelhos, então aquele veredicto já incluiu a ressurreição de Jesus. Talvez seja digno de nota que muitos intérpretes, usando simplesmente uma abordagem empírica, ou pelo menos professando fazer isso, consideram os relatos da ressurreição menos históricos do que outras partes da narrativa. Bultmann sustenta a ideia de que não conhecemos praticamente nada daquilo que Jesus disse e fez, exceto a sua morte.

4. Somente se alguém define milagres de antemão como impossíveis, poderá a ressurreição ser descartada *a priori*. Entretanto, respondemos nós, ainda que os milagres sejam declarados possíveis, isso não iria, por si só, garantir a ressurreição corporal de Jesus dentre os mortos como fato.

5. Se Cristo é Deus, ele falou de modo fidedigno acerca do Antigo Testamento e do Novo Testamento que logo seria escrito. Na verdade, a divindade de Cristo garante a sua veracidade em todas as matérias. Mas esse quinto ponto

DEUS, REVELAÇÃO E AUTORIDADE

fundamental na exposição de Montgomery nada acrescenta ao primeiro, uma vez que tudo que sabemos do ensino de Jesus está contido nos escritos bíblicos que já foram afirmados como confiáveis.

6. O que a Bíblia ensina sobre a filosofia da história é verdade revelada pela qual todas as outras pressuposições sobre a história devem ser julgadas. Essa é a ênfase mais razoável de Montgomery, pois ela relaciona de forma imediata o conteúdo das Escrituras ao axioma epistemológico básico do cristianismo, isto é, a revelação de Deus em sua Palavra. Contudo, em lugar de começar com essa ênfase crucial, e expor suas implicações de modo racionalmente coerente, Montgomery fundamenta a informação bíblica primeiramente sobre o método empírico. Mas, por causa de suas limitações inerentes, esse método é capaz de lidar somente com aspectos restritos dos Evangelhos e trata suas questões básicas de maneira inconclusiva. De qualquer forma, o método histórico não pode estabelecer o fato da vida absoluta (sem fim) de Jesus depois da crucificação, nem que ele representa os primeiros frutos de uma colheita na forma de ressurreição que envolve a humanidade, nem que sua morte e ressurreição são o fundamento do perdão para o ser humano.

7. Embora os resultados da pesquisa histórica não transcendam a probabilidade, ainda assim, diz Montgomery, eles apoiam uma revelação verdadeira de forma inerrante. Esse argumento parece ser circular. No ponto 3, Montgomery afirma que o Novo Testamento supre evidência para a ressurreição de Cristo; aqui, ele nos diz que a ressurreição valida a inerrância do Novo Testamento.

Não nutrimos nenhuma antipatia por aqueles que apresentam evidências empíricas supostamente demonstrativas de "provas" altamente prováveis. Mas isso parece projetar uma fundação vã para a fé cristã e muda a base de fé de tal maneira que, desnecessariamente, invalida o cristianismo para aqueles que consideram não convincente um apelo fundamental à informação empírica. As críticas à abordagem de Montgomery não têm a intenção de servir como demolição do caso a favor da ressurreição e da divindade de Jesus, da mesma forma que a avaliação da abordagem de Genco não tinha a intenção de repudiar a encarnação divina de Jesus Cristo. Queremos simplesmente mostrar que o apelo a considerações de ordem empírica não leva supostamente às posições indicadas. Também não leva a visões alternativas. O empirismo por si mesmo não leva a nada. A informação empírica é sempre reunida no interesse de determinada perspectiva. Não pode mesmo haver alguma informação ou fato que não sejam definidos por uma teoria. Agostinho enfatizou, corretamente, que nem mesmo a mais simples das sensações ocorre sem uma construção intelectual. Até mesmo nas ciências empíricas, o progresso espetacular depende de considerações que não são derivadas da indução empírica nem são estritamente verificáveis por ela. A questão principal é: que perspectiva é verdadeira? A verdadeira perspectiva irá acolher mais coerentemente toda a informação sem arbitrariamente abreviá-la em respeito a preconceitos restritivos. A interpretação cristã é racionalmente coerente e supre um entendimento da história e da experiência que é compreensivamente verdadeiro. O significado final da história não pode ser destilado dos fenômenos históricos, mas derivado da revelação sobrenatural.

Isso tudo não significa dizer que é necessário ser cristão a fim de entender o significado definitivo da história e ser persuadido sobre a ressurreição e a divindade de Jesus Cristo. Não é necessário uma obra salvífica do Espírito Santo, ou um compromisso de fé prévio, a fim de compreender o cristianismo e sua base histórica, incluindo eventos específicos como o nascimento virginal e a ressurreição de Jesus. Na verdade, antes da conversão, ninguém será motivado por pressuposições cristãs, uma vez que outras motivações tenderão a obscurecê-las e anulá-las. O não cristão considera a irracionalidade ou o acaso como modos igualmente válidos de interpretar e levar em conta as informações e não coloca quaisquer dos eventos no contexto do significado último. Por essa razão, ele considera o governo soberano de Deus sobre a história, e Jesus Cristo como o seu centro, como possibilidades especulativas – possibilidades que, além do mais, requerem tanto no sentido de renovação espiritual pessoal que a pessoa não regenerada estará muito mais à vontade em seus comprometimentos com alternativas seculares. Historiadores não cristãos frequentemente escrevem a respeito da história como se ela tivesse certa coerência interna. Sua maneira de concatenar os eventos, porém, reflete sempre uma combinação instável de preferência seletiva, e isso está coordenado com remanescentes fragmentados da crença cristã de que a história tem um significado compreensivo.

Além disso, a discussão acerca do método epistemológico é frequente e infelizmente confundida com o debate sobre a tática apologética preferível. Precisamos distinguir cuidadosamente entre o método da derivação epistêmica da verdade cristã e o método de apresentação pública e validação usado entre os zombadores bem informados que fazem de Deus uma hipótese discutível em lugar de uma pressuposição dominadora. Ou o método que tem como alvo um público do tipo de missão de resgate, que busca alguma esperança, ou aquele que é apropriado entre estudantes, algumas vezes mais interessados na carne e no diabo do que no divino. Mas, em todo caso, a epistemologia controla a apologética.

No que diz respeito à derivação epistêmica, não somos profetas ou apóstolos inspirados a quem manifestação especial é feita de maneira direta; por outro lado, estamos envolvidos em procedimentos adicionais de verificação. Deus em sua Palavra é, na realidade, a fonte epistêmica da verdade cristã. Mas o testemunho do Espírito vence a lacuna mediadora entre os canais de revelação escolhidos e nós como recebedores dependentes, ao fazer que as Escrituras se tornem vivas como Palavra de Deus, por seu intermédio.

Será possível ao historiador, dependendo unicamente de considerações empíricas, enxergar a história em seu contexto autenticamente compreensivo? Será que a interpretação do material empírico somente o levará ao entendimento cristão? Diferentemente do cientista natural, o historiador não poderá repetir experimentos sob condições controladas (mesmo tal repetição não invoca percepções sensoriais idênticas para a comparação, mas precisa necessariamente envolver premissas). Além disso, evidência que se relaciona aos eventos históricos passados é muito mais fragmentária do que o tipo de informação testada pelo físico ou o químico. O historiador é incapaz de penetrar diretamente na mente dos homens para descobrir motivos. Ao julgar afirmações passadas sobre os eventos, ele precisa aceitar as afirmações de outros e avaliar acontecimentos narrados unicamente por seus efeitos no tempo.

Cornelius Van Til sustenta que o método empírico-histórico "requer a destruição do cristianismo" e, por acomodar a autonomia humana e encorajar a independência humana de Deus, leva à "rejeição de todo o corpo de fé do cristianismo" (*The case for calvinism*,[335] p. 82, 85). Exigir que a autoridade divina seja empiricamente testada antes que a pessoa aceite a revelação de Deus, ele argumenta, é outra maneira de perguntar *Foi assim que Deus disse?* (Gn 3.1). Van Til afirma que a autoridade divina se autoautentica. Edward John Carnell, que também rejeita o requisito da validação empírica, insiste de modo distinto de Van Til de que a reivindicação cristã da verdade deveria ser testada de modo lógico antes de ser aceita como Palavra de Deus.

Nenhum historiador nem cientista aborda eventos históricos ou físicos sem pressuposições. Ele pode não usar um crachá com a sua visão da realidade total, mas, ainda assim, interpreta as particularidades de sua vida por meio dela. Crer ou não na realidade da soberania de Deus e no propósito divino na história, sem sombra de dúvida, influenciará a interpretação que se tem da informação sobre a ressurreição de Jesus. Na abordagem empírica deve-se rejeitar, até o fim da história, o conhecimento de que algum evento seja do tipo que vale de uma vez por todas. Uma vez que não temos nenhuma outra experiência de ressurreição, um empirista não se inclinaria a uma visão da informação sobre Jesus como, talvez, uma ficção literária ou uma fraude cósmica? Dadas as pressuposições estranhas, o não cristão não estaria mais propenso a optar até mesmo pelas alternativas mais ridículas do que aceitar a reivindicação bíblica de que Cristo morreu e ressuscitou por nossos pecados? O testemunho empírico do mundo que está do lado de fora da igreja conta a sua própria história.

O não cristão simplesmente não pode investigar e testar cada teoria religiosa, filosófica e científica sobre a realidade e a vida. Limitações de tempo, espaço e conhecimento impedem que isso seja feito, e, mais ainda, o espírito humano não poderia suportar por muito tempo o desgaste de sucessivos comprometimentos conflitantes e contraditórios. A visão bíblico-teísta, por outro lado, faz uma reivindicação admirável e convincente que nenhum homem pode ignorar. Ela coloca a origem, a vida diária do homem e o seu destino

---

[335] O caso a favor do calvinismo.

DEUS, REVELAÇÃO E AUTORIDADE

eterno dentro do contexto impressionante de um Deus soberano e santo que se arrisca a manter um relacionamento vital dia a dia com as suas criaturas. Montgomery argumenta que se "os fatos não forem apropriadamente avaliados como evidência para uma posição prévia à aceitação que se faz dessa posição, o cristianismo não pode reivindicar nada mais da vida dessa pessoa [do não cristão] do que faz o número infinito de visões concorrentes que exigem fé em sua posição como uma condição necessária para a descoberta da 'verdade'". Mas dificilmente pode ser verdade, contra Montgomery, que o pressuposicionalista do teísmo que argumenta com base na revelação bíblica "elimina toda a oportunidade de determinar o valor da verdade de remédios religiosos concorrentes antes de aceitar algum deles como um primeiro princípio de todo o pensamento significativo" (*Once upon an a priori*",[336] p. 389). O argumento que diz que o descrente não pode ser efetivamente confrontado com as realidades da revelação divina, a não ser que haja um ponto de contato prévio, pode muito bem ser contraposto também, e de fato até melhor, por uma alternativa à dependência da teologia natural ou da prova empírica. Cada pessoa convertida ao cristianismo rejeita um período prévio de desencantamento com alguma alternativa não efetiva. O evangelho não impõe algum tipo de coerção que impeça o perdido de continuar cobiçando divindades falsas.

Montgomery enfatiza que "os apóstolos e [...] o próprio Senhor [...] continuamente empregavam o caráter *historisch*[337] de fato dos eventos da revelação [...] como oferecendo 'muitas provas infalíveis' da verdade residente no evangelho. [...] Cristo [...] convenceu o descrente Tomé de que ele era Deus e Senhor pela inegável presença de seu corpo ressuscitado" (ibid., p. 289s.). Essas manifestações miraculosas não estão, porém, à nossa disposição atualmente, e a própria possibilidade do milagre tem sido debatida no passado recente mais intensamente do que nos tempos bíblicos. No entanto, ainda que os milagres do Novo Testamento fossem duplicados hoje em dia, a revelação divina seria necessária para a sua compreensão. Jesus declarou explicitamente que o Deus transcendente, e não a observação empírica, revelou a Pedro o fato de Jesus ser o Cristo ou o Messias (Mt 16.16s.). O caso em favor do milagre, portanto, deveria mais ainda

[336] Era uma vez um *a priori*.

[337] [NR] Termo alemão cujo significado é "historicamente".

ser apresentado não de forma independente de, mas em correlação com a revelação e a pressuposição cristã. Dessa forma, o cristianismo confrontará em melhores condições aqueles que, reduzindo ou não a natureza ao determinismo naturalista, ainda assim reduzem a natureza a um caos sem propósito.

Quando muito, um teste empírico poderá indicar se crenças religiosas têm algum significado discernível de forma perceptível. Jamais poderá decidir sobre o significado objetivo ou a existência do supraempírico. O conhecimento do Deus vivo deve ser buscado não como se Deus fosse conhecível apenas pelos métodos que são total e especialmente relevantes ao não Deus. Se forem empregadas técnicas adequadas apenas para o conhecimento de eventos naturais e de realidades no âmbito das criaturas, elas somente poderão produzir informação acerca de eventos e realidades de uma espécie natural e relativas a essas mesmas criaturas. O Deus vivo, cuja realidade ontológica objetiva é a do Espírito absoluto, o Senhor divino incomparável, deve ser conhecido, se isso for possível, unicamente por meio de métodos apropriados aos modos pelos quais Deus se fez e continua fazendo-se conhecido. Apesar de ser concedido num contexto do contínuo espaço-tempo, o conhecimento de Deus deve ser adquirido – mesmo numa experiência concreta – de sua própria fundamentação, isto é, da revelação de Deus em sua Palavra.

Uma doutrina metafísica pode suprir apenas uma base limitada ou incompleta para os interesses científicos modernos e, ainda assim, ser relevante para todo o domínio da realidade. O cristianismo tem um grande poder explanatório e um grande conteúdo informativo. Ele detém uma lógica e um propósito que a tudo incluem e afirma que, ao cumprir o plano de Deus, a natureza criada acomoda certos milagres feitos de uma vez por todas, tanto quanto acomoda continuidades extensivas. Protestar meramente que uma teoria precede um experimento e observação científica não verbaliza uma objeção propriamente dita, uma vez que todas as hipóteses criativas também o fazem. Mas poder explicativo, em si e por si mesmo, não pode oferecer uma explanação totalmente satisfatória. A revelação cristã não tenta narrar em detalhes como a natureza se comporta. A metafísica cristã de forma alguma requer uma cultura sem ciência. De fato, do ponto de vista histórico a fé cristã não apenas proveu inspiração para a ciência, mas também apoiou em grande parte a ciência, e mesmo agora aprova o operacionalismo científico como uma metodologia limitada.

O fato de a teoria metafísica não ser suscetível a testes por técnicas empíricas não deveria ser um problema significativo; doutrinas metafísicas não requerem a possibilidade de teste empírico exaustivo, nem requerem, necessariamente, informação empírica confirmatória, nem podem ser derivadas de ocorrências empíricas à parte da indução exaustiva. Uma teoria seria rejeitada se aquilo que é afirmado não fosse comprovado pela observação empírica de informação relevante. Uma metafísica que relaciona a soberania de Deus ao tempo e ao espaço de maneiras multiformes dificilmente poderá sujeitar-se ao teste da uniformidade. Joseph Agassi observa que, em geral, a pesquisa científica tende a começar com hipóteses que têm um grau pequeno, ou até mesmo nenhum grau, de possibilidade de teste, e que somente por meio de sofisticação e inventividade poderão tornar-se, de algum modo, suscetíveis de serem testadas. Ele considera os graus de possibilidade de teste como de menor importância. Na verdade, o importante é que, pelo menos, uma maneira de testar esteja à disposição. O cristianismo não reivindica um caráter inerentemente empírico nem é empiricamente verificável ou refutável.

Os Guinness insiste que o cristianismo acolha a validade do princípio da falsificação "como um teste genuíno da integridade da fé e conclama para uma abertura em cada área falsificável que pode confirmar ou contradizer a confiabilidade básica de Deus". Ele imediatamente acrescenta, porém, que isso não implica que a visão cristã da verdade e do conhecimento "depende da validade do princípio da falsificação de Karl Popper como algo válido" (*The dust of death*,[338] p. 345, 417, n. 26). O cristianismo enfrentará qualquer desafio que seja apropriado às suas reivindicações, mas nem todo desafio é apropriado. Falando especificamente, a falsificação é tão impossível quanto a verificação, a não ser que todas as premissas sejam conhecidas, mas esse é, dificilmente, o caso. Ainda que todas as premissas fossem conhecidas, é incerto que, no contexto compreensivo das muitas maneiras possíveis pelas quais um Deus soberano poderia relacionar-se com a realidade criada, uma falsa premissa pudesse ser supostamente identi-

---

[338] A poeira da morte.

Verificação empírica e o teísmo cristão

ficada. Ou a revelação divina é uma fonte de conhecimento inteligível ou não é, e se for – como os escritores bíblicos inspirados insistem –, então o seu conteúdo não poderá ser deduzido de fontes secundárias, e estaremos limitados àquilo que Deus revelou dos aspectos intrincados de seu plano.

Frank B. Dilley observa que não é possível haver alguma prova demonstrativa de Deus, porque provas são relativas ao ponto de partida e ao método. Afirmações religiosas também não podem ser conclusivamente verificadas ou falsificadas. As assim chamadas leis da natureza, e as continuidades da história, são muito menos uma descoberta de relacionamentos factuais objetivos do que redes conceituais que foram levantadas a fim de apanhar certa informação, e aquilo que os homens apanham dependerá das conceitualidades com as quais eles abordam a realidade externa. "Se os argumentos (a favor de Deus) são objetivamente válidos, não apenas para nós, depende é claro do fato da visão do crente ser correta", escreve Dilley. "Mas não existe maneira de responder a essa questão que não seja com base na categoria cognitiva de 'ser uma pessoa com um modo de experimentar o mundo. [...] Ninguém está livre dessa situação, a não ser que seja Deus, se houver algum'" (*On arguments for a transcendent God*,[339] p. 156). "Se os argumentos sobre a existência de Deus são válidos ou não para nós", ele continua, "depende de como vemos aquilo que está ao nosso redor". As assim chamadas provas "dependem para sua validade da correção das visões dos fatos que as geraram" (p. 155). Contudo, o fato é que, se a visão que o crente tem das provas for correta, isso depende das leis da validade. Enquanto as pessoas frequentemente reivindicam, além disso, aprender pela "experiência", é muito mais de uma análise intelectual da experiência que elas aprendem, se é que aprendem, nesses casos.

Dilley nos leva até a porta de entrada da questão da revelação divina e da coerência racional das afirmações religiosas e então faz uma parada. O cristão publica a revelação de Deus, de forma contundente, aos outros de modo que eles sejam capazes de entender as suas reivindicações em sua conexão interna e a fim de expor as contradições lógicas que anulam as visões concorrentes. Mas, precisamos insistir, ele não para nesse ponto. Sem hesitação, ele usa a lógica para

---

[339] Sobre argumentos a favor da transcendência de Deus.

expor a coerência superior de seu próprio sistema de fé. Para começar com a revelação é, de fato, levantar uma rede de complexidade marcante, que impede uma simplificação exagerada da natureza, do homem e da história; mas o apelo cristão à manifestação inteligível de Deus exige uma atenção muito grande, maior ainda que a exigida pela coerência lógica.

O que dizer, então, ao cético que afirma que a religião sobrenatural não é passível de verificação, ou àquele que busca a segurança que junto com suas poderosas promessas o cristianismo tem credibilidade?

A primeira coisa a dizer é que o cristianismo não tem qualquer receio no que diz respeito à verdade e à razão. Nenhuma filosofia ou religião dá mais ênfase à preocupação pela integridade intelectual e moral, de modo mais insistente, do que a Bíblia. Sendo uma posição de fé, de forma alguma pede por isenção especial de critérios racionais ao insistir, como fazem algumas visões concorrentes, que Deus está além da verdade e do erro, ou de algum modo seja ao mesmo tempo tanto verdadeiro quanto falso. O Novo Testamento não pede ao astrônomo, ao biólogo, ao químico, ao filósofo ou ao físico que deixe a sua mente na porta de entrada, ou que viole a verdade em sua disciplina como preço para entender as suas afirmações e aceitar os seus benefícios.

Em segundo lugar, o não cristão deveria ser lembrado de que ele não está livre do mesmo requisito de indicar o que em princípio falsificaria qualquer alternativa indicada à revelação bíblica. A chamada para abertura para a verificação ou falsificação aplica-se nos dois sentidos, e a ingenuidade de muitas perspectivas não cristãs – seja no lado do pessimismo radical, seja no do otimismo romântico – tornam-se prontamente aparentes quando a demanda por verificação ou falsificação é recíproca. O ateu, como tal, meramente anuncia aquilo em que não crê. Mas o que, de fato, ele iria ou poderia admitir para desacreditar a sua fé?

Embora o cristianismo ofereça uma resposta distintiva e dramática para os inquietantes problemas da vida, seu ponto de maior excelência está em sua verdade essencial. As diatribes dos ateus, dos positivistas lógicos, dos naturalistas seculares e dos materialistas dialéticos não condenam o cristianismo histórico à guilhotina. O valor

Verificação empírica e o teísmo cristão

supremo do cristianismo não está numa distribuição psicológica de algum cálice de comunhão de uma viagem coletiva semelhante ao LSD, mas em sua incrível insistência de que Jesus Cristo é o caminho, a verdade e a vida. O cristão está armado com a razão e não evita a questão da verificabilidade.

Se por "abertura a ser não comprovado" queremos dizer abertura a todas e quaisquer circunstâncias e condições, a qualquer coisa que de fato falsifique o cristianismo teísta, a resposta é imediata e resoluta: verdadeiramente sim; contraevidência persuasiva desacreditaria uma fé bíblica. O cristianismo está aberto à falsificação pelas mesmas leis da lógica que determinam a validade e a não validade por toda a extensão do conhecimento humano.

Guinness observa que, se a confiabilidade do Deus autorrevelador pudesse ser invalidada, o caso em favor do teísmo bíblico iria entrar em colapso (*The dust of death*,[340] p. 244). Para o teísmo da revelação, a verificação depende essencialmente da autoridade da testemunha. Por estar divinamente seguro de que o Deus vivo trabalha, de forma confiável, o seu alto propósito na vida de todos aqueles que confiam nele, Jó apegou-se a Deus no meio das mais violentas pressões sobre a sua fé pessoal. Deuteronômio 19.15 reflete a indispensável importância do testemunho confiável, da parte de mais do que uma testemunha isolada, no estabelecimento da prática de um crime ou um pecado hediondo. Ao estabelecer a sua própria consciência messiânica, até Jesus destacou o testemunho do Pai, dado pelas Escrituras e confirmado pelas palavras e obras de Jesus (Jo 5.31-47; 14.10-11). Com a regra da *Torá* da necessidade de mais do que uma testemunha, João 8.16-18 prova a verdade por meio da concordância dos testemunhos do Pai e do Filho. A representação do Antigo Testamento de que não existe um apelo de verificação superior à Palavra de Deus é destacado pela ênfase do Novo Testamento na Palavra (*réma*): as Escrituras são uma testemunha de autoridade. Por essa razão, o testemunho bíblico não deve ser isolado, tanto quanto o testemunho de Jesus, do testemunho do Pai e do Espírito. As Escrituras estão alicerçadas no Deus que fala como a sua fonte de inspiração; elas iluminam Cristo, o Logos vivo, cuja encarnação histórica, morte expiatória e ministério da ressurreição coroam o

---

[340] A poeira da morte.

DEUS, REVELAÇÃO E AUTORIDADE

testemunho dramático da promessa e do cumprimento redentores; elas são atestadas pela garantia do Espírito Santo na vida interior do cristão.

O que os teólogos querem dizer quando insistem que o discurso religioso comunica informação factual acerca do mundo externo, mas não se conforma diretamente com as reivindicações empíricas? Será que afirmaríamos, junto com Bowman Clarke, que o discurso religioso propõe um estado de coisas logicamente necessário, mas que a verdade teológica não possui significância empírica (*Reason and revelation: a linguistic distinction*[341]. p. 44 ss.)? Até mesmo a lei da contradição não declara simplesmente alguma coisa que não pode ser outra coisa em nosso uso das palavras; ela declara aquilo que predomina no mundo real também. Além disso, o cristianismo tomou afirmações teológicas tais como "Deus existe", "Deus ama o mundo" e "Deus manifesta sua ira contra o pecado" como empiricamente importantes. Contudo, repudiou como arbitrária qualquer exigência que o caso em favor do teísmo seja decidido sobre fundamentos empíricos somente, isto é, unicamente com base em eventos pessoalmente observáveis. Kai Nielsen faz a pergunta errada a um cristão quando ele diz: "Que mudança *concebível de eventos observáveis*, se somente você [o ateu ou agnóstico] pudesse observá-los, o faria dizer que você está errado ou, provavelmente, errado ao negar ou duvidar que é verdade, ou provavelmente verdade, que existe um Deus?" (*Religion and commitment*,[342] p. 30). O cristianismo evangélico disputa frontalmente a argumentação de Moritz Schlick de que "não há outra maneira de teste e colaboração de verdades, exceto pela observação e pela ciência empírica" (*Problems and changes in the empiricist criterion of meaning*,[343] p. 164).

Será que a fé evangélica, então, poderá indicar alguma base ou apoio de algum tipo empiricamente "objetivo" que, de forma direta ou indireta, sustente as reivindicações cristãs? Qual deveria ser a atitude dos cristãos evangélicos em relação à demanda por alguma correlação da verdade das afirmações centrais do teísmo com os fundamentos empíricos da fé? Isso é algo um tanto diferente de uma

---

[341] Razão e revelação: uma distinção linguística.

[342] Religião e compromisso.

[343] Problemas e mudanças no critério de significado empirista.

Verificação empírica e o teísmo cristão

solicitação por comprovação do Deus da Bíblia por meio de inferências da natureza e do homem. Mas a questão é se aquilo que é verificável ou falsificável sobre a reivindicação cristã da verdade é, de um modo qualquer, oferecido no nível empírico. Declarações teológicas, assim como outras declarações, podem, é claro, exercer mais de uma função lógica; o significado empírico não precisa esgotar seu significado e verdade. Apesar de que nenhuma condição empírica seja citada a fim de falsificar ou validar afirmações teológicas, em que base sustentamos que tais afirmações, ainda assim, têm significado empírico?

A religião cristã está totalmente do lado do método racional de determinar se as condições necessárias ou não para a verdade de qualquer declaração são alcançadas. Se alguém deseja saber se a Casa Branca é branca, de fato, será necessário apenas determinar a sua qualidade visual sob condições normais de luz e visualização. Se alguém deseja saber se um documento literário tem autoridade divina, ele requer evidência convincente de que é uma Escritura profético--apostólica, ou seja, a obra de um escritor inspirado a quem Deus comunicou a sua Palavra. A cor da Casa Branca depende de evidência perceptual; a verdade ou a falsidade de afirmações dogmáticas, tais como a natureza e a vontade de Deus, depende de informação da revelação. O discurso cristão faz afirmações acerca da realidade e de relacionamentos supraempíricos em vista de um significado e verdade, um uso e função, distinguíveis da relevância empírica. Deus é um ser não observável; ainda que fosse observável, a observação não supriria nenhuma verdade permanente sobre ele. A doutrina cristã professa a verdade porque comunica a revelação de Deus e verifica suas afirmações em vista do ensino das Escrituras.

Essa reivindicação por verificação das Escrituras vai além da ênfase mais tímida de John Hick por verificação escatológica. Hick formula condições para a verdade que suspenderiam a verificabilidade até depois da morte. Sem considerar sua premissa vulnerável de uma vida depois da morte em princípios independentes, o argumento negligencia, desnecessariamente, a autoridade das Escrituras. Embora os seres humanos tenham, de fato, um conhecimento mais profundo das realidades espirituais na era futura – de fato, veremos "face a face" em lugar de "como por um espelho, de modo obscuro" –, a alternativa presente não é a ignorância espiritual, mas uma insistência apostólica de que agora *conheço em parte* (1Co 13.12). Não é na era vindoura, mas na história presente que o verdadeiro profeta do Antigo Testamento era para ser distinguido do falso. Os cristãos não afirmam de modo incerto que Jesus de Nazaré é o Cristo em vista de uma garantia divina ainda no futuro. Deus já designou abertamente Jesus como o seu Filho divino (Mt 3.17; At 2.33s.; 17.31; Rm 1.2-4).

Bowman Clarke está formalmente certo quando traça a verificação do messianismo de Jesus unicamente à aprovação de Deus e insiste que "todas as doutrinas reveladas, por serem sentenças descritivas, declaram alguma coisa da aprovação e da desaprovação de Deus" (*Reason and revelation*,[344] p. 58s.). Na realidade, as doutrinas reveladas são "verdadeiras ao declararem de fato as avaliações de Deus, e falsas quando elas não o fazem" (p. 59). Mas em que base as doutrinas "reveladas" devem ser consideradas potencialmente falsas? Como saberemos se X tem a aprovação de Deus em vez de Y? Clarke insiste, corretamente, que a observação humana é impotente para decidir sobre isso. No entanto, quando ele apela para a fé não racional, nos assegurando de que somente Deus conhece e pode verificar uma doutrina – e isso "Se Deus conhece [...] o que torna possível a teologia revelada" (p. 60) –, somos deixados suspensos no ar e lutando pela sobrevivência no meio do vento. O que dá crédito à doutrina verdadeira é o ensino dos escritores bíblicos divinamente inspirados.

Mas será que a autorrevelação de Deus toca o universo espaço-temporal, incluindo a vida humana, a história e o mundo fenomenal de um modo que, em princípio, envolve a falsificabilidade de um tipo empírico? Será que é necessário que o requisito positivista da verificabilidade ou da possibilidade de teste empírico seja de alguma forma exercido a fim de tornar dignas as reivindicações teístas como algo mais do que meramente afirmações verbais defensáveis?

A fé cristã afirma que Deus é manifestado universalmente na natureza e na história e que nas Escrituras e em Jesus Cristo ele é manifestado em revelação redentora específica. A automanifestação de Deus, de fato, toca o homem e o mundo numa maneira que é teoricamente aberta à falsificabilidade. A revelação judaico-cristã é

---

[344] Razão e revelação.

Os profetas inspirados insistiram que o Deus vivo está ativo na história. Elias exigiu que as afirmações feitas pelos profetas de Baal e as suas próprias afirmações em favor do eterno fossem ambas submetidas à possibilidade da não comprovação. Quando o fracasso de Baal em intervir tornou-se aparente, o eterno que foi invocado pelo profeta interveio e motivou o reconhecimento, *O SENHOR é Deus, o SENHOR é Deus* (1Rs 18.39). Moisés propôs critérios para a distinção entre a profecia verdadeira e a falsa ao apontar para o não cumprimento como um fator negativo que desacredita o profeta, enquanto o cumprimento é um teste do verdadeiro profeta (Dt 18.21s.; cf. Jr 28.9); ele acrescentou um teste posterior para a simulação demoníaca daquilo que é verdadeiro. Assim, também no Novo Testamento, o próprio Jesus destacou a questão: *Quem dentre vós me acusa de pecado?* (Jo 8.46). Como Senhor ressurreto, ele desafiou as dúvidas de um discípulo vacilante: *Estende a tua mão e coloca-a no meu lado* (Jo 20.27). Lucas inicia o seu Evangelho com um apelo às testemunhas oculares e o seu conhecimento confiável (1.1-4) e prefacia Atos dos Apóstolos com um sumário das *provas incontestáveis* (1.3). Paulo destaca para Festo que a reivindicação cristã não é do tipo obscuro (At 26.25s.); pelo contrário, como ele escreve em 1Coríntios, está centralizada na amplamente testemunhada ressurreição de Jesus Cristo (15.3-4) que, caso fosse desacreditada, anularia o evangelho (15.14).

Os apóstolos cristãos foram pelo mundo como testemunhas do Senhor encarnado e ressurreto, a quem ouviram, viram e tocaram (1Jo 1.1). Reivindicaram de forma incontroversa que a encarnação de Deus em Jesus de Nazaré foi um acontecimento histórico. João escreve que a Palavra eterna que habitou com o Pai *se fez carne* (Jo 1.14) e *vimos a sua glória*; de fato, ele escreve *vimos com nossos olhos*, [...] *contemplamos e nossas mãos apalparam* (1Jo 1.1,2). Pedro enfatiza o testemunho ocular dos discípulos quando viram o Senhor Jesus Cristo durante a transfiguração no monte: ... *pois fomos testemunhas oculares da sua majestade. Porque ele recebeu honra e glória de Deus Pai quando, pela glória majestosa, a seguinte voz lhe foi dirigida: Este é o meu Filho amado de quem me agrado. E nós mesmos ouvimos essa voz, dirigida do céu* (2Pe 1.17,18). O testemunho ocular pessoal do Senhor ressurreto não era apenas um critério de elegibilidade para ser designado como um apóstolo (At 1.22), mas João identifica até mesmo qualquer negação de Jesus de Nazaré como o Cristo como ensino do anticristo (1Jo 2.22).

Abertura à verificação é, segundo uma observação de Guinness, "a mentalidade geral da Bíblia" (*The dust of death*,[345] p. 356). Todavia, será que a Bíblia chega ao ponto de distinguir, como Guinness indica, entre o que é empiricamente falsificável e não falsificável, de modo que o escritor da epístola aos Hebreus, por exemplo, é visto como que declarando em 11.3 que *as origens do universo estão além da verificação; é somente pela fé que podemos aceitar que Deus criou* (p. 356)? Mas não aceitamos pela fé toda e qualquer crença cristã, seja qual for sua natureza? E essa fé não presta contas a critérios racionais adequados em todo e qualquer caso? Será que, realmente, a evidência a favor da ressurreição de Jesus estava "aberta à falsificação em primeira mão em sua própria época, mas para nós [...] isso já está superado e envolve a evidência da confiabilidade dos registros" (p. 356)? Ou será que foi somente para os discípulos escolhidos que o conheciam melhor para quem a evidência "em primeira mão" foi dada de forma condescendente nos próprios dias de Jesus (cf. At 10.34), de modo que, com exceção dos quinhentos mencionados em 1Coríntios 15, todos os outros estavam também completamente dependentes dos depoimentos de testemunhas oculares confiáveis? De maneira mais básica, não é aquilo que os profetas e os apóstolos ensinam e, portanto, as Escrituras inspiradas, em qualquer caso, o princípio de verificação absoluto do cristão, e a coerência lógica da informação da revelação o teste da verdade cristã? Será que, ao se distinguir entre a criação e a ressurreição no que diz respeito não simplesmente ao método de verificação, mas também em relação à possibilidade de verificação, não se está capitulando, de modo involuntário, a uma teoria empírica de verificação? No segundo caso, não estaríamos preocupados com testemunhas oculares divinamente iluminadas e, no primeiro caso com, testemunhas divinamente iluminadas? Se a criação não for verificável por não ter sido testemunhada, não seria a realidade do Deus invisível igualmente não verificável? Não é a verificabilidade da

---

[345] A poeira da morte.

Verificação empírica e o teísmo cristão

criação pelas Escrituras decisivamente importante e não constituiria a falsificação dessa doutrina de fato uma refutação da doutrina cristã de Deus e do teísmo bíblico?

Também não seria inteiramente apropriado falar, como Guinness faz, do fenômeno interno da vida cristã – do relacionamento aprofundado com Deus, da sua compreensão cada vez maior das realidades cristãs, da crescente apreciação que se tem da natureza, da libertação da alienação e da ampliação do alcance da virtude moral – como "parte da verificação final do crente" (ibid., p. 359), a não ser que falemos aqui apenas da segurança interna, e não da validação pública. De fato, a vida cristã tem a sua qualidade ética distintiva, e a fé tem as suas consequências confirmativas. Mas, desde que a experiência interior não pode ser publicamente compartilhada, a psicologia religiosa é mais bem explicada em termos de confiança privada do que em termos de verificação pública. O ajuntamento daquilo que é encontrado em vidas pessoais em diferentes graus num apelo psicológico compreensivo, em diferentes épocas e lugares – e em experiências que diferem tanto em conteúdo como a de um Jó em aflição, de um Daniel libertado e de Jesus pregado na cruz –, envolve fatores que não podem demonstrar isoladamente o que se pretende.

Mas se focalizarmos, em primeiro lugar, as experiências que cristãos e não cristãos têm em comum, ficará aparente que cada um considera os mesmos tipos de eventos como trazendo significados e valores diferentes em vista da qualidade do relacionamento que se tem com Deus. O cristão está confiante de que Deus trabalha em sua vida para o bem em experiências que parecem confirmar, para o descrente, a não realidade ou a indiferença de Deus. As dificuldades encontradas numa teoria de verificação flutuante, alternando entre apelos às Escrituras e à experiência, são evidentes na interpretação do problema do mal. O problema do mal e do pecado de fato existe como um problema, especialmente para a exposição cristã de um Deus soberano e santo. O pecado e o mal seriam colocados numa função bem diferente se Deus fosse finito, indiferente ao destino humano, ou impessoal. Diante do mal natural, filósofos religiosos que apelam para a experiência – às vezes, junto com a declaração de "coerência", em lugar da revelação das Escrituras como o critério

DEUS, REVELAÇÃO E AUTORIDADE

da verdade – não infrequentemente modificam a sua visão de Deus com base em fundamentos experienciais. Edgar Brightman e Schubert Ogden, por exemplo, reforçam a noção dos metafísicos seculares, de que o mal no homem e no mundo não pode ser encaixado na doutrina das Escrituras de um Deus totalmente sábio, totalmente amoroso e totalmente poderoso.

As reivindicações da revelação cristã são, de fato, simpáticas a essas considerações empíricas, como a experiência da nova vida em Cristo e a aflição do crente, mas elas derivam essa compatibilidade do contexto mais abrangente de uma verdade compreensiva e divinamente manifestada. Deveria ser enfatizado, repetidas vezes, num ambiente positivista que nem mesmo o princípio da verificação da lógica positivista pode verificar a si mesmo. Nada do que o homem moderno conhece por meio de suas decantadas técnicas empíricas é verdadeiramente imutável. Embora a Bíblia não responda a todas as perguntas, as Escrituras pelo menos comunicam com certeza algumas verdades da revelação, entre elas que Deus é o criador soberano do homem e do mundo, que a humanidade está condenada à separação do santo Senhor do universo por causa do pecado, que Cristo morreu por nossos pecados e oferece nova vida a todos que confiarem nele. As Escrituras verificam essas reivindicações cristãs, e as premissas cristãs podem ser testadas quanto à coerência de maneira racional, e o testemunho interior do Espírito de Deus provê segurança pessoal quanto à confiabilidade de Deus em sua revelação. O princípio cristão explicativo, dessa forma, "mantém as aparências" mesmo que a sua explicação da realidade e da vida não possa ser diretamente validada ou invalidada pela experiência, e desde que o termo *mantém* não seja arbitrariamente restringido.

Essa ênfase na posição interpretativa, porém, não nos isenta totalmente do interesse em questões de comprovação da informação histórica. Se considerarmos impossível confirmar ou não confirmar os eventos bíblicos empiricamente, não dizemos com isso que os eventos nos quais a fé cristã se fundamenta sejam classificados em alguma outra esfera que não a histórica (quer da fé ou *existenz*[346] ou de alguma outra dimensão mística supra-histórica). Também não dizemos que não faria diferença alguma para a crença

---

[346] [NR] Palavra alemã cujo significado é "existência".

Verificação empírica e o teísmo cristão

e o compromisso cristão essencial se pudesse ser demonstrado que o Jesus crucificado de fato não ressuscitou corporalmente da sepultura, ou se outros milagres atribuídos ao Nazareno realmente não aconteceram. O Novo Testamento não permite tal indiferença em relação à história. O apóstolo João afirma a crença de que Jesus é o Cristo com base em acontecimentos históricos reais (Jo 20.31), e o apóstolo Paulo nos diz que se, Cristo não ressuscitou, o evangelho cristão é *inútil* (1Co 15.14).

O teísmo evangélico estaria falsificado se alguém pudesse provar a não existência de Deus ou do universo, uma vez que o Deus autorrevelador é manifestado como o soberano criador de tudo; ou se alguém pudesse provar a não ressurreição corporal de Jesus de Nazaré dentre os mortos (declarada como um sinal do julgamento futuro, em At 17); ou se alguém pudesse provar o sucesso "desqualificado" do mal. Ao demonstrar que a devoção à imoralidade e à injustiça é a mais sábia, e a mais compensadora maneira de viver para o homem, ao exibir os restos mortais do corpo crucificado de Jesus, ou ao demonstrar logicamente a autoexistência ou a não existência do universo, alguém poderia, teoricamente, demolir o teísmo bíblico, colocando-se sobre ele um peso de inconsistência lógica insuperável.

Devemos insistir, pelo menos, na possibilidade "hipotética" da não confirmação empírica, mesmo se a não confirmação "potencial" não seja uma noção proveitosa. Seria possível justificar alguém que rejeita as reivindicações de Jesus se Jesus não tivesse realizado as "obras" atribuídas a ele. O próprio Jesus apelou às suas obras como confirmação de sua missão e como apropriadamente evocativas da fé nele: *Crede em mim: eu estou no Pai e ele está em mim; crede ao menos por causa das mesmas obras* (Jo 14.11). O aspecto não factual de suas obras iria eclipsar os elementos de evidência essenciais à confissão cristã. Se um veredicto negativo fosse justificável, as reivindicações que dependem de um apelo à informação histórica entrariam em colapso. A possibilidade conclusiva da não verificabilidade não é peculiar aos eventos bíblicos; os limites do método histórico são tais que todos os eventos do passado são igualmente passíveis de não serem verificáveis de modo absoluto. As reivindicações de milagres, quer a extrabíblicos quer bíblicos, não fogem completamente,

DEUS, REVELAÇÃO E AUTORIDADE

portanto, do alcance dos interesses da investigação histórica, e estão todos sujeitos aos requisitos da coerência racional.

O relacionamento entre o natural e o histórico, de um lado, com o transcendente invisível, do outro, não é facilmente formulado. Que Deus é Espírito – isto é, invisível e imaterial – é enfatizado não apenas no Antigo Testamento, mas também no Novo Testamento: *Ninguém jamais viu a Deus* (Jo 1.18). Tudo que o Antigo Testamento diz sobre a teofania divina deve ser entendido como uma manifestação divina especial para os sentidos. A insistência do Novo Testamento de que Jesus de Nazaré "fez a exegese" (*exagō*) de Deus (Jo 1.18) e que nele *habitasse toda a plenitude* [*de Deus*] (Cl 1.19) dificilmente poderia significar que a natureza humana, mesmo nessas circunstâncias, é divina. Portanto, não ajuda muito apontar apenas para a teofania, ou para a encarnação, a fim de concordar com o argumento de David A. Conway de que a fé em Deus não pode ser racionalmente justificada porque não temos o direito de crer que existam "percepções diretas de Deus" (*Mavrodes, Martin and verification of religious experience*[347], p. 171).

Foi por boa razão que o cristianismo primitivo insistiu que o Logos, enquanto não abandonou a divindade, na encarnação acrescentou a natureza humana à indissolúvel unidade de sua pessoa. É essa pessoa, Jesus de Nazaré, que por meio de sua natureza humana manifesta sua divindade; esse é o principal propósito do "Livros dos Sinais" no evangelho de João. Entretanto, até mesmo ao expor a revelação geral cósmica, Paulo insiste que é precisamente a natureza divina, ou a deidade de Deus, que é manifestada junto com o seu eterno poder. A respeito da revelação geral de Deus na natureza, Paulo afirma: *Porque o que se pode conhecer sobre Deus é manifesto entre eles, porque Deus lhes manifestou* (Rm 1.19). Qualquer sugestão, porém, de que Paulo considera a natureza em si mesma intrinsecamente divina – seja no todo, seja em parte – vai totalmente contra a visão bíblica da criação. A versão da Bíblia em inglês intitulada *The new english Bible*,[348] confunde mais do que esclarece a questão, quando afirma que a revelação divina por meio das coisas criadas é dirigida de forma sobrenatural para o *olho da razão*[349] (Rm 1.20). A

---

[347] Mavrodes, Martin e a verificação da experiência religiosa.

[348] A Nova Bíblia Inglesa.

[349][NT] O texto em inglês diz: *the eye of reason*.

versão inglesa conhecida como a *King James*,[350] que traduz *as suas [de Deus] coisas invisíveis desde a criação do mundo são claramente vistas, sendo entendidas por meio das coisas que foram feitas* preserva a ênfase de que a revelação de Deus é dirigida e alcança a própria mente do homem. Aquilo que o Deus invisível revela são verdades acerca de si mesmo e de seus propósitos.

Se esquecermos que aquilo que está envolvido é essencialmente a comunicação divina de verdades por intermédio de meios específicos (a natureza, a história, profetas e apóstolos, e Jesus, a Palavra encarnada), estaremos propensos a esquecer também que, não fosse pela Bíblia como manifestação divina em forma de Escrituras, hoje estaríamos em maior desvantagem com respeito à informação originadora da revelação bíblica do que aquela contida na revelação geral contínua, dirigida universalmente por meio do universo cósmico, de eventos históricos e pela consciência e mente do homem. O fato da revelação objetiva das Escrituras, vivificadas pelo testemunho do Espírito, trazer a revelação salvífica do passado para a contemporaneidade de sua reivindicação de atualidade significa que essa mesma revelação das Escrituras comunica, ao mesmo tempo, o conteúdo objetivo normativo tanto da manifestação geral como da revelação especial de Deus de uma maneira que frustra a inclinação do pecador de subordinar, subornar ou suprimir essa revelação.

Em sua revelação divinamente iniciada, Deus é a fonte de todo significado, e essa base de coerência é proposta mesmo para aqueles cuja mentalidade relativista exclui, de modo preconceituoso, afirmações absolutas e não revisáveis a respeito da realidade e da vida. Se, como a Bíblia afirma, a natureza é a criação divinamente ordenada; se, como as Escrituras declaram, a história é o ambiente no qual Deus está ativo com um propósito; se o próprio homem encontra o seu ideal divino refletido somente em Jesus Cristo; se Deus opera para o bem em todas as experiências na vida daqueles que o amam, então o Deus criador-redentor e autorrevelador providencia uma base racionalmente convincente para essa fé. As alternativas seculares cada vez mais abandonam o homem à alienação como o seu destino inescapável. À parte do teísmo da revelação, todas as tentativas de escapar dessa possibilidade sombria dependem de uma fé cega que não

---

[350] [NT] Em português, "Rei Tiago".

possui apoios persuasivos e que convidam ao "desespero resoluto" de Bertrand Russell. A fé cristã é uma fé racional que se apoia no fato e na verdade da revelação, uma fé alicerçada na automanifestação de Deus em Cristo como a realidade definitiva e a razão absoluta. Ela convida, portanto, à reflexão racional, à decisão racional e ao serviço racional.

16

A mais primitiva experiência religiosa do homem

No curso de várias gerações no passado, a teologia e a filosofia da religião afastaram-se em grande medida do apriorismo e foram na direção do empirismo, a fim de levar em conta a experiência religiosa e as visões do homem quanto à natureza do objeto religioso. Em décadas recentes, porém, as dificuldades inerentes nas explicações empíricas da religião precipitaram um interesse renovado nos aspectos *a priori* da experiência religiosa.

As teorias empíricas são fracas por serem incapazes de evidenciar a universalidade e a necessidade da experiência religiosa, como também não podem mostrar qualquer razão decisiva para distinguir--se de forma permanente, como fazem, um aspecto da experiência como religioso de outro como não religioso. Sem um padrão objetivo — um critério que não é derivado da experiência, mas já está presente quando alguém aproximar-se da experiência —, ninguém jamais erradicará a lacuna que existe entre a probabilidade empírica e aquelas conclusões éticas e religiosas para as quais reivindica-se o absoluto ou a permanência. A explicação empírica da experiência religiosa é incapaz de alcançar quaisquer conclusões universalmente obrigatórias sobre Deus. Nenhuma abordagem meramente empírica poderá chegar a convicções genuinamente objetivas ou universais no que diz respeito ao objeto religioso.

DEUS, REVELAÇÃO E AUTORIDADE

Em contraste com todos os pontos de vista que abrigam a experiência religiosa somente em fatores empíricos, e que professam rejeitar a ideia de Deus com base em provas e evidências a *posteriori*, uma perspectiva distinta alicerça a religião, em vez disso, em fatores *a priori* que são logicamente antecedentes à experiência que o homem tem do cosmos. Os aprioristas argumentam que a religião não pode ser explicada em termos de Deus como um objeto meramente inferido do mundo e do homem. Em lugar disso, a ordem do mundo ético-religioso é tida como confrontando-nos diretamente como uma realidade além do cosmos com a qual a humanidade se relaciona em adição ao universo.

Os aprioristas insistem que o homem não chega a Deus a partir do não Deus. Embora uma série de experiências psicológicas humanas possam, às vezes, tomar esse caminho, isso não deve ser confundido com o próprio processo lógico pelo qual a ideia de Deus surge. O espírito humano está sempre num relacionamento direto com o transcendente criador, sustentador e fim de todas as coisas. A consciência religiosa não é uma filtragem da ordem do mundo empírico, que se origina por meio da inferência do não divino para o divino. Em vez disso, a experiência religiosa é tida como envolvendo a apreensão direta de Deus no espírito interno do ser humano. O conhecimento de Deus é o resultado de uma percepção direta, não simplesmente de nossa própria experiência como um ser do qual a existência de outros seres, e especialmente Deus, é deduzida por analogia, mas um relacionar-se com Deus que caracteriza a existência humana desde o início.

A reafirmação do relacionamento direto do homem com Deus, em contraste com as tradições de Tomás de Aquino e Berkeley, e de porta-vozes modernos do protestantismo como Hastings Rashdall e F. R. Tennant, tem sido uma característica distintiva do pensamento teológico da geração passada. Essa revolta contra "um Deus meramente inferido", com sua redução da divindade a uma questão somente de probabilidade, tem sido em décadas recentes uma ênfase importante da teologia, filosofia da religião e psicologia da experiência religiosa na Europa. A existência do homem se inicia no primeiro momento em que este toma consciência num contexto social; ele não emerge da orfandade espiritual para o relacionamento

A mais primitiva experiência religiosa do homem

espiritual, mas conhece a si mesmo desde o início como alguém que vive em comunidade. Os primeiros idealistas como Cook Wilson, W. E. Hocking e Clement C. J. Webb apoiaram essa ideia. Na geração passada, toda uma sucessão de pensadores — entre eles Ferdinand Ebner, Martin Buber, Karl Heim, Emil Brunner — inclinaram-se a favor do conhecimento direto de Deus e colocaram-se contra uma teologia exclusivamente da inferência. Até mesmo ateus e escritores naturalistas como Martin Heidegger e Samuel Alexander, que não tinham qualquer interesse na doutrina de uma divindade pessoal, defenderam o aspecto imediato do conhecimento que o homem tem de outros seres pessoais. A concepção de relacionamento social é um *a priori,* argumentavam eles; o ser nunca conhece a si próprio, a não ser em relacionamento com outros seres. Na terminologia da teologia e da filosofia religiosa recentes, o relacionamento eu-tu constitui um modo fundamental de conhecimento e experiência; não é uma mera indução, mas um relacionamento primário no qual o homem permanece como conhecedor desde o início de sua consciência.

Essa ênfase no conhecimento direto de Deus liga o pensamento moderno, mais uma vez, à discussão do apriorismo religioso. (Por enquanto, deixamos de lado a questão se a autoconsciência do homem envolve desde o começo uma consciência também de outros seres e do mundo eterno.) Que o conhecimento de Deus não é inferido do não divino, mas resulta de um relacionamento original divino-humano no qual a vida consciente do homem se inicia, é um aspecto pelo menos, ainda que certamente não seja o todo, da discussão histórica do conhecimento apriorístico de Deus. A força central da teologia da crise, contra a teologia tomista, tem sido a reafirmação do relacionamento divino-humano como definitivo da experiência humana.

No entanto, seria uma interpretação equivocada representar a situação atual do movimento teológico recente como uma reafirmação do apriorismo religioso em sua forma clássica e tradicional. Com o seu retorno ao conhecimento original de Deus como não inferido da experiência, ele reafirma um aspecto do apriorismo religioso, enquanto em outros aspectos importantes não é, de forma alguma, uma volta ao apriorismo religioso em seu sentido histórico. A ênfase na apreensão direta de Deus na experiência humana não é absolutamente limitada a aprioristas. Caracteriza todas as escolas do intuicionismo, uma vez que elas se opõem a qualquer derivação das verdades da experiência religiosa e moral de processos intelectuais fundamentados exclusivamente na experiência. Surge, porém, uma diversidade fundamental de princípios no contexto das escolas de pensamento do intuicionismo. Nem todas as formas de intuicionismo são aprioristas no sentido comum do termo; de fato, os intuicionistas e os aprioristas são frequentemente contrastados. Com exceção dos intuicionistas racionais, a escola intuicionista é hostil a todo conceito de ideias inatas e a formas cognitivas *a priori*.[351] A asserção de um *a priori* em dimensões significativas requer a proeminência do fator racional no conhecimento religioso, para o qual a maioria das escolas não dá espaço. Quando Edwin D. Starbuck afirma que "o intuicionismo difere do apriorismo ao enfatizar [...] a afeição [...] em preferência à cognição como [...] uma fonte direta

---

[351] Desde que o intuicionismo (exceto em sua forma de "intuicionismo racional") nega que o conteúdo da afeição precisa ser posto em forma conhecível antes de constituir-se em conhecimento efetivo, ou em conscientização significativa, ele tem pouca simpatia pela doutrina das ideias inatas e pelo apriorismo em geral. A maior parte das escolas do intuicionismo considera a afeição como uma fonte fundamental de conhecimento, quer suprarracional quer sub-racional. Portanto, elas representam um afastamento da posição dos intuicionistas racionalistas, que eliminam o antagonismo entre a intuição e a cognição ao argumentarem que é da natureza da razão o apreender a verdade imutável (Crisóstomo, Agostinho, Ralph Cudworth, Samuel Clarke, Henry Calderwood). Os intuicionistas racionais mantêm assim a referência da experiência religiosa ao sobrenatural, enquanto os intuicionistas não racionalistas, insistindo como faziam na percepção intuitiva de certo e errado que depreciava o elemento racional na experiência religiosa e moral, foram obrigados a recuar por causa do violento ataque da filosofia evolucionista. O primeiro movimento procurava justificar os instintos por meio de premissas evolucionistas, explicando a assim chamada autoridade transcendente da vida moral e religiosa, sem qualquer conexão racional com a realidade sobrenatural, como a propagação sentimental dos julgamentos sociais do ambiente da comunidade a que se pertence. O próximo passo foi o empirismo e o pragmatismo radicais na religião e moral. Os únicos "postulados necessários" agora permitidos eram derivados não de fundamentos imutáveis e eternos (uma vez que estes não poderiam mais ser acomodados num universo plástico, mutável e em evolução), mas supostamente pelo instinto animal: um instinto "intelectual", imediato e afetivo. A essa abordagem, pertence a teoria de William James e J. P. Lange de que respostas orgânicas frequentemente precedem reações cognitivas e ajudam a determinar o seu caráter, e também a colocação da prioridade do instinto sobre a razão de Henri Bergson. Os sentimentos mais elevados são vistos, portanto, como o resultado direto de instintos mais simples, e o intelecto é considerado menos primário do que a intuição não cognitiva.

de conhecimento" (*Intuitionalism*,[352] 8:397b), ele aparentemente negligencia a circunstância em que o termo "intuicionismo racional" tem sido usado na história da filosofia recente, a fim de designar escolas intuitivas que insistem na questão do conhecimento racional inato, embora ele apresente uma advertência necessária contra a identificação automática do intuicionismo e do apriorismo. No que diz respeito à insistência em uma base divina direta de experiência religiosa, enquanto essa base é acomodada fora da cognição, em fatores extrarracionais, tratamos com escolas de abordagem mais apropriadamente consideradas como místicas.

A teologia cristã recente enfatiza que Jesus de Nazaré é o evento originador da fé cristã e que o evento Cristo é decisivo para o entendimento da realidade religiosa. Não são poucos os eruditos que ignoram totalmente a questão da percepção primária do homem sobre Deus; outros a rejeitam explicitamente, enquanto alguns enfatizam que a história de Jesus Cristo ilumina de modo decisivo um *a priori* ontológico, embora eles encubram a sua significância cognitiva.

Existe, porém, uma ruptura da completa separação da verdade cristã sobre Deus com a percepção humana universal e o conhecimento de Deus que é digna de nota. A visão barthiana merecedora de objeção é refletida por Helmut Gollwitzer, o qual desconsidera a revelação geral de Deus, rejeita quaisquer possibilidades do entendimento humano de Deus, nega qualquer campo comum entre o Deus da Bíblia e aquilo que o homem conhece de Deus fora da revelação cristã e insiste que somente por meio de confrontação e revelação especial o homem recebe a manifestação de Deus, acerca da qual é até então completamente ignorante. Dessa forma, o "verdadeiro Deus morto" é o Deus metafísico dos não cristãos (*The existence of God as confessed by faith*,[353] p. 121, 135, 141, 152 etc.

Apesar de muito falarem nas várias linhas de "entendimento de Deus", a maioria dos estudiosos contemporâneos evita os requisitos rigorosos para formular uma teoria do *conhecimento* religioso. Até mesmo os eruditos pós-bultmanianos da "nova busca" [pelo Jesus "histórico"] consideram que a expressão "hermenêutica de Deus", de alguma forma, eleva o termo *Deus* acima da subjetividade humana

---

[352] Intuicionismo.

[353] A existência de Deus como confessada pela fé.

DEUS, REVELAÇÃO E AUTORIDADE

à realidade religiosa. Entretanto, dificilmente se poderá manter *Deus* como um referente significante em meio a uma epistemologia ambígua. A "nova busca" tenta construir uma teologia positiva sobre uma exclusão teológica prévia do conhecimento religioso objetivamente válido, mesmo com base na revelação divina. Não é de admirar que ele tenha se dividido rapidamente quanto à realidade a que o termo *Deus* é aplicável, ou seja, quanto a que pressuposição ontológica a religião em geral implica.

Perspectivas como essas não são capazes de se constituírem em desafio muito grande para a teologia secular da morte de Deus, que considera o próprio conceito de um ser sobrenatural transcendente inteiramente estranho para o pensamento do homem moderno. Os secularistas radicais, dolorosamente, fazem uma leitura equivocada da experiência humana, incluindo a do homem moderno, nem mesmo isentando a deles mesmos, quando querem nos fazer crer que ela não contém nenhum referente absoluto ou dimensão ontológica que envolva a realidade além do mundo. Assim, Paul van Buren sustentou que o termo *Deus* não possui um referente específico: os cristãos que falam de Deus meramente usam "a linguagem da fé" a fim de caracterizar "alguma coisa universal, eterna, absoluta", manifestada como uma reivindicação de amor na vida de Jesus de Nazaré (*The secular meaning of the gospel*,[354] p. 139). Essa análise meramente conforma a real situação epistêmica do homem secular a um preconceito antis-supernaturalista. William Hamilton também localizou o elemento essencial da "teologia da morte de Deus" em sua ênfase na suposta não experiência de Deus: "Isso é mais que [...] a garantia habitual que diante do santo Deus toda nossa linguagem se quebra e sofre difração no paradoxo. É que realmente não conhecemos [...] Deus. Não é apenas o caso de que uma capacidade secou-se dentro de nós; [...] tomamos isso como uma declaração sobre a natureza do mundo e tentamos convencer outros, Deus está morto. Não estamos falando sobre a ausência da experiência de Deus, mas sobre a experiência da ausência de Deus" (*The death of God theology*,[355] Hamilton arrisca-se a preencher o vácuo associado à perda de Deus com a exortação à obediência ao Jesus mundano; uma vez que Deus é considerado uma irrelevância, ele ignora o fato de que Jesus considerava a obediência

[354] O significado secular do evangelho.

[355] A teologia da morte de Deus.

A vontade do Pai celestial como a lei de seu ser. Essas representações não somente produzem inevitavelmente o colapso do imperativo do amor ao próximo que deveriam preservar, mas analisam, de modo superficial e evasivamente, o impacto universal de Deus sobre a mente do homem.

Em vez de acomodar as análises equivocadas inerentes nas representações da morte de Deus, do assim chamado "homem sem deus", teólogos modernos estão, de novo, testando um referente para o termo *Deus* e focalizando a discussão na realidade expressada pela categoria da divindade. As discordâncias que têm entre si são imensas, mas eles estão convencidos de que afirmações religiosas não podem ser reduzidas simplesmente a significados semânticos e que a ideia de Deus envolve, inseparavelmente, uma reivindicação da verdade. John B. Cobb Jr. exclui a inadequada rejeição da morte de Deus como uma falsificação. "De fato, para a minha própria existência espiritual como cristão, é uma questão de vida ou morte que a realidade do referente de 'Deus' seja uma parte de minha convicção intelectual" (*A christian natural theology*,[356] p. 14). Charles Hartshorne não deriva conhecimento de Deus de alguma outra coisa que não o próprio Deus, mas relaciona todas as provas para a existência de Deus a concepções que derivam o seu significado do próprio Deus e as considera como meios de esclarecer uma crença anterior em Deus que, frequentemente, tem falta de lucidez e coerência (cf. Schubert Ogden, *Theology and philosophy: a new phase of the discussion*,[357] p. 11s.). Paul Tillich, que vê Deus como a profundidade absoluta no homem e no mundo, sustentou que a percepção de Deus como uma questão religiosa está implícita na finitude do homem (*Systematic theology*,[358] 1:205). Ele escreveu: "A questão de Deus é impossível porque uma percepção de Deus está presente na questão de Deus. Essa percepção precede a questão. Não é o resultado de argumentação, mas a sua pressuposição" (1:206).

---

[356] Uma teologia natural cristã.

[357] Teologia e filosofia: uma nova fase da discussão.

[358] Teologia sistemática.

DEUS, REVELAÇÃO E AUTORIDADE

Alguns, como William Hordern, enfatizam "o mistério de Deus" (*Speaking of God*,[359] p. 113s.). O senso universal de temor e reverência na presença do mistério do universo, ele comenta, é compartilhado tanto por ateus como por aqueles que sustentam alguma visão de Deus, mas Deus o Mistério revela-se somente na comunidade da fé. Assim, Hordern encontra na experiência do mistério uma pré-percepção de Deus, mas ele insiste que somente o cristianismo tem uma ontologia explícita: "A fé cristã permanece ou cai com certas afirmações especí-ficas sobre a realidade — 'Deus estava em Cristo', 'Deus é amor'. [...] Longe de ser indiferente à ontologia, o cristianismo tem a sua própria ontologia para oferecer" (p. 197). Contudo, uma vez que Hordern não estabelece importância cognitiva à percepção universal de Deus, nenhum elemento ontológico que a teologia cristã acolhe ou trans-forma é citado como evidência. Ele também não clarifica adequada-mente a significância cognitiva das afirmações cristãs ontológicas; ao fundamentá-las apenas na fé, ele põe em dúvida a qualidade conceitual do entendimento cristão de Deus.

Ainda assim, a questão do conhecimento primário de Deus que o homem tem de forma universal está, mais uma vez, clamando por uma investigação teológica permanente. "A questão teológica central para a teologia protestante dos dias atuais [...] a questão verdadeira-mente radical", declara Frederick Herzog, é "se o homem de fato tem ou não alguma percepção de Deus", isto é, "a questão de como o homem é capaz de compreender o Deus da revelação histórica" (*Understanding God*,[360] p. 23). Consequentemente, Herzog convida os protestantes para a "responsabilidade hermenêutica" de um exame cuidadoso da "estrutura primordial da experiência do homem" (p. 24).

Herzog acredita que "não haverá ganho algum para o entendi-mento de Deus com um apelo a alguma religiosidade residual que ainda poderia ser descoberta no homem moderno". Mesmo que "até nos 'modernos' mais representativos" alguma "aspiração residual por Deus" pudesse ser demonstrada como restando, pensa ele, seria fútil agora reintroduzir a pressuposição religiosa (ibid., p. 40). O entendi-mento que o homem tem de Deus "pressupõe uma falta completa de entendimento" (p. 43). A tarefa da teologia sistemática, pensa ele, é

---

[359] Falando de Deus.

[360] Compreendendo Deus.

articular a importância de um dilema ontológico interno cujo significado o homem não conhece. A dimensão ontológica da experiência primária do homem deve ser afirmada, e não negada; mas, insiste Herzog, não deve ser rapidamente identificada com Deus.

Seria um engano, argumenta Herzog, "definir a percepção ontológica elementar do homem imediatamente em termos religiosos" (ibid., p. 36). Em vez disso, "além de perceber a si mesmo e o mundo, o homem percebe o ser. Essa não é uma experiência irracional. Ela antecede o raciocínio do homem. Ela é melhor descrita como pré-racional ou pré-cognitiva, como se fosse um 'impulso', um 'sexto sentido'. Não é um subproduto do relacionamento cognitivo do homem com a sociedade ou a natureza. Não é o resultado de suas reflexões sobre um ser supremo. É uma percepção imediata, transcendendo qualquer encontro com a natureza ou outros seres humanos. Também transcende as dimensões histórica e ética da vida humana" (p. 36s.). Para Herzog, a questão central é: que palavra essencial é capaz de dar sentido ao ser, a respeito da qual o homem tem uma percepção básica?

É possível compreender a relutância de Herzog em concordar com os religiosos contemporâneos, que encontram nas profundezas do ser do homem uma percepção universal da divindade e depois correlatam o termo meramente com relacionamentos ideais interpessoais (como fazem os radicais de Mainz, Herbert Braun e Manfred Mezger). Ou com alguma profundidade naturalista dentro de nós mesmos, como parece que John A. T. Robinson fez em alguns de seus primeiros escritos, uma vez que isso também desvia o termo de sua realidade apropriada. Herzog também insiste corretamente, ao contrário de Tillich, que a percepção pré-cognitiva do homem não deve ser identificada como uma expressão "da questão de Deus implícita na finitude humana". A palavra *Deus* não está presente meramente no enigma do ser humano quanto à realidade do ser (ibid., p. 38). Como Schleiermacher, Tillich fala de um senso absoluto de dependência intuitivo e pré-cognitivo que ele considera, ao mesmo tempo, como uma percepção de Deus. Wolfhart Pannenberg, igualmente, insiste que a revelação descobre no homem um fundamento do ser e um poder abrangente que o cerca e sustenta, e que o homem não consegue evitar a pergunta sobre Deus e de pensar a ideia de Deus,

DEUS, REVELAÇÃO E AUTORIDADE

com qualquer que seja o nome que ele associa a ela (*Die frage nach gott*,[361] p. 238ss.).

Todavia, Herzog argumenta também que a percepção que o homem tem do ser não envolve um reconhecimento imediato de Deus à parte de reflexão subsequente sobre a sua dependência ou independência, e isso em princípio corrói uma percepção cognitiva universal de Deus. Em oposição a Tillich, Herzog aponta o argumento de Rudolf Otto contra Schleiermacher, de que o "sentimento de realidade" é "uma premissa primária imediata de consciência", mas que "esse sentimento de dependência" é uma derivação consequente do raciocínio. Ele alega que Tillich "muito rapidamente chama de 'Deus' a percepção ontológica básica do homem" (*Understanding God*,[362] p. 38). A percepção do homem sobre o ser é "uma experiência ontológica primordial", sustenta Herzog, e "reflete um encontro imediato com o Ser que está além de nosso próprio ser e o ser do mundo. Ser além de nosso próprio ser evoca uma percepção. Entretanto, o homem não *conhece* imediatamente o que sente [...]. A experiência imediata não é instantaneamente conhecida como Deus. O homem está perplexo pela sua experiência primordial. Um nome imediato não está disponível" (p. 38). "Não é possível destacar com intensidade suficiente que não é uma estrutura cognitiva que leva o homem à percepção do ser. [...] Isso pertence à autoconsciência do homem. Mas não é algo objetivo ou cognitivo. É imediato" (p. 39). "A pressuposição hermenêutica da teologia não é uma percepção nítida" (p. 40); a percepção primordial do ser que o homem tem é ambígua e "procura penetrar no domínio do cognitivo" (p. 39).

Nessa evasão do relacionamento cognitivo primário do homem com Deus, Herzog reflete o ambiente das tradições teológicas e filosóficas recentes, influenciadas pela fenomenologia de Husserl e pelo existencialismo de Heidegger, sem falar na ênfase da primeira fase de Schleiermacher sobre a percepção cognitiva. O fato de que a questão da experiência religiosa básica do homem é levantada com tanta confiança, em termos de fatores não cognitivos, é duplamente importante quando se considera a visão bíblica contrária e também que na longa história da filosofia religiosa e da teologia o cristianismo foi

---

[361] "A pergunta sobre Deus".

[362] Compreendendo Deus.

A mais primitiva experiência religiosa do homem

frequentemente associado ao apriorismo racional. A religião evangélica discute a experiência primária do homem somente no contexto de uma revelação universal de Deus, a qual faz que o homem esteja imediatamente engajado como o portador da imagem criada de Deus, tanto na mente como na consciência, e o confronta de maneira inteligível na natureza e na história externas.

17

Uma explicação
a priori da religião

Uma pesquisa ampla do significado conferida ao *a priori* religioso através dos tempos na filosofia da religião e teologia suprirá um contexto útil para a avaliação de tendências mais recentes.

Ao tratar de pontos de vista que afirmam um elemento *a priori* na experiência religiosa, lidamos, primeiramente, com aqueles que explicam a consciência religiosa primariamente por meio de certos elementos racionais inatos. A experiência religiosa é considerada possível por causa de fatores racionais *sui generis*,[363] fatores que fazem da vida religiosa algo inevitável não meramente como um reflexo de princípios externos ou inferidos, mas em vista de um relacionamento direto e cognitivo com Deus. Essas escolas *a priori* consideram a religião como um aspecto constituinte independente e irredutível da natureza humana. Sua base racional inata garante a universalidade e a necessidade da religião, contra teorias rivais que deixariam a experiência religiosa mais especificamente com o temperamento ou o gênio individual, ou que a veem como meramente um traço do que é caótico na vida humana, ou que insistiriam quanto à sua importância estratégica, embora não enfatizando, como um princípio característico, a sua necessidade universal.

---

[363] [NT]: Em português, "Singulares".

Deus, revelação e autoridade

Uma apresentação exaustiva de cada esquema *a priori* envolveria um resumo cansativo de pontos de vista divergentes. Tudo o que é importante para os nossos propósitos pode ser obtido por meio de uma resenha de posições representativas. Qualquer estudo adequado de elementos *a priori* deve incluir as abordagens feitas por Platão, Aristóteles, Anselmo, Descartes e Kant, bem como as perspectivas da Reforma e de certos teólogos pós-reformados e de pensadores pós--kantianos tais como Ernst Troeltsch, J. K. Fries e Rudolf Otto. A história da filosofia não oferece uma determinação uniforme do conceito *a priori,* mas tipos característicos podem ser exibidos em categorias distintas por meio do exame de pensadores representativos. Essa abordagem tem o mérito de apresentar conceitos *a priori* rivais sem a perda total da perspectiva histórica, o que seria o caso numa análise puramente lógica das possibilidades, enquanto evita o material mais complicado que uma resenha histórica completa precisa acolher, uma vez que a história inteira da filosofia aproxima-se desse assunto por continuadas tensões entre o racionalismo e o empirismo.

As construções aprioristicas podem ser classificadas sob três tipos principais: 1) o transcendente filosófico, 2) o transcendente teológico, 3) o transcendental filosófico.

Essa terminologia é reconhecidamente de conveniência. O leitor já deve ter percebido claramente que esse autor rejeita a premissa de que a filosofia e a teologia operam necessariamente em esferas diferentes. Mas a classificação ilumina, de modo vantajoso, assuntos de interesse especial para a teologia cristã.

Um desses assuntos é a questão da competência ou da incompetência da razão humana na área da metafísica. Aqui, uma resposta positiva é dada, por exemplo, por Platão, que expôs um *a priori* filosófico transcendente, assim designado por ser independente da revelação teológica especial, ainda que presumivelmente equipe o homem com conhecimento metafísico compreensivo e confiável. De modo oposto, uma resposta negativa é dada por Kant, e por muitos filósofos da religião dominados por sua filosofia crítica, não com base na pecaminosidade do homem e na necessidade da manifestação divina especial, mas em vista das supostas restrições intrínsecas severas da razão finita. Aqui, uma espécie de *a priori* filosófico é afirmado que, em lugar de aspirar por uma verdade metafísica

Uma explicação *a priori* da religião

transcendente confiável, reivindica ser apenas reguladora e mera-mente transcendental.

Abordando essa classificação de outra maneira, pode-se obser-var que o primeiro e o terceiro tipos de *a priori* excluem a revelação divina transcendente, o primeiro com base na suficiência da experi-ência humana geral, e o último com base na incapacidade da razão humana no domínio da verdade sobrenatural; em outras palavras, um por causa de competência essencial, e o outro por causa de incompetência essencial, do intelecto humano como tal. É verdade que, embora o primeiro e o terceiro tipos normalmente excluam a revelação transcendente, eles não necessitam logicamente fazê--lo; alguém poderia argumentar, por exemplo, que o *a priori* trans-cendente filosófico habilita o homem a compreender a revelação transcendente.

O primeiro e o segundo tipos têm em comum, contra o terceiro, uma asserção da suficiência das formas *a priori* para o conhecimento do sobrenatural, mas discordam quanto à questão se o conhecedor humano rebelde ergue uma barreira para a verdade espiritual ade-quada que somente a revelação divina especial pode ultrapassar. O terceiro tipo nega que fatores da revelação divina ou fatores inatos comuniquem conhecimento fidedigno das realidades metafísicas.

No entanto, como observaremos a seguir, de maneira mais completa, as construções pré-kantianas defendem um *a priori* na forma de conhecimento inato, enquanto o terceiro tipo é hostil a ideias inatas e afirma somente formas inatas, mas nenhum conteúdo de conhecimento inato. Declarações pós-kantianas do *a priori,* por-tanto, diferem decisivamente das declarações pré-kantianas de duas maneiras. Elas negam ao homem todo o conhecimento metafísico, permitindo-lhe somente um acesso regulador à esfera do sobrenatu-ral, uma vez que o *a priori,* feito sob a égide da epistemologia crítica kantiana, é apenas em contraste com os não transcendentais, com os relatos não críticos. Além disso, elas afirmam como *a priori* somente certas formas de pensamento, que podem, quando muito, estabele-cer a validade da experiência religiosa em vista de sua universalidade e necessidade, mas essas jamais são capazes de estabelecer sua verdade ou o valor de seu conteúdo.

Não se deve permitir que essa divisão de visões dos *a priori* em pré e pós-kantianos comunique a impressão de que o problema do *a priori* seja primariamente da área da filosofia, ou da filosofia da religião, em vez de ser da área da teologia. A literatura passada que trata do *a priori* é tão farta na tradição teológica como na filosófica. Pois as questões envolvidas na discussão das considerações do *a priori* são tão cruciais para a teologia como para a filosofia. O debate do *a priori* constitui-se, realmente, num cruzamento que reúne questões de preocupação fundamental em ambas as esferas.

Para a teologia, nenhuma questão poderá ser mais fundamental do que aquela a respeito da legitimidade da fé cristã. Especialmente durante o último século e meio,[364] escritores aprioristas tenderam a ancorar essa legitimidade na constituição essencial do entendimento humano. À medida que o princípio estabelecido no século XIX de que a história pode ser a matriz apenas daquilo que é relativo se impôs, e à medida que o liberalismo protestante se esqueceu do conceito de uma manifestação histórica absoluta como a base da fé cristã, um movimento na direção da razão humana e de seus elementos *a priori,* e para longe da revelação histórica, caracterizou toda uma fase do esforço teológico do continente europeu para exibir a base da fé cristã. Depois de capitular ao preconceito de Gotthold Lessing contra uma fé absoluta dependente de realidades históricas, esse mesmo movimento procurou demonstrar uma fundamentação racional para a fé na constituição intrínseca da razão do homem. Nessa linha de desenvolvimento, o *a priori* religioso serviu para fundamentar a fé cristã de uma maneira que cancelou qualquer base decisiva na revelação especial e depreciou os aspectos históricos redentores da teologia bíblica. Se a função aqui atribuída ao conceito do *a priori* supostamente apoiava o cristianismo era justificável ou não, a discussão do *a priori* estava estrategicamente relacionada como um interesse teológico para a questão extremamente importante da segurança da fé e da fundamentação desta.

Além desse uso teológico cristão, o *a priori* foi empregado na filosofia da religião também para servir como base essencial de validação e do valor da religião em geral. Um ou outro pensador trataram essas questões independentemente ou de maneira inter-relacionada,

---

[364] [NT] O autor faz referência aqui aos séculos XIX e XX.

de modo que as linhas de interesse teológico e filosófico convergiram.[365] Mas a ruptura realmente decisiva voltou-se para a conexão ou desconexão do elemento *a priori* com a forma e o conteúdo racional, com um domínio sobrenatural racional e com a revelação divina especial.

O nome de Immanuel Kant aparece hoje no contexto de qualquer discussão sobre o *a priori* religioso. Enquanto a filosofia kantiana indiretamente proveu o ímpeto para a asserção de um *a priori* religioso crítico e regulador da parte de diversos filósofos e teólogos modernos, o próprio Kant, como é bem sabido, não apresentou nenhuma instrução para um elemento *a priori* religioso. Embora Kant tenha afirmado um aspecto *a priori* no conhecimento geral, tanto em questões da razão pura como da prática, na área da religião ele não era um apriorista, pois negava a independência da religião e atribuía a ela uma base na natureza moral do homem. Assim, Kant negou à experiência religiosa qualquer fundamentação em aspectos constituintes do *a priori* do conhecimento teórico. Isso fica patente em sua atribuição à esfera prática de questões sobrenaturais. Além disso, Kant negou à religião qualquer fundamentação nos aspectos constituintes do *a priori* do conhecimento prático, fundamentalmente porque isso dizia respeito ao domínio da moral. Kant localizou o único fator relacionado à experiência religiosa na vida moral e não reconheceu nenhum elemento *a priori* diferenciado na vida religiosa.

No entanto, a epistemologia apriorística de Kant, acompanhada por uma visão reguladora, não teórica, da metafísica, inspirou muitos dos filósofos da religião modernos a defender um *a priori* religioso singular. O seu caráter transcendental, refletindo os limites impostos pela filosofia crítica, coloca a visão deles em contraste marcante com o *a priori* religioso no pensamento pré-kantiano. Visões críticas e não críticas do *a priori* devem ser, portanto, cuidadosamente distinguidas, uma vez que esse contraste divide nitidamente eruditos que, de

---

[365] Um preconceito claro, algumas vezes, subjaz à identificação da construção *a priori* de determinado pensador como filosófica ou teológica. Os aprioristas pós-kantianos consideram todas as digressões na metafísica como filosoficamente especulativas e, portanto, tendem a rotular mesmo a discussão apriorística orientada ao sobrenaturalismo bíblico como não teológica, enquanto prontamente arrogam a dignidade da teologia pura para as suas próprias declarações antimetafísicas do *a priori*.

DEUS, REVELAÇÃO E AUTORIDADE

outra forma, estão juntos em sua afirmação de um fator apriorístico na experiência religiosa. A diferença, em uma palavra, é esta: o *a priori* religioso pós-kantiano, construído dentro dos limites reguladores da filosofia crítica no que diz respeito à metafísica, interessa-se apenas pela validade da experiência religiosa como um fenômeno universal e necessário, enquanto as visões apriorísticas pré-kantianas interessam-se também pela (o que qualquer abordagem kantiana verdadeira deve negar a si mesma) *existência* do *a priori* religioso, pelo *valor* da experiência religiosa e pela realidade *objetiva* do objeto religioso. Os filósofos da religião que operam no espírito da filosofia crítica podem afirmar — somente isso e nada mais — apenas que os homens são universal e necessariamente religiosos porque fatores apriorísticos regulam a vida da humanidade. Que esses fatores apriorísticos sejam mais do que reguladores, que na verdade eles mantêm uma existência genuína na mente e na vida do homem por meio da operação do ser sobrenatural — isso tudo jamais pode ser afirmado ou mesmo seriamente considerado por quem professa estar na sucessão da epistemologia de Kant, porque uma asserção como essa requer a renúncia das limitações nas quais a filosofia crítica insiste. Também não é possível, para quem desenvolve um *a priori* religioso no espírito pós-kantiano, resolver a questão do valor da experiência religiosa, pois a resolução genuína dessa questão requer uma determinação da realidade ôntica do objeto religioso que a filosofia crítica, por definição, declara a si mesma impotente para decidir.

O que foi dito acerca das diversas representações do conceito *a priori* mostra como é superficial a rejeição de todos os esquemas modernos de epistemologia que insistem em um fator *a priori,* como simplesmente uma espécie posterior de platonismo. Não é só o caso de que o *a priori* kantiano exige uma classificação separada, mas a abordagem diferenciada de teólogos cristãos que afirmam um fator *a priori* requer uma terceira classificação em relação aos tipos platônico e kantiano. A predisposição de muitos teólogos liberais em rejeitar a resistência cristã ao empirismo religioso, como meramente uma extensão do platonismo, é particularmente infeliz, uma vez que trai a visão preconceituosa tão característica de grande parte do modernismo protestante de que o cristianismo tradicional era mais ou menos uma reafirmação e correção de ideias filosóficas gregas.

Uma explicação *a priori* da religião

O argumento ontológico foi associado bem de perto à ênfase no conhecimento *a priori,* e na parte apropriada precisaremos considerá-lo. Sobre a declaração em duas páginas de Anselmo, a respeito da qual sua fama em grande medida depende, Gordon Clark assevera que ela tem despertado uma discussão que "deve preencher mais do que dois mil volumes" (*Thales to dewey,*[366] p. 255).

Alvin Plantinga observa que o argumento ontológico "tem uma longa e ilustre linha de defensores que se estende até o presente" (*God, freedom and evil,*[367] p. 85). "Quase todos os filósofos mais importantes, desde a época de Anselmo até o presente, têm alguma coisa a dizer sobre ele", e "os anos mais recentes testemunharam uma agitação de interesse nele entre os filósofos'. Desde a época de Anselmo, o argumento tem aparecido numa considerável variedade de versões (cf. John Hick e Arthur C. McGill [eds.], *The many-faced argument.*[368] A obra de Plantinga, *The ontological argument: from St. Anselm to contemporary philosophers,*[369] reflete um pouco do vívido interesse contemporâneo. William P. Alston e J. N. Findlay consideram que o argumento seja deficiente. Charles Hartshorne e Norman Malcolm, por outro lado, sustentam, como faz Richard Taylor numa introdução a esse mesmo volume, que a exposição de Anselmo tem duas formas, das quais apenas uma é válida. Plantinga e Paul Henle consideram inválida a segunda forma do argumento que Malcolm professa achar em Anselmo (ibid., p. 160s.).

Plantinga não acredita "que algum filósofo tenha jamais feito uma refutação convincente e conclusiva ao argumento ontológico em suas variadas formas" (*God, freedom and evil,*[370] p. 86). Ele pensa que o argumento pode ser afirmado de modo válido, de fato não como "uma bem-sucedida peça de teologia natural", mas com total confiança de que "não há nada *contrário à razão* ou *irracional*" no argumento e que, além disso, ele estabelece "a aceitabilidade racional" do teísmo (ibid., p. 112). Em outro lugar, ele sustenta que o argumento é válido se for afirmado de forma apropriada. Ele oferece

---

[366] De Tales a Dewey.

[367] Deus, liberdade e o mal.

[368] O argumento de muitas faces.

[369] O argumento ontológico: de Santo Anselmo até os filósofos contemporâneos.

[370] Deus, liberdade e o mal.

DEUS, REVELAÇÃO E AUTORIDADE

como uma "conclusão provisória" o veredicto de que "se a minha crença em outras mentes é racional, também é a minha crença em Deus. Mas obviamente a primeira é racional; assim, portanto, é a última" (*God and other minds*,[371] p. 271).

---

[371] Deus e outras mentes.

18

O *a priori* transcendente filosófico (I)

O apriorismo platônico é a forma filosófica transcendente clássica. Apesar de ser apenas uma variedade desse tipo de construção apriorística, é ainda assim de elevada importância. Embora tenha tido alguma importância na Idade Média, seus princípios mais significantes foram reafirmados de forma agressiva apenas com a ascensão da filosofia moderna.

APRIORISMO PLATÔNICO

A insatisfação de Platão com o empirismo vem do fato de que com base na experiência não se pode obter uma ideia uniforme do belo, do bem, do justo, do piedoso — na realidade, de coisa alguma. Ideias acerca de significado categórico, lidando com o fazer julgamentos, devem preceder a experiência, senão não poderemos levar em conta a existência delas e reivindicar validade universal. Portanto, Platão argumenta, precisamos conhecer a imagem para a qual os particulares apontam antes de vir aos objetos de conhecimento particulares, uma vez que dos últimos nunca poderíamos destilar com confiança o universal.

O ponto de partida para a teoria das ideias de Platão — que constitui a mente antes da experiência — era a ênfase de Sócrates do universal no particular. Isso conferiu superioridade epistêmica ao elemento geral e considerou as Ideias como o objeto do conhecimento. À análise socrática das pressuposições do conhecimento, Platão acrescenta dois elementos estratégicos.

A primeira adição surpreendente é a insistência de Platão num mundo das Ideias ontologicamente real. Platão suplementa a ênfase na validade prévia do elemento racional na experiência, em contraste com a sensação, pela ênfase adicional na prioridade temporal do domínio das Ideias eternas. O fator *a priori* no conhecimento humano está, dessa forma, conectado com a ordem racional sobrenatural. A experiência racional do homem foi feita possível somente pela Mente divina, uma hierarquia de Ideias imutáveis, na qual os particulares ganham a sua única realidade por meio da participação ou da imitação. Para Platão, a prioridade do elemento racional pode ser entendida somente por meio de um antecedente espiritual Ideia-mundo.

O segundo fator diferenciado no apriorismo platônico diz respeito à natureza da conexão do homem com a ordem racional sobrenatural. Constituído singularmente como um animal racional, o homem tem a capacidade para o conhecimento válido no mundo das sensações. O fato de o homem possuir universais atemporais é explicado como uma lembrança da Ideia-mundo herdada de uma vida da alma anterior. Platão põe o elemento *a priori* no conhecimento humano em dependência dessa teoria da preexistência ou lembrança. Incapazes pelo uso somente da percepção de chegar a qualquer conhecimento real, os seres humanos podem fazer julgamentos de validade geral unicamente porque a experiência das Ideias atemporais numa existência prévia condiciona o presente do homem por meio da lembrança.

O *a priori* platônico tem, portanto, três aspectos essenciais: 1) a prioridade do racional sobre o perceptivo, pelo qual a validade do conhecimento é mantida, 2) o ato de atribuir uma identidade real a um conceito ou ideias categóricas em realidades transcendentes (a realidade ontológica das Ideias eternas) que fornecem uma explicação metafísica de nossa habilidade de fazer julgamentos de validade apriorística, 3) a teoria da preexistência e lembrança, que supre a base da habilidade do homem de fazer julgamentos racionais e que

O *a priori* transcendente filosófico (I)

penetra através dos variados sentidos até o domínio interno das ideias imutáveis.

Esse interesse dominante não somente na questão da validade da experiência, mas também no sobrenatural transcendente ao qual o homem está peculiarmente ligado, distingue o *a priori* de Platão do tipo kantiano posterior e é característico de construções pré-kantianas. A questão da validade da experiência religiosa é aqui considerada inseparável da questão da realidade transcendente do domínio do sobrenatural; sua discussão como em termos meramente de uma ordem interna, subjetiva, é excluída. A questão da realidade religiosa é a mais importante, não meramente aquela da validade em vista das estruturas de pensamento universais e necessárias do homem. A construção platônica compartilha com a teologia cristã um interesse em conectar o *a priori* com a constituição ôntica da ordem metafísica, e portanto no relacionamento constitutivo do homem com essa ordem.

Ao mesmo tempo, é óbvio que nenhuma prova da verdade da religião judaico-cristã como tal, nem de igual modo de qualquer religião rival, pode ser apresentada com base no *a priori* platônico. O que está envolvido, em vez disso, é a base da realidade de toda e qualquer religião sobrenatural que contempla a verdade, a bondade e a beleza eternas. A construção platônica presume aquilo que a revelação judaico-cristã sempre colocou em dúvida, que os poderes atuais de raciocínio do homem estão relacionados à manifestação divina geral, de modo devotado, e não rebelde. Uma vez que o platonismo aceita de forma otimista a noção de que a natureza humana não está prejudicada por uma distorção pecaminosa da vontade, o fator *a priori,* em combinação com a experiência cotidiana, é considerado como resultando numa teologia natural válida. O interesse racional no sobrenatural, que o platonismo tem em comum com o apriorismo cristão, e que põe as duas abordagens à parte do agnosticismo kantiano, não é, portanto, a única característica diferencial da visão platônica. Existem diferenças irredutíveis que marcam as formas platônica e cristã como espécies contrastantes do *a priori* transcendente. O caráter filosófico-especulativo do apriorismo platônico e o caráter teológico-revelado da visão cristã requerem classificações separadas. Somente a última visão é hospedeira da revelação especial como um

DEUS, REVELAÇÃO E AUTORIDADE

princípio adjunto ao apriorismo, enquanto a primeira tende a facilmente obcurecer a revelação transcendente geral ao justificar a validação numa base panteísta.

ESTOICISMO E O *A PRIORI*

A insistência estoica de que certas ideias gerais são compartilhadas em comum pela raça humana não deveria ser confundida como apriorística. O caráter sensorial-empírico do estoicismo é antiapriorístico em caráter; a alma é considerada uma tábula rasa sobre a qual o mundo exterior da natureza deixa as suas impressões por intermédio das sensações. Essa experiência dá origem, de acordo com os estoicos, às noções gerais comuns a todos os homens, especialmente às normas naturais da verdade e da virtude. A aparente presença na experiência humana de ideias comuns encorajou o estoicismo a esquematizar um critério de validação e um critério de verdade no mundo do sentido em fluxo. O que é válido, sustentava-se, é autoevidente. Conceitos gerais como Deus, o direito e a justiça não são representados como inatos, mas como destilações da experiência.

Cícero atribuiu um *status* de inato ao conceito de Deus, imortalidade e ideias éticas básicas. Mas Cícero, embora seja às vezes considerado um estoico, de fato escreveu contra o estoicismo. A noção estoica dos *logoi* no homem (e nas plantas e pedras também) era dificilmente apropriada para provar uma potencial condição inata. O estoicismo romano era, de fato, um desenvolvimento decadente e eclético.

APRIORISMO MEDIEVAL

A ênfase medieval no *a priori* religioso é mais extensa do que se poderia supor com base no preconceito antiapriorístico comunicado à filosofia pelo empirismo tomista posterior. Intérpretes que não têm uma disposição simpática frequentemente consideram a Idade Média como um interlúdio excêntrico entre a filosofia antiga e a moderna. Analisam que o espírito essencial da Idade Média foi absorvido no período pré-cristão, e o seu sobrenaturalismo é descartado como uma extensão da mentalidade imaginativa grega. Entretanto, eruditos influentes no Ocidente cristão defenderam uma abordagem *a priori* ontológica não meramente no ambiente grego, mas também, e de modo mais representativo, num contexto explicitamente teológico e de revelação.

É uma característica tanto da filosofia medieval quanto da grega clássica a ênfase fundamental que esse pensamento tem com uma referência ôntica ao mundo da realidade e que todo pensamento depende da eficiência anterior da razão divina. O dualismo moderno entre a subjetividade e a realidade é transcendido; existe, portanto, a possibilidade de conhecimento teórico genuíno do domínio metafísico. Está flagrantemente ausente a tensão entre a criatividade da razão humana e a realidade objetiva, entre o pensar e o ser, ou o conflito entre a epistemologia e a ontologia, que está na linha de frente das disputas modernas sobre o conhecimento. O pensar é representado como uma atividade ontológica na qual e por meio da qual o homem compreende a própria realidade. Essa pressuposição manteve-se como uma característica também da filosofia moderna até que foi posta de lado pela influência antimetafísica da crítica kantiana.

A confiança medieval que o espírito do homem reside nas áreas mais elevadas do pensamento, numa conexão racional imediata com o Espírito divino, poderia ser levada adiante de duas maneiras. Uma é essencialmente teológica e ligada à revelação, e a outra é filosofico-especulativa. Dessa divisão em dois, Agostinho e Anselmo podem ser considerados, em certos aspectos, os representantes, embora a separação entre eles não é tão grande como às vezes se supõe.

O *a priori* filosófico transcendente é central para o famoso argumento ontológico de Anselmo, embora ele o relacione especificamente com uma base cristã. Cronologicamente, a formulação de Anselmo aparece sete séculos depois da de Agostinho, mas é melhor ser examinada primeiro por causa de algumas de suas características filosóficas. O apriorismo de Agostinho será considerado sob o *a priori* teológico transcendente, no capítulo 20. Em relação às abordagens aprioristicas que já foram discutidas, das quais a platônica é o tipo grego clássico, a construção de Anselmo como uma formulação do pensamento cristão rompe com a teoria panteísta do espírito humano e com a doutrina platônica da preexistência e lembrança, em deferência à doutrina bíblica da criação. Ela, portanto, leva adiante

DEUS, REVELAÇÃO E AUTORIDADE

a ênfase nas verdades racionais acerca do domínio sobrenatural por meios exclusivamente *a priori,* considerando as verdades como universalmente acessíveis sem a ajuda da experiência sensorial, enquanto desmancha a estrutura ontológica especulativa na qual Platão apoiou a sua doutrina das ideias inatas.

O APRIORISMO DE ANSELMO

A questão de se o apriorismo de Anselmo é classificado apropriadamente como de caráter teológico-revelado ou filosófico-especulativo é ainda amplamente debatida. A contribuição central de Anselmo, o argumento teológico, tem sido apresentada como um protótipo de abordagens mutuamente excludentes. Metafísicos da filosofia afirmam que Anselmo justifica uma base teórica inata para o conhecimento de Deus que não depende da revelação judaico-cristã. Metafísicos da teologia argumentam que ele exibe o conhecimento de Deus de acordo com a ênfase dual da Bíblia, na revelação geral e na revelação divina especial. A teologia antimetafísica contemporânea acha que Anselmo é amistoso em relação ao confinamento anti-intelectual de todo conhecimento de Deus a uma resposta de fé que reage ao encontro divino.

Será que o argumento ontológico, como foi elaborado por Anselmo, é um argumento puramente especulativo cuja intenção era a de levar à fé em Deus? O argumento pressupõe a revelação geral no sentido judaico-cristão? Ou será que é uma meditação exclusivamente na esfera da fé e da Igreja, na qual a fé redentora busca "entendimento"? E esse "entendimento" envolve conhecimento conceitual de Deus? E, finalmente, as deduções de Anselmo da ideia de Deus são válidas, quer em parte quer no todo?

Anselmo indicou num prólogo as circunstâncias sob as quais ele preparou tanto o *Monologum* como o *Proslogium.* Os monges para os quais ele estava lecionando em Bec lhe solicitaram que ele tratasse da essência e da existência de Deus, sem recorrer a provas externas. Pensadores posteriores, abandonando inteiramente o apelo à religião especialmente revelada, poderiam empregar tanto a abordagem *a posteriori* do *Monologum,* quanto a abordagem *a priori* do *Proslogium* como independentes e autossuficientes e sem qualquer exposição subsequente da revelação especial judaico-cristã de Deus.

O *a priori* transcendente filosófico (I)

Mas, certamente, esse não era o contexto no qual Anselmo formulou essas abordagens. Ao abstrair verdade filosófica da informação da revelação, como Anselmo fez em ambas as obras, ele talvez de modo não intencional exemplificou abordagens que poderiam ser seguidas por pensadores posteriores cujo repúdio à manifestação divina especial claramente os distingue dele. A expectativa confiante de Anselmo, em resultados tão compreensivos do argumento ontológico, pode ter encorajado um otimismo não justificável quanto à competência filosófica do pecador em elaborar a natureza de Deus independentemente da revelação especial. Mas que Anselmo não tencionava um argumento puramente filosófico completamente divorciado da revelação, geral e especial, fica claro em seu prefácio: "Escrevi o tratado a seguir na pessoa de alguém que se esforça para elevar a sua mente à contemplação de Deus e que procura entender aquilo que crê. [...] Dessa forma, eu dei a cada [livro] um título, que o primeiro seja conhecido como *Um exemplo de meditação nas bases da fé e sua sequência como fé em busca de entendimento* (St. Anselm, *Proslogium; Monologum*[372])".

Por essas palavras, alguns argumentam que Anselmo não tem como alvo dobrar o descrente pelo argumento ontológico a favor da visão cristã de Deus. Alguns intérpretes até mesmo entendem que é um equívoco fundamental considerar o argumento de Anselmo como um artifício apologético a ser usado com não cristãos. Assim, S. J. Curtis afirma que "Santo Anselmo escreve para os fiéis que têm uma experiência íntima da verdade que creem. [...] Se olharmos para o argumento ontológico como um método de convencimento do descrente, nós o entenderemos de forma errada" (*A short story of western philosophy in the middle ages*,[373] p. 74s.). Outros intérpretes contemporâneos de Anselmo, seguindo Karl Barth, negam ao argumento qualquer significância demonstrativa forjada da perspectiva da revelação geral e declaram que é a meditação de um crente que pressupõe o conteúdo da revelação especial (cf. as avaliações de A. A. Cook, *The ontological argument for the existence of God*",[374] e Langmead Casserley, *The christian in philosophi*[375]).

---

[372] Proslógio; Monológio.

[373] Uma breve história da filosofia ocidental na Idade Média.

[374] O argumento ontológico para a existência de Deus.

[375] O cristão na filosofia.

Um princípio controlador na teologia de Anselmo, que o liga em espírito a Agostinho, em vez de a Platão, como o seu predecessor, e com Lutero e Calvino, em lugar de Descartes e Hegel, como seus sucessores, é a sua confiança de que a revelação divina, e não a filosofia conjectural, estabelece o ponto de partida para a fé: como cristãos, não filosofamos a fim de crer, mas cremos a fim de entender. O próprio Deus é a premissa viva da qual a sua existência é deduzida. Essa ênfase fundamental no Deus que se autorrevela coloca Anselmo intencionalmente em contraste com uma mentalidade meramente secular e o alinha essencialmente com o desenvolvimento teológico *a priori*. Ele não rejeita o princípio da revelação divina especial nem uma relação universal com o criador com base na revelação geral.

Numerosas facetas da apresentação de Anselmo sugerem que, de fato, ele não tem a intenção de que ela seja um instrumento apologético para persuadir os descrentes, mas uma meditação cheia de fé por alguém que já desfruta dos benefícios da revelação especial e da redenção. Pelo menos cinco considerações têm sido propostas para enfatizar que o argumento ontológico está orientado na direção da fé judaico-cristã:

Anselmo afirma que, sem a fé, o entendimento é impossível. "Eu não procuro compreender para que possa crer", escreve ele, "mas eu creio a fim de compreender". Deus dá entendimento à fé. Anselmo reconhece que até mesmo o argumento empírico apresentado em sua obra anterior, *Monologum* era "um exemplo de meditação quanto às bases da fé". Seu tratado subsequente, elaborando sobre o argumento ontológico, o *Proslogium*, é igualmente sobre uma pessoa "que se esforça por elevar a sua mente até a contemplação de Deus e procura entender aquilo que crê".

O apelo espontâneo e bem frequente de Anselmo às Escrituras ao longo de sua meditação sugere que a sua perspectiva é a da revelação bíblica.

O reconhecimento de que o pecado, e não apenas o fato de ser criatura, levanta uma barreira empírica para a busca que o homem faz de Deus. Como pecador, o homem está envolvido por trevas, tendo caído em Adão. "Eu caí antes de minha mãe conceber-me. Verdadeiramente, em trevas eu fui concebido, e na sombra das trevas eu nasci" (cap. xviii). Os sentidos pecaminosos da alma, além disso,

O *a priori* transcendente filosófico (I)

"tornaram-se rijos e insensíveis, e foram obstruídos por sua extensa monotonia" (cap. xvii).

A ênfase de Anselmo no fato de que a renovação espiritual e a recriação são indispensáveis, porque a imagem-criação foi "consumida e desgastada [...] e obscurecida [...] de modo que é incapaz de alcançar aquilo para o que foi feita" (cap. i). A alma precisa libertar-se de si mesma, purificada e iluminada; sem recobrar a sua força, não poderá "com todo o seu entendimento [...] buscar alcançar Deus" (cap. xviii).

Ao replicar à objeção de Gaunilon, Anselmo usa o argumento *ad hominem* que Gaunilon, embora falando a favor do tolo, no entanto, como na verdade um crente sabe que Deus não é uma não entidade. Anselmo deliberadamente responde ao monge não como se ele fosse "de modo algum um tolo", mas um católico. Da parte de Gaunilon, ele convida "a fé e a consciência para atestarem" que a ideia inata de Deus não possui simplesmente o *status* de uma *ideia* de Deus, como se a realidade do objeto fosse uma consideração adicional, mas, em vez disso, é uma ideia "daquilo que, em comparação, nada maior pode ser concebido".

Essa interpretação ajuda a explicar por que, simplesmente por meio de uma exposição completa do argumento ontológico, Anselmo deriva não somente alguns atributos do Deus vivo, mas também outras doutrinas que teólogos cristãos tradicionalmente insistiram que podem apenas ser propostas com base nas Escrituras, como, por exemplo, a doutrina da Trindade, a doutrina da criação e o fato de que Deus mostra misericórdia a alguns dos perversos e pune para sempre outros.

Se essa interpretação de Anselmo é correta ou não, isso ainda não está decidido. E ainda que fosse o caso, ele não poderia por causa disso ser reivindicado pela escola da teologia dialética, que o celebra como o defensor da prioridade da revelação ou fé contra a razão. Pois a ênfase de Anselmo na ideia de Deus como um instrumento de conhecimento coloca-o contra recentes interpretações anticonceptuais da revelação. Sua ênfase firme e especial na ideia de Deus como portadora do conhecimento de Deus reflete a confiança de Anselmo tanto na possibilidade como na realidade da comunicação divina de

DEUS, REVELAÇÃO E AUTORIDADE

verdades para o homem, especialmente a verdade da autoexistência de Deus, por meio da cognição humana.

Provavelmente seria melhor abordar agora a famosa exposição de Anselmo. A rigor, Anselmo não nos apresenta um argumento, uma prova demonstrativa de Deus. Ele apresenta seu caso sobre algo muito mais fundamental: que o homem possui a ideia de Deus de forma inata, e que essa ideia como tal envolve a própria realidade de Deus. Essa ideia de *Deus* não pode ser rejeitada simplesmente como *ideia* de Deus, pois a ideia em si mesma seria impossível sem o Deus vivo. De forma simples: cada pessoa tem uma ideia "daquilo que, em comparação, nada maior pode ser concebido"; portanto, Deus existe. Todo protesto levantado contra essa conclusão pode ser respondido da mesma maneira: o protesto subestima a ideia que o homem possui de forma inata, que não é meramente uma ideia de uma *ideia* de Deus (de que, em comparação, poderia haver outro maior, o Deus real). Ao contrário, o que o homem tem de maneira inata é uma ideia de *Deus*. A ideia de Deus implica sua própria existência ou não é uma ideia de *Deus*.

Em sua obra *Monologum*, Anselmo argumenta com base no mundo sensorial e na criatura em direção ao sobrenatural, partindo de forma inferencial dos fenômenos finitos e incompletos deste mundo para Deus como perfeição absoluta e infinita — de fato, para o mesmo Deus que a fé cristã estabelece, o supremo ser perfeito com quem, em comparação, nenhum outro maior pode ser concebido. Voltando-se disso para o argumento teológico, Anselmo procura em sua obra *Proslogium* "um argumento único que não exige nenhum outro para provar-se, senão a si mesmo; e esse argumento apenas seria o suficiente para demonstrar que Deus verdadeiramente existe, e que existe um bem supremo que não requer nada mais, como exigem todas as outras coisas para a existência e o bem-estar delas; e tudo o que quer que creiamos em relação ao ser divino" (St. Anselm, *Proslogium; Monologum*,[376] p. 1). Enquanto a sentença final (se ela implica as fontes cristãs) pode impedir a redução do apelo ontológico a um argumento racional inteiramente fora de um contexto de revelação, as palavras de abertura e sua referência à demonstração ainda assim sugerem uma abordagem rigorosamente racional a

[376] Proslógio; Monológio.

O *a priori* transcendente filosófico (I)

ser buscada de forma independente da revelação especial. Anselmo parece convencido de que na abordagem *a priori* ele não precisa mais fazer depender o argumento em favor do absoluto da existência do relativo, o que o deixou muito inquieto na abordagem empírica do *Monologum*.

Agora que o argumento ontológico está diante de nós, é bom observar as razões substanciais para considerá-lo não simplesmente como a meditação de um crente devoto, mas como algo cuja intenção é possuir validade universal. A evidência de que Anselmo considerou o argumento como de importância universal vem a seguir:

O *Proslogium* foi escrito em vista da determinação de Anselmo de apresentar um argumento em favor de Deus que fosse autoevidente e demonstrativo, "o que quer que creiamos em relação ao ser divino".

O apelo às Escrituras não é como fonte de conhecimento de Deus, mas como confirmação.

A crença de que Deus é um ser "que, em comparação, nenhum outro maior pode ser concebido", diz Anselmo, existe universalmente e necessariamente no entendimento de cada homem.

Ele argumenta que, para a mente racional, é evidente que Deus existe no nível mais elevado de todos. A ideia universalmente possuída é autocontraditória, a não ser que Deus exista; o fato de ser universalmente possuída não produz a autocontradição.

De acordo com Anselmo, a negação da existência de Deus é característica do tolo; não é para o homem não regenerado uma necessidade epistemológica absoluta. O homem como homem é compelido à crença, e não à descrença.

A réplica de Anselmo à apologia de Gaunilon em nome dos tolos deixa claro que o argumento ontológico é proposto como uma espécie de demonstração. A prova ontológica não foi proposta meramente como uma exposição da fé cristã, mas como filosoficamente demonstrativa. Foi assim que Gaunilon a entendeu, e é assim que a réplica de Anselmo a Gaunilon a expõe além de qualquer dúvida. A significância demonstrativa do argumento é o que Gaunilon questiona, e Anselmo não protesta que Gaunilon interpreta erradamente o propósito do argumento, mas que ele não captou sua força. Toda

DEUS, REVELAÇÃO E AUTORIDADE

tradição filosófica desde Gaunilon até Aquino e Kant entendeu corretamente que Anselmo estava engajado não meramente na clarificação intelectual do conteúdo de sua própria fé, mas em apresentar uma prova metafísica da realidade de Deus. Essa era uma das razões por que Kant, que não tinha nenhum problema com uma fé meramente reguladora e antimetafísica, era tão oposto ao argumento.

A força filosófica do desenvolvimento de Anselmo do *a priori* aparece com destaque, especialmente, em sua refutação da crítica de Gaunilon ao argumento ontológico. O monge de Marmoutier, escrevendo uma apologia em nome do "tolo" que diz em seu coração *Não existe Deus* (Sl 14.1), responde a Anselmo que o argumento ontológico não é, de modo algum, uma demonstração, pois ele nos força a aceitar uma noção de que todas as ideias têm uma referência ôntica (que sabemos não ser o caso com cavalos alados, elfos etc.) ou à noção de que não haja conceitos de objetos não reais. A própria circunstância de que algumas pessoas negam a existência de Deus, argumenta Gaunilon, mostra que a ideia não necessita da realidade e que Deus não existe na mente de maneira mais decisiva do que qualquer outro objeto. Se tivermos de deduzir os predicados da divindade desde a essência, a existência real de Deus deve ser previamente estabelecida. O método que Anselmo usou para chegar a essa existência é espúrio.

Em sua réplica, Anselmo rejeita qualquer intenção, em contraste com o idealismo filosófico posterior, de argumentar em favor da significância ontológica da ideação humana como tal. Em vez disso, ele contrasta a ideia de Deus com outras ideias em vista de sua universalidade e necessidade, bem como de sua demanda por perfeição absoluta. Para Gaunilon, e assim para o tolo, que interpôs que pelo argumento de Anselmo alguém poderia argumentar pela existência de uma ilha perdida, concebida pela imaginação como mais excelente do que todas as outras, e, dessa forma, que o argumento envolve a natureza ôntica e criativa de todas as ideias, a resposta de Anselmo é aguda: "Mostre-me", diz Anselmo, com efeito, "que a ideia de uma ilha perdida é universal e necessária, e eu a encontrarei para que não seja nunca mais perdida". Nem toda ideia refere-se à realidade. Mas a ideia de Deus, que estrutura universal e necessariamente a experiência humana, tem uma inescapável referência ôntica. Quem quer que

O *a priori* transcendente filosófico (I)

seja que tenha em mente simplesmente uma divindade imaginativa já empobreceu a ideia de Deus e a trocou por outra.

Enquanto o argumento de Anselmo é proposto com base na premissa de sua validade universal, e não meramente como um exercício de fé devotada, ele ainda assim não a oferece como um exemplo de teoria conjectural. Se não está fundamentado num apelo à revelação especial, o argumento é, em todo caso, firmemente ligado à confiança judaico-cristã em geral ou na revelação divina universal, e não meramente na natureza externa, como assegurado no *Monologum*, mas na própria constituição psíquica do homem — não simplesmente na consciência, mas na, e por meio da, indelével ideia de Deus.

É somente de duas formas que o argumento de que a ideia que o homem tem de Deus implica a realidade de Deus escapa de acomodar o absoluto sobre o relativo. Uma é panteísta, e Anselmo a evita; a outra é teísta.

O idealismo especulativo nos tempos modernos propôs-se a reter a força do argumento ontológico pela insistência, num viés profundamente não bíblico, de que as ideias do homem são uma parte da mente divina. O pensamento humano é, então, considerado um aspecto do pensamento ontológico no sentido definitivo. Essa defesa do argumento ontológico ao mesmo tempo cancela a possibilidade e a necessidade da revelação especial miraculosa, em razão de sua ontologia monista. Esse argumento desenvolve conhecimento inato de Deus ao afastar a teologia de qualquer conexão com a manifestação bíblica especial. Mesmo que, às vezes, seja oferecida como apoio à visão cristã de Deus, ela introduz de fato uma "teologia ontológica" que perverte a revelação judaico-cristã, uma vez que o argumento ontológico nesse viés não bíblico liga ideias humanas e a mente absoluta por meio de uma imanência divina radical, que é mais compatível com a filosofia panteísta do que com a teologia cristã. Antes que a teologia ontológica complete o seu desenvolvimento natural, a existência de Deus é derivável de toda e qualquer ideia (cf. Josiah Royce, que chegou ao absoluto por meio da ideia do erro, em suas "Preleções de Guifford: *The world and the individual*",[377] já que todas as ideias são consideradas ideias de Deus, e o pensamento humano torna-se simplesmente um reflexo do pensador absoluto.

---

[377] O mundo e o indivíduo.

Mas Anselmo conferiu ao argumento ontológico um contexto diferente, pois ele sempre mantém a distinção entre criador e criatura. Ao reconhecer a imanência divina nas dimensões bíblicas cuidadosamente protegidas, tal abordagem afirma a imagem de Deus no homem sem dissolver o homem em Deus, ao mesmo tempo reconhecendo a distorção dessa imagem por causa da pecaminosidade do homem.

Parece claro o fato de que Anselmo esboça o argumento ontológico não meramente como um exercício em engenhosidade filosófica especulativa, mas no contexto da garantia judaico-cristã da revelação universal do criador. Elementos da apresentação indicativos da orientação teísta de Anselmo são:

Deus é maior do que pode ser concebido (cap. xv), habitando em luz inacessível (cap. xvi) e possuindo seus atributos de uma maneira inefável (cap. xvii). Assim, Anselmo mantém a incompreensibilidade de Deus, enquanto evita a sua incognoscibilidade.

O homem tem um senso intuitivo de perfeições superiores e inferiores, um padrão que o habilita a categorizar os atributos divinos segundo gradações de valor. Isso poderia parecer implicar um molde platônico de pensamento, mas não encontramos em Anselmo nenhum indício de doutrinas tais como a da preexistência e da lembrança, que são tão integrais à doutrina das ideias eternas de Platão. Pelo contrário, Anselmo vê o homem como portador da imagem-criação de Deus.

Deduções relativas aos atributos divinos são feitas de maneira repetida não por um apelo decisivo à revelação das Escrituras, mas com base num contraste de perfeições relativas da criatura finita com o infinito. Deus deu atributos aos objetos de sua criação de um modo sensato (cap. xvii).

Se o intelecto viu a verdade e a luz, argumenta Anselmo, ele viu Deus; se ele não viu Deus, ele não viu a luz e a verdade (cap. xiv). Esse é um argumento essencialmente agostiniano. Deus é "aquela luz da qual brilha cada verdade que dá luz à mente racional" e, portanto, é a fonte absoluta de toda verdade.

Anselmo reconhece, portanto, um duplo obstáculo para o conhecimento exaustivo de Deus: a finitude do homem e a sua pecaminosidade: o primeiro com raízes na criação, e o segundo com raízes na queda da raça no Adão histórico. De acordo com isso, Anselmo

O *a priori* transcendente filosófico (I)

ora por purificação e iluminação de modo que a alma possa contemplar Deus e concebê-lo de forma correta. Entretanto, essa oração, curiosamente, é pronunciada em conexão com apenas uma fase de seu desenvolvimento do argumento ontológico não em seu início, mas em conjunto com o desejo de Anselmo de saber se Deus é uma simplicidade divina ou se os atributos divinos são partes de um todo. Anselmo responde a essa questão afirmando que Deus é uma unidade e que todos os atributos são um, pois cada um é idêntico à totalidade da natureza de Deus.

Essa discussão ajuda a esclarecer um aspecto complicado da prova ontológica de Anselmo. Embora ele claramente creia na pecaminosidade do homem, e na indispensabilidade da revelação divina, e numa redenção mediada, ainda assim ele confere validade filosófica universal ao argumento com base na revelação geral. Mas ele não nos dá clareza quanto aos limites do argumento ontológico em relação à revelação especial. Aquilo que alinha Anselmo com o lado filosófico-racionalista, em vez de com o lado teológico-revelado, é a distância impressionante que ele faz o argumento ontológico percorrer. Apesar de um rompimento decisivo com o panteísmo, sua declaração do argumento ontológico desvia-se do aspecto teológico-revelado numa direção especulativa.

O serviço que a exposição de Anselmo prestou a movimentos filosóficos modernos foi enfatizado por R. W. Church, que afirma que a maneira em que Anselmo estruturou o argumento ontológico era "em sua substância algo que contaria com a aprovação de mentes tais como a de Descartes e de seus maiores críticos, Samuel Clarke, Leibniz e Hegel; e esses corajosos e dolorosos esforços da razão pura, conscientes de forma tão devotada e reverente daquilo que aceitaram como as certezas da religião, apesar de serem tão ardentemente inclinados à descoberta intelectual por si só, são ainda mais marcantes quando se considera que em suas formas e estilos Anselmo não tinha nenhum modelo, nem mesmo de seu principal mestre, Santo Agostinho. [...] Tem sido observado, com justiça, que o seu método tem um parentesco muito maior com o espírito da investigação filosófica independente que começou quando a era das Escolas tinha passado, no século XVI" (*Life of St. Anselm*,[378] p. 78s.).

---

[378] Vida de Santo Anselmo.

Seria, sem dúvida, injusto classificar Anselmo de modo tão unilateral com o aspecto secular-filosófico do que com o lado teológico--revelado em sua defesa do *a priori,* pois isso ignora a conexão do inatismo de Anselmo como a doutrina bíblica da revelação geral, que a filosofia moderna enfraqueceu desde os seus inícios cartesianos. Mas o emprego confiante que Anselmo faz da prova ontológica para uma doutrina completa da natureza de Deus, ainda assim, dá facilmente espaço para uma metafísica conjectural, que se libertaria de toda e qualquer dependência de uma revelação bíblica especial, e também deixaria para a teologia cristã a tarefa de determinar se ele excedeu os limites do conhecimento *a priori* de Deus compatível com o teísmo bíblico.

Embora Anselmo negue o conhecimento exaustivo de Deus, admitindo prontamente que o homem finito não consegue penetrar os "limites" de Deus, ele resiste fortemente a uma conclusão cética e objetiva "conhecer em certa medida a verdade sobre o ser supremo". Com base no simples argumento de que Deus é o mais elevado de todos os seres, Anselmo deduz muito mais do que o fato da autoexistência divina, ainda que a força inicial da prova ontológica fosse simplesmente isto: que a ideia de Deus seria autocontraditória, a não ser que implicasse o Deus vivo. Mas o conceito de Deus como "aquele que, em comparação, algo maior é inconcebível" implica muito mais. Deus é aquilo que é o melhor que se pode ser, do que o não ser. Portanto, da ideia de Deus mesmo, Anselmo deduz não somente a existência real de Deus, mas a própria natureza de Deus, trabalhada numa exposição dos atributos divinos. Deus existe em si mesmo, isto é, ele tem asseidade;[379] ele é o bem supremo, ou seja, é justo, verdadeiro, bendito; é onipotente, compassivo, impassível, ainda que incorpóreo; ele é onisciente e sábio, luz e verdade; ele é eterno, vivo e onipresente; ele é uma indissolúvel simplicidade e unidade.

Por mais chocante que essa derivação da natureza de Deus por meio do argumento *a priori* somente pareça ao pensamento contemporâneo, que é tomado por uma timidez metafísica, a exposição de Anselmo lembra a declaração do apóstolo Paulo, na epístola aos Romanos, de que o *eterno poder e divindade* do ser supremo são manifestados na criação espaço-temporal (Rm 1.20). O que dá à

---

[379] [NT] "Asseidade", significa que Deus não é um ser derivado.

abordagem de Anselmo a rubrica de teoria filosófica é que o Novo Testamento, em nenhum lugar, implica que a revelação de Deus interna para o homem, tomada em abstração da revelação externa na natureza, pode ser trabalhada para se chegar às conclusões de Anselmo. Nesse sentido, a exposição de Anselmo mostra uma tendência platônica. A afirmação de Anselmo contém elementos adicionais que vão além da esfera da revelação geral da forma como a teologia bíblica a suporta. Anselmo professa derivar da revelação interior de Deus, ainda que unilateralmente divorciada da revelação na natureza externa, informação surpreendente detalhada quanto à natureza e as obras de Deus.

Anselmo deriva da ideia inata de Deus a doutrina da Trindade (cap. xxiii), a doutrina da criação e a doutrina da eleição e da reprovação dos perversos. Surge, assim, a pergunta de se as deduções de Anselmo da prova ontológica são válidas em todos os casos. Até mesmo teólogos e filósofos cristãos simpáticos a uma teoria do conhecimento apriorística insistem que o conhecimento da triunidade divina pertence, de fato, à revelação especial redentora judaico--cristã, e eles hesitam em aceitar a declaração ousada de Anselmo de que, da ideia inata de Deus, podemos deduzir que Deus é o criador de tudo mais *ex nihilo*. Se o fato do universo ser uma decorrência, por necessidade rigorosa, da ideia de Deus, não estará Anselmo comprometido com uma criação necessária em lugar de uma visão teísta das origens, uma vez que última refere os inícios espaço-temporais a um ato voluntário divino? Anselmo poderia responder que, como criatura confrontada pela revelação geral, o homem poderá dar crédito a uma doutrina panteísta das origens somente cometendo violência intelectual.

A premissa de que o homem conhece intuitivamente a melhor alternativa, que presume uma função tão proeminente na discriminação dos atributos divinos, entra na declaração de Anselmo de que Deus é incorpóreo, e sua negação deliberada da discordância posterior de Spinoza de que a extensão seja um atributo divino. O fluxo do argumento de Anselmo é que a extensão é uma limitação, assim, pensamento sem extensão é melhor, e Deus é, portanto, espírito. Se a doutrina panteísta é, dessa forma, excluída na dedução da natureza de Deus, o mundo espaço-temporal deve ter se originado pela

DEUS, REVELAÇÃO E AUTORIDADE

criação *ex nihilo*. Contra Anselmo, porém, está a insistência da maioria dos teólogos cristãos de que essa doutrina tem sua base na revelação especial somente. Mesmo onde a contingência e a dependência do mundo e do homem são reconhecidas, no contexto do argumento cosmológico, a teologia cristã tem se inclinado a referir o conceito de criação *ex nihilo* à revelação bíblica.

O assunto surge com toda a força no que diz respeito à derivação que Anselmo faz da doutrina da expiação e, mais ainda, de uma expiação limitada, com base na ideia inata de Deus. Enquanto Anselmo reconhece que "é difícil entender como sua (de Deus) compaixão não é incoerente com sua (de Deus) justiça", ele argumenta que o ser supremo é mais perfeito se for misericordioso para com o perverso. Ele não extrai da revelação nas Escrituras somente o conhecimento da oferta e da provisão da redenção, mas da tese de que "aquele que é bom para os maus, tanto ao puni-los como ao poupá-los, é melhor do que aquele que é bom ao puni-los somente". O problema que obviamente surge é que alguns dos maus não são redimidos e são reservados para a perdição. Anselmo sustenta que é coerente com a justiça de Deus que ele tanto pune como poupa os maus. O apelo às Escrituras (Sl 25.10; 145.17) é feito então a fim de justificar a inferência. Ainda assim, ele alude também a Isaías 64.4 e 1Coríntios 2.9, passagens que sugerem que o propósito de Deus na redenção depende apenas da iniciativa divina.

Essa derivação da Trindade, da criação *ex nihilo* e da expiação mediante a ideia de Deus, implícita na experiência humana, evidencia que as crenças da revelação invadem o tratamento que Anselmo faz da prova ontológica. Além disso, surge a questão de se a ideia inata de Deus pode ser tomada de forma independente, abstraída da revelação divina externa na natureza e forçada às conclusões que Anselmo deriva. Mas a sua ênfase de que o homem, com base na criação, de modo antecedente à experiência, traz àquela experiência um conhecimento do Deus vivo, coloca-o perfeitamente na tradição teológica agostiniana e ao mesmo tempo contra a exposição platônica do inatismo. Sua unidade subjacente deve-se ao fato de que Anselmo leva adiante a ênfase agostiniana e bíblica na realidade dupla da revelação geral e especial. O homem é, pela criação, uma criatura de fé, que põe a sua confiança ou no Deus vivo ou em falsos deuses. A ênfase

"Eu creio a fim de compreender" tem em vista não exclusivamente o conteúdo da revelação especial, mas também o conteúdo da revelação geral, pela qual Deus confronta o homem em cada momento de sua existência, mesmo em sua rebelião espiritual, chamando-o à fé. O argumento ontológico afirma que o homem, caso traduzisse a revelação geral de forma afirmativa, e não pela via da revolta, não seria levado para qualquer outra direção do que para a revelação com autoridade que as Escrituras fazem da natureza de Deus.

A possibilidade desse conhecimento de Deus existe porque a alma é iluminada pela luz e verdade de Deus. Anselmo expande essa ênfase, falando de Deus não somente em sua obra criativa, mas também em sua obra de redenção, sem esclarecer o relacionamento do argumento ontológico com a revelação especial. "Senhor, meu Deus, meu criador e renovador, fala ao desejo da minha alma, que tu és outro do que ela já viu, de forma que ela veja claramente aquilo que ela deseja" (*St. Anselm, Proslogium; Monologum,*[380] p. 21). Antes de encerrar o *Proslogium*, Anselmo reconhece que o conhecimento do cristão em glória transcenderá o conhecimento da graça; o conhecimento deve esperar pela eternidade para ser completo. Mas ele ora por um avanço diário no conhecimento e faz esse pedido por meio de Cristo.

Uma avaliação de Anselmo hoje em dia é complicada por teólogos antimetafísicos que repudiam a realidade da revelação divina geral, ou o seu conteúdo intelectual, e que estão debaixo de certa servidão ao agnosticismo metafísico de Kant. Assim como Agostinho antes dele, Anselmo considerava o pensamento humano como sempre limitado por Deus, sendo, portanto, ligado à revelação. A esfera da experiência geral, na qual Deus é universalmente manifestado, ganha nova vitalidade, porém, para todos os que permanecem no círculo da revelação especial e na fé da Igreja. No entanto, Anselmo não quer dizer que o argumento ontológico seja significativo somente para o cristão. Ele espera que o cristão perceba imediatamente a sua força total; além do que, ele dá a entender em todos os lugares que reverência, piedade e adoração são fatores importantes na compreensão mais ampla de Deus. Sua tese *credo ut intelligam*,[381] pressupõe que todos

---

[380] Proslógio; Monológio.

[381] Creio para entender.

os homens, mesmo em sua condição perdida, permanecem em certo sentido dentro de um círculo de crença natural ou de relação com Deus, como portadores da imagem divina. Mas, em contraste com o curso da rebelião pecaminosa, a fé reserva a promessa de uma integração racional coerente do todo das experiências da vida. Anselmo crê não para crucificar a razão, mas "a fim de compreender". O contraste é entre a razão a serviço do pecado e a razão a serviço de Deus, não entre a categoria da razão e a categoria do paradoxal ou irracional.

Isso tudo deveria constituir uma ampla advertência aos expositores barthianos de Anselmo que conformam o *Proslogion* a preconceitos antimetafísicos preconcebidos. Para Anselmo, o fato da revelação divina geral na alma tem consequências filosóficas. Como tal, isso não envolve tanto a ilegitimidade da metafísica; pelo contrário, constitui a possibilidade muito verdadeira da filosofia. Anselmo pode não dar ênfase apropriada aos efeitos noéticos do pecado ao apresentar o argumento com uma abrangência tão ampla sem um apelo anterior à revelação especial. Entretanto, a teologia antimetafísica somente achará o argumento de Anselmo palatável se primeiro "kantianizar" a prova de Anselmo. O argumento ontológico não é uma tentativa de meramente mostrar a razoabilidade da verdade especialmente revelada; ao contrário, a não ser que entendamos Anselmo equivocadamente, é uma tentativa de estabelecer o conteúdo da fé em bases racionais que, de modo apropriado, tem o seu apoio na revelação geral.

Ainda assim, Anselmo não tenta tornar plausível ou certa a confiança cristã em Deus com base somente na análise filosófica. Para ele, Deus não é meramente uma inferência de alguma outra coisa, como se a existência real tivesse de ser inferida da existência ideal. De fato, Deus é conhecido de forma direta; o intelecto humano traz dentro de si mesmo, sempre, o conhecimento oculto e o reconhecimento de sua realidade. O argumento começa da perspectiva da fé, do homem cercado pela revelação geral de Deus.

Mas o argumento não cessa, portanto, de sustentar o significado filosófico. A filosofia conjectural não supre os elementos fundamentais da fé; mas a fé se move na esfera da filosofia e, pela exibição da verdade, mostra-se destemida. A fé não transforma a si mesma em conhecimento por tomar emprestado algo da filosofia secular,

O *a priori* transcendente filosófico (I)

mas por confrontar visões alternadas com a autorrevelação de Deus. Até mesmo na consciência da alma abandonada, Deus é revelado; nenhum exílio é completamente solitário. Mesmo o tolo, que diz em seu coração "Deus não existe" contradiz a si mesmo, pois ele conhece a quem ele nega. Um deus que não pode ser pensado como deus não é digno de ser negado. Não se pode pensar de Deus sem se pensar que ele é real; a própria noção de Deus implica sua existência real.

A filosofia antiga, por causa de sua defesa do dualismo metafísico, desaprovava qualquer concretização plena de Ideias e formas eternas no domínio do finito. Enquanto o classicismo grego reconhecia que as formas de pensamento são as formas do ser, também levava em conta um domínio do não ser que não era responsivo ao pensamento. As entidades reais não são identificáveis como objetos sensoriais, mas apenas como Ideias, universais e eternas. A certeza somente poderia ser experimentada à medida que o agente humano arriscava-se a ir além da esfera do finito para dentro da mente eterna e Absoluta, na qual, presumivelmente, o homem participava diretamente como uma alma racional.

No entanto, a Idade Média, com a sua confiança no Deus criador como o fundamento absoluto de todo o ser e pensamento, acomodou uma correspondência mais precisa entre o pensamento e o todo da realidade. A teologia medieval enfatizou que toda a realidade finita deve a sua existência, exclusivamente, ao pensamento criativo de Deus. A lógica divina permeia a existência em sua totalidade. Com toda a confiança, portanto, o cristianismo insistiu que a mente supre o único ponto de partida que é capaz de penetrar o mundo dos homens e das coisas e suas relações. Se o problema para o dualismo filosófico antigo era o de traduzir coisas em ideias, a teologia medieval encontrou na doutrina bíblica da criação um encorajamento para traduzir ideias em suas realidades objetivas, em Deus, nos homens, e na natureza.

Aquilo que providencia um ponto de contato entre o argumento ontológico de Anselmo e a filosofia moderna é a sua hesitação quanto à indispensabilidade da revelação especial para o conhecimento adequado e pleno de Deus. Ao expor a doutrina de Deus, limites fixos não são claramente atribuídos ao conhecimento inato. É encorajada a noção de que a natureza e os atributos de Deus

DEUS, REVELAÇÃO E AUTORIDADE

podem ser completamente delineados dentro da abrangência de um argumento dedutivo simples pelo conhecimento inato do homem. Embora Anselmo tenha herdado de Agostinho a convicção de que a teologia e a filosofia sejam essencialmente idênticas, e que a razão é competente para justificar a fé, Anselmo arrisca-se a provar as doutrinas cristãs sem apelar à revelação das Escrituras e, em contraste com os reformadores posteriores, vê a própria razão como uma fonte da verdade. A "prova racional" de Anselmo parece persuasiva *in toto*,[382] porque ele tomou emprestado secretamente muito da revelação bíblica enquanto presumia argumentar de forma independente das Escrituras. Ele proveu ímpeto para a dependência crescente na "razão pura" (sem informação da Bíblia) como a fonte confiável de informação sobre a realidade definitiva. Essa ocultação do papel da revelação especial e a concentração em conhecimento confiável sobre Deus a ser derivado do raciocínio filosófico não assistido – apesar de estar contido na tese que a fé precede o conhecimento – ganham nova importância seis séculos mais tarde. No momento inicial da filosofia moderna, Descartes desenvolve a tese de que o pensamento, por uma necessidade inerente, leva à postulação do absoluto e apoia uma espécie de teísmo filosófico (ou quase panteísmo) que acaba competindo com o teísmo bíblico.

Anselmo está na Idade Média, entre Agostinho e Descartes. Agostinho defende o apriorismo teológico tanto em intenção como na prática; Anselmo apoia um *a priori* teológico em intenção, mas descuidadamente, conjectural em resultados; Descartes apoia um apriorismo filosófico moderno que eclipsa o teísmo da revelação. Assim, a tendência de Anselmo recomendou o argumento ontológico para filósofos modernos posteriores, que se aliaram em revolta contra a revelação especial. Nesse clima, ele encontrou refúgio, em várias formas, nas perspectivas de Descartes, Spinoza, Leibniz e alguns outros.

---

[382] "No todo".

19

O *a priori* transcendente filosófico (II)

René Descartes, o primeiro dos filósofos modernos, estabelece o assunto das ideias inatas numa nova perspectiva. Ele não apenas está desinteressado, filosoficamente, da revelação especial; mas também tem uma atitude ambígua sobre a origem das ideias inatas e sobre seu relacionamento com a esfera do sobrenatural e a razão absoluta.

Na era grega clássica, Platão via o inatismo como inseparável da doutrina das Ideias eternas; as ideias inatas presumivelmente ganham a sua realidade da relação preexistente, do homem com o domínio divino. Na Idade Média, Anselmo considerou a ideia de Deus como a mais certa de todas as ideias; uma universalidade e necessidade distintiva a colocam à parte de todas as outras ideias. A ideia de Deus comunica uma segurança singular da realidade de seu objeto, de forma que pensar em Deus é o mesmo que já crer em sua existência. Quem quer que interfira nessa certeza, modifica a segurança de qualquer outro conhecimento.

APRIORISMO CARTESIANO

Descartes é, de muitas maneiras, radicalmente incoerente. Uma escola de interpretação não apenas considera o ponto de partida filosófico de Descartes como sendo o conteúdo imediato da consciência, mas sustenta que Descartes, como Agostinho, considerou a autocerteza como a base de todas as certezas. O idealismo objetivo antigo tratava a personalidade individual com reserva cautelosa e, em contraste com o domínio do ser eterno objetivo, discutiu a subjetividade em termos de insegurança e engano. O cristianismo via toda a realidade do ponto de vista da unidade da mente, mas não com a perda das mentes finitas na mente Infinita. Nem para Agostinho, nem para Descartes o domínio da realidade definitiva deve ser conhecido por perder ou transcender o ego finito. Ambos exibem uma confiança distintamente pós-cristã no significado do ego individual. Existem, porém, motivos para dúvida se Descartes encontrou o ponto de partida filosófico no conteúdo imediato da consciência. Uma autocertificação psicológica não é coerente com todas as asserções de Descartes sobre o racionalismo.

De qualquer forma, Descartes parte da autoconsciência imediata de uma maneira inovadora, em contraste com o apriorismo de Platão, bem como o de Agostinho e de Anselmo, os representantes respectivamente das tradições *a priori* antigas e medievais. Quaisquer que tenham sido suas ligações formais com a tradição medieval, ele não conecta sua visão com o *Prologion*, nem reivindica o apoio do argumento de Anselmo. A ênfase de Anselmo na piedade e na consciência religiosa, não meramente com respeito à revelação especial e a redenção, mas na abordagem da verdade em geral, está ausente. O pensamento de Descartes sobre Deus acontece de modo independente de qualquer ênfase na graça comum ou especial. Deus está completamente acessível à iniciativa filosófica da razão cartesiana à parte da revelação divina. A questão do pecado e da obediência do homem não é mais um fator epistemológico. O conhecimento de Deus está divorciado da consciência religiosa e está alojado, em contraste, na esfera das ideias claras e distintas – ou matematicamente inflexíveis. Além disso, a dúvida torna-se agora tão indispensável como uma abordagem à verdade que seja cheia de fé. Para Agostinho, até mesmo o fenômeno da dúvida humana era uma impossibilidade sem um apelo à ordem sobrenatural e à mente de Deus com quem o homem está relacionado. A mente que duvida, exceto no caso da fé que busca entendimento, já está engajada numa revolta moral e espiritual.

O ego que Descartes estabelece como o ponto de partida da contemplação filosófica é marcantemente diminuído, como deve ser evidente para qualquer um que contrasta o ego conhecedor da filosofia cartesiana com o sujeito conhecedor do pensamento grego clássico ou medieval. Platão também fez da razão humana o ponto de partida da investigação, mas ele considerava o homem como um gênero que possuía ontologicamente uma razão altamente complexa pela preexistência e pela participação no domínio das Ideias. Agostinho considerou o distanciamento do autoconhecimento em relação ao conhecimento de Deus como algo impossível porque toda a realidade finita tem o seu ser e razão no criador. Mas Descartes proclama o próprio ego do homem, ou a inteligência individual, como a primeira certeza. Embora ele proteja esse ego de identidade parcial com o absoluto no sentido posterior panteísta e hegeliano, ele também o distancia da confrontação de Deus no pensamento agostiniano e de Anselmo. Apesar de Descartes evitar reduzir o eu a uma parte da natureza, e também ao mero eu animal do pensamento evolucionista posterior, a alma não é mais a entidade altamente complexa da teologia medieval. Enquanto não está em casa na natureza, a sua verdadeira casa também não está na relação com o mundo sobrenatural, como uma alma na imagem de Deus. O eu é mais expressamente e meramente psicológico, em vez do eu profundamente teológico e racional.

A confiança na referência ôntica de ideias é, assim, colocada em suspensão. Depois do *cogito*[383] de Descartes, a relação do sujeito e do objeto surge como o assunto primário da epistemologia. O problema da concordância e da diferença de mundos de pensamento e de coisas move-se para o centro como a controvérsia dominante da filosofia moderna. O conflito entre o subjetivo e o objetivo, ideias inatas e imagens externas, torna-se permanente.

Enquanto separava a alma, como era concebida na teologia medieval, de seu contexto sobrenatural e reduzindo a sua natureza, Descartes de um modo subordinado, ainda assim, expande o ego além do mero *res cogitans* ou "coisa pensante". Com o *cogito*, ele compreende a autoconsciência na totalidade de seu conteúdo, incluindo a vontade, a percepção sensorial, a sensação e a afeição. O pensamento

---

[383] [NR] Expressão latina que representa o ato de "pensar".

DEUS, REVELAÇÃO E AUTORIDADE

é inquestionavelmente a função mais elevada – e nela o *dubito* é de importância decisiva –, mas não é a única função.

No entanto, Descartes não elabora o fenômeno do pensamento em conexão com uma ontologia sobrenatural de ideias, mas em relação às funções inferiores da alma e à sensação, sugerindo que o conhecimento requer o seu relacionamento mútuo. Essa ênfase foi prontamente levada adiante, de várias maneiras, por pensadores posteriores idealistas, críticos e evolucionistas. O problema da origem e da formação do pensamento ganha agora uma nova orientação, um centro psicológico, e a realidade ontológica de ideias, seja no sentido platônico, seja no agostiniano, desaparece. Descartes admitia uma existência real não para a extensão de ideias e formas nas quais Platão e Aristóteles insistiam, mas apenas para a matéria e o pensamento. Apesar das três realidades que ele procurou provar nas *Meditações* – eu *existo*, Deus *existe* – e o mundo *existe* –, para Descartes não é a sua possessão de existência ôntica, mas o seu caráter de generalidade ou universalidade que, primariamente, investe conceitos com significado e valor.

Tanto o idealismo clássico antigo como a teologia medieval encontraram no domínio sobrenatural, logicamente anterior, a fundamentação racional indispensável de todas as coisas. Em nítido contraste com isso estava a redução posterior que Kant fez de todas as concepções do domínio metafísico ao significado meramente regulador e postulante. A epistemologia de Descartes o conecta com a abordagem pré-kantiana, embora de um modo defectivo. Agostinho reconheceu Deus não apenas como a fonte de todo o ser e do conhecimento verdadeiro, mas via todo o conhecimento também, de certo modo, como a revelação daquele Espírito absoluto para os espíritos criados. A filosofia de Descartes desenvolveu-se de modo bem distante desse contexto de revelação. Sendo especulativo, o seu esquema quase panteísta é, certamente, projetado como uma alternativa ao teísmo da revelação que o cristianismo fundamenta no princípio da revelação sobrenatural. Na abordagem de Descartes, com a sua ênfase na iniciativa humana, é possível encontrar pouco que sugira qualquer interesse direto na revelação divina, seja ela particular, seja universal.

Agostinho considerou a sua própria consciência como uma ponte para a verdade eterna; ela apoiava ao mesmo tempo a certeza

O *a priori* transcendente filosófico (II)

da existência de Deus e a do mundo exterior. A certeza sobre Deus não era condicionada por ele na certeza sobre o mundo. O pensamento envolvia, de forma imediata, a realidade de Deus, do eu e do mundo, porque o conhecimento do eu está ligado ao conhecimento de Deus, embora não de modo panteísta, mas numa dependência teísta. Uma ligação ou conexão necessária entre o pensamento e a realidade era, dessa forma, presumida. Anselmo também argumentava que por meio da inferência dialética era possível passar do pensamento para o ser e que qualquer um que pense *deve* pensar em Deus como uma ideia universalmente presente na mente. Apesar de Descartes começar pelo conteúdo imediato da consciência, ele avança pelo caminho de um modo diferente. Agostinho defendeu a autoconsciência como o ponto de partida da certeza num contexto específico, ou seja, que Deus é criador e redentor. O Espírito eterno e imutável não é somente transcendente em relação a espíritos individuais criados, que são distinguidos tanto como finitos e mais tarde como caídos no pecado, mas mantém relações racionais com eles por meio da razão germinal que Deus sustenta. Assim, Agostinho evitou o perigo ao qual a filosofia moderna mais tarde sucumbiu, o de perder as criaturas de maneira panteísta na mente absoluta. A doutrina da criação supriu não apenas uma salvaguarda contra o monismo ontológico, mas também tornou possível a distinção entre o pensamento e as coisas. No cristianismo essa distinção surge dentro do contexto da doutrina da criação, e não simplesmente como uma tentativa de fugir do ceticismo epistemológico.

A filosofia medieval formulou uma doutrina de conceitos, ou formas de pensamento inteligível, com relações diretas com a realidade, refletindo de algum modo a doutrina da criação. Os escolásticos enfatizaram que os universais existem em Deus *antes* de existirem nas coisas, do mesmo modo quanto os universais existem *nas* coisas. Na filosofia medieval e moderna subsequente, a definição do relacionamento que se cria prevalecer entre o pensamento e as coisas tornou-se uma questão central. Os nominalistas identificaram objetos do pensamento e as coisas reais; uma ideia não é mais um objeto do pensamento, mas um meio de se pensar num objeto. Dessa forma, apresentaram para a filosofia moderna o problema do crescimento das ideias no interior da mente humana e encorajaram uma desconsideração da ênfase medieval dominante na realidade ontológica do

pensamento. O conceitualismo de Pedro Abelardo (1079-1142) atribuiu aos universais uma realidade intermediária entre o pensamento
e o fato. Refletindo o ponto de vista dos partidários do idealismo
moderno, Ludwing Noire considerou a teoria de Abelardo "uma
das descobertas mais importantes da filosofia moderna de que todo
o pensamento humano acontece por meio de ideias, que essas são
puramente objetos mentais, que, porém, não têm outra matéria ou
conteúdo do que aquilo que é derivado do mundo objetivo da sensação" (na introdução da tradução inglesa de Max Müller da *Crítica da
razão pura* de Kant, 1:996).

Lembramos aqui que Aquino aceitou de Abelardo o sentido
tríplice dos universais, afirmando que eles estão em Deus antes de
estarem nas coisas, que eles estão nas coisas, e que eles estão em nossa
mente depois de sua presença nas coisas. Contra isso, William de
Occam (que morreu por volta de 1349) afirmou que, enquanto pensamos e sabemos pela agência dos universais, eles não são por isso
realidades; os universais são tidos como se originando pelo efeito
natural das coisas sobre a mente. Portanto, Occam é quem primeiro
proveu um ponto de partida para o conhecimento que distingue a
relação do sujeito conhecedor e do objeto, de tal modo que nega
a realidade ontológica do pensamento conceitual. O nominalismo
deixou sua marca até em Lutero.

Quando a filosofia moderna desengajou-se do teísmo da revelação, abordando o problema do conhecimento pelo lado do ego isolado, perseguiu esse contraste de nome, conceito e realidade de tal
maneira que o conhecimento abstrato tornou-se, para os sensacionalistas posteriores, mera imagem da memória seguindo percepções
sensoriais. Os universais não são mais definidos tendo em vista um
poder ativo do entendimento relacionado ao mundo sobrenatural,
nem são referidos a coisas existentes. A controvérsia medieval quanto
à formação de ideias finitas e de formas lógicas do pensamento, à
medida que essas passaram a ser consideradas meramente abstrações
convenientes de particulares dos sentidos, preparou o caminho para
uma inversão moderna profunda, que não alcançou o seu clímax
antes de Kant, e que por sua vez se oporia ao ontologismo medieval. Em contraste com a visão medieval, ela podia distinguir entre
elementos objetivos e subjetivos em nosso conhecimento. Em vez de

O *a priori* transcendente filosófico (II)

carregar o seu tradicional relacionamento de criatura com a mente divina, os universais foram destinados, a partir de então, a tornarem-se ideias gerais evoluídas de forma pragmática pela mente humana, ou a atividade panteísta imediata da mente absoluta evoluindo em autopercepção humana. Se para Platão e Aristóteles a realidade não respondia à mente de forma total, enquanto para Agostinho ela o fazia, para Kant a realidade seria constituída por nossas representações mentais,[384] e nenhuma outra realidade, a não ser o conteúdo de nossa consciência, estava assegurada. Somente no interior de um contexto tradicional de uma inteligência absoluta e abrangente, uma doutrina como essa poderia ter surgido; no entanto, ela afirma a si própria, numa reversão radical da visão medieval, em uma negação de uma ligação necessária entre o pensamento e a realidade e no abandono de conceitos como universais no sentido do pensamento ontológico. A noção de universais, então, só se torna tolerável por meio da imposição de uma redefinição. Se o platonismo e o aristotelismo pré-cristãos enfatizaram tanto as formas universais a ponto de depreciarem os particulares, o kantismo pós-cristão deixaria a natureza substancial dos particulares em dúvida total e iria eliminar a referência ontológica das formas universais. A partir de então, o problema da essência e natureza da mente iria ser estruturado ou em termos de idealismo panteísta ou de empirismo naturalista.

Entre os tratamentos cristão e kantiano do significado do conceito surgiu a formulação de Descartes nas nascentes da filosofia moderna. Em concordância com Platão, Agostinho e Anselmo, ele inaugura o protesto moderno racionalista mais antigo contra o julgamento de realidades espirituais por critérios sensoriais. Nada é mais certo, para Descartes, do que as claras ideias da matemática. A validade do conhecimento não é autoevidente, mas deve ser testada pelo padrão da certeza lógica, sendo a matemática um aspecto especialmente importante. Ele deseja para a ideia de Deus uma certeza equivalente, de modo que ela possa ser validada como verdade. Se a afirmação subsequente de Deus feita por Descartes vem como um expediente teológico que abandona essa demanda por conhecimento

---

[384] O ponto de vista de Kant será detalhado mais adiante, como definitivo do tipo de apriorismo transcendental filosófico, em contraste com o tipo filosófico transcendente, mas referências ocasionais parecem ser recomendáveis a fim de antecipar alguns dos contrastes.

exato e certo, dado na conscientização individual imediata, ou se ela é uma convicção racional irresistível e uma necessidade lógica, é uma questão interessante.

Embora Descartes tenha asseverado o *cogito* como a primeira verdade de seu sistema filosófico, ele declara na Meditação III (*De Deus: que ele existe*) que "de certa forma, eu tenho a percepção (noção) do infinito antes da percepção do finito, isto é, a percepção de Deus antes da percepção de mim mesmo, pois como poderia eu saber que duvido, desejo, ou que alguma coisa me falta, e que eu não sou completamente perfeito, se eu não possuísse nenhuma ideia de um ser mais perfeito do que eu, em comparação com o qual eu conheço as deficiências de minha natureza?" (*The meditations and selections from the principles of René Descartes*,[385] p. 54s.). Em resumo, Descartes afirma que Deus existe e que fez o homem com uma ideia inata da divindade.

O que é significativo é que Descartes não nos apresenta apoio racional adequado. Mediante a proposição "eu penso", ele não deduz logicamente a proposição "eu penso em Deus", um defeito que, segundo Gordon Clark, mais tarde levou Spinoza a substituir o *cogito* pelo argumento ontológico como a base de seu sistema (*Thales to Dewey*,[386] p. 317). Descartes parece buscar uma linha de argumento preferível e volta-se para uma forma simplificada do argumento ontológico de Anselmo. Ele afirma que Deus é o objeto que melhor conhecemos: em resumo, Deus é o ser que por definição possui todos os atributos, e, uma vez que a existência é um atributo, logo, ele existe.

Um tipo de pensamento liga Descartes ao inatismo antigo e medieval; o outro o exibe como uma ponte para Kant e a abordagem postulante. O argumento que tem o seu ponto de partida no eu que indubitavelmente existe, enquanto a realidade de Deus é problemática, e vai na direção da autogarantida existência de Deus, não conduz – se é que leva a algum lugar –, de qualquer forma, ao Deus cristão, ao lado do qual nada mais necessita ser concebido como existente. Isso começa com a possibilidade profundamente não bíblica

---

[385] As meditações e seleções dos princípios de René Descartes.

[386] De Tales até Dewey.

O *a priori* transcendente filosófico (II)

do ser finito indiscutivelmente real, quer seja Deus uma realidade, quer uma fabricação da imaginação.

A formulação da validação de Descartes, portanto, reflete uma modificação da convicção medieval que, na base de sua criação na imagem divina, as ideias do homem têm uma referência ôntica. O *cogito* cartesiano retirou da natureza as formas aristotélicas imanentes nas coisas e o padrão ordenado pelo Logos da revelação e substituiu-os por pura causalidade mecânica. É verdade que Descartes isentou a substância espiritual de explicação pelo método mecânico somente, mas filósofos posteriores aplicaram o princípio de forma mais devastadora. A matriz matemática iria tornar-se para Spinoza a chave que abre o todo da realidade.

Descartes argumenta que, para sua explicação, a mente requer não apenas o método matemático, mas a possessão de numerosas verdades eternas – embora somente as ideias que compartilham da clareza e da distinção do ideal matemático possam reivindicar certeza. Sua preocupação fundamental com as ideias é quanto à questão genética de sua origem psicológica subjetiva.[387] Ele diferencia três classificações: ideias que são adquiridas; ideias que nós mesmos formamos; e ideias que são inatas, uma vez que servem como uma base para o nosso conhecimento, apesar de nós não as criarmos inteiramente nem as recebermos pela observação. Em lugar do aspecto inato de todas as ideias, no sentido platônico de participação, e da afirmação agostiniana de uma razão divina refletida na experiência do homem na base da *imago* divinamente criada, Descartes enfatiza o

---

[387] Entre Descartes e o naturalismo do século XX existe uma grande diferença de perspectiva, mas não tão vasta quanto parece à primeira vista. O divórcio da ideia de Deus em relação à revelação divina, e a busca por uma chave antropocêntrica para a experiência religiosa, é o elemento comum. Randall e Randall Jr. observam: "O conflito nos dias atuais entre a fé religiosa e a ciência não trata mais de uma explicação científica do mundo, mas com uma explicação científica da religião. [...] Qualquer apologética religiosa no presente que seja digna de consideração [...] precisa iniciar não com as informações da física, mas com as informações das ciências do homem" (*Religion and the modern world* [Religião e o mundo moderno], p. 56). "O efeito realmente revolucionário da fé científica, no que diz respeito à religião até aqui, não tem sido sua nova visão da religião. [...] Para aqueles que absorveram o espírito da investigação científica, é impossível ver a religião como uma revelação divina confiada ao homem. Até mesmo tem sido impossível ver a religião como uma relação entre o homem e a divindade cósmica. A religião parece mais um empreendimento humano, uma organização da vida humana, uma experiência, um vínculo social, e uma aspiração" (p. 58).

DEUS, REVELAÇÃO E AUTORIDADE

aspecto inato de certas ideias independentemente de uma referência sobrenatural comparável.

As ideias inatas asseveradas por Descartes não são pré-fabricadas, residindo totalmente formadas, desde o começo, em nossa consciência, como requer a doutrina platônica da preexistência. Exibem, em vez disso, uma capacidade humana inata de chegar a certos conceitos de imensa importância. Esses conceitos desenvolvem-se segundo um embrião original inato, de forma independente da contribuição da experiência. A alma possui originariamente certas verdades eternas, como por exemplo, que "nada vem do nada", e também certas ideias inatas tais como Deus, substância, verdade e extensão.

Observadas no contexto cartesiano, essas verdades eternas ou universais, separadas de qualquer razão sobrenatural, não poderiam parecer aos seus sucessores senão como algo descrito, de forma injustificável, como um *a priori*. Eles, por sua vez, compreensivelmente, iriam livrar a mente humana inteiramente de tal ancoradouro sobrenatural. Descartes repudiou a noção grega da realidade ontológica de ideias e formas das quais o mundo da natureza ganha uma realidade derivativa. E, no lugar da doutrina medieval da criação e da preservação divinas, ele colocou as duas substâncias diversas da mente e da matéria, que Deus mantém em interação por meio de um milagre contínuo. Em sua *Crítica*, Kant argumentaria que a própria natureza do conhecimento requer uma distinção absoluta entre o mundo do pensamento e o mundo da realidade. Kant não permitiria nenhuma fundamentação para a substância e para a causalidade, que Descartes considerou como ideias inatas que referem-se à existência objetiva, além do *cogito* cartesiano.

Os idealistas, por outro lado, romperam com a ideia da substância e de qualquer realidade não mental. Para eles, a tendência persistente de insistir em coisas correspondendo a pensamentos era repreensível, uma vez que erigia um segundo mundo que competia com aquele do pensamento. Descartes não havia contrastado pensamento e ser ou substância; substância pensante e substância estendida eram igualmente reais. Ele, porém, contrastou o pensamento ou a consciência com a extensão material de um modo em que a realidade da substância material era apresentada à parte da doutrina cristã da imanência divina. Mais tarde, Berkeley duvidou da realidade da substância material e destacou a realidade da mente pensante. Essa alternativa, o idealismo subjetivo, era também hostil à abordagem sadia do cristianismo. Dessa forma, o eclipse da confiança medieval na referência ôntica das ideias ganhou impulso de Descartes, apesar de sua ênfase no conhecimento *a priori,* uma vez que ele concebia a matéria e a mente como substâncias independentes ligadas apenas pela intervenção divina e pelo milagre perpétuo. Depois de Descartes, o rompimento entre o pensamento e a realidade, ao que parece, poderia ser ajustado somente pelo sacrifício do domínio da matéria, como fizeram os idealistas, ou do domínio do pensamento, como fizeram os materialistas. Esse hiato entre o mundo da consciência e o mundo da matéria iria ser preenchido, mais tarde, por entidades intermediárias tais como a força vital e a energia e, depois, por naturalistas evolucionistas. A matéria era vista como que criando o seu oposto, o imaterial e o mental.

SPINOZA E O *A PRIORI*

A contribuição de Baruch Spinoza ao conhecimento *a priori* deve ser compreendida à luz de seu desejo de ligar os domínios do pensamento e da extensão. Ele procura eliminar o antigo pluralismo grego e o dualismo cartesiano moderno. Em vez de reafirmar o teísmo hebraico de seus antepassados, ele propõe outra alternativa: o pensamento e a extensão são dois atributos da singular substância divina ou Deus. A fim de acabar com a separação cartesiana não natural entre pensamento e extensão, ele assegura sua conexão pelo panteísmo, uma perspectiva profundamente antijudaica e anticristã. Ironicamente, Spinoza acolheu a opção panteísta como estrutura para o conhecimento absoluto e certo, tal qual havia escapado à tradição filosófica moderna, em consequência de sua rebelião contra a revelação judaico-cristã. A superioridade do conhecimento humano reside na possessão que a mente tem daquelas ideias e daqueles conceitos com os quais os homens pensam; postas numa estrutura panteísta, sua substancialidade e sua confiabilidade tornam-se definitivas. No que diz respeito a se requisitar tem uma origem sobre-humana das ideias, Spinoza, portanto, põe-se ao lado de Platão e Agostinho. No que diz respeito a ser essencialmente uma explicação panteísta, ele também se coloca ao lado da ênfase de Platão de que as ideias do homem existem em sua alma

DEUS, REVELAÇÃO E AUTORIDADE

desde a eternidade por causa da preexistência. Mas Spinoza rompe com Agostinho de um modo fundamental, e, assim, com o testemunho da doutrina bíblica da criação e da preservação em fatores aprioristicos e na certeza e confiabilidade do conhecimento humano.

Spinoza afirma um conhecimento absoluto e perfeito centralizado na conexão eterna e infinita de toda a realidade em Deus (substância). Ele contrasta essa essência verdadeira das coisas com o conhecimento condicional, limitado e temporal, que está relacionado meramente aos modos da substância. Ele não restringe o argumento ontológico, por meio da limitação de Anselmo, meramente à ideia de Deus, mas, ao contrário, de novo sustenta a referência ôntica de todo o pensamento. Por causa da natureza de Deus, todos os eventos fluem por necessidade matemática da ideia de Deus. Aqui, o argumento ontológico e o *a priori* estão totalmente aprisionados pelo preconceito panteísta.

A importância desse desenvolvimento panteísta não deve ser menosprezada. Como Agostinho e alguns escolásticos, Descartes ainda referia ideias inatas à vontade de Deus. O conhecimento inato é uma dádiva divina, em virtude da qual o homem possui verdades eternas – especialmente o conhecimento matemático –, pelo qual o homem percebe distintamente o que é certo e aquilo sobre o qual todo o conhecimento claro se baseia. Mas para Spinoza, o pensamento do homem flui por necessidade lógica do pensamento de Deus; em vez de seguir da vontade de Deus, ele flui, como tudo mais, da natureza de Deus como pensamento. A ênfase kantiana posterior sobre a limitação da razão humana marcaria, em parte, uma revolta contra uma visão tão grandiosa. Ainda mais importante, por muitos séculos o teísmo da revelação tinha descartado qualquer coisa desse tipo.

A reação kantiana trata o conhecimento perfeito, verdadeiro e absoluto como um ideal humanamente inatingível. Em contraste com Descartes e Spinoza, Kant iria manter a forma vazia de conhecimento como o único elemento *a priori*. O pensamento válido é forjado numa forma universal, mas não é iluminador de realidades metafísicas. Contra a assimilação panteísta do intelecto à mente divina, a teoria do conhecimento de Kant prospera num contexto de agnosticismo ontológico; a forma do pensamento verdadeiro é explicada simplesmente pela natureza inerente do próprio intelecto, e não por qualquer referência que esteja além do pensamento humano. Contrariamente aos idealistas posteriores, Kant nem mesmo identificaria o ego transcendental estruturado pelas formas *a priori* como divino. Ele professa que a verdade autoevidente deriva unicamente do intelecto puro.

Descartes abriu o caminho da filosofia moderna ao diferenciar a substância pensante da substância material e ao encontrar na ideia de Deus – como exposta no argumento ontológico – a razão para afirmar a existência de Deus. A razão divina não foi tornada causal até a filosofia panteísta de Spinoza; a única razão que Spinoza conhece é a *causa sui*,[388] ou um modo dela, pois Deus pensa todas as coisas. Spinoza emprega o termo *ideia* de modo intercambiável com o plano intelectual que a realidade desdobra, para a representação do sujeito inteligente desse plano, e para a consciência e o pensamento como a experiência espiritual interior do sujeito; tudo isso são fases da substância singular. A causalidade rigorosamente panteísta governa tanto a mente como a natureza. Spinoza cultuou aquilo que Descartes tornou o teste da verdade, a certeza matemática.

Se Descartes ampliou o *cogitans* para incluir a imaginação e todas as modificações da consciência, Spinoza o identificou com a razão e excluiu sua relação com a sensação. No entanto, em comum, reduziram a alma medieval, criada à imagem de Deus, caída no pecado, sustentada por uma imanência divina em relacionamentos com a mente divina, que a filosofia moderna não entende corretamente. A interpretação moderna da ideação humana que não esteja baseada na doutrina da criação contida nas Escrituras envolve mais do que a perda de um alicerce teísta para o pensamento e a concepção humanos: a força da ideia de Deus na experiência humana é feita menos marcante, a referência ôntica de todas as ideias é coberta pela dúvida, e a realidade de Deus se perde no homem e depois na natureza.

A REJEIÇÃO DE LOCKE AO INATISMO MODERNO

A hostilidade de John Locke às ideias inatas e ao interesse filosófico do início do período moderno em fatores do conhecimento *a priori* é bem conhecida.

---

[388] [NE] Em português, "Causa de si mesmo, denota algo que é gerado em si mesmo".

Locke (1632-1704) centrou toda a sua atenção na origem das ideias. Ele professava derivar as ideias exclusivamente da experiência sensorial e da reflexão a respeito delas (mesmo que essa ideia fundamental, que a sensação e a reflexão sejam as únicas fontes de ideias, não poderia ser derivada dessa maneira). Para a unidade de toda a consciência, que Descartes acolheu no termo geral *cogito*, Locke deu uma explicação muito mais natural, ou pelo menos não tão intrincada: a razão é um dom natural, funcionando por meios naturais, e explicável por processos naturais. Consciência, explica ele, é um crescimento e desenvolvimento da mente alimentada pelas sensações.

A tentativa de Locke de explicar o mistério do *cogito* é simples o bastante. A razão não confere ao homem qualquer tesouro *a priori* para o empreendimento epistemológico. A própria definição de ideias que Locke apresenta elimina a possibilidade do aspecto inato: uma ideia é "qualquer coisa que seja objeto do entendimento quando um homem pensa", "qualquer coisa [...] em que a mente possa ser empregada no pensar". Embora essa noção de ideia seja prevalecente hoje em dia, na época de Locke ela era bem inovadora. Thomas Hobbes (1588-1679) havia usado essa noção, e também *sir* Thomas Browne (1605-1682), mas apenas de forma casual; nenhum dos dois arriscou uma exposição sistemática. Descartes, por outro lado, e a tradição filosófica e teológica antes dele, consideravam ideias necessárias, e o equipamento racional do intelecto, como uma capacitação mental que habilita o homem a pensar de modo inteligível. Descartes definiu *ideia* como "qualquer coisa da qual a mente esteja diretamente apercebida"; entretanto, em controvérsia com Hobbes ele defendeu, expressamente, o seu sentido medieval de "percepções da mente divina". Para a tradição clássica, as ideias são a pressuposição, e não o produto, do pensamento do homem; o pensamento não produz as ideias, mas auxilia o homem a descobri-las. A razão não é a fonte da verdade, mas o instrumento para reconhecê-la. Para Locke, por outro lado, o intelecto não mais se refere a ideias objetivas ou a universais genuínos, mas ideias tornam-se dependentes da mente humana.

Locke dedica um quinto de sua obra *Ensaio sobre o entendimento humano* à refutação das ideias inatas. Suas críticas mostram a forma em que o *a priori* tornou-se algo desagradável para ele.

O a priori transcendente filosófico (II)

Frequentemente se diz que Locke desferiu o golpe de misericórdia sobre o inatismo. Mas Locke não luta contra o apriorismo em sua forma agostiniana. Embora seu argumento seja normalmente tido como direcionado contra Descartes e seus seguidores, é possível duvidar se Locke lida com o inatismo até mesmo em sua forma cartesiana, uma vez que ele não refuta as ideias inatas no sentido em que Descartes as defendeu.

Descartes não argumentou que a ideia de Deus é uma imagem universalmente possuída, existindo de forma pré-fabricada na mente desde a infância. Em vez disso, ele defendeu que existe uma compulsão racional universal de se pensar em termos de Deus. O fato de a alma não trazer ao mundo ideias totalmente formadas quando do nascimento no sentido genético-psicológico – admitindo o argumento de Locke – não é uma não comprovação incontestável do relacionamento com uma natureza racional condicionada que sozinha faz possível sua atividade mental, ou de certas ideias governantes ou convicções subjacentes como constitutivas de sua experiência. O psicólogo empírico não consegue prosseguir além das imagens suspensas na mente do indivíduo. Apesar de todo o interesse de Descartes na origem subjetiva das ideias, ele não as dissocia completamente do problema mais amplo da inteligibilidade com a qual o pensamento finito está conectado. Pelo contrário, sua concessão ao racionalismo está na disposição de isolar o eu da revelação geral e de projetar uma lógica completamente imanente.

Locke responde à visão de que algumas noções primárias estão "estampadas sobre a mente do homem, as quais a alma recebe em seu seu primeiro momento e que traz ao mundo com ela". Sua contestação é que "nenhuma proposição pode ser tida como existente na alma que ela ainda nunca tenha conhecido e da qual ela jamais esteve consciente". Uma resposta como essa pode ser dada aos seguidores de Platão de Cambridge, mas nenhum defensor tradicional do apriorismo, seja Platão, seja Agostinho, e até mesmo Descartes, expôs as ideias inatas da maneira contra a qual Locke contesta: noções completas, proposições pré-fabricadas e definições. A crítica de Locke falha em não tocar na essência da visão apriorística, que o conhecimento não está limitado a conceitos psicológicos individuais, não é reduzível meramente a sensações e imagens presentes na mente, mas

DEUS, REVELAÇÃO E AUTORIDADE

tem validade ontológica. O ataque de Locke às ideias inatas pressupõe exatamente o que o apriorismo rejeita, que as ideias sejam simplesmente componentes psicológicos isolados do estado mental de uma pessoa.

A alegação de que nada pode ser inato se o homem necessita da razão para descobri-lo torna-se até certo ponto trivial, uma vez que evita a questão. O caso a favor das ideias inatas não está realmente assentado sobre sua prioridade cronológica, mas somente sobre sua prioridade lógica. O uso da razão para trazê-las à luz está bem alinhado com o apriorismo. Locke está ciente de que os aprioristas contrastam o conhecimento "implícito" e o "explícito". Mas ele rejeita essa distinção, diz ele, porque é "difícil conceber o que se quer dizer por um princípio impresso de forma implícita no entendimento", a não ser uma mera capacidade para o conhecimento, o que implicaria que todas as proposições estão gravadas na mente de modo inato. Ele claramente não entendeu a ênfase racionalista básica de que as ideias não são meramente conceitos *sobre os quais* os seres humanos pensam, mas o aparato mental *com o qual* eles pensam e que torna o conhecimento possível. Descartes não insistiu em que certas ideias estão na mente à parte de toda a experiência; pelo contrário, sua posição era a de que o elemento racional no homem é o que possibilita a experiência distintamente humana. Entendê-lo equivocadamente, como defendendo que antes de toda a experiência certas ideias são nativas da mente, faz da refutação das ideias inatas uma realização fácil, mas igualmente superficial e inútil. Nenhum racionalista refutaria a declaração de que um neném não pensa em ideia alguma até que começa a pensar. Nada existe para a mente, a não ser à parte de alguma atividade da mente. A reivindicação do apriorista é que, quando a mente humana pensa, sua atividade mental acontece por meio de uma natureza racional condicionante. O defensor de um intelecto puramente passivo não é o racionalista, mas o empirista.

O preconceito empirista força Locke a suprimir, de forma desconfortável, o consentimento universal de proposições tais como "aquilo que existe, existe" e que "é impossível que a mesma coisa exista e não exista" – ideias controladoras cuja perda iria obviamente destruir a comunicação inteligente. Locke não apenas nega todos os fatores e ideias inatas, bem como enfatiza as assim chamadas

O *a priori* transcendente filosófico (II)

verdades eternas da religião e moralidade, e o próprio pensamento racional, como também a consciência e todas as características nobres do homem são o produto do desenvolvimento e aquisição individual devido a influências ambientais. A noção do inatismo, sustenta Locke, surge de um aparente consentimento universal que, de fato, não existe. Mesmo que existisse, argumenta ele, seria melhor explicado como uma inferência da experiência: o homem aprende as palavras da moralidade e da religião antes de conhecer as ideias do bem e de Deus.

Nessa controvérsia, o que está em jogo, é claro, é a questão da origem, valor e limite do conhecimento. Essa é a razão de questões importantes na filosofia e na teologia tão frequentemente dividirem esse problema. A maneira pela qual o desenvolvimento de ideias é compreendido tem ramificações para toda a cosmovisão e a visão de vida de uma pessoa. A explicação da origem das ideias tem consequências para o seu conteúdo e para aquilo que pode ser deduzido delas.

Locke entendeu a origem das ideias em termos de sensação e reflexão. Na percepção a mente é puramente passiva; percepções sensoriais são consideradas como ideias simples. Todas as funções da mente humana (percepção, reflexão e retenção) pertencem aos animais inferiores. Até certo ponto, os animais podem combinar e estender percepções; o homem também compõe ideias mediante sensações. Mas o homem suplanta em muito os animais selvagens. Sua possessão exclusiva do dom da abstração capacita-o a compor noções universais. O fato de os animais não possuírem o poder da abstração é atestado por não terem palavras ou outros sinais para expressar ideias gerais.

A solução de Locke é tanto uma antecipação de Kant como uma revolta contra Agostinho, se negligenciarmos por hora o fato de que Kant foi compelido a reafirmar a realidade das formas aprioríticas. Locke enfatiza a dependência das operações mentais no mundo dos sentidos e uma conexão inseparável entre a natureza das ideias gerais e a linguagem. Palavras sem experiência dos sentidos não podem transmitir realidade alguma. Embora para Locke a existência de Deus continuasse tão certa como a matemática, para Kant Deus torna-se totalmente postulante. Entretanto, Locke já havia retratado o infinito e a eternidade como ideias meramente negativas. Ao

DEUS, REVELAÇÃO E AUTORIDADE

mesmo tempo ele admite, como já foi observado, certa cooperação ativa da mente na ideação, embora essa atividade seja radicalmente empobrecida por aquilo que a teologia medieval afirmou sobre o conhecedor humano. Em Locke se vai também a definição de pensamento como ontológico e a consequência noética do pecado, ou o efeito de uma vontade perversa sobre o conhecimento. O sobrenatural é substituído por um relato natural da origem, valor e limites do saber humano.

O que ainda não ocorreu a Locke é a possível derivação do mental do físico e a identidade do pensamento com a fala, que os empiristas mais tarde iriam projetar nas pressuposições evolucionistas. Em contraste com a visão posterior de que o homem é incapaz de formar ideias à parte de palavras, que o mistério do pensamento está oculto na linguagem, Locke argumenta que o homem pode formar ideias sem palavras (embora não sem percepções), que palavras são apenas sinais convencionais para ideias já presentes no pensamento, e que a mente percebe e retém ideias antes de ter o uso de palavras. Ainda assim, Locke promove praticamente a relatividade do conhecimento. Não podemos ter certeza de que as nossas classificações por predicados e qualidades pertencem às essências dos objetos. A linguagem e as ideias gerais não tratam com essências reais, mas com essências nominais; as ideias mais naturais de espécies podem ser nossa própria criação. Toda a esquematização por gêneros e espécies é limitada pela incerteza, se a natureza mantém continuamente formas e tipos inalteráveis. A linguagem e as ideias, os dois meios de todo o conhecimento humano, são coisas imperfeitas. As mesmas palavras não significam a mesma coisa para dois homens, nem os mesmos possuem as mesmas ideias. O nosso conhecimento é limitado e exposto à contradição por indefinidamente numerosas ideias.

Dessa forma, Locke amplia a área de acidente na origem das ideias, algo bem diferente da possibilidade de erro que a teologia medieval reconheceu prontamente. Pois a abordagem medieval insistiu em que o pensamento é ontológico e que uma lógica divina coloca as ideias do homem num contexto de validade eterna. Locke objeta a essa epistemologia como um injustificável esquema de verdades eternas. Para Locke os verdadeiros objetos da razão são ideias gerais, originando-se como uma destilação natural da experiência dos

O *a priori* transcendente filosófico (II)

sentidos e sendo aperfeiçoadas pela abstração. O verdadeiro objeto de todo o conhecimento é, agora, o homem pensador individual, libertado, de modo muito mais radical do que para Descartes, do ambiente metafísico e chocantemente órfão quando comparado com o sujeito conhecedor agostiniano e medieval. A fonte do conhecimento é exclusivamente a percepção individual, contrariamente ao *cogitans* substancial de Descartes com suas ideias e verdades eternas. Do ponto de vista do movimento racionalista na filosofia por meio de Descartes, Spinoza e Leibniz, o *cogito* é, agora, intoleravelmente exaurido, mesmo que tal desenvolvimento tenha cometido o mesmo erro, de um modo menos radical, quando avaliado em termos do teísmo bíblico. Talvez a última imagem refletida de uma visão ontológica da razão seja a consideração curiosa de Locke pelas ideias desenvolvendo-se da sensação no homem por intermédio de algum tipo de necessidade natural não definida.

A provisão de critérios espúrios para a validade era um recurso complementar. Pois, se a razão é ela mesma um fenômeno em desenvolvimento, nenhuma reivindicação da verdade pode ser feita para qualquer julgamento. Mera experiência – que é tudo o que Locke oferece como a fonte do conhecimento – não pode jamais contradizer a si mesma; quaisquer ideias que se originarem da experiência suprem o que deve ser recebido como "verdade" sujeita à revisão futura. Se a experiência de alguém levá-lo a pronunciar como mal aquilo que outra pessoa considera o bem, ou vice-versa, ambos são "verdadeiros" – pois a experiência é a única fonte da verdade.

Esse problema da validade do conhecimento deu à filosofia o incentivo para afirmar mais do que um elemento empírico nas ideias. Se a razão inclui uma faculdade interpretativa e explicativa, existe alguma esperança no que diz respeito a transcender o fluxo empírico de mudança. Kant viu que o empirismo de Locke leva ao muro das lamentações do agnosticismo, como Hume aprendeu de primeira mão ao expor as suas implicações. Contra a atribuição do caráter e do valor das ideias a meras impressões dos sentidos, Kant mais tarde restabeleceu um fator *a priori*, ainda que ele o tenha embebido em uma quantidade substancial do empirismo de Locke e de Hume, para fermentar sua construção com consequências não agostinianas desastrosas não somente para o teísmo, como também para o

DEUS, REVELAÇÃO E AUTORIDADE

conhecimento da realidade externa. Antes de Kant, porém, Leibniz enfatizou as fraquezas da teoria do conhecimento de Locke.

O APRIORISMO DE LEIBNIZ

Gottfried Wilhelm von Leibniz (1646-1716) repudia a derivação de Locke de conteúdo do conhecimento exclusivamente de particulares dos sentidos e reage de forma crítica ao ataque de Locke ao inatismo. Locke havia desconsiderado os apoios que a teoria das ideias inatas desfrutava desde os tempos platônicos, isto é, uma concordância universal no que diz respeito a certas convicções metafísicas e morais. Locke sustentou que tal unanimidade ou universalidade de crença não é um fato real. Princípios ou ideias inatas, além disso, especialmente o aspecto inato da ideia de Deus, eram considerados por Locke como não comprovados, uma vez que a origem de todas as ideias era tida como surgindo da sensação e da reflexão sobre a sensação.

A resposta de Leibniz formula um *a priori* em conformidade com linhas não agostinianas. Ao asseverar uma harmonia de coisas preestabelecidas, Leibniz ancora o pensamento tanto na mente como na natureza externa. Uma harmonia preexistente de todas as mônadas constitui a unidade da natureza que subjaz à multiplicidade de particulares dos quais nossas abstrações são feitas. Se Locke derivou todo o conhecimento de fora e Spinoza de dentro, Leibniz parece ligá-los entre si: um elemento intelectual está presente na percepção mais escassa.

Essa manobra fornece imediatamente uma abordagem marcante à visão bíblica e uma alternativa radical a ela. Externamente, a visão de Leibniz aproxima-se do teísmo agostiniano. Na realidade, sua posição envolve uma nova metafísica, projetada para evitar a unidade de substância panteísta de Spinoza, na qual os particulares perdem sua independência. Em adição ao conhecimento demonstrativo, que deve ser admitido com base em razão suficiente, e ao conhecimento sensível, que é confuso e obscuro porque ideias sensíveis não expressam todos os particulares por menores que sejam, Leibniz afirma a realidade de um conhecimento *a priori,* inato e intuitivo. Segundo Leibniz, os universais nunca podem completamente expressar os particulares. A percepção sensorial e o pensamento referem-se a

O *a priori* transcendente filosófico (II)

uma prévia filosofia subjacente do inconsciente. Como um princípio explicativo, Leibniz introduz a noção de "ideias virtuais". O homem possui percepções infinitamente pequenas que impedem a claridade do intelecto.

Uma filosofia das ideias radicalmente estranha à de Leibniz iria, mais tarde, apropriar-se de sua ênfase de que sentimentos inconscientes ou subconscientes precedem ideias conscientes. Pois a teoria estava a serviço das explicações evolucionistas do pensamento, sem uma referência sobrenatural e à procura de uma ponte entre a percepção e o intelecto.

O reavivamento de fatores apriorísticos em Leibniz antecipa Kant mais do que duplica Agostinho. Existem diferenças, é claro; o repúdio de Kant à prova ontológica parece, de fato, direcionado contra Descartes e Leibniz. Mas as formulações de Agostinho e de Anselmo agora já haviam saído de vista. A ênfase na revelação de Agostinho e no ambiente devocional de Anselmo, já muito ausentes em Descartes, tornam-se completamente marginais para Leibniz. É no tópico da existência como um predicado que Leibniz concentra-se de forma especial, e é com isso que o próprio Kant preocupa-se.

Leibniz destaca que, além da sensação, não devemos negligenciar o próprio intelecto. Há verdades necessárias (inescapáveis e inevitáveis) que não são alcançadas pela indução: são as ideias do ser, da substância, da idealidade, do verdadeiro e do bem. Se Leibniz parece reafirmar a realidade das ideias inatas, permanece o fato de que, em sua visão, essas verdades eternas, necessárias e universais, jamais iriam surgir em nosso conhecimento sem a experiência dos sentidos. Princípios gerais, enquanto fundamentados no homem de modo antecedente à experiência, não surgem na alma de maneira incondicional, mas são descobertos em conexão com a sensação. Não requerem o aval da experiência dos sentidos; mas também não existem como uma fonte de conhecimento sem o seu estímulo, pois a sensação somente supre a ocasião para sua manifestação.

A fim de levar em conta a origem das ideias, Leibniz introduz uma metafísica inovadora. Em resposta a Locke, ele apresenta uma monadologia no interior da qual as mônadas que compõem toda a realidade não possuem janelas, de modo que é impossível que as ideias originem-se da experiência. Nenhum ponto de origem permanece, a

DEUS, REVELAÇÃO E AUTORIDADE

não ser a atividade espontânea das próprias mônadas. Essa teoria, obviamente, coloca Leibniz contra Agostinho, além de Locke. Em vez de ideias que são continuamente mantidas na alma por meio de uma preservação divina teísta, Leibniz, não permitindo nenhuma interação imediata das mônadas, apela, em vez disso, a ideias virtuais implantadas por uma religião natural de uma vez por todas.

As ideias no interior das mônadas não são ainda da natureza da atividade consciente. Aquilo que está no intelecto antes de qualquer experiência é da natureza do latente ou das ideias virtuais. Aquilo que é inato toma a forma de um embrião de ideias. Por meio desse artifício, Leibniz responde à repulsa de Locke de ideias claras totalmente formadas desde o início da vida consciente, algo com que Leibniz concorda. As proposições da aritmética e geometria e os princípios lógicos primários, tais como as leis da identidade, da contradição e da razão suficiente, são inatas, embora se tornem fatores conscientes somente por ocasião da experiência sensorial.

Leibniz, portanto, atribui a todo conhecimento um lado empírico e contingente, o qual nem o *cogito* de Descartes nem a esquematização agostiniana tinham requisitado anteriormente. Para Agostinho, o verdadeiro ponto de partida para todo pensamento racional é Deus; para Descartes, o *cogito*; para Leibniz, o *cogito* junto com a sensação. Assim, Leibniz confere a todas as ideias um indispensável ancoradouro sensorial.

Para Descartes, o *cogito* determinou o ponto de partida idealista como uma unidade subjetiva. A filosofia moderna foi afligida a partir de então por uma tendência de atribuir ao sujeito pensante e sensorial o que a filosofia antiga e a teologia medieval tinham atribuído ao mundo objetivo. A razão desenvolve cada vez mais todas as coisas para fora de si mesma, até que, em Kant, a filosofia torna-se agnóstica quanto ao mundo metafísico, e em Hegel, a própria consciência torna-se o absoluto.

As ideias claras que Leibniz chama de *a priori* são possessão do homem somente porque elas existem em forma embrionária na mente humana antes da experiência. Como ideias latentes e virtuais, elas não vêm à alma de fora. Isso é verdade acerca da teoria de Leibniz, quer se pense da mente individual no contexto da natureza, quer no de Deus. A raiz e o fundamento da alma inteligível – na experiência

O *a priori* transcendente filosófico (II)

presente pelo menos – encontra-se somente dentro de si mesma, e não no lado de fora, em Deus. De fato, Leibniz sustenta que essa ordem de coisas foi preestabelecida a partir do lado de fora, e que a mente pensante funciona agora de acordo com essa imposição original. No entanto, a versão kantiana precisa apenas questionar a doutrina de Leibniz sobre a harmonia preestabelecida e colocar o agnosticismo no lugar da metafísica a fim de insistir que a ordem das coisas deve ser considerada pela própria mente pensante. Kant descarta as "certezas metafísicas" dos racionalistas modernos e também dos teólogos cristãos como algo que reflete a atividade ilusória da razão para além de seu próprio alcance. O pensamento não é mais pensamento ontológico; ele é censurado como autoenganador quando professa ser isso mesmo. Para Leibniz, Deus não está imediatamente relacionado à atividade do conhecimento humano em qualquer de seus aspectos, e sua perspectiva é, portanto, facilmente inclinada na direção kantiana. A atividade criativa da razão humana é mantida por Kant ao custo dessas mesmas ideias – tais como Deus, imortalidade e a alma – que tinham sido consideradas em pensamentos anteriores como inatas e bastante certas. Aquilo que separa Leibniz de Kant é o fato de que Leibniz, como o próprio Kant alegou, considerou as concepções do entendimento (em um lugar da sensação) como suprindo o verdadeiro conteúdo do pensamento e tratou as imagens sensoriais como conhecimento confuso.

Tanto Descartes como Leibniz protestaram contra a redução do pensamento às sensações esquematizadas e contra a ameaça que isso traz para a validade do conhecimento. A noção de Locke de uma mente passiva foi contraposta por uma ênfase na mente ativa. Nós mesmos somos pensamento, consciência e vontade; o conhecimento não é algo anexado ou adicionado a nós pelo mundo externo da natureza. Contudo, a maneira racionalista moderna de dizer isso comprometeu o padrão agostiniano e medieval de um modo que acabou conduzindo para o lado de Kant. Leibniz não promove o caráter ontológico do pensamento como fez Agostinho. Pelo contrário, o pensamento é para ele uma infinidade de pequenas substâncias, e toda a realidade é afirmativamente conhecida por meio de uma faculdade mental interior regulada por um ritmo preestabelecido de mônadas. A verdadeira matéria do pensamento é, portanto, simplesmente as concepções do entendimento.

DEUS, REVELAÇÃO E AUTORIDADE

Ao contrário de Locke e dos empiristas, o principal significado de Leibniz está em sua hesitação em reduzir a origem do conhecimento e, portanto, a validade do conhecimento, ao crescimento das ideias na mente humana vazia alimentada pelas sensações. Leibniz negou que o problema da validade é meramente um assunto genético-psicológico; em vez disso, é uma questão lógica. Embora a sensação seja a ocasião do conhecimento válido, o conhecimento é válido somente quando não depende da sensação como a sua fonte. Leibniz faz a distinção focal entre verdades da razão – que são necessárias, universais e independentes de toda experiência sensorial como sua fonte – e induções factuais das sensações. A validade dessas verdades racionais está fundamentada na impossibilidade de pensar em seus contrários, isto é, está baseada nas leis lógicas da identidade e da contradição. Em contraste com as conclusões da informação sensorial, que têm apenas um caráter temporário por serem derivadas da experiência, tais verdades racionais têm o caráter de validade universal.

O que Leibniz sustentou, ao contrário de Descartes, é que todas as ideias – e não apenas umas poucas – são inatas. A validade do conhecimento requer muito mais do que a clareza das ideias, e para Leibniz é inseparável do ancoradouro metafísico para a razão como um todo. Evitar ser pego numa armadilha pelo empirismo não era o suficiente, uma vez que a separação da razão de um fundamento sobrenatural inclusivo poderia ser igualmente devastadora. Spinoza procurou evitar esse perigo recorrendo ao panteísmo, e Leibniz, à teologia da harmonia preestabelecida das mônadas. A inversão racionalista do pensamento de Locke é decisiva, uma vez que está atenta ao perigo que o empirismo representa para todo o caso pela validade do conhecimento. O que os racionalistas viram é que o racionalismo pode também sacrificar a validade não de maneira intencional, mas por meio de uma metafísica espúria ou inadequada.

Leibniz também fracassou ao não evitar uma armadilha adicional. Além da orientação metafísica reprovável de seu esquema de ideias, ele complicou a discussão das ideias inatas com ambiguidades infelizes. Sua noção de "ideias virtuais" – ideias que não são imediatamente ideias e ainda assim tornam-se ideias – é totalmente vulnerável, da mesma forma que a origem das ideias a partir de não ideias de Locke. Contra os empiristas, Leibniz argumentou que uma ideia pode originar-se somente de uma ideia. O que, então, ideias embrionárias podem ser, exceto ideias? Essa noção de ideias incipientes marca uma volta à obscuridade onde o mistério é menos acessível. A fórmula problemática de Leibniz parece ser uma tentativa de "harmonização" de Locke e Descartes: as ideias não são nem um produto da sensação somente (contrário a Locke), nem são inatas de forma clara e distinta (ao contrário do que diz Descartes). No entanto, a "harmonização" compromete ambas as ênfases básicas: ideias são inatas no sentido de serem originariamente confusas e imperfeitas. Por uma linha de pensamento, isso prepara o caminho para a substituição que Kant faz das formas *a priori* pelas ideias *a priori*. Por outra linha de pensamento, isso segue na direção das visões evolucionistas, que consideram o aspecto mental como apenas algo que emerge do aspecto não mental, e destacam a consciência e o entendimento pré-lógico, supostamente mais amplo do que a lógica e a concepção.

David Hume estendeu a dissociação que Locke faz da validade do conhecimento em relação à metafísica sobrenatural e sua orientação à psicologia descritiva. A afirmação de Hume de que a causalidade está, em conceito, enraizada somente na necessidade psicológica é da maior importância. Essa redução da conexão causal ao *status* e autoridade puramente subjetivos foi um golpe contra uma ideia supostamente inata que estava na base do argumento cosmológico popular para a existência de Deus. Leibniz declarou que a causalidade era uma ideia necessária, apoiada pelo princípio da razão suficiente. Locke professava derivar a ideia da causalidade da experiência somente. Mas Hume negou qualquer conexão causal objetiva entre eventos. No que diz respeito ao apelo de Leibniz a uma harmonia preestabelecida de eventos, Hume reconheceu apenas uma necessidade psicológica que faltava, correspondendo à realidade no mundo dos fatos. Ele antecipou a ciência do século XX que tem pouco a ver com causa e que averigua a regularidade em termos da conjunção costumeira sem considerar seriamente o fato de que o fundamento lógico para as expectativas de continuidade do passado está, assim, perdido.

Segundo Hume, o centro da filosofia criativa é o ser – um ser que não pode alcançar um mundo de substância objetiva, mas que conhece a realidade apenas como idêntica aos estágios de sua

DEUS, REVELAÇÃO E AUTORIDADE

própria consciência. Esse aspecto indispensável de certas ideias que não encontram correspondência real num mundo objetivo leva da necessidade psicológica de Hume para a necessidade lógica da teoria do conhecimento de Kant.

A alegação de Hume contra o apriorismo está centralizada na questão da verdade matemática na área da geometria, álgebra e aritmética. Sua confiança desmedida no empirismo deriva até mesmo essas ideias da percepção e da experiência sensorial. Os racionalistas trataram constantemente com o fator do engano na experiência sensorial. Descartes foi obrigado a apelar para a veracidade de Deus a fim de confiar na veracidade da sensação. Hume direcionou seus temores não contra a experiência sensorial, mas contra esses fatores ou qualidades em nós, os quais importamos para dentro da experiência. Impomos à experiência um *a priori* artificial. Em sua descrição psicológica das ideias, Hume estreitou ainda mais suas já pequenas dimensões baseadas em Locke. Enquanto Locke aplicou o termo *ideia* às atividades internas da reflexão, bem como às afeições ordinárias do sentido, Hume distinguiu as impressões sensoriais dos pensamentos que estas automaticamente produzem na mente. Sua desconstrução final está na sua inabilidade de explicar uma "coisa".

Dessa forma, testemunhamos o aprisionamento progressivo da razão. A revolta moderna contra a doutrina teológica do pensamento leva, por meio de um emaranhado de controvérsias especulativas, do *dubito* cartesiano ao *skepsis* de Hume e, então, às formas kantianas que permanecem mudas diante do mundo metafísico. Com esses desenvolvimentos, o mundo sobrenatural da revelação judaico-cristã é progressivamente ofuscado, até que seja inteiramente obscurecido pelos propagadores dos mitos contemporâneos. Paralelamente a esse vazio metafísico, o conhecimento também se perde no ceticismo. A revolta contra as ideias inatas foi alimentada pela alegação de que elas não providenciam caminho algum ao complexo mundo da realidade sensorial. Insistir quanto a uma correspondência exata entre o domínio da razão e o domínio das coisas, protestava-se, leva a um desprezo pelo empirismo. Mas a revolta contra a razão tem uma consequência bem distante da expectativa original. Ela não somente estabelece seu confinamento no interior de certas fronteiras, mas também amplia a sua proibição de acesso a qualquer coisa que transcende o ego humano e suas percepções.

O *a priori* transcendente filosófico (II)

A ALTERNATIVA DE MALEBRANCHE AO INATISMO

Nicholas de Malebranche (1638-1715), o filósofo francês, propõe uma alternativa panteísta para a doutrina das ideias inatas. Assim como com todos os idealistas panteístas, para Malebranche existe apenas uma razão. Todas as mentes existem dentro da razão universal ou divina. As ideias surgem em Deus e em nenhum outro lugar, de forma que nós conhecemos ou vemos as coisas somente em Deus.

Malebranche nega que as ideias são algo natural para a alma como uma atividade humana na qual Deus esteja inativo, bem como que Deus as crie de forma nova a cada momento em nós.

Uma vez que o mundo das ideias é infinito, argumenta ele, é inconcebível para a alma finita. Se fosse inato, a mente humana cessaria de ser algo criado e limitado.

Malebranche repudia também a perspectiva de que Deus produza ideias em nós, de maneira simples e consecutiva, à medida que nós as requisitamos, com base em que não procuramos qualquer ideia sem ter antes uma ideia do objeto em nossa mente. Assim, a não ser que possuamos a ideia, Deus não pode criá-la a fim de suprir a nossa necessidade; se nós a possuímos, isso torna desnecessário que Deus a produza.

O argumento de que o inatismo envolve a onisciência é inválido. O homem não precisa ser onisciente por causa de uma conexão com o domínio do inteligível. O inatismo também não requer que o conhecimento humano seja infinito. A possessão de formas de razão é coerente com um conteúdo limitado. Não estamos comprometidos com o panteísmo de Malebranche porque conhecemos através da instrumentalidade das ideias, as quais não são nem um produto humano, nem são derivadas de forma deísta de uma criação passada que constituiu o próprio homem como sujeito das ideias, nem são sustentadas por uma criação contínua. A alternativa de Agostinho é que o conhecimento intuitivo envolve a conservação ou a preservação contínua de uma capacidade inicial. Malebranche presume encontrar uma tendência panteísta na declaração do apóstolo Paulo de que todas as criaturas vivem, se movem e existem em Deus. Mas Agostinho também enfatizou que o nosso conhecimento das coisas depende de Deus e é possível apenas como iluminação divina: "nós vemos as coisas em Deus". Que os seres humanos conheçam apenas em e por meio de Deus, não requer uma implicação panteísta, nem pode ser uma opção para o cristão que insiste na distinção criador--criatura. Sem Deus não podemos ter pensamentos claros, mas, para termos esses pensamentos, não necessitamos participar imediatamente no ser e na vida divinos ou nos fundirmos mental e espiritualmente com a divindade.

O APRIORISMO HEGELIANO

Georg W. F. Hegel, filósofo do século XVIII, defende o argumento ontológico como um argumento suficiente o bastante para estabelecer a existência do absoluto. Ele defende as ideias inatas num panteísmo ousado e distinto, que concede um significado radicalmente anticristão à significância ontológica das ideias, especialmente à ideia de Deus.

A filosofia do idealismo absoluto identifica pensamento e realidade de forma completa. O real é o racional. A ideia de Deus envolve necessariamente a própria existência do absoluto, do qual todos nós supostamente somos partes.

Hegel sempre menciona o argumento de Anselmo com grande respeito. Ele até mesmo critica os filósofos modernos que empregam o argumento porque eles não percebem quanto é adequado e pensam que ele requer suplementação. Ele escreve: "Este argumento foi primeiramente encontrado apenas na cristandade, especificamente por Anselmo da Cantuária; mas desde então tem sido desenvolvido por todos os outros filósofos posteriores, tais como Descartes, Leibniz, Wolff, sempre, porém, com as outras provas, embora ele sozinho seja o verdadeiro argumento" (*Lectures on the philosophy of religion*,[389] 2:547).

Hegel, porém, desconsidera o contexto teológico específico no qual a Idade Média formulou o apriorismo. Seu apelo a favor do argumento ontológico no contexto da imanência divina panteísta promove a base *a priori* da religião de um modo que sufoca a própria possibilidade de uma revelação especial ou miraculosa da parte de Deus, como acontece na religião judaico-cristã. A realidade de

---

[389] Preleções acerca da filosofia da religião.

O *a priori* transcendente filosófico (II)

Deus envolvida na própria ideia de Deus ganha força, na perspectiva de Hegel não por meio de uma doutrina bíblica da criação, mas, ao contrário, por meio do idealismo absoluto que presume que a consciência do homem é, ela mesma, uma fase da própria consciência de Deus.

Tanto o argumento ontológico como a tradição das ideias inatas não teriam outra alternativa senão cair em descrédito nessa forma que, como um preço por sua validação, requer a aceitação do panteísmo. Os idealistas absolutistas que vieram depois de Hegel recobrem o argumento de Anselmo com elementos estranhos, os quais eram repudiados pela tradição filosófica anterior, especialmente a concepção de que a realidade tem somente uma existência mental e a continuidade imediata e identidade da mente humana com a divina. Essa alteração panteísta propõe o argumento ontológico por meio da identificação de toda a realidade com o próprio pensamento e transforma o significado do inatismo ao atribuir um *status* identicamente inato a todas as ideias.

A fórmula idealista, porém, não apresenta como prova *a priori* a ênfase de que a realidade como um todo é da natureza da mente. Em vez disso, chega a essa conclusão por meio da análise das formas sobre as quais a realidade é apreendida pela razão. A existência de uma razão eterna, de um pensador absoluto, é sustentada como estando envolvida no próprio ato de pensar. Hegel elimina o *a priori* e o *a posteriori* como fontes do conhecimento que devem ser contrastadas, ao traçar somente o último diretamente à razão. Todo conhecimento tem origem unicamente na razão: tudo é *a priori* em termos de geração, embora a sua aparência na consciência empírica possa ser a de um *a posteriori*. Essa reação à perspectiva de Kant foi compartilhada tanto por Johann Fichte (1762-1812) como por Friedrich von Schelling (1775-1854). Mas Hegel identifica o *a priori* com o pensamento lógico, enquanto Fichte atribui o *status* de *a priori* à moralidade, e Schelling, ao estético.

A doutrina das ideias inatas é ameaçada ainda de outra maneira pela ênfase de Hegel na evolução lógica do absoluto. Mentes finitas são consideradas parciais e, dessa forma, manifestações imperfeitas do absoluto. Um estímulo interior por meio da consciência Absoluta, na qual a humanidade participa, faz as mentes humanas

DEUS, REVELAÇÃO E AUTORIDADE

conformarem-se com o conteúdo da mente absoluta. Isso acontece por meio da mudança e da transformação de ideias *a priori*. Aqui a transição do apriorismo para o empirismo está quase completa.

A posição panteísta de que o pensamento do homem religioso acerca de si mesmo é também um pensamento de Deus tornou-se cada vez mais difícil de manter. Essa doutrina da consciência era irreconciliável com o fato evidente de que, à parte de pelo menos uma influência sobrenatural especial, o conteúdo da consciência humana ordinária está adversamente condicionado. O idealismo moderno logo lançou o absoluto numa sucessão de diferentes papéis. O resultado final foi a inversão do panteísmo no naturalismo com o seu repúdio total da importância sobrenatural das ideias do homem e também da validade ontológica delas.

CONCLUSÃO

O princípio fundamental do *a priori* transcendente filosófico é a sua insistência no relacionamento primário entre pensamento e realidade: a mente humana tem uma referência ôntica. Em vez de funcionar em relacionamentos tensos e incertos com um universo não responsivo à razão, o pensamento reflete a inteligibilidade definitiva do mundo real. Em lugar disso, a visão apriorística deriva a existência de Deus, a correspondência do pensamento, e o mundo real definitivo de uma análise da razão humana em sua constituição universal.

A revelação especial e a experiência religiosa singular – se essas coisas podem ser validadas – poderiam fornecer informação adicional sobre Deus e seus propósitos. Mas não é a essas coisas que o apriorismo inicialmente apela.

Anselmo contentava-se em mostrar apenas que, entre as muitas ideias do homem, a razão humana é constituída de uma ideia que implica a própria existência de Deus. O ponto crucial de seu argumento é que esse mesmo conceito de Deus é tão distinto dos outros não somente por sua universalidade e necessidade, mas também por sua inclusão de todas as perfeições, que o objeto real é pressuposto na própria ideia de Deus.

Subjacente a essa ênfase, porém, está a confiança de que aquilo que é verdadeiramente real é apreendido somente por meio de ideias.

O *a priori* transcendente filosófico (II)

Contudo, é característico de inúmeros expoentes do apriorismo filosófico transcendente que eles hesitam em dar ao todo da realidade uma explicação racional. Ilustrações disso são a função dada por Platão ao não ser e à resistência da matéria às Ideias divinas, e o contraste da natureza com o pensamento em Descartes. Nem mesmo Anselmo desenvolveu as implicações mais amplas de sua ênfase. A fim de manter a completa inteligibilidade das coisas, o movimento filosófico transcendente pensa de si mesmo orientado a uma espécie de panteísmo, seja na forma proposta por Spinoza, seja por Leibniz, seja por Hegel. Somente ao igualar Deus à totalidade das coisas é que se imagina que ele pode sustentar-se contra o esvaziamento de significado da razão na explicação da realidade.

Tanto em sua forma transcendente filosófica como teológica, a tese inegociável do apriorismo é que a verdade é somente a revelação de Deus no interior da mente. A mente sobre-humana é a pressuposição da inteligibilidade das coisas, e o homem penetra essa inteligibilidade em virtude de relacionamentos racionais com a mente divina.

Seja qual for o tipo de conexão que liga as visões aprioristicas antigas (Platão), por um lado, com as visões aprioristicas modernas (Descartes, Spinoza, Leibniz), por outro lado, de todas elas está ausente uma característica crucial para o pensamento medieval e para o *a priori* teológico transcendente. Anselmo compartilha essa característica, apesar de não desenvolver cuidadosamente suas implicações.

Para o apriorismo teológico, a doutrina judaico-cristã da criação e da preservação supre uma estrutura indispensável; a revelação divina substitui o ponto de vista da conjectura filosófica. De fato, ele também defende um transcendente, contra uma metafísica meramente "transcendental", e promove um conhecimento genuíno de realidades sobrenaturais. Mapeado por Agostinho, e seguindo um curso que toca Anselmo e flui mais tarde pela tradição da Reforma de Lutero e Calvino, entrou de forma conspícua no pensamento ocidental como uma alternativa àquelas visões já resenhadas neste estudo.

A doutrina cristã da criação e da preservação divina, portanto, supre um ponto de partida para a consideração do *a priori* transcendente. Por sermos criação de um Deus racional e moral que nos ilumina em sua imagem, afirmou Agostinho, o mundo inteligível

DEUS, REVELAÇÃO E AUTORIDADE

compreende a si mesmo nos aspectos do sensível e do material, e as ideias existem em nosso pensamento. No presente estado de dificuldades do homem, como pecador em rebelião contra o criador, a construção deste raciocínio não nos é dada como dedução óbvia somente de nossa situação na vida. Os filósofos conjecturais que promovem o apriorismo atestam as necessidades de uma lógica sobrenatural do conhecimento e da elaboração ontológica da ideação humana. Mas, de acordo com a tradição agostiniano-calvinista, a história do racionalismo secular desde Platão em diante também atesta o fato de que seus princípios interiores podem ser apropriadamente traçados somente no contexto da iniciativa e da revelação divinas.

20

O *a priori* transcendente teológico

Na primeira série das Preleções de Gifford , James H. Stirling observou que os Pais da igreja primitiva estavam intrigados com o argumento do consentimento comum ("o *Consensus Gentium*") para a existência de Deus, e que eles apelavam, repetidas vezes, ao conhecimento inato para explicar esse fenômeno. "Todos os pais, desde o primeiro até o último", observou Stirling, enfatizam essa universalidade do conhecimento de Deus. "O homem, dizem eles, está em sua natureza capacitado pelo criador com tais habilidades e poderes que, tão logo chegue ao uso da razão, ele, de si mesmo, e sem instrução, reconhece a verdade de um Deus, e das coisas divinas, e da ação moral" (*Philosophy and theology*,[390] p. 179s.).

A amostragem que Stirling faz dos Pais antigos demonstra o interesse extensivo que tinham nesse conhecimento natural da divindade. "Irineu diz: 'Todos sabem disso, que existe um Deus, o Senhor de todos; pois a razão, que habita no espírito, o revela'. [...] Arnóbio pergunta: 'Existe algum homem que não tenha começado, desde o primeiro dia de seu nascimento, com esse princípio; em quem isso não seja de nascença, fixado, ou até mesmo quase impresso sobre ele, implantado nele enquanto ainda estava no seio de sua mãe?' Clemente de Alexandria afirma: 'Entre toda a humanidade, gregos ou bárbaros, não existe alguém em qualquer lugar

---

[390] Filosofia e teologia.

da terra, nem entre aqueles que são nômades, nem entre aqueles que estão assentados em algum lugar, em quem já não esteja pré-impressa a convicção de um ser supremo'. [...] 'O homem não pode extirpar de si mesmo a ideia de Deus', alega Lactâncio; 'o seu voltar-se para ele a cada necessidade, as suas exclamações involuntárias, provam isto: a verdade, pela compulsão da natureza, brota de seu peito com a sua própria aversão'. Para Cirilo de Alexandria [...] o conhecimento de Deus, é [...] uma coisa não ensinada, e adquirida de forma pessoal". Stirling acrescenta: "Gregório de Nissa, Eusébio de Cesareia, João de Damasco e Jerônimo. Em resumo: é doutrina comum dos Pais da Igreja e de seus seguidores que a crença na existência de Deus é inata no homem; e entre eles, Atanásio, em poucas palavras, declara diretamente que para as ideias de Deus 'não temos necessidade de qualquer outra coisa, a não ser de nós mesmos'".

Stirling dá a entender que a tradição cristã primitiva pode, portanto, ser responsável pela perspectiva do apriorismo teológico. "Permanece a pergunta", ele comenta, "não é essa tendência precisamente a ideia inata – apenas, talvez, nem sempre em suas formas mais elevadas? Constatar que isso como um argumento deveria ter a total aceitação dos Pais é apenas natural; porque em suas leituras isso estava sempre diante deles; nas intensas palavras divinas da Bíblia em cada uma de suas páginas". Nesse ponto Stirling abandona o assunto e, com as palavras "seja como for com o argumento do *consensus omnium* como sendo a *vox naturae*", ele faz a transição a outros argumentos a favor da existência de Deus (ibid., p. 181s.).

No curso de sua história, a teologia cristã mais tarde afastou-se do argumento *a priori,* mas frequentemente tem sido atraída de novo por ele. Em contraste com o apriorismo filosófico, que entroniza o impulso especulativo e postula um princípio apriorístico em sua busca por uma explicação da realidade, a tradição teológica promove o *a priori* mediante a estrutura da revelação divina. A visão cristã não se contenta em pressupor um apriorismo platônico, cartesiano, ou segundo Leibniz, da mesma forma que não se contenta com um empirismo tomista, como uma teologia natural. A visão cristã não apenas defende a sua própria metafísica, como também requer uma teoria do conhecimento distinta.

O apriorismo cristão histórico era confiantemente metafísico. Quer alguém se volte para Agostinho ou Anselmo, quer para Lutero ou Calvino, não encontrará simpatia pela recusa transcendental de um conhecimento genuíno do mundo sobrenatural. Somente quando Kant influenciou a ciência filosófica é que o apriorismo teológico foi discutido de uma forma reacionária transcendental, em lugar de termos um conhecimento cognitivo da realidade transcendente. O apriorismo cristão tradicional não rejeita o conhecimento metafísico como algo estranho ao espírito e ao alcance da revelação divina.

Tratada simplesmente como uma teoria explicativa, a perspectiva cristã reivindica assegurar significado para o todo da experiência do conhecimento e ultrapassar todas as visões que competem com ela nessa realização. Entretanto, além disso, o transcendente *a priori* teológico professa uma fundamentação na revelação. Compreende o conhecimento inato no contexto da revelação divina e também assimila revelação especial ao conhecimento apriorístico. Afirma que os homens permanecem sempre e em todos os lugares relacionados ao Deus vivo em conhecimento direto, em virtude da origem e preservação divina específica. Qualquer que seja a verdade a respeito de seu espírito interior, a teoria cristã do conhecimento é incapaz de expor o *a priori* independente tanto da revelação geral como da especial. Mas isso não significa que o argumento *a priori* não tenha força filosófica. Pelo contrário, é o que melhor explica os fatos da experiência do conhecimento e – assim argumentamos – esse é o relacionamento distinto do homem, como um conhecedor da atividade de Deus e a imagem divina na criação, que preferencialmente melhor dá conta do todo da informação pertinente que o apriorismo filosófico delineia de forma instável e inadequada.

O APRIORISMO DE AGOSTINHO

Agostinho de Hipona permanece sem rivais como o brilhante expoente da tese cristã de que o conhecimento de Deus, de outros seres e do mundo da natureza não é meramente produto de inferência. Seja o que for que contribui para o conteúdo da cognição humana, esse conhecimento envolve um processo cognitivo direto e imediato por causa da constituição única da mente humana. O conhecimento

DEUS, REVELAÇÃO E AUTORIDADE

de Deus não é mera indução do finito e do não divino, mas é dado direta e intuitivamente na experiência humana. Independentemente de quanto conhecimento do ser e do mundo físico possa ser exposto por meio da inferência, ele está sempre emoldurado por um relacionamento antecedente primário com o mundo espiritual, que faz do conhecimento do homem algo possível e que o mantém numa correlação intuitiva com Deus, com o cosmos e com outros seres.

Os inimigos filosóficos de Agostinho eram os céticos da Nova Academia,[391] que não permitiam qualquer conhecimento além da probabilidade, e os sensacionalistas, que professavam derivar todas as coisas no intelecto somente por meio da sensação. Contra ambos os pontos de vista, Agostinho enfatizou que a verdade é primariamente encontrada somente no intelecto. A verdade deve ser localizada na consciência interior, onde a razão opera sob suas próprias leis e supre aquelas formas de pensamento sem as quais a sensação e a experiência seriam ininteligíveis.

Agostinho responde ao sensacionalista e ao teórico empírico, os quais reivindicam destilar conhecimento exclusivamente da sensação ou da reflexão sobre a informação dos sentidos, enfatizando claramente que por si só o mundo externo não é, de modo algum, uma fonte de conhecimento. Validade é uma verdade estabelecida, argumenta ele, por meio de um critério que a mente possui e sem o qual a experiência não tem um padrão e uma comparação. A mente julga por meio de leis inatas — pelo critério do verdadeiro, do belo, do bom (*De gratia et libero arbitrio*,[392] ii). Como pensadores, os homens instintivamente operam com certas verdades tidas como possessão universal. Eles não podem livrar-se dos princípios da matemática e da lógica (a lei da contradição). Sabem que esses princípios não são meramente verdadeiros, mas são eternos e imutáveis (*Contra academicos, libri tres*,[393] iii). Somente a constituição da razão do homem como o seu padrão ou critério inato e objetivo, afirma Agostinho, pode explicar a absoluta certeza das fórmulas matemáticas e dos princípios básicos da lógica.

---

[391] [NR] Nova Academia faz referência ao ressurgimento da Antiga Academia platônica ou ao neoplatonismo.

[392] Da graça e do livre arbítrio.

[393] Contra os acadêmicos, livro III.

O *a priori* transcendente teológico

Agostinho considera a alma humana como singularmente projetada pela criação e divinamente mantida para uma existência num ambiente duplo. Os sentidos ligam o homem a um mundo objetivo de percepção sensorial, enquanto o intelecto o liga ao mundo objetivo do raciocínio. A certeza da consciência envolve, ao mesmo tempo, a certeza do mundo exterior. A determinação do criador mantém constantemente o homem nesse relacionamento conjunto com os mundos racional e fenomenal e com o próprio criador como decisivo para todos. A alma, assim como o mundo sensorial no qual o homem foi colocado, tem em Deus seu apoio e direção constantes.

O idealismo subjetivo, com a sua noção da subjetividade do mundo fenomenal, não poderia ser, portanto, uma opção viável para Agostinho. As sensações do homem o relacionam com o mundo real objetivamente. A doutrina panteísta, seja na forma estoica, seja naquela do idealismo absoluto posterior, é igualmente excluída. O mundo fenomenal não é mera criação do espírito humano visto como parte do Espírito divino; o homem não cria o mundo inteligível nem o mundo sensorial. A mente humana não é soberanamente criativa em relação a qualquer um dos dois; em ambos os casos a mente é passiva em alguns aspectos. O idealismo posterior manteve a ênfase de Agostinho de que a verdade não deve ser buscada exclusivamente fora do homem, mas a modificou de forma irreconhecível. Considerar o grande filósofo cristão um precursor de Descartes e Hegel é tão falso como rotulá-lo como um produto de Platão.

Na posição de Agostinho, a revelação divina supre a precondição de qualquer que seja o conhecimento humano. A doutrina bíblico--teísta da criação divina do homem forja a estrutura de Agostinho para a afirmação de que a alma recebeu do mundo inteligível aquelas formas de pensamento que possibilitam a experiência do mundo sensorial ordenada e inteligível para o homem. Ele vê toda experiência de conhecimento, seja ela sensível, seja racional, como dádiva de Deus. O fato de o homem ter algum conhecimento válido é explicado por Agostinho com base em sua ligação com o mundo sobrenatural pela criação. O conhecimento humano nunca é adequadamente descrito como uma realização de fatores humanos, operando totalmente de forma isolada da atividade divina. A busca do homem pelo conhecimento é "uma consulta a Deus"; a realização dessa busca vem como uma "impressão divina" da verdade sobre a alma.

A ênfase sobre a iniciativa divina nos processos do saber humano conforma-se com a insistência cristã na transcendência divina e na divina imanência; tanto as noções deístas como panteístas são eliminadas. A tese que afirma que o conhecimento humano está radicado na iluminação divina é antiga. No entanto, a razão do homem, segundo Platão, tem o seu contexto explanatório na preexistência e na lembrança. A formulação estoica absorveu o homem em Deus de uma maneira totalmente panteísta. Contudo, a exposição de Agostinho está radicada no teísmo da revelação e é contrária tanto à filosofia panteísta dos antigos quanto à tendência deísta do período posterior.

Em lugar da doutrina platônica da lembrança e imitação, uma atividade divina contínua de revelação torna-se a chave para a experiência do conhecimento, em vista do relacionamento criado no homem com o mundo objetivo do raciocínio. A certeza da consciência envolve a realidade do mundo externo não em uma base idealista ou panteísta, mas porque o homem, no ato do conhecimento, está ligado a um ambiente objetivo duplo por meio da atividade criativa e preservadora do Deus vivo.

"Em meras formas de afirmação", B. B. Warfield nos diz, "Agostinho pressagiou o bastante". Mas, na realidade, uma distinta cosmovisão e visão de vida dá a essa forma um conteúdo radicalmente diferente, "o espírito de um teísmo puro, derivado [...] daquelas Escrituras que [...] lhe falaram da verdadeira luz que ilumina a todo homem que vem ao mundo [...] o Deus pessoal [...] o qual somente por sua iluminação pode fazer que verdades inteligíveis sejam percebidas [...] o Logos pessoal [...] por meio de cuja obra imanente [...] todas as coisas passíveis de entendimento sejam, de fato, entendidas". "Certamente, se isso é verdadeiro até mesmo do corpo, que nele nós vivemos e nos movemos e temos a nossa existência", Warfield acrescenta, "a mente, feita à sua semelhança, vive e se move e tem a sua existência nele de um modo mais excelente ainda, mas, é claro, não visível, mas de forma inteligente, de modo que a nossa

O *a priori* transcendente teológico

iluminação espiritual vem da Palavra de Deus" (*Studies in Tertullian and Augustine,*[394] p. 146s.).

Ainda assim, Deus não deve ser identificado com o mundo inteligível na alma do homem. Embora Deus seja o seu autor imediato, o pensamento humano não é uma fase do pensamento divino. A doutrina agostiniana da percepção imediata na experiência do conhecimento – de Deus, do ser e do mundo – pressupõe a visão judaico-cristã do relacionamento do homem como criatura com o seu criador, mesmo em sua ênfase no homem como aquele que carrega a imagem divina. "A ontologia da intuição de Agostinho, pela qual é possível alcançar a verdade inteligível, envolvia especialmente dois fatores: a doutrina da imagem de Deus e a doutrina da dependência de Deus [...]. O poder que o homem tem de alcançar a verdade depende [...] em primeiro lugar, do fato de que Deus fez o homem semelhante a Si mesmo, cujo intelecto está à vontade no mundo inteligível, cujo conteúdo, portanto, pode ser refletido na alma humana. Em segundo lugar, que Deus, tendo feito o homem dessa forma, não o abandonou em si mesmo, de modo deísta, mas reflete continuamente em sua alma os conteúdos de Sua própria mente eterna e imutável – que são, precisamente, aquelas verdades eternas e imutáveis que constituem o mundo inteligível" (ibid., p. 144s.).

Portanto, Agostinho não tem simpatia com uma doutrina das ideias inatas concebida de forma deísta. Ele resiste à noção de que o homem como um ser racional está de posse de um corpo de ideias impressas de uma vez por todas, desde o nascimento, sobre a sua constituição como ser humano, e da qual o intelecto torna-se ciente por sua própria atividade subsequente e independente. Em vez disso, o *a priori* de Agostinho flui de sua visão de uma alma que é produto da criação, que se encontra em processo de raciocínio e em uma relação de dependência ininterrupta com Deus. A concepção teísta do universo requer que a criatura, enquanto está ocupada com as suas próprias atividades reais, ainda assim esteja constantemente apoiada por Deus no exercício de todas as suas atividades. No processo de raciocínio, a alma humana não está apenas ativa, mas também é objeto de atividade. Seja qual for a luz que ela enxerga, ela a vê iluminada pela luz

---

[394] Estudos em Tertuliano e Agostinho.

divina. É verdade que desde o começo homens e mulheres, como seres distintos de sua própria natureza, e não unicamente abstrações do cosmos externo, são capacitados com certas ideias inatas. Entretanto, essas ideias não são impressões implantadas de uma vez por todas na estrutura da mente humana por ocasião de sua criação. Agostinho, porém, pensa da alma "como constantemente dependente de Deus [...] e de suas ideias intrínsecas como, portanto, algo continuamente impressas sobre ela por Deus [...]. Sua ontologia das 'ideias inatas', dessa forma, é que elas são o produto imediato na alma de Deus, o Iluminador, sempre presente com a alma como a sua única e indispensável Luz, na qual somente é capaz de perceber a verdade" (ibid., p. 144). As ideias intrínsecas da alma estão continuamente impressas sobre ela. "Ideias inatas" são um produto imediato da atividade divina de iluminação que acontece o tempo todo na mente.

É óbvio que Agostinho não traça o conhecimento inato do homem a qualquer memória de uma existência prévia; ele também não repercute a visão estoica, de que a natureza (confundida com Deus) é a fonte das ideias naturais. Também não antecipa a noção de Hegel de que a razão divina universal vem até a autoconsciência reflexiva em nós, de modo que o conhecimento da verdade, ao qual chegamos por intermédio da imanência divina, corresponde necessariamente ao do absoluto. Agostinho também não aprova qualquer ontologia que afirma que, de modo panteísta, nós contemplamos Deus de maneira imediata e o mundo inteligível das ideias divinas eternas e imutáveis nele. Embora seja frequentemente acusado de aderir ao realismo platônico (ao expor a doutrina da imputação do pecado, ele afirma que a humanidade estava em Adão de forma seminal em vez de representativa), Agostinho não traça o conhecimento de Deus e da lei moral à existência seminal do homem em Adão. Pelo contrário, insiste ele, essas ideias não são percebidas de nossas naturezas mutáveis em si mesmas (*De trinitate*[395], xiv 15, 21). O processo de impressão divina sobre a alma exclui qualquer noção panteísta de uma identidade de substância divino-humana e evita também qualquer teoria deísta que encubra o presente relacionamento vital de Deus com a humanidade na situação do conhecimento. Warfield enfatiza, corretamente, que Agostinho "preserva a característica distintiva da

---

[395] Da trindade.

O *a priori* transcendente teológico

alma humana ao mesmo tempo que descobre no mundo inteligível aberto à alma um ponto de contato com Deus; e na percepção da alma das coisas inteligíveis uma percepção ao mesmo tempo de Deus, cuja existência torna-se, assim, para a alma tão intuitivamente certa como a sua própria" (*Studies in Tertullian and Augustine*,[396] p. 148).

Que todo o conhecimento é constituído pela revelação divina no sentido teológico mais abrangente da revelação geral ou universal, cerca a verdade com segurança. Uma vez que Deus é o autor de nossas faculdades racionais, de cada ato de saber e de qualquer que seja a verdade genuína que o homem conhece, Deus é o fundamento absoluto da certeza do homem e é a garantia para a validade do conhecimento. Mesmo antes da queda, a obtenção da verdade por parte do homem envolvia essa criação-dependência de Deus, uma vez que toda verdade é uma reflexão da verdade de Deus na alma.

Embora a revelação divina abra para nós o mundo divino das ideias, ela deve lidar com o fato de que a mente humana não é meramente passiva no processo de aquisição do conhecimento. A atividade humana do saber é condicionada tanto pela natureza intrínseca como pelo estado contingente de sua alma; é qualificada tanto pela finitude do homem como pela disposição ética de sua vontade. O conhecimento é uma função do homem como um todo. A alma deve preparar-se para a recepção da verdade e também acolhê-la.

Ao desenvolver o conteúdo do conhecimento, Agostinho distingue entre ideias, percepções e julgamentos. As ideias são as reflexões imutáveis da mente divina. Percepções são o entendimento dessas ideias em diferentes períodos da vida ou em diferentes estados éticos. Embora alguns tomistas entendam que Agostinho sustentou que as concepções sejam os conjuntos de ideias que os homens forjam com base nessas percepções, Étienne Gilson argumenta que Agostinho negou a existência de conceitos. De qualquer forma, ele não ensinou que os homens forjam conceitos com base em percepções. Os julgamentos humanos contêm uma espécie de antecipação sombria do julgamento final de Deus.

O que Agostinho sugere é a existência de uma verdade em vários níveis. Cada nível requer um grau diferente de preparação para

---

[396] Estudos em Tertuliano e Agostinho.

a sua recepção, de acordo com o efeito do estado ético da alma sobre o conhecimento. A alma, apesar de finita, pode de fato ter conhecimento "perfeito", isto é, pode alcançar a verdade, embora não seja onisciente. Até mesmo quando sabemos em parte, nós podemos ter certeza ilimitada. Como alguém sujeito ao desenvolvimento como criatura, e avançando da imaturidade, o homem alcança conhecimento adequado somente de modo gradual, e apenas com assistência externa; alguns ultrapassam outros no conhecimento. Autoridade e fé são provisões preparatórias para uma razão mais compreensiva. Quando a refração da verdade na alma reflete não apenas essa finitude e desenvolvimento limitado, mas também o pecado ameaçador, uma percepção correta da verdade torna-se impossível. A finitude e a mutabilidade limitam o conhecimento, mas o pecado distorce o entendimento dele. Com o passar dos anos os efeitos do pecado pioram em lugar de aliviar essa condição, de forma que as faculdades humanas tornam-se tão prejudicadas pelo pecado que o homem natural é impedido de certificar-se da verdade. A alma é afetada por um obstáculo ao conhecimento que ela por si só não é capaz de vencer.

O conhecimento de Deus, o conhecimento supremo, requer um ajuste humano máximo. Somente a revelação especial e a graça, que tem como propósito restaurar o homem ao conhecimento para o qual ele foi criado, podem dominar os efeitos noéticos do pecado. Já dependente de Deus apenas para a existência, e sendo continuamente sustentado como uma criatura racional pela atividade de Deus, o pecador é restaurado à luz e à vida somente por meio de intervenção divina especial. Uma vez que a situação humana natural de finitude e desenvolvimento combina com a rebelião ética, o desastre da razão humana pode ser vencido somente por uma obra de resgate divina de salvação. Agostinho, portanto, prossegue para a exposição da revelação especial e da redenção, observando a importância das Escrituras e o testemunho do Espírito Santo na regeneração como fatores integrais para as realidades do conhecimento cristão.

Embora Agostinho destaque a função indispensável da revelação miraculosa especial, ainda assim ele atribui ao elemento *a priori* na experiência do conhecimento humano uma relevância universal. A pecaminosidade do homem, de fato, interrompeu o

O *a priori* transcendente teológico

seu relacionamento espiritual afirmativo com Deus. A revelação especial dirige o pecador ao glorioso evangelho das Escrituras, o qual fala do propósito divino gracioso na redenção humana. Ainda assim, essas boas-novas profético-apostólicas são dirigidas aos homens para quem o conhecimento do Deus vivo está em toda parte, sendo já de alguma forma uma possessão com base na criação, mesmo que agora sustentado na desobediência. A humanidade existe universalmente em sua vontade e razão num relacionamento imediato com Deus, envolvendo imediatamente a alma que já possui uma noção da realidade do ser divino. Mas o aspecto moral nesse relacionamento é uma questão determinante. O conhecimento apriorístico de Deus não é um conhecimento adequado para a humanidade decaída na dificuldade do pecado, embora sirva suficientemente como prolegômenos à teologia bíblica. Sob a ira divina, o homem conhece Deus como criador, Senhor e juiz, ainda que de um modo elementar, por meio da ligação interna da alma ao Senhor e Doador da vida. O conhecimento *a priori* de Deus não supre ao homem caído uma base para a comunhão vital com Deus, mas supre a base para o julgamento pessoal.

Esse conhecimento universal *a priori* serve, assim, a um propósito muito maior do que simplesmente elevar os homens acima do aspecto das sensações animais e de mostrar maior competência do que o ceticismo empírico, apesar de que essas coisas não devem ser subestimadas. Ele também não está centralizado apenas em certezas matemáticas e morais, junto com as certezas lógicas, estruturando a mente. Sem dúvida, padrões normativos para o que é bom, verdadeiro e belo são considerações importantes, e a tradição agostiniano-calvinista mantém com as mais altas filosofias, em geral, uma indispensável referência sobrenatural para a explicação dessas normas. Mas o fator primordial *a priori* na discussão da experiência do conhecimento é Deus, o criador. O conhecimento em todas as suas ramificações é um dom divino para o homem no sentido da comunhão espiritual e da obediência moral. Essa ênfase fundamental distingue a discussão do *a priori* cristã de todas as exposições seculares e conjecturais. Se o homem sustenta o conhecimento em obediência ou em desobediência espiritual, essa é a questão que alcança toda a abrangência da discussão epistemológica. Portanto,

DEUS, REVELAÇÃO E AUTORIDADE

o apriorismo cristão leva, inexoravelmente, à exposição da revelação redentora especial.

Todavia, por trás da insistência cristã distintiva na revelação especial repousa mais uma ênfase igualmente indispensável na revelação geral, e, nesse contexto, os expositores evangélicos têm mantido a realidade dos fatores apriorísticos na experiência humana do conhecimento. Aqui os caminhos da teologia da revelação e da filosofia secular se encontram, uma vez que o debate do *a priori* tem uma função proeminente na história das ideias. O apriorismo filosófico ganha em Agostinho uma exposição competitiva da perspectiva teológica da revelação, uma exposição que desmascara o apriorismo filosófico como uma mistura de verdade e erro que enuncia de forma equivocada a dificuldade do homem como conhecedor, e esconde a dificuldade do homem como pecador. O mesmo *a priori* que constitui o homem num conhecedor, desde a queda, e para o desprazer de Deus, prende-o como uma criatura que carrega o conhecimento de Deus, mas que se afasta de seu propósito tencionado, utilizando-o de forma imprópria numa vida de desobediência espiritual. O homem conhece Deus, mas não mais o conhece "em verdade", isto é, fazendo a sua vontade. Em vez de conhecer Deus, fazendo aquilo que ele reivindica, ele o conhece na desobediência e é um candidato à desgraça.

Dessa forma, a teoria agostiniana do conhecimento põe em descrédito todo apriorismo que se propõe negar, de forma consciente ou inconsciente, a doutrina cristã da criação. Assim, ela contrasta com as visões platônica, estoica, cartesiana, de Leibniz e de Spinoza e, como veremos mais adiante, também com o apriorismo de Kant. A razão do homem deve ser explicada em referência à razão divina, mas não como um fragmento da divindade. A concepção bíblica da imagem de Deus no homem constitui a pressuposição necessária para qualquer declaração cristã de um conhecimento *a priori*. Não é apenas a criação original, mas também a preservação divina em andamento do homem que é integral com a exposição cristã. Fatores inatos do conhecimento não devem ser explicados com base no lado humano somente, presumindo apenas uma capacitação divina original de muito tempo atrás. A resposta agostiniana ao ceticismo encontra-se exclusivamente no teísmo judaico-cristão, e as suas implicações não devem ser introduzidas somente em algum ponto mais adiante, como uma consideração epistemológica, mas devem ser aplicadas já no que diz respeito ao conhecimento primário. As visões concorrentes colocam o homem numa ontologia artificial, asseveram de forma equivocada a natureza e a condição da alma, reconstroem ou falsificam a imagem de Deus no homem e excluem arbitrariamente os fatores do pecado e da revelação redentora especial na teoria do conhecimento por sua própria definição falsa do *a priori*. Em resumo, elas fabricam os processos intelectuais de tal maneira que fazem da finitude em que o homem foi criado e da pecaminosidade contingente algo praticamente irrelevante, antes mesmo da discussão da epistemologia começar.

Toda a exposição do conhecimento humano requer uma consciência apropriada da revelação divina desde o princípio. Embora o conhecimento seja, de fato, do homem com base na criação, a fé é um elemento primário no conhecimento humano. Apesar de receber uma direção especial corretiva por meio da manifestação redentora das Escrituras, a fé não é meramente uma função passageira na vida humana. Ela pertence ao homem como um sujeito conhecedor. O conhecimento do homem é estabelecido continuamente e sempre em um contexto de revelação e fé. Em meio à sua finitude, o conhecimento do homem carrega segurança somente na imanência de Deus e por meio dela; no meio de sua pecaminosidade, ele acolhe informação confiável e mais completa a respeito de Deus e de seus propósitos somente através da revelação especial divina em Cristo e na Bíblia.

O APRIORISMO DE LUTERO

A Reforma Protestante começa com Martinho Lutero, a reafirmação da justificação pela fé somente e o chamado para a restauração da revelação bíblica sem diluição especulativa. Contra a noção tomista de que a teologia natural é o vestíbulo da teologia revelada, Lutero (1483-1546) reafirmou a ênfase agostiniana "Eu creio a fim de compreender". Com Agostinho e contra Aquino, Lutero apoia a realidade de um conhecimento inato de Deus fundamentado na criação divina do homem. Mesmo pecador, o homem não regenerado vive num contexto de revelação divina.

Lutero, porém, discute o elemento *a priori* mais completamente em conexão com a imagem divina no homem. No pensamento de Agostinho, a *imago Dei* era relacionada, de forma inconstante, com

DEUS, REVELAÇÃO E AUTORIDADE

fatores inatos na experiência humana do conhecimento. Parece melhor adiar a consideração desse aspecto de seu ensino até que possa ser contrastado, nesse ponto, com o ensino de Lutero.

Deus é autorrevelado como uma Trindade; o homem é revelado nas Escrituras como criatura feita à imagem de Deus. Agostinho conclui que o homem é individualmente estruturado como uma trindade também, especialmente na memória, no entendimento e na vontade como uma capacitação da alma; ele localiza a imagem, além disso, na capacidade que a alma possui para uma relação de conhecimento e de amor a Deus (*De Trinitate*,[397] x, 12). É preciso lembrar que, para Agostinho, o conhecimento de Deus e o conhecimento do ser são epistemologicamente correlatos. A dificuldade surge da implicação posterior de que o homem pode encontrar o seu caminho de volta a Deus mesmo no pecado e sem intervenção especial. Alguns intérpretes argumentam que Agostinho também negligencia a corrupção da natureza humana quando, identificando a imagem como a racionalidade da alma, ele desenvolve a imagem não meramente em termos de uma função da alma, mas de uma capacidade "para entender e contemplar Deus" (ibid., xiv, 5; cf. David Cairns, *The image of God in man*,[398] p. 96). Apesar disso, a corrupção não exigiu para Agostinho a ausência de todo o conhecimento de Deus. Enquanto a racionalidade do homem é um aspecto essencial da imagem de Deus, tal imagem envolve também a sua existência responsável diante de Deus como um agente moral. Agostinho reconheceu inteiramente que a imagem divina foi deformada pelo pecado e que pode ser reformada somente em Cristo (*De Trinitate*,[399] xiv, 16). Em certo sentido, a imagem permanece depois da queda, embora esteja distorcida; a sua recuperação depende de redenção.

Um segmento do pensamento de Agostinho foi levado adiante e desenvolvido por Aquino. Agostinho referiu a "imagem" à cognição da verdade, e a "semelhança", ao amor da virtude. Mantendo essa distinção arbitrária entre imagem e semelhança, que é uma interpretação errada de Gênesis 1.26, a perspectiva escolástica tomou um novo rumo. A imagem foi igualada aos atributos

---

[397] Da Trindade.

[398] A imagem de Deus no homem.

[399] Da Trindade.

O *a priori* transcendente teológico

naturais da alma, enquanto a similitude, ou semelhança, foi igualada à conformidade moral do homem com Deus; a primeira foi mantida depois da queda, ea última foi perdida. Essa disjunção da imagem e da semelhança, e sua segregação em cada caso do conhecimento inato de Deus, tornou-se característica da doutrina escolástica e católica-romana. A visão católica-romana é que o homem foi criado de forma moralmente neutra e que a retidão original foi uma dádiva divina que lhe foi adicionada. Enquanto a queda elimina o bônus divino, ela não produz qualquer distorção radical na natureza original do homem, uma vez que a queda deixa intactos os atributos naturais. A compreensão do homem das realidades teológicas pela razão natural não é seriamente afetada pelo pecado. A compartimentação do homem por meio da divisão entre imagem e semelhança modera o prejuízo da natureza humana pelo pecado e permite à razão natural uma importância positiva na teologia, o que finalmente inverte a prioridade epistêmica agostiniana para a revelação divina.

Pelo interesse da teologia bíblica, Lutero proclamou de forma renovada que o pecado penetrou o espírito humano em sua inteireza. Nenhum aspecto da natureza humana está isento de seus efeitos. *Imagem* e *semelhança*, no relato da criação, são usadas de forma sinônima: a imagem incluía a verdadeira semelhança moral do homem com Deus como uma capacitação original. Os reformadores, necessariamente, revisaram a concepção escolástica da imagem, da natureza da revelação interna de Deus no homem, das consequências da queda e do caráter reparador da redenção.

Lutero liga a discussão da imagem de Deus uma vez mais com a tese da capacitação inata. Certamente, o pecado removeu da imagem ou semelhança original elementos tais como a bondade e a justiça (*Werke*,[400] 42:51). Essas coisas são comuns apenas para os regenerados. Os perversos não possuem a luz do Logos concedida na revelação redentora (42:248); qualquer que seja a luz que possuem, no que diz respeito à salvação, são trevas, e essa luz não os leva à redenção. O homem carrega a imagem de Deus universalmente de modo tão profundo quanto Satanás a leva (24:49). Desde

[400] Obras.

a queda, a vontade natural do homem não é boa e também o seu intelecto natural não é correto nem iluminado.

Lutero, porém, insiste no conhecimento inato de Deus. Na realidade, ele rejeita o esforço medieval tardio de equiparar essa lei natural inata da razão com a lei divina das Escrituras e o faz em duas bases: os escolásticos medievais promoveram uma sobreposição do conhecimento natural e da relação especial pelo interesse na autoridade da lei da razão e da natureza e deixaram de enfatizar adequadamente o conteúdo positivo e peculiar da revelação nas Escrituras. No entanto, Lutero ensina que o Logos constantemente preserva todas as coisas em seu ser e é a fonte daquela luz especial, isto é, a razão e o entendimento, que eleva o homem acima dos animais irracionais, tornando possível a cultura humana, as artes e as habilidades. Essa luz é "comum a todos os homens, maus e bons" (42:248). A humanidade decaída não permanece completamente sem relações com o Logos, mas retém alguma lembrança, ainda que enfraquecida, da imagem original. Permanece, sob o pecado, uma semelhança universal ou pública, no governo ou domínio do homem sobre a natureza e os animais (42:51); o homem decaído mantém uma dignidade com base na sua criação na imagem divina que proíbe o derramamento de sangue humano. É verdade que os homens decaídos têm "somente algo como lembranças embotadas e mortas do seu conhecimento dos não caídos Adão e Eva" (42:50). Mas "outros animais não têm nada disso; eles não conhecem o seu criador, a sua origem e o seu fim, de onde vem e por que foram criados. Portanto, eles não têm nada da imagem de Deus".

Ao explicar Gênesis 9.6, Lutero apresenta uma referência futura para a imagem: em vista da intenção de Deus de redimir o pecador, o homem retém uma dignidade que mesmo no pecado constitui o assassinato como uma ofensa abominável. Barth e outros intérpretes tomam essa referência escatológica num esforço de reivindicar Lutero para a visão de que a *imago Dei* no homem decaído está totalmente destruída e existe para ele apenas como uma intenção divina. Essa dissociação de Lutero em relação à visão da *imago* remanescente é promovida por teólogos dialéticos e existenciais que rejeitam cada ponto de contato para a revelação especial na natureza humana e que, apesar de sua professada motivação teológica, defendem uma teoria do conhecimento antimetafísica e anti-intelectual. Lutero, porém, não define a *imago* universal apenas de forma futura. Embora ele não desenvolva a ideia tão plenamente nem tão frequentemente como Calvino, ainda assim ele adere ao conceito de uma *imago* remanescente no homem decaído.

Em passagens importantes, porém, Lutero mesmo assim parece identificar a imagem divina com a retidão original do homem, perdida por intermédio da queda. Uma explicação para essa tendência pode ser o fato de que o tratamento otimista escolástico em relação à natureza humana depois da queda pode ter comprometido essa faceta da doutrina da *imago* e o fato de que a revelação redentora retrata, de modo central, a imagem renovada em termos de retidão e santidade. No entanto, a ênfase de Lutero na imagem moral perdida por meio da queda não esgota sua exposição da imagem.

Lutero ensina que não somente o conhecimento bíblico, mas o conhecimento natural de Deus também, só é possível através da autorrevelação de Deus. A revelação natural é derivada das obras da criação (Rm 1.20) e da atividade divina na história (At 14.15ss.; 17.26ss.). Mas isso não depende unicamente de manifestação externa. A lei divina está escrita no coração humano, e, dessa forma, Deus confronta a humanidade como o Senhor santo e reto (Rm 1.32; 2.14,15). Esse conhecimento natural de Deus não pode ser completamente suprimido.

Os dogmáticos luteranos do século XVII, apelando a Romanos 2.15, falaram sem hesitação dessa luz inerradicável da natureza como inata, e não meramente adquirida. Johannes Quenstedt (1617-1688) referiu-se ao conhecimento natural como "parcialmente [...] impresso pela natureza sobre as mentes dos homens em suas próprias origens, inatas e implantadas, pelas quais os homens reconhecem Deus por meio de certos princípios com os quais nasceram, por certos fragmentos, por assim dizer, restos da imagem divina, sem qualquer pesquisa ou operação de mente" (*Systema*,[401] 1:366).

Essa avaliação da lei natural, mantida junto com a ênfase cuidadosa de que na presente condição do homem o conhecimento

---

[401] Sistemas.

natural é insuficiente para a obtenção da salvação, é em geral também a avaliação de Lutero. Toda vez que a igreja prega a Lei mosaica, a lei natural escrita no coração provê um ponto de contato teológico e moral, de forma que o pecador é mais rapidamente convencido da validade dos mandamentos. Apesar de estar completamente manchada, a lei escrita no coração do homem é despertada pela pregação da Palavra (*Werke*,[402] 3:1053).

Enquanto Lutero não apresenta nenhuma exposição sistemática dos fatores inatos na experiência religiosa, nem expõe a sua importância de uma maneira ordenada, ele deve ainda assim ser considerado como alguém que se põe contra o empirismo escolástico iniciado por Aquino, e a esse respeito deve ser considerado como um precursor de Calvino. Lutero não somente reafirma a prioridade da revelação especial, mas, apesar de uma visão séria do pecado, ele também restaura o fator inato da revelação geral ao manter a realidade de uma *imago* remanescente no homem decaído. Se for argumentado que isso é incoerente com a filosofia nominalista e com a reivindicação de que Lutero segue os ensinamentos de Occam, a resposta é que Lutero é algumas vezes incoerente, e nesse caso, com o mérito.

O APRIORISMO DE CALVINO

Que todo o conhecimento está baseado em revelação e que o homem possui conhecimento de Deus, junto com o conhecimento de si mesmo, são teses desenvolvidas em *Institutas da religião cristã* de João Calvino.

Estabelecer o homem como um conhecedor é, portanto, também estabelecer Deus como revelador. Calvino escreve: "Não pode ser encontrada a mínima partícula de sabedoria, luz, justiça, poder, retidão ou verdade sincera que não proceda dele e que não o reivindique como o seu autor" (*Institutes*,[403] I, 2, 1). De modo coerente com a doutrina judaico-cristã da criação, assim como era para Agostinho, para Calvino a própria possibilidade do conhecimento existe pelo fato de que o Logos ilumina divinamente o homem na imagem divina e, dessa forma, o interior dos relacionamentos

[402] Obras.

[403] Institutas.

O *a priori* transcendente teológico

criador-criatura peculiares à visão de vida judaico-cristã. O conhecimento humano nunca é simplesmente uma realização humana. Em tudo isso, Deus encontra o homem, cuja experiência de conhecedor como criatura é tornada possível pela condescendência ou acomodação divinas. Somente essa iniciativa divina preenche o hiato entre criatura e criador em termos de conhecimento; por meio da condescendência divina, a mente humana torna-se correlativa da revelação divina. Isso explica tanto o conhecimento do homem finito pela criação e no pecado como a sua condição acidental. Em autorrevelação, Deus é desvelado ao homem universalmente na revelação geral; em autoacomodação posterior, ele é desvelado ao homem pecador na revelação especial pela Palavra escrita e pela Palavra encarnada.

O meio pelo qual o homem conhece Deus, e dessa forma a revelação divina, é a Palavra. O Deus que fala está na linha de frente não somente na redenção, como também na criação, e da mesma forma na atividade de revelação em sua inteireza. O Novo Testamento enfatiza que essa Palavra é pessoal, e não meramente uma palavra ou vocábulo instrumental. Apesar disso, a Palavra como o meio de comunicação divino-humana reforça o papel do intelecto na experiência do conhecimento.

O conhecimento de Deus e o conhecimento de nós mesmos estão mutuamente inter-relacionados. O conhecimento de Deus não é uma mera inferência do mundo criado, mas é dado imediatamente junto com a autoconsciência, e torna-se por sua vez um fator crucial em qualquer tipo de conhecimento. "Não podemos alcançar um conhecimento claro e sólido de Deus sem uma interação mútua de nós mesmos" (ibid., I, 15, 1). Como pecador, o homem chega a "algum conhecimento de Deus", ainda que por meio da consciência de sua própria infelicidade. Calvino, portanto, leva adiante a tese de Agostinho de que o conhecimento de Deus e da alma envolvem um ao outro. B. B. Warfield resume de forma competente a posição de Calvino: "O conhecimento de Deus é dado no mesmo ato pelo qual conhecemos o eu. Pois, quando nós conhecemos o eu, [...] precisamos conhecê-lo como um ser dependente, derivado, imperfeito e responsável. Conhecer o eu implica [...] o conhecimento simultâneo [...] daquilo do qual ele depende, daquilo do qual ele deriva, do padrão pelo qual sua imperfeição é revelada, daquilo para o qual ele é responsável. [...]. O homem tem um conhecimento de Deus que é instintivo e inerradicável". (*Calvin and Calvinism,*[404] p. 31s.).

Embora o tema central de *As institutas* de Calvino seja que o soberano santo Deus manifestou-se de um modo especial na revelação judaico-cristã e em Jesus Cristo supriu a salvação para indivíduos que, de outra maneira, estavam condenados no pecado. Por trás desse drama está o contínuo relacionamento divino-humano com base na criação. A acomodação divina na revelação existe por causa do conhecimento genuíno. Como uma criatura finita, sem dúvida, o homem não capta as coisas de forma exaustiva, mas ele pode, ainda assim, ter um conhecimento genuíno. "Não é nenhum acidente", comenta Edward A. Dowey Jr., "que *As institutas*, desde a primeira edição até a última, abram com a categoria do conhecimento, 'o *conhecimento* de Deus e de nós mesmos', e não com especulações sobre o ser ou a existência" (*The knowledge of God in Calvin's theology,*[405] p. 8).

Intérpretes pós-kantianos frequentemente atribuem a Calvino um temperamento antimetafísico. Todas as passagens nas quais ele protesta contra as especulações metafísicas escolásticas são invocadas para apoiarem essa interpretação. Mas a alegação de Calvino é dirigida contra a especulação conjectural, não contra a metafísica da revelação.

O conhecimento de Deus "não é meramente uma noção de que existe tal Ser, mas é também uma interação com qualquer coisa que deveríamos conhecer acerca dele, levando à sua glória e ao nosso benefício" (*Institutes,* I, 2, 1). Embora no presente estado decaído "nenhum homem jamais irá perceber Deus como um Pai, ou Autor da salvação, ou propício de qualquer forma, mas como tendo sido pacificado pela mediação de Cristo", permanece ainda, com base na criação, afirma Calvino, a percepção de que Deus nos sustenta por seu poder, governa por sua providência, nutre por sua bondade e nos segue com bênçãos de todo tipo. Deus inscreveu a sua glória em suas obras "em caracteres tão claros, inequívocos e

---

[404] Calvino e calvinismo.

[405] O conhecimento de Deus na teologia de Calvino.

O *a priori* transcendente teológico

surpreendentes que o mais iletrado e obtuso é incapaz de desculpar a si mesmo alegando ignorância" (I, 5, 1).

Outra ênfase na epistemologia de Calvino, derivada da teologia bíblica, é a de que o conhecimento de Deus é concedido ao homem visando a obediência pessoal, espiritual e moral, e não para o luxo da contemplação amoral e para a curiosidade metafísica. A revelação de Deus ao homem tem o propósito de capacitar o homem a glorificar o criador por meio da adoração e da obediência e de possuí-lo como a fonte de toda bênção. Essa circunstância de que o conhecimento de Deus tem um alvo religioso e ético, é hoje, frequentemente, considerada a principal característica de uma epistemologia existencialmente orientada. Calvino, porém, não é um defensor de perspectivas passivas que eliminam o conhecimento cognitivo da esfera da fé. No entanto, o conhecimento de Deus visa a boa vida. "Somos convidados para um conhecimento de Deus, mas não como algo vazio de conteúdo ou especulativo, meramente flutuando no cérebro, mas que seja sólido e frutífero, se corretamente recebido e radicado em nosso coração" (ibid., I, 5, 9). A mente piedosa aspira ao conhecimento de Deus, visando a adoração e a reverência obediente. "O modo correto, e o melhor método de buscar Deus" não é "com curiosidade presunçosa a fim de tentar um exame de sua essência, a qual é para ser adorada mais do que curiosamente investigada; mas para contemplá-lo em suas obras, nas quais ele se aproxima e se familiariza e, em certa medida, comunica a si mesmo a nós" (I, 5, 9). "Frias e tolas [...] são as especulações daqueles que se dedicam a discursos formais sobre a essência de Deus, quando seria mais interessante para nós tornar-nos familiarizados com o seu caráter e saber o que é agradável à sua natureza" (I, 2, 2). Interesse pelo conhecimento de Deus meramente como um fim em si mesmo, e desatenção quanto às alternativas de vida e de morte que isso representa para o homem, é deplorável como algo pagão. Por essa razão, diz Calvino, a mente ímpia não pode conhecer Deus de uma maneira completamente desinteressada, uma vez que uma resposta negativa envolve o homem em desobediência responsável e em idolatria.

Esse clima epistemológico difere notavelmente, por exemplo, do modo pelo qual Descartes trata do *a priori,* no qual a abordagem

DEUS, REVELAÇÃO E AUTORIDADE

a Deus é feita de forma deliberada no modo de problema matemático. Para Calvino, qualquer abordagem desse tipo já reflete a revolta moral do homem, uma vez que a aura de adoração reverente e de obediência moral e o senso de destino na presença do Infinito são perdidos.

Isso leva a outro aspecto do tratamento de Calvino sobre o conhecimento de Deus, que se reflete até mesmo em sua abordagem aos seus elementos *a priori*. Embora Calvino não minimize a importância do conhecimento conceitual objetivo para a fé, ainda assim, semelhantemente a Agostinho, ele considera a vontade e as afeições como fatores importantes na situação de conhecimento. Essa ênfase distingue o aspecto revelação-teologia de grande parte da discussão filosófico-conjectural da epistemologia, que antes de Kant tende a lidar com o conhecimento metafísico apenas como um problema da razão e, depois de Kant, somente como uma realização da experiência não cognitiva. Em resumo, as exposições conjecturais entregam aquela unidade de personalidade sobre a qual a teologia bíblica insiste e promulgam uma ruptura artificial no eu conhecedor.

Todavia, a teoria do conhecimento de Calvino alcança e ultrapassa as visões filosóficas clássicas em sua insistência em que o conhecimento de Deus é uma implicação imediata da autoconsciência. Esse conhecimento de Deus é uma experiência noética com um genuíno conteúdo da verdade. "A mente humana, [...] por instinto natural, possui algum senso de uma deidade. [...] Deus concedeu a todos alguma possibilidade de apreensão de sua existência, a memória da qual ele frequentemente renova de maneira imperceptível. [...] Os homens sabem universalmente que existe um Deus, e que ele é o seu criador. [...]" (ibid., I, 3, 1). Calvino endossa o sentimento de Cícero de que "algum senso da divindade está inscrito em cada coração". "Todos possuem, por natureza, uma persuasão inata da existência divina, uma persuasão inseparável de sua própria constituição" (I, 3, 3). "Uma ideia de Deus está naturalmente gravada no coração dos homens" (I, 4, 4). Até mesmo seres humanos que parecem diferir pouco dos animais "retêm algum senso de religião; de tão livremente que a mente dos homens é possuída por esse princípio comum". "A ideia de Deus nunca está perdida na mente humana". "A ideia de uma deidade impressa na mente do homem é indelével". Em resumo, o conhecimento de Deus é "inato" (I, 3, 3), naturalmente gravado "no coração dos homens" (I, 4, 4) como parte de sua própria "constituição" (I, 3, 1), instintivo (I, 3, 1; 4, 2) e, assim, "autoensinado desde o nascimento" (I, 3, 3). Portanto, esse conhecimento é universal e indelével. Calvino usa expressões tais como "instinto natural", "senso de divindade", "senso de deidade" e "luz do intelecto" para caracterizar esse conhecimento intuitivo.

Calvino destaca que a revelação objetiva de Deus na natureza, tanto quanto nas Escrituras, é clara e adequada. O que interfere na recepção e apropriação entusiasta do homem não é alguma fraqueza na revelação, mas a perversidade do próprio homem. A maioria daqueles que estão imersos no erro é "cega no meio da oportunidade de ver", e "apesar de todas as demonstrações da glória de Deus, raramente um homem entre cem é realmente um espectador dessa glória" (I, 5, 8). "A manifestação de Deus [...] é [...] clara o bastante; mas [...] por causa de nossa cegueira, não é considerada suficiente" (*Epistle to the Romans*,[406] V. comentário sobre 1.20). A revelação por si só é adequada em razão de seu propósito divinamente pretendido; dessa forma, o homem é tanto responsável como culpado por sua disposição em relação a ela.

A passagem clássica sobre o conhecimento duplo de Deus como criador, primeiro por meio da revelação geral, e subsequentemente pelas Escrituras, e como redentor na pessoa de Cristo, é encontrada perto do início de *As institutas*: "Portanto, uma vez que Deus é primeiro manifestado, tanto na estrutura do mundo como no teor geral das Escrituras, simplesmente como o criador, e depois revela a si mesmo na pessoa de Cristo como o redentor, dessa forma, surge um duplo conhecimento dele; do qual o primeiro é inicialmente considerado, e o outro seguirá em seu lugar apropriado" (I, 2, 1). Calvino enfatiza que o conhecimento adicional de Deus como criador, derivado das Escrituras, ainda não é a mesma coisa que o conhecimento de Deus como redentor, nem o mesmo que a fé redentora em Cristo. O conhecimento de Deus que deixa de alcançar tal fé é por ele descrito como "inútil", isto é, que abandona

---

[406] Epístola aos Romanos.

DEUS, REVELAÇÃO E AUTORIDADE

o homem na culpa e exposto à ira divina (II, 6, 1).[407] Nenhum conhecimento de Deus como redentor é dado na revelação geral, que é dirigida ao homem com base na criação, e não fala em relação à sua situação difícil no pecado. Contudo, o conhecimento de Deus como criador é concedido não apenas na revelação bíblica, mas também com base na criação. O Deus revelado como criador nas Escrituras é o mesmo Deus que se autorrevela como criador na revelação geral. A revelação bíblica é mais completa e mais clara não por causa de alguma deficiência na revelação geral, mas porque o homem não pode distorcer a revelação das Escrituras dada de forma objetiva, como ele faz com a revelação geral. Além disso, a revelação das Escrituras adiciona ao conteúdo da revelação geral proposições que dizem respeito tanto a Deus como redentor, quanto como criador (que é o mesmo caso do relato da criação). No entanto, a ampliação feita pela revelação especial do conhecimento de Deus, em contraste com aquele que é dado com base na criação, não deve ser exagerada.

---

[407] A passagem não pode trazer o significado que Dowey encontra, de que, enquanto o conhecimento de Deus com base na criação é a estrutura de referência e a pressuposição da revelação redentora, ainda assim "não é nem mesmo conhecida à parte da revelação redentora", e que "a revelação redentora é realmente a pressuposição do conhecimento do criador que no tratamento de Calvino a precede" (*The knowledge of God in Calvin's theology*, p. 46). Claro que é verdade que o homem recebe conhecimento adicional de Deus como criador vindo das Escrituras, e que isso não necessita envolver a experiência de Deus como redentor, mas Calvino certamente sustenta que, inteiramente à parte da revelação bíblica, cada homem tem algum conhecimento de Deus com base na criação somente. É fundamental para a ênfase de Calvino que a imagem divina "não foi completamente aniquilada e erradicada" pela queda (*Institutes*, I, 15, 4); que, pelos resquícios que sobrevivem, o homem ainda está exaltado acima do mundo animal; que, com base na revelação geral, o homem ainda tem genuíno e limitado, mesmo que privadamente distorcido, conhecimento de Deus. David Cairns admite que, embora Calvino fale de maneira livre algumas vezes da destruição da imagem pela queda, "ele raramente se compromete com esse ponto de vista sem reservas" (*The image of God in man*, [A imagem de Deus no homem], p. 132). Que o homem como um ser caído necessita vir às Escrituras para distinguir o Deus vivo dos falsos deuses, como Calvino insiste (*Institutes*, I, 6, 1), não anula isso, uma vez que a revelação com base na criação é clara, mas o homem como pecador a distorce. Existe conhecimento adicional de Deus como criador com base na manifestação bíblica especial, que pressupõe a revelação redentora, mas isso não exclui um conhecimento sem referência à revelação redentora como a sua pressuposição. Não é a revelação redentora, e sim a revelação geral, que se constitui na estrutura formal na qual Calvino estabelece a discussão sobre o conhecimento de Deus.

O *a priori* transcendente teológico

Simplesmente com base na criação o homem possui conhecimento não apenas do poder de Deus, mas de sua divindade, e Calvino significativamente aponta que "todos os atributos de Deus [...] estão [...] incluídos sob essa ideia" (*Epistle to the Romans*,[408] comentário sobre 1.20). Neste ponto, somos lembrados do argumento ontológico de Anselmo, com sua derivação de todos os atributos divinos da ideia de Deus. A afirmação de Calvino de um admirável conhecimento de Deus com base na criação somente – suficiente para condenar o homem para sempre por sua rebelião obstinada – é igualmente impressionante. Se Calvino faz muito do conhecimento "para o qual a genuína ordem da natureza nos levaria, se Adão tivesse mantido sua inocência" (*Institutes* I, 1, 2), ele certamente não implica com essa ênfase que, com base na criação, o homem não tem nenhum conhecimento genuíno de Deus; pelo contrário, Calvino justifica a condenação do homem em vista de sua revolta perseverante contra um conhecimento tão extensivo.

Todavia, duas características distintivas da teologia de Calvino devem ser observadas como contraste com o apriorismo não teológico. A doutrina de Calvino do conhecimento inato, dentre outras coisas, está sempre "baseada na criação". Ela pressupõe uma perspectiva específica de Deus e do homem, e de seus relacionamentos em vista de uma doutrina particular das origens. Assim, o apriorismo de Calvino carrega consigo muito mais do que aquilo que é aparente na superfície; ele é parte essencial daquela perspectiva definitiva da revelação do mundo e da vida para o pensamento judaico-cristão.

Além disso, a visão que Calvino tem do conhecimento inato é, portanto, desenvolvida no contexto mais amplo da revelação geral. Ela pode ser abstraída desse contexto para propósitos de discussão. Mas o conhecimento de Deus com base na criação não pode ser reduzido, como no caso de Anselmo, à operação interior da mente, funcionando independentemente de um universo criado, que é mais amplo, e da história externa, aos quais, a vida mental interior está também relacionada. O homem existe num contexto de criação ao longo do qual, como uma totalidade, Deus é revelado. A revelação interna e a revelação externa compõem juntamente a esfera da revelação geral; e a última não é reduzida simplesmente a um conhecimento inato

---

[408] Epístola aos Romanos.

de Deus, nem simplesmente a uma manifestação externa. O homem está constantemente relacionado com Deus por meio da revelação interior e por meio da revelação externa, e ambos são aspectos correlativos da manifestação universal de Deus.

A indelével revelação interior está, portanto, misturada com uma revelação externa persistente, ambas claras e adequadas. "Deus não somente semeou na mente dos homens a semente da religião, [...] mas manifestou-se na formação de cada parte do mundo e diariamente apresenta-se à visão pública, de tal maneira que eles não podem abrir seus olhos sem ser forçados a contemplá-lo. [...] não existe a mais ínfima parte do mundo na qual você não seja capaz de contemplar, pelo menos, algumas faíscas brilhantes de sua glória" (ibid., I, 5, 1, onde Calvino cita Sl 104.2; Hb 11.3; Sl 19.1,3; Rm 1.20).

Uma "segunda espécie de suas obras" é o governo providencial de Deus sobre a sociedade humana, no qual ele exibe benignidade evidente e diária e beneficência por meio de clemência aos piedosos e severidade aos maus e perversos. A glória, o poder e a sabedoria de Deus são apresentados nessa ordenação providencial. A revelação inata de Deus tem o seu correspondente na revelação externa de Deus na história, bem como na natureza.

O conhecimento de Deus que permanece para o pecador com base na criação não é "uma mera noção", mas uma "concepção vital" que provoca temor e reverência, exceto quando o homem volta-se da receptividade e do louvor e no pecado compromete e transforma esses sentimentos e atitudes. Passagens em *As institutas* tornam claras a posição de Calvino. A percepção interna direta de Deus com base na criação inclui dois fatores: o senso de divindade e a consciência. Como consequência do primeiro, o homem é uma criatura que adora, embora no pecado ele adore de forma idólatra; o segundo, a consciência, preserva a distinção contínua no homem entre o certo e o errado, apesar de que no pecado ele distorce o conteúdo da moralidade.

O aspecto inato da teoria do conhecimento de Calvino é muito frequentemente detalhado de uma maneira anti-intelectual, como se ele quisesse afastar-se de um *a priori* religioso com consequências cognitivas. Tentativas de encontrar um ponto de contato no pensamento de Calvino para a concepção do *numinous* de Rudolf Otto

O *a priori* transcendente teológico

desprezam o fato de que a teologia de Otto está na tradição antimetafísica pós-kantiana e que o *numinous* não é divorciado por Calvino dos aspectos racionais e morais. Dogmáticos antimetafísicos que aqui seguem também a liderança de Emil Brunner interpretam, de forma equivocada, a posição do reformador. O fator inato é para Calvino mais do que uma mera possibilidade formal de conhecimento religioso. Possui uma mais profunda importância noética, habilitando o homem com real conhecimento de Deus. Calvino assevera que a mente possui esse senso de divindade de tal modo que o pretexto da ignorância é banido. De forma universal, os homens "sabem" que existe um Deus. O comentário de Dowey é apropriado, ao afirmar "isso já é *notitia*, o conhecimento, e de fato o conhecimento religioso [...]. Devemos insistir [...] que o elemento noético existe. Este é o conhecimento de Deus. Não é mera noção, ou pressentimento [...]. Esse conhecimento introduz uma proposição: 'Deus existe', ou 'algum Deus existe'. E 'Deus' significa o único Deus mesmo, pois essa revelação não é tão vaga a ponto de permitir uma interpretação politeísta [...]. O elemento intelectual, que pode ser formulado na proposição necessária de que um Deus existe, é parte de um *sensus* primitivo" (*The knowledge of God in Calvin's theology*,[409] p. 51s.).

A força do senso da divindade pode ser medida por seus efeitos. Por intermédio da inescapável relação do homem com Deus, a experiência religiosa torna-se um fenômeno universal e necessário da vida humana. O senso da divindade não é uma mera hipótese projetada para justificar a universalidade da religião; pelo contrário, como uma fonte de conhecimento de Deus baseada na revelação, é a semente da religião e constitui a base da vida religiosa.

A entrada do pecado traz consigo a idolatria universal, exceto onde a revelação especial e a redenção intervieram. Como uma criatura que se relaciona com Deus, o homem é religioso por definição, mas depois da queda, em vez de glorificá-lo na liberdade da filiação, o homem como pecador torna-se ao mesmo tempo um idólatra em quem o senso da divindade produz um medo servil do Deus vivo. A consciência de Deus radicada no conhecimento conceitual interage com o todo da vida. A personalidade total no pecado – o homem como conhecedor, como um ser volitivo e emotivo – procura

---

[409] O conhecimento de Deus na teologia de Calvino.

DEUS, REVELAÇÃO E AUTORIDADE

suprimir o *sensus divinitatis* com consequências devastadoras para o todo da vida; os pensamentos, as vontades e afeições do homem estão sob o julgamento divino, e a sua idolatria aberta é acompanhada por um pavor secreto em meio a um inerradicável senso de Deus.

O conhecimento de Deus, escrito de forma inata na natureza do homem, é tanto moral quanto racional. Junto com o senso da divindade, o fenômeno da consciência existe por meio da revelação interior de Deus e envolve o homem em uma percepção direta da deidade. O conhecimento que o homem tem de Deus é conhecimento responsável, que responde tanto à verdade como à justiça de Deus. Como um ser conhecedor, ele necessariamente discerne entre o bem e o mal, bem como entre a verdade e a falsidade. Dessa forma, ele está relacionado tanto com a santa vontade de Deus como com a verdade de Deus. A consciência (*con-scientia*) é "conhecer com" ou uma percepção do moral em e através do racional e do conceitual. Avaliando as referências que Calvino faz à consciência como "'inscrita', ou 'gravada' ou 'implantada por natureza' de maneira variada no 'coração', ou 'razão', ou 'alma' do homem desde o seu nascimento", e o intercâmbio que ele faz entre a consciência e termos tais como "lei natural" e "lei da natureza", Dowey afirma que, intelectualmente, "isso envolve tanto a habilidade de saber e o próprio conhecimento, bem como a habilidade de julgar e o critério de julgamento" (ibid., p. 57s.). A consciência coloca o homem na presença de Deus como a santa vontade em correlação com o senso da divindade, de modo que o relacionamento noético do homem com Deus carrega consigo não apenas o conhecimento de Deus, mas a obrigação da obediência.

Calvino é capaz até de referir-se à consciência num contexto de algo definitivo e absoluto, tendo em vista a sua significância com base na revelação, como "o trono de julgamento de Deus" (*First epistle to the Corinthians*,[410] comentário em 10.25). Assim, a consciência está situada como um termo médio entre a vontade de Deus e o julgamento humano, do mesmo modo que o senso da divindade é o termo médio entre a existência de Deus e a idolatria humana. Até mesmo o homem no pecado, cuja consciência rebelde não está regenerada, retém nela um critério responsável de julgamento, embora a vontade moral de Deus não deva ser identificada de forma acrítica

---

[410] Primeira epístola aos Coríntios.

O *a priori* transcendente teológico

com o conteúdo de sua consciência na revolta. A impressão da moral divina na mente e coração humanos não é totalmente obliterada pela queda, embora o homem como pecador distorça o conteúdo da consciência; ainda que no homem pecador a consciência possa ser contrária à lei da natureza, ela nunca é inteiramente contraditória; o seu conteúdo nunca é exclusivamente subjetivo. Apesar de toda a mediação social, o homem decaído não é capaz de sufocar por completo a importância da revelação.

O conteúdo intelectual preciso da consciência, para além da distinção formal entre o certo e o errado, é difícil de detalhar com base na visão de Calvino. Certamente, a consciência é a habilidade de julgar, uma faculdade estrutural, pela qual o bem e o mal tornam-se julgamentos humanos universais e necessários. Contudo, Calvino não localiza leis detalhadas na consciência. Em vez disso, o seu conteúdo, como observa Dowey, toma a forma de princípios (*The knowledge of God in Calvin's theology*,[411] p. 70): que Deus deve ser adorado e obedecido; que a autoridade dos governantes e dos pais deve ser reconhecida como meio divino para a preservação da sociedade; que o casamento monogâmico é o meio divino para a propagação da raça; que a vida humana deve ser preservada; que os direitos de propriedade são sagrados, e talvez outros. Da perspectiva do pecado, não é possível reconstruir as capacidades adâmicas em sua inteireza, nem por certo podemos fazê-lo com base na legislação mosaica, que tem em vista o homem como pecador, e não, simplesmente, o homem como homem.

Notamos, previamente, que uma característica distintiva do apriorismo de Calvino, em comum com a visão agostiniana, é que o homem, em perpétua dependência de Deus como a fonte da verdade, também está relacionado com o mundo da natureza como uma esfera na qual a revelação divina é comunicada ao homem. A tensão grega, que coloca Deus e a alma de um lado, e a natureza e o corpo de outro, é especificamente rejeitada. O conhecimento de Deus e qualquer outro conhecimento são discutidos dentro da estrutura da revelação universal. Isso pressupõe Deus como criador e preservador do universo, o homem formado para a comunhão com Deus na imagem divina, a contínua revelação de Deus não somente no interior da alma do homem e forçando em sua consciência o fato de sua

---

[411] O conhecimento de Deus na teologia de Calvino.

DEUS, REVELAÇÃO E AUTORIDADE

relação com Deus, mas externamente a isso, também, na história e no mundo físico, incluindo o próprio corpo do homem.

Cada um desses elementos é de importância para a posição agostiniano-calvinista. A diferenciação da alma em relação a Deus em termos da *imago* criada coloca essa posição contra a visão quase panteísta e panteísta (platônica, hegeliana). A insistência sobre uma revelação externa, bem como interna, a coloca contra um reducionismo unilateral da revelação externa (Descartes, Leibniz, Spinoza) e contra uma capitulação objetável à sensação (Aquino e Kant de formas bastante diferentes).

Uma consequência é que o conhecimento de Deus, o do eu e o do mundo estão inter-relacionados. O conhecimento de Deus é dado diretamente com a autoconsciência e a consciência do mundo; o conhecimento de Deus não é reduzido a uma inferência do conhecimento do eu, nem a uma inferência do conhecimento da natureza, como se o conhecimento de Deus fosse apenas analógico e indutivo.

Outra consequência é que o homem como uma criatura não conhece Deus em total independência da natureza, tanto quanto ele o conhece em total independência de si mesmo. Como uma entidade composta de corpo e alma, a consciência de Deus que o homem possui envolve, em sua capacidade de entendimento daquilo que lhe é similar, a manifestação interior e exterior de Deus. Ele conhece Deus sempre como um outro que ele mesmo, e não, contrariamente ao panteísmo, como um mais de si mesmo, em termos tanto de corpo como de alma. Calvino até mesmo usa a expressão sintetizada "o conhecimento de nós mesmos" como uma expressão para o conhecimento do universo criado. Pois o homem é um espelho da criação, elevando ao mais alto nível aquelas qualidades encontradas em outras formas de existência criada, enquanto também manifesta a imagem de Deus no mundo da criatura.

Ainda assim, o conhecimento que o homem tem do mundo espaço-temporal, como de si mesmo, é sempre adquirido da atividade reveladora divina que lhe é dirigida como criatura que traz a *imago*. Portanto, seria mais exato dizer que o conhecimento da natureza, como o conhecimento do eu, depende do conhecimento de Deus. A perspectiva calvinista, assim como a agostiniana, é que o homem conhece somente em e por meio da revelação divina; sem a atividade

O *a priori* transcendente teológico

reveladora de Deus, o homem não possui conhecimento algum. Os vários níveis de revelação geral são dados juntamente, mas o conhecimento de Deus tem uma prioridade lógica, mesmo se facilmente obscurecido por uma concentração em outros interesses. Não existe conhecimento do eu sem o conhecimento de Deus, conhecimento da natureza sem o conhecimento de Deus.

É verdade, é claro, que a doutrina da queda, e a consequente corrupção e deformidade da imagem divina no homem, tem um espaço volumoso na teologia de Calvino. O homem permanece condenado em Adão e pela clara luz da revelação geral, contra a qual ele está em revolta. Tanto na alma do homem como no mundo espaço--temporal como um todo, Deus perpetuamente revela a si mesmo e os seus propósitos. Os elementos do pensamento de Calvino incluem, como disse Warfield, "a postulação de um conhecimento inato de Deus, no homem, despertada e desenvolvida por uma muito rica manifestação de Deus na natureza e providência, que, porém, não alcança o seu efeito adequado por causa da corrupção do homem no pecado. Desse modo, uma revelação objetiva de Deus, incorporada nas Escrituras, demonstrou-se necessária e, também, uma operação subjetiva do Espírito de Deus no coração, capacitando o homem pecador a receber essa revelação – ação divina conjunta essa, objetiva e subjetiva, pela qual um verdadeiro conhecimento de Deus é comunicado à alma humana" (*Calvin and calvinism*,[412] p. 31).

---

[412] Calvino e calvinismo.

21

O *a priori* filosófico transcendental (crítico)

Immanuel Kant dá uma nova direção à definição do *a priori*.

Kant tinha menos familiaridade com a discussão medieval do apriorismo e do argumento ontológico do que com o debate nas gerações que precederam imediatamente sua própria geração. Ele interage com as perspectivas de Descartes e Leibniz mais do que com aquelas de Agostinho e de Anselmo e luta, portanto, com o *a priori* transcendente na filosofia secular em vez de na teologia revelada. Sua teoria peculiar do conhecimento o impulsiona a postular, como uma alternativa tanto ao apriorismo transcendente teológico quanto filosófico, aquilo que chamaremos de *a priori transcendental* filosófico, ou crítico.

Kant pretende estabelecer a validade do conhecimento dentro de uma epistemologia que separa totalmente o *a priori* da metafísica, seja ela da revelação, seja ela racionalista, enquanto evita o declínio de fatores *a priori* pela experiência empírica e psicológica. Locke e Hume comprimiram a questão da verdade dentro da esfera da psicologia descritiva, e presumivelmente arriscaram-se, dessa forma, a justificar todos os elementos supostamente *a priori*. Em contraste com tal explicação empírica do conhecimento, toda tradição racionalista desde Platão até Leibniz – Agostinho deve ser também incluído aqui, pelo menos de maneira formal – não somente rejeitou a possibilidade de adequação do empirismo para justificar o conhecimento

DEUS, REVELAÇÃO E AUTORIDADE

humano, mas também recusou-se a considerar a questão da validade isoladamente da relação do homem com Deus e da verdade objetiva metafísica. Como uma inquirição limitada e abstrata, alguém poderia concentrar-se na questão da validade, mas nem a filosofia secular nem a teologia revelada que defende o apriorismo transcendente – em contraste com a abordagem posterior meramente transcendental de Kant à metafísica – poderia atribuir à questão da validade um lugar dominante ou conceder-lhe uma função independente na pesquisa filosófica ou teológica. O apriorismo tradicional recusou--se a considerar a questão da validade fora do contexto metafísico altamente específico, confiante de que ninguém jamais poderia lidar satisfatoriamente com ele meramente como um apêndice à metafísica, ou considerar a metafísica um apêndice a ele.

Kant possui a distinção de projetar o *a priori transcendental*, em contraste com as visões apriorísticas transcendentes que expõem a metafísica afirmativamente em vez de ceticamente. Os escolásticos medievais usaram os termos *transcendente* e *transcendental* de modo sinônimo, sendo o primeiro termo o mais comum. Kant os distinguiu de maneira aguda; o conhecimento transcendental é conhecimento somente da natureza e das condições da cognição *a priori* humana, e não um conhecimento da realidade objetiva. O transcendental, portanto, não deve ser confundido com conceitos de coisas objetivamente reais.

O APRIORISMO KANTIANO

À medida que Kant desenvolve o problema do conhecimento, o eu é o verdadeiro ponto de Arquimedes pelo qual toda a realidade deve ser explicada. Ele expõe essa tese, porém, de um modo que impede a própria possibilidade do conhecimento objetivo do mundo espiritual. Existe, portanto, uma vasta diferença entre os apelos agostinianos e kantianos para a autocerteza e a autoevidência.

Ao falar acerca do *cogito* da maneira como foi retratado por Descartes, no início da filosofia moderna, observamos de um modo cauteloso que o *cogito* cartesiano tinha a sua pressuposição material e formal no pensamento de Agostinho (cf. B. B. Warfield, *Augustine*,[413] 1:222b). Contudo, Kant leva às últimas consequências a capitulação

---

[413] Agostinho.

O *a priori* filosófico transcendental (crítico)

ao ego autônomo que já estava latente na exposição de Descartes. Assim, a filosofia moderna libertou-se completamente da confiança medieval no pensamento como algo ontológico. A confiança kantiana no ego subjetivo como a fonte de todo conhecimento entrou em seu lugar. A afirmação da relatividade de todo conhecimento ao conhecedor humano ainda estava por vir mais adiante.

Apesar de toda a ênfase ao lado racional da experiência do conhecimento, a visão antimetafísica de Kant representa um ganho também, e talvez ainda maior, para a orientação empírica da filosofia, tanto quanto para a racional. De fato, pode-se abordar a epistemologia kantiana notando a sua superioridade à de Hume; entretanto, será impressionante observar, repetidas vezes, a sua inferioridade à teoria do conhecimento de Agostinho. As implicações onerosas da visão de Kant não foram imediatamente aparentes, porque as características positivas da teoria constituíram um desafio ao empirismo. Os empiristas tinham concentrado seu interesse na natureza do conhecimento, separando-o cada vez mais de uma orientação metafísica transcendente pelo interesse numa explicação genético-psicológica, que levou, finalmente, ao agnosticismo metafísico de Hume. Kant compartilhou essa disposição antimetafísica ao formular sua réplica aos empiristas.

O *a priori* transcendental de Kant é inovador em outros aspectos além do seu tratamento da questão da validade como um tema central isolado, considerado independentemente da metafísica. Pois Kant não defende ideias inatas, mas meramente a forma de conhecimento como inata.

No pensamento pré-kantiano o *a priori* era identificado com ideias inatas – desde Platão até Leibniz, cujas ideias "incipientes" ou "virtuais" eram ideias mesmo assim – de forma que desse ponto em diante a rejeição das ideias inatas envolveu, ao mesmo tempo, a rejeição de um *a priori*. Um ataque ao apriorismo sempre tomou a rota de uma refutação das ideias inatas; a defesa do *a priori* requeria a justificação das ideias inatas (ou seus "embriões"). A filosofia de Kant repudiou o intercâmbio desses dois conceitos; ele manteve o apriorismo ao mesmo tempo que dispensou as ideias inatas.

Kant não se propôs a deliberadamente atacar as ideias inatas; mas corretamente sua filosofia crítica não deixou lugar para elas. Elas

DEUS, REVELAÇÃO E AUTORIDADE

caíram pelas beiradas do caminho da separação dos elementos da forma e do conteúdo na experiência do conhecimento. Embora Kant repudiasse qualquer *conteúdo* inato de conhecimento, ele insistia, ainda assim, na indispensabilidade das *formas* inatas. Na *Crítica da razão pura*, Kant afirma que a necessidade lógica e a universalidade estrita são os únicos critérios para o conhecimento *a priori* e que esses critérios são inseparáveis um do outro. O que é inata é a forma do pensamento, vazia de qualquer conteúdo de conhecimento.

Kant sustentou que a razão supre as formas do conhecimento, enquanto a sensação fornece o conteúdo do conhecimento. Uma vez que, por definição, o conteúdo é limitado ao mundo sensorial, isso significou que o conhecimento não se estende ao domínio metafísico ou espiritual. Os padrões *a priori* aos quais a experiência se conforma são relevantes apenas para o fenomenal, ou para o mundo sensorial, e irrelevantes para o domínio metafísico.

Hume havia indicado que todas as experiências sensoriais são singulares e condicionadas pelo tempo: a sensação produz apenas uma diversidade caótica. Kant acrescenta que o conhecimento produz resultados somente pela imposição de categorias inatas sobre esse fluxo. Tanto o ceticismo epistemológico, para o qual uma abordagem empírica conduz como a inegável presença de fatores universais e necessários no conhecimento, tais como a lei da contradição e a validade da implicação, impeliram Kant a insistir na presença de fatores *a priori*. Os julgamentos necessários e universais da matemática e da física não podem sustentar-se em uma base empírica. A mente impõe unidade sobre a experiência ao julgar ou classificar a informação sensorial. Kant afirmou doze categorias inatas para justificar aquilo que ele esquematizou como os doze tipos de julgamento.

Notamos, previamente, que a realidade das verdades universais ou *a priori* não requer a sua existência na mente, temporalmente, antes da experiência do pensar, como se um homem fosse capacitado por ideias à parte da ideação. Para Kant, todo conhecimento começa com a experiência, mas, como advertiu na abertura de sua *Crítica*, não é por essa razão fundado sobre a sensação apenas. Fatores universais e necessários estão presentes no processo de pensamento do homem toda vez que ele pensa, e esses fatores, transcendendo a informação sensorial, não podem ser derivados de estados temporários de

O *a priori* filosófico transcendental (crítico)

consciência, mas possuem uma prioridade lógica sobre a observação empírica.

Kant estava interessado naqueles aspectos universalmente aplicáveis e necessários da experiência que estabelecem a sua validade. Essa validade não pode ser demonstrada pelo exame do conteúdo do conhecimento, que é exclusivamente sensorial e, portanto, obviamente não pode ser demonstrado como sendo universal e necessário. Pelo contrário, a sua validade é atestada somente pela forma do conhecimento. A tarefa do *a priori* crítico não é, portanto, determinar o *valor* da experiência, nem mesmo avaliar se um *a priori* "existe", pois ambas as questões são irrelevantes para o *a priori* formal - o que deve ser contrastado nesse sentido com a *priori* não críticos, e não transcendentais, preocupados com a realidade e o conteúdo do *a priori* e com o valor, bem como com a validade, da experiência. O *a priori* formal é transcendental; ele envolve apenas aqueles elementos de restrição em nosso conhecimento que são ocasionados por categorias ou princípios racionais imanentes, autônomos, e como tais pertencem à mente, isto é, à consciência humana universal.

A negação que Kant faz da intuição intelectual o situa num curioso dilema, que Agostinho em princípio já previa, ou seja, que ele não é mais capaz de imediatamente ter certeza da existência de seu próprio ego. O indivíduo que descarta uma intuição intelectual confiável, pelo menos de sua própria existência, deve existir a fim de duvidar dela; Descartes também já havia enfatizado isso. A negação que Kant faz do conhecimento inato de qualquer tipo implicou sua rejeição da visão agostiniana de que as categorias, como aptidões subjetivas para o pensamento, são divinamente implantadas em nós de forma simultânea com a nossa existência, as quais são de tal modo dispostas pelo criador que o seu uso harmoniza-se perfeitamente com as leis da natureza que regulam a experiência. Uma vez que Kant excluiu essa visão de que a *imago Dei* torna o conhecimento possível, junto com a teoria empírica de que a experiência torna possíveis as concepções *a priori,* ele parece orientado à posição de que as nossas concepções tornam a experiência possível. Kant afastou-se tanto da perspectiva teológica de que a razão divina torna possível as nossas concepções e experiência quanto da perspectiva empírica de secular que as nossas concepções são derivadas da experiência. Dessa forma,

DEUS, REVELAÇÃO E AUTORIDADE

ele não tinha qualquer, saída a não ser a visão de que a nossa experiência é tornada possível exclusivamente por nossas próprias formas de pensamento. A rota destrutiva sobre a qual os filósofos empíricos haviam conduzido a filosofia moderna em seu desenvolvimento da teoria do conhecimento, chegando finalmente ao ceticismo de Hume, que Kant disse tê-lo despertado de seu sono dogmático, era óbvio o suficiente. Uma vez que essa tendência de queda para o ceticismo derivou da postura das alternativas da filosofia moderna à mentalidade cristã medieval, é importante notar a razão pela qual Kant abandonou a teoria da pré-formação.

Quando Kant assumiu suas responsabilidades como professor de lógica e matemática na Universidade de Königsberg em 1770, ele fez uma dissertação inaugural: *Dissertação acerca da forma e dos princípios do mundo sensível e inteligível*, que não chega a expressar a perspectiva mais radical de sua *Crítica da razão pura* (1781; 2.ed.,1787). Na realidade, ele já nega a intuição intelectual: "nenhuma intuição de coisas intelectuais, mas somente um conhecimento simbólico delas, é dado ao homem". No entanto, a *Dissertação*, às vezes, parece ver a coordenação da realidade num todo na experiência do conhecimento, e não simplesmente como alguma coisa ideal, em termos do sujeito que a experimenta, mas como real e objetiva (cf. Immanuel Kant, *Inaugural dissertation and early writings on space*,[414] p. 40, 44). Arnulf Zweig, tradutor de praticamente toda a correspondência filosófica de Kant, comenta que, na *Dissertação*, Kant não somente ainda sustentava a distinção platônica dos dois mundos, mas seguia a premissa de Leibniz "de que as categorias ou conceitos não empíricos do intelecto [...] não têm apenas um 'uso lógico' [...] mas também um 'uso real', no qual elas fornecem conhecimento do mundo, do Ser verdadeiro" (Immanuel Kant, *Philosophical correspondence*,[415] p. 11s.).

Contudo, já na *Dissertação*, as formas da razão são referidas de volta a "certa lei inata na mente para a coordenação entre si dos sentidos despertados pela presença do objeto" (Kant. *Inaugural dissertation*,[416] p. 45). Kant escreve com base em "um princípio interno da mente, pelo qual [...] impressões podem tomar uma forma determinada

---

[414] Dissertação inaugural e primeiros escritos acerca do espaço.

[415] Correspondência filosófica.

[416] Dissertação inaugural.

O *a priori* filosófico transcendental (crítico)

de acordo com leis estáveis e inatas" (p. 45). O uso mais elevado do intelecto é independente do senso de cognição, ou da esfera das ideias intelectuais puras (p. 47). Os conceitos de um intelecto puro (p. ex., possibilidade, existência, necessidade, substância, causa) são abstraídos, na ocasião da experiência, das "leis inatas na mente" (p. 49).

Mesmo na *dissertação*, Kant é cauteloso quanto a justificar fatores de conhecimento inato por uma teoria de pré-formação. As referências a uma "lei da mente" inerente ou inata não requerem "algum princípio de sua forma, a não ser algum que seja subjetivo", "uma condição subjetiva necessária, devido à natureza da mente humana", "o poder mediador da mente, coordenando [...] de acordo com uma lei constante nela inerente", "dada originalmente por meio da natureza da mente", para usar frases que o próprio Kant emprega, quando discute o tempo e o espaço, que ele descreve como intuições puras (a forma especial de sensibilidade, ou os esquemas formais do conhecimento sensorial).

É certo que Kant também declara que "Deus [...] como o ideal da perfeição [...] é o princípio do conhecimento" e que ele "é, ao mesmo tempo, como aquele que realmente existe, o princípio do vir à existência de qualquer espécie de perfeição" (ibid., p. 50). Aqui, a realidade constitutiva de Deus parece ser afirmada. Em contraste com a forma em relação ao mundo fenomenal, uma forma do mundo inteligível implica um princípio objetivo, ou causa, em virtude do qual uma conexão existe em *noumena*, ou nas próprias coisas (p. 53). Mas nenhum conhecimento inato de Deus é afirmado. Quando Kant escreve que "a intuição divina, que é o fundamento de seus objetos, e não uma consequência deles, é, devido à sua independência, arquetípica, e assim é completamente intelectual" (p. 50ss.), ele está falando da intuição que Deus tem, e não da que o homem possui.

De uma discussão sobre tempo e espaço, como conceitos não derivados da sensação, mas abstraídos "da ação da mente em coordenar seus sentidos de acordo com leis imutáveis [perpétuas]" (ibid., p. 65), Kant enfrenta a questão mais densa do princípio da forma do mundo inteligível e a compreensão que o homem tem de uma pluralidade de substâncias como uma relação de interação mútua, ou como um mundo. Como deveríamos explicar essa conexão de muitas substâncias? Muitos traçam essa unidade à sua interdependência, por isso sua redutibilidade a uma causa única necessária, a um Arquiteto que é também criador do mundo (p. 68). Como explicar a forma do mundo? "Se nós pudéssemos argumentar, semelhantemente, vice-versa, de uma causa dada comum a todas as coisas, às suas interconexões, e assim à forma de um mundo (embora, eu confesso, essa conclusão não me pareça igualmente clara), então, por causa das substâncias todas sendo mantidas por um princípio comum, a conexão fundamental das substâncias não seria contingente, mas necessária. A harmonia que surge de sua própria subsistência, repousando sobre essa causa comum, prosseguiria de acordo com regras comuns" (p. 69).

Ao discutir essa explicação da harmonia das coisas, Kant deixa patente a sua falta de familiaridade com o tratamento agostiniano e teológico do problema do *a priori*. Quando ele se refere, de modo desaprovador, às noções de uma "harmonia estabelecida" externamente, ele tem em vista Leibniz (como foi interpretado por Wolff), Descartes e Malebranche, mas não o teísmo agostiniano. Quando Kant rejeita a harmonia das coisas como preestabelecidas, originariamente fundadas na constituição primária das coisas, sua crítica cabe bem para a monadologia de Leibniz; quando ele rejeita a teoria de que a harmonia é imprensa na ocasião de cada mudança, sua réplica cabe bem para o ocasionalismo.

Kant considera como amplas, ainda que não demonstrativas, as razões para aceitar a visão de que o mundo é um todo real com a necessária conjugação de coisas em unidade. Ele rejeita a visão de que o mundo é meramente um todo ideal no qual falta interação real harmoniosa (ibid., p. 70). Mas hesita ir mais adiante, recusando-se a "ultrapassar [...] os limites da certeza apodíctica que contempla a metafísica". Ele esboça a tese panteísta de Malebranche de que o homem vê todas as coisas em Deus e tem um conhecimento do mundo somente à medida que a mente, junto com tudo o mais, é sustentada pelo poder infinito de uma causa única. "Mas parece mais sábio", observa Kant, "abraçar a praia do conhecimento que nos é concedida pela mediocridade de nosso intelecto do que, dessa forma, [...] lançar-se ao mar aberto das inquirições místicas" (p. 71). Essa

O *a priori* filosófico transcendental (crítico)

última crítica, aparentemente, também inclui, pelo menos implicitamente, a metafísica da revelação cristã, embora deva ser claro que Kant não interage expressamente com o apriorismo teológico. A teoria da pré-formação, da qual ele se afasta, é uma versão especulativa da filosofia secular.

Ao final da *Dissertação*, Kant lista como princípios de conveniência certas regras de julgamento, as quais ele apresenta como axiomáticas porque, se abandonadas, raramente qualquer julgamento seria possível ao intelecto (ibid., p. 83). Uma delas é que "todas as coisas no universo acontecem de acordo com uma ordem da natureza". "Nós não presumimos", escreve Kant, "por causa de nossa possessão tão ampla de conhecimento de acontecimentos cósmicos, de acordo com as leis comuns da natureza, ou porque percebemos a impossibilidade, ou a possibilidade hipotética mínima, do sobrenatural. Fazemos isso porque, se deixarmos de lado a ordem da natureza, não haveria qualquer uso para o intelecto e porque o apelo rápido ao sobrenatural é como uma poltrona sobre a qual o intelecto preguiçosamente se reclina" (p. 83). Essa relutância em apelar ao sobrenatural torna-se um princípio kantiano governante.

A correspondência de Kant com Marcus Herz, examinador da sua *Dissertação*, indica numa carta datada de 21 de fevereiro de 1772 – perto de dois anos depois da aula inaugural – que Kant estava perturbado com a questão de como conceitos que não são produzidos por seus objetos (experiência sensorial) e que não produzem os seus objetos (p. ex., o pensar de Deus) podem, ainda assim, ser aplicáveis *a priori* a uma realidade independente. Em correspondência com Herz, Kant admite que a *Dissertação* "ainda precisava de alguma coisa essencial, alguma coisa a que em meus longos estudos metafísicos eu, como também outros, deixei de dar atenção e que, de fato, constitui a chave para todo o segredo que até agora obscurece a metafísica. [...] A possibilidade tanto de um *intellectus archetypi* (em cuja intuição as próprias coisas seriam fundamentadas) e um *intellectus ectypi* (que iria derivar a informação para o seu procedimento lógico por meio da intuição sensorial das coisas), é, ao menos, inteligível. Entretanto, o nosso entendimento, por meio de suas representações, não é a causa do objeto (exceto na causa de fins morais), nem é o objeto a causa das representações intelectuais na mente. Portanto, os conceitos puros

DEUS, REVELAÇÃO E AUTORIDADE

do entendimento [...] devem ter a sua origem na natureza da alma" (*Philosophical correspondence*,[417] p. 71s.). Kant prontamente rejeitou a visão que apelava para a fonte sobrenatural de conceitos pré-fabricados implantados na alma humana como uma visão que "encoraja todo tipo de noções fantásticas e muitas tempestades cerebrais piedosas e especulativas", bem como sustenta "um círculo enganador na conclusão a respeito de nossas cognições". Ele disse que esperava publicar uma alternativa "dentro de três meses". E, ao finalizar a sua carta, acrescentou que "se alguém eliminou as tempestades cerebrais, deve tornar dogmaticamente inteligíveis as percepções puras do entendimento e deve delinear os seus limites".

Edward Caird aponta as "duas grandes diferenças" que separam a *Crítica* de Kant de sua obra inicial, a *Dissertação* (*The critical philosophy of Immanuel Kant*,[418] 1:194). Em primeiro lugar, Caird observa, "na *Crítica* Kant cessa de considerar as concepções *a priori* da mente como determinações das coisas em si mesmas e as considera somente como formas pelas quais as informações do sentido[...]são determinadas como fenômenos ou objetos da experiência". Já na *Dissertação* ele fala das concepções puras como abstraídas das leis inatas da mente, e funcionando na ocasião da experiência, e de ideias, portanto, como adquiridas em vez de inatas. Assim, a transição já é feita implicitamente, se não explicitamente: a realidade última não é objeto de nossa compreensão, mas de nosso entendimento intuitivo, para o qual a divisão de concepção e percepção não existe (para um relato da substituição que Kant faz de sua própria visão *a priori* pela visão de Wolff exposta na *Cosmologia generalis*[419], de 1737, e *Vernünftige Gedanken*,[420] 8. ed., 1741, cf. B. Erdmann, em *Philosophische monatsheft*,[421] 22:65, e H. Vaihinger, *Kommentar zu Kants kritik der reinen vernunft*,[422] 1:190ss.). Concepções *a priori* somente têm valor para percepções dadas sob formas espaço-temporais.

---

[417] Correspondência filosófica.

[418] A filosofia crítica de Immanuel Kant.

[419] Cosmologia geral.

[420] Pensamentos racionais.

[421] Boletim filosófico mensal.

[422] Comentário sobre a crítica da razão pura de Kant.

O *a priori* filosófico transcendental (crítico)

Em sua carta para Herz, Kant tinha dito que concepções puras do entendimento têm suas fontes na natureza da alma, mas não são nem o resultado da ação do objeto sobre ela nem produzem o objeto. "Em minha *Dissertação* eu me contentei [...] em dizer apenas que elas não são modificações da alma produzidas pelo objeto. [...] Se as concepções puras [...] devem-se à nossa própria atividade interior, de onde vem a concordância que elas deveriam ter com objetos, que ainda não são produtos delas? [...] Platão presumiu uma intuição existente antes do nascimento, Malebranche uma intuição presente do ser divino, como a fonte das noções puras e dos princípios do entendimento. Vários moralistas têm adotado uma hipótese seme-lhante para explicar as nossas ideias primárias da lei moral. Crusius, por outro lado, falou de certas regras de julgamento e de certas con-cepções, que Deus implantou na alma humana em conformidade exata com a constituição das coisas. Os últimos escritores, portanto, basearam seus sistemas em uma *influência sobrenatural*, os primei-ros numa harmonia intelectual preestabelecida. Mas esse *deus ex machina* é o recurso mais extravagante com o qual um filósofo pode comprometer-se para explicar a origem e o valor de nosso conheci-mento; pois não envolve somente um caso palpável de raciocínio circular, mas também estimula e encoraja todo tipo de arroubos pie-dosos e todo tipo de sonhos com especulações sem base. Enquanto [...] procurava pelas fontes do conhecimento intelectual, sem o qual não podemos determinar a natureza e os limites da metafísica, eu consegui fazer uma divisão distintiva das partes dessa ciência. [...] eu estou apto a colocar diante do público uma *Crítica da razão pura*, que explica a natureza da verdade, tanto teórica como prática" (apud Caird, *The critical philosophy of Immanuel Kant*,[423] 1:196s.).

A "solução" dada por Kant na *Crítica da razão pura* (1781) é clara: não é possível demonstrar as categorias concordando com enti-dades que podem ser percebidas pela mente humana em um mundo não empírico e, portanto, não têm significância cognitiva metafí-sica. Kant sente que a divisão entre as concepções – que são gerais – e as percepções particulares, derivadas do sentido, podem ser eli-minadas ao encontrar-se o significado de concepções puras em suas aplicações somente para percepções sensoriais, e ao tornar criativo o

---

[423] A filosofia crítica de Immanuel Kant.

DEUS, REVELAÇÃO E AUTORIDADE

entendimento, de forma que não permanece mais nenhuma dificuldade na "combinação" dos "díspares", uma vez que eles agora implicam e requerem uns aos outros como fatores da experiência. O seu ataque básico é contra Hume, que, com a escola empirista como um todo, nega que o pensamento possa legitimamente acrescentar qualquer coisa à informação sensorial e presumiu que o pensamento não é sintético e lhe falta uma conexão necessária com a experiência sensorial. Mas a sua ruptura com o apriorismo racionalista, que é metafisicamente afirmativo, com os tipos teológicos não menos conjecturais, é imensamente importante.

A segunda grande diferença entre a *Dissertação* e a *Crítica*, conforme Caird, é que, na *Dissertação*, Kant considera as concepções *a priori* como caminhos nos quais Deus, como a primeira causa da existência de todas as substâncias finitas, as une num mesmo mundo harmonioso de pensamento. Na *Crítica*, porém, ele as considera como categorias pelas quais o eu consciente combina todas as informações dos sentidos em relação a si mesmo em uma mesma experiência. Na *Dissertação*, as concepções puras são os meios pelos quais Deus predetermina todas as substâncias finitas e contingentes, tendo em vista a sua combinação em um mesmo mundo, todas as partes do qual estão mutuamente relacionadas. Na *Crítica*, elas são categorias pelas quais o eu (dificilmente consciente da atividade de sintetizar) combina as informações dos sentidos em relação a si mesmo em uma mesma experiência. Nas palavras de Caird, "Na *Dissertação* [...] a unidade de todas as coisas em sua dependência de Deus, aparece para nós como sua existência em um mesmo espaço [...] e a determinação recíproca de sua existência contingente através de tal dependência, como a sua existência em um mesmo tempo. [...] Se perguntarmos pela base para essa crença na coincidência ou paralelismo de nossa representação subjetiva do mundo como um mesmo mundo no espaço e no tempo, com a realidade objetiva, a resposta de Kant é que devemos retroceder quanto à ideia que nós, assim como todas as outras substâncias finitas, dependemos de uma mesma substância absoluta, cuja unidade faz do mundo um, ou que mantém todas as substâncias finitas em tais relacionamentos, de forma que possam influenciar umas às outras; e que, portanto, a nossa percepção delas, que depende de tais influências externas, pressupõe a e se conforma à nossa concepção delas que não é tão dependente" (*The critical philosophy of Immanuel Kant,*[424] 1:210). Na *Crítica*, o eu substitui Deus sem qualquer qualificação como o princípio da unidade no conhecimento: o mundo objetivo é contemplado do ponto de vista de nossa relação com ele, e as características gerais do mundo, como ele existe para a nossa consciência, são atribuídas ao próprio mundo.

Ao comentar a substituição que Kant faz da mente ordenadora de Deus[425] pela mente ordenadora do homem, Caird apresenta um relato efetivo da mudança copérnica do centro pelo qual o mundo do significado é agora visto: "A questão sobre como todos os objetos são combinados numa unidade de um mesmo mundo torna-se a questão sobre como o mundo passou a ser, *para mim*, uma unidade como essa. De fato, enquanto a primeira questão pode ser respondida por uma referência à unidade de Deus, em quem todas as existências finitas dependem da mesma forma, as quais, portanto, condicionam sua influência mútua, a última questão foi deixada, de acordo com os princípios da filosofia dogmática, para ser respondida pelas teorias de uma harmonia preestabelecida, ou de uma interferência sobrenatural contínua. Kant, porém, que já havia explicado a coincidência das coisas, do modo como nós as *percebemos*, com as determinações *a priori* de tempo e espaço, ao demonstrar que tempo e espaço são as formas sob as quais somente nós podemos perceber, foi logo forçado a encontrar a explicação, também, da conexão das coisas como nós as *pensamos* sob os princípios puros do entendimento, numa necessidade subjetiva do próprio entendimento. Sempre que essa ideia foi sugerida, tornou-se claro que a unidade do mundo, como determinada por sua dependência de um princípio absoluto, não explica por si mesmo a unidade do conhecimento que dela temos. Por outro lado, a unidade de nossa inteligência consigo mesma *irá* explicar a necessária unidade e interconexão em suas partes de qualquer mundo que exista para a nossa inteligência. Em outras palavras, se tomarmos por certo o fato do conhecimento e da existência do mundo, que é um objeto do conhecimento, vemos que esse mundo não pode fazer outra coisa, a não ser conformar-se às condições sob as quais apenas ele pode tornar-se tal objeto. Portanto, nós não precisamos dizer

---

[424] A filosofia crítica de Immanuel Kant.

[425] Hegel mais tarde eliminou o contraste de Kant ao identificá-los, de forma que o Absoluto alcança a consciência na consciência dos seres humanos e a experiência de ordenação do homem é ao mesmo tempo divina.

DEUS, REVELAÇÃO E AUTORIDADE

que o objeto em si mesmo está em harmonia preestabelecida com a mente, ou a mente com o objeto em si mesmo – *uma asserção que contradiz a si mesma ao irromper pelos próprios limites do conhecimento que ela ao mesmo tempo estabelece* – mas nós podemos dizer que os objetos humanos, como tais, devem conformar-se às condições do conhecimento, e que o objeto conhecível, como tal, deve estar em harmonia preestabelecida, se assim desejarmos expressá-lo, com essas condições" (ibid.,1:211s., ênfase nossa). As palavras destacadas no texto anterior não podem, de fato, afirmar uma contradição. Gordon H. Clark sustenta que Kant argumenta (conclusivamente ou não) que a pré-formação torna-se desnecessária, mas não que ela seja evidentemente contraditória. De qualquer forma, a exclusão que Kant faz de uma teoria da pré-formação da inteligibilidade da experiência decorre de uma teoria do conhecimento que automaticamente dispensa, como irrelevante, qualquer referência além do conhecedor humano.

"Quando chegamos a esse ponto", observa Caird, "começa a ficar claro que para a unidade que antes era encontrada em Deus, como um princípio objetivo, devemos colocar em seu lugar a unidade do ser. Se o mundo é um mundo para nós, não o é por ser independentemente da ação de nossa inteligência e exclusivamente em virtude da unidade de sua causa divina; mas porque ele não pode existir para nós, ou ser conhecido por nós, exceto quando está relacionado a um ser. Anteriormente, Kant havia dito que substâncias finitas estão *in mutuo commercio* e constituem um mundo, porque, e somente porque, estão todas igualmente dependentes da única substância absoluta. Agora ele precisa dizer que elas são necessariamente representadas como agindo e reagindo em relação umas às outras e, assim, constituindo um mesmo mundo, somente porque são todas objetos de um eu autoconsciente, e que devem, portanto, conformar-se às condições da unidade da autoconsciência. Existe aqui uma completa mudança do centro para o qual tudo é referido, mas em outros aspectos tudo o que previamente foi dito do ser deve agora ser dito do conhecimento. Dessa forma, todas as concepções puras, e especialmente as concepções de substância, causalidade e reciprocidade – pelas quais, na *Dissertação*, o mundo era determinado como um todo de partes, essencialmente inter-relacionadas, as quais em todas as suas mudanças mantêm a sua identidade e sua unidade –, cessam

O *a priori* filosófico transcendental (crítico)

de ser consideradas como representando relações objetivas de coisas em si mesmas e são tidas como relações de fenômenos ou coisas existindo para nós. Em vez de serem tratadas como princípios de relação, pelas quais os objetos são unidos em um mundo real dependente de um Ser absoluto, são agora representadas como relações necessárias, pelas quais todos os objetos devem ser determinados, se eles devem ser unidos como um mundo conhecido em uma consciência, isto é, na consciência de um ser. As pressuposições dogmáticas da unidade do mundo, e da interconexão de suas partes, tornam-se assim vitalizadas, a primeira sendo identificada com a unidade da inteligência, e a segunda com as funções especiais do pensamento no qual aquela unidade se expressa. Assim, o mundo das coisas em si mesmas, fora da consciência, é abandonado como o desconhecido e o não conhecível: e todo o interesse do conhecimento fica concentrado no processo no interior da consciência, pelo qual as informações apresentadas à mente nos sentidos são combinadas e determinadas como elementos de uma experiência. A inteligência pura por suas concepções *a priori* é ainda concebida, concedendo determinação objetiva às informações dos sentidos, que são consideradas como, em si mesmas, estados meramente subjetivos que foram reunidos, na melhor das hipóteses, apenas numa unidade subjetiva de apreensão. Entretanto, esse contraste de subjetivo e objetivo mudou o seu significado; pois isso agora significa que somente à medida que o eu traz as informações de sua percepção sob as formas de sua concepção é que ele pode ter consciência de um mundo objetivo como tal, ou pode determinar as suas percepções subjetivas como percepções de um mundo de objetos" (ibid., 1:212s.).

Ao se considerar a visão crítica, é importante lembrar que as exposições dogmáticas, às quais Kant explicitamente rejeita, são conjecturais em vez de revelatórias em sua natureza. As teorias do conhecimento *a priori* relacionado a Deus, com as quais Kant lida, são aquelas de Descartes, Leibniz e Wolff, embora suas alternativas, de igual forma, excluam o apriorismo teológico transcendente. No entanto, Kant demonstra pouca ou nenhuma consciência da visão agostiniana, ou das ênfases dos reformadores protestantes. Aquilo que é, aparentemente, rejeitável para Kant é que as perspectivas anteriores argumentaram que o homem, por meio de um relacionamento qualquer com Deus, era visto ocupando uma posição objetiva, mediante

DEUS, REVELAÇÃO E AUTORIDADE

a qual as coisas poderiam ser vistas como elas realmente são e nas relações que elas genuinamente mantêm umas com as outras.

Kant não pode receber muita acusação de revolta contra as teorias especulativas que, enquanto atribuíam ao homem um ponto de vista objetivo e universal, eram filosoficamente incapazes de justificar essa capacidade por sua representação da mente humana e de sua situação de conhecimento. Tanto Spinoza como Leibniz haviam introduzido um ser autoconsciente capaz de ascender, em Deus, à unidade do ser e do conhecimento. Ambos apelaram a uma alternativa à doutrina judaico-cristã da criação a fim de harmonizar a divisão entre o pensamento e o ser (panteísmo de Spinoza, harmonia preestabelecida de Leibniz). Para Kant, isso parecia explicar a origem do conhecimento por meio do artifício do *deus ex machina*.

Kant, porém, não considera a visão teológica em sua forma clássica. Caird comenta – e sua observação é ainda mais verdadeira da perspectiva do apriorismo cristão do que da perspectiva do idealismo pós-hegeliano – que um erro das teorias contra as quais Kant protestou "não era que elas tomaram sua posição num ponto de vista que está além da oposição do subjetivo e do objetivo; ou que elas começaram da ideia de Deus, mas que tomaram a ideia de Deus como puramente objetiva e distinta da consciência do eu; ou, em outras palavras, que elas deixaram de reconhecer que na autoconsciência não está contida meramente a consciência do sujeito em contraste com o objeto, mas também a consciência de uma unidade que, enquanto ela envolve essa oposição, ao mesmo tempo transcende-a. Em outras palavras, elas não reconheceram que na consciência do eu também está envolvida a consciência da unidade universal, ou o centro que todo o conhecimento humano implica, e que neste sentido a consciência do eu e a consciência de Deus estão essencialmente ligadas uma à outra. Portanto, embora estejamos preparados para admitir que eles estavam no erro, pelo fato de não verem que todos os objetos são fenomenais, isto é, que não são coisas em si mesmas, independentes da consciência, não estamos preparados para reconhecer que a realidade definitiva consiste em tais coisas, pois isso implicaria que a realidade absoluta é aquela que não tem relação com a consciência[...].

"Kant sabe que existe um ponto de vista além da oposição entre o pensamento e o ser, um ponto no qual eles coincidem; e ele

O *a priori* filosófico transcendental (crítico)

também sabe que é por sermos capazes de assumir essa visão que somos também capazes de criticar o nosso conhecimento. Além disso, ele sustenta que esse ponto de vista nos é revelado na ou por meio da pura consciência daquele eu ao qual todos os objetos fenomenais como tais são referidos, mas ao qual eles, ao mesmo tempo, são opostos. Pois, com essa consciência do eu, vem necessariamente a ideia de um entendimento intuitivo, que não é, portanto, oposto ao seu objeto, mas cria à medida que apreende e apreende à medida que o cria. [...] O que devemos observar aqui é que enquanto [...] a oposição da filosofia crítica à dogmática depende necessariamente do grau em que a primeira baseia-se nas pressuposições da última, ainda assim esse raciocínio deve encontrar um ponto no qual ele para, e a partir do qual, como um ponto definitivo além da oposição entre o ser e o conhecimento, entre os *noumena* e os *phenoumena*, ele é capaz de descobrir os erros do dualismo ordinário. Segue-se disso, portanto, que, embora a tarefa imediata de Kant seja criticar as filosofias anteriores pela confusão entre o pensamento e a realidade, indiretamente, porém, e em última análise, ele também deve criticá-las por não descobrirem o verdadeiro ponto no qual esses opostos são unidos. Infelizmente, esse ponto não é para ele nem objeto de concepção nem de percepção, apesar de ser pressuposto em ambos, embora ele assuma que possamos até trazê-lo à consciência de modo que tomemos nossa posição sobre ele para a crítica de ambos" (ibid., 1:215ss.).

Na segunda edição da *Crítica*, Kant modificou a dedução transcendental dos conceitos puros do entendimento a fim de impedir um "sistema de pré-formação da razão pura" e oferecer a visão de categorias inatas como uma alternativa específica para a edição anterior. Os princípios do entendimento puro tornam-se agora *nada mais do que* princípios *a priori* da possibilidade da experiência. A natureza, como um sistema de leis necessárias, tem sua base e origem nas categorias somente, mas isso não oferece conhecimento daquilo que as coisas podem ser em si mesmas. "Somente dois modos" são reconhecidos como explicações possíveis para a coincidência necessária da informação da experiência com as concepções que formamos de seus objetos: 1) a experiência possibilita as concepções; 2) as concepções possibilitam a experiência: toda concepção depende exclusivamente da atividade interna de nosso espírito como sua base.

521

DEUS, REVELAÇÃO E AUTORIDADE

Kant exclui a pré-formação no sentido no qual a tradição teológica e filosófica medieval a entendia e de fato apresenta, de modo inadequado, as suas implicações. Kant descreve, corretamente, a pré-formação envolvendo "disposições de pensamento subjetivas, implantadas em nós desde o primeiro momento de nossa existência, e de tal maneira ordenadas por nosso criador que o seu emprego está em completa harmonia com as leis da natureza, de acordo com as quais a experiência funciona". No entanto, ele registra duas objeções a essa teoria (*Crítica da razão pura*, B, 167s.).

A primeira objeção de Kant à pré-formação é que "nessa hipótese não podemos colocar limites para a premissa de disposições predeterminadas para julgamentos futuros". Ou seja, a teoria deixa indeterminado até que ponto tais aptidões predeterminadas podem ser aplicadas. Não fica claro se Kant quer dizer que não haveria limite para o número de categorias que podem ser presumidas, ou que qualquer julgamento falso poderia, então, ser defendido com base na teoria preestabelecida. Gordon H. Clark observou que a razão pela qual Kant meramente sugere, mas não insiste nessa objeção, é "talvez porque ele percebe que ela também se aplica ao seu próprio sistema. Kant [...] aumentou o número de categorias para doze, e a lista poderia ser aumentada indefinidamente, a não ser que fosse possível chegar a uma lista definitiva dos tipos básicos de julgamento. Mas, se existir um meio de limitar o número de categorias, por que [...] não [...] a lista de aptidões?" (*A christian view of men and things*,[426] p. 314). Ou, se aquilo que Kant pretende é que uma aptidão poderia ser invocada a fim de sustentar uma opinião equivocada, "a categoria da causalidade", do próprio Kant, "poderia ser igualmente muito bem usada para defender uma conexão falsa entre dado evento e uma causa suposta" (p. 314). De fato, toda a explicação da causalidade de Hume acabou reduzindo-a, de uma realidade objetiva na natureza, a uma necessidade psicológica subjetiva, e de forma alguma a uma necessidade lógica. Se o próprio sistema de Kant pode evitar as objeções que ele apresenta, então, como Clark sugere, não existe razão alguma para que a teoria da pré-formação não possa escapar delas.

---

[426] Uma visão cristã dos homens e das coisas.

O *a priori* filosófico transcendental (crítico)

A objeção mais compreensiva que Kant oferece contra a visão das aptidões pré-formadas é que isso nos faz retornar ao ceticismo, porque remove toda a necessidade de categorias. Se, por exemplo, o conceito de causalidade dependesse de uma necessidade inata, subjetiva, somente quando faz a conexão de certas informações empíricas, então daria uma falsa impressão, e causa e efeito não estariam conectadas no objeto, ou seja, necessariamente, mas devido ao equipamento mental de uma pessoa cuja constituição não permitirá que isso aconteça de outra maneira. O conceito da causa, como Norman Kemp Smith repete o argumento, "seria falso se dependesse apenas de uma necessidade subjetiva arbitrária, implantada em nós, de conectar certas representações empíricas de acordo com a regra da relação causal. Eu não poderia, então, ser capaz de dizer que um efeito está conectado com a causa no objeto [...] necessariamente, mas somente que eu sou constituído de tal forma que não posso pensar sobre essa representação de outra maneira senão como conectada desse modo. É isso que o cético mais deseja. Pois, se essa for a situação, toda a nossa percepção, que depende da suposta validade objetiva de nossos julgamentos, é nada mais do que mera ilusão; nem haveria pessoas dispostas que recusariam admitir essa necessidade subjetiva, uma necessidade que pode apenas ser sentida. Certamente um homem não pode discutir com alguma outra pessoa a respeito daquilo que depende meramente do modo com que esse próprio homem está organizado" (*A commentary to "Kant's critique of pure reason"*[427]).

Mas Kant, entre todos os filósofos, pode mais apropriadamente arriscar-se a uma objeção como essa, pois essa dificuldade, como Clark enfatiza, diz respeito igual e especialmente à própria visão de Kant: a mente humana pensa assim, pois esse é o modo no qual ela é constituída (*A christian view of men and things,*[428] p. 315). Tanto a visão crítica como a visão pré-formativa sustentam que a mente humana pensa de uma maneira inerentemente constituída; se isso leva ao ceticismo no primeiro caso, como Kant reivindica, teria ainda assim a mesma consequência para sua própria epistemologia. A questão sobre que garantia as categorias podem obter, no que diz respeito à necessidade objetiva, é peculiarmente aguda para a filosofia de Kant, pois ela é antimetafísica em espírito.

---

[427] Um comentário à crítica da razão pura de Kant.

[428] Uma visão cristã dos homens e das coisas.

Se as categorias são divinamente implantadas, elas não seriam, *a priori,* somente princípios de cognição inatos, mas aptidões criadas expressivas para a verdadeira constituição da ordem objetivamente real de existência.

As objeções de Kant à teoria da pré-formação são mais racionalizações de seu repúdio a ela do que qualquer outra coisa, uma vez que ele não apenas descarta a teoria com base em que ela, se fatal, também será fatal para a sua própria visão, mas em muitos sentidos também a representa de maneira equivocada. A teoria da pré-formação, argumenta ele, nega que as categorias sejam inatas (*selbstgedacht*) e primeiros princípios *a priori* da cognição e representa-os, em vez disso, como meramente aptidões subjetivas divinamente implantadas e mantidas e, portanto, opcionais (*beliebigt*). Se alguém perguntar que motivações poderiam explicar melhor tais afirmações, provavelmente encontraríamos essas motivações numa disposição de encaixar a teoria da pré-formação no ceticismo. Pois, como Clark enfatiza, "o que poderia ser mais verdadeiramente inato do que tais atitudes implantadas?" e, além disso, "se nós somos constituídos de tal maneira a sermos incapazes de pensar de modo diferente, existe pouca coisa opcional nisso" (ibid., p. 315).

Clark destaca que a recusa de Kant em adotar a teoria da pré-formação, ou alguma outra comparável, de fato conduz à maior dificuldade na epistemologia kantiana. Pois Kant é deixado com o niilismo ontológico em relação à metafísica, e com a informação sensorial, as quais, à parte do conhecedor humano, são inteiramente incoerentes. A atividade criativa da mente humana explica a experiência ordenada, mas que objetos são reais, *Dinge an sich,*[429] ou como o mundo objetivo se parece, não temos condição de saber. Toda tendência da filosofia pós-kantiana, desde Jakobi até Hegel, vai na direção do ceticismo, tão certamente quanto o movimento empírico pré-kantiano terminou em Hume. Se o empirismo é incapaz de evitar o ceticismo, também serão incapazes todas e quaisquer abordagens *a priori.* Kant colocou-se na posição de argumentar que a lei da contradição é válida no domínio das coisas, para a qual as formas inatas são aplicáveis, mas não no domínio das realidades espirituais, para a qual elas são declaradas inaplicáveis. Não é

---

[429] [NR]: Expressão cujo significado é "as coisas em si".

O *a priori* filosófico transcendental (crítico)

difícil de ver porque, depois da época de Kant, alguns pensadores consideram a vida como mais ampla do que a lógica e até mesmo desistem de prestar reverência séria à lei da contradição.

A ordem e a unidade do mundo não são para Kant algo no mundo em si mesmo e manifestadas ao entendimento, mas o mundo é somente um à medida que o fazemos assim. Mas que justificação *a priori* existe para uma aplicação das formas da síntese à multiformidade da percepção? O que explica essa harmonia ou essa comunidade do entendimento e da sensibilidade que torna possível para nós um conhecimento *a priori* das leis da natureza? A única resposta de Kant é que sem ela a experiência seria impossível, que, se os objetos da experiência fossem não conformáveis às condições do conhecimento, não poderiam ser acolhidos como parte da unidade da consciência, ou seriam irreconhecíveis. Kant, porém, é incapaz de explicar por que os homens têm precisamente essa sensibilidade e precisamente esse entendimento comum ou necessário para tornar a experiência possível. Uma vez que nada sabemos da natureza, a não ser pela experiência, Kant pode apenas dizer que a natureza harmoniza-se como a nossa experiência somente *como se* ela tivesse sido adaptada propositadamente, *como se* ela pudesse ser explicada por uma harmonia preestabelecida – não uma pré--adaptação proposital, mas uma pré-adaptação subjetiva das faculdades dos sentidos e do entendimento no próprio relacionamento que torna o conhecimento possível. Em outras palavras, Kant não oferece uma explicação: é assim porque é assim; precisamente essas categorias são necessárias porque supostamente é isso o que é o entendimento. A fonte de restrição para combinar os elementos da situação de conhecimento é simplesmente que, sem essa atividade da mente com certas regras, não temos conhecimento. Kant vai além de qualquer mera harmonia de faculdades independentes até um princípio supremo de unidade que opera tanto na concepção como na percepção – e esse princípio serve finalmente como a base para a concordância das faculdades. A consciência da identidade do eu envolve ao mesmo tempo uma consciência da unidade da experiência na qual o conhecimento é possível. Mas é verdade que a experiência é possível (a qualquer ser) somente com essas condições e nenhuma outra?

DEUS, REVELAÇÃO E AUTORIDADE

O fato de Kant evitar a pré-formação leva à sua ambiguidade quanto à natureza ordeira do mundo objetivo e mais adiante à ambiguidade das qualificações da percepção em relação à concepção: *ou* nada na percepção está relacionado à concepção, debaixo da qual é classificado, e então sua classificação é impossível, *ou* existe tal afinidade, em cujo caso possui as qualificações que recebe da concepção (Caird, *The critical philosophy of Immanuel Kant*,[430] 1:370). Kant escapa da irremediável desunião da percepção e da concepção ao insistir que ambas existem somente na unidade do julgamento, na qual a imaginação serve de mediador. A diferença das duas formas é transcendida na consciência. O próprio Kant "é obrigado a introduzir a unidade desses elementos como uma espécie de *deus ex machina* a fim de prover uma ligação entre eles" (1:399). Kant também, portanto, pressupõe uma "doutrina da harmonia da percepção e da concepção preestabelecida, e [...] a doutrina da identidade dos princípios da unidade em ambos" (1:481).

Em última análise, a síntese de Kant falha por ser construída sobre elementos díspares e heterogêneos; ficamos com antinomias em áreas de importância decisiva, com uma ruptura devastadora entre fé e conhecimento. Sua epistemologia radical, conteúdo limitado pelos sentidos, impediu uma abordagem séria da parte de Kant a Anselmo e Agostinho. Esses teólogos haviam ligado o *a priori* uma consideração pela revelação divina e mantiveram o seu ambiente devocional. De fato, Descartes e Leibniz já haviam retirado esses elementos da discussão. Todavia, se Anselmo pudesse ter sugerido a Kant que, no argumento ontológico, a fé está procurando expressar-se em termos de conhecimento, Kant teria de responder (por causa de sua teoria antimetafísica do conhecimento) que a fé está meramente consultando um conceito que não pode suprir qualquer conhecimento. Kemp Smith observa: "A doutrina da harmonia preestabelecida é uma teoria metafísica que pressupõe a possibilidade da obtenção de conhecimento das coisas em si mesmas. Por essa razão somente Kant tinha de rejeitá-la" (*A commentary to Kant's, critique of pure reason*,[431] p. 114). A palavra *pressupõe* não deveria prejudicar o caso contra a ontologia baseada na revelação, mas Kant, sem dúvida, rejeitou a metafísica transcendente por pressupor a sua impossibilidade.

---

[430] A filosofia crítica de Immanuel Kant.

[431] Um comentário à Crítica da razão pura de Kant.

O *a priori* filosófico transcendental (crítico)

Para Kant, sob nenhuma circunstância, pode a existência como um predicado ser derivada da análise de um assunto, e especialmente não de Deus, a respeito do qual todos os julgamentos eram meramente reguladores – como Kant havia predito! Se a existência pode ser estabelecida apenas por meio da experiência sensorial, então o destino da prova ontológica está selado antes mesmo de lhe ser dada voz. Mas se conceitos referem-se, de fato, a realidades além da sensação, então uma análise de conceitos pode determinar se eles têm uma referência ôntica ou não e pode exibir um conceito analítico envolvendo necessariamente a ideia da existência. Kant não refutou a existência de Deus; ele meramente partiu de uma epistemologia que fez do conhecimento de sua existência uma impossibilidade. Permanece pouca dúvida de que o repúdio de Kant ao argumento ontológico é motivado por sua teoria do conhecimento. O argumento ontológico só poderia ser falho quanto à convicção para alguém que considera a existência como meramente uma das doze categorias de entendimento, pelas quais somente as experiências sensoriais e as realidades espaço-temporais são ordenadas. Pois, então, fica sem sentido falar da existência daquilo que está fora da experiência sensorial, no domínio definido como estando além do alcance da experiência, para a qual a categoria formal da existência é relevante.

Se o conhecedor humano é formado pela criação para o conhecimento de Deus, então o maior problema de Kant pode ser encontrado face a face. Kant argumentou que, quando objetos tornam-se uma questão de conhecimento no que diz respeito à sua existência, eles são condicionados pelo conhecedor no que diz respeito à sua essência. Contudo, se o homem é feito precisamente para o conhecimento da realidade espiritual, tanto quanto para o mundo físico, então o fato de que objetos são por ele conhecidos implica que sejam conhecidos como a própria realidade é determinada. As condições epistemológicas imanentes tornam-se, na visão criacionista, precisamente o meio de compreender a própria realidade.

A dificuldade de Kant – de como o pensamento puro torna-se sintético em relação à experiência – é melhor resolvido pelas vias da pré-formação do que na *Crítica*. A explicação de Kant de como o pensamento torna-se capaz de um movimento de amplificação ou de sintetização é deficiente. Validade objetiva é atribuída às concepções

DEUS, REVELAÇÃO E AUTORIDADE

por meio do processo de julgamento, no qual a informação sensorial é classificada sob uma concepção e unida com a consciência do
eu. A teoria fracassa por causa da subestimação persistente de Kant
das verdades *a priori* (p. ex., a existência real de Deus e a referência
ontológica da razão), na concentração apenas em formas *a priori* (p.
ex., os opostos irredutíveis da lógica tradicional, tais como a afirmativa e a negativa, o universal e o particular), junto com a sua supe-
restimação das categorias *a priori* estruturando um mundo sensorial
objetivamente desestruturado. Em vez de deplorar as pretensões da
metafísica transcendente, Kant deveria ter sido repelido pela incompetência da metafísica transcendental e experimentado a alternativa
da pré-formação divina. Se o tivesse feito, teria escapado da noção de
uma realidade antitética à inteligência, de um mundo metafísico de
coisas independentes de todo pensamento, ainda que inegavelmente
verdadeiro, e presumivelmente conhecido por nós somente sob as
condições de nossa estruturação dele.

Embora a consideração de que uma teoria do conhecimento
e da validade do conhecimento, em termos de pré-formação, pode
enfrentar dificuldades, Clark observou bem que "o ceticismo não
necessita ser contado como uma delas" (*A christian view of men and
things*,[432] p. 316), pois as leis da natureza não são consideradas por
uma visão como essa como resultado apenas de aptidões individuais
subjetivas, nem de pensamento da raça. Portanto, é possível conceder
a Kant o aspecto indispensável de um fator apriorístico na experiência do conhecimento, mas, ainda assim, pelas dificuldades em sua
abordagem, é possível ser encorajado a suspeitar que ele falha em não
considerar isso de modo apropriado.

A teologia cristã argumenta que as categorias do pensamento
– se Kant as definiu corretamente ou não é outra questão – são
inatas precisamente pela razão de que Deus, como criador, formou
tanto essas categorias como o mundo ao qual elas se referem e formou criaturas para pensarem os seus pensamentos. A teoria, pelo
menos, faz inteira justiça à circunstância que todos os homens
pensam com as mesmas categorias. Kant é capaz de mostrar apenas
que certas categorias são a pressuposição indispensável da experiência do conhecimento. De fato, ele não pode demonstrar que todos

---

[432] Uma visão cristã dos homens e das coisas.

O *a priori* filosófico transcendental (crítico)

os homens possuem as mesmas formas inatas de pensamento, nem que todos os homens são criaturas racionais, nem que alguns dos animais não possuem também as categorias junto com a experiência sensorial.

O fato é que o movimento empírico pós-kantiano, que compartilhou da rejeição de Kant à teoria da pré-formação, ofereceu uma explicação das categorias que elimina o fundamento da interpretação kantiana. O próprio Kant foi incapaz de derivar as categorias do interior da estrutura epistemológica pela qual ele propôs explicar todo o conhecimento. Pois ele insistiu que não existe conhecimento à parte do conteúdo sensorial e que a sensação forma o único conteúdo do conhecimento. De onde, então, Kant obteve o seu conhecimento das categorias? Ou ele derivou essas categorias de uma fonte para a qual a sua epistemologia não dá espaço – mas que a teoria da pré-formação acomodaria – ou elas também são supridas ao conhecimento pela sensação, o que era a proposta de Émile Durkheim: as categorias são simplesmente produtos sociais. A teoria de Kant se reduz ao ceticismo no que diz respeito às próprias categorias. Ou seja, a sua epistemologia é incapaz de sustentar-se, ou ele deve mover-se para a pré-formação ou para o empirismo a fim de evitar o ceticismo; e numa época de dificuldades epistemológicas, uma mudança para o empirismo não resolve a questão.

Os filósofos empíricos pré-kantianos sustentavam que a mente é, desde o início, uma folha em branco e que todas as ideias são o resultado da experiência (exceto, é claro, essa ideia, da qual o empirismo se alimenta a fim de sobreviver; nenhum empirista jamais teve interação com *todas* as ideias, nem nunca terá). Os filósofos do *a priori* sustentam que devemos construir a experiência com categorias nascidas em nós. Os empiristas pós-kantianos forjaram uma "reconciliação" de ambas: viemos ao mundo com ideias "inatas", mas essas são o resultado de nossa experiência herdada. Considerando o nosso estoque atual de conhecimento, dizem eles, os aprioristas estão "certos", mas, de uma perspectiva final, o caso deve ser entregue aos filósofos da experiência. Perspectivas evolucionistas da mente enfatizaram tendências instintivas e aptidões como psicologicamente determinantes de toda a vida intelectual do homem, e isso levou, nos evolucionistas do tipo de Spencer (cf. Bordon P. Bowne, *Kant and Spencer, A critical exposition*,[433] p. 376ss., 419ss.), a uma visão do aspecto inato dessas predisposições, desenvolvidas pela experiência, cuja compulsão alcança muito além da experiência pessoal. A expressão "ideias inatas" foi aqui usada num sentido ilegítimo e confuso, pois ela meramente significou a assimilação por parte do indivíduo da experiência biologicamente acumulada da raça humana, expressada em padrões de pensamento experimentalmente arraigados.[434]

O empirismo pós-kantiano, assim rotulado porque em vários níveis libertou-se dos fatores *a priori* no pensamento de Kant, envolve algumas premissas marcantes e curiosas. Por exemplo, o empirismo não é capaz de dar uma razão pela qual a sociedade não pudesse no passado ter evoluído, ou no futuro evoluir, um conjunto totalmente diferente de categorias, ou conjuntos múltiplos, alguns dos quais pudessem ser, em certos sentidos, ou um dos quais pudesse ser, em todos os sentidos, o contrário ou o contraditório de nossas formas atuais de pensamento. Na época em que a experiência da raça humana avançar até o ano 4000 d.C., as ideias de círculos quadrados e de quadrados circulares poderão ser tão espontâneas e legítimas, e as ideias de quadrados quadrados ou círculos circulares ininteligíveis, como os seus opostos o são hoje em dia. Pois, se todas as ideias são produtos da experiência social acumulada, então até a lei da contradição deverá não prevalecer no pensamento humano em algum momento e, por essa razão, poderá de novo desfrutar de uma feliz aposentadoria num momento futuro. A lógica aristotélica simplesmente triunfou por meio de uma virada

---

[433] Kant e Spencer: uma exposição crítica.

[434] Rudolf Otto inteligentemente observou que os naturalistas que derivam as ideias de tempo e espaço, categorias, lei da causação e todas as leis *a priori,* até mesmo julgamentos de valor, independentemente da experiência do indivíduo, mas considerando-as como adquiridas pelas espécies no curso da evolução e da história, oferecem-nos um *a priori* implantado no homem não por Deus, mas pelo "Diabo, isto é, a luta pela existência" (*The philosophy of religion based on Kant and Fries,*[A filosofia da religião baseada em Kant e Fries, p. 59, n. 1). Por *a priori* tais naturalistas querem dizer, não de forma independente da experiência, mas previamente no que se refere ao tempo. "Quando os 'naturalistas' do período presente derivam ideias inatas da experiência herdada, o seu procedimento é muito mais rude e inadequado do que aquele dos antigos racionalistas. De fato, os antigos nos permitiriam observar que temos, em geral, *concepções* de causa, necessidade, lei. Na escola atual até mesmo isso é impossível. Pois o 'mneme' a que eles se referem neste caso não é nada mais do que a experiência acumulada e herdada. No entanto, uma vez que na experiência como tal nada desse tipo de coisa é capaz de certeza, a mera aparição dos conceitos em nosso pensamento seria um absoluto milagre".

temporária na história dos eventos. Virá o dia, e sem dúvida já apareceu pelo menos uma vez no passado distante (se os nossos conceitos atuais emergiram gradativamente no tempo), quando categorias atuais eram ainda produtos não sociais, e não categorias atuais eram produtos sociais, e quando aquilo que é agora verdadeiro era falso, e quando aquilo que é agora falso era verdadeiro. Essa teoria de que conceitos são produtos da utilidade social, afirmada com tanta convicção por Durkheim, não possui de fato qualquer capacidade para o estabelecimento da verdade ou do erro, uma vez que tudo o que ela pode nos dar é a convenção social prevalecente. Ela seria um sinal de coerência, se os empiristas proclamassem que o dogma de que todos os conceitos são produtos de convenção social nada mais é do que a moda contemporânea nas ideias.

Atento ao fato de que Durkheim, na verdade, professa conceder-nos a verdade sobre a origem das categorias do pensamento, Clark faz esta observação dura, mas eloquente: "Se o relato dos conceitos *a priori* de Durkheim é verdadeiro, então a sociologia de Durkheim é falsa. E se a sociologia é falsa, a epistemologia baseada nela é falsa também" (*A christian view of men and things*,[435] p. 317s.). Os empiristas pós-kantianos, é preciso acrescentar, estão certos em argumentar que a própria mente humana tem uma história – contra as visões idealistas que tendem a divinizá-la como um fragmento do absoluto – mas estão profundamente equivocados quanto à natureza dessa história. Eles, assim como Kant, e Kant assim como os racionalistas modernos e os empiristas que o precederam, não poderiam evitar o declínio que, seguindo o seu curso, é incapaz de escapar da conclusão cética quanto à busca por conhecimento confiável.

A ênfase em tendências instintivas e herdadas tem, às vezes, tomado um caminho bem menos otimista, no qual as formas do pensamento, de fato, são consideradas enganosas. Não é somente o caso de que ideias que são socialmente mediadas sejam verdadeiras ou falsas em épocas diferentes, mas, uma vez que o pensamento humano é encaixado numa estrutura evolucionista compreensiva, a transcendência dos conceitos atuais torna-se indispensável: do ponto de vista futuro, são ideias retrógadas impedindo o progresso. Até mesmo o julgamento mais radical poderá ser feito sobre elas. Schopenhauer

---

[435] Uma visão cristã dos homens e das coisas.

DEUS, REVELAÇÃO E AUTORIDADE

destacou que a natureza humana é caracterizada por "ilusões inatas". Grande parte do pensamento oriental descarta as convicções inatas do senso comum como logicamente falsas e moralmente erradas. Hume foi quem preparou o caminho para esse uso negativo do *a priori* no Ocidente: por necessidade psicológica, a mente comunica a ideia da causação que não é objetiva nem logicamente baseada. Kant levou isso adiante: as ideias lógicas da mente distorcem as realidades numenais e metafísicas.

22

O apriorismo religioso transcendental

Contra Kant, que considerou a religião como um reflexo da consciência moral, alguns pensadores pós-kantianos enfatizam que a religião é uma forma de experiência universalmente necessária, fundamentada num *a priori* religioso transcendental distinto. Protestam contra a redução da religião à ética ou à filosofia como algo que mutila a sua singularidade, e reivindicam que a vida humana é necessária e inclui, de maneira universal, a forma de categoria da experiência religiosa.

Nas exposições críticas e transcendentais, o *a priori* religioso é apenas formal. Seu interesse na validade da experiência diz respeito somente à universalidade e à necessidade; não diz respeito ao conteúdo da experiência religiosa. Nem mesmo a questão da realidade ou da existência factual de tal *a priori* é relevante, uma vez que isso trataria tanto com o conteúdo quanto com a forma, tanto com o aspecto numenal quanto com o fenomenal. O *a priori* formal não olha para além da esfera dos fatores imanentes conscientes. Afirmar um *a priori* que realmente exista é o mesmo que mover-se para além do *a priori* crítico para um *a priori* não transcendental. A filosofia crítica de Kant não tinha interesse se um *a priori* de fato existe, mas somente se julgamentos têm uma validade apriorística em vista de seu caráter necessário e universal. Um *a priori* que realmente existe é não kantiano e antitranscendental em expressão e espírito, enquanto a validade kantiana apriorística é meramente transcendental; não está interessada se o *a priori* existe, com a defesa de um *a priori* ontológico, mas apenas que a experiência religiosa tem uma validade apriorística. Embora Kant tenha baseado a religião na moralidade, e tenha negado a sua independência, sua abordagem geral, mesmo que ele não tivesse feito isso, deixou em dúvida a realidade ôntica de um *a priori* religioso. Para Kant, a existência de Deus não advém de nossa concepção dele, uma vez que, em uma teoria do conhecimento empiricamente orientada, o valor da ideia de Deus está em sua expressão da busca da mente pela unidade e totalidade. A ideia é reguladora, e não constitutiva, indicando apenas a busca da razão pela integração e inteireza. Assim, as perspectivas pós-kantianas crítica ou transcendental, as quais em contraste com Kant afirmam um *a priori* especificamente religioso, ainda assim compartilham da rejeição das ideias inatas da filosofia crítica e qualquer identificação do elemento *a priori* na relação com a realidade religiosa transcendente.

Aqui o *a priori* religioso é concebido em oposição àquilo que o apriorismo religioso tinha significado tanto na filosofia antiga como na teologia medieval e na filosofia pré-kantiana moderna. O termo sempre designou, quer em Platão, quer em Agostinho, quer em Anselmo, quer em Descartes, um fator de conteúdo específico, e significou mais do que uma mera validade formal da experiência pela qual a consciência é estruturada por certos padrões absolutos da experiência. Que a humanidade possui julgamentos especiais autoevidentes, um conteúdo específico de experiência pelo qual a realidade é acessível de modo ôntico, e não meramente formas inatas ou categorias de pensamento, é uma afirmação característica dos adeptos do *a priori* pré-kantiano; afirmar um *a priori* significava para eles afirmar um conhecimento *a priori* do mundo metafísico. A objetividade e a validade da experiência religiosa diz respeito não meramente às estruturas racionais formais da consciência, não meramente aos constituintes epistemológicos imanentes, mas, além disso, também à esfera da realidade metafísica.

Alguns pós-kantianos viram o que Kant não tinha percebido, que a validade da experiência religiosa também pode ser defendida pela exibição de seu caráter universal e necessário. O exame das implicações imanentes da experiência religiosa requer, dizem eles,

O apriorismo religioso transcendental

que ela seja classificada sob considerações *a priori* que tornam possível a experiência distintivamente humana. A experiência religiosa não deve ser considerada exclusivamente em termos de fatores psicológicos e subjetivos, mas tem, independentemente de tudo mais, uma base *a priori*. Ela surge em nós como uma experiência necessária e universal, ancorada em nossa vida consciente de forma tão inerradicável como a sensação e o pensamento. Sua validade transubjetiva, o caráter absoluto, dizem eles, resulta de sua fundamentação em um *a priori* religioso transcendental.

Kant declarou que aquilo que é válido como um *a priori* deve ser legitimado por meio da dedução transcendental. A metodologia crítica era o artifício de Kant para mostrar que a experiência objetiva não nos seria dada sem a validade de certas formas *a priori*. Por meio disso, ele exibiu aquilo que é um postulado para a consciência, revelando o que deve ser válido, se alguma coisa for de fato válida. Somente se a experiência tiver essa forma específica poderá haver alguma validade. O método transcendental, portanto, deixa claro que nenhuma experiência é encontrada de maneira desestruturada por formas específicas e que, a não ser que ele assuma essas formas como válidas, a própria experiência seria impossível, uma vez que não poderíamos mais, então, sob quaisquer circunstâncias, sustentar a validade da experiência. Os aprioristas religiosos, que trabalham com esse método transcendental, argumentam que a experiência religiosa acolhe uma validade sem o reconhecimento da qual a experiência religiosa seria irreconhecível. Ser humano significa ser religioso, pois a vida religiosa é uma manifestação universalmente necessária de fatores a *priori*; se o aspecto religioso é perdido, então a nossa existência como um todo perde o seu sentido, e o homem deixa de ser homem.

Às vezes, argumenta-se que, se a religião é uma forma universal de experiência, então mesmo que ela possa ou não reivindicar ser uma experiência necessária, ainda assim, ela é propriamente considerada como *a priori*. Um argumento contra uma experiência religiosa necessária está baseado no fato de que a experiência religiosa, em formas mais elevadas, traz consigo a liberdade de decisão pessoal, que é incoerente com um *a priori* religioso coercitivo. Entretanto, a necessidade da experiência religiosa não implica uma compulsão mecânica

DEUS, REVELAÇÃO E AUTORIDADE

e causal. A discussão da necessidade no contexto do *a priori* aqui não tem em vista a questão do compromisso psicológico subjetivo, mas a necessidade transcendental. A experiência religiosa é de tal natureza que valida a si mesma como uma forma necessária de expressão universal da vida espiritual.

É claro que os aprioristas pós-kantianos depreciam todos os esforços para ajustar o significado do religioso em termos de conhecimento conceitual teórico ou positivo do objeto religioso. Eles mantêm a ênfase de Kant de que a mente está presa a concepções meramente negativas e limitadoras, à convicção interior reguladora de uma realidade mais do que sensorial.

O que acontece à ideia de Deus em tudo isso deveria ser aparente. É a validade da experiência religiosa como uma forma universal e necessária que se defende, e não o significado objetivo metafísico da ideia de Deus. A validade da experiência religiosa é defendida; a realidade do objeto religioso é colocada em dúvida. Em contraste com a tradição anterior na teologia e também na filosofia, Kant modificou a ênfase da ideia de *Deus* para a *ideia* de Deus, uma substituição a que todos os oponentes da referência ôntica de ideias iriam resistir fortemente. O *a priori* de Kant era formal: a experiência que traz esse caráter universal e necessário é válida. Mas o seu valor ôntico e a realidade do mundo metafísico eram considerações irrelevantes. O *a priori* epistemológico não requer a realidade ôntica. Embora os aprioristas religiosos transcendentais deem à experiência religiosa, bem como à experiência moral, uma base inata, eles não ligam o seu apriorismo religioso ao genuíno conhecimento metafísico.

Demonstra-se que o aspecto religioso tem uma base *a priori*, uma vez que é universal e necessariamente radicado na natureza humana; os julgamentos religiosos têm esse caráter apriorístico em vista de sua universalidade e necessidade. A religião não depende da postulação de Deus por meio de fatores experienciais (como a moralidade para Kant), nem da inferência por meio do sentimento (Schleiermacher), nem de um julgamento de valor (Ritschl), mas de fatores inatos *a priori* que antecedem a experiência. Ela não é um reflexo de fatores inferidos, mas é universal e necessária em vista de uma base inata.

Quando o *a priori* religioso é, assim, moldado de forma transcendental por meio da análise crítica de características imanentes da experiência religiosa e de suas pressuposições indispensáveis, o *a priori* religioso não pode ser coerentemente apresentado em nome da revelação divina, uma vez que o ser de Deus está em dúvida. É verdade que, algumas vezes, o *a priori* religioso é contrastado com a revelação (como em H. Haering, A. W. Hunzinger, E. Schaeder, F. Traub), mas necessita ser orientado dessa maneira somente se a realidade ôntica de Deus for descartada pela ruptura que Kant faz entre a razão teórica e a razão prática, e a atribuição da religião a esse último domínio. Essa abordagem é característica de todo o movimento encabeçado por Ritschl na teologia, pelo fato de ter afinidade com o apriorismo. No entanto, uma posição mediadora também apareceu, na qual a revelação é igualada com a atividade divina, enquanto todo o conhecimento cognitivo de Deus é eliminado. É melhor discutir esse ponto de vista mais tarde, uma vez que ele depende de elementos cristãos de uma maneira híbrida.

Outra escola de aprioristas religiosos surgiu na qual Anders Nygren pode ser contado. Ele emprega de maneira convicta a abordagem crítica quanto à experiência religiosa, como uma metodologia abstraída, a fim de demonstrar a validade da experiência religiosa contra meras reivindicações da subjetividade sem, contudo, implicar o agnosticismo metafísico como um aspecto correlato. Nygren admite que a realidade transcendente de Deus é essencial para a religião, mas enfatiza que o método crítico é impotente tanto para negar como para afirmá-la, uma vez que seu caráter epistêmico impede julgamentos ontológicos. Ele emprega o método para estabelecer a necessidade universal da religião e depois prossegue na investigação da realidade do objeto religioso separadamente. Mas aquilo que realmente sublinha a afeição de Nygren pela abordagem transcendental é a sua hesitação em "recair numa filosofia religiosa pré-kantiana" (*Religiöst apriori*,[436] p. 246s.). É verdade que, se o método crítico não conflita com a teologia, pelo menos ele ignora as suas reivindicações num domínio em que as consequências teológicas são apropriadamente derivadas.

A objeção decisiva contra todas as afirmações *a priori* transcendentais é que a validade da experiência religiosa é inseparável da questão da realidade e da autorrevelação do objeto religioso. Uma

---

[436] *A priori* religioso.

DEUS, REVELAÇÃO E AUTORIDADE

metodologia que suspenda a questão da existência real de Deus e que possa tolerar somente a função de um ideal regulador para o ser supremo, no estabelecimento da validade da experiência religiosa, não é apenas compatível com conteúdos contraditórios, como também é compatível com o não conteúdo ou com o conteúdo meramente ilusório. Portanto, a validade da experiência religiosa não pode ser totalmente separada da realidade do objeto religioso.

É fato que a religião é um fenômeno amorfo e incapaz de uma definição segura; dificilmente algo pode ser proposto como religião que alguém não deplore como irreligião. Quando alguém fala do caráter apriorístico das formas da lógica, todos devem aceitar a validade delas sob a penalidade de invocá-las se ele arriscar-se a negá-las. Todavia, esse é dificilmente o caso se alguém afirmar que a religião é uma categoria universal da experiência, uma vez que se pode negar a reivindicação com base naquilo que se pretende por religião como objeto de disputa e de rejeição. Uma coisa é reivindicar que todos os homens têm uma ideia de Deus e que a realidade de Deus está implícita nessa ideia, e que cada pessoa humana como portadora da *imago Dei* está implicada inescapavelmente em autêntica experiência religiosa. Mas é algo diferente argumentar que, à parte da realidade Deus, a religião pode ser confirmada como uma categoria de experiência universal e necessária, independentemente do conteúdo racional e ontológico da experiência.

Para Agostinho, a essência da vida da religião não era a experiência religiosa, mas a consciência de Deus. Para Anselmo, uma referência a Deus postulada dentro dos limites do apriorismo transcendental como um conceito meramente limitador não seria, certamente, aquilo em relação ao qual "nada maior" poderia ser concebido. Ainda que universal e necessária, a experiência religiosa sem qualquer relação com o Deus vivo nada teria em comum com a real experiência da raça humana, uma vez que o próprio Deus é o objeto fomentador da experiência religiosa. A ideia de Deus que estrutura a experiência humana é distorcida quando combinada com a noção que a existência real de Deus é uma questão que pode ser adiada, com o objetivo de, bem à parte do aspecto finito do homem como criatura e de sua subsequente pecaminosidade como considerações relevantes, a necessidade universal da religião possa ser confirmada. A

O apriorismo religioso transcendental

questão da validade e a questão da realidade não podem ser separadas – esta é a genuína percepção do apriorismo teológico transcendente. O ponto de vista fenomenalista ou crítico já está comprometido em vista de certos preconceitos de longo alcance acerca dos limites da razão humana, que não tolera qualquer ponte teórica para o mundo metafísico. A metodologia transcendental está impedida por sua própria exigência, mas não pela verdadeira natureza das coisas, de considerar a questão da realidade em conexão com a da validade. O desmembramento das questões da validade e da realidade não pode escapar da subjetivação da religião, mesmo se a sua universalidade e necessidade sejam mantidas, nem evitar um sacrifício, também, de sua verdadeira objetividade.

A abordagem da consciência imanente, divisada pela filosofia crítica, é uma alternativa ao transcendente teórico, e suas limitações autoimpostas a impedem de tratar com a questão da realidade transcendente que a experiência religiosa exige. Apesar de sua insistência na universalidade e na necessidade da experiência religiosa, a declarada irrelevância da realidade transcendente da parte dos aprioristas transcendentais pós-kantianos demarca o ponto no qual os aprioristas transcendentais, quer teológicos quer filosóficos, tomam um rumo não promissor e insistem que a validade da experiência religiosa pode ser estabelecida independentemente da realidade transcendente do objeto religioso.

A separação da forma e do conteúdo do conhecimento, tão devastadora para a epistemologia kantiana em geral, também inspira o apriorismo religioso pós-kantiano. Kant estava interessado apenas na sucessão necessária na qual as ideias se organizam e se relacionam na consciência, e não na objetividade da experiência, uma vez que isso injeta a questão totalmente censurável (pela posição da epistemologia kantiana) se essa sequência de ideias possui um valor de realidade independente da consciência. A construção de um *a priori* religioso puramente formal, em contraste com um *a priori* de conteúdo, trabalha sob uma dificuldade dupla: a validade da experiência religiosa não apenas poderá ser mantida com todo e qualquer conteúdo e com a maior variedade e contradição em sua expressão, mas poderá, também, ser mantida com nenhum conteúdo que diga respeito à natureza do objeto transcendentemente real. Segundo a

DEUS, REVELAÇÃO E AUTORIDADE

abordagem crítica, o *a priori* religioso é inteiramente formal, e a atribuição que se faz a ele de um conteúdo representa uma mistura ilegítima do *a priori* com interesses estranhos. Na verdade, é a religião por si, e não alguma religião específica, que é vista como radicada de um modo *a priori*. Assim como a afirmação kantiana da moralidade defende a validade do imperativo categórico e produz uma ética puramente formal, que é incapaz de formar conteúdo moral, assim também acontece em relação à experiência religiosa: sua forma como algo universal e necessário é definida no interesse da validade, mas isso de modo algum implica uma distinção ou preferência entre tipos de experiência religiosa. Existe, porém, na experiência humana uma experiência de "religião em geral" – com exceção de uma concepção filosoficamente abstraída e racionalizada no Ocidente pós-evolucionista, que possa nesse caso não ser superimposta universal e necessariamente sobre a experiência da raça humana?

A dedução transcendental não é apenas impedida de tratar do objeto religioso como uma realidade, mas também não pode discutir a questão da verdade ou da falsidade da experiência religiosa, uma vez que ela considera somente a sua validade, ou a sua forma como universal e necessária. Isso não exige, por si só, a refutação de um *a priori* religioso, uma vez que considerações além do aspecto universal e necessário – nesse caso, valor – poderiam ser exploradas como uma investigação adicional. Mas isso dificilmente poderá ser feito se a identificação da religião é ela mesma colocada em dúvida. Um *a priori* religioso deliberadamente transcendental, além disso, e um que isola a religião das categorias da razão e da moralidade, não poderá de qualquer modo transcender esse isolamento sem a sua própria destruição. Não poderá tomar nenhuma posição quanto ao valor da religião. Qualquer que seja o contraste concedido na experiência entre o piedoso e o perverso, a dedução transcendental é tão incompetente para discriminá-los como o é para distinguir entre o bom e o mau na experiência moral. Pois ela renunciou a todo o relacionamento positivo com o conhecimento em seu lado teórico; seu interesse é apenas a universalidade e a necessidade. O método transcendental não pode produzir considerações a fim de conceder um valor positivo à religião.

Os aprioristas religiosos da escola crítica transcendental, depois de tomar emprestada a exclusão que Kant faz do conhecimento

O apriorismo religioso transcendental

conceitual de Deus, prosseguem a fim de ampliar a "razão prática" de Kant na esfera da experiência não cognitiva de Deus, na qual a intelecção tem um significado meramente simbólico, e não constitutivo, tocando realidades metafísicas. A força dessas teorias, indo além de Kant, é que elas insistem que a mente está de alguma forma em relacionamentos imediatos com a ideia de Deus: a realidade religiosa não é meramente redutível à inferência ou à analogia; sua fraqueza fatal é que, tendo removido as categorias da razão da relevância metafísica, caem em contradição quando falam das relações humanas com a divindade cuja realidade permanece sendo uma questão de ceticismo intelectual. Ao insistir, como fazem, que o homem possui uma capacidade inata para a religião, os defensores de um *a priori* religioso formal ignoram a questão crucial da teologia que não diz respeito à necessidade universal da religião, mas à realidade do ser divino.

Ernst Troeltsch percebeu essa fraqueza nos seguidores da teologia de Schleiermacher e de Ritschl. Ele os denomina agnósticos dogmáticos, uma vez que renunciam o conhecimento cognitivo no domínio religioso, embora reintroduzam o termo *conhecimento* num sentido não teórico. Troeltsch propôs suplantar essa "epistemologia gnóstica-agnóstica" (*Zur frage des religiösen apriori*,[437] 2:217s.) com uma visão mais apropriada. Tornar a "pressuposição" da experiência inteiramente estranha à nossa natureza racional é abrir a porta ao psicologismo e ao positivismo. Mas, como ancorar os nossos estados religiosos subjetivos às realidades espirituais concretamente existentes? Como demonstrar que a nossa experiência interior, enquanto subjetivamente radicada no sujeito conhecedor, envolve uma base religiosa objetiva?

Troeltsch propôs substituir a tendência antimetafísica de Schleiermacher e de Ritschl com a defesa de um racionalismo religioso formal. A fim de vencer o agnosticismo, ele insistiu que cada pessoa possui um contato interior místico com o transcendente divino; a revelação interior é uma experiência universal na qual Deus eleva a alma humana (*Religionsphilosophie*,[438] p. 48ss.). A independência da vida espiritual está baseada na presença imanente do absoluto na alma, e não na objetividade da ideia de Deus. Mas, como essa

---

[437] Sobre a questão do *a priori* religioso.

[438] Filosofia da religião.

DEUS, REVELAÇÃO E AUTORIDADE

revelação pode ser reconhecida como genuína? Poderemos fazer com convicção a transição da psicologia para a epistemologia? Troeltsch responde que o homem possui um *a priori* religioso, bem como racional. A experiência religiosa está radicada no *a priori,* unificando leis da natureza humana; não é como tinha sido confiada por Kant ao domínio da experiência separada das categorias inatas, mas surge do *a priori* religioso. A realidade é apreendida de diferentes posições sistemáticas, e a fé é uma delas. Considerando que o sentimento religioso não lógico é primordialmente fundamentado, ele ganha uma qualidade básica de necessidade racional do *a priori,* como a pressuposição de toda experiência religiosa. De fato, para Troeltsch, a fé é a posição mais importante da qual a realidade é apreendida, de modo que o *a priori* religioso provê não apenas o princípio epistemológico da religião, mas a forma definitiva de todo pensamento.

Sem a sensibilidade, ou o conteúdo que a experiência supre, porém, o *a priori* será em todo caso apenas uma forma vazia. O *a priori* religioso está presente em toda experiência religiosa e regula criticamente o conteúdo não racional psicossociológico da experiência de fé. Sem o *a priori* religioso, a nossa experiência interior teria falta do princípio constitutivo que torna possível a ciência da religião. Assim, no e por meio do *a priori,* a religião toma o seu lugar como uma ciência normativa, com normas de fé universalmente válidas. Troeltsch insiste que o *a priori* religioso não forma nenhum conhecimento direto ou prova de Deus, pois sem a experiência ele é uma mera forma vazia sem conteúdo, mas ele envolve a consciência religiosa como uma necessidade da natureza de cada homem.

O *a priori* religioso de Troeltsch é, portanto, claramente menos relacionado com as categorias teóricas de Kant do que com os a *prioris* ético e estético que Kant discute fora do domínio da razão pura. O *a priori* religioso, junto com o ético e o estético, é separado do teórico; o relacionamento religioso torna-se não lógico e intuitivo. Nenhum conhecimento de Deus é tido como adquirível por meio do *a priori* religioso, tanto por ser não teórico como por ser puramente formal. Como uma categoria, ele é predominantemente prático ou não teórico.

No entanto, pode a universalidade da consciência religiosa ser compreendida como uma universalidade da real consciência de Deus,

O apriorismo religioso transcendental

a não ser que o elemento *a priori* seja ampliado de modo a ganhar conteúdo inato real, e que esse seja especificamente de uma natureza conceitual? Não importa quanto a experiência religiosa como inata possa afirmar a realidade de Deus, o fato de sua realidade ainda assim não seria uma questão de percepção cognitiva e seria, talvez, meramente ilusório. Como pode a validade da experiência teísta ser justificada por meio de um apelo a um *a priori* que pode somente mostrar que a afirmação religiosa origina-se de uma necessidade interior da mente? Uma vez que o *a priori* religioso não é concebido como uma categoria teórica, a universalidade e a necessidade da experiência religiosa são estabelecidas independentemente da questão da realidade do objeto religioso e do conteúdo de verdade da experiência religiosa.

Embora Troeltsch enfatize a coerência do *a priori* religioso com outros *a prioris*, ele não pretende com isso introduzir um significado e conteúdo teóricos no *a priori* religioso, mas argumenta que a razão é mais do que mera coerência racional. Ele procura ampliar a razão a fim de conceder ao âmbito daquilo que é regulador algum significado ontológico. As restrições arbitrárias que Troeltsch impõe sobre o *a priori* constituem um problema vexatório para a relação da experiência religiosa com a realidade metafísica. Troeltsch indica que a experiência religiosa está envolvida no monumental caráter de Deus por causa de sua base *a priori*; no entanto, somente com um apelo à experiência mística ele é capaz de apoiar essa afirmação. Se o *a priori* deve servir também como um princípio ontológico, sua conexão com o aspecto teórico deve ser demonstrada. Troeltsch não mostra como, presumindo o *a priori* religioso, o homem vai além das variações e exibições de sua própria consciência para a realidade divina independente e transcendente.

Afirmar que a experiência religiosa é individual e universalmente coordenada por fatores inatos deixa indefinida a realidade do objeto religioso e não estabelece satisfatoriamente a relação do homem com a realidade divina. Seria mais acurado dizer que o *a priori* de Troeltsch dá garantias de que toda a experiência religiosa tem as suas condições formais, mais do que suplanta o gnosticismo agnóstico que ele se dispôs a remediar na teologia de seu tempo. No fim das contas, a visão de Troeltsch não é menos subjetiva e agnóstica, no que diz respeito ao mundo espiritual objetivo, do que as

DEUS, REVELAÇÃO E AUTORIDADE

visões de Schleiermacher e de Ritschl, contra as quais ele se opôs. Seu esforço de atribuir significado ontológico às ideias religiosas do homem fracassa. D. C. Macintosh sublinha a verdadeira dificuldade da abordagem de Troeltsch – o seu fracasso em dar espaço ao conhecimento conceitual de Deus: "Em vez de tentar racionalizar a religião, ao obter conhecimento científico do *objeto* religioso, ele procura simplesmente determinar tão racionalmente quanto possível o sujeito religioso. O objeto religioso, ou melhor, o *ding-an-sich*[439] religioso, tendo sido presumido como realmente inacessível à experiência imediata do, não pode ser *conhecido* como sendo o verdadeiramente representado até mesmo pelo pensamento mais racional; pode apenas ser *crido* como sendo assim representado. Portanto, a determinação racional do sujeito significaria, simplesmente, agir da forma mais razoável possível quando o verdadeiro conhecimento é impossível. E assim Troeltsch, levado logicamente a rejeitar a ideia da possibilidade de alguma teologia como uma ciência do objeto religioso, tem de admitir no fim um agnosticismo fundamental, apesar de seu apelo ao *a priori* religioso e de seus recursos metafísicos" (*The problem of religious knowledge*,[440] p. 293).

Os críticos de Troeltsch alegaram que, embora o fato de um *a priori* religioso garantir a existência da religião, certamente não decidiria a favor, ou contra a verdade das reivindicações religiosas, uma vez que ele é coerente com afirmações concorrentes. O *a priori* religioso, como algo formal, não fornece nenhuma norma de julgamento, nem um metro pelo qual se possa medir a questão histórica. O próprio Troeltsch foi o porta-voz do movimento da história das religiões que, motivado pela tentativa de igualar as religiões comparadas, tentou eliminar o aspecto finalizador e o supernaturalismo exclusivo do cristianismo. Ele apelou ao empirismo religioso a fim de suprir todo o conteúdo do *a priori* religioso e, nessa base, rejeitou qualquer significado exclusivo para a revelação judaico-cristã. Troeltsch, contudo, sustentou que o *a priori* chega à sua expressão mais pura na religião mais elevada e afirmou que o cristianismo tem valor supremo entre as religiões mundiais. Entretanto, sua justificação de avaliação para a preferência do cristianismo expõe a dificuldade subjetivista de um apriorismo meramente formal. O esquema de Troeltsch estabelece a

---

[439] [NR] Expressão equivalente em português a "coisa em si".

[440] O problema do conhecimento religioso.

544

O apriorismo religioso transcendental

universalidade e a necessidade da religião sem estabelecer a existência de Deus ou da verdade da consciência religiosa e deixa a superioridade de qualquer religião em relação à outra para a esfera do julgamento de valor. O *a priori* religioso, da forma como Troeltsch o expõe – independente de um relacionamento vital com o mundo transcendente, em contraste com a revelação judaico-cristã da *imago Dei*, relacionando o homem ao seu criador –, mostra-se muito facilmente como um postulado conjectural para dar contas de fatos que podem ser mais bem explicados de outra maneira.

Mais tarde, Georg Wobbermin objetou que Troeltsch, seu predecessor em Heidelberg, fez da universalidade e da necessidade da religião o seu valor básico, comparado com o qual todos os outros valores experimentais são relativamente desimportantes, enquanto a experiência religiosa vital apela à revelação e rejeita aceitar o universal como normativo. Isso enfatiza, de modo notável, que o valor da religião não pode ser separado da questão da realidade de Deus em sua revelação, mas implica, de forma indesejável, que para a manifestação judaico-cristã falta um pouco de contato de natureza universal.

Rudolf Otto defendeu o *a priori* religioso e ligou-o também a uma experiência imediata de Deus. A esquematização de Otto, porém, impede que o homem encontre Deus no nível racional. As convicções de liberdade, de imortalidade e da existência do absoluto vêm a nós como "ideias" da razão pura e suprem o conteúdo necessário da fé. Mas essa fé não é conhecimento científico, uma vez que vai além da verificação pelos sentidos, nem é conhecimento positivo, pois podemos fazer apenas predicações negativas dessas realidades numenais, uma vez que elas não podem ser representadas literalmente por conceitos aplicáveis somente à experiência espaço-temporal. Contudo, embora o conhecimento positivo seja excluído, o sentimento positivo não o é, e nessa área temos, supostamente, um pressentimento genuíno da natureza divina (*The philosophy of religion based on Kant and Fries*,[441] p. 83, 111s.). No sentimento religioso, a fé é retratada por um vocabulário científico, mas tal linguagem positiva é apenas simbólica e apresenta o mundo suprassensível em figuras e imagens.

---

[441] A filosofia da religião baseada em Kant e Fries.

DEUS, REVELAÇÃO E AUTORIDADE

Do lado racional, a raiz da religião é o *totalmente outro*, um conceito completamente negativo: o ser absoluto não condicionado, não temporal, não espacial. Do lado não racional, ou do lado do sentimento da experiência religiosa, porém, encontramos um reconhecimento do santo, um *mysterium tremendum et fascinosum* (*The idea of the holy*[442]), contrastado da mesma forma com o homem e com as coisas materiais como o *totalmente outro*. O "santo" é diretamente experimentado e gera no homem um *sentimento de criatura*. É *sui generis*, uma experiência única não redutível ao bem ou à verdade; é algo outro-que-o-racional e outro-que-o-bom, e é a referência elementar da religião.

Apesar de toda a insistência de Otto de que o objeto religioso é "sentido como objetivo e fora do eu", sua fundamentação anticonceitual da religião impede o conhecimento genuíno. Embora ele afirme que o número nunca é uma inferência da experiência – se a experiência religiosa é não cognitiva não pode haver inferência –, fica a questão de como podemos ter certeza de saber alguma coisa sobre isso. Otto escreve: "O objeto verdadeiramente 'misterioso' está além da nossa apreensão e compreensão não somente porque o nosso conhecimento tem certos limites irremovíveis, mas porque nele encontramos uma coisa inerentemente 'totalmente outra', cuja espécie e caráter são incomensuráveis e com os nossos próprios, e diante do qual nós, portanto, nos recolhemos numa admiração que nos deixa trêmulos e paralisados" (ibid., p. 28). Isso sugere que, quando Otto afirma, em outro lugar, que o objeto religioso é aquele cuja natureza real nós "não podemos proclamar em discurso nem conceber em pensamento, mas podemos conhecer somente por meio de uma experiência direta e viva" (p. 33s.), ele está cruzando uma lacuna da cognição por meio da fé nua ou da projeção imaginativa. Antecipando essas objeções, ele escreve que "por sobre e para além de nosso ser racional jaz escondida a parte definitiva e mais elevada da nossa natureza, que não pode encontrar satisfação na mera supressão das necessidades de nossos impulsos e desejos sensuais, psíquicos ou intelectuais" e que, diz ele, os místicos chamam de "a base ou o fundamento da alma" (p. 36). Qualquer que seja o endosso racional que seja dado, o *santo* parece ser, portanto, meramente uma questão

---

[442] A ideia do santo.

de interpretação particular. Quando Otto afirma que, com base na consciência do númeno, um processo racionalizante e moralizante entra em ação, por meio do qual o santo torna-se o bom, e o bom, a vontade de Deus, fica evidente quão pouco significado teórico ele empresta ao sentimento primitivo do *santo*.

Otto vê o *santo* como uma categoria do *a priori*, não derivada da experiência, mas exigindo a experiência para estimulá-la e fundindo--se com o desenvolvimento da mente e do espírito humanos. Mas um *a priori* formal como esse, obscurecendo a importância teórica do conhecimento religioso, não pode evitar o ceticismo. Macintosh afirma com precisão que "por causa da premissa de que o divino, como uma realidade que existe de forma independente, deve ser *totalmente outro*, existencialmente, em relação a todas as outras coisas percep-tíveis ou pessoa e em relação a todo conteúdo experimentável. O divino passa a ser pensado, logicamente, como não conhecível, 'total-mente outro' tanto da perspectiva qualitativa como existencialmente. Ele pode ser definido, então, somente em termos negativos e tende a tornar-se objeto de temor ignorante e supersticioso, privado de toda a racionalidade e de todas as qualidades espirituais ideais. O lado não racional, ou extrarracional, da religião tende a ser exagerado como se esta fosse, aparentemente, a sua essência positiva inteira; a religião e o seu objeto específico tornam-se juntamente irracionais, arbitrá-rios, de valor espiritual dúbio" (*The problem of religious knowledge*,[443] p. 302). Otto vence o agnosticismo somente por meio de garantias verbais, uma vez que ele rejeita o conhecimento genuíno do objeto religioso.

Otto argumenta contra o conceito tradicional das ideias inatas, com base em que nem mesmo Deus pode implantar conhecimento verdadeiro. "Ideias inatas são pensamentos devido à compulsão e, portanto, não são verdadeiro conhecimento", argumenta ele. "O conhecimento não é uma questão de possuir ideias peculiares, as quais nós não podemos abandonar: é uma questão de possuir a *per-cepção* de que alguma coisa é desse ou daquele modo. Para esse fim, não é vantajoso ter alguma coisa tais como ideias inatas, dessa ou daquela fonte, mesmo que sejam, por elas mesmas, absolutamente corretas. Não seria vantajoso, mesmo se essas ideias emanassem da

---

[443] O problema do conhecimento religioso.

DEUS, REVELAÇÃO E AUTORIDADE

fonte da verdade eterna. Nesse caso elas poderiam, quando muito, ser chamadas de ensinamentos; não seriam nem conhecimento nem percepção. Se é para existir o conhecimento, então o próprio Deus não pode fazer nada mais do que criar seres, que são o que ele é em si mesmo; seres com uma razão pura, isto é, seres capazes não apenas de pensamentos corretos, mas de uma percepção imediata e individual da Verdade. Agora existem tais seres. Essa ressurreição da velha teoria das ideias inatas na época atual é correta conquanto discuta a Percepção; quanto à busca pelo Conhecimento, ela não tem nada a nos dizer; ela se apoia num erro da psicologia" (*The philosophy of religion based on Kant and Fries*,[444] p. 59, n. 1).

Contudo, a objeção de Otto não é convincente. O argumento a favor das ideias inatas não envolve, como pensa ele, a noção de que tais ideias existam independentemente de toda a experiência; pelo contrário, afirma que, quando pessoas pensam, elas pensam com certas ideias. Não é necessária nenhuma disjunção absoluta entre perceber a verdade e perceber a verdade de forma inata. O protesto de Otto contra a compulsão se apoia em uma confusão: se é necessário rejeitar a verdade inata com base no fato de que ela é sempre dada em formas fixas, ele teria que necessariamente também, na mesma base, protestar contra a possibilidade da experiência sensorial.

O que está por trás da reclamação de Otto é um favorecimento na direção da teoria do conhecimento de Kant. O argumento, que primeiramente ganha força ao se repudiar a possibilidade de conhecimento à parte da experiência de qualquer tipo, torna-se rapidamente um manifesto contra o conhecimento à parte de um conteúdo suprido pela experiência sensorial. Otto escreve: "A solução completa do problema está contida nos parágrafos introdutórios da *Crítica*. [...] Nem mesmo um só conhecimento existe na alma antes da, e sem a, experiência. Contudo, quando a experiência e o conhecimento iniciam por meio da percepção sensorial, simultaneamente com o último e misturado com ele, desenvolve-se um Conhecimento que não se origina na experiência, mas que está presente e é coexistente, *independente de toda a experiência*, por exemplo, todo o conhecimento matemático. Isso aponta para a existência prévia na mente não de cognições não empíricas, mas da possibilidade de se ter tais

---

[444] A filosofia da religião baseada em Kant e Fries.

cognições, uma aptidão para elas, e uma fonte especial delas. – Se o *a priori* é sempre concebido de forma *independente da experiência*, a falsa noção de um conhecimento [...] ocorrendo à parte da experiência é definitivamente excluído. A vida total e a atividade da razão somente começam, somente tornam-se reais, em resposta ao *estímulo* dado na percepção sensorial. E, sem tal estímulo prévio, a razão não possui nem ideia, nem esforço, nem ação; ela é, de fato, apenas *tabula rasa*" (ibid., p. 59-60).

O árduo preconceito empirista de Kant contra o conhecimento cognitivo de Deus estimulou muitas investigações do *a priori* religioso transcendental, que sustentava que a realidade de Deus não era menos importante do que a necessidade e a universalidade da religião, mas uma dívida preliminar para com a filosofia crítica, invariavelmente, minou tais construções. Um teólogo do século XX chamado Carl Stange propôs suplementar a metodologia de Kant de uma maneira que Kant negligenciou. Sem romper com a dedução transcendental da religião, ele insistiu que o nosso conhecimento corresponde à realidade pelo fato de ter caráter e de pertencer à unidade da experiência. A experiência religiosa também reivindica refletir uma realidade objetiva, em paralelo com aquela que é comunicada pela sensação e pelo entendimento. A experiência é impossível, exceto no contexto do problema religioso. A questão da validade é inseparável da religião porque sempre é necessário decidir se o mundo sensorial deve ou não ser considerado como a única realidade. Entretanto, o interesse que Stange tem na verdade, no valor e na realidade objetiva do objeto da fé representa, de fato, uma intromissão na abordagem crítica, pois a última reivindica estabelecer apenas a validade formal e não demarca qualquer caminho rápido que possa estabelecer a realidade religiosa transcendente. A fim de chegar à realidade do objeto religioso, deve-se defender uma visão teórica do conhecimento da experiência religiosa. A deferência preliminar à epistemologia de Kant que Stange apresenta impede uma combinação adequada das questões da validade e da realidade.

Anders Nygren, que busca na dedução transcendental o estabelecimento da validade da experiência religiosa contra a sua subjetividade arbitrária, põe em dúvida a possibilidade de se chegar a qualquer base objetiva para a religião no interior da esfera da

DEUS, REVELAÇÃO E AUTORIDADE

consciência-imanência; ele procura a suplementação dessa abordagem ao retirar-se dela e ultrapassá-la (*Religiöst apriori*,[445] p. 231ss.). Tanto a abordagem transcendental quanto a não transcendental, afirma ele, compartilham da preocupação preliminar com a validade formal, e ambas concordam quanto à validade estabelecida pela dedução transcendental, ou seja, que a experiência religiosa não é limitada e acidental, mas universal e necessária. Mas o problema da realidade da religião deve ser tratado como uma investigação separada, do lado de fora da esfera consciência-imanente. Uma fraqueza dessa abordagem é a sua falha em conectar a questão da validade com a questão da realidade do objeto religioso, e em lugar dessa realidade some-se ainda a inabilidade de distinguir objetivamente entre o religioso e pseudorreligioso. O próprio Nygren admite que, ao relacionar a validade com uma realidade que existe independentemente da consciência, a abordagem teórica explica a validade de forma diferente e encontra um apoio insuficiente para a validade na esfera da consciência-imanente. Infelizmente, porém, Nygren considera isso um assunto secundário, como se a questão da realidade não tivesse qualquer impacto no problema anterior da validade. Uma vez que um momento na experiência religiosa é percebido com tal caráter que sem ele nenhuma experiência seria possível, a validade é garantida não no que diz respeito às ideias de fé individuais, ou a conteúdos específicos associados à experiência religiosa, mas relacionado à experiência religiosa como tal.

Todavia, se todo conteúdo é negado à experiência religiosa na discussão da validade, nenhuma experiência autenticamente religiosa permanece. A distinção absoluta entre forma e conteúdo no que diz respeito ao *a priori* é artificial; a forma da experiência religiosa não pode ser separada de seu conteúdo, da realidade do objeto religioso como um conteúdo mínimo. A abordagem teórica do conhecimento está desinteressada de qualquer defesa da validade da experiência religiosa meramente com base em que tal experiência é universal e necessária, enquanto sua definição e sua relação com Deus são consideradas irrelevantes. A ênfase na validade do conhecimento religioso exclusivo da realidade de Deus já envolve o caso em favor do homem como um conhecedor autônomo.

---

[445] *A priori* religioso.

O apriorismo religioso transcendental

Com o desaparecimento da confiança nas ideias inatas, a filosofia da religião tem operado com crescente desvantagem na busca por manter uma intuição direta de Deus que seja intelectualmente significativa. A teologia da "dependência absoluta" de Schleiermacher designou o sentido religioso como um fato definitivo na consciência humana – de fato, não, uma ideia de Deus, mas um sentimento *a priori*. Quaisquer que tenham sido suas diferenças com Kant, Schleiermacher emprestou e suplementou a abordagem epistemológica de Kant em termos do apriorismo religioso: a autoconsciência, como a conhecemos, desapareceria sem o sentido de dependência, que por sua vez é identificado com o relacionamento com Deus. Portanto, o sentimento de dependência absoluta provê o momento de validade religiosa na experiência, sendo inseparável tanto da autoconsciência como da consciência de Deus. No entanto, outros elementos também entram na filosofia da religião de Schleiermacher, e o *a priori* não racional não está plenamente desenvolvido como uma característica de seu pensamento.

Na forma Neo-Kantiana, o *a priori* religioso perde gradativamente o seu elemento racional e adquire tonalidades psicológicas. Hegel percebeu logo a fraqueza da subordinação do intelecto ao sentimento que Schleiermacher preconizava: o sentimento é indiferente ao conteúdo da experiência, é individual e particular, em vez de universal, e é compartilhado com os brutos. A substituição de uma base da razão por uma fundação psicológica conduz à rejeição do *a priori* religioso como algo radicado, na verdade, em ilusão intratável. Antecipações de um *a priori* que relaciona o homem a um mundo mítico são encontradas no livro *The philosophy of "as if"*,[446] de Hans Vaihinger, que oferece uma nova perspectiva para a disjunção que Kant faz das categorias cognitivas com a esfera metafísica.

Um caminho do tipo intermediário, tomando emprestado elementos tanto do *a priori* transcendente como do *a priori* transcendental, foi percorrido por J. K. Fries e levado adiante em Göttingen, no início do século XX, por Leonard Nelson. A aceitação da *Crítica* de Kant por parte de Fries foi apenas parcial. Ele sustentou que o *a priori* religioso não é puramente formal em natureza, mas possui conteúdo e supre o homem com razão-conhecimento de Deus, direto e

---

[446] A filosofia do "como se".

autoevidente. Dessa constituição *a priori* da natureza humana, surgem certas teses metafísicas básicas, ganhando a sua validade não da experiência, mas da razão, a qual está aqui conformada com a natureza do objeto religioso (diferentemente de Kant, que ajustou o metafísico às limitações do conhecimento humano). Fries, entretanto, recusou-se a falar de ideias inatas, ou mesmo de disposições inatas. Suas concessões ao sensacionalismo de Kant exigiram que ele enxertasse, artificialmente, um conteúdo *a priori* religioso no esquema kantiano, e mesmo assim fazendo-o menos de forma lógica do que psicológica.

Os teóricos antimetafísicos da religião colocaram toda a discussão das questões do *a priori* em uma perspectiva confusa. Desdenhando como especulativa a visão teologicamente positiva que propôs asserções dogmáticas sobre a natureza de Deus com base na revelação, eles assinalaram suas próprias hesitações sobre realidades metafísicas, e até sobre o espírito da teologia bíblica e, em vez disso, focalizaram meramente as relações internas de Deus. Elevaram Kant à posição de santo padroeiro da teologia moderna, por causa do seu repúdio do conhecimento conceitual de Deus, e defenderam a exposição do *a priori* transcendental como superior à forma transcendente clássica, proposta por Agostinho ou Anselmo, em vista de uma iniciativa divina de revelação.

Não há dúvida de que o apriorismo pode transitar facilmente de uma exposição da revelação para uma exposição conjectural. Do ponto de vista da teologia bíblica, porém, a metafísica conjectural é considerada tabu tanto no que diz respeito ao apriorismo como em outras áreas. Muitas objeções recentes ao apriorismo, em qualquer de suas formas, derivam do dogma grosseiramente refutável que afirma que conceitos espirituais são incapazes de apreender realidades ontológicas. Essa tendência anti-intelectual não se origina de lealdade à revelação bíblica, mas de teorias pós-kantianas que limitam artificialmente a função das concepções do homem no entendimento da realidade.

É somente o *a priori* transcendente, em contraste com o *a priori* transcendental, que combina de forma satisfatória as questões da realidade e da validade. Até mesmo Hegel, que ditou o ritmo da revolta moderna contra a transcendência, foi obrigado a reafirmar a

O apriorismo religioso transcendental

natureza ontológica das ideias, ainda que o fizesse de maneira desajeitada e anticristã. O esforço crítico por estabelecer a validade da experiência religiosa, à parte da realidade de Deus, falha ao não confrontar questões cruciais e inevitáveis. Pois o apriorismo religioso transcendental não pode estabelecer mais do que isto: quem repudia certas categorias da experiência, necessariamente, exclui a si mesmo da sociedade dos seres religiosos. Defender a validade da experiência religiosa, ao mesmo tempo que se obscurece sua base na realidade sobrenatural, negar qualquer peso às diferentes formas de religião histórica sobre a questão da validade, estabelecer a verdade de que a religião é uma experiência universal sem implicar, seja a verdade, seja a falsidade de qualquer uma, de alguma ou de todas as experiências religiosas particulares – essas coisas não são contribuições para a solução dos enigmas da religião, mas são reflexões dos limites artificiais dentro dos quais o método transcendental aborda as questões. O método crítico reconfigura de modo refutável as perspectivas epistemológicas da experiência religiosa. A teoria da pré-formação, que explica a natureza do homem no contexto da criação divina e da doutrina da *imago Dei*, pelo menos, foge dessas críticas contra a dedução transcendental.

A filosofia crítica elevou o termo *validade* à proeminência e ao uso especial no pensamento posterior. De longa data, o termo já vinha sendo empregado para significar verdade e valor; depois de Kant, passou a significar mera validade lógica divorciada de interesses ontológicos e da objetividade do significado independente do conhecedor humano. A definição de *validade* em termos simplesmente de igualdade de forma lógica para toda consciência – distintamente de qualquer relação entre essa atividade lógica e a existência e eventos reais – indiretamente preparou o caminho para uma doutrina meramente instrumental ou pragmática da validade, na qual uma ideia não é considerada válida porque o conteúdo de seu pensamento é idêntico para toda consciência, mas por causa da forma adequada do desempenho. As ideias são tidas como possuindo "validade dinâmica"; não é somente a importância ontológica e o significado objetivo que desaparecem, mas também a validade lógica permanente. O fracasso transcendental em conectar a ruptura entre o domínio das ideias organizadas e o mundo ontologicamente real, portanto,

DEUS, REVELAÇÃO E AUTORIDADE

trabalha a si mesmo de forma cética na direção de um desfecho no qual o conceito de validade parece ser dificilmente apropriado.

O pragmatismo dá uma direção inteiramente nova para o relacionamento entre a origem e a validade, uma vez que a origem sobrenatural das ideias não é admitida e nenhuma validade permanente é reivindicada. Todos os processos e construções do pensamento são reduzidos a meros fenômenos biológicos. Com a revolta moderna contra o pensamento ontológico, o relato genético ou psicológico da origem das ideias, formulado sob um viés empírico e, depois, sob um viés evolucionista, foi sendo invocado cada vez mais a fim de desafiar a validade lógica das ideias. Idealistas da filosofia procuraram anular a força do argumento naturalista ao divorciar as questões de origem e de validade: mesmo que a química tenha se originado da alquimia e a astronomia da astrologia, esse fato não necessita afetar a "validade" da química e da astronomia. Ao desenvolver a ideia de Deus, foi frequentemente concedido ao naturalista tudo o que ele desejava ao traçar a ascensão da ideia historicamente, desde o animismo ou do espiritismo primitivo, ou mesmo do não religioso, enquanto a validade da ideia de Deus era, ainda assim, afirmada com base em que a consciência religiosa seria de qualquer forma uma ilusão – o que muitos naturalistas contentaram-se em fazer.

Mas, contra tal postulação do objeto da fé religiosa, que sustentava a sua reivindicação ontológica ao insistir que somente os valores da experiência religiosa não poderiam ser mantidos de outra forma, o naturalismo teve toda a vantagem. Pois o postulado ontológico foi suspenso sem qualquer base de verificabilidade, e a não validade de tal suporte idealista do teísmo era muito aparente. O naturalismo erodiu o caso a favor do teísmo ao atacar tais apoios tênues. Seu triunfo raramente incluiu uma confrontação direta com o sobrenaturalismo cristão que se recusou a separar os assuntos da origem e da validade. O *a priori* agostiniano não tolerou uma disjunção rígida do fato psicológico e do significado lógico. O problema da validade, tal como Agostinho conhecia, passa a ser o problema da verdade, do valor, do ser, da revelação, de Deus.

23

Reflexões sobre o apriorismo religioso

A religião não é uma opção particular; é uma necessidade pessoal e algo culturalmente indispensável. O homem é inescapável e incuravelmente religioso. Uma perspectiva espiritual permeia sua vida pessoal e forma o ambiente cultural no qual ele vive e trabalha. Nenhuma sociedade existe por longo tempo sem coesão espiritual, mesmo quando a vida individual logo se fragmenta, porque o homem não considera coisa alguma como absolutamente verdadeira ou de valor.

A tentativa duvidosa de criar uma civilização durável sobre princípios não religiosos pressupõe uma falsa dependência da religião sobre elementos não religiosos. A religião não é mera descrição de sentimentos piedosos, brotando de considerações psicológicas, nem é meramente uma ideia sancionada de modo pragmático. Ela não está baseada na experiência, na ciência, nas artes, na moralidade ou na cultura; em vez disso, esses elementos estão absolutamente baseados no aspecto religioso. A tentativa comunista de erradicar a religião mediante a pretensão limitada de que ela é, essencialmente, o ópio do povo, reflete uma análise não realista do homem e da sociedade, e a sua violenta hostilidade contra a religião foi fadada ao fracasso desde o começo. Todas as propostas para a abolição da religião são fúteis, sejam elas baseadas num naturalismo radical, como no comunismo; ou professando ser derivadas do sexo, como no caso de Freud; ou como a proposta de Durkeim, de mapear a origem dos conceitos e do comportamento religioso às necessidades sociais; ou radicado nos requisitos de uma luta pela sobrevivência, como proposto pelos evolucionistas; ou deplorado pelos ateístas como, essencialmente, invenções prejudiciais dos sacerdotes e dos feiticeiros. Essas teorias servem somente para lembrar-nos que existem falsas religiões, e não que a religião seja dispensável nem que não existe uma verdadeira religião. O primeiro passo que torna possível o descarte conjectural da religião é sempre suprido por uma filosofia que trata a experiência religiosa como dependente e derivada. Dessa forma, a religião pode sempre ser temporariamente desalojada pelo novo senhorio da casa.

Uma perspectiva adequada rejeitará todas e quaisquer derivações da religião de elementos da experiência supostamente não religiosos e reconhecerá que a religião tem implicações compreensivas para a totalidade da vida. A religião é protegida da difusão para o meramente psicológico por seu *status* na organização central da vida humana. A religião é completamente natural pelo fato de estar atada à existência humana como uma atividade normal e um elemento essencial da natureza humana. Se os seres humanos são, por definição, religiosos, não haverá maneira de extirpar a religião do mundo, exceto por extirpar dele os seres humanos.

O apriorismo religioso transcendental pós-kantiano, semelhantemente ao apriorismo transcendente pré-kantiano, afirma que a religião é primordialmente fundamentada na experiência humana como um fenômeno universal e necessário. Os defensores de um *a priori* religioso transcendental-crítico estavam no caminho certo à medida que enfatizavam que a religião é uma fase integral e indispensável, uma característica válida (universal e necessária) da consciência moral. A religião tem centralidade na experiência humana que é melhor explicada por considerações *a priori*.

A religião, portanto, não é adequadamente explicada somente em termos da estrutura consciência-imanente do homem. O *a priori* religioso transcendental deixa em dúvida a referência ôntica transcendente do *a priori*. Se a ideia de Deus refere-se a um objeto religioso real ou não, é, porém, uma questão crucialmente importante.

A abordagem crítica é impotente para estabelecer a questão da ancoragem metafísica, uma vez que ela enquadra o conteúdo do conhecimento cognitivo através de um preconceito sensacionalista e está ligada a uma abordagem meramente fenomênica. O *a priori* crítico não é capaz de demonstrar a verdade ou a falsidade de qualquer religião histórica, ou de qualquer reivindicação religiosa, mas trata, de modo abstrato, apenas da validade da religião como uma categoria universal básica. Ele evita a explicação da origem da experiência religiosa, deixa em dúvida a verdade de (toda e) qualquer religião histórica específica e suspende no ar a verdade da reivindicação transcendente de qualquer religião. Tal pronunciamento restrito acerca da inescapabilidade da experiência religiosa dificilmente concorda com as suas demandas essenciais. Quando a sua estrutura metafísica não pode ser concretamente formulada, e a verdade ou a falsidade da experiência religiosa específica é declarada inverificável, a natureza da experiência religiosa é diminuída e distorcida.

É claro, poderia ser argumentado que até mesmo se as formas *a priori* somente "validassem" a experiência religiosa, as várias experiências religiosas supririam uma base para se julgar que religião específica seria verdadeira, enquanto a experiência do dia a dia proveria o conteúdo específico. Até mesmo a argumentação mais ampla de que algum conhecimento cognitivo de Deus é inato implicaria, não apenas por si mesmo, que tal conhecimento não poderia ser suplementado pela inferência, ou mesmo esclarecido ou purificado de distorção por fontes suplementares. Mas, é claro, esse argumento exclui toda teoria que faz o conhecimento de Deus depender totalmente da analogia ou da inferência. No entanto, uma abordagem meramente críticatranscendental frustra até mesmo uma "validação" adequada da experiência religiosa, por causa da falta de concordância sobre o que é ou não é religião e da inabilidade dessa epistemologia em tratar com a realidade divina ou a existência objetiva.

A falha em exibir o *a priori* em seu ambiente metafísico facilmente o dissolve em seu caráter formal diluído, no fluir da experiência psicológica. A divisão que é estabelecida na vida da alma pela experiência religiosa válida, cuja base metafísica é obscura, possibilita um conflito no qual a base psicológica da experiência religiosa é assegurada enquanto a sua base lógica fica totalmente em dúvida. Isso não significa dizer que os pensadores transcendentais ou críticos estejam errados quando encontram um momento-validade na experiência religiosa, mas, sim, que por causa dos limites arbitrariamente restritos que eles impõem à investigação acerca da sua natureza, põem em risco até mesmo aquele elemento formal numa era empiricamente orientada. O conhecimento de prioridades matemáticas e lógicas, as quais têm enorme espaço nos argumentos filosóficos a favor do conhecimento inato, não trata da questão da existência, exceto no que diz respeito a presumi-la. Quando a argumentação procede dentro desse campo abstraído da visão *a priori,* as formas da lógica, sem dúvida, ganham uma certeza excepcional em vista da dependência que outras verdades têm delas. Contudo, quando a ênfase é direcionada para a psicoexperiência, e o problema do conhecimento é limitado às relações dentro da experiência, a percepção parece ser anterior e mais certa, e a concepção e os universais mais tardios.

As informações da consciência psicológica não estão, porém, contra o inatismo. A origem genética das ideias não é decisiva para a questão, se a razão pressupõe uma forma e um conteúdo inatos, envolvendo tanto o ego como Deus. Aqui não está em disputa a questão se todo o pensamento tem para o conhecedor humano uma fase psicológica genética. O que está em disputa é se o estágio psicológico é o único aspecto e se poderia de fato existir significativamente à parte de seu ambiente racional mais compreensivo. A visão empírica ganha força, principalmente, pela negligência moderna do significado ontológico das ideias. Os aprioristas religiosos transcendentes argumentam, corretamente, que o desejo por um conhecimento direto de Deus é racional e que a consciência intuitiva de Deus é um fato da experiência humana. A circunstância de que as pessoas não estão sempre informadas dessa consciência intuitiva de Deus não é uma prova contra isso, assim como o fato de que elas não estão sempre conscientes das formas da lógica não significa que não pensem em termos dos relacionamentos categóricos necessários.

Se a análise psicológica da experiência religiosa de fato pressupõe condições *a priori* que expliquem o fato da religião, a conexão da religião ao mundo supersensível deve ser esclarecida por uma exibição contextual de suas relações com a realidade religiosa transcendente, mostrando a dependência da experiência religiosa em Deus como

Reflexões sobre o apriorismo religioso

objetivamente existente. À parte de alguma indicação convincente da relação do *a priori* religioso com o lado cognitivo da experiência, com a realidade sobrenatural e com a questão da verdade e do valor das religiões históricas, qualquer ganho representado pelas percepções do apriorismo religioso transcendental permanece incerto.

Aquilo que enfraquece o argumento a favor da conscientização intuitiva de Deus na maior parte das afirmações modernas é a sua falha em traduzir essa percepção de modo convincente em termos de conhecimento cognitivo, pelo fato de amoldarem-se à limitação que Kant faz do significado dos conceitos para o mundo sensorial. O *a priori* religioso é, portanto, cada vez mais defendido como psicológico, em vez de lógico em natureza. Dessa forma, torna-se impossível continuar justificando a validade da experiência até mesmo em termos de estrita universalidade e necessidade. Pois o *a priori* religioso é, então, não mais prontamente identificado com a forma da experiência, mas com algum embrião religioso original, ou impulso criativo no espírito do homem. Em tais abordagens, não só se perde a orientação metafísica da experiência, mas até mesmo a questão do momento-validade da experiência religiosa, em seu senso crítico mais básico, não pode mais ser proposto. A flutuação ambígua em Troeltsch e Otto, entre aspectos lógicos e psicológicos, revela uma tensão interior que prejudica a explicação transcendental; incapaz de basear-se no metafísico, ela gravita, em vez disso, no psicológico. A razão disso não é difícil de ser achada. Um *a priori* estritamente formal é como um espírito decaído em busca de um corpo. A experiência religiosa não se presta facilmente à separação das questões de forma e conteúdo, e o seu interesse supremo está no significado e no valor da religião específica que se tem.

Um *a priori* decisivo para esses elementos cruciais da religião deve ser suprakantiano e supratranscendental; ele deve se preocupar com algo mais do que a validade básica da experiência religiosa. Em contraste com o apriorismo anterior, ou o intuitivismo teológico, o apriorismo envolvia para Kant e para os pós-kantianos uma limitação inédita: ideias inatas, ou conteúdo *a priori*, foram eliminados das formas *a priori* da experiência. Mas o *a priori* pré-kantiano envolveu uma referência ôntica de ideias (era assim em Platão, Agostinho, Anselmo e Descartes), e não meramente uma reivindicação formal

DEUS, REVELAÇÃO E AUTORIDADE

de validade. Pensadores pré-kantianos rejeitaram a tese de que o conteúdo da experiência é somente relativo à sensação ou ao empírico, uma tese que imediatamente faz violência à experiência do conhecimento e à experiência religiosa. Eles insistiram que as formas da razão são relevantes para o sobrenatural, bem como para o natural, e propuseram uma fundamentação metafísica para o *a priori*. A compreensão equivocada do *a priori* nos limites da epistemologia crítica enfraqueceu grandemente a força do apriorismo durante o século XIX, uma vez que separou a questão da validade da questão da realidade objetiva e a confinou aos limites da consciência subjetiva.

A força do *a priori* transcendente não está somente no fato de correlacionar questões da base metafísica e da experiência religiosa com a sua validade, mas também por enfatizar, em sua forma teológica ou dogmática, que o *a priori* religioso subsiste em Deus, e que sem esse contexto e base da criação não haveria qualquer experiência humana. Para o *a priori* teológico, a referência à eternidade não consiste meramente no fato da validade, que não está sujeita às condições de tempo e espaço, mas também nas condições da experiência válida na medida em que elas existem na e por meio da *imago Dei*. Somente quando o contexto ontológico da razão é mantido em vista, o *a priori* é efetivamente guardado de dissolução no a *posteriori* por meio de um eclipse da realidade de referência às ideias. Essa circunstância explica parcialmente, sem dúvida, o processo de hipostasiar categorias válidas da experiência, como foi feito por Platão, nas realidades transcendentais. As questões da validade dos conceitos humanos, daquilo que está para além da consciência, e da fonte absoluta do *a priori* na consciência, que torna possível a comunicação entre mentes individuais, não podem ser evitadas. Se tais questões não são respondidas de um modo teológico e na perspectiva da revelação, serão respondidas de um modo conjectural especulativo, como foi feito por Platão, Leibniz e Hegel.

Seja o que for dito de tal falsa metafísica, devido à construção da base ontológica da religião sobre uma base conjectural em vez de uma base na revelação, o teísmo bíblico reconhece a convicção de que a experiência religiosa autêntica envolve a realidade do objeto religioso sobrenatural. A visão com base na revelação enfatiza que constantemente na experiência humana – seja na moral e nas artes também, bem como nas ciências descritivas, nos pensamentos de momento a momento, e nos impulsos da vontade – a decisão é tomada ainda que somente fenômenos capazes de mudar a dimensão espaço-temporal sejam reais ou se a vida encontra seu espaço mais amplo no *sub specie aeternitatis*.[447] Uma tese da teologia judaico-cristã é que o fenômeno do pensamento humano é muito mais complexo do que aquilo que Platão ou Spinoza ou Hegel imaginaram, uma vez que o fato da criação e da dificuldade moral do conhecedor entram significativamente na situação do conhecimento. O teísmo da revelação não insiste somente na inseparabilidade do *a priori* religioso e racional, nem insiste apenas que o instinto religioso pressupõe a realidade de Deus, mas insiste também que as formas da razão são elas mesmas muito mais prontamente explicadas por uma teoria tal como a da pré-formação. A visão com base na revelação começa por sustentar que o sujeito religioso e o objeto religioso estão em relação constante, uma vez que a discussão teológica do *a priori* coloca o foco imediatamente na questão do conhecimento direto que o homem tem de si mesmo, de Deus (e de outros seres) e do mundo físico e mostra por que e como as leis *a priori* levam o pensador a uma esfera que está além da consciência imanente.

O apriorismo conjectural não trabalha decisivamente o relacionamento das várias formas de experiência – teórica, ética, estética e religiosa – umas com as outras, com o sobrenatural e com a questão da verdade e do valor das religiões históricas. A história da filosofia encontrou a explicação para a coordenação das ideias ou formas que fazem da experiência possível um problema vexatório. Num movimento panteísta desesperado, Spinoza finalmente recorreu à coerência causal mecânica a fim de escapar daquele relacionamento não unificado das ideias platônicas e das formas aristotélicas, as quais não geraram nem condicionaram umas às outras. A unidade e a conexão interior das formas da experiência desafiam toda exposição conjectural. São os quatro *a prioris*, o teórico, o moral, o estético e o religioso, formas independentes e autônomas? A religião deve ser avaliada em termos desses *a prioris*, ou são eles apenas de importância secundária em relação à religião? Será que o moral interpenetra o religioso ou eles estão isolados?

---

[447] [NR] Expressão cujo significado é "sob a forma da eternidade".

Resta ao apriorismo transcendente teológico, que tem na revelação o seu ponto de partida, enfatizar que cada forma inata da experiência deriva a sua validade de sua conexão com o *a priori* religioso. Sem tal garantia, a confiança de que o racional, o moral e o estético encontram o seu cumprimento no religioso fica enfraquecida. Quando é afirmada meramente com base em que o eu conhecedor é uma unidade, a unidade dos elementos *a priori* é, às vezes, promovida pela supressão do *a priori* religioso em favor do *a priori* lógico. No entanto, um *a priori* lógico não exclui o religioso; pelo contrário, é ele mesmo um aspecto indispensável do religioso, e a negação do *a priori* religioso envolve, no mesmo ato, a negação do lógico. Da perspectiva teológica, o religioso é visto indubitavelmente como fundamentação de toda experiência. Somente aqui se torna aparente que, à parte do reconhecimento da categoria religiosa básica, não apenas a experiência religiosa é subordinada, mas nenhuma experiência válida permanece. Toda experiência é ameaçada pela desunidade, e é eliminada uma compreensão cultural coesiva toda vez que a experiência religiosa é isolada de outras formas de experiência, estas não são percebidas como dependentes da religiosa. O conhecimento de Deus é um fator em toda e qualquer experiência humana. O movimento cultural, assim como a vida individual, portanto, pode encontrar a realização somente na esfera das realidades religiosas, com a qual as formas racionais, morais e estéticas necessitam manter uma conexão como o seu centro, para que os interesses religiosos não sejam nelas dissolvidos.

A perspectiva teológica une, por meio do *a priori,* os fatores duplos da validade da religião e da verdade ou falsidade de religiões específicas. Ela assim o faz com sua própria maneira distintiva, em vista da insistência peculiar da revelação judaico-cristã quanto à manifestação divina universal e especial. Nesse contexto, as duas constelações da revelação especial e da revelação geral coincidem e interagem uma com a outra. Enquanto do ponto de vista do apriorismo conjectural, tanto transcendente como transcendental, a reivindicação da revelação especial é descartada como simplesmente pretensão de uma falsa teoria do conhecimento, do ponto de vista teológico essa mesma dispensa é explicada como o falso orgulho da razão conjectural a serviço do pecado.

Assim, a questão dos fatores religiosos *a priori* força sobre a teologia e a filosofia da religião o tema mais amplo da revelação divina. A Bíblia, de fato, não nos fornece uma epistemologia religiosa totalmente formada, embora seu ensino contradiga muitas representações dos filósofos seculares, e suas afirmações didáticas sobre a função do Logos em relação ao homem e ao mundo suprem indícios extremamente úteis para a exposição da visão cristã e para lidar com as alternativas seculares. Não é o caso de que a validade lógica do cristianismo permaneça de pé ou caia por causa do assunto do conhecimento inato de Deus, porque o cristianismo tem o seu direito distinto à vida na, e por meio da, revelação histórica. Nenhuma busca pela fundamentação da fé que desalojar totalmente o aspecto histórico como espaço da revelação pode ser considerada autenticamente cristã. A Bíblia sustenta a revelação especial redentora sempre no centro e mantém a questão filosófico-religiosa na periferia, em contraste com a questão teológica e da revelação.

No entanto, o cristianismo não dispensa com o *a priori* por considerá-lo, simplesmente, uma inferência da experiência. Embora o cristianismo tenha a sua base singular na revelação especial histórica, ele não deve ser separado, por causa disso, da natureza racional do homem que está baseada na *imago* da criação. A fé está presa aos constituintes *a priori* da natureza humana; a natureza do homem com base na criação serve para explicar a sua disposição religiosa. O relacionamento do cristianismo e das religiões não cristãs é mais bem esclarecido quando a religião é vista como tendo a sua base na criação do homem à imagem de Deus, e quando a dificuldade do homem no pecado é vista pela perspectiva de sua violação da revelação geral, a sua devoção às religiões não bíblicas vista como uma luta para elevá-lo acima de sua dificuldade deteriorante, e a revelação bíblica entendida como direcionada pela graça divina à sua, de outra forma, situação desesperadora.

O *a priori* aparece também como apoio para o cristianismo, na medida em que a teologia judaico-cristã reafirma a revelação divina com base na criação. Pois, embora o *a priori* somente seja incapaz de expor qualquer religião histórica específica como absoluta, ele estabelece a experiência religiosa como tal e como um elemento essencial da vida humana. Por meio do ponto de contato com o Deus criador que a religião revelada encontra na *imago Dei*, que sobrevive na consciência religiosa em geral, a religião traz para o seu serviço também a plena força da revelação inata. Dessa forma, a religião extrai da consciência religiosa geral aqueles elementos que dão testemunho acerca das realidades da religião judaico-cristã e explica a categoria geral da religião no serviço específico de uma religião histórica particular como absoluto. A base *a priori* da religião assegura que aqueles fatores históricos que a revelação judaico-cristã propõe como cruciais para a redenção sejam correlacionados com a religião como uma forma de experiência necessária e universal, ainda que o seu conteúdo seja, agora, idealmente percebido e expressado na esfera histórica por causa da tragédia na vida espiritual da humanidade.

O conceito do *a priori* está no cruzamento dos problemas centrais da filosofia, da filosofia da religião e da teologia. Se a filosofia pergunta como a experiência adquire a sua validade, se a filosofia da religião indaga como são mais bem explicados os elementos da universalidade e da necessidade da experiência religiosa, e se a teologia revelada levanta a questão de como o homem, para quem a redenção é direcionada, conhece a si mesmo e o seu estado de revolta contra Deus, ou as questões sobre o valor da religião, ou sobre a base da fé, cedo ou tarde somos conduzidos ao *a priori*.

Uma das principais tarefas dogmáticas é demonstrar que a consciência religiosa, que fornece o fundamento geral e o significado da existência humana, encontra o seu contexto apropriado na visão cristã de mundo e da vida. A visão cristã se recusa a sacrificar um interesse sobre o contexto epistemológico e metafísico do conhecimento, que as teorias modernas tendem a obscurecer cada vez mais pela mudança de interesse na razão em favor do lado psicológico. A teoria moderna pode encontrar paralelos interessantes para o homem na capacidade que os animais superiores têm de direcionar ações de modo inteligente, assim como instintivamente, a fim de alcançar os propósitos desejados. Contudo, nesse contexto, concentrar na origem e no crescimento do pensamento conceitual no homem ainda suspende em pleno ar qualquer explicação convincente a respeito do poder do pensamento do homem, em termos gerais expressado na linguagem, e a explicação para a resposta do universo à razão como um todo.

O cristianismo fundamenta a possibilidade do conhecimento humano exclusivamente por intermédio da ação do Logos transcendente de Deus. Por meio da criação e da preservação, o Logos divino supre e sustenta todas as formas e estruturas de existência finita e fornece conhecimento humano confiável de Deus, do ser do homem e de outros seres e da ordem cósmica.

É difícil de serem exageradas as diferenças entre essa visão e as alternativas seculares. Os filósofos gregos clássicos e os primeiros filósofos modernos consideravam a mente humana secretamente divina, ou estando num relacionamento sem mediação com a mente divina. Como um *a priori* racional imanente, a mente humana era vista sendo capaz de desvendar todos os mistérios da realidade e da vida por meio de um raciocínio filosófico independente da revelação transcendente. Essa perspectiva racionalista negava a dependência que o homem e a natureza têm do Logos divino, procedente de Deus, para as formas de pensamento e para as estruturas ônticas que tornam o conhecimento humano possível. A realidade, a ordem e o sentido de toda a existência eram vistos como penetráveis pela especulação humana disciplinada, com a a mente do homem sendo considerada como diretamente expressiva da ou contígua com a mente divina. Os primeiros racionalistas modernos (Descartes, Leibniz e Spinoza) e os idealistas gregos clássicos (Sócrates, Platão e Aristóteles) essencialmente concordam em sua consideração mútua pela razão humana como um *a priori* imanente capacitado, com base na dignidade intrínseca do homem, para lidar com os mais profundos problemas da vida e do ser.

O contraponto empirista moderno contra o racionalismo filosófico não restaurou a visão da revelação sobre o conhecimento, mas, em vez disso, proclamou a percepção sensorial humana como a única fonte da verdade em lugar do raciocínio humano. Liderada por Locke, Berkeley e Hume, a alternativa empírica foi proposta a fim de compensar pelas fraquezas evidentes do racionalismo secular. O *a priori* supostamente racional imanente, do qual os primeiros racionalistas modernos dependeram, introduziu conclusões divergentes, variadas e irreconciliáveis sobre a realidade e a verdade. Suas teorias conflitantes refletiram, claramente, não uma realidade transparente absoluta e a verdade objetiva, mas uma teorização subliminar ampla e considerável. Além disso, suas perspectivas da natureza estavam sujeitas a correções óbvias da parte da observação empírica.

Kant reconheceu que o empirismo, que foi mais plenamente elaborado por Hume, faz a ponte entre a experiência do conhecimento e as percepções sensoriais animais desconexas e não é capaz de suprir uma razão para se presumir que as partes de nossa experiência estejam conectadas. Uma redução cética como essa, a meras percepções atomísticas individuais e a respostas psíquicas particulares de uma pessoa, destrói a validade universal do conhecimento humano. Deixada sem desafio, a tomada de controle empírica sobre todas as possibilidades do conhecimento pressagiou nada menos do que o eclipse do significado e da dignidade humana e a erosão da cultura humana.

A teoria contrária do conhecimento de Kant tem exercido marcante influência na era moderna. O cristianismo histórico via o homem como portador da imagem racional e moral de Deus em virtude da criação, e todo o universo criado como estruturado pelo Logos criativo. Dessa forma, uma homogeneidade divinamente planejada existe entre as categorias do pensamento e o criador racional do homem, outros seres e a ordem cósmica, como objetos do conhecimento. Em vez de recuperar a ênfase cristã obscurecida sobre o Logos transcendente de Deus, Kant propôs uma revisão inédita da noção secular do *a priori* racional imanente. Contra uma redução empírica das categorias da razão para as destilações opcionais da experiência, Kant lutou heroicamente a fim de preservar a necessidade universal e a validade do pensamento humano. Mas, infelizmente, sua teoria epistêmica confiscou a objetividade do conhecimento humano, isto é, a sua aplicabilidade para a natureza das coisas-em-si-mesmas e para a constituição objetiva da realidade. Kant teria evitado esse sacrifício arruinador do conhecimento inteligível de Deus e da realidade externa se tivesse defendido a visão bíblica do homem como um ser criado à imagem de Deus e do universo estruturado pelo Logos.

De fato, Kant insistiu que o equipamento mental inato do homem torna o conhecimento humano possível. Embora a percepção sensorial, como Hume argumentava, supra o conteúdo do conhecimento, ainda assim o aparato epistêmico nativo da mente humana – isto é, as formas inatas do homem e as categorias do saber

Reflexões sobre o apriorismo religioso

– transforma essas percepções, que seriam de outro modo caóticas, numa experiência significativa. A *Crítica*, a obra monumental de Kant, detalha como a capacitação noética inerente do homem supostamente combina-se com a experiência sensorial na produção do conhecimento humano. O conhecimento é um produto de parcerias: a percepção sensorial supre o seu conteúdo; as categorias inatas (a unidade, a pluralidade, a causalidade, a substancialidade, p. ex.) suprem a sua forma. Sem as percepções, as categorias ficam vazias; sem as formas, as percepções são caóticas. Até mesmo os fenômenos sensoriais são conhecidos apenas por meio das modalidades de espaço e tempo, que são formas humanas subjetivas da percepção. As formas ou categorias inatas funcionam como um ego transcendental com o fim de preservar o caráter necessário de todo o conhecimento humano e para garantir a sua validade universal. No entanto, uma vez que o conteúdo do conhecimento está restrito ao mundo sensorial fenomenal, da maneira em que é ordenado pelas categorias, o homem não tem conhecimento cognitivo do mundo numenal, seja das realidades sobrenaturais, seja das coisas-em-si-mesmas que sublinham as nossas impressões sensoriais.

Antes de elaborar as custosas consequências da visão kantiana, deveríamos notar algumas de suas dificuldades internas. Por exemplo, Kant considera a coisa-em-si-mesma numenal como a fonte de nossas impressões fenomenais, embora ele sustente que o numenal, à parte daquilo que as nossas faculdades cognitivas fornecem, é um mero X ao qual traçamos as impressões feitas em nossos sentidos. Contudo, até mesmo essas coisas-em-si-mesmas não podem, segundo a teoria de Kant, ser consideradas a causa de nossas impressões fenomenais, porque a causalidade é para Kant uma categoria do entendimento válida somente para aparências fenomenais. Portanto, Kant atribui de forma inconsistente a um mundo objetivo algum relacionamento às impressões sensoriais que a sua teoria não acomoda. Se fosse estritamente coerente, a perspectiva de Kant requereria que a coisa-em-si-mesma seja *impensável* (pois nós não podemos pensar em formas ou categorias necessárias que controlam e regulam toda a cognição, e as categorias misturam-se somente com o conteúdo sensorial). Para Kant, a coisa-em-si-mesma pode, portanto, ser apenas um conceito limitador de importância negativa, servindo para enfatizar a restrição do nosso conhecimento aos fenômenos.

Uma segunda dificuldade é que, embora o conhecimento seja tido como um produto exclusivo da parceria das formas e das percepções, a teoria de Kant não nos oferece base alguma para adquirir informação válida sobre as categorias, que são puramente mentais. Se o conhecimento depende de uma combinação de categorias com as percepções sensoriais, como será possível isolar e identificar as categorias que não cumprem as condições sob as quais somente o conhecimento é visto como possível?

Se a filosofia crítica fosse de fato uma análise acurada das pressuposições e da natureza do conhecimento humano, as consequências seriam impressionantes:

1) A humanidade está aqui impedida de alcançar conhecimento objetivo da realidade definitiva e do mundo externo real, uma vez que a experiência cognitiva está supostamente limitada às aparências fenomenais ou percepções sensoriais, a impressões que a realidade presumivelmente faz sobre nós e é apreendida do modo necessário, prescrito pelas categorias inatas do entendimento e das formas de percepção. Assim, enquanto Kant preservou à sua própria maneira o caráter universalmente necessário e a validade da consciência humana, a sua teoria epistêmica sustenta, na melhor das hipóteses, apenas uma "consciência objetiva" que cria a experiência do conhecimento em correlação com as percepções sensoriais. A esquematização dos fenômenos pelas formas universais e necessárias da cognição humana não oferece nenhuma fundamentação para qualquer inferência que diga respeito à natureza das coisas em si mesmas. Aquilo que confere "objetividade" a essas representações é a sua classificação como premissa secundária sob as categorias, as formas necessárias do pensamento humano. Mas esse conhecimento não é, de modo algum, decisivo para a natureza da coisa-em-si-mesma. Pois as categorias são encontradas exclusivamente no entendimento humano, e não na realidade externa; elas não implicam uma objetividade independente, à qual o conhecimento humano corresponda. Nas premissas de Kant, nós não possuímos um conhecimento objetivo de uma realidade que esteja do lado de fora e que seja independente da consciência humana, nenhum conhecimento da constituição dos objetos tomados em si mesmos, nenhuma base para afirmações conceituais

Reflexões sobre o apriorismo religioso

a respeito da natureza ou da essência das coisas como elas existem à parte das nossas próprias representações.

2) A teoria de Kant impede o conhecimento cognitivo de Deus, bem como do cosmos objetivo ou do mundo externo da natureza, uma vez que ele limita o conteúdo de nosso conhecimento às percepções externas. Mesmo se Kant tivesse permitido o conhecimento conceitual de Deus, tal conhecimento, e isso deveria ser claro, não seria de utilidade alguma na definição da natureza de Deus como ele objetivamente é. Para Kant, Deus não é de maneira alguma um objeto de conhecimento cognitivo, mas um postulado necessário da natureza moral do homem, um ideal ético exigido pelo "eu deveria", ou pelo imperativo categórico que estabelece a estrutura da vida humana. Uma vez que as categorias inatas na mente humana não estabelecem semelhantemente a estrutura do mundo externo, Kant precisa dispensar as (apenas com base nas suas pressuposições e à parte da questão de mérito) tradicionais "provas" para a existência de Deus, ou qualquer argumento teísta em correlação com a natureza e a história. A questão da existência objetiva de Deus dificilmente seria significativa se a existência é simplesmente uma categoria interna do saber e é inaplicável para a realidade numenal e metafísica. O argumento cosmológico, com base no universo como um efeito para Deus como a sua causa, não faz sentido se a causalidade é somente uma categoria na mente humana e é irrelevante para a constituição do mundo externo. O argumento teleológico é incapaz de ter qualquer significado externo se as categorias inatas do entendimento e as formas de percepção fornecem o desenho da natureza em nossa experiência e não comunicam qualquer informação válida sobre o mundo objetivo. Também não é possível montar um argumento com base na história – seja da história como um todo, seja de eventos específicos – se o fluxo ou processo histórico nos é conhecido apenas como um *continuum* determinado de forma causal, assim configurado pelas categorias do saber constitutivas da experiência humana. Em resumo, para Kant Deus não é um objeto do conhecimento conceitual, e não pode nem mesmo ser afirmado como possuindo realidade ontológica. Ele é um postulado necessário da razão prática, um ideal regulador, supostamente, exigido pela natureza moral do homem. Todas as afirmações sobre Deus, portanto, têm sua base, para Kant, exclusivamente em considerações internas; não resta nenhuma

DEUS, REVELAÇÃO E AUTORIDADE

possibilidade de conhecimento de qualquer atividade divina independente e externa na natureza e na história.

Portanto, a visão kantiana preserva o necessário caráter e a validade do conhecimento humano por meio de uma estrutura interpretativa que elimina todo conhecimento objetivo da realidade independente do homem, que sacrifica o conhecimento inteligível de Deus e que exclui a ação pessoal de Deus da natureza e da história externas. À medida que essas pressuposições especulativas exercem sua influência prejudicial sobre a teologia, dogmáticos neoprotestantes, por sua vez, eliminam a revelação proposicional objetiva e a verdade cognitiva sobre Deus e ligam a revelação divina, em vez disso, a teorias inovadoras de confrontação interna e subjetividade.

O objetivo de Kant tinha sido o de resgatar o conhecimento humano do ceticismo e do subjetivismo aos quais as premissas epistêmicas de Hume o haviam condenado. Mas os críticos notaram rapidamente as dificuldades crônicas da teoria de Kant. Kant falou continuamente de uma realidade externa ou da coisa-em-si-mesma, do numenal que está além das nossas percepções sensoriais, e dessa forma além do alcance das categorias inatas do saber. Todavia, essa coisa-em-si-mesma não pode ser afirmada como existente de maneira convicta se nenhuma relação existir entre o nosso conhecimento e o objeto, e se toda conexão com o objeto é excluída do conhecimento fenomenal. A causa não pode ser externamente contada em favor das impressões fenomenais se a causalidade é válida somente dentro dos limites da experiência. Percepções sensoriais não podem ser relacionadas à coisa-em-si-mesma se a realidade metafísica está além de todo conhecimento cognitivo. Então, não é o objeto, como algo distinto de nossas representações fenomenais, realmente nada – isto é, um fantasma? Se nós não conhecemos nada além de nossas percepções interiores coordenadas, qualquer afirmação acerca da coisa-em-si-mesma não deveria ser não apenas inconclusiva, mas intelectualmente impossível? Se a realidade e a existência não podem ser aplicadas ao número, às coisas-em-si-mesmas, o que tais coisas podem ser, exceto irreais e inexistentes? A teoria de Kant realmente requer o aspecto impensável da coisa-em-si-mesma, uma vez que as categorias (que controlam e regulam a cognição) são aplicáveis somente ao conteúdo sensorial.

Se nem mesmo a sensação pode ser remetida a alguma *causa* independente, todo o processo do conhecimento deve originar--se em fatores subjetivos: a consciência é meramente esse processo necessário de conhecimento, e não existe algum *ego* subjacente, ou eu, ou existência independentemente real. Como insistir que o ego existe quando nem mesmo a minha própria consciência individual é verificada na sensibilidade? Não é o ego, ou o eu, então, também apenas uma ideia ou representação? E podemos, então, até mesmo argumentar pela necessidade de validade universal de nossas ideias e representações cognitivas (baseados na premissa de Kant de que essa forma de experiência é comum para a raça humana) se o próprio ego pode ser uma mera representação subjetiva? Assim, apesar de seu valente e hercúleo esforço para vencer o ceticismo de Hume, a teoria do conhecimento do próprio Kant afunda na direção do solipsismo[448] (eu nada sei independentemente da minha própria experiência), na direção do ilusionismo (o mundo externo nada mais é que minhas percepções sensoriais) e na direção do niilismo (nem mesmo eu existo). De fato, voltamos ao atomismo e ao individualismo psicológico de Hume.

Os idealistas modernos começaram a livrar-se rapidamente de qualquer mundo além do fenomenal num esforço para superar as incoerências da teoria de Kant. Berkeley havia, anteriormente, argumentado que tudo é mental ("ser é ser percebido") e que as coisas externas não existem. Fichte iria em breve descartar a coisa-em-si--mesma como o não ego e insistir que o ego é o mundo real; em sua perspectiva, as muitas consciências finitas, ou o ego humano, é tudo que existe. A igualmente especulativa alternativa de Hegel obscureceu o transcendente Logos de Deus tanto quanto a visão de Kant. Infelizmente, ela, mais uma vez, traiu os intelectuais do Ocidente levando-os para uma espúria teoria da realidade e do conhecimento que seduziu a teologia moderna para uma compreensão idealista equivocada da verdadeira natureza da razão humana e da função apropriada do raciocínio filosófico. Numa intrépida e custosa manobra panteísta, Hegel ousadamente identificou o ego transcendental ou as categorias humanas inatas com a mente divina e proclamou o mundo e o homem como a exteriorização imediata do absoluto.

---

[448] [NR] Solipsismo: doutrina segundo a qual o eu empírico é a única realidade.

DEUS, REVELAÇÃO E AUTORIDADE

Na segunda edição da *Crítica* (1787), seis anos após a publicação inicial da obra, Kant adicionou uma "Refutação do idealismo". Nessa segunda edição, ele defendeu a existência de objetos no espaço fora de nós e atribuiu, de forma específica, a realidade e causalidade a objetos fora de nós mesmos. Entretanto, na teoria epistêmica fundamental de Kant, espaço, causalidade e existência foram declarados como existindo apenas na mente humana. Kant não poderia, realmente, evitar uma perda completa do mundo real externo e a importância do conhecedor humano, apesar da revisão posterior de seu pensamento, sem inverter completamente os seus princípios básicos. Se, como ele agora insistia, uma categoria (a realidade) pertence às coisas-em-si-mesmas, por que não são as outras condições necessárias do conhecimento humano também congruentes com elas?

O que Kant deixou de fazer foi apresentar uma explicação do conhecimento que mostre tanto o por que quanto o como das categorias possuírem mais do que um valor subjetivo abstrato e por que e como são relevantes também ao mundo real externo. Kant lutou a fim de preservar o caráter necessário e a validade do conhecimento humano num falso esquema que excluiu, desnecessariamente e de modo devastador, todo o conhecimento cognitivo objetivo. Sua separação abstrata e total da coisa-em-si-mesma da coisa como ela é para nós envolveu a destruição do conhecimento racional objetivo. Mas as coisas-em-si-mesmas não são, ao contrário de Kant, para ser completamente diferenciadas das representações conhecidas pela mente humana como totalmente outra do que elas parecem para nós, absolutamente desconectadas dos fenômenos, um X indeterminado cuja realidade e natureza não somos capazes de compreender. Há quase um século, Leonhard Stählin, de modo apropriado, observou que "aquele que nega a possibilidade de conhecimento do absoluto e da verdade essencial não tem outra opção, a não ser também negar a possibilidade do conhecimento daquilo que é verdade em relação a nós" (*Kant, Lotze and Ritschl*,[449] p. 35).

O defeito que corrompe a resposta de Kant a Hume está no fracasso de sua visão alternativa da cognição em relacionar os fatores inatos *a priori* do conhecimento humano ao transcendente Logos de Deus e, dessa forma, à realidade cósmica externa e a outros seres.

---

[449] Kant, Lotze e Ritschl.

Existe uma terceira perspectiva que é superior tanto à visão de Hume quanto à de Kant – a primeira, sustentando que as categorias do pensamento e o conteúdo do conhecimento são derivados unicamente da experiência e não são nem *a priori* nem necessárias; a segunda, sustentando que as categorias são encontradas unicamente em nós como precondições da possibilidade da experiência humana. A revelação divina torna possível o nosso conhecimento da verdade e da realidade objetiva, e a *imago Dei* no homem nos capacita a fugir do agnosticismo latente nas teorias conjecturais de Hume e Kant. A teologia da criação sobrenatural traça a necessária, válida e objetiva natureza do conhecimento humano ao Logos transcendente *sem [o qual]*, *nada do que foi feito existiria* (Jo 1.3) e que *ilumina a todo o homem* (Jo 1.9). Em uma única passagem na *Crítica*, Kant desconsidera de forma injustificável, sem oferecer uma refutação persuasiva, a visão cristã do homem como um conhecedor criado à imagem divina para relações cognitivas com Deus, com o mundo externo e com outros seres. Kant, simplesmente, pressupõe que o transcendente Logos divino não pode ser, por meio da *imago Dei*, a causa das categorias necessárias do pensamento humano, e que o Logos de Deus não é a base indispensável do conhecimento humano universalmente válido.

O fato de um conhecimento intuitivo, *a priori,* de Deus contrabalança as teorias sobre o conhecimento religioso que consideram todo o conhecimento como inferencial. A crença não apenas em Deus e em outros seres, mas também na existência do próprio eu, dependeria exclusivamente da base da inferência, nessa segunda teoria. A ideia de inferir a existência de outros "eus" somente por analogia começa de um preconceito solipsista. Cook Wilson enfatizou que as pessoas agem em relação a outras pessoas com uma garantia de que isso é inteligível somente se a existência delas é mais do que uma inferência provável, assim como quando uma pessoa arrisca a sua própria vida por outra. Para a maioria das pessoas, ele comentou de forma inteligente, seria "tão surpreendente quanto não bem-aceito" saber que a existência de seus amigos era apenas uma questão de probabilidade (*Statement and inference,*[450] 2:853). Ferdinand Eber, Martin Buber, Friedrich Gogarten, Karl Barth, Emil Brunner, Karl Heim e muitos outros pensadores recentes insistiram que a autocons-

---

[450] Declaração e inferência.

DEUS, REVELAÇÃO E AUTORIDADE

ciência surge num relacionamento eu-você. A noção epistemológica de que o conhecimento que alguém possui de sua própria existência é meramente inferido é incrível. Certamente, aqui o *dubito ergo sum*[451] de Descartes, ainda que formulado de maneira repreensível no que diz respeito à percepção de Deus, é sadio, e com ele toda a tradição *a priori* em sua ênfase no conhecimento imediato da existência do ser. E, como Cook Wilson formulou a pergunta: "Não queremos meramente amigos inferidos. Será que poderíamos nos contentar com um Deus inferido?"

A doutrina cristã da criação fornece garantias firmes de que as formas do conhecimento humano e as coisas-em-si-mesmas não são totalmente heterogêneas. A dependência que tanto o homem como a natureza têm do Logos transcendente, como a fonte definitiva de todas as estruturas e formas criadas, assegura uma afinidade implícita entre o homem e o seu ambiente total e nos envolve imediatamente no conhecimento de nós mesmos, de Deus e de outros seres. As categorias do pensamento são, de fato, *a priori* e não derivadas da experiência, mas também não são simplesmente determinações da mente humana. O Deus transcendente torna possível a experiência humana inteligível como soberano criador e preservador de todas as coisas. Tanto a mente humana como a realidade externa têm suas bases de inteligibilidade no Logos de Deus que estrutura a natureza e sustenta o homem na imagem divina. A realidade é conhecível porque as categorias do saber são aplicáveis às coisas-em-si-mesmas; o conhecimento humano tem significado ôntico. As coisas que estão fora de nós têm uma existência real independentemente e permanecem num relacionamento ontológico e epistêmico com a nossa cognição e percepção sensorial, com base na atividade criativa inteligível do Logos de Deus. A dependência tanto da humanidade como do cosmos no Logos divino garante não apenas o caráter necessário e a validade do conhecimento humano, mas também a sua objetividade. As possibilidades de um conhecimento válido e objetivo de Deus e do universo dependem desses fatos: de que pela criação o homem carrega a imagem divina de modo racional e moral e que a queda do homem não ocasionou a destruição completa dessa imagem, de modo que, mesmo no pecado, o homem recebe a revelação

---

[451] [NR] Expressão latina cujo significado é: "duvido, logo existo".

comunicada de maneira objetiva pelo Deus criador-redentor. Como criatura que leva a imagem de Deus, o homem é por natureza uma criatura religiosa constituída para relações espirituais necessárias. A religião é um fenômeno integral da alma, radicada na determinação divina do homem; a organização básica do espírito humano é tal que o homem é uma criatura dada à fé. Se essa fé repousa no Deus vivo ou em pseudoabsolutos é uma questão posterior condicionada pelo pecado e pela redenção.

Visto da perspectiva cristã, o *a priori* religioso é, portanto, não dependente da preexistência da alma no mundo sobrenatural, garantindo validade apenas por meio da recordação daquele mundo (*versus* Platão); também não é um complexo de ideias comum a todos os homens com base num esquema de existência panteísta no qual a alma participa (*versus* Spinoza); não é meramente uma ideia de Deus, com a clareza de conceitos matemáticos, indispensável à ideia subjetiva de perfeição (*versus* Descartes); assim como não é uma incipiência compartilhada por todas as ideias, emergindo na consciência somente por ocasião da experiência (*versus* Leibniz); também não é um mero reflexo da moralidade, esquematizado em uma teoria do conhecimento que atribui inatismo apenas às categorias da razão pura (*versus* Kant); como não é o conhecimento direto do absoluto que alcança a consciência na consciência dos "eus" humanos (*versus* Hegel); não é a forma inata da experiência religiosa, que garante sua validade como universal e necessária, mas que não possui qualquer conteúdo teórico (*versus* Troeltsch e Otto); não é somente uma consciência não conceitual de Deus, experimentada imediatamente na esfera psicológica do sentimento ou da volição (*versus* Schleiermacher); como também não é um constituinte necessário que conecta a mente a um postulado fictício (*versus* Vaihinger).

A validade das ideias, e predominantemente da ideia de Deus, não surge na visão cristã simplesmente da circunstância das formas inatas, nem somente da reflexão nelas de um conteúdo antecedente à experiência, nem mesmo das necessidades epistemológicas devido ao mundo mais amplo da razão, ao qual o homem está relacionado como um conhecedor, embora este, salvaguardado-se de interpretações panteístas e idealistas equivocadas, aproxima-se da explicação cristã da validade. O problema da validade não requer para a sua solução a doutrina platônica da preexistência, nem do teísmo conjectural de Descartes, ou da monadologia de Leibniz, nem da epistemologia crítica de Kant, nem do panteísmo de Hegel.

Aquelas perspectivas divergentes apenas sugerem a magnitude de um problema com o qual a religião da revelação somente pode lidar, e o faz de modo efetivo, em termos do aspecto factual da criação divina, da preservação e da redenção. Redigir o *a priori* em termos conjecturais falha em não conectar o conhecimento universal e necessário de Deus com a *imago Dei*, ou assim o faz de uma maneira que obscurece a revelação redentora e a graça salvífica. Se os homens possuem algum conhecimento direto de Deus não inferido da experiência, se esse conhecimento tem uma validade que está além da capacidade da experiência de realizar, se a experiência religiosa compartilha não meramente uma validade formal pura, mas envolve também algum conteúdo teórico decisivo, a revelação judaico-cristã encontra a sua explicação somente na, e por meio da, *imago Dei* atestada nas Escrituras.

24

A controvérsia sobre o "denominador comum"

A questão de se a perspectiva do homem finito e pecaminoso inclui qualquer verdade que coincide com a verdade da revelação divina, isto é, se ele compartilha um "denominador comum" que faz a ligação entre não cristãos e cristãos, é vigorosamente debatida pelos teólogos do século XX. Duas palavras alemãs refletem a abrangência e a profundidade dessa controvérsia contínua: *Anknüpfungspunkt* e *nein!*[452] Ambas, é claro, estão especialmente associadas com as diferenças explosivas de Karl Barth com Emil Brunner.

Barth resistiu o "ponto de contato" do modernismo para o evangelho no homem, repudiando-o como uma concessão prejudicial feita à teologia natural tomista. Brunner, por outro lado, embora se opusesse igualmente à teologia natural, insistiu que a formulação de Barth não fazia justiça à ênfase bíblica na revelação divina geral. A controvérsia em andamento deve estar relacionada às distinções apresentadas pelos reformadores protestantes contra os escolásticos medievais e, para, além disso, ao ensino profético-apostólico. Qualquer veredito sobre o assunto precisa necessariamente examinar as implicações propostas pela doutrina bíblica da imagem de Deus no homem.[453]

---

[452] [NR] Expressões cujo significado respectivo é "ponto de contato" e "não".

[453] A doutrina da *imago Dei* será discutida extensamente no volume II, capítulo 10.

DEUS, REVELAÇÃO E AUTORIDADE

Parece suficientemente plausível que, sem algum contato ou conexão, nenhuma comunicação ou conversação pode ocorrer com aqueles a quem a mensagem é dirigida. A controvérsia do "denominador comum", porém, não ocorre nesse nível elementar. Onde exatamente o assunto reside não fica imediatamente claro, uma vez que o debate utiliza expressões variáveis tais como pressuposições comuns, plataforma comum, base comum, ponto de contato, ponto de conexão e graça comum. No mínimo, o problema deve envolver as questões se na revelação divina Deus supre o seu próprio ponto de contato, ou se a razão do homem sob alguma circunstância possui capacidades, conceitos ou pressuposições que conduzem ao conhecimento de Deus.

O cristianismo argumenta que Deus é a verdade, que a revelação é a fonte de toda a verdade, e que a verdade é única. O sistema cristão de doutrina é um todo integral que difere completamente das afirmações não cristãs baseadas na teoria secular. As duas abordagens não têm axioma epistemológico comum. Os axiomas e teoremas cristãos derivam da manifestação divina, e não da cosmologia, da antropologia ou de considerações históricas baseadas na investigação empírica. Cada proposição adquire seu significado do sistema de pensamento ou do universo do discurso no qual ela está. Dessa forma, qualquer pessoa que conheça a verdade da revelação significará alguma coisa bem diferente daquilo que outros tencionam com termos tais como *Deus*, *revelação* e *redenção* – de fato, até mesmo com termos tais como *natureza* e *história* e proposições acerca da realidade e da vida. Esse fato ocorre mesmo quando ambos usam a mesma terminologia. A proposição linguisticamente idêntica "Deus é Espírito", por exemplo, conota declarações logicamente distintas quando afirmada por Platão e por Jesus. A crença e a descrença não possuem axiomas comuns, e seus sistemas inteiros de pensamento, se forem desenvolvidos de maneira coerente com base em seus diferentes axiomas, não manifestarão proposições comuns. O sistema de doutrina derivada da revelação divina, como seu axioma epistemológico básico, produz conclusões a respeito de Deus, do homem e do mundo que são marcantemente diferentes das explicações seculares que brotam de algum axioma que não seja da revelação. Por serem derivadas de princípios diferenciados e contrastantes, as esquematizações da realidade e da vida advindas da revelação e as seculares, não podem afirmar proposições de conteúdo lógico idêntico e não possuem verdade em comum.

Mas será que essa invalidação dos axiomas epistemológicos comuns elimina também todo o "denominador comum" entre o cristão e o não cristão? A teologia reformada sempre afirmou, assim como faz Gordon H. Clark, um fundamento psicológico e ontológico comum como a base da comunicação e do entendimento humanos. Clark escreve: "Tanto o crente como o descrente, da mesma maneira, embora seus axiomas e teoremas filosóficos sejam totalmente incompatíveis, trazem em sua pessoa a imagem de Deus a partir da criação. Essa imagem [...] inclui sua habilidade racional ordinária como seres humanos e, como um exercício dessa racionalidade, certos princípios teológicos e morais mínimos. Essas crenças, sustentadas de forma frágil e incoerente, frequentemente submersas e reprimidas, podem ser consideradas como pontos de contato para o evangelho" (*Karl Barth's theological method*,[454] p. 100).

Barth excluiu não somente axiomas comuns entre o crente e o descrente, mas também descartou qualquer presença no homem de um denominador comum, ou ponto de contato, para o conhecimento de Deus e, portanto, qualquer fundamento psicológico ou ontológico comum. Sendo finito, o homem não possui capacidade para compreender o infinito; sendo um pecador, o homem não tem capacidade para receber a Palavra de Deus. É o Espírito de Deus que concede fé e nessa concessão qualifica o homem para ouvir a Palavra de Deus. Barth escreve: "A recepção da Palavra de Deus não poderia acontecer se não houvesse *juntamente no e com esse evento* [...] um ponto de contato [...] entre Deus e o homem" (*Church dogmatics* I/1,[455] p. 273, ênfase nossa; observe que Barth não está dizendo um ponto de contato "no homem").

Apesar de, vez por outra, Barth negar que alguma imagem divina sobreviva no homem e outras vezes afirmar que ela existe na diferenciação sexual pessoal do homem e da mulher, em outros lugares ele também, aparentemente, considera a qualificação divinamente concedida para a apreensão da Palavra de Deus como a "imagem de Deus". No entanto, ele imediatamente distingue isso de qualquer

---

[454] O método teológico de Karl Barth.

[455] Dogmática da Igreja.

DEUS, REVELAÇÃO E AUTORIDADE

interpretação que atribua ao homem a "capacidade" para Deus que sobrevive à queda na base da criação original. "Esse ponto de contato", afirma Barth, "a antropologia teológica [...] chama de 'imagem de Deus' no homem. Mas [...] não podemos pretender [...] afirmar com isso, que se trata da humanidade e da personalidade que permanece no homem pecador desde a criação: pois a humanidade e a personalidade do homem pecador simplesmente não podem significar conformidade com Deus, um ponto de contato com a Palavra de Deus". O ponto de contato é "inovadoramente proposto por Deus, não estando já presente na natureza do homem" (I/1, p. 256). Logo, torna-se aparente que Barth também rejeita qualquer capacidade racional no homem para a compreensão da revelação divina e, além disso, da inteligibilidade intrínseca da manifestação divina.

Segundo Barth, a razão para a falta de capacidade do homem em comunicar-se com Deus com base em sua própria natureza criada é a queda. Como um ponto de contato com a Palavra de Deus, "a 'imagem de Deus' não é somente, [...] com exceção de alguns resíduos, arruinada, mas aniquilada. [...] A capacidade do homem em relação a Deus, seja qual for o caso com a sua humanidade e personalidade, foi de fato perdida" (I/1, p. 273). Nesse mesmo contexto, Barth também insiste que nenhuma retidão pode ser afirmada acerca do descrente. "Aquilo que é preservado da imagem de Deus mesmo no homem pecador é *recta natura*,[456] para a qual uma retidão não pode ser atribuída, mesmo *potentialiter*."[457] Essa negação da retidão para o homem decaído, uma ênfase básica do Novo Testamento e dos reformadores protestantes, torna-se, porém, para Barth algo parecido com uma cortina contra o sol por meio da qual ele eclipsa completamente quaisquer remanescentes da *imago Dei*. Nas palavras de Clark, Barth nega ao homem decaído "uma capacidade de apreender, de compreender ou de crer, ainda que fosse somente uma verdade divina" (*Karl Barth's theological method*,[458] p. 102).

Ainda que Barth tivesse removido todos os resíduos da *imago*, os reformadores protestantes entenderam a imagem de Deus no homem caído abarcando "a humanidade e a personalidade remanescente

---

[456] [NR] Em português, "natureza reta".

[457] [NR] Em português, "potencialmente".

[458] O método teológico de Karl Barth.

sobre o homem pecador a partir da criação" e encontraram aqui um ponto de contato entre Deus e o homem e entre homem e homem. Para os reformadores, a queda desfigurou em vez de aniquilar a imagem de Deus. Insistiram, portanto, que a imagem sobreviveu à queda como "uma realidade psicológica, mental, ontológica [...] uma parte existente da natureza humana [...] e uma capacidade para a fé não compartilhada por uma árvore ou uma pedra", como observa Clark (ibid., p. 102). A razão, a capacidade lógica do homem, deve ser considerada como um elemento constituinte da imagem divina; a fé como uma atividade mental pressupõe a racionalidade dos seres humanos como agentes que creem.

Dessa forma, o caráter logicamente exclusivo de sistemas explicativos, que dependem de diferentes axiomas, não pode por si só decidir sobre uma outra questão, isto é, se os crentes e os descrentes creem algo em comum.

Apesar do *Nein!* de Barth, Brunner insistiu corretamente na revelação geral ou universal de Deus. A não ser que houvesse algum relacionamento prévio com a manifestação especial de Deus, a revelação especial não seria identificável como procedente de *Deus*. Todos os seres humanos são pecadores, destacou Brunner, ou seja, são pessoas em revolta contra a luz. Essa luz a que eles resistem é a luz da revelação universal de Deus na criação. Brunner enfatiza, portanto, que, quando os cristãos pregam, eles assim o fazem a pessoas cujo vocabulário já inclui Deus e que já possuem uma consciência moral.

Quando Brunner fala da *imago Dei*, ele assim o faz somente em seus aspectos formais; para ele é a *humanitas*[459] sobrevivente que distingue os seres humanos dos animais e que preserva a acessibilidade formal a Deus. Para ele, a imagem de Deus no homem caído não possui conteúdo material. Ele até mesmo expõe o aspecto formal sem nenhuma ênfase no significado do *cogito*, isto é, no homem como uma criatura racional. Nesse sentido, Brunner está condicionado não somente pelo pensamento evolucionista, mas também por uma visão dialética não cognitiva da revelação. Em sua visão, a manifestação divina supostamente encontra o seu ponto de contato no senso de responsabilidade moral e culpa do homem, mas a fé não pressupõe a racionalidade do homem como um agente que crê. Também é digno

---

[459] [NR] "Humanidade".

de nota que Brunner presume uma distinção questionável entre o formal e o material na discussão da *imago*. Se a "lógica formal" é também a lei do universo, e não, meramente, a lei do pensamento, então não existe uma diferença radical entre o formal e o material, mas apenas uma diferença de níveis, por exemplo, a lógica usada na geologia *versus* a lógica simbólica.

Da mesma forma, Bultmann fala do "entendimento anterior" do homem: mesmo antes da revelação de Deus, argumenta ele, o homem está num relacionamento com Deus. Não fosse esse o caso, ele não reconheceria a revelação de Deus como uma revelação de Deus (*Jesus Christ and mythology*,[460] p. 52). Mas qual é a natureza desse relacionamento do homem com Deus que precede o encontro com Deus baseado na revelação? Não é, para Bultmann, uma investigação verbal direta a respeito de Deus; em vez disso, é a busca do homem por "felicidade", por "salvação", pelo "sentido" do mundo e da história. O homem pergunta pelo aspecto *essencial* de sua própria existência, isto é, o que significa ser autenticamente aquilo que se é. O ponto de contato com a revelação de Deus não se encontra localizado por Bultmann em qualquer faculdade religiosa, ou em habilidade especial, ou na receptividade da parte do homem à Palavra de Deus, mas no "homem em sua existência, tomado como um todo" (*Essays*,[461] p. 135ss.). No entanto, a questão a respeito do aspecto essencial do homem nunca está diante do homem em forma pura. É sempre "interpretada" na forma específica de uma religião já pronta, uma filosofia, uma cosmovisão ou conceito de Deus, e por meio de um ou de outro o homem coloca-se em revolta contra Deus, ao mesmo tempo que evidencia por meio disso que ele está em um relacionamento com Deus. Pelo encontro transcendente com Deus por meio da revelação em Jesus Cristo, o "entendimento anterior" do homem é trazido ao nível consciente e está sujeito à crítica.

Assim como Barth e Brunner, Bultmann não considera a revelação divina intrinsecamente racional. O ponto de contato humano com Deus e a resposta de fé humana não pressupõem, semelhantemente para ele, um relacionamento racional e cognitivo do homem

---

[460] Jesus Cristo e a mitologia.

[461] Ensaios.

com Deus. Quanto a isso, junto com Brunner, ele compartilha da visão dialética da revelação que Barth tem.

A rejeição abrangente que Barth faz de todo denominador comum entre crentes e descrentes, e entre todos os descrentes e o evangelho, procede da premissa gratuita de que um denominador comum requer axiomas comuns e a teologia natural. Mas a teologia reformada insiste também que a teologia natural não supre qualquer possibilidade de entendimento teológico. Ela rejeita tanto as noções católicas-romanas como as modernistas de que o conhecimento de Deus é uma realização de uma potencialidade espiritual no homem como homem. Segundo a Bíblia, o homem desperdiçou o seu estado moral criado e a sua integridade espiritual, perdeu a sua retidão original, e agora está se relacionando com Deus como um rebelde errante. Consequentemente, é impossível para o homem decaído chegar à verdade de Deus começando consigo mesmo.

Contudo, esse fato por si só não resolve a questão de se o homem decaído, ainda assim, possui um conhecimento de Deus pelo qual ele permanece condenado na e por causa da sua revolta continuada, um conhecimento anterior ao qual a revelação especial de Deus e a proclamação cristã podem apelar.

Barth não admite um ponto de contato, exceto quando Deus o cria de forma nova no momento da conversão. Essa abordagem não destrói apenas a instrumentalidade da persuasão racional no serviço do evangelho, mas também até mesmo a mera compreensão do significado de sentenças e, dessa forma, nega à teologia e à apologética cristã uma mensagem inteligível para os espiritualmente descompromissados. Certamente a maioria dos teólogos evangélicos são tão contrários à teologia natural como foram Calvino e Barth. No entanto, esse fato não constitui razão para protestar contra o desejo de relacionar a teologia com a filosofia em geral, ou de negar as razões da fé para multidões apanhadas entre um inescapável conhecimento interior de Deus e teorias especulativas, cujas deficiências são expostas pela teologia revelada.

Tanto o Antigo como o Novo Testamentos ensinam que Deus é manifestado por sua criação e que o homem é conscientemente responsável pelo conhecimento de seu criador. *Os céus proclamam a glória de Deus, e o firmamento anuncia as obras das suas mãos,*

DEUS, REVELAÇÃO E AUTORIDADE

escreve o salmista (Sl 19.1). Declarações desse tipo não podem ser descartadas como meramente litania exultante. Desde Caim, o Antigo Testamento repetidas vezes sustenta que o homem é culpado não apenas de sua ignorância acerca de Deus, como também de suprimir o conhecimento de Deus em desobediência. A epístola aos Romanos ensina que o ser invisível de Deus é manifestado em suas obras (Rm 1.18-20) e que a sua lei moral está inscrita no coração humanos (Rm 2.14-15). A pregação missionária apostólica ao mundo gentio estava fundamentada na premissa correta de que Deus tinha se revelado muito antes do tempo de Jesus de Nazaré e que tal revelação era conhecida até daqueles que estavam do lado de fora da manifestação redentora especial dada a Israel (cf. At 14.8ss.; 17.22ss.); em sua pregação missionária, os apóstolos coerentemente enfatizam que não existe nenhuma desculpa para se rejeitar a revelação mais ampla de Deus em Jesus Cristo. Tendo em vista essa instrução das Escrituras, Lutero e Calvino defendem de modo mais forte que Brunner a revelação de Deus na natureza com base na criação e antecedente à revelação profético-apostólica cujo clímax está em Jesus. Os reformadores expuseram mais completamente os fatores objetivos na revelação divina geral na natureza e na história, bem como os fatores subjetivos na *imago Dei* que sobrevive no homem. Além disso, eles também não subvertem a racionalidade da manifestação divina nem o significado da razão humana em compreendê-la.

Na verdade, em lugar algum a Bíblia encoraja a ideia de que o homem pecador pode traduzir a revelação geral de Deus numa teologia natural que faça a ponte para a revelação especial e para o evangelho. A versão inglesa *King James*[462] do texto paulino clássico sobre a revelação geral afirma que os homens "retêm a verdade na injustiça" – uma pobre tradução de *katechō* ("segurar firme") que significa não somente ter em possessão, mas também "segurar" ou aprisionar. O termo carrega esse sentido ruim não somente em Romanos 1.18, mas também em Romanos 7.6 (estar preso pela lei morta). A versão inglesa *Revised Standard Version*[463] ("homens que suprimem a verdade") e a versão

---

[462] [NR] Versão da Bíblia em inglês traduzida das línguas originais e publicada na Inglaterra em 1611 sob o patrocínio do rei Tiago I.

[463] [NR] Versão da Bíblia em inglês traduzida das línguas originais e publicada entre 1947 e 1977.

inglesa *The new english Bible*[464] ("eles estão reprimindo a verdade") são mais exatas e também antecipam os versículos contextuais subsequentes (Rm 1.19-23). O sentido "restringem" é encontrado também em outras passagens do Novo Testamento (cf. 2Ts 2.7). A revelação de Deus na natureza penetra a própria mente do homem, até mesmo em sua revolta, mas, por ser ele um pecador, o homem sufoca essa revelação ao priorizar as suas preferências desorganizadas.

Não há, portanto, nenhuma base essencial para a noção de que os cristãos e os descrentes possuem um sistema comum de verdades ou de princípios coincidentes, em virtude dos efeitos deformadores do pecado, em vista do *status* do homem como criatura no conhecimento de Deus. Pode haver, de fato, uma coincidência acidental ou incoerente nas perspectivas da obediência e revolta, mas qualquer identidade tal de afirmações resulta de incoerência lógica na área da exposição de axiomas fundamentais, e não da coerência racional, seja do crente, seja do descrente. Seres humanos não pensam e amam com uma coerência lógica descompromissada; frequentemente fazem afirmações ilógicas e, muitas vezes, creem em proposições contraditórias. Cursos de lógica são desesperadamente necessários, ainda mais em *campi* universitários onde prevalece uma tendência de se pensar que a "vida é mais profunda do que a lógica". São poucas as faculdades que exigem o estudo dos princípios da lógica, e são poucos os estudantes que se matriculam voluntariamente em tais cursos. Embora seja verdade que a interrupção da influência do pecado sobre uma vida e devoção à revelação especial de Deus, e as suas implicações para o destino humano, pode ajudar a prevenir contra a capitulação aos falsos princípios que os pecadores prontamente acomodam em sua revolta contra Deus, os cristãos não possuem uma predeterminação maior para pensar com coerência lógica do que os não cristãos. Enquanto o descrente incorpora involuntariamente algumas premissas cristãs numa estrutura interpretativa, apesar de suas pressuposições estranhas, o apologista cristão poderá fazer uma de duas coisas. Ele pode apelar a essa incoerência, demonstrando quão coerente ela é com todo o corpo da doutrina cristã, e pode enfatizar que mesmo um descrente é incapaz de formular perspectivas contrárias sem tomar emprestado elementos que derivam propriamente de um axioma da

---

[464] [NR] Versão da Bíblia em inglês traduzida das línguas originais e publicada entre 1961 e 1970.

DEUS, REVELAÇÃO E AUTORIDADE

revelação. Ou o apologista pode destacar como é impossível reter essa premissa solitária em um contexto logicamente incompatível. Ele pode, talvez, também identificar premissas adicionais que o descrente é incapaz de reter de forma coerente em vista de seus princípios fundamentais.

Isso não significa que um "denominador comum" de outra espécie não exista entre o crente e o descrente. Significa apenas que aqueles que começam com diferentes axiomas – por um lado, aquele do Deus-em-sua-revelação, e, por outro lado, aquele de qualquer das alternativas seculares – não podem chegar a afirmações logicamente idênticas, mesmo quando afirmações linguisticamente similares são feitas. Muitas pessoas de convicções divergentes – o teísta trinitário, o teísta unitário, o deísta ou o teólogo do processo – podem todos declarar, por exemplo, que Deus é um ser pessoal transcendente, mas sua afirmação significará coisas muito diferentes. Dorothy Emmet comenta: "Pode até ser que as semelhanças que os estudantes das religiões comparadas apontam de forma entusiasta sejam parcialmente devidas às pressuposições dos próprios estudantes. Quando ideias e histórias, que superficialmente são as mesmas, são vivenciadas e experimentadas, pode haver maiores diferenças de sensação e significado anexadas a elas do que é aparente na superfície. Palavras como 'imortalidade' podem sugerir uma similaridade de crença entre religiões; entretanto, com base em um conhecimento mais apurado poderemos concluir que nesses contextos diferentes elas têm um significado emocional e conceitual muito diferente" (*The nature of metaphysical thinking*,[465] p. 101). Em cada era, filósofos procuram algum princípio explicativo pelo qual possam abranger e explicar todas as coisas; em tempos modernos esse princípio tem sido a categoria da evolução. A noção de alguma essência religiosa particularizada e exibida em modos e graus diferentes pelas muitas religiões do mundo é um subproduto da teorização evolucionista. Não é, como antropólogos e evolucionistas frequentemente sugerem, um fato óbvio para e inerente na investigação histórica.

Pelo fato de Barth ligar a sua discussão do denominador comum com a imagem divina de maneira unilateral à exclusão da verdade e da revelação comum a crentes e descrentes, ele contempla esses temas

---

[465] A natureza do pensamento metafísico.

A controvérsia sobre o "denominador comum"

principalmente por meio da necessária rejeição da teologia natural. Barth até mesmo descarta a passagem-chave paulina de Romanos 1 sobre a manifestação divina universal e rotula qualquer esforço de interpretá-la como revelação geral direcionada a cada homem e mulher como uma concessão à teologia natural. Barth declara, em vez disso, que a revelação indicada por Romanos 1 é a pregação paulina da redenção em Jesus Cristo. Dizem-nos que "Paulo não diz coisa alguma a respeito dos pagãos manterem um remanescente do conhecimento 'natural' de Deus" (*Church dogmatics*[466] I/2, p. 307). No entanto, aquilo que Barth nega é precisamente o que Paulo afirma, isto é, um conhecimento de Deus que torna os descrentes culpáveis porque continuam na descrença e em suas obras (cf. Rm 1.32). O que faz deles culpados não é a pregação do evangelho (ou seria melhor suprimir a sua proclamação!), mas o conhecimento que os pagãos já possuem – o qual, na verdade, procuram desesperadamente reprimir, ainda que sem sucesso total. A pregação do evangelho pode revitalizar esse conhecimento, mas ela não o cria; o descrente e o crente têm em comum certo conhecimento de Deus com base na revelação divina universal dada a cada ser humano. Esse é o caso, não importando a maneira diferente pela qual o descrente e o crente tratam esse conhecimento; o primeiro recusa-se a honrar a Deus-em-sua-revelação e formula uma perspectiva da vida-e--mundo mais ajustada à sua posição de revolta; o segundo reconhece a autoridade do criador e configura a sua visão de mundo-vida de acordo com um axioma da revelação. Concordâncias aparentes entre eles resultam da incoerência lógica ou de similaridade linguisticamente superficial. Permanece o fato, porém, de que o conhecimento de Deus subjacente, comum a todas as pessoas, existe somente com base na *imago Dei*.

As implicações da visão bíblica para um diálogo entre cristãos e os devotos de religiões não cristãs são claras. Barth está errado em menosprezar a religião como algo feito pelo homem contra a revelação redentora (ele recusa-se a falar de religião revelada). Esse contraste radical feito por Barth brota de sua visão não cognitiva da revelação e de sua negação da revelação geral. Calvino corajosamente intitulou a sua obra clássica de *As institutas da religião cristã*, e mesmo Tiago,

---

[466] Dogmática da Igreja.

DEUS, REVELAÇÃO E AUTORIDADE

o irmão de Jesus, falou da redenção cristã como "religião pura". A universalidade da religião não é devida à rebelião do homem contra Deus, mas à natureza do homem com base em sua criação por Deus e àqueles fatores *a priori* que o colocam necessária e universalmente em relacionamentos com o Deus vivo. Mesmo no curso da rebelião contra Deus não existe qualquer fuga humana da revelação divina. O eclipse da revelação divina significaria para o homem o abandono naquilo que é sem sentido e naquilo que é desumano. A vida religiosa do homem natural encontra a sua explicação na manifestação divina original e universal corrompida pelo espírito rebelde do homem decaído. O fenômeno da religião só pode ser compreendido por meio da revelação universal de Deus. Ainda que deplorasse as religiões pagãs crassas e corruptas, o apóstolo Paulo aponta primeiro para a revelação de Deus na natureza, que toca todos os homens em todos os lugares, mesmo que estejam em revolta contra ela (Rm 1.18ss.). Até mesmo os atenienses, embora fossem adoradores ignorantes de um Deus desconhecido, foram formados, ainda assim, a buscar o verdadeiro Deus vivo (At 17.27). Como explica Brunner: "As Sagradas Escrituras nos ensinam a entender toda a religião pagã da perspectiva da revelação dada na criação. [...] Mesmo o mais primitivo politeísta ou a religião pré-politeísta idólatra é ininteligível sem a pressuposição da revelação universal de Deus que foi dada a todos os homens na criação" (*Revelation and reason*,[467] p. 262).

A queda não alterou o fato dos relacionamentos divino-humanos; contudo, modificou a qualidade e o conteúdo desses relacionamentos. O efeito do pecado é o de elaborar a religião em termos de múltiplas *religiões*, ou seja, de promover variedades multiformes e conflitantes de perspectivas espirituais que caracterizam a história da humanidade. A rebelião do homem decaído o impulsiona a responder de forma oblíqua à revelação de Deus. Ele aceita de forma seletiva apenas aquilo que deseja da manifestação divina geral (eliminando o que mais ameaça o pecador) e formula, de modo arbitrário e criativo, o seu próprio conceito do mundo invisível. Frases tais como "a mente antiga", "a cosmovisão medieval", "a filosofia moderna", "a mentalidade contemporânea", e assim por diante, lembram-nos que através das épocas os homens entenderam a realidade de muitas

---

[467] Revelação e razão.

A controvérsia sobre o "denominador comum"

maneiras conflitantes, de modo que torna-se inevitável uma escolha entre alternativas metafísicas e mitos que competem entre si.

Harry Blamires escreve: "O tipo de visão de vida que temos será determinado pelo tipo de informação que aceitamos como caracteristicamente representativa do universo no qual habitamos e do estado do ser do qual compartilhamos. [...] A nossa filosofia concordará com o padrão de coisas sugerido por aqueles eventos e aspectos específicos de nossa experiência que nos parecem expressivos do verdadeiro caráter subjacente da totalidade que se compõe o nosso mundo e nós mesmos. Se somos seletivos e arbitrários ao ressaltar aspectos de nossa experiência que foram feitos para carregar o peso de um significado aplicável de forma geral, teremos, necessariamente, uma visão desequilibrada do propósito da vida" (*A defence of dogmatism*,[468] p. 112s.).

Muitas religiões não bíblicas estão tão impregnadas de influências psicológicas e culturais que intérpretes modernos tendem a descartar toda religião por si, incluindo a religião revelada, como um reflexo subjetivo e cultural. A ideia de que toda religião deve ser explicada de um modo subjetivo ou cultural é, de fato, uma ideia bastante antiga, mas os naturalistas contemporâneos dão a ela um ar de modernidade. Na perspectiva freudiana, o vasto leque de "superstições" que existem no mundo é considerado uma projeção de nossas próprias vozes sobre o cosmos como se fosse a voz de Deus. Kai Nielsen lança sobre todas as religiões a capa da criatividade humana, como segue: "Não é uma questão de primeiro ver ou de assimilar Sedena [uma deusa esquimó] ou o eterno e, então, fazer certas reivindicações. É, na realidade, uma questão de projetar certas necessidades no universo e, depois, criar histórias sobre essas deificações. Nossas divindades são formadas de maneira projetável a fim de acomodar nossas preocupações culturais" (*Religion and commitment*,[469] p. 29). As doutrinas-chaves, essenciais ao judaísmo e ao cristianismo, são portanto, conforme Nielsen, "crenças confusas, exibidas como crenças factuais, mas realmente funcionando como partes da ideologia que distorce a nossa compreensão do mundo e que dá apoio aleatório a certos compromissos básicos das pessoas, ao aparentar ser baseada

---

[468] Uma defesa do dogmatismo.

[469] Religião e compromisso.

DEUS, REVELAÇÃO E AUTORIDADE

em fatos, por assim dizer, escritos nas estrelas" (p. 35s.). Se Nielsen fosse coerente em aplicar sua premissa básica à sua própria ideologia, seria possível deixar-se impressionar pela humildade acadêmica.

Não é suficiente, porém, apenas apontar a confusão e contradição desastrosa dos metafísicos e acomodar-se, junto com R. G. Collingwood, com uma análise das pressuposições básicas de nossa época como meramente esquemas filosóficos pomposos. Não há dúvida de que existe muita coisa que encoraja o descarte radical de toda a empreitada metafísica. Contudo, por que existe o impulso para a metafísica? O que existe na natureza e na experiência humana que sustenta essa busca pelo transcendente? Por que os filósofos, tais como Spinoza, esforçam-se a fim de dar uma forma sistemática e coerente para o seu entendimento da realidade e para distinguir as suas explicações da poesia mitológica? Donald MacKinnon está absolutamente certo quando observa que "o próprio conceito de metafísica, que cerca a consciência de todos aqueles que se interessam por sua possibilidade, deve alguma coisa à interação da religião com a metafísica na tradição cristã" (*Borderlands of theology and other essays*,[470] p. 217).

Em suas esquematizações da religião, as tradições criativas da filosofia secular geralmente ou favorecem o significado revelador da mente humana ou a revolta contra qualquer reivindicação de revelação divina. As tradições idealistas veem a religião através da reflexão humana como um espelho direto da divindade, enquanto as tradições naturalistas veem a religião como uma empreitada humana que deve ser explicada exclusivamente em termos da natureza. Contudo, ambos os esquemas explicativos, como também outros, sempre desalojam uma perspectiva de fé anterior por uma perspectiva posterior. Reagindo de forma rebelde à reivindicação de Deus-em-sua-revelação, eles a substituem por uma visão religiosa de sua própria escolha. Até mesmo o ateísmo, com sua proeminência no século XX, de forma alguma desaprova a reivindicação das Escrituras de que a mentalidade do homem religioso reflete tanto a revelação geral de Deus como a incursão das forças demoníacas e suas atividades.

---

[470] Fronteiras da teologia e outros ensaios.

A controvérsia sobre o "denominador comum"

Ao contemplar a natureza do mundo, cada homem e cada mulher podem e devem explicá-la em termos que vão além de seus ingredientes naturais. A fé é uma necessidade psicológica para todos. A fé comunista no materialismo dialético não é nada mais que fé em algum tipo de deus, assim como a das alternativas que ela repudia. As definições reais da religião geralmente se referem apenas a entidades transcendentes como Deus, os seres e os domínios sobrenaturais, à lei hindu do *carma*, ao *ma'at* egípcio antigo etc. As definições funcionais modernas, porém, incluem considerações tão complexas e abrangentes quanto o nacionalismo, fé revolucionárias e até mesmo estilos de vida inovadores. Peter Berger enfatiza que a abordagem funcional à religião é, agora, frequentemente empregada para conceder legitimidade quase científica à visão de mundo secularizada como a única digna do homem moderno; a transcendência ontológica é exorcizada e, simplesmente, colocada de lado e trancada no armário da consciência humana (*Second thoughts on defining religion*,[471] p. 128). Esse desenvolvimento tem implicações curiosas para as postulações transcendentes da física teórica. Além disso, sua reivindicação de ser a perspectiva legítima da modernidade é embaraçosamente invalidada por manifestações abrangentes da religião sobrenatural em muitas partes do mundo e pela persistência da religião até mesmo nas terras sob supressão comunista.

As religiões do mundo têm sua base tanto na revelação divina universal como no pecado original e suas consequências. A não ser que o seu caráter e curso sejam alterados e completados pela revelação especial redentora, essas muitas e variadas perspectivas religiosas, todas elas, embora radicadas na revelação geral com base na criação, tornam-se manchadas e espúrias por meio da desobediência deliberada e da revolta espiritual do homem. As consequências do pecado original continuam, no presente, a permear a história humana como um fato fundamental da existência humana e a formar toda a vida e a comunidade humana. É especialmente em suas religiões que o afastamento do homem do Deus vivo e a sua preocupação com interesses próprios tornam-se evidentes. Religiões orientais tendem a correlacionar as questões da religião ao supratemporal e, assim, ignorar a sua relevância para o domínio do tempo e do trabalho. As religiões

---

[471] Reconsiderações acerca de uma definição da religião.

DEUS, REVELAÇÃO E AUTORIDADE

ocidentais tendem a isolar e a confinar a religião a um comparti-
mento da vida psíquica do homem (p. ex., Kant: a razão prática;
Schleiermacher: o sentimento de dependência; Hegel: a imaginação).
Tais interferências com a verdade religiosa inevitavelmente produzem a secularização; o politeísmo antigo criou deuses finitos, e as
despersonalizações modernas reduzem Deus à função ou ao processo
abstrato. Embora *tendo conhecido a Deus,* afirma o apóstolo Paulo,
não o glorificaram como Deus [...] *pelo contrário, tornaram-se fúteis nas
suas especulações* [...] *e substituíram a glória do Deus incorruptível por
imagens semelhantes ao homem corruptível, às aves, aos quadrúpedes e
aos répteis* (Rm 1.21ss.).

A formulação de uma teologia das religiões que seja biblicamente fundamentada permanece sendo uma tarefa missiológica
urgente para a Igreja cristã. Negligenciar esse dever é o mesmo que
encorajar a referência de tudo exclusivamente ao demoníaco, com
exceção da religião bíblica, ou a fatores introspectivos por meio da
desconsideração da revelação universal, ou a um sincretismo religioso
que rebaixa a revelação redentora especial. Como revelação divina
especial, as Escrituras afirmam que 1) a conjectura humana é passível
de erros tão perversos a respeito de Deus que chega a ser espiritualmente destrutiva e hostil à vida humana; 2) a humanidade espiritualmente rebelde, ainda assim, é universalmente compelida pela mesma
revelação contra a qual todos os homens estão em revolta; e 3) a
revelação bíblica especial não somente fortalece a revelação original e
universal, mas também, apresenta a manifestação redentora uma vez
por todas da parte de Deus de um modo que remedia e corrige.

Por causa da queda, axiomas comuns ou pressuposições comuns
e, portanto, princípios derivativos comuns, não podem ser encon-
trados entre a teologia da revelação e outros sistemas religiosos ou
filosofias da religião. Aquilo que os homens têm em comum não
deve ser sondado por intermédio de seus sistemas de pensamento
religioso, mas pela *imago Dei,* que em alguma medida sobrevive em
cada homem.

Seja qual for a medida que o terremoto moral da queda afetou
a *imago,* ele não a demoliu inteiramente. No entanto, por causa da
queda, o homem como pecador é capaz de manter a linha de continuidade da revelação somente na e por meio da revelação especial,

A controvérsia sobre o "denominador comum"

uma vez que ele perversamente refuta a revelação geral que o confronta de modo universal. Apesar de estar cercado pelo conhecimento de Deus, o homem como pecador escolhe não reconhecê-lo (Rm 1.28) e distorce a natureza e a vontade de Deus. O conteúdo da *imago* é reduzido, distorcido e até mesmo falsificado, à medida que é incorporado em perspectivas conjecturais filosóficas e religiosas, e ainda assim não é completamente erradicado.

Nunca encontraremos concordâncias a respeito de princípios que coincidem na teologia e moralidade e entre vários sistemas de filosofia religiosa e ética, formados do lado de fora da revelação, e o conteúdo da teologia e moral reveladas. Programas baseados em axiomas diferentes envolvem princípios diferentes no seu todo. Não é o caso, em absoluto, que cada religião contenha algumas verdades e valores da religião revelada. Infelizmente essa noção equivocada sublinha muito do apelo ecumênico a favor da cooperação e síntese ideológicas. De fato, existe uma boa base para o diálogo inter--religioso e, dentro de limites cuidadosamente definidos, também para a cooperação, por exemplo, na busca por liberdade religiosa, ou no protesto contra governantes ditatoriais. Nenhuma dessas coisas, porém, provê qualquer fundamento para a suavização da reivindicação bíblica da manifestação divina especial. Certas religiões, além do próprio teísmo bíblico, aqui e ali abraçam fragmentos da verdade da revelação. Seu débito em relação a qualquer desses fragmentos não se deve ao brilho criativo de corajosos e imaginativos fundadores de novas religiões, mas à revelação – à revelação geral de Deus no cosmos, na história, na consciência e em alguns casos também na dependência indireta ou direta da revelação bíblica. Portanto, é mais adequado promover cooperação entre as pessoas de diferentes crenças que carregam a *imago* do que defender a cooperação inter-religiosa. A Bíblia nunca hesita em identificar as religiões não bíblicas como degenerações do monoteísmo primitivo e como sendo desprovidas de revelação redentora.

Não se discute que a ética bíblica tenha influenciado sistemas de moralidade posteriores de forma marcante, como a teologia bíblica entre os séculos XVI e XVII formou de modo significante a moderna filosofia da religião. Entretanto, o fato de essas folhas emprestadas serem enxertadas em ramos rebeldes não trouxe lucro algum para o

DEUS, REVELAÇÃO E AUTORIDADE

cristianismo, e merece pouco tributo lógico o fato de que as ênfases incorporadas não foram coerentemente derivadas das nem acomodadas pelas conjecturas do homem pecador.

Nenhum ponto de contato com a revelação universal de Deus será encontrado nos sistemas seculares da filosofia da religião e crenças religiosas elaboradas independentemente de um axioma da revelação. Somente a *imago Dei*, que mesmo em sua revolta espiritual marca a singularidade do homem, supre um denominador comum religioso. Ao elaborar suas visões de modo mais completo, até aqueles que formam perspectivas religiosas no contexto de revolta consciente contra a teologia da revelação precisam tomar emprestadas algumas ênfases, ainda que de forma inadvertida e incoerente, da verdade revelada de Deus e da moralidade dada com base na criação. Quando os sistemas seculares incluem tais elementos fragmentados do conteúdo da *imago Dei*, grandes incoerências invadem, inevitavelmente, esses sistemas. Quanto mais uma filosofia religiosa expõe o seu axioma, que não procede da revelação, de modo autocoerente, mais ela neutralizará, revisará e distorcerá aquilo que resta da verdade da revelação fundamentada na *imago Dei*. Conversação entre crente e não crente, portanto, prossegue assim, com base em afirmações que para ambos estão de alguma forma ancoradas na revelação geral. Mas para o descrente elas são opacas e confusas, por causa da esquematização conjectural, enquanto no caso do crente elas são apoiadas e iluminadas pela revelação especial (exceto quando a fraqueza humana acomoda incoerências ilógicas em ambos os lados).

Schubert Ogden desenvolve a sugestão de Stephen Toulmin de que as afirmações religiosas suprem uma garantia representativa, isto é, nos capacitam a responder a questões básicas no contexto da realidade mais ampla. O propósito delas, diz Ogden, não é o de resolver *se* existe um fundamento de garantia, ou *qual* é a natureza desse fundamento, mas o de prover segurança. A crença em Deus é "tanto existencial como reflexivamente inevitável" (*The reality of God*,[472] p. 44). "As várias 'religiões' ou 'crenças' da humanidade, incluindo [...] a 'religião cristã', são todas expressões ou representações de uma fé ainda mais profunda que as precede" (p. 34s.). "Antecedendo de maneira lógica a cada asserção religiosa específica está uma confiança

---

[472] A realidade de Deus.

A controvérsia sobre o "denominador comum"

original no significado e no valor da vida, onde não somente as nossas respostas religiosas, mas até mesmo as nossas perguntas religiosas, primeiro, tornam-se possíveis ou têm algum sentido" (p. 34). Pode-se olhar nessa direção – assim me parece – somente à medida que se aponta para uma consciência ontológica universal de Deus, baseada numa revelação geral divina cognitivamente significante e na imagem de Deus no homem; mas essa, claramente, não é a intenção de Ogden. Ele minimiza tanto o conteúdo racional objetivo da manifestação divina universal como o conteúdo cognitivo da *imago*, e também obscurece a finalidade da revelação bíblica.

Tal qual Toulmin, Ogden crê que as nossas asserções religiosas condicionam as nossas perspectivas científicas e éticas e que a confiança no sentido da vida, apoiada pela religião, torna a escolha moral possível: "A nossa existência como tal, e em *todos* os seus projetos, é um testemunho permanente da realidade de Deus. [...] Somente somos seres por causa de nossa fé nele" (ibid., p. 43). "Todas as explicações seculares ou ateístas de nossa experiência moral", à medida que pressupõem "que algum curso de ação deva sempre ser escolhido", acrescenta Ogden, "são forçadas a fazer afirmações que conflitam com suas abrangentes negações ateístas" (p. 40s.). Sustentamos que a doutrina bíblica da *imago Dei* é um apoio superior para essas ênfases. Os seres humanos fazem asserções morais significativas porque carregam a imagem divina, e nós somos seres não devido à fé existencial, mas porque Deus formou o homem para relacionamentos interpessoais. Compromissos científicos e até mesmo morais sempre presumem questões mais amplas que somente a religião da revelação pode responder.

Ogden destaca que as crenças existenciais pelas quais os homens vivem, de fato, pressupõem o apoio religioso do sentido permanente da vida: dessa forma, Deus como o seu fundamento transcendente está implícito por nossa confiança nesse sentido. Entretanto, isso não diferencia racionalmente entre a realidade objetiva de Deus e a nossa confiança. Alfred North Whitehead falou de maneira similar da "importância" como a categoria pela qual as pessoas que refletem – seja em uma atitude específica, seja numa ocorrência, seja numa série de eventos concomitantes – encontram um indício de "como as coisas funcionam". Algum momento na vida

DEUS, REVELAÇÃO E AUTORIDADE

da pessoa, ou algum evento histórico, frequentemente emerge como decisivamente significante para a interpretação de toda a experiência e para a antecipação do futuro. Com uma intenção similar, Emmet fala de "tradição", que, diz ela, forma para as pessoas "uma espécie de trilha iluminada através da escuridão de eventos passados, em termos dos quais podem fazer sentido de sua fé e de seu mundo" (*The nature of metaphysical thinking*,[473] p. 162s.). Ela coloca em dúvida se "a vida pode ser vivida de forma significativa sem uma relação consciente a alguma tradição" (p. 163).

No entanto, negar o valor que qualquer base revelada de maneira transcendente tem para o significado permanente de escolhas morais pode levar apenas ao niilismo moral. Negar que Deus é o fundamento de nossa confiança no sentido da vida acomoda uma negação do valor da vida humana de forma mais óbvia do que uma análise existencial da experiência valida a realidade de Deus. Existencialistas ateus pós-modernos, tais como Albert Camus, são espetáculos dramáticos de incoerência na maneira em que correlacionam o suposto absurdo essencial da vida humana com um apelo à moralidade heroica. Até mesmo Jean-Paul Sartre é incapaz de aprovar, de modo coerente, uma *escolha livre* pela mediocridade ou pela conformidade social, uma vez que suas premissas não fornecem qualquer base objetiva para reivindicar ser *autenticamente* alguma coisa. O fato de que o próprio Camus, mais tarde, procurou expor a importância mais ampla das decisões éticas, bem à parte da realidade de Deus, deveria encorajar um exame mais profundo da tese de Camus, tanto quanto daquela de Ogden.

As tentativas de Toulmin e Ogden de esclarecer a "realidade" são de pouca utilidade. Toulmin pensa que a realidade religiosa deve ser vista num contexto de "neutralismo metafísico", enquanto Ogden assimila a realidade religiosa em um modo especial de raciocínio. "Deus", diz ele, "é o próprio significado da 'realidade' quando essa palavra é definida em termos de nossa confiança básica no significado da vida e o tipo de questões e respostas que tal confiança possibilita" (*The reality of God*,[474] p. 39). Para Ogden a questão da realidade objetiva "não é [...] uma inquirição válida", porque "o modo religioso de

---

[473] A natureza do pensamento metafísico.

[474] A realidade de Deus.

A controvérsia sobre o "denominador comum"

raciocinar faz dela algo sem resposta". Ainda assim, ele insiste que "o raciocínio metafísico" coincide com "o religioso ou teológico" (p. 39) e que "tal fé deve [...] ser afirmada de modo autoconsciente, se o inventário reflexivo de nossas crenças deve ser tanto completo como coerente" (p. 43).

Mas uma alternativa como essa não é nem compreensiva nem coerente como o teísmo cristão histórico, que fala de Deus somente em vista de sua automanifestação racional e que liga o homem ao seu criador por causa de uma imagem divina racionalmente significante por meio da qual Deus dirige-se a ele, tanto na revelação geral como nas verdades reveladas nas Escrituras. As alternativas ao teísmo bíblico, cedo ou tarde, fracassam devido ao seu abandono da coerência interna. A fim de justificar uma referência ontológica, mesmo naquilo que afirmamos ser experiências de Deus requer mais do que a afirmação de que tais experiências incluem elementos conceituais e não são simplesmente emocionais e volitivas. A não ser que estejamos fundamentados no conhecimento cognitivo do objeto religioso, somos deixados com a perspectiva de que tais experiências envolvem conceitos de algum objeto imaginário.

Se conhecimento é aquilo que resta quando os mitos são retirados, e se tanto os absolutos pretensiosos da filosofia secular como os ensaios da ciência empírica estão sob questionamento, então o que resta senão o niilismo? O cristianismo tem uma resposta imediata: a revelação de Deus. Ao mito científico da consciencia objetiva, falta o *status* transcultural de uma metodologia da revelação que permanece singularmente em contato com a realidade absoluta e a verdade eterna; e falta aos absolutos míticos da filosofia conjectural, a permanência persuasiva da teologia da revelação transcendente. Embora a visão judaico-cristã insista que cada ser humano vive por alguma fé oculta, ela questiona a fé pela qual muitas pessoas vivem e resiste às reconstruções modernas da revelação, quer infladas quer apequenadas, como distorções da revelação. A Bíblia exibe sua própria visão irredutível e arrisca-se a explicar cada alternativa à revelação ou contra ela de sua própria perspectiva.

A revelação é, na verdade, o pilar central da religião bíblica. Ao redor da manifestação do Deus vivo, de sua própria realidade, propósito e atividade, estão todas as afirmações especiais da teologia

DEUS, REVELAÇÃO E AUTORIDADE

judaico-cristã. As asserções bíblicas da criação do cosmos, do julgamento futuro e da vida futura, da salvação divina de pecadores, do sentido e valor da existência humana ao longo de nossos dias, voltam-se, em última análise, para o Deus que se autorrevela e que confronta suas criaturas decaídas como o seu criador, redentor e juiz.

Deus, o eterno criador soberano, a quem a humanidade deve prestar contas moralmente, é o conteúdo central da revelação divina universal dirigida à razão e à consciência de todo ser humano por meio da natureza e da história. A revelação especial, dada pelas Escrituras, reafirma a vontade de Deus e a esclarece para os seres humanos em seu lamentável estado pecaminoso. A revelação redentora oferece à humanidade decaída uma renovação de suas prerrogativas espirituais que pertenceram ao homem com base na criação e na *imago Dei*. Mas isso não para por aí. A revelação redentora expande o conhecimento dos propósitos morais de Deus para além daquilo que Adão e Eva conheciam antes ainda da queda. A revelação bíblica especial é restauradora e redentora. A *imago Dei* não obliterada tem o seu ponto de conexão inerradicável com o Deus vivo, que revela a si mesmo de forma objetiva e universal na natureza e na humanidade, e também objetivamente, mas de forma específica, na revelação judaico-cristã. Publicada por escrito nas Escrituras, essa revelação transcendente proclama boas-novas ao mundo todo para uma raça faminta e que desfalece.

BIBLIOGRAFIA

AGASSI, Joseph. *The nature of scientific problems and their roots in metaphysics.* In: BUNGE, Mario (ed.). *The critical approach to science and philosophy.*

_____. *Towards an historiography of science.* The Hague: Mouton and Co., 1963.

AHLSTROM, Sydney A. *The 1960s: Radicalism in theology and ethics, Annals of the american academy of political science* (Janeiro 1970).

ALSTON, William P. *Philosophy of religion.* In: EDWARDS, Paul (ed.). *The Encyclopedia of Philosophy.*

_____. *Tillich's conception of a religious symbol.* In: HOOK, Sidney (ed.). *Religious Experience and Truth.*

ALTIZER, Thomas J. J. *The religious meaning of myth and symbol.* In: ALTIZER, Thomas J. J. et al. (eds.). *Truth, myth and symbol.*

_____ et al. (eds.). *Truth, myth and symbol.* Englewood Cliffs, NJ: Prentice-Hall, 1962.

ANSELMO. *Proslogium; Monologum; an appendix in behalf of the fool by Gaunilon.* Traduzido por Sidney Norton Deane. Chicago: Open Court Pub. Co., 1935.

AGOSTINHO. *Contra academicos. Against the academicians.* Traduzido por Mary Patricia Garvey. Milwaukee: Marquette University Press, 1942.

_____. *De Trinitate.* Traduzido por Stephen McKenna. Washington, DC: Catholic University of America Press, 1963.

AULÉN, Gustaf. *The drama and the symbols.* Philadelphia: Fortress Press, 1970.

DEUS, REVELAÇÃO E AUTORIDADE

AYER, Alfred J. *Language, truth and logic*. 2. ed. rev. New York: Dover Publishers, 1946.

AYERS, Robert H. *Religious discourse and myth*. In: AYERS, Robert H. e BLACKSTONE, William T. (eds.). *Religious language and knowledge*. Athens: University of Georgia Press, 1972.

_____ et al. (eds.). *Religious language and knowledge*. Athens: University of Georgia Press, 1972.

BAELZ, Peter. *Christian theology and metaphysics*. London: Epworth Press; Philadelphia: Fortress Press, 1968.

BARTH, Karl. *Anselm: Fides quaerens intellectum: Anselm's proof of the existence of God in the context of his theological scheme*. Traduzido por Ian W. Robertson. Richmond: John Knox Press, 1960.

_____. *Church dogmatics. Editado por G. W. Bromiley e Thomas F. Torrance*. Edinburgh: T. and T. Clark, 1936-69; Naperville, IL: Alec R. Allenson, 1969.

_____. *Evangelical theology: an introduction*. New York: Holt, Rinehart and Winston, 1965.

_____. *The knowledge of God and the service of God, according to the teaching of the reformation, recalling the scottish confession of 1560*. Traduzido por J. M. L. Haire e Ian Henderson. New York: Charles Scribner's Sons, 1939; London: Hodder and Stoughton, 1949.

_____. *Protestant theology in the nineteenth century: its background and history*. Valley Forge, PA: Judson Press, 1972.

BARTSCH, Hans W. (ed.). *Kerygma and myth: a theological debate*, vol. 1. London: S.P.C.K., 1953; New York: Harper & Bros., Harper Torchbooks, 1961.

_____. (ed.). *Kerygma and myth: a theological debate*, vol. 2. London: S.P.C.K., 1962.

BAUMRIN, Bernard. *Philosophy of science: the delaware seminar*. New York: Interscience Publishers, 1963.

BELL, Barrett de (ed.). *The environmental handbook*. New York: Ballantine Books, 1970.

BENTZEN, Aage. *Messias moses redivivus-menschensohn*. Zurich: Zwingli-Verlag, *1948. King and Messiah*. Traduzido por Bentzen. London: Lutterworth Press, 1955.

BERGER, Peter. *Second thoughts on defining religion. Journal for the Scientific Study of Religion* 13 (1974): 128.

BERKOUWER, Gerrit C. *General and special divine revelation.* In: Henry, Carl F. H. (ed.). *Revelation and the Bible.*

BLAMIRES, Harry. *A defence of dogmatism.* London: S.P.C.K., 1965.

BLANSHARD, Brand. *Reason and analysis.* LaSalle, IL: Open Court Pub. Co., 1962.

BOHM, David. *Truth and understanding in science.* In: BUNGE, Mario (ed.). *The critical approach to science and philosophy.*

BORNKAMM, Günther. *Myth and gospel - a discussion of the problem of demythologizing the New Testament message.* In: BRAATEN, Carl E. e HARRISVILLE, Roy A. (eds.). *Kerygma and history.*

BOWNE, Bordon P. *Kant and Spencer, A critical exposition.* Port Washington, NY: Kennikat Press, 1967.

BRAATEN, Carl E. e HARRISVILLE, Roy A. (eds.). *Kerygma and history.* Nashville: Abingdon Press, 1962.

BRAIN, Walter Russell (ed.). *The nature of experience.* London e New York: Oxford University Press, 1959.

BRIDGMAN, Percy. *The logic of modern physics.* New York: The Macmillan Co., 1927.

BRUNNER, Emil. *Revelation and reason.* Philadelphia: Westminster Press, 1946.

BULTMANN, Rudolf. *Essays, Philosophical and theological.* New York: The Macmillan Co., 1955.

_____. *Jesus Christ and mythology.* New York: Charles Scribner's Sons, 1958.

_____. *New Testament and mythology.* In: BARTSCH, Hans W. (ed.). *Kerygma and myth, vol. 1.*

_____. *Primitive christianity in its contemporary setting.* Traduzido por Reginald H. Fuller. New York: Meridian Books, 1956.

BUNGE, Mario (ed.). *The critical approach to science and philosophy.* New York: Glencoe, Free Press, 1964.

BURI, Fritz. *How can we still speak responsibly of God?* Philadelphia: Fortress Press, 1968.

BURTT, Edwin A. *Types of religious philosophy.* New York: Harper & Bros., 1939.

CAIRD, Edward. *The critical philosophy of immanuel Kant.* New York: Macmillan and Co., 1889.

CAIRNS, David. *The image of God in man.* New York: Philosophical Library, 1953.

CALVINO, João. *Epistle to the Romans and hessalonians.* New Testament Commentaries, vol. 3. Editado por David W. e Thomas F. Torrance. Traduzido por R. Mackenzie. Grand Rapids: Wm. B. Eerdmans, 1961.

_____. *First Epistle to the Corinthians. New Testament Commentaries*, vol. 4. Editado por David W. e Thomas F. Torrance. Traduzido por John W. Fraser. Grand Rapids: Wm. B. Eerdmans, 1960.

_____. *Institutes of the christian religion.* 2 vols. Traduzido por Henry Beveridge. Grand Rapids: Wm. B. Eerdmans, 1953.

CARLSON, A. J. *Science and the supernatural. Science* 73 (1931): 217-55.

CARNAP, Rudolph. *Philosophical foundations of physics.* New York: Basic Books, 1966.

CARNELL, Edward John. *The case for orthodox Theology.* Philadelphia: Westminster Press, 1959.

_____. *Christian Commitment, an apologetic.* New York: The Macmillan Co., 1957.

_____. *An introduction to christian apologetics.* td. rev. Grand Rapids: Wm. B. Eerdmans, 1955.

_____. *A philosophy of the christian religion.* Grand Rapids: Wm. B. Eerdmans, 1952.

CASSERLEY, J. V. Langmead. *The christian in philosophy.* New York: Charles Scribner's Sons, 1951.

CHADWICK, Henry. *Early christian thought and the classical tradition.* Oxford: Clarendon Press; New York: Oxford University Press, 1966.

CHURCH, R. W. *Life of St. Anselm.* London: Macmillan and Co., 1870.

CLARK, Gordon H. *A Christian view of men and things.* Grand Rapids: Wm. B. Eerdmans, 1952.

_____. *Karl Barth's theological method.* Nutley, NJ: Presbyterian and Reformed Pub. Co., 1963.

_____. *The philosophy of science and belief in God.* Nutley, NJ: Craig Press, 1972.

_____. *Thales to dewey.* Boston: Houghton Mifflin Co., 1957.

CLARKE, Bowman. *Reason and revelation: a linguistic distinction.* In: AYERS, Robert H. e BLACKSTONE, William T. (eds.). *Religious language and knowledge.*

COBB Jr., John B. *A christian natural theology.* Philadelphia: Westminster Press, 1965.

COBURN, Robert. *The hiddenness of God and some barmecidal surrogates. Journal of Philosophy* 57 (1960): 698.

COHEN, Morris R. e NAGEL, Ernest. *An Introduction to Logic and Scientific Method.* New York: Harcourt, Brace & Co., 1934.

COLLINGWOOD, R. G. *The idea of history.* Oxford: Clarendon Press, 1946.

CONWAY, David A. *Mavrodes, Martin and verification of religious experience. International Journal for Philosophy of Religion* (1971): 171.

COOK, A. A. *The ontological argument for the existence of God. Aristotelian Society Proceedings* 18 (1917-18): 363-84.

COPLESTON, Frederick C. *Aquinas.* Baltimore: Pelican, Penguin Books, 1955.

_____. *Commentary on the five ways.* In: HICK, John H. (ed.). *The existence of God.*

_____. *Contemporary Philosophy.* Westminster, MD: Newman Press, 1956.

CORNFORD, Francis M. *The unwritten philosophy and other essays. Editado por W. K. Guthrie.* New York: Cambridge University Press, 1967.

COX, David. *The existence of God. Mind* 49 (1950): 545.

_____. *A note on 'meeting'. Mind* 50 (1951): 259.

_____. *The significance of christianity. Mind* 49 (1950): 209.

COX, Harvey. *The secular city.* New York: The Macmillan Co., 1966.

CROMBIE, I. M. *Arising from the university discussion.* In: FLEW, Antony e MACINTYRE, Alasdair (eds.). *New Essays in Philosophical Theology.*

CULLMANN, Oscar. *Christ and time.* Ed. rev. London: SCM Press, 1962; Philadelphia: Westminster Press, 1964.

_____. *Salvation in history.* New York: Harper & Row, 1967.

CURTIS, S. J. *A short history of western philosophy in the middle ages.* London: MacDonald and Co., 1950.

DESCARTES, René. *The meditations and selections from the principles of René Descartes.* Traduzido por John Veitch. LaSalle, IL: Open Court Pub. Co., 1966.

DILLEY, Frank B. *On arguments for a transcendent God.* In: MCCLENDON, James W. (ed.). *Philosophy of religion and theology:* 1974 *Proceedings.*

DOWEY JR., Edward A. *The knowledge of God in Calvin's theology.* New York: Columbia University Press, 1952.

DUHEM, Pierre. *The aim and structure of physical theory.* Princeton: Princeton University Press, 1954.

EDWARDS, Paul (ed.). *The encyclopedia of philosophy.* 8 vols. New York: The Macmillan Co., 1967.

ELIADE, Mircea. *Myths, dreams and mysteries.* New York: Harper & Bros., 1960.

EMMET, Dorothy M. *The nature of metaphysical thinking.* New York: St. Martin's Press, 1945.

EWING, A. C. *Religious assertions in the light of contemporary philosophy. Philosophy* 32 (1957): 206-18.

FARRAR, Frederic. *The life and work of St. Paul.* London e New York: Cassell, Petter, Galpin and Co., 1879-80.

FEIGL, Herbert e SELLARS, Wilfrid. *Readings in philosophical analysis.* New York: Appleton-Century-Crofts, 1949.

FEIGL, Herbert, SELLARS, Wilfrid e MAXWELL, Grover (eds.). *Current issues in the philosophy of science.* New York: Holt, Rinehart and Winston, 1961.

FEYERABEND, Paul K. *How to be a good empiricist – a plea for tolerance in matters epistemological.* In: BAUMRIN, Bernard (ed.). *Philosophy of science: the delaware seminar.*

FLEW, Antony. *Theology and falsification*. In: FLEW, Antony e MACINTYRE, Alasdair (eds.). *New Essays in Philosophical Theology*.

_____ (ed.). *Language and Logic*. Oxford: Basil Blackwell, 1957.

_____ e MACINTYRE, Alasdair (eds.). *New essays in philosophical theology*. London: SCM Press, 1963; New York: The Macmillan Co., 1954.

GALLING, Kurt (ed.). *Die religion in geschichte und gegenwart*, vol. 3. In: CAMPENHAUSEN, Hans F. von et al. Handwörterbuch für Theologie und Religionswissenschaft. Tübingen: J. C. B. Mohr, 1957-62.

GEEHAN, E. R. (ed.). *Jerusalem and athens*. Philadelphia: Presbyterian and Reformed Pub. Co., 1971.

GENCO, Peter. *Verification, falsification and the language of christian theism*. Tese de doutorado. New York University, 1970.

GILKEY, Langdon. *Maker of heaven and earth*. New York: Doubleday and Co., 1959.

_____. *Naming the whirlwind: The renewal of God-language*. Indianapolis: Bobbs-Merrill Co., 1969.

GLASGOW, W. D. *D. Cox: The significance of christianity: a note*. *Mind* 50 (1951): 101.

GOLLWITZWER, Helmut. *The existence of God as confessed by faith*. Munich: Chr. Kaiser Verlag, 1954; Philadelphia: Westminster Press, 1965.

GUINNESS, Os. *The dust of death*. Downers Grove, IL: Inter-Varsity Press, 1973.

HAECKEL, Ernst. *The riddle of the universe at the close of the 19th century*. Saint Clair, MI: Scholarly Press, 1900.

HAMILTON, William. *The death of God theology*. *Christian Scholar* (Primavera 1965): 27-48.

HARRISON, Everett F. (ed.). *Baker's dictionary of theology*. Grand Rapids: Baker Book House, 1960.

HARRISON, R. K. *Introduction to the Old Testament*. Grand Rapids: Wm. B. Eerdmans, 1969.

HART, Hendrik. *The challenge of our age*. Toronto: Association for the Advancement of Christian Studies, 1968.

HARVEY, Van Austin. *The historian and the believer.* London: SCM Press, 1967; New York: The Macmillan Co., 1969.

HASTINGS, James (ed.). *Encyclopedia of religion and ethics.* 13 vols. New York: Charles Scribner's Sons, 1908-27.

HAYEK, F. A. *The theory of complex phenomena.* In: BUNGE, Mario (ed.). *The critical approach to science and philosophy.*

HEGEL, G. W. F. *Lectures on the philosophy of religion.* 3 vols. Traduzido por E. B. Speirs e J. B. Sanderson. New York: Humanities Press, 1968.

HEIMBECK, Raeburne S. *Theology and meaning: a critique of metatheological scepticism.* Stanford: Stanford University Press, 1969.

HEISENBERG, Werner. *The revolution in modern science.* New York: Harper & Row, 1958.

HEMPEL, C. G. *Problems and changes.* In: LINSKY, Leonard (ed.). *Semantics and the philosophy of language.*

HENDERSON, Ian. *Myth in the New Testament.* London: SCM Press, 1956; Naperville, IL: Alec R. Allenson, 1957.

HENRY, Carl F. H. *Footnotes: the gospel and society.* *Christianity today,* 13 Setembro 1974, p. 66.

_____. *Revolt on evangelical frontiers. Christianity today,* 26 Abril 1974, p. 6.

_____. (ed.). *Baker's dictionary of christian ethics.* Grand Rapids: Baker Book House,1973.

_____. (ed.). *Jesus of Nazareth: saviour and Lord.* Grand Rapids: Wm. B. Eerdmans, 1966.

_____. (ed.). *Revelation and the Bible.* Grand Rapids: Baker Book House, 1958.

HEPBURN, Ronald. *Christianity and paradox: critical studies in twentieth century theology.* London: Watts, 1958; New York: Humanities Press, 1968.

HERZOG, Frederick. *Understanding God: the key issue in present-day protestant thought.* New York: Charles Scribner's Sons, 1966.

HICK, John H. *Comment. Journal for the Scientific Study of Religion 2* (1962).

_____. *The existence of God.* New York: The Macmillan Co., 1964.

_____. *Faith and knowledge.* Ithaca: Cornell University Press, 1957.

_____. *God as necessary being. Journal of Philosophy* 87 (1960).

_____ e McGILL, Arthur C. (eds.). *The many-faced argument: recent studies in the ontological argument for the existence of God.* New York: The Macmillan Co., 1967.

HOLMES, Arthur F. *Christianity and philosophy.* Chicago: Inter-Varsity Press, 1960.

HOOK, Sidney (ed.). *Religious experience and truth: proceedings.* New York University Institute of Philosophy, 4th Symposium, 1960. New York: New York University Press, 1961.

HORDERN, William E. *Speaking of God: The nature and purpose of theological language.* New York: The Macmillan Co., 1964; London: Epworth Press, 1965.

HORSBURGH, H. J. N. *Mr. Hare on theology and falsification. Philosophical Quarterly* 6 (1956): 256.

HOSPERS, John. *An introduction to philosophical analysis.* Englewood Cliffs, NJ: Prentice-Hall, 1953. 2. ed. 1967.

HUGHES, Philip Edgecombe. *Myth.* In: HARRISON, Everett F. (ed.). *Baker's dictionary of theology*

HUIZENGA, Johann. *The waning of the middle ages.* Reimpressão. New York: Doubleday and Co., Anchor Books, 1968.

HUME, David. *Dialogues concerning natural religion.* Editado por Norman Kemp Smith. Indianapolis: Bobbs-Merrill Co., Liberal Arts Press, 1962.

_____. *Inquiry concerning human understanding.* Indianapolis: Bobbs-Merrill Co., Liberal Arts Press, 1955.

JAKI, Stanley L. *The relevance of physics.* Chicago: University of Chicago Press, 1966.

JASPERS, Karl e BULTMANN, Rudolf. *Myth and christianity.* New York: Farrar, Straus and Co., Noonday Books, 1958.

JELLEMA, Dirk. *The rise of the post-modern mind. Christianity Today,* 9 Maio 1960.

KANT, Immanuel. *Critique of pure reason.* Traduzido por F. Max Müller. New York: Doubleday and Co., Anchor Books, 1955.

_____. *Inaugural Dissertation and early writings on space.* Traduzido por John Handyside. Chicago: Open Court Pub. Co., 1929.

_____. *Philosophical correspondence.* Editado e traduzido por Arnulf Zweig. Chicago: University of Chicago Press, 1967.

KELLEY, Dean M. *Why conservative churches are growing.* New York: Harper & Row, 1972.

KIERKEGAARD, Sören. *Concluding unscientific postscript.* Traduzido por D. F. Swenson. Editado por Walter Lowrie. New York: Oxford University Press, 1901.

KITTEL, Gerhard e FRIEDRICH, Gerhard (eds.). *Theological dictionary of the New Testament.* 9 vols. Grand Rapids: Wm. B. Eerdmans, 1964-73.

KÖBERLE, Adolph. *Jesus Christ, the center of history.* In: HENRY, Carl F. H. (ed.). *Jesus of Nazareth.*

KUHN, Thomas. *The structure of scientific revolutions.* Chicago: University of Chicago Press, 1962.

KUNNETH, Walter. *Bultmann's philosophy and the reality of salv*ation. In: BRAATEN, Carl E. e HARRISVILLE, Roy A. (eds.). *Kerygma and History.*

LEACH, Edmund. *A runaway world?* New York: Oxford University Press; London: British Broadcasting Corporation, 1968.

LEFF, Gordon. *Medieval thought from St. Augustine to ockham.* Baltimore: Penguin, Pelican Books, 1965.

LEWIS, Clarence I. *An analysis of knowledge and valuation.* LaSalle, IL: Open Court Pub. Co., 1962.

LEWIS, C. S. *Miracles.* New York: The Macmillan Co., 1947.

LINSKY, Leonard (ed.). *Semantics and the philosophy of language.* Urbana: University of Illinois Press, 1953.

LONERGAN, Bernard J. *Method in theology.* New York: Seabury Press, Crossroads Books, 1972.

LÖWITH, Karl. *Nature, history and existentialism.* Evanston: Northwestern University, 1966.

LUTERO, Martinho. *Luther's works, vols.* 1, 2 e 3. *Lectures on Genesis.* Traduzido por George V. Schick. St. Louis: Concordia, 1958-61.

_____. *D. Martin Luther's Werke. Kritische Gesamtausgabe.* 82 vols. Weimar: H. Bohlau, 1883-1948.

MACHEN, J. Gresham. *What is faith?* Grand Rapids: Wm. B. Eerdmans, 1946.

MACINTOSH, D. C. *The Problem of religious knowledge.* New York: Harper & Bros., 1940.

MACKINNON, Donald M. *Borderlands of theology and other essays.* Editado por G. W. Roberts e D. E. Smucker. Philadelphia: J. B. Lippincott Co., 1969.

_____. Resenha de *The idea of history* by R. G. Collingwood. *Journal of Theological Studies* 48 (1947): 250.

MACKINTOSH, H. R. *Types of modern theology: schleiermacher to Barth.* London: Nisbet and Co.; New York: Charles Scribner's Sons, 1937.

McLEAN, George F. (ed.). *Traces of God in a secular culture.* Staten Island, NY: Alba House, 1973.

McCLENDON, James W. (ed.). *Philosophy of religion and theology: 1974 Proceedings.* Tallahassee, FL: American Academy of Religion, 1974.

McPHERSON, Thomas. *The existence of God. Mind* 49 (1950).

MACQUARRIE, John. An *Existentialist theology: a comparison of Heidegger and Bultmann.* New York: Harper & Row, 1965.

MALIK, Charles H. *The limitations of natural ccience.* UNESCO, *Impact of science on society* 19 (1969): 385.

MARTY, Martin E. e PEERMAN, Dean G. (eds.). *New theology No.1.* New York: The Macmillan Co., 1964.

MASCALL, E. L. *Words and images: a study in theological discourse.* London: Longmans Green, 1957. Reimpressão, Libra, 1968. New York: Ronald Press, 1957.

MIEGGE, Giovanni. *Gospel and myth in the thought of Rudolf Bultmann.* Traduzido por Stephen Neill. London: Lutterworth Press; Richmond: John Knox Press, 1960.

MITCHELL, Basil (ed.). *The philosophy of religion.* Oxford Readings in Philosophy Series. New York: Oxford University Press, 1971.

MONTGOMERY, John W. *Clark's philosophy of history.* In: NASH, Ronald H. (ed.). *The Philosophy of Gordon H. Clark.*

_____. *Once upon an a priori.* In: GEEHAN, E. R. (ed.). *Jerusalem and Athens.*

_____. *The shape of the past.* Ann Arbor: Edwards Bros., 1968.

_____. *Where is history going?* Grand Rapids: Zondervan, 1969.

MOORHEAD, Paul S. e KAPLAN, Martin (eds.). *Mathematical challenges to the neo-darwinian interpretation of evolution.* Philadelphia: Wistar Institute Press, 1967.

MOWINCKEL, Sigmund. *The Old Testament as the word of God.* Nashville: Abingdon Press, 1959.

MUGGERIDGE, Malcolm. *Living through an Apocalypse. Christianity Today,* 16 Agosto 1974.

NAGEL, Ernest. *The structure of science: problems in the logic of scientific explanation.* New York: Harcourt, Brace & World, 1961.

NASH, Ronald H. (ed.). *The philosophy of Gordon H. Clark.* Philadelphia: Presbyterian and Reformed Pub. Co., 1968.

NEIDHARDT, W. J. *Faith, the unrecognized partner of science and religion. Journal of the american scientific affiliation* 26 (1974): 92.

NIEBUHR, Reinhold. *Beyond tragedy: essays on the christian interpretation of history.* New York: Charles Scribner's Sons, 1937.

_____. *The self and the dramas of history.* New York: Charles Scribner's Sons, 1955.

_____. *The truth in myths.* In: BRAIN, Walter Russell (ed.). *The Nature of Experience.*

NIELSEN, Kai. *Can faith validate God-talk?.* In: MARTY, Martin E. e PEERMAN, Dean G. (eds.). *New Theology No.1.*

_____. *Religion and commitment.* In: AYERS, Robert H. e BLACKSTONE, William T. (eds.). *Religious Language and Knowledge.*

NYGREN, Anders. *Religiöst apriori.* Lund: Gleerupska Universitets-Bokhandeln, 1921.

OGDEN, Schubert. *The reality of God and other essays.* London: SCM Press, 1967.

_____. *Theology and philosophy: a new phase of the discussion.* *Journal of Religion* (1964): 11.

ORWELL, George. 1984. New York: New American Library, 1949.

OTTO, Rudolf. *The idea of the holy.* Traduzido por J. W. Harvey. London: Oxford University Press, 1923.

_____. *The philosophy of religion based on Kant and Fries.* Traduzido por E. Dicker. Edição reimpressa de 1931. Millwood, NY: Kraus Reprint Co.

PACKER, James I. *Myth.* In: Henry, Carl F. H. (ed.). *Baker's Dictionary of Christian Ethics.*

PANNENBERG, Wolfhart. *Die frage nach Gott. Evangelische Theologie* (1965): 238.

PINNOCK, Clark. *Biblical revelation.* Chicago: Moody Press, 1971.

_____. *The philosophy of christian evidences.* In: GEEHAN, E. R. (ed.). *Jerusalem and Athens.*

PLANTINGA, Alvin. *God and other minds: A study of the rational justification of the belief in God.* Ithaca, NY: Cornell University Press, 1967.

_____. *God, freedom and evil.* New York: Harper & Row, 1974.

_____. *The ontological argument: from St. Anselm to contemporary philosophers.* Garden City, NY: Doubleday and Co., Anchor Books, 1965.

POLANYI, Michael. *Science, faith and society.* Chicago: University of Chicago Press, 1966.

POPPER, Karl R. *Conjectures and refutations: the growth of scientific knowledge.* London: Routledge and Kegan Paul, 1963; New York: Harper & Row, Torchbooks, 1968.

_____. *The logic of scientific discovery.* London: Hutchinson and Co., 1959.

_____. *The poverty of historicism.* London: Routledge and Kegan Paul; Boston: Beacon Press, 1957.

_____. *On the sources of knowledge and ignorance. Proceedings of the British Academy* 46 (1960): 60.

PRICE, H. H. *Belief.* London: George Allen and Unwin, Muirhead Library of Philosophy; Atlantic Highlands, NJ: Humanities Press, 1969.

QUENSTEDT, Johannes. *Theologia didactico-polemica sive systema theologicum.* Wittenberg: 1685. Leipzig: 17/5.

QUINE, Willard. *From a logical point of view.* New York: Harper & Row, 1963.

RAMM, Bernard. *The christian view of science and scripture.* Grand Rapids: 1954.

_____. *The evangelical heritage.* Waco, TX: Word Books, Publisher, 1973.

RANDALL, John Herman e RANDALL JR., John Herman. *Religion and the modern world.* New York: Frederick A. Stokes, 1929.

RICOEUR, Paul. *The hermeneutics of symbols and philosophical reflection. International Philosophical Quarterly* 2 (1913): 191-218.

_____. *The symbolism of evil.* New York: Harper & Row, 1967.

ROSZAK, Theodore. *The making of a counter culture.* Garden City, NY: Doubleday and Co., 1969.

ROYCE, Josiah. *The world and the individual.* 2 vols. New York: Macmillan and Co., 1901. Reimpressão. Gloucester, MA: Peter Smith.

RUBENSTEIN, Richard. *After auschwitz.* Indianapolis: Bobbs-Merrill, 1966.

RUSSELL, Bertrand. *Has man a future?* Baltimore: Penguin Books, 1961.

_____. *What I believe.* New York: C. P. Dutton and Co., 1925.

SASSE, Hermann. *Flucht vor dem dogma.* Bleckmar: Verlag Lutherisch Blätter, 1965.

SCHEFFLER, Israel. *Science and subjectivity.* Indianapolis: Bobbs-Merrill Co., 1967.

SCHLICK, Moritz. *Meaning and verification.* In: FEIGL, Herbert e SELLARS, Wilfrid (eds.). *Readings in Philosophical Analysis.*

_____. *Problems and changes in the empiricist criterion of meaning.* In: LINSKY, Leonard (ed.). *Semantics and the philosophy of language.*

SCHLINK, Edmund. *Studium generale*. Berlin: Springe Verlag, 1948.

SCHMIDT, Paul F. *Religious knowledge*. New York: Glencoe, Free Press, 1961.

SCHOLZ, Heinrich. *Wie ist eine evangelische theologie als wissenschaft möglich? Zwischen den Zeiten*, 1931, p. 8-53.

SCHUMANN, Friedrich K. *Can the event of Jesus Christ be demythologized?* In: BARTSCH, Hans W. (ed.). *Kerygma and myth*, vol. 1.

SELLARS, Wilfrid. *The language of theories*. In: FEIGL, Herbert e MAXWELL, Grover (eds.). *Current issues in the philosophy of science*.

SHEPHERD, William C. *On the concept of 'being wrong' religiously. Journal of the American Academy of Religion* (1974): 66.

SHUMAKER, C. Richard. *Our unsurpassed God. World Vision Magazine*, Maio 1970.

SILBERMAN, Lou H. *Revelation in judaism*. Palestra na American Theological Society, 14 Abril 1973.

SINGER, Isidor. *Jewish encyclopedia*. 12 vols. New York: Ktav Publishing House, 1904.

SLEEPER, R. W. *Sense and nonsense in theological myths: an essay on the limits of demythologization*. In: McLEAN, George F. (ed.). *Traces of God in a secular culture*.

SMART, J. C. C. *The existence of God*. In: FLEW, Antony e MacINTYRE, Alasdair (eds.). *New essays in philosophical theology*.

_____. *Sensations and brain processes. Philosophical Review* (1959): 143.

SMITH, Norman Kemp. *A commentary to Kant's critique of pure reason*. London: Macmillan and Co., 1930; New York: Humanities Press, 1962.

STÄHLIN, Gustav. *Muthos*. In: KITTEL, Gerhard e FRIEDRICH, Gerhard (eds.). *Theological dictionary of the New Testament*.

STÄHLIN, Leonhard. *Kant, Lotze and Ritschl*. Edinburgh: T. and T. Clark, 1889.

STARBUCK, Edwin D. *Intuitionalism*. In: HASTINGS, James (ed.). *Encyclopedia of religion and ethics*, vol. 7.

STEINHEIM, Solomon. *Die offenbarung nach dem lehrbegriffe der synagoge.* Leipzig: Leiner, 1863.

STIRLING, James H. *Philosophy and theology.* Edinburgh: T. and T. Clark, 1890.

STOKER, Hendrik G. *Van Til's theory of knowledge.* In: GEEHAN, E. R. (ed.). *Jerusalem and Athens.*

TENNANT, Frederick R. *Philosophical theology.* New York e Cambridge: Cambridge University Press, 1928.

THIELICKE, Helmut. *The restatement of New Testament mythology.* In: BARTSCH, Hans W. (ed.). *Kerygma and myth,* vol 1.

THIESSEN, H. C. *Introductory lectures in systematic theology.* Grand Rapids: Wm. B. Eerdmans, 1967.

THORPE, W. H. *Why the brain is more than a computer.* London *Times, 25* Janeiro 1969, p. 9.

TILLICH, Paul. *The present theological situation in the light of the continental european development. Theology Today* 6 (1949).

_____. *Systematic theology.* 3 vols. Chicago: University of Chicago Press, 1951-63.

TROELTSCH, Ernst. *Gesammelte schriften, vol. 2.* 4 vols. Tübingen: J. C. B. Mohr, 1912-25.

_____. *Religionsphilosophie.* In: WINDELBAND, Wilhelm (ed.). *Die philosophie im beginn des zwanzigsten Jahrhunderts.*

_____. *Revelation.* In: GALLING, Kurt (ed.). *Die religion in geschichte und gegenwart.*

ULLAM, S. M. *How to formulate mathematically problems of rate of evolution.* In: Moorhead, Paul S. e Kaplan, Martin (eds.). *Mathematical Challenges to the Neo-Darwinian Interpretation of Evolution.*

VAIHINGER, Hans. *Kommentar zu Kant's kritik der reinen vernunft.* Stuttgart: W. Spemann, 1881.

_____. *The philosophy of "as if": a system of the theoretical, practical and religious fictions of mankind.* Traduzido por C. K. Ogden. Boston: Routledge and Kegan Paul, 1935.

VAN BUREN, Paul M. *The secular meaning of the gospel: an original inquiry.* New York: The Macmillan Co., 1963.

VAN TIL, Cornelius. *The case for calvinism.* Philadelphia: Presbyterian and Reformed Pub. Co., 1968.

_____. *Christian theistic evidences.* Philadelphia: Westminster Theological Seminary, 1961.

WARFIELD, B. B. *Augustine.* In: Hastings, James (ed.). *Encyclopedia of Religion and Ethics,* vol. 1.

_____. *Calvin and calvinism.* New York: Oxford University Press, 1931.

_____. *The inspiration and authority of the Bible.* Philadelphia: Presbyterian and Reformed Pub. Co., 1948.

_____. *Studies in Tertullian and Augustine.* New York: Oxford University Press, 1930.

WEAVER, Warren. *A scientist ponders faith.* Saturday Review, 3 Janeiro 1959.

WEBER, Alfred e PERRY, Ralph Barton (eds.). *History of philosophy.* New York: Charles Scribner's Sons, 1925.

WHEWELL, William. *The poverty of historicism.* London: Routledge and Kegan Paul, 1957.

WILLIAMS, Daniel Day. *The spirit and the forms of love.* New York: Harper & Row, 1968.

WILSON, John. *Language and christian belief.* New York: St. Martin's Press, 1958.

_____. *Language and the pursuit of truth.* New York: Cambridge University Press, 1960.

WILSON, John Cook. *Statement and inference: with other philosophical papers.* 2 vols. New York: Oxford University Press, 1926; reimpressão 1962.

WINDELBAND, Wilhelm (ed.). *Die philosophie im beginn des zwanzigsten jahrhunderts.* Heidelberg: Carl Winter, 1907.

WISDOM, John. *Gods.* In: FLEW, Antony (ed.). *Language and logic.*

_____. *Paradox and discovery.* Oxford: Basil Blackwell, 1965; Berkeley: University of California Press, 1970.

WITTGENSTEIN, Ludwig. *Tractatus logico-philosophicus.* Traduzido por D. F. Pears e B. F. McGuinness. New York: Humanities Press, 1961.

WOLFF, Christian. *Vernünftige Gedanken von dem gesellschaftlichen Leben der Menschen.* Edição reimpressa de 1756. New York: Johnson Reprint Corp.

WRIGHT, G. Ernest. *God who acts.* London: SCM Press, 1952; Naperville, IL.: Alec R. Allenson, 1958.

ZOLLO, Burt. *The dollars and sense of public relations.* New York: McGraw-Hill Co., 1967.

ZUURDEEG, William. *An analytical philosophy of religion.* New York: Abingdon Press, 1958.

Sua opinião é importante para nós. Por gentileza envie seus comentários pelo e-mail
editorial@hagnos.com.br

Visite nosso site: www.hagnos.com.br

Esta obra foi impressa na Imprensa da Fé.
São Paulo, Brasil.
Outono de 2017